DATE DUE NOV 05

GAYLORD			PRINTED IN U.S.A.

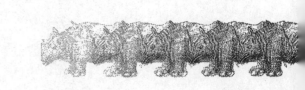

Tiempo de México

El despertar de México

Episodios de una búsqueda de la democracia

El dedo en la llaga

El despertar de México

Episodios de una búsqueda de la democracia

Julia Preston
y Samuel Dillon

OCEANO

EDITOR: Rogelio Carvajal Dávila

EL DESPERTAR DE MÉXICO
Episodios de una búsqueda de la democracia

Título original: OPENING MEXICO. THE MAKING OF A DEMOCRACY

Tradujo y adaptó: ENRIQUE MERCADO de la edición original en inglés
de Farrar, Straus & Giroux, New York

© 2004, Julia Preston y Samuel Dillon

Publicado según acuerdo con Farrar, Straus & Giroux, LLC, New York

D. R. © 2004, EDITORIAL OCEANO DE MÉXICO, S.A. de C.V.
 Eugenio Sue 59, Colonia Chapultepec Polanco
 Miguel Hidalgo, Código Postal 11560, México, D.F.
 ☎ 5279 9000 📠 5279 9006
 ✉ info@oceano.com.mx

PRIMERA REIMPRESIÓN

ISBN 970-651-922-X

IMPRESO EN MÉXICO / PRINTED IN MEXICO

Para Emma

ÍNDICE

PRÓLOGO A LA EDICIÓN EN ESPAÑOL: FORJANDO LA DEMOCRACIA EN MÉXICO

Más de tres décadas de presiones, protestas, conquistas arrancadas a cuentagotas y eventuales actos de violencia fueron necesarias para derribar al sistema autoritario que imperó en México desde la década de 1920. Como corresponsales de *The New York Times*, los autores de este libro atestiguamos los años culminantes de ese periodo.

Aunque llegamos a México con veinte años de experiencia como reporteros en América Latina, sabíamos que, pese a compartir pasado e idioma con la región, este país era distinto. La revolución de 1910 le había marcado un derrotero diferente. No había adoptado un régimen comunista como el de Cuba, pero tampoco sucumbido a dictaduras militares como las de distintos países de la región. En la guerra fría se distanció de las polarizaciones de Washington de manera más eficaz que la mayoría de las naciones latinoamericanas.

No obstante había engendrado un régimen de partido único. En septiembre de 1995, fecha en la que los autores nos establecimos en la ciudad de México, el Partido Revolucionario Institucional (PRI) ya era el partido gobernante más longevo del mundo y ejercía algún control en casi todos los aspectos de la vida del país.

Ya entonces se encontraba en plena marcha una lenta, prolongada y predominantemente pacífica revolución por la democracia. La sociedad mexicana renovaba una por una todas sus instituciones.

Presenciamos la realización de extraordinarias reformas: la cesión del proceso electoral a un órgano independiente, el cual ideó uno de los sistemas electorales más modernos del mundo, a fin de que el partido en el poder no siguiera abusando de él y cometiendo fraudes; la formación de nuevos partidos para conjurar el monopolio político priísta; la organización de un congreso dotado de verdadera autoridad, no sólo adulador de la más reciente ocurrencia del presidente; la fijación de límites al poder de éste, erigido en cacique tradicional a falta de supervisión legislativa, judicial o popular.

Vimos participar en ese magno esfuerzo a toda clase de personas: ciudadanos que combatían el fraude electoral, promotores de derechos humanos que refrenaban los abusos de las fuerzas de seguridad, comunidades campesinas que impedían la devastación de bosques y playas por grandes empresas, periodistas que investigaban tropelías, grupos de vecinos que exigían la detención de bandas criminales y policías corruptos. Incluso el presidente Ernesto Zedillo, de filiación priísta, optó por desempeñar un papel de apoyo a la apertura.

En julio de 2000, casi cinco años después de nuestro arribo, la ejemplar elección como presidente de un candidato de oposición, Vicente Fox, del Partido Acción Nacional (PAN), puso abrupto fin al régimen de partido de Estado, en vigor durante setenta y un años: el presidente Zedillo y su equipo aceptaron ese resultado y se hicieron a un lado. Ese decisivo paso a la democracia fue tan pacífico y eficiente que pocas personas dentro y fuera del país advirtieron su enorme trascendencia histórica.

La forja de la democracia en México tuvo varios rasgos distintivos. La ausencia de un líder como Nelson Mandela que personificara y guiara la revuelta. Y la ausencia de un movimiento democrático unificado, pero en cambio la convergencia de múltiples iniciativas de grupos e individuos de todos los estratos y rincones del país, crecientemente convencidos de la necesidad de acabar con el régimen imperante.

México no tuvo que vivir el trauma de un cambio de sistema económico ya que conservó un régimen capitalista incluso después de la revolución de 1910. La "lucha de clases" no fue el estímulo primario del cambio. Rebeliones obreras, campesinas e indígenas —en particular la insurrección de 1994 en Chiapas— contribuyeron, sin duda, a debilitar el sistema autoritario, aunque se inscribieron en un amplio conjunto de proyectos de reforma, entre cuyos impulsores también se contó en ciertos momentos la clase privilegiada. Por décadas el sistema del PRI sirvió a los intereses de la elite empresarial, haciéndolos sus asociados y enriqueciéndolos. Ésta se resistió al cambio mientras obtuvo beneficios del sistema. Pero al final aceptó que un régimen político abierto era más favorable a sus intereses en la economía globalizada, y apoyó una transición de forma ordenada.

Esta transformación tampoco fue un triunfo de la izquierda o la derecha. Enérgica y nacionalista, y defensora de los desposeídos, la izquierda tomó la delantera en etapas decisivas. Pero también la derecha persistió en la búsqueda de reformas en pro de los derechos individuales y la economía de mercado, e inspirada con frecuencia en su fe católica, aunque sin fanatismos, los cuales han desgarrado a muchos países en momentos de transición. La rivalidad ideológica y entre facciones se canalizó en un sistema de partidos políticos que en su momento rechazaron la violencia y convinieron en dirimir sus conflictos en las legislaturas federal y estatales.

Ésta fue, así, una transición plural negociada, con presiones tanto de abajo, de los más diversos grupos e individuos de los estratos populares de la sociedad, como de arriba, cuando el PRI y sus sucesivos presidentes respondieron a la disidencia abriendo pequeños espacios. Sin embargo, cuando los hombres fuertes del sistema renunciaban a migajas a su poder, no persiguieron sino su propio interés; es decir, no restringir sino perpetuar su dominio.

Este libro contiene apenas una versión periodística de la apertura democrática de México. Hemos construido nuestro relato contando las historias personales de algunos mexicanos cuyo activismo presenciamos en el curso de nuestro trabajo. En algunos casos, cuando fuimos testigos presenciales de episodios clave o reveladores, los narramos en primera persona. Por ello señalamos el nombre del autor al comienzo de cada uno de los pasajes.

Los individuos que escogimos para retratar hechos en detalle quizá no sean las figuras más destacadas de los movimientos pro democráticos pero sí son representativos de un empeño colectivo de alcances nacionales.

Eludimos a propósito una consideración a fondo del papel de Estados Unidos, tan proclive a consentir abusos autoritarios en su vecino del sur en aras de la estabilidad. Creemos que el acceso de México a la democracia es uno de los pocos acontecimientos sobresalientes de la historia moderna de ese país que no se han debido a la intervención, o aun invasión, estadunidense.

Julia Preston viajó por primera vez a México en 1971, siendo aún estudiante universitaria; el crecimiento y la estabilidad daban paso entonces a una época de crisis cíclicas. Samuel Dillon conoció el país a principios de los años ochenta, cuando, residente en El Salvador, abastecía de información a editores de Associated Press en el Distrito Federal. Julia vivía en una céntrica zona de esta ciudad cuando ocurrió el temblor de 1985. Ambos documentamos las repercusiones del sismo y después, en estados del norte, varias elecciones de gobernador en las que la manipulación de resultados por el PRI atizaría la indignación ciudadana.

Como corresponsales de *The New York Times* nos vimos envueltos en cinco años de turbulentos acontecimientos. Seguimos la caída en desgracia y el exilio de Carlos Salinas, así como los escándalos y juicios de su "hermano incómodo", Raúl; los continuos choques entre el gobierno y los zapatistas en Chiapas; las perniciosas olas criminales de secuestradores y asaltantes armados en medio de la inoperancia general del sistema de justicia; el ascenso de los capos mexicanos del narcotráfico a la cumbre de su riqueza, poder y corrupta complicidad con funcionarios gubernamentales; y el creciente desafío político de la oposición, dramatizado en una serie de elecciones locales y federales, como las de 1997, cuando el PRI perdió por primera vez el control de la cámara de diputados y la ciudad de México eligió a un jefe de gobierno, por cierto tampoco del PRI. A veces nos beneficiamos del legado de corresponsales de *The New York Times* anteriores a nosotros —entre ellos Paul Kennedy y Alan Riding—, quienes a lo largo de décadas forjaron un vínculo especialmente firme con México, lo que nos dio acceso privilegiado a actores y fuentes clave. Pero con igual frecuencia, en un periodo de renacimiento de la prensa mexicana, recurrimos al trabajo de nuestros colegas mexicanos en busca de pistas e ideas.

Al escribir este libro pensamos primordialmente en el público de habla inglesa, en particular el de Estados Unidos. Para los estadunidenses están en juego muchas cosas con la suerte de la democracia en México. Ningún país influye de manera más directa que éste en el bienestar y seguridad nacional de Estados Unidos. Compartimos con él una frontera de más de tres mil kilómetros. Es nuestro segundo socio comercial, sólo detrás de Canadá y por delante de China y Japón. Aloja instalaciones de miles de compañías estadunidenses, en especial en el norte, región manufacturera de ascendente importancia. Es el lugar de origen de los diez millones de trabajadores que componen el grupo de inmigrantes más numeroso de Estados Unidos. Destino para todo tipo de viajeros estadunidenses. Una biosfera exuberante pero en deterioro, cuya supervivencia es esencial para miles de aves, mariposas y otras especies migratorias de Norteamérica. Sin embargo, la mayoría de los estadunidenses sabe mucho menos de México de lo que los mexicanos saben sobre su país del norte.

Ahora, con la publicación de este libro en español, deseamos atraer también la atención de los lectores mexicanos. Tuvimos la fortuna de poder dejar nuestra labor periodística justo en el año posterior a la elección de Fox para estudiar con cierto distanciamiento la larga transición que culminó con ella. Historiadores, escritores y periodistas mexicanos escribirán nuevas versiones de esa transformación, pero muchos de ellos fueron protagonistas de la revolución democrática y desde 2000 han estado inmersos en la labor de consolidar la nueva fase de la apertura política. Nosotros tratamos de contribuir al debate sobre la democracia en México insertando esa transición en un marco más amplio, es decir, examinando su trayectoria a lo largo de tres décadas. También hemos intentado enriquecer la documentación histórica entrevistando a nuevas fuentes, para elaborar relaciones más detalladas de varios episodios, entre ellos las fraudulentas elecciones presidenciales de 1988, el desplome del peso en 1994, la aprehensión en 1997 del general Jesús Gutiérrez Rebollo acusado de vínculos con el narcotráfico y los hechos en torno a la victoria electoral de Fox el 2 de julio de 2000.

La democracia mexicana todavía está en formación. A causa de las extremas desigualdades socioeconómicas que persisten en México y de la ausencia de un eficaz sistema de justicia (por citar quizá las fallas más graves), el arribo de la democracia electoral no les ha hecho más fácil la vida a la mayoría de los mexicanos. Tal vez la brega diaria les dificulte derivar satisfacción de la hazaña de haber depuesto a un sistema opresor sin derramamiento de sangre para entrar en una época de mayor libertad. Como corresponsales, todos los días escribíamos artículos sobre escándalos y corrupción que pintaban a una nación en desorden. Pero cuando nos sentamos a considerar las tendencias de largo plazo vimos que en las últimas tres décadas las nuevas generaciones de mexicanos estuvieron dispuestas a abrir a su país a la democracia, y éste es el relato de cómo lo hicieron.

Nueva York, agosto de 2004

El día del cambio

Ninguno de los miembros de la familia Garza pudo dormir la noche anterior al domingo 2 de julio de 2000, día de elecciones presidenciales en México.[1]

En el Distrito Federal, Concha Lupe Garza Rodríguez durmió un rato pero despertó intranquila antes del amanecer. "¿Por fin irá a cambiar este país?", se preguntó. "¿Por qué no? ¿No podría cambiar hoy? Si no es ahora, ¿cuándo tendremos energía para volver a intentarlo?"

Aún en la cama, se puso a hacer planes para la tarea que le esperaba como coordinadora de representantes de casilla. Decidió que se pondría tenis y llevaría algo con que abrigarse, porque quizá pasaría buena parte de la noche yendo de una casilla a otra para impedir que el Partido Revolucionario Institucional, el PRI —en el poder durante mucho más de los 40 años que ella tenía—, hiciera trampa en el conteo de los votos y se robara, una vez más, las elecciones.

En Monterrey, su madre, de 73 años de edad, y su hermana Beatriz tampoco durmieron bien. Católica devota, Beatriz se levantó al clarear el día y encendió en el improvisado altar de la sala una veladora "más grande que la casa" (como ella misma diría después) para pedir que las elecciones terminaran de una vez por todas, aunque en forma pacífica y ordenada, con el imperio del PRI.

Concha Lupe y su familia pertenecían al Partido Acción Nacional, empeñado durante generaciones en la extinción del monolítico y autoritario régimen priísta. Entre los motivos de su militancia en ese partido estaba la religión: el PRI había heredado una tradición más que centenaria de hostilidad entre el Estado y la Iglesia católica. El abuelo de Concha Lupe, Antonio L. Rodríguez, había ayudado a fines de la década de 1930 a fundar el PAN, el cual se propuso dar voz en el sistema a la oposición católica moderada y atraer a empresarios descontentos con la creciente influencia del gobierno y su partido en la economía. En 1946, Rodríguez fue, asimismo, uno de los primeros cuatro opositores en el congreso federal, coto exclusivo del partido de Estado desde su fundación en 1929. La hegemonía priísta era entonces tan absoluta que la gente creía que era preciso ser masoquista para votar por la oposición.

Medio siglo después, Concha Lupe y los suyos seguían enfrascados en una lucha cada vez más intensa por la libertad política. Dinámica y parlanchina mujer de clase media de abundante cabellera rizada, Concha Lupe se había dedicado desde joven a promover la cruzada por la alternancia en el poder, con la mira puesta en la pluralidad, más que en el conservador programa panista. Así, siempre que había elecciones, su apacible hogar en Monterrey se convertía en bulliciosa base de operaciones de cientos de representantes del PAN.

"Aprendimos a preparar cinco mil sándwiches en un día", afirmaba con orgullo ante tan exacta medida de su esfuerzo.

Concha Lupe sabía por experiencia que una de las tretas predilectas del PRI era causar apagones en las casillas, justo al momento de abrir las urnas para contar los sufragios. Eso concedía tiempo suficiente a los priístas para sacar puñados de votos de las urnas y remplazarlos por boletas marcadas a favor de su partido. Concha Lupe aprendió a proporcionar una lámpara de mano a cada representante de casilla del PAN.

Una vez en que viajaba en un auto de campaña durante una contienda por la presidencia municipal de Monterrey, simpatizantes del PRI destrozaron las ventanas del vehículo. Años después, al visitar un tianguis en el curso de su propia campaña al congreso de Nuevo León, se topó de nueva cuenta con la intolerancia priísta. Los comerciantes del mercado pagaban al PRI por los mejores puestos y una eficiente protección, y el partido gobernante no estaba dispuesto a perder los ingresos. La lideresa priísta en el lugar persiguió a Concha Lupe, y la jaló violentamente de la cola de caballo. "¡Pinche burguesa!", le gritó. "¡Fuera de aquí, hija de tu chingada madre!" Los incondicionales de la dirigente la sacaron del tianguis a empujones, ante la impasible mirada de la clientela.

En el apogeo de su poder, el sistema fue muy eficaz para seducir, dividir, desacreditar, intimidar o simplemente aniquilar a la oposición. En 1976, el priísta José López Portillo fue el único candidato a la presidencia, que ganó con 91.9% de los votos emitidos. La relación entre el Estado y el partido era tan estrecha que éste usaba en su emblema los colores de la bandera nacional, mismos que exhibía en las paredes de todos los poblados del país al tiempo que prohibía su empleo a los demás partidos. El PRI era conocido como el "partido oficial", expresión que sugería que todos los demás partidos carecían de legitimidad.

Siete décadas de gobierno de un sistema autoritario concedieron a México el innegable beneficio de la estabilidad. Otras grandes naciones de América Latina cayeron víctimas de la guerra civil o la dictadura militar. Nacido después de la caótica revolución iniciada en 1910, el régimen garantizó la continuidad, y con ello importantes avances en el desarrollo económico del país, así como el surgimiento de una fuerte clase media y una elite empresarial sofisticada.

El costo fue muy alto, sin embargo. Firmemente controlada en la cima, la sociedad desbordaba violencia en la base. El régimen sofocó una y otra vez brotes guerrilleros en estados rurales como Guerrero y Oaxaca, y recurrió a los balazos en algunas épocas para reprimir movimientos sindicales disidentes de maestros, ferrocarrileros y otros. Con escasos medios de representación popular y administración de justicia, los pueblos terminaron, con frecuencia, resolviendo sus controversias locales recurriendo al plomo.

A partir de la década de 1980 los gobiernos priístas sometieron a la sociedad a un humillante ciclo de crisis económicas, de las que, a diferencia de los contribuyentes, los presidentes salientes emergían millonarios pese al inevitable derrumbe del auge económico que habían ingeniado. Con todo, esto permitió al PAN y otros partidos de oposición acumular importantes conquistas. En 1989 Ernesto Ruffo, un panista, había ganado la elección en Baja California, convirtiéndose en el primer gobernador de la oposición. Ya para 1997, el veterano panista Fernando Canales Clariond ganó la gubernatura de Nuevo León. En 2000, la oposición era mayoría en once de las treinta y dos legislaturas estatales y en la cámara de diputados federal. Aun así, el PAN siempre había estado lejos de ganar "la grande", la presidencia del país, o de suponer que el PRI habría de tolerarlo.

La mañana del 2 de julio, sin embargo, Concha Lupe tuvo la corazonada, esperanzadora e inquietante al mismo tiempo, de que esta vez las cosas serían diferentes. Agricultor, fabricante de botas, exejecutivo de la Coca-Cola y, en 1997, popular gobernador panista de Guanajuato, Vicente Fox Quesada había quebrantado entonces el calendario político tradicional al lanzar su candidatura a la presidencia tres años antes de las elecciones y a la mitad del sexenio del presidente en turno, Ernesto Zedillo. De casi dos metros de estatura, calzado con sus inseparables botas vaqueras, y torrencial energía, Fox tomó por sorpresa al PAN y, en virtud del poderoso impulso que adquirió su insólita campaña, lo obligó a postularlo como su candidato presidencial.

El deseo de Fox de un gobierno limpio coincidía con las nuevas aspiraciones políticas de los votantes, y en especial de la joven generación urbana de clase media que hacía sus compras en Wal-Mart, tenía automóvil propio (aun si debía pagarlo trabajosamente a crédito) y usaba la Internet. A estos jóvenes les agradaron sus propuestas de desmantelar la cleptocracia priísta y reorientar la economía para generar empleos. También les gustaron la aparente probidad de su gobierno en Guanajuato, las palabrotas que soltaba en sus discursos —tan distintos a la acartonada retórica del PRI— y sus frecuentes alardes de valentón, propios de un caudillo tradicional.

Pero lo que más atrajo al electorado fue que Fox garantizaba el cambio, el remplazo del partido de Estado, cuyos setenta y un años en el poder hacían de él el partido gobernante más longevo del mundo. "¡Hoy, hoy, hoy!", coreaban los seguidores de Fox en los mítines de campaña, como expresión de su anhelo de que derribara al PRI de una vez por todas.

Al igual que la familia Garza y muchos otros de sus partidarios, Fox sabía qué era ser un ciudadano común y corriente. En su juventud jamás pensó dedicarse a la política. Después trabajó quince años en Coca-Cola de México, donde comenzó como supervisor de rutas de reparto y terminó como director general. Tras residir en el Distrito Federal, en 1979 volvió con su familia a Guanajuato, para colaborar con sus hermanos en la administración del rancho en su entidad natal, el cual luego resintió la vertiginosa caída del peso precipitada por la política económica priísta. Harto de no prosperar bajo la égida de un Estado inepto, en 1988 contendió por una diputación federal.

Tan pronto como se divulgó su candidatura, las autoridades sanitarias clausuraron su planta empacadora, argumentando que las identificaciones de sus empleados carecían de fotografía; el Instituto Mexicano del Seguro Social le practicó una auditoría; y su rancho fue invadido por campesinos a los que el PRI alentó para exigir una reforma agraria local.

Pero Fox salvó el acoso y ganó la diputación, en el que habría de ser el inicio de una trayectoria política que culminaba ese 2 de julio.

Su adversario priísta era Francisco Labastida Ochoa. Apuesto, con sonrisa de galán, Labastida había logrado lo imposible: forjar una carrera de treinta y siete años en el PRI sin graves acusaciones de corrupción. A diferencia de la mayoría de los altos jerarcas de su partido, Labastida era un hombre modesto, reacio a disponer de choferes, guardaespaldas y otros privilegios. Para desmayo de su equipo de seguridad, él mismo condujo su camioneta durante la campaña. Guardaba la compostura en los tumultos que se producían en sus mítines, en los que, ansiosa, la gente se abalanzaba para tocar al "príncipe heredero". El deseo de Labastida de hacer por los desposeídos más que sus antecesores parecía genuino.

El problema es que no se le distinguía mucho del viejo PRI. Su atildada apariencia y chamarras de cuero eran distintivas de los priístas de su generación (y le valieron además el apodo de La-Vestida entre los norteños homófobos del bando foxista). En sus más de tres décadas en el gobierno nunca se había inconformado con su partido, mientras que los cambios que prometió en su campaña eran casi incorpóreos de tan insignificantes.

El tercer candidato importante era Cuauhtémoc Cárdenas, del Partido de la Revolución Democrática (PRD), quien disputaba la presidencia por tercera vez. Con su cara de enojado, Cárdenas daba la impresión de ser lo opuesto de lo que debía ser un candidato presidencial, pues, contra el parecer de sus coordinadores de campaña, ignoraba a los medios informativos, en especial a la televisión, y no se desprendía jamás de su emblemático rictus severo.

Esta actitud le rindió frutos en su primera campaña, en 1988. Hijo del expresidente Lázaro Cárdenas, quien fue querido por repartir grandes extensiones agrícolas y nacionalizar la industria petrolera, Cuauhtémoc disponía de amplia autoridad moral en 1987, año en que rompió con el PRI, en cuya fundación había participado su padre. En esa campaña sus críticas a la política económica y su llamado a la democracia en el PRI y el país calaron hondo. Un amplio sector ciudadano tachó de fraudulenta la victoria que Carlos Salinas de Gortari se adjudicó en las elecciones de 1988.

Pero en 1994 y 2000, su seriedad y su ideario izquierdista inspiraron mucho menos al electorado. Según las encuestas, en la campaña de 2000 su popularidad no pasó nunca de dieciocho por ciento.

Sin embargo, en vísperas del 2 de julio los sondeos revelaban que Labastida, aunque su popularidad había descendido sostenidamente durante su campaña, conservaba en la recta final ventaja sobre Fox, aunque muy reducida. Daba la impresión de que, en el umbral de las elecciones, los votantes dudaban en decidirse por el cambio.

Las encuestas internas del equipo de Fox señalaban, por su parte, que éste superaba a Labastida, pero él era el único en creer en ellas.

Concha Lupe y sus compañeros tenían además otros motivos de preocupación. Al ver contraerse el margen favorable a su candidato en las encuestas, el PRI había emprendido una campaña de compra de votos en los estados rurales, en la que el gobernador de Yucatán, Víctor Cervera Pacheco, estableció un nuevo récord en el precio del sufragio. En vez de, como antaño, obsequiar almuerzos y prometer la ayuda del gobierno, Cervera regaló lavadoras, que pagó sin recato con recursos públicos y repartió por miles en docenas de ciudades. En Umán, por ejemplo, los priístas erigieron en torno a la plaza mayor una muralla de 1,003 lavadoras cilíndricas, que donaron con bombo y platillo a igual número de amas de casa para prevenir el desvanecimiento de su lealtad.

Tal alharaca ahondó las sospechas de Fox y Cárdenas de que, en caso de considerarlo necesario, el PRI no se detendría en su intento de viciar o entorpecer el voto. Así, pese a que en la campaña no habían ahorrado calificativos para denostarse, ambos candidatos opositores formaron un frente común, un par de semanas antes de las elecciones, para defenderse de las posibles trapacerías del partido oficial.

En los días previos al 2 de julio, Labastida se mantuvo confiado en su triunfo. Finalizadas las campañas, por ley, el miércoles 28 de junio, la tarde del viernes siguiente concedió una entrevista a *The New York Times* en una de sus casas de campaña, junto al bosque de Chapultepec, en el entendido de que, de resultar vencedor, sus declaraciones se publicarían un día después de las elecciones como parte de la semblanza del presidente electo.

Si acaso temía perder, Labastida no dio esa tarde el menor indicio al respecto. Aquella mañana había redactado la primera versión del discurso de su victoria, en el que anunciaría un gobierno de unidad y reconciliación. Sus oficinas ofrecían un respetable aspecto ejecutivo, ya sin las huellas de agitación de la campaña, que la suave música clásica de fondo, digna de un estadista, no hacía sino resaltar.

El candidato priísta empezó describiendo los planes de su gobierno, aludiendo a la decepción que le suscitaba su partido. Afirmó que no se atendría al PRI, al que instaría a "repensarse, reorganizarse y terminar de renovarse" una vez consumado el proceso electoral para pulir la democratización de su vida interna y su contacto con la gente. Más bien, pugnaría por "cogobernar", como él mismo dijo, con uno o más partidos de oposición, con los cuales se proponía establecer alianzas, y a los que invitaría a integrarse a su gabinete. La única señal de que en su campaña hubiera advertido un síntoma preocupante fue su diagnóstico de que tendría que esmerarse en "reconquistar" a la juventud de clase media.

Al final, adelantó sus planes para la noche del 2 de julio. Si el conteo rápido le concedía un margen de cuatro o cinco puntos, declararía su triunfo poco después de las once de la noche, hora en la que el Instituto Federal Electoral (IFE) daría a conocer los resultados oficiales preliminares.[2] Si, en cambio, obtenía una ventaja mínima, aplazaría el anuncio de su victoria hasta la madrugada del lunes, para dar tiempo a que los funcionarios electorales concluyeran el primer cómputo íntegro de los votos.

El día de la elección no comenzó bien para Vicente Fox.[3] Luego de realizar sus ejercicios de rutina en su rancho de San Cristóbal, a las 6:30 de una gélida mañana se metió a la regadera, mas no pudo bañarse, porque la bomba se había descompuesto y no había agua caliente.

Pero tal chasco no lo contrarió. Por azares del destino, justo ese día, cumplía 58 años. En cuanto se vistió, sus cuatro hijos le cantaron "Las mañanitas" y, tras ellos, los mariachis y lugareños que no tardaron en llegar a su propiedad.

Desayunó tacos de nopales, se calzó unas panistas botas azules y, listo para marcharse, se inclinó para recibir la bendición de su madre, Mercedes Quesada, de 83 años de edad.

Al salir de su rancho esa mañana, Fox se sintió un estudiante en camino a un examen final. La prueba sería difícil, por supuesto, pero había estudiado lo mejor posible.

La mayoría de las 113 mil casillas electorales instaladas en todo el país iniciaron sus actividades en punto de las ocho de la mañana.

A esa misma hora, José Woldenberg —presidente del Consejo General del IFE, integrado por nueve miembros— declaró inaugurada la sesión en la que se velaría por el sano curso de una jornada cívica en la que habría de elegirse al presidente de la República, diputados, senadores y tres gobernadores estatales.

Ante tal tarea, Woldenberg se sentía tranquilo, convencido de que el IFE había hecho una magnífica labor de organización, en la que se había invertido la suma sin precedentes de 1,200 millones de pesos, antes en manos del gobierno; además, ahora la supervisión íntegra del proceso electoral recaía en ciudadanos independientes. Asimismo, el IFE había convocado y capacitado a individuos sin filiación partidista para servir como presidentes y secretarios en las casillas de todo el país, e instado a los partidos de oposición a designar representantes en ellas.

La jornada transcurrió, en general, en calma. Poco después del mediodía, Labastida fue informado en sus oficinas en la sede nacional del PRI, en la avenida de los Insurgentes, de que las primeras encuestas de salida de su partido le concedían la delantera, aunque por sólo un punto. Una hora más tarde, él mismo se lo haría saber telefónicamente a Liébano Sáenz, secretario particular de Zedillo, quien le había llamado por teléfono desde Los Pinos, perpetuando así la costumbre de que el candidato priísta diera seguridades al presidente sobre la permanencia en el poder del partido al que ambos pertenecían.

Sin embargo, en la calle se percibía otra cosa. Varios reporteros se dirigieron a Ecatepec, por ejemplo, municipio vasto del nuevo proletariado urbano, cuyo nada despreciable millón de votantes había correspondido fielmente a los muníficos favores del PRI, en vez de girar hacia el PRD, como muchas otras colonias obreras de la zona metropolitana de la ciudad de México. Pero en Ecatepec los enviados de los medios de información no tropezaban con nadie que hubiera votado por el partido tricolor. Las personas a las que entrevistaban fuera de las casillas guardaban silencio o aseguraban haber optado por "el cambio". Muchas de éstas ni siquiera mencionaban a Fox; hablaban del "cambio" como si éste fuera el nombre de su candidato. Quienes finalmente admitieron haber sufragado por el PRI, lo hicieron sin mostrar entusiasmo. José Luis Caballero, empleado del gobierno municipal de 39 años de edad, fue uno de ellos, y al instante su esposa, Gabriela, se volvió irritada hacia él para exclamar: "¡Pero si este país necesita un cambio!". Tras reflexionar un momento, José Luis se arrepintió de su voto. Explicó haberlo destinado al PRI por costumbre, puesto que trabajaba en el gobierno. "Este país necesita no uno, sino muchos cambios", aceptó.[4]

Así, a la una de la tarde, hora en la que ya se habían emitido suficientes votos para decidir el resultado de las elecciones, ya había tenido lugar una pacífica y silenciosa revolución en México.

Uno de los primeros en saberlo fue Vicente Fox. Entrada la mañana había volado a la capital del país para acuartelarse en las nuevas oficinas del PAN, en una colonia residencial del sur de la ciudad. Aún sin ventanas, polvoso, con la tubería parcialmente fuera de servicio y protegido por una rústica alambrada, el moderno edificio reflejaba inconscientemente la añeja creencia de ese partido de que jamás llegaría al poder.

Pasado el mediodía, y luego de que Fox se instalara en un recóndito salón que tenía el mérito de contar con luz eléctrica, llegaron los encuestadores del partido. Estaban eufóricos. Sus encuestas de salida ofrecían a su candidato un categórico margen de cinco puntos, que bien podía incrementarse aún.

Más tarde, Marta Sahagún —vocera y fiel colaboradora de Fox en la campaña, además de enamorada del candidato, según los chismes— se presentó ante su jefe para entregarle una de sus "notas informativas". En ella le refería que las encuestas de Los Pinos confirmaban su ventaja. Aunque Liébano Sáenz no le había proporcionado cifras exactas, aparentemente por temor a que las filtrara a la prensa, le había dicho que la tendencia de la votación era "irreversible".

Ésa fue su palabra. "Irreversible."

Cuando el candidato terminó de leer la nota, la indoblegable Marta Sahagún rompió a llorar.

Fox, en cambio, no pareció sorprenderse, como si jamás hubiera dudado de que ganaría. Junto a Marta Sahagún y otros miembros de su equipo, dio en recordar entonces el quijotesco inicio oficial de su campaña un año antes, al aceptar la nominación presidencial del PAN, en un apresurado acto realizado en un callejón próximo a la Plaza México, con tan escasa concurrencia que la prensa se había mofado de él.

Fox interrumpió la conversación para salir a un balcón a saludar a cientos de simpatizantes que querían felicitarlo por su cumpleaños, y, haciendo gala de sus dotes de comunicador, en vez de exhibir la Y de "¡Ya!" que él mismo había convertido en símbolo de su campaña, extendió los dedos de la mano derecha, en alusión a la ventaja de cinco puntos que lo favorecía en ese momento. Muchos de los presentes advirtieron el gesto, pero no comprenderían su significado sino horas después.

Hacia las tres de la tarde en Los Pinos, Sáenz informó a Zedillo que, de acuerdo con las nuevas encuestas, la ventaja de Fox iba en aumento. El presidente, quien se hallaba en el área residencial, no perdió el aplomo. Ya durante la campaña había mantenido cierta distancia de Labastida; desdeñosa actitud que primero confundió y luego ofendió a su partido.

Tal desapego se había debido en parte a la aversión de Zedillo por el oropel y el proselitismo políticos. Egresado de la Universidad de Yale, donde estudió economía, prefería los laberintos del presupuesto a los de la negociación política a la usanza del PRI. Pero también había deseado evitar los errores de su antecesor, Carlos Salinas de Gortari, quien, en el afán de preservar el lustre de su administración, se había inmiscuido en la campaña del entonces candidato presidencial del PRI, el propio Zedillo, y en las postrimerías de su sexenio había tomado decisiones económicas a las que este último atribuía la pesadilla de devaluación y recesión que sellaron su primer año de gobierno.

Pese a su poco discutida victoria en 1994, a Zedillo no dejaron de incomodarle las concesiones, en particular el control de los medios de información, que el sistema político le había dispensado en su campaña. El asesinato, ese año, de Luis Donaldo Colosio, el candidato priísta al que se había visto forzado a remplazar, había sido además una demostración palpable del extremo deterioro de los mecanismos del régimen para la transferencia del poder. Así, en su opinión, había llegado el momento de que el país diera un gran paso hacia la auténtica democracia.

Quienes criticaron a Zedillo por su supuesta ineptitud política lo habían subestimado. Como resultado de graduales pero resueltos pasos a lo largo de su sexenio, el presidente llegaba al final del mandato en una posición prácticamente invulnerable.

La serie de reformas electorales que propuso al congreso en 1996 había consolidado la independencia del IFE, avalando el pródigo financiamiento público de las campañas de todos los partidos, lo que creó el marco necesario para que la oposición se enfrentara al PRI en condiciones más equitativas. De igual forma, en 1999 Zedillo cimbró a su partido al negarse a ejercer el "dedazo" para escoger a su sucesor, el supremo acto de poder de todo presidente mexicano priísta. Dispuso en cambio que aquél seleccionara a su candidato mediante la realización, por primera vez en su historia, de elecciones primarias, en las que Labastida superó a otros tres precandidatos en una contienda inesperadamente reñida, aunque no faltaron quienes apoyaran al precandidato a la postre vencedor por considerarlo el "bueno" del presidente.

Zedillo apenas si defendió a Labastida de Fox y Cárdenas durante la campaña, pero protestó cuantas veces fue puesta en duda la imparcialidad del aparato electoral. Incluso trató con aspereza al expresidente estadunidense James Carter, quien, al mando de una reducida delegación de observadores electorales extranjeros, publicó un informe antes de las elecciones en el que hizo notar ciertas anomalías.[5]

No se les escapaba al presidente, a Sáenz y los otros operadores políticos de Los Pinos que el terso transcurso de las elecciones podría asegurar la permanencia de su legado reformista, cualquiera que fuera el desenlace. Si el PRI ganaba, se calculaba, se le recordaría como el presidente que, tras organizar la justa electoral más equitativa en la historia del país, había logrado la reelección de su partido. Si éste perdía, se le consideraría el padre de la democracia mexicana.

Durante la tarde del 2 de julio, el contacto de Zedillo con sus colaboradores siguió siendo breve y formal. No obstante, habría de llegar el momento en que Liébano Sáenz, haciendo una pausa en el torbellino de sus llamadas telefónicas, exclamara pasmado, luego de tomar asiento e inhalar profundamente: "¡Perdimos!". Fue la única ocasión en todo el día en que se permitió desahogar su adhesión priísta.

Cerca de las cuatro de la tarde del 2 de julio, Sáenz decidió que debía entregar personalmente a Zedillo, en su residencia, un documento que, pese a contener un simple análisis estadístico, dejaba ver a las claras que el triunfo de Fox era definitivo.

Así empezaría ese día un segundo movimiento telúrico en la política mexicana: la fisura entre el presidente y el PRI como consecuencia de la sacudida y final desplome del régimen.

Es indudable que la derrota priísta consternó a Zedillo. Pero desde tiempo atrás sabía que la apertura política podía derivar en la remoción del PRI, de modo que contó con un largo periodo para prepararse. Ninguna de las personas que trataron con él en esa fecha lo vio titubear en el reconocimiento de la victoria de Fox.

De cualquier manera, Zedillo y su equipo ignoraban cuál sería la reacción del PRI. Todos los escenarios que habían previsto se basaban en un apretado triunfo de Labastida o de Fox; jamás imaginaron que éste fuera a poner de rodillas al partido en el poder. Tras examinar a media tarde los resultados de las encuestas, los asesores presidenciales determinaron que era crucial que Labastida aceptara su derrota lo más pronto y civilizadamente posible, en beneficio de la tranquilidad del país, pero también del propio Zedillo. Si el conteo de los votos transcurría sin contratiempos, Labastida admitía su derrota y Fox se declaraba triunfador sin romper las formas, los hombres políticos del presidente entendieron que él podría pronunciar el discurso que rubricaría el éxito de la jornada electoral, y bien podría tratarse del discurso que más definiría su sexenio.

A las cuatro de la tarde, Sáenz emprendió una misión telefónica ante Fox y el PRI a fin de asegurar el desenlace ideal para el presidente. Habló primero con Labastida.

—Sería bueno que te fueras preparando para reconocer tu derrota —le dijo—; si tú sales a reconocer el triunfo vas a ganarte un lugar de respeto en todo esto y le vas a evitar muchos problemas al PRI. Según nuestras encuestas, los resultados son irreversibles.

—Yo tengo otra información —replicó lacónicamente Labastida—; voy a esperar. Yo voy a guardar la ortodoxia.

—La ortodoxia es para el ganador, Francisco —repuso Sáenz—; y nosotros perdimos.

Las crecientes señales de turbulencia en el PRI obligaron a los asesores de Zedillo a multiplicar sus llamadas a la sede de ese partido, cuyos dirigentes ni siquiera estaban reunidos en la misma sala. Labastida y tres o cuatro de sus más cercanos colaboradores se habían refugiado en una oficina del tercer piso, mientras que otros líderes se hacían fuertes arracimados en torno a la mesa de juntas del salón de campaña de la segunda planta, contiguo a la oficina de la presidenta del partido. Labastida no se sumó a ellos hasta después de las seis de la tarde. Sin tomar asiento, se limitó a decir que la tendencia era "desfavorable".

Estupefactos, los dirigentes guardaron silencio. Sólo después atinaron a murmurar, incrédulos: "¡No puede ser!", "¡Imposible!".

El deslizamiento por Labastida de la idea de que debía disponerse a elaborar el mensaje de admisión de su derrota no hizo sino alarmar aún más a los jerarcas priístas, quienes lo instaron encarecidamente a aguardar nuevos resultados. Desconfiaban ahora de las encuestas —mismas que no se habían cansado de blandir durante la campaña, cuando habían sido propicias para ellos—, pues, afirmaron, el "voto verde" o rural, siempre leal a su partido, era el último en contabilizarse. Así, aún podían permitirse exigir a su candidato no una declaración de derrota, sino triunfante.

Labastida se retiró para evitar una confrontación con la dirigencia, pero en cuanto llegó a su oficina hizo llamar discretamente a uno de sus subalternos para emprender con él la redacción del discurso en el que se reconocería perdedor.

A las 6:15, Labastida habló por teléfono con el presidente. "Voy a dejar que el proceso siga su curso y después decidiré qué hacer", le dijo. En una segunda llamada a Zedillo, poco antes de las ocho, aceptó que había perdido, pero no fijó hora para admitirlo públicamente. Zedillo se mostró frío, mas, con todo, finalizó la conversación diciendo: "Te mando un abrazo".

Tal renuencia de Labastida acrecentó el sobresalto en Los Pinos, junto con otras señales preocupantes. Labastida había cancelado abruptamente una conferencia con los reporteros que abarrotaban el edificio de su partido, y no contestaba las llamadas de la prensa. Le había asegurado a Sáenz que la presidenta del PRI, Dulce María Sauri, reconocería de modo escueto su derrota justo después de las ocho. Pero no sucedió.

Lo que sí ocurrió entonces fue que, habiéndose cerrado las casillas de Baja California unos minutos antes (seis de la tarde en el noroeste, hora límite oficial de la recepción de votos), las dos televisoras nacionales, Televisa y TV Azteca, difundieron los resultados de sus sondeos, que daban el triunfo a Fox con una ventaja de hasta ocho puntos. La noticia se regó como pólvora, y hubo incluso quien echara las campanas a vuelo tan sólo al enterarse de ella.

Pero muchos otros ciudadanos prefirieron esperar. Aún estaba por verse si el PRI acataría esa decisión.

En las oficinas del PAN, Fox era el único que daba crédito a los hechos. Privaba el frenesí, pero la experiencia imponía cautela; el PRI podía rechazar los resultados. Concha Lupe pensó en llamar a casa para dar la noticia, pero decidió esperar; su madre no soportaría que el partido en el poder le arrebatara el triunfo a Fox, como lo había hecho antes con otros candidatos.

A las 7:45, Zedillo reconoció telefónicamente la delantera de Fox, pero pidió a éste aguardar a que Woldenberg anunciara los resultados oficiales preliminares y a que él mismo dirigiera un mensaje a la nación a las once de la noche.

El presidente volvió a llamar pasadas las 8:30. Fox se trasladó a un rincón silencioso y conversó con él diez minutos. Zedillo le informó que los primeros resultados del IFE confirmaban una ventaja de ocho puntos; "Te felicito, Vicente", le dijo conciso. Fox se lo agradeció, aunque durante el resto de la plática tuvo que esforzarse por contener sus emociones. Fox reiteró su compromiso de no declararse vencedor hasta que Woldenberg hubiera emitido su reporte.

Cuando el candidato panista salió al pasillo, repleto de partidarios, su mirada impuso silencio. Pero lo único que pudo decir fue: "¡Ganamos!", con lágrimas en los ojos.

Sin embargo, su momento sublime de gloria sería breve. Sus dos hijas, Ana Cristina y Paulina, habían insistido en hacerse acompañar por su madre desde Guanajuato a la sede del PAN. Luego de divorciarse, en 1992, de Lilian de la Concha, quien para entonces ya sostenía una relación con otra persona, Fox mantuvo a su lado a sus cuatro hijos, todos ellos adoptados. Pese a haber sido un escrupuloso padre soltero, sus hijas no perdían la esperanza de la reconciliación. Aunque su madre no había participado en la campaña, las muchachas, no sin el beneplácito de aquélla, decidieron que la noche del triunfo de Fox sería el momento ideal para el rencuentro.

El fogoso beso de felicitación que Lilian le dio a Fox fue demasiado para Marta Sahagún. Estallaron las hostilidades; se gritaron una a otra y empuñaron sus bolsas. Minutos después, Fox despachó con cajas destempladas a uno de sus más cercanos colaboradores, quien lo abordó para consultarle ciertos detalles tácticos. Sin ocultar su sonrisa, Lilian se mantuvo muy cerca del presidente electo el resto de la noche, bajo la recelosa mirada de la vocera.

Labastida seguía empeñado, por su parte, en asimilar la situación. Era el primer candidato presidencial del PRI en perder. Su partido había sido derrotado en elecciones estatales, pero nunca en las presidenciales.

"Yo también era un hombre que no conocía la derrota", comentaría Labastida después. "Pero yo soy un hombre que me he templado. En ningún momento me quebré."

Pero no llegaba a decidirse por hacer una declaración en público. Ignorando la presión de Los Pinos, había resuelto pronunciarse después de Woldenberg, dejando a las autoridades electorales informar al pueblo quién había ganado, y quién perdido.

El peligro de que los ánimos de los priístas se desbordaran obligó a los asesores presidenciales a sostener una reunión de emergencia a las nueve de la noche. Los asesores de

Zedillo temían que el PRI tomara casillas en todo el país para impedir el conteo de los votos o llamara a desconocer los resultados, lo que causaría disturbios con probable saldo de muertos y heridos.

"La incertidumbre que aún prevalecía a esa hora era, en el entorno político mexicano, un asunto de seguridad nacional", referiría más tarde Federico Berrueto, asistente de Sáenz. "Si empezaba la guerra verbal, si Fox o el PAN se sentían amenazados en lo que ellos ya sabían era un triunfo, esto escala en cuestión de minutos. Podíamos tener un estado de descomposición política totalmente...", hizo una pausa para elegir la palabra adecuada, "inmanejable".

Así, Sáenz llamó de nuevo a Labastida.

—Cárdenas está por admitir su derrota —le dijo.

—Ya lo sé —replicó aquél, irritado.

—Se te va a adelantar —lo espoleó.

—No sé si me ganan o no me ganan, esto ya no es una carrera —respondió ofendido el candidato. Añadió que pensaba consultar a los gobernadores priístas de todo el país acerca de lo que debía hacer.

La idea de que la estabilidad nacional dependiera de tan singular conciliábulo alteró más aún a Sáenz, quien la objetó.

—De todas maneras hablaré después de que lo hayan hecho las autoridades electorales —insistió Labastida.

—No; quien hablará entonces será el presidente —reviró Sáenz.

Labastida se negó a negociar, y cortó bruscamente.

Listos sus lemas y banderas, la militancia priísta se deshacía ahora en abucheos e improperios cada vez que una encuesta más reciente confirmaba la victoria de Fox en las gigantescas pantallas de televisión en torno a la explanada del PRI.

"¡Aquí nadie se raja!", gritaba la gente, a la espera de instrucciones y dispuesta a defender a su partido hasta con los puños, de ser necesario.

Cárdenas admitió su derrota a las 10:20. De acuerdo con los resultados preliminares, había obtenido sólo diecisiete por ciento de los votos. En conferencia de prensa en las oficinas de su partido, difundida por televisión a todo el país, se abstuvo de felicitar a Fox y de aludir al significado del relevo del PRI para la democracia mexicana. Aseveró, en cambio, que el PRD sería "la más firme oposición" contra el "entreguismo, oscurantismo, oportunismo e improvisación" que, según él, representaba Fox.

"Nuestra lucha ha sido larga. ¿Qué son unos días más?", preguntó, en clara referencia a los seis años que gobernaría Fox. Cerró con una frase evocadora de Fidel Castro que los hechos parecían desmentir: "Nos movemos en el sentido de la historia". Interrogado después sobre el motivo de que no hubiera felicitado a Fox, contestó: "Porque lo que está pasando es una desgracia para el país".

Tan pronto como terminó la transmisión del discurso de Cárdenas, Sáenz llamó de nuevo a Labastida. "No voy a cambiar mi decisión", dijo el candidato y colgó, quedándose los dos furiosos. A las 10:30 Sáenz se lo notificó a Zedillo, quien inició entonces una nueva versión del discurso que preparaba para la nación, para omitir toda mención a alguna declaración del candidato priísta.

Una vez reservada por Sáenz la transmisión televisiva del discurso del presidente para poco después de las once de la noche, Zedillo y sus asesores decidieron no dejar nada al azar y grabar el discurso en vez de difundirlo en vivo. Apenas iniciada la grabación, los colaboradores de Zedillo la interrumpieron; éste lucía demasiado jovial, opinaron, no suficientemente afligido por la derrota de su partido. El personal de producción maquilló al presidente para dar a su rostro un toque de palidez.

Concluida la grabación, se confirmó el plan: el mensaje presidencial se transmitiría a las 11:06 de la noche.

Woldenberg informó en cadena nacional a las once en punto de la noche que el escrutinio preliminar del IFE daba la victoria a Fox.

Las televisoras se enlazaron al momento con el auditorio del PRI, donde Labastida se abría lúgubre paso hacia el podio entre un alud de manos tendidas. Esperó a que la gritería amainara.

"Los resultados de las elecciones de hoy no son favorables para mí ni para mi partido..."

Pero en ese instante comenzó la transmisión del mensaje presidencial desde Los Pinos, la cual sustituyó súbitamente a la del discurso de Labastida.

Zedillo apareció en su oficina de pie frente a un podio, pieza central de un escenario cuidadosamente diseñado.

"Hoy ha quedado acreditado ante propios y extraños que la nuestra es nación de hombres y mujeres libres que sólo creemos en los medios de la democracia y de la ley para procurar el progreso y la solución de nuestros problemas", dijo Zedillo, escoltado por la bandera nacional y un retrato de Benito Juárez.

Finalmente pronunció las palabras clave:

"Hace unos minutos, el Instituto Federal Electoral nos informó a todos los mexicanos que, aunque preliminares, dispone ya de datos confiables y suficientes que indican que Vicente Fox Quesada será el próximo presidente de la República."

El júbilo estalló por fin en la sede panista. Ya no cabía la menor duda: Fox había ganado. El PRI cedería el poder. Se había dado una oportunidad a la democracia.

Zedillo ofreció cooperar por un cambio de gobierno "transparente, limpio y eficiente", afirmó que Labastida había "luchado gallardamente" y merecía su "invariable afecto" y reconoció que el PRI había "contribuido a la paz social, la estabilidad política, el respeto internacional y los avances en el desarrollo del país".

29

Al reaparecer en la pantalla, tan pronto como Zedillo terminó su alocución, Labastida llegaba al final de su discurso.

"La ciudadanía tomó una decisión que hoy todos debemos respetar", dijo. "Nuestro partido está vivo", aseguró a sus correligionarios, quienes horas antes no sospechaban que estuviera en peligro de muerte, y los exhortó al mismo tiempo a una "profunda reflexión" para devolver a aquél "su energía".

Más que estas palabras, lo que asombró a los televidentes fue la insólita imagen de un PRI abatido. El grito de campaña, "¡Duro! ¡Duro!", sonaba hueco, y el himno nacional pareció un canto fúnebre. Labastida se dirigió a la salida con la frente en alto, pero trastabilló cuando su esposa lo tomó del brazo.

Ese traspiés hizo saber a los asesores presidenciales que la temida insurrección del PRI no se consumaría. Funcionarios zedillistas se enterarían más tarde de intentos de grupos priístas locales de impugnar los resultados electorales; pero la dirigencia de ese partido había estado hasta aquella noche tan segura de su triunfo que, cuando comprendieron el resultado adverso, ya era tarde para reaccionar.

A las 11:30 de la noche José Woldenberg clausuró la sesión del Consejo General del IFE, pues sus miembros, luego de haber previsto que tendrían que lidiar toda la noche con una votación muy cerrada, ya no tenían nada que hacer.

De hecho, luego de doce presidentes consecutivos, era de sorprender que el ocaso del régimen priísta, el 2 de julio de 2000, no haya provocado mayores turbulencias. Pero ese día significó algo más que el derrumbe del PRI. Por primera vez en la historia de México, se había logrado transferir el poder presidencial a la oposición, en elecciones libres y pacíficas, a través del sufragio efectivo.

Pero además de representar un rompimiento con el pasado, las elecciones del 2 de julio abrieron la puerta al futuro. Se conjugarían al fin en México muchos de los elementos de la democracia: un presidente que debía rendir cuentas ante los votantes; para acotar su poder habría una legislatura propositiva con una mayoría opositora en la cámara de diputados y tribunales cada vez más independientes. Había pluralismo en los estados con gobernadores de distintos partidos, un órgano electoral autónomo, una prensa combativa atenta al proceder de los funcionarios públicos y grupos ciudadanos capaces de hacer oir y cumplir sus demandas.

La consolidación de los medios políticos como vía para resolver sus diferencias había librado a la sociedad de un agobiante legado histórico. Siempre fue notable que el panteón estuviera lleno de héroes cuyas luchas por pugnar por las causas populares les trajeran el exilio, en el mejor de los casos, o la muerte. Los anhelos de esos héroes, se enseña en las escuelas, han terminado muy a menudo en "ríos de sangre", para usar una expresión de Miguel Hidalgo, el sacerdote católico considerado como el padre de la patria.[6]

En la Constitución promulgada en 1857 se había consagrado por primera vez la aspiración de una república federal y democrática. Por fin, las grandes metas de aquella Constitución se cumplirían en julio de 2000, ciento cuarenta y tres años después de haber sido promulgada.

A medianoche Fox salió al balcón para saludar a sus seguidores, quienes colmaban varias cuadras a la redonda. Una enorme pantalla a sus espaldas proyectaba su imagen. El maestro de ceremonias lo presentó como "el presidente de la República".

"¡Guau, qué bien se oye eso!", exclamó. Luego bebió un trago de una botella de champaña. "¡Es mejor el tequila!", explotó, para regocijo del gentío. Aseguró que tendría que empezar a portarse como presidente.

"¡Prometo ya no decir groserías!", dijo, pero la gente protestó: "¡No!, ¡No!".

"¡Me siento a toda máquina, la verdad!", exclamó.

"¡Arriba, abajo, el PRI se fue al carajo!", se hizo eco del festivo coro de la multitud.

Tuvo elogios para Zedillo. "Saben que yo no acostumbro darle coba a nadie. Pero él actuó sin titubeos." Agregó que esperaba "cumplir la transición sin venganzas ni revanchismos".

Concha Lupe llamó al fin a casa. Pese a su avanzada edad, su madre brincó de alegría en la cama.

A la una de la mañana Fox se unió a la muchedumbre que se había congregado en el Ángel de la Independencia. Se topó ahí con una apacible concentración, sin empujones. Había muchos jóvenes, pero también gran cantidad de padres que habían sacado a sus hijos de la cama para llevarlos en pijama al Ángel. Un tipo bailaba mambo con su perro.

Simpatizantes del PAN arrancaban carteles del PRI ante la indiferencia de la policía. Otros llegaron cargando en un ataúd el cadáver de cartón de este partido.

A las tres de la mañana todos se habían marchado.

Al día siguiente la gente reanudó sus actividades de costumbre. Aunque a primera vista todo parecía igual, quienes habían luchado durante décadas por la instauración de la democracia percibían algo diferente.

TLATELOLCO, 1968

Al enterarse en Ciudad Universitaria, la noche del 26 de julio de 1968, de que en los alrededores del Zócalo se libraban batallas entre estudiantes y policías, Luis González de Alba, alumno de psicología de 24 años de edad, hijo de un farmacéutico de Guadalajara, decidió ir en el volkswagen de un amigo a ver qué estaba ocurriendo.

Llegó al centro a las once. Encontró piedras y vidrios rotos por todas partes, autobuses incendiados y granaderos en cada esquina. Tan pronto como cruzó la pesada puerta de madera de la Preparatoria 1, en el Antiguo Colegio de San Ildefonso, un grupo de muchachos la cerró, pues justo en ese momento la policía avanzaba por la avenida. El lugar parecía un castillo medieval sitiado. Estudiantes temerosos vagaban por los corredores. Más allá de los murales de José Clemente Orozco, muchos jóvenes a oscuras subían tabiques y piedras a la azotea para defenderse. Otros preparaban bombas Molotov.[1]

Se hallaba en marcha un motín antiautoritario. Los disturbios habían comenzado cuatro días antes a causa de una gresca entre alumnos de preparatorias rivales, durante un juego de futbol americano. Los granaderos habían intervenido, blandiendo sus macanas. Los estudiantes de la Vocacional 5, del Instituto Politécnico Nacional (IPN), se refugiaron en su escuela, pero la policía consiguió entrar y cargó contra ellos y sus maestros. En los días siguientes se sucederían nuevos choques entre ambos bandos.

Las protestas ocasionaron más represión, y ésta, a su vez, nuevas protestas. Varias preparatorias se declararon entonces en huelga, junto con otras del centro, paralizado por combates callejeros. Los estudiantes erigían barricadas. La policía hostigaba a los peatones. Vecinas arrojaban macetas a los agentes. El gas lacrimógeno y el humo de los vehículos quemados volvían el aire irrespirable.

Fanático del orden, al presidente Gustavo Díaz Ordaz le enfureció que estudiantes de cabello largo se burlaran de las autoridades.[2]

Hombre de baja estatura, anteojos de carey y disposición cavilosa, Díaz Ordaz fue menos apto que sus antecesores en la estimación del peligro real implicado por los disidentes. Tendía a ver amenazas subversivas en todas partes y, a menudo, prefirió la fuerza a la negociación para enfrentarlas.[3]

Antes de asumir la presidencia en diciembre de 1964, Díaz Ordaz había sido secretario de Gobernación en el gobierno del presidente Adolfo López Mateos, y había hecho rudo uso de sus facultades. Frente al amago de una huelga en Ferrocarriles Nacionales en 1959, había despedido sin más a 13 mil obreros y ordenado una redada en la que los dos principales líderes de la huelga, Demetrio Vallejo y Valentín Campa, fueron detenidos junto con otros 10 mil trabajadores para ser recluidos en campos militares.

Los mexicanos habían visto al ejército aplastar muchas huelgas, pero en los años sesenta su país presenciaba nuevas formas de disidencia. La clase media era cada vez más cosmopolita, y sus jóvenes armonizaron con la rebelión cultural que cundió en Occidente tras la gazmoñería de los años cincuenta. Hubo un próspero movimiento hippie, y la nación contaba con sus propios rocanroleros. Los adolescentes no tenían que importar mariguana y hongos para atizar sus ensoñaciones, pues los había en abundancia en todo el país.

Díaz Ordaz no estaba capacitado para comprender esa agitación. Desde principios de su sexenio aplicó sus métodos de mano dura a la disidencia urbana. Mandó a granaderos a echar de los hospitales gubernamentales a los médicos y enfermeras en huelga. Más tarde envió a paramilitares a acallar protestas de estudiantes universitarios en Michoacán, Sonora y Tabasco. Y aunque las demandas de los inconformes variaban, la denuncia de la brutalidad de la policía y el ejército fue unánime.

Pero más allá de la obsesión personal de Díaz Ordaz por el orden y la disciplina, un factor adicional intensificó su aversión por los estudiantes rebeldes en 1968. México sería, ese año, el centro de la atención mundial como el primer país en desarrollo en haber sido elegido sede de los juegos olímpicos.

Convencido de que su principal deber era preservar la paz, no podía tolerar que jóvenes alborotadores se rieran de él.[4]

Así, en la madrugada del 30 de julio el ejército derribó de un bazucazo la puerta de la Prepa 1, de cientos años de antigüedad y tallada por artesanos indígenas, se precipitó dentro y detuvo a los huelguistas. El saldo de las operaciones de ese día en esa y otras escuelas fue de cuatrocientas personas hospitalizadas y un millar aprehendidas.[5]

La ofensiva militar contra la Prepa 1 causó conmoción. El rector de la UNAM, Javier Barros Sierra, distinguido ingeniero de tendencia política moderada, izó la bandera a media asta en la explanada de la rectoría y al día siguiente encabezó una marcha de protesta en el sur de la ciudad, a la que asistieron más de cincuenta mil estudiantes y profesores.[6]

Esa honrosa actitud del rector despertó a muchos estudiantes hasta entonces apáticos. Con más de cien mil alumnos, lo que la convertía en la universidad más grande de América Latina, la UNAM se unió al instante contra el gobierno.

También el Politécnico estaba en pie de guerra. Al ocurrir los primeros choques entre estudiantes y policía, Raúl Álvarez Garín, alumno de física de 27 años de edad, participaba en un seminario de matemáticas fuera de la ciudad, pero volvió tras el bazucazo en la Prepa 1.[7] Colaboró entonces, dando dirección a un movimiento incipiente y prácticamente carente de líderes, en la redacción de un breve pliego petitorio. Bigotón y robusto, Álvarez Garín procedía de una familia radical. Su abuelo había sido asistente del general revolucionario Álvaro Obregón, sus padres eran comunistas y su esposa era hija de Valentín Campa. Así, resultó ser un estratega nato, y ayudó a esbozar una corta lista de demandas muy específicas —liberación de los presos políticos, indemnización a los familiares de estudiantes heridos por la policía, desaparición del cuerpo de granaderos y derogación de leyes ambiguas empleadas para encarcelar a muchos mexicanos. Álvarez Garín no era un buen orador, y a veces tartamudeaba; sin embargo, cuando leyó por primera vez las demandas frente a miles de alumnos y maestros del Poli, éstos estallaron en exclamaciones de aprobación y desafiantes consignas.

"Fue una de esas emociones que se experimentan pocas veces en la vida", afirmaría más tarde. "Cuando hablé me interrumpieron doce o quince veces en los pocos minutos que duró mi discurso."[8]

La sencillez y justicia de las demandas que Álvarez Garín ayudó a concebir facilitó su pronta adopción y dio autoridad moral al movimiento estudiantil. Las marchas de las semanas posteriores permitirían a incontables personas expresar su rechazo al gobierno priísta, cuya posición era cada vez más rígida. De súbito, el régimen que se había presentado como benefactor revolucionario del pueblo de México se veía reducido al emperador del cuento clásico que pasea desnudo.

Días después estallaron huelgas en el Politécnico, la UNAM y muchas otras preparatorias y universidades públicas de todo el país y se formó el Consejo Nacional de Huelga (CNH), integrado por doscientos representantes de docenas de escuelas.

La primera gran prueba del CNH fue la marcha del 13 de agosto, con destino al Zócalo. La presencia de miles de personas que aclamaron a los manifestantes en balcones y aceras puso al descubierto el generalizado repudio al régimen priísta. Doscientas mil personas llenaron la plaza. Muchas de ellas eran padres de estudiantes, pero otras eran maestros, enfermeras y trabajadores de toda clase.[9]

Tan vasta participación demostró que los estudiantes daban voz a las frustraciones políticas de un extenso sector de la población en un México en vías de modernización. Aunque muchos líderes estudiantiles como Álvarez Garín y González de Alba se consideraban revolucionarios del tipo de Fidel Castro y el Che Guevara, el movimiento atrajo amplio apoyo popular gracias a que no perseguía derrocar al gobierno sino democratizar el país.[10]

Los recintos universitarios en huelga fueron, durante el mes de agosto, centros de febril actividad política. De día, en el Politécnico, Álvarez Garín se afanaba en lograr una huelga disciplinada: organizaba brigadas, una cocina colectiva y la compra de un sistema de sonido para los mítines, y de noche dormía en uno de los cubículos de los profesores.[11]

Representante de la Facultad de Filosofía y Letras en el CNH, González de Alba se instaló a su vez en el octavo piso de la Torre de Humanidades de la UNAM, en un pasillo alfombrado cuya puerta podía cerrar de noche para dejar de oir incesante rumor del mimeógrafo en el que se imprimían los volantes estudiantiles.

Para él, el movimiento estudiantil fue algo más que persecución y protestas: una revolución cultural liberadora en la que una generación transgredió jubilosamente los asfixiantes límites sociales del México de mediados de siglo. "Fue la fiesta —asegura—, el carnaval contra la cuaresma obligada de México durante los últimos cincuenta años."

"Dormíamos en los sillones de piel del director; desayunábamos en cafeterías hechas nuestras y sin pagar —relata—; íbamos a los mítines callejeros con el corazón de un torero antes de que se abran los rediles y aparezca el toro-granadero; subíamos a los camiones a hablar con la gente, a cantar, a representar pequeñas farsas y comedias; huíamos del toro divertidos cuando una patrulla detenía al camión; por las noches encendíamos fogatas y cantábamos canciones de la guerra civil española; ligábamos, buscábamos el cubículo descubierto esa mañana para estar a solas con el ligue; íbamos a bañarnos a la alberca sin credencial. Todo se hacía sin boleto y sin permiso."[12]

Las 400 mil personas que marcharon al Zócalo el 27 de agosto tardaron cuatro horas en ocupar la plaza. Algunos estudiantes subieron a una de las torres de la Catedral e hicieron repicar sus campanas. Un grupo de manifestantes gritaba: "¡Sal al balcón, chango hocicón!", bajo el balcón central de Palacio Nacional.

Eso no le habrá hecho mucha gracia a Díaz Ordaz. Decididos a no irse de ahí hasta que el presidente satisficiera sus demandas, unos cuantos miles permanecieron en el Zócalo y encendieron fogatas. Pero a media noche tres batallones salidos del Palacio Nacional, a los que en la explanada se sumaron doce camiones blindados de transporte de personal de otros cuarteles del ejército, les ordenaron retirarse. La mayoría lo hizo de inmediato; los renuentes fueron desalojados a macanazos.[13]

El primero de septiembre, Díaz Ordaz lanzó en su informe de gobierno una amenaza desembozada: "No podemos permitir ya que se siga quebrantando irremisiblemente el orden jurídico", sentenció. "No quisiéramos vernos en el caso de tomar medidas que no deseamos, pero que tomaremos si es necesario; lo que sea nuestro deber hacer, lo haremos; hasta donde estemos obligados a llegar, llegaremos."[14]

La inminencia de las olimpiadas —cuya inauguración estaba prevista para el 12 de octubre y en las que el gobierno deseaba proyectar una imagen de desarrollo económico y justicia social— daba a las protestas estudiantiles un cariz preocupante. Resuelto a silenciarlas lo antes posible, el presidente endureció su posición.

Así, controlados por el gobierno, los periódicos atacaron con creciente vehemencia al movimiento y muchos estudiantes fueron detenidos. La Dirección Federal de Seguridad (DFS) persiguió con especial encono al ingeniero Heberto Castillo.

Castillo fue bien conocido no sólo por su distinguida trayectoria como profesor y profesional de la ingeniería civil sino por su cercanía con el expresidente Lázaro Cárdenas. Castillo participaba activamente en las asambleas del CNH,[15] para exasperación de Díaz Ordaz.[16] En sus memorias, el presidente mostró su envidia por Castillo al enfurecerse ante el reconocimiento que éste recibía.

Asimismo, Castillo había concertado en la casa del general Cárdenas en la ciudad de México una reunión entre una docena de líderes estudiantiles, entre ellos González de Alba, y el expresidente Cárdenas, quien seguía con gran interés el desarrollo del movimiento. En esa conversación habló a los estudiantes con respeto, pero también se dijo muy preocupado de que el movimiento causara daños irreparables a la estructura social del país.[17]

Al final de la reunión, Cárdenas instó a Castillo a seguir apoyando a los estudiantes y desestimó sus temores de que Díaz Ordaz enfilara las fuerzas armadas contra la UNAM.[18]

Pero se equivocó. El ejército tomó la Universidad el 18 de septiembre y detuvo a quinientas personas, entre las que Castillo estuvo a punto de contarse.

Escribía esa noche en la Facultad de Ciencias el guión de un documental sobre el movimiento cuando un estudiante llegó con la noticia. Se dirigió a toda prisa a la salida del plantel, pero en un reborde un soldado lo iluminó con un reflector desde la torreta de un tanque.

"¡Alto!", le ordenó.

"Si me paro me matan, si corro quizá no", se dijo, y aceleró el paso, se escondió en una hondonada y se arrastró sobre rocas y arbustos. Luego de varios días oculto en los pedregales aledaños a la UNAM, tomó un taxi a casa de un amigo.[19]

A diferencia de los universitarios, días después los politécnicos repelieron enérgicamente a la policía con bombas Molotov y la quema de patrullas. Los tanques del ejército, que llegaron más tarde como refuerzo, fueron recibidos por los vecinos con basura, botellas y ollas de agua caliente. Las hostilidades duraron tres días.[20]

A fines de septiembre, la capital se hallaba prácticamente en estado de sitio: abundaban las aprehensiones ilegales, los detenidos no podían consultar a un abogado y agentes de seguridad registraban casas y automóviles sin orden judicial. Pese a ello, la mayoría de los líderes estudiantiles estaba en libertad. Así, el CNH convocó a un mitin para el 2 de octubre en la Plaza de las Tres Culturas de Tlatelolco.

Se eligió ese punto porque el espacioso balcón del tercer piso del edificio Chihuahua, de trece plantas, ubicado frente a la explanada, podría servir como tribuna a los oradores. Sede también de un centro ceremonial azteca (una de las tres culturas a que alude el nombre de la plaza; las otras dos son la colonial, representada por la iglesia de Santiago Tlatelolco, y la moderna, por la torre de la Secretaría de Relaciones Exteriores), ese escenario tenía, además, un profundo significado histórico, ya que fue el sitio donde Hernán Cortés derrotó a Cuauhtémoc en 1521. Una placa en el lugar conmemora este hecho: "No fue triunfo ni derrota. Fue el doloroso nacimiento del pueblo mestizo que es el México de hoy".

El mitin del 2 de octubre de 1968 en Tlatelolco también habría de ser un doloroso nacimiento: el de una nueva generación de mexicanos.

Programada para las cinco de la tarde, González de Alba llegó a la concentración media hora después. Lloviznaba y ya habían comenzado los discursos.[21]

En el tercer piso del edificio Chihuahua, desde el que un orador aseguraba a la multitud que "¡el movimiento seguirá adelante!", encontró a una veintena de miembros del CNH y a numerosos periodistas, casi un centenar de ellos extranjeros, enviados a cubrir las olimpiadas.

La vista del mitin para González de Alba desde el edificio Chihuahua era estupenda: la iglesia y la torre a la izquierda, macizos edificios de departamentos a la derecha. Unas ocho mil personas ocupaban la plaza. Algunas cargaban pancartas, otras paraguas. Muchas de ellas eran vecinos de la unidad habitacional, acompañados de niños.[22]

También era posible distinguir a cientos de agentes de seguridad, que, aunque vestidos de civil, lucían su usual corte a rape y un detalle curioso: un guante blanco. Soldados a bordo de tanques ligeros y jeeps colmaban las calles y estacionamientos próximos. Luego se calcularía que esa tarde se hallaban en Tlatelolco más de diez mil soldados y policías.[23]

La presencia del ejército era tan ominosa que un compañero sugirió a González de Alba la inmediata cancelación del mitin, pero éste discrepó. Aquélla no era la primera vez que se les vigilaba tanto.

A las 6:10 de la tarde, dos luces de bengala chisporrotearon en el aire, tras el pronunciado descenso de un par de helicópteros.

"¡No corran, compañeros!", gritó el orador. "¡Es una provocación!"

Aun así, la gente echó a correr. Pero al topar con soldados con bayonetas preparadas en las pocas vías de salida entre los edificios, volvió a la plaza, aterrada.

Al zumbido de armas ligeras le siguió el ensordecedor traqueteo de ametralladoras, accionadas por pistoleros en las azoteas.

En el balcón del edificio Chihuahua, docenas de agentes de guante blanco ordenaron a estudiantes y periodistas volverse contra la pared. "¡No volteen o les volamos la cabeza!", los amagaron.

Pese a tener la cabeza contra la pared, González de Alba vio de reojo algunas de las cosas que pasaban en el balcón. Después de detenerlo junto con los demás líderes estudiantiles, los agentes de seguridad del Estado se desplazaron a la orilla del balcón, elevaron sus armas que abrían fuego contra el gentío. Pero, para obvia sorpresa de los agentes, les respondieron ametralladoras del ejército.[24]

El caos se desató en el balcón. Los agentes de guante blanco se echaron al suelo y ordenaron hacer lo mismo a periodistas y estudiantes, algunos de los cuales, sin embargo, fueron alcanzados por las balas. Perforada la tubería por las ametralladoras, llovía bajo techo y caían cascadas por las escaleras.

"¡Batallón Olimpia!", gritaron los agentes. "¡No disparen!"

Cerca de la iglesia, Álvarez Garín reaccionó a las primeras detonaciones corriendo con cientos de manifestantes a un costado del templo, para huir por su cara oriental. Pero al dar vuelta ahí, tropezaron con un destacamento en línea de soldados con bayonetas a veinte metros de distancia, que les ordenó detenerse y disparó.[25] Álvarez Garín vio caer muertas en esa esquina de la iglesia a muchas personas, una sobre otra.

La explanada se bañó en sangre. "Cuando el fuego era más intenso y no se podía ni levantar la cabeza, nos cubríamos con los cuerpos de los muertos", diría después un estudiante.[26]

Una niña prendida a una bolsa de pan caminaba aturdida entre cadáveres. Exaltados estudiantes le gritaron que se tirara al suelo, pero al parecer no oía nada.[27]

La descarga provocó incendios en cuatro pisos superiores del edificio Chihuahua, lo que obligó a muchas familias a desalojarlo.[28] Los disparos prosiguieron intermitentemente durante noventa minutos, hasta las 7:45 de la noche.[29]

Entonces, estudiantes detenidos en el balcón vieron que algunos agentes arrastraban cadáveres por las escaleras del edificio Chihuahua, jalándolos de las piernas. Gran número de habitantes del Chihuahua, y de al menos otros siete edificios, murieron o fueron heridos en su hogar al ser alcanzados por las ametralladoras. El claxon de un auto no cesaba de sonar; la conductora se había desplomado sobre el volante.[30] Muchas personas murieron esa noche por impacto de bala; un fotógrafo de *Excélsior* recibió uno en una mano.[31]

Las detonaciones se reanudaron a las once, por una hora. En tanto, los 2,360 detenidos abordaron camiones militares, a fuerza de golpes y patadas,[32] y en cierto momento después de su detención, pero antes de que se le transportara a un campo militar, Álvarez Garín vio que el ejército disparó balas trazadoras de ametralladora (que dejan una estela humeante o luminosa) contra el edificio Chihuahua, sin fin aparente.

Al partir de la plaza en autobuses los últimos detenidos, algunos soldados levantaban campamentos en las calles contiguas a la unidad habitacional, otros comían y otros más les lanzaron insultos.[33]

La radio y la televisión informaron verazmente de lo ocurrido hasta las diez de la noche;[34] pero después, al igual que los diarios del día siguiente, divulgaron la versión oficial de los hechos: que el ejército había tenido que defenderse de "francotiradores terroristas" —presumiblemente estudiantes— apostados en los edificios en torno a la Plaza de las Tres Culturas, con un saldo de 20 muertos y 76 heridos.[35] Entre estos últimos estaba el general José Hernández Toledo, comandante de un batallón de paracaidistas que había participado en la operación de Tlatelolco.

El presidente se mantuvo muy atento a los reportes de los medios informativos. Jacobo Zabludovsky, conductor del noticiero de Telesistema Mexicano —hoy Televisa y entonces la única cadena de televisión—, no presentó imágenes del ataque contra los estudiantes y repitió fielmente la versión oficial. Pese a ello, Díaz Ordaz lo reprendió telefónicamente esa misma noche por haber aparecido con corbata negra, prenda que, sin embargo, formaba parte de su atuendo habitual.[36]

El general Cárdenas, quien había contribuido a la creación del moderno ejército mexicano y durante el verano de 1968 había visto con creciente preocupación la ascendente saña contra los estudiantes, se hallaba en su casa de Lomas de Chapultepec la noche de la operación en Tlatelolco. Su esposa permaneció a su lado hasta las tres de la mañana; cada tanto, el general se levantaba de su asiento a dar impacientes pasos, pues ni siquiera consentía en acostarse. Llegó entonces un amigo suyo que había estado en la Plaza de las Tres Culturas y le contó lo ocurrido. Al referirle que "en las escaleras habían perseguido a muchachos y ahí los habían dejado muertos", el amigo no pudo contener el llanto.

"Creo que al general también se le salían las lágrimas", escribiría más tarde la esposa de Cárdenas.[37]

La noche del 2 de octubre, Elena Poniatowska, de 35 años de edad, periodista de *Novedades*, oyó sollozos en la puerta de su casa en Coyoacán. Al abrir encontró a dos amigas, ambas antropólogas, ahogadas en llanto. Habían estado en Tlatelolco. Tardaron mucho tiempo en serenarse, al grado de que a Poniatowska le llevó un buen rato hacerse una idea clara de lo que había sucedido: los soldados habían disparado contra los estudiantes; tanques contra los edificios de departamentos; ríos de sangre.[38]

Una de ellas vivía en el cuarto piso del edificio Chihuahua, al que ambas lograron llegar pese a los disparos. Desde una ventana, Margarita Nolasco, la otra, vio que soldados arrastraban cadáveres bajo la lluvia y los tendían en la banqueta. Contó sesenta y ocho muertos, le dijo a Poniatowska.[39]

Al terminar atropelladamente su relato, salieron en busca del hijo adolescente de Margarita, quien se había extraviado en la Plaza de las Tres Culturas.

"Y yo pensé que estaban locas porque estaban tan fuera de sí mismas", comenta Poniatowska.

Elena Poniatowska era una periodista singular. Nacida en París, adonde habían huido sus abuelos maternos al estallar la Revolución, en 1942 llegó a México en compañía de su hermano y su madre, escapando de la segunda guerra mundial. Su padre insistió después en que fuera secretaria ejecutiva, pero ella quería ser periodista. Así, en los años cincuenta se inició como redactora de sociales en *Excélsior* y un año más tarde empezó a colaborar en *Novedades*, donde podría escribir sobre política. Autora también de cuentos y ensayos, en 1968 ya gozaba de amplia fama como entrevistadora.

Aunque la versión de sus amigas sobre lo acontecido en la Plaza de las Tres Culturas parecía exagerada, deseó cerciorarse de ello por sí misma. El 3 de octubre se levantó a las cinco de la mañana y tomó un taxi a Tlatelolco, donde llegó al amanecer. Docenas de tanques y jeeps llenaban las calles y la zona estaba acordonada por el ejército, pero nadie le impidió llegar hasta la Plaza de las Tres Culturas. Halló ahí ventanas destrozadas, las fachadas de los edificios carcomidas por incalculables orificios de bala. Mujeres con cubetas hacían cola frente a la única llave de agua en los alrededores. Un soldado hablaba en un teléfono público: "No sé cuántos días vamos a estar aquí", decía. "Pásame a mi hijo, quiero oir la voz del niño."

Los cadáveres que Nolasco había visto a soldados tender en la acera ya habían sido recogidos. Pero docenas de zapatos estaban apilados en los pisoteados terregales del sitio prehispánico, donde muchas personas habían buscado refugio.

Poniatowska conocía la represión: en 1959 había cubierto la huelga para el *Novedades* en la que Díaz Ordaz, entonces secretario de Gobernación, había ordenado el arresto de 10 mil trabajadores ferrocarrileros. Pero nunca imaginó que las autoridades ordenarían al ejército disparar contra una muchedumbre pacífica en el corazón de la ciudad de México.

Entendió que la gravedad de los acontecimientos la obligaría a trabajar de lleno. Entonces laboraba sólo medio tiempo, porque tenía un bebé de cuatro meses al que amamantaba.

Enterada en *Excélsior* de que Oriana Fallaci, la distinguida periodista italiana enviada a cubrir las olimpiadas, había sido herida en Tlatelolco, fue al hospital a entrevistarla.

"¡Qué salvajada!", tronó aquélla. "Vi cómo la policía arrastraba de los cabellos a estudiantes y a jóvenes. Vi a muchos heridos, mucha sangre, hasta que me hirieron a mí y permanecí tirada en un charco de mi propia sangre durante cuarenta y cinco minutos."[40] Agentes de guante blanco le robaron su reloj.

Novedades rechazó la entrevista. "Hay una orden. Van a ser las olimpiadas, los juegos olímpicos; no se publica absolutamente nada sobre Tlatelolco", le dijo a Poniatowska el responsable de la sección en la que colaboraba.

Informado de la matanza tanto por la prensa mundial como por un alto representante suyo en México que se había dirigido a la Plaza de las Tres Culturas,[41] el Comité Olímpico Internacional (COI) sostuvo una reunión de emergencia el 3 de octubre. Pese a la indignación de la delegación italiana, debida sobre todo al caso Fallaci, y al envío por aquélla y la australiana de una protesta más bien tibia al gobierno mexicano, se decidió proceder conforme a lo planeado.

Díaz Ordaz inauguró el 12 de octubre la XIX Olimpiada, ante cien mil asistentes al estadio de Ciudad Universitaria. *The New York Times* percibió "un majestuoso ambiente de paz y fraternidad".[42] Un documental de la televisión inglesa adoptó un tono semejante: "Fue una ceremonia imponente, pese al temor a un sobresalto. La eléctrica emoción que recorrió a la multitud al ondear la bandera olímpica confirmó que el acto transcurriría en paz [...] Olvidados los recelos, el sinnúmero de policías de civil confundidos entre la gente, el fuego olímpico se avivó con el vuelo de miles de palomas [...] Todo marchó de maravilla en México, la ciudad de 1968."[43]

Elena Poniatowska se dedicó a entrevistar a testigos de la masacre. Margarita Nolasco, quien había hallado ileso a su hijo, le relató con mayor detalle su experiencia sentada en la sala de la casa de Poniatowska. Al correrse la voz, madres y hermanas de los caídos en Tlatelolco tocaron a su puerta. Pero ningún periódico se interesó en sus entrevistas. Meses después, la editora Neus Espresate le sugirió darles forma de historia oral.

Por tanto, tendría que entrevistar a los líderes estudiantiles; en su mayoría detenidos en Tlatelolco, recluidos diez días en el Campo Militar número 1 y golpeados o amenazados de muerte durante los interrogatorios.

Álvarez Garín, González de Alba y el más de un centenar de ellos considerados "peligrosos" habían sido trasladados —a diferencia de los demás detenidos, casi todos liberados al clausurarse las olimpiadas, el 27 de octubre— a la penitenciaría de Lecumberri, donde aguardaban juicio por homicidio, disolución social y otras acusaciones falsas.[44]

Elena logró entrar a Lecumberri haciéndose pasar por esposa de un reo. Álvarez Garín le ofreció su celda para realizar entrevistas y venció las resistencias de algunos de sus compañeros a charlar con ella. Finalmente capturado por la Dirección Federal de Seguridad, Heberto Castillo gozaba de placeres menudos, como el aroma de las flores en el jardín de la prisión y la suave luz del atardecer en la ventana de su celda.

Frente a una máquina de escribir en su celda, González de Alba daba, por su parte, los últimos toques a *Los días y los años*, libro en el que narraba sus experiencias en el movimiento estudiantil. Embarazada entonces de su tercer hijo, Elena lo sacó a escondidas de Lecumberri bajo su ancha falda y consiguió que se publicara a principios de 1971, apenas semanas después de concluido el sexenio de Díaz Ordaz.[45]

Meses más tarde su propio libro, *La noche de Tlatelolco*, causó revuelo. Agraviada por los sucesos del 2 de octubre y ansiosa de información verídica al respecto, la ciudadanía halló en él lo que los diarios le habían escatimado. Nunca antes, además, un periodista había puesto al gobierno tan rotundamente en evidencia.

La noche de Tlatelolco contenía, en efecto, la confirmación de la existencia del Batallón Olimpia y de su misión de detener a los líderes estudiantiles, extraída de la declaración judicial rendida por un capitán del ejército herido en Tlatelolco, quien reveló que el gobierno había desplegado a incontables soldados vestidos de civil identificados por un guante blanco como miembros de esa unidad secreta del ejército; numerosos testimonios sobre disparos a quemarropa de soldados y policías contra los manifestantes, y la estimación del número de víctimas en 325, conforme a una investigación del diario inglés *The Guardian*.

Las pruebas que Poniatowska acumuló y otras que fueron surgiendo corroboraron que la intención de las autoridades en Tlatelolco no fue otra que la de aplastar el movimiento estudiantil. Así, cayó por tierra la versión oficial de los hechos.

No obstante, el gobierno guardó celosamente tantos otros secretos del 2 de octubre que la sociedad ha tenido que desentrañarlos por sí sola poco a poco. ¿Quién coordinó esa compleja operación? ¿Por orden de quién? ¿A quién obedecían los francotiradores que dispararon por igual contra manifestantes y soldados y cuál era la identidad de éstos? ¿A cuántos ascendió el verdadero número de muertos?

Sólo un servidor público protestó por las atrocidades de Tlatelolco: el poeta y ensayista Octavio Paz, en ese entonces embajador de México en India.

Paz tenía 54 años y llevaba seis en Nueva Delhi cuando simpatizó con la revuelta juvenil, desde el estallido del conflicto estudiantil en París en la primavera de 1968. El desenfado de la nueva generación le recordó al movimiento surrealista que había admirado en su juventud.

"Asistíamos a una suerte de temblor; no en la tierra: en las conciencias [...] en el subsuelo psíquico de la civilización de Occidente", escribiría más tarde.[46]

De vacaciones ese verano con su esposa, de origen francés, en un hotel al pie de los Himalaya, Paz siguió el curso de la rebelión en noticieros de onda corta de la BBC. A su retorno a la capital india se enteró de los primeros choques entre estudiantes y policías en México. Después, a fines de agosto recibió en Nueva Delhi un cable de Antonio Carrillo Flores, secretario de Relaciones Exteriores, en el que se le solicitaba información sobre la revuelta estudiantil en India. Todos los embajadores mexicanos destacados en países con conflictos estudiantiles recibieron un mensaje similar.

En su extenso informe, remitido el 6 de septiembre, Paz mostró haberse apasionado por la encomienda y no sólo explicó el manejo del descontento juvenil por el gobierno indio, sino que además analizó las rebeliones estudiantiles en Escocia, Francia, Alemania occidental, Italia, Polonia, Checoslovaquia, Hungría, Yugoslavia, Estados Unidos e incluso Japón.

En cuanto a México, instó a su gobierno a responder positivamente a las exigencias de democracia de los estudiantes y desaconsejó el uso de la fuerza. Al final se disculpó por ofrecer "reflexiones que nadie me ha solicitado. Pero si me he excedido como funcionario, creo que he cumplido mi deber como ciudadano".[47]

Carrillo Flores leyó en voz alta a Díaz Ordaz partes del ensayo de Paz, a quien a mediados de septiembre contestó que el presidente reconocía que "a veces la intuición de los poetas es la más certera" y respetaba sus ideas, pero que no permitiría que éstas se interpusieran en sus planes. Dos días después ocurría, como para refrendarlo, la toma de la Universidad por el ejército.

Tras oir el 3 de octubre, en un noticiero de la BBC, los primeros reportes sobre la matanza y conocer más detalles en diarios indios al día siguiente, Paz dimitió sin dilación. "No le describiré a usted mi estado de ánimo", consignó en su carta de renuncia a Carrillo Flores. "Me imagino que es el de la mayoría de los mexicanos: tristeza y cólera."

"Ante los acontecimientos últimos, he tenido que preguntarme si podía seguir sirviendo con lealtad y sin reservas mentales al gobierno", agregó. "No estoy de acuerdo en lo absoluto con los métodos empleados para resolver (en realidad: reprimir) las demandas y problemas que ha planteado nuestra juventud."[48]

Paz se sentó entonces a su escritorio y garabateó veinticuatro versos. Los promotores de la XIX Olimpiada habían previsto la realización de actos culturales como exposiciones y conciertos en coincidencia con los juegos y un encuentro de poetas de todo el mundo. Paz había sido invitado para contribuir con "un poema que exaltara el espíritu olímpico" para recitarlo en la inauguración. Se excusó amablemente, afectado por la violencia en Tlatelolco, sin embargo, aceptó al final, y el 7 de octubre envió "un pequeño poema para conmemorar estos juegos olímpicos":

> La limpidez
>   (quizá valga la pena
> escribirlo sobre la limpieza
> de esta hoja)

> no es límpida:
> es una rabia
>> (amarilla y negra
> acumulación de bilis en español)
> extendida sobre la página.
> ¿Por qué?
>> *La vergüenza es ira*
>> *vuelta contra uno mismo:*
>>> *si*
>> *una nación entera se avergüenza*
>> *es león que se agazapa*
>> *para saltar.*
>>> (Los empleados
> municipales lavan la sangre
> en la Plaza de los Sacrificios.)
> Mira ahora,
>> manchada
> antes de haber dicho algo
> que valga la pena,
>> la limpidez.[49]

Paz pidió que esta composición fuera distribuida entre los poetas que asistieran a tal encuentro. Se ignora si así fue. Lo único cierto es que, una vez leída por funcionarios gubernamentales, la avalancha de denuestos no se hizo esperar.[50]

Corrió el rumor, por ejemplo, en una circular oficial, de que Paz no había renunciado, sino que se le había despedido por insolente. Díaz Ordaz comunicó, en efecto, al entonces presidente de India, Zakir Husain, que había llamado a Paz al país y "decidido poner fin a la misión que el señor Octavio Paz venía desempeñando".

Paz se dispuso entonces a viajar a Francia, donde había hecho numerosas amistades durante su previo desempeño en la embajada mexicana en París. Indira Gandhi, primera ministra de India, ofreció una cena en su honor, en la que estuvieron presentes Rajiv Gandhi, hijo de aquélla, y otras personalidades de ese país, mientras que un grupo de escritores y artistas le brindó una fiesta de despedida.

En compañía de su esposa, en noviembre viajó en tren de Delhi al puerto de Bombay. En ciertas escalas de la ruta, estudiantes indios lo vitorearon y expresaron su solidaridad con los estudiantes mexicanos; algunos incluso le dieron flores. En Bombay se embarcó a Europa, siguiendo la vía larga en torno al Cuerno de África (el canal de Suez estaba cerrado entonces a causa del conflicto en Medio Oriente). En el muelle de Barcelona fue recibido por un nutrido grupo de escritores deseosos de manifestarle su solidaridad, entre ellos los novelistas Carlos Fuentes y Gabriel García Márquez.[51] Llegó a París en enero de 1969.

Justo antes de salir de Nueva Delhi en dirección a Francia, Paz concedió una entrevista a *Le Monde*, en la que aseveró que "la matanza de los estudiantes fue un sacrificio ritual, un acto de terrorismo puro y simple de parte del Estado" y que había llegado la hora "de efectuar reformas dirigidas a la desaparición del PRI y del poder omnímodo del presidente". *Le Monde* tituló la entrevista "México: el partido gubernamental es un obstáculo al desarrollo del país".[52]

En París, adonde llegó en enero de 1969, declaró a *Le Figaro* que el PRI se había convertido en "una burocracia privilegiada, un aparato cada vez más esclerótico".[53]

El embajador de México en Francia, el historiador Silvio Zavala, se había dedicado a transmitir información sobre las protestas estudiantiles en Francia y sobre la interpretación de la prensa de este país acerca de los violentos hechos ocurridos en México. Reaccionó, en el primer caso, exasperado por las declaraciones de Paz a *Le Monde* y en afán de reparar el daño provocado a la imagen de México en Francia, haciendo traducir al francés y distribuir profusamente en ciudades galas un incomprensible, por verboso, discurso de Alfonso Martínez Domínguez, presidente del PRI —una arenga inescrutable sobre un tema enigmático repleta de jerga revolucionaria mexicana que, sin duda, habrá confundido a sus lectores franceses.[54] En el segundo caso consultó a sus superiores, mediante el envío de un cable a la ciudad de México, sobre la conveniencia de demandar a Paz ante los tribunales franceses.[55]

Un economista que trabajaba en la embajada mexicana en París fue despedido en ese tiempo, previo reporte a las autoridades, por preguntar en una cena a sus colegas si el gobierno de México "continuaba asesinando estudiantes".[56]

Esa primavera, luego de trasladarse a Estados Unidos con su esposa, Paz trabajó en las universidades de Pittsburgh y Texas. Durante todo ese periodo no cesó de pensar en la masacre. Una conferencia que dictó en Austin en octubre de 1969 fue la base de un pequeño volumen, *Posdata* (1970), en el que Paz vertió sus reflexiones sobre la matanza de Tlatelolco.[57] Sostuvo en ese libro que el movimiento estudiantil de México se parecía menos a los de Estados Unidos, Francia y Alemania que a los del bloque comunista. Como en la Unión Soviética, en México el prolongado dominio de un partido autoritario había generado notable progreso económico. Pero "las experiencias de Rusia y México son concluyentes: sin democracia, el desarrollo económico carece de sentido", apuntó. "El 2 de octubre de 1968 terminó el movimiento estudiantil. También terminó una época de la historia de México."[58]

"Éstos son los días que después se recuerdan como una cicatriz", escribió Luis González de Alba en *Los días y los años*.[59] Y así fue. La revuelta estudiantil y su violento fin marcaron a toda una generación.

Según una encuesta realizada por académicos estadunidenses en 1959, la mayoría de los mexicanos tenía entonces una buena opinión de sus presidentes, aunque reprobara en general la política y corrupción de su país.[60]

Pero en 1968 el sistema perdió legitimidad ante muchos ciudadanos, en especial de clase media. El movimiento democrático masivo que emergió ese año fue el primero en su tipo en México, pues implicó la participación de cientos de miles de personas en manifestaciones pacíficas contra el gobierno. La matanza de Tlatelolco mostró como nunca antes la cerrazón e índole represiva del gobierno.

"La democracia en México es un mero concepto, una forma más", aseguró el CNH en su último comunicado, en diciembre de 1968, cuando la mayoría de sus líderes estaban presos o habían muerto, "pues la política se hace al margen de las mayorías populares, de sus aspiraciones, intereses y exigencias".[61]

Todas las instituciones se habían sometido ese año al despotismo presidencial. El congreso se deshizo en aplausos cuando Díaz Ordaz amenazó con usar la fuerza contra los estudiantes. Los medios de información corearon la propaganda oficial. Algunos sacerdotes se negaron a celebrar misas en memoria de las víctimas.[62]

Una vez lanzado contra la ciudadanía el aparato de seguridad en pleno, el poder judicial improvisó juzgados cuyos jueces condenaron a los líderes estudiantiles por homicidio, disolución social y otros delitos fundados en pruebas a todas luces falsas. La muerte de dos soldados en Tlatelolco, por ejemplo, sirvió de pretexto para acusar de manera formal de asesinato y encarcelar a cientos de estudiantes durante varios años.[63]

Con todo, el movimiento estudiantil influyó hondamente en millones de jóvenes. Uno de ellos fue Ernesto Zedillo, entonces de 16 años y quien tras los sucesos de la Voca 5, su escuela, "boteó" en autobuses y restaurantes en favor de la huelga. Una fotografía lo muestra despeinado y vuelto contra la pared ante soldados armados con bayonetas.[64]

Vicente Fox también recibió un breve atisbo del movimiento estudiantil, pero tardó en comprender su importancia.[65] En 1968 tenía 26 años y patillas abundantes, trabajaba como supervisor de rutas rurales de la Coca-Cola y no exhibía aún el menor interés en la política. Tras abandonar, cuatro años antes, sus estudios de administración de empresas en la Universidad Iberoamericana, dirigida por jesuitas, para trabajar en la Coca-Cola, había sido transferido a un sinnúmero de ciudades en todo el país. En 1968 vivía con dos amigos en Tampico,[66] y durante una estancia en la capital para visitar a una tía "me topé con una de esas manifestaciones", relataría en un libro autobiográfico publicado en 1999.

"Yo estaba totalmente fuera de ese ambiente, así que lo único que podía hacer era observar y emitir juicios que, aclaro, nunca fueron concluyentes", prosiguió. "Hoy al paso del tiempo tengo la convicción de que el culpable de esa masacre fue el gobierno, y no sólo en el momento en que usó la violencia para acallar a los estudiantes. La falta de democracia y sus actitudes dictatoriales fueron las que gestaron ese movimiento."[67]

Otro de los jóvenes en los que caló hondo el movimiento estudiantil fue Sergio Aguayo. Originario de Guadalajara, a cuyas afueras creció en un violento barrio donde su madre se dedicaba a criar cerdos y gallos de pelea, era líder de la pandilla local los Vikingos, la cual convivía con los miembros de un grupo juvenil promovido por el PRI. De 21 años en 1968, Aguayo participó casualmente en la marcha del primero de agosto, por hallarse de paso en la capital. Su intento de organizar manifestaciones similares en su ciudad obtuvo por respuesta una drástica amenaza de un grupo paramilitar, así que emigró a Milwaukee, Estados Unidos, donde pasó un año lavando platos en un restaurante chino.

Al regresar se llevó la sorpresa de que sus amigos se integraban a grupos guerrilleros. Uno de ellos le llevó un rifle y lo invitó a hacerlo.

"No", respondió Aguayo. "Esto es una locura. Nos van a matar a todos y se va a perder todo. Es un suicidio."

Ingresó, en cambio, a El Colegio de México. Su formación académica contribuiría a convertirlo en tenaz enemigo del PRI.[68]

No obstante, en los aciagos meses posteriores al 2 de octubre muchos jóvenes crearon o se sumaron a pequeños grupos armados. La nueva matanza del 10 de junio de 1971,[69] a manos del grupo paramilitar los Halcones durante una marcha del Politécnico al Zócalo, terminó de convencer a cientos de muchachos de que las protestas pacíficas no servían para nada.[70]

Entre ellos estaba Jesús Piedra Ibarra. Luego de haber vivido en Monterrey, su ciudad natal, el sofocamiento de la marcha por el primer aniversario de la matanza del 2 de octubre, con posterioridad a la del 10 junio comenzó a ausentarse de su casa, pese a que ya había iniciado sus estudios de medicina. Una noche de fines de 1973 salió a comprar queso y jamás regresó. Buscado en su hogar a medianoche por las autoridades, su familia supo que había escapado ileso de un enfrentamiento con la policía.

Su madre, Rosario Ibarra de Piedra, se enteró más tarde de que era miembro de la Liga Comunista 23 de Septiembre. En los dieciséis meses siguientes, Jesús le llamó en un par de ocasiones. Luego supo por un periódico que había sido aprehendido el 18 de abril de 1975. Tenía 21 años. Nunca volvió a llamar.

Implacable con la guerrilla —la que, además, en ningún momento gozó del favor de Fidel Castro, leal a México por la ayuda que había prestado a Cuba contra Estados Unidos—, el gobierno eliminó o desapareció en los años setenta a cientos de rebeldes, en una verdadera "guerra sucia". Al menos ciento cuarenta y tres de ellos fueron ejecutados en bases militares y arrojados al mar desde helicópteros oficiales.[71]

En contraste con la mayoría de los padres de desaparecidos, Rosario Ibarra jamás ha renunciado a la búsqueda de su hijo, actitud en la que quizá hayan influido la participación de su padre en la Revolución y el aliento de su espíritu independiente por parte de su esposo. Los días se volvieron años, pero ella no ha cesado de organizar protestas y huelgas de hambre (e incluso fue dos veces candidata a la presidencia, en 1982 y 1988, postulada por el Partido Revolucionario de los Trabajadores [PRT]) para exigir al gobierno el retorno de su hijo.[72]

La buena imagen internacional de México permitió, durante décadas, que la contrainsurgencia oficial pasara inadvertida en el exterior. Por mucho tiempo, fuera del país se recibió con incredulidad el testimonio de Rosario Ibarra sobre la desaparición de Jesús Piedra y muchos otros jóvenes mexicanos.

Excélsior se distinguió a principios de los setenta en la batalla contra el autoritarismo por publicar opiniones independientes, aprovechando la relativa tolerancia a la crítica de que Luis Echeverría Álvarez hizo alarde en los albores de su sexenio. Vuelto al país en 1971, Octavio Paz fundó la revista *Plural* en esa misma casa periodística.

Echado arteramente de *Excélsior* por Echeverría en 1976, meses antes de que éste dejara la presidencia, Julio Scherer García, director de ese diario, fundó muy pronto el semanario *Proceso,* de calidad y osadía periodísticas sin precedentes en México.[73]

Paz emprendió, por su parte, la publicación de la revista *Vuelta*, en la que promovió el cambio democrático desde la perspectiva anticomunista, en tanto que poco después un grupo de estudiosos fundó la revista *Nexos*, foro crítico desde la izquierda.

Otro grupo salido de *Excélsior* fundó el diario *unomásuno,* cuyo colaborador Luis González de Alba dio entonces un nuevo golpe por el pluralismo: reveló su homosexualidad al denunciar la brutalidad policiaca en una redada ocurrida en un bar gay en 1977.[74] Ésta fue una acción inusitada en un país en el que con frecuencia se golpeaba, y aun linchaba, a los homosexuales.

Arturo Alcalde Justiniani pugnó, a su vez, por democratizar el movimiento obrero. Oriundo de un hogar típicamente devoto de Chihuahua, en 1968 estudiaba relaciones industriales en la Universidad Iberoamericana y trabajaba medio tiempo en un banco para pagar su colegiatura. Sus compañeros se burlaban de él al verlo llegar de traje y corbata a las asambleas del CNH.

Al año siguiente, cuando tenía 21 años de edad, se empleó como jefe de personal de una compañía nacional operadora de treinta fábricas. Así, cada año intervenía en la negociación de igual número de contratos. La meta de la compañía en tales negociaciones era reducir al mínimo sus costos laborales, y la del líder sindical garantizar una lucrativa "mordida".

En cinco años, a partir de 1969, fue gerente de relaciones industriales de tres compañías, en las que, al viajar por todo el país negociando contratos, se adentró en el abismo que había entre avanzadas leyes laborales y su nula aplicación en la realidad. En esa época imperaban prácticas como firmar el contrato colectivo de trabajo con un líder sindical (o ejecutivo de la propia compañía) probadamente servil y en ausencia de sus representados (a veces aún por contratar); impedir por ley a los trabajadores, tras la presentación de ese documento en la junta laboral local, controlada por el PRI el reconocimiento no sólo del contrato, sino también del nombre y dirección de su sindicato, y considerar las cuotas sindicales, deducidas del salario, como merecida recompensa del líder, entre muchas otras irregularidades. "Dirigir un sindicato era como tener una juguetería", condensa.

Por fin, una madrugada se presentó sin anunciar en casa de su jefe, se disculpó profusamente con él y renunció. Aquél pensó que Alcalde se había vuelto loco. Y en cierto sentido así fue.

Sus ideales lo llevaron a asociarse con el Frente Auténtico del Trabajo (FAT) —pequeña federación de sindicatos independientes cuyo dirigente, Alfredo Domínguez, le advirtió que no podría pagarle un centavo— y a estudiar un posgrado de derecho para convertirse en abogado laboral.

Pasó entonces miles de horas en tribunales del trabajo intentando conseguir registros sindicales, algo sencillo para agrupaciones afiliadas al PRI pero casi imposible para las independientes.

El gobierno tuvo con él un solo gesto de generosidad. Fue invitado a cenar a Los Pinos con Domínguez y otros dos líderes del FAT, dado que a Echeverría le habían sorprendido las tareas de limpieza que en fecha reciente habían coordinado en el centro del país, tras una devastadora inundación de talleres de costura. Sus sospechas de que el presidente pretendía cooptarlos se cumplieron al pie de la letra: les ofreció mandar a construir un edificio para su organización, iniciativa que fue cortésmente rechazada junto con las que se acumularon en las horas subsecuentes. Pasada la medianoche, Echeverría insistió en que lo esperaran mientras tomaba un baño y, al volver en bata, le propuso a Alcalde una beca para estudiar en Pekín el sistema laboral chino.

"No, gracias, pero me gustaría pedirle un favor distinto", respondió Alcalde: el otorgamiento del registro nacional que facultaría al FAT para representar a trabajadores de la industria siderúrgica, hasta entonces negado sistemáticamente por el secretario del Trabajo, Porfirio Muñoz Ledo.

Echeverría tomó el teléfono, despertó a Muñoz Ledo y el FAT recibió su registro.[75]

Destacados participantes en el movimiento estudiantil, entre ellos Heberto Castillo (quien salió de la cárcel en 1971), formaron partidos políticos de izquierda, aunque sus frecuentes disputas les conquistaron escaso apoyo.[76]

Único candidato en la contienda presidencial de 1976, el priísta José López Portillo obtuvo 91.9% de los votos. El PAN no presentó aspirante; el Partido Comunista Mexicano (PCM) sí, Valentín Campa, pero desde tiempo atrás aquél carecía de registro oficial.

Convencido de la urgencia de repartir un poco el poder, así fuera sólo para atenuar el descontento social, López Portillo avaló el proyecto de reforma política de su secretario de Gobernación, Jesús Reyes Heroles.

"La intolerancia sería el camino seguro para volver al México bronco y violento", aseveró éste al anunciar la realización de las audiencias públicas respectivas.[77] Por primera vez se permitiría a partidos proscritos, como el PCM, participar en el debate político nacional.

Aprobada por el congreso, en diciembre de 1977, la reforma política se tradujo en el reconocimiento constitucional del derecho ciudadano a organizar partidos, la condición de recibir 1.5% de los votos en elecciones presidenciales como único requisito para obtener registro y, principalmente, la instauración de la representación proporcional en la legislatura, a fin de que aun los partidos chicos tuvieran presencia en la cámara de diputados.[78]

Pero aunque, en palabras del propio López Portillo, el objetivo era "hacer comprender que disidencia no es sinónimo de violencia, que la oposición no debe asociarse al delito",[79] en lo inmediato la reforma abrió a la oposición una rendija muy angosta y favoreció los intereses del PRI, pues indujo la proliferación de micropartidos de izquierda a expensas del PAN, en ese entonces la oposición más seria al PRI. Aun así, legitimó la existencia de la oposición, lo cual fue determinante para restar atractivo a la violencia como opción política.[80]

A pesar de que en 1979 los partidos opositores no pudieron hacer nada contra el PRI, con 104 diputados (43 del PAN y 61 de cinco partidos de izquierda) contra 296, lo cierto es que tan pronto como probaron las mieles del triunfo, por exiguas que éstas hayan sido, presionaron cada vez más por el reconocimiento de sus derechos, lo que obligaría a sucesivos presidentes a hacer nuevas reformas, y a reducir con ello las legendarias ventajas legales del partido en el poder.

Después de 1968, el PRI hizo hasta lo imposible por seducir a sus críticos. Al volver a México, en 1977, con una maestría en relaciones internacionales, Sergio Aguayo recibió ofertas de empleo de las secretarías de Hacienda y Educación, y de Carlos Salinas de Gortari, entonces joven economista recién egresado de Harvard que ascendía rápidamente por la escalera gubernamental. Las reservas de Aguayo siempre obtenían por respuesta que nada es mejor que cambiar al sistema desde dentro. Pero no cedió.

"Yo veía cómo el sistema degradaba a la gente que incorporaba", afirma. "Para participar en política con ese gobierno, tú tenías que humillarte, tenías que rendirte. Y yo no estaba de acuerdo."[81]

EL TEMBLOR, 1985

Dos terremotos, uno financiero y otro geológico, sacudieron al sistema político mexicano en la primera mitad de los años ochenta.

Anunciada por José López Portillo a principios de su sexenio en 1976, al descubrirse nuevos pozos petroleros en el golfo de México —lo que aumentó diez veces las reservas del país, a más de 70 mil millones de barriles—, la "administración de la abundancia" terminó en desastre.

La corrupción alentada por la elevación del gasto público, el desplome de los precios del petróleo en 1981 y su terca negativa a reducir el presupuesto convirtieron rápidamente a la abundancia en caos y empujaron a López Portillo a nacionalizar la banca el primero de septiembre de 1982, en su último informe de gobierno. En la desesperada búsqueda de un chivo expiatorio para justificar la galopante inflación y el aumento de la deuda externa a 76 mil millones de dólares, el presidente condenó a "un grupo de mexicanos [...] encabezado, aconsejado y apoyado por los bancos privados, el que ha sacado más dinero del país que los imperios que nos han explotado desde el principio de nuestra historia".

"Es ahora o nunca", tronó en la sede del congreso. "Ya nos saquearon. México no se ha acabado. No nos volverán a saquear."[1]

Ésa fue una de las evidencias del poder presidencial sin contrapeso que no ha tenido parangón en México. López Portillo dejaría el cargo tres meses después; no consultó a su gabinete ni a su partido y tomó por sorpresa a su sucesor, Miguel de la Madrid.

La economía se paralizó. La conversión a pesos de las cuentas en dólares a tasas muy inferiores a las del mercado equivalió a la expropiación de los ahorros de muchas personas. Así, la población en general —una parte de la cual perdió su empleo, además— fue la que pagó el costo de la nacionalización bancaria, no los ricos que en los dos últimos años habían sacado del país 22 mil millones de dólares.

La gente se enfureció contra López Portillo. A falta de opciones políticas, el descontento de muchos ganaderos, agricultores y empresarios, que vieron esfumarse sus ahorros en dólares y deteriorarse sus negocios por la falta de liquidez y crédito causada por la nacionalización de la banca, encontró salida en el PAN, frente a la tendencia "socializante" del PRI.

A su vez, De la Madrid tuvo que imponer a principios de su sexenio (1982-1988) un drástico programa de reducción del gasto público, aumento de precios y devaluación.

Justo cuando el país comenzaba a recuperarse, un segundo terremoto lo cimbró.

51

Cuauhtémoc Abarca hacía sus primeros ejercicios de calentamiento en uno de los jardines de Tlatelolco, a la espera de dos amigos con los que había quedado de verse a temprana hora para entrenar. Se aproximaba la maratón de la ciudad de México y, robusto como era y aunque en general se hallaba en buena forma, tendría que prepararse empeñosamente si quería concluir esa carrera. Se encontraba a la sombra de un alto edificio de departamentos, cuando sintió que el suelo comenzaba a moverse.[2]

Con veinte años de vivir en la capital, Abarca ya había pasado por muchos temblores, pero éste no se desplazaba sólo hacia los lados, como los demás, sino también hacia arriba y sin parar. Transcurrieron treinta segundos, luego un minuto. Al oír un quebradero de vidrios, se preguntaba si algún vecino estaba arrojando platos por la ventana.

Entonces su mirada se fijó en el vaivén del edificio de junto. De pronto, mientras observaba, cuatro pisos se comprimieron en uno solo. Con otra embestida del suelo, el edificio se dividió en dos. La parte alta cayó sobre la avenida con un estruendo ensordecedor. La mitad de abajo alcanzó el lado opuesto y sepultó un jardín a apenas unas decenas de metros de donde Abarca se encontraba.

"Por un momento se levantó una nube de polvo y había un silencio total", relata Abarca. "Las voces se callaron, los pájaros se callaron, los coches se callaron. Sólo se oía un sonido sordo, grave, fuerte del edificio."

"Seguía pensando que eso no era cierto", prosigue. "Pero empecé a tocar paredes para ver si yo palpaba lo mismo que estaba viendo. Empecé a oir gritos desde dentro del edificio caído. Eran mis vecinos. Estaban gritando."

El temblor de 8.1 grados que sacudió al Distrito Federal a las 7:19 de la mañana del jueves 19 de septiembre de 1985 nuevamente trajo a la historia a Tlatelolco. Luego de la matanza de 1968, muchas personas abandonaron los departamentos cercanos a la Plaza de las Tres Culturas. El edificio Chihuahua, tomado aquella vez por el ejército, se mantuvo casi vacío durante años; nadie quería comprar ni rentar departamentos ahí. Pero la zona volvió a ocuparse a fines de los años setenta, gracias a sus bajas rentas.

Originario del montañoso estado de Guerrero, donde sus padres habían sido humildes maestros de primaria, Abarca había entrado en contacto con el radicalismo de izquierda cuando estudiaba medicina en la UNAM. Conmocionado y con las manos sobre los escombros del edificio Nuevo León, como si lo palpara para revisar sus signos vitales, Abarca vio regados por todas partes, como juguetes rotos, los cadáveres de quienes se habían lanzado por las ventanas cuando el edificio había empezado a mecerse, entre zapatos, almohadas, sillas y secadoras de pelo, objetos esparcidos todos ellos a causa de que el terremoto había desgajado la torre de departamentos.

Con capacidad para mil doscientas personas, el Nuevo León, muy cerca de la Plaza de las Tres Culturas, fue el único de los ciento dos edificios de Tlatelolco en derrumbarse, aunque también muchos otros sufrieron daños (como el edificio contiguo a aquél, donde

Abarca vivía y de cuya asociación de vecinos era dirigente). Tan pronto como pudo, Abarca organizó brigadas —en las que incorporó a quienquiera que, vecino o no, apareciera en el lugar— para pedir ambulancias y la obtener medicinas, agua, comida, picos, palas, lápices y libretas, estos últimos para el registro de muertos y heridos.

La gente de Tlatelolco no se enteró hasta muy tarde de los desastres ocurridos en otros sitios. En la ciudad se desplomaron más de trescientos setenta edificios, entre ellos las alas mayores de dos hospitales públicos, cientos de oficinas de gobierno, los principales estudios de Televisa, varios hoteles y la estación telefónica central, puesto de control de la comunicación telefónica local y de larga distancia de toda la capital. En muchas colonias se interrumpieron los servicios de agua, luz y teléfono. Tan sólo al empezar a cavar en los escombros del Nuevo León se hallaron docenas de cadáveres y sobrevivientes mutilados.

Los vecinos de Tlatelolco recurrieron a las autoridades, pero las carrozas para los muertos y las ambulancias para los heridos del edificio Nuevo León nunca llegaron.

Pasmados y afligidos, Abarca y sus vecinos supusieron que el gobierno resolvería la situación de emergencia. El PRI había desalentado, desde siempre, la organización ciudadana y dejado en claro, de incontables maneras, que ejercía el monopolio del poder. Sin embargo, el director del Fondo Nacional para la Habitación Popular (FONHAPO), órgano administrador de Tlatelolco, les mandó decir a los inquilinos que fueron a buscarlo a sus oficinas que volvieran otro día.

Tras pasar de la sorpresa a la indignación, Abarca, en medio de la polvareda que se levantaba del Nuevo León y luego de considerar esa respuesta, propuso marchar al FONHAPO al día siguiente. Los residentes de Tlatelolco se dirigirían a las oficinas de FONHAPO y obligarían al director a recibirlos.

Para entonces los cientos de residentes que participarían en la manifestación ya estaban muy molestos y aunque ya se habían presentado algunas ambulancias, vecinos con palas viejas seguían siendo los únicos que excavaban los escombros del Nuevo León, sin que el ejército que en 1968 había acordonado la zona se prestara a ayudarlos.

Personas que habían salido a rastras de los escombros formaban parte del contingente que marchó al FONHAPO. Con la ropa rasgada y manchada de sangre y cal, parecían vueltas de entre los muertos.

Pálido y balbuceante, el director de FONHAPO, Enrique Ortiz Flores, admitió ante los residentes de Tlatelolco, quienes tuvieron que abrirse paso a codazos hasta su oficina, que no podía hacer nada. "Esto está fuera de mi control", dijo, cariacontecido. "Espero instrucciones."

Los vecinos de Tlatelolco, exasperados por su inmovilidad, le recordaron que tres años antes un ingeniero del FONHAPO les había dicho que el Nuevo León era "uno de los tres edificios más seguros de la ciudad", luego de que un sismo dañara los cimientos. Aun así, una manta en la que se denunciaban las reparaciones parciales (pues perduraban fugas de agua y grietas en los pisos), que ese organismo había efectuado a regañadientes, colgó del Nuevo León hasta el día mismo del temblor.

Uno de los asistentes pidió silencio en medio de la gritería. Había visto por una puerta detrás del director al ingeniero que había hecho aquel halagüeño comentario sobre la solidez del Nuevo León.

"Mire, nosotros no estamos peleando contra usted como persona", le explicó serenamente a Ortiz Flores. "Es la institución a la que estamos exigiendo que nos responda. Pero yo le quiero decir una cosa. Si yo vuelvo a ver a ese hijo de la chingada que nos dijo que el Nuevo León era uno de los más seguros en la ciudad, lo mato."

A las 7:38 de la noche del día 20, justo cuando parecía que la reunión se encaminaba inevitablemente a la violencia, un nuevo terremoto de 6.5 grados, un poco menos intenso que el primero, alarmó tanto a los damnificados de Tlatelolco que, entre alaridos y carreras, Abarca tuvo que impedir que algunos de ellos se arrojaran por la ventana. En otros sitios, personas que habían sobrevivido al primer temblor murieron de un ataque al corazón, y cientos más, atrapadas vivas bajo los escombros, fallecieron al deslizarse éstos.

De la Madrid casi brilló por su ausencia durante las treinta y seis horas posteriores al temblor. Se dijo que la mañana del 19 recorrió en helicóptero y autobús las zonas afectadas. Antes de mediodía se le vio en Tlatelolco, rodeado de guaruras y ataviado con una impecable casaca de piel.[3] Algunas personas lo saludaron respetuosamente y le pidieron el envío de maquinaria para el retiro de los escombros.

De la Madrid era de padre abogado y abogado él mismo por la UNAM, donde había sido un estudiante gris y reservado. Con una maestría en administración pública en Harvard, la cual obtuvo en los años sesenta, enriqueció considerablemente su currículum; de vuelta en México había pasado quince años haciendo cuentas en las secretarías de Hacienda y Programación, muy lejos de cualquier turbulencia política, hasta que López Portillo lo había hecho presidente. Como López Portillo, carecía de experiencia política. Pero en 1982 urgía un nuevo presidente con buenas relaciones con los bancos extranjeros y capaz de poner en orden la caótica economía que heredaría, a lo cual De la Madrid había dedicado resuelta e impasiblemente sus tres primeros años en el puesto.

El 19 de septiembre, después de visitar Tlatelolco, De la Madrid también acudió al Multifamiliar Juárez, otra unidad habitacional pública muy perjudicada, donde se mostró imperturbable ante los gritos con que la gente le hizo saber sus demandas.

Aquel día no dirigió ningún mensaje al pueblo de México. Declaró brevemente a la prensa esa tarde: "Estamos preparados para regresar a la normalidad", dijo, haciendo gala de aplomo presidencial. Aseguró que su gobierno tenía todos los recursos necesarios para enfrentar la situación, y no tendría que buscar ayuda del exterior.[4]

No se dejó ver casi todo el 20 de septiembre. Pero se retractaría dos horas después del segundo temblor, en una transmisión nacional por televisión, en la que lució más preocupado de lo que se le había visto el día anterior: "La verdad es que frente a un terremoto de esta magnitud, no contamos con los elementos suficientes para afrontar el siniestro con rapidez, con eficiencia". Y aunque elogió a quienes ya realizaban espontáneamente labores de salvamento en todos los rincones de la ciudad, aconsejó confiar en el gobierno: "Como hasta ahora lo han hecho, pido que nos tengan paciencia".[5]

El entendimiento entre la sociedad y el gobierno se deterioró aún más después del segundo temblor. No contentos con abstenerse de intervenir en el rescate en Tlatelolco, muchos soldados destinaban su tiempo a impedir que voluntarios se acercaran a la pila de escombros del Nuevo León y algunos se dedicaron a saquear; justo el acto que debían prevenir. Desde la azotea de su edificio en compañía de camarógrafos de la UNAM, que lo filmaron todo, Abarca vio llegar una tarde a un edificio próximo un jeep tripulado por soldados que, tras cerciorarse de no ser sorprendidos, tiraron a patadas la puerta de un departamento, del que salieron con un botín en dos grandes bolsas.

La parálisis del gobierno tras el temblor de 1985 instó a los ciudadanos a formar brigadas para el rescate de sobrevivientes bajo los escombros.

Plácido Domingo, el tenor nacido en España y crecido en México, llegó del extranjero para colaborar en las tareas de salvamento del Nuevo León, donde vivían dos tíos, su primo y una sobrina. Tras percatarse de la inmovilidad de los medios oficiales, se cubrió la boca con un paliacate para protegerse la garganta contra el polvo, se caló un casco y se puso a recoger tabiques y cascajo con las manos. Más tarde se valió de su autoridad moral para denunciar a los funcionarios del gobierno de México que habían robado parte de las donaciones obtenidas en la campaña de asistencia internacional que él había promovido. La presencia de una estrella de la ópera en las labores de rescate sirvió de inspiración a los mexicanos, pues fue un ejemplo de lo que los ricos y famosos podían hacer si trabajaban codo a codo con la gente.

En una asamblea realizada el 22 de septiembre en la Plaza de las Tres Culturas, en la que Abarca fue elegido dirigente de los damnificados de Tlatelolco, éstos definieron sus demandas: rescate de sobrevivientes y cadáveres, castigo a los funcionarios responsables de las fallas estructurales del edificio Nuevo León y expropiación y reconstrucción de viviendas, no reubicación de sus ocupantes.

"Vimos por primera vez que nosotros teníamos que tomar las decisiones", apunta Abarca. "Era como si de veras fuera una ciudad sin autoridad. El director del FONHAPO no nos quería recibir, el delegado no estaba en su oficina, el regente de la ciudad no recibía a nadie."

Una semana después del temblor se habían encontrado 472 cadáveres bajo los escombros del Nuevo León. Más tarde el FONHAPO celebraría en una pinta en Tlatelolco, con una significativa falta de tacto, el saldo de "sólo 472 muertos". Menos de la mitad fueron identificados. Además, esa cifra no incluía el gran número de desaparecidos.

Luego de una marcha a Los Pinos de miles de víctimas de Tlatelolco y otros sitios, donde, impedido el acceso a la mayoría de ellas por la policía montada, fue recibida una comisión que logró burlar el cordón de seguridad y abrirse paso hasta la residencia oficial, donde presentó sus demandas a varios funcionarios, haciéndose escuchar en un nivel que jamás había soñado siquiera alcanzar antes del sismo, el naciente movimiento vecinal capitalino —surgido en razón de los 180 mil damnificados que se instalarían en campamentos de lámina en calles y parques de la ciudad— hizo suyas las demandas de los habitantes de Tlatelolco. Un movimiento popular tan vigoroso, independiente del gobierno y del PRI, no se había visto desde 1968. Su lógica era muy distinta a la del sistema, en el cual sindicatos y entidades sociales se organizaban desde arriba, seguían las indicaciones presidenciales, y pugnaban por obtener algunos de los muy variados favores del partido en el poder. En cambio, las agrupaciones surgidas después del temblor no tenían ninguna relación orgánica con las autoridades y el PRI, de los que, por el contrario, desconfiaban profundamente.

"El terremoto tira muros y tira barreras que nos separaban a las comunidades también", asevera Abarca. "Esto crea, como no se había vivido, cadenas de comunicación no nada más de arriba abajo, sino sobre todo horizontales, de los unos con los otros, y de abajo para arriba."

El 26 de octubre marcharon a Los Pinos 40 mil personas, convocadas por la Coordinadora Única de Damnificados, constituida dos días antes y la cual quiso de este modo ejercitar sus músculos. Forzado a negociar, el gobierno adoptó precisamente la posición que los residentes habían previsto, pues insistió en la reubicación: los inquilinos de veintitrés edificios que, de acuerdo con sus inspecciones, tendrían que ser evacuados y demolidos serían trasladados a "viviendas equivalentes" en el Estado de México. Era de suponer que los edificios de oficinas que se planeaba construir en esos terrenos representarían jugosos contratos para las compañías dilectas del régimen.

En respuesta a las protestas, los funcionarios priístas salieron al ataque como si estuvieran en campaña electoral y no frente a una tragedia humana. Por ejemplo, el titular de la Secretaría de Desarrollo Urbano y Ecología (SEDUE), el arquitecto Guillermo Carrillo Arena, aseguró que las agrupaciones de damnificados eran un nidero de "malos mexicanos" y de "líderes sedicentes que luchan por intereses inconfesables".[6] Interrogado por reporteros en una conferencia de prensa sobre su responsabilidad en el derrumbe de hospitales públicos recién construidos, causa de la muerte de cientos de personas, cuyos planos él había aprobado, contestó: "Ese planteamiento que me hacen es prostituto e imbécil. Y anótenlo por favor".[7]

La desconfianza en el gobierno de los afectados de Tlatelolco se agudizó al punto de que tiempo después siguieron tácticas irracionales que los pusieron en nuevo riesgo. Para hacer patente su negativa a la reubicación, en la primera semana de enero de 1986 volvieron en masa a sus aún derruidos departamentos, con el enlucido todavía colgando de los techos y las paredes agrietadas.

Esta protesta kamikaze fue extremosa pero funcionó. La posterior destitución de Carrillo Arena permitió a un nuevo equipo de funcionarios emprender negociaciones para incluir a todos los grupos de vecinos en un plan para la "reconstrucción democrática" de Tlatelolco y muchas otras colonias afectadas y elaborar planes de reconstrucción de las estructuras reparables, a fin de no exponer a los damnificados al trauma adicional de empezar una nueva vida en puntos remotos.

"La gente despertó", señala Abarca. "Aprendió a ubicar al gobierno no como algo superior, sino como un igual con el que se podía tratar y negociar y al que incluso podía ganarle un partido. Nunca fue más clara o más patente la derrota de un proyecto oficial como el del proyecto para desalojar Tlatelolco."

Para fines de 1985, unos 180 mil damnificados ocupaban precarios campamentos de lámina en calles y parques del Distrito Federal. Muy activos hasta entonces, la cercanía de la navidad los entristeció. Por lo tanto, dirigentes del movimiento vecinal invitaron a artistas y actores a presentar pastorelas en los campamentos. En diciembre de 1985, pedir posada tenía un significado inmediato para miles de personas sin hogar, las que hicieron un arreglo a la canción tradicional para criticar a las autoridades:

En el nombre del cielo,
os pido posada...
Aquí no es mesón,
es delegación...
Yo soy el regente,
sigan adelante...

Años después, al recordar esa navidad, Cuauhtémoc Abarca no puede evitar entonar esta melodía.

En paralelo a la movilización de las víctimas, en la UNAM surgió un movimiento más combativo, dirigido por estudiantes como Imanol Ordorika.

Miembro de una familia de profesores universitarios de bullentes inquietudes políticas, los padres de Ordorika habían llegado a México entre los refugiados de la guerra civil española. Tanto su abuelo paterno como su padre habían sido maestros de la UNAM. En 1968 vio a los estudiantes manifestarse en las calles y nunca los olvidó. En 1985 tenía 26 años y estudiaba física.

El 19 de septiembre, después del temblor se encaminó a la UNAM, universo sociopolítico en sí misma, con más de 200 mil alumnos en esos años. Pertenecía a un grupo de la Facultad de Ciencias —tradicional laboratorio de la izquierda, campo de prueba de las ideas de sectas revolucionarias, tan imbuidas algunas de ellas de filosofía marxista radical que estaban a punto de transitar a la lucha armada— dedicado desde tiempo atrás a la labor social para no perder contacto con la gente. Con este grupo salió a la calle para prestar ayuda... y chocar con el gobierno.

El ejército fue el primer obstáculo con el que se toparon las brigadas estudiantiles de la UNAM —como la de la Facultad de Ciencias, dirigida por Imanol Ordorika— al participar en el rescate. Los estudiantes ya colaboraban en la búsqueda de sobrevivientes y muertos cuando, en las cuarenta y ocho horas posteriores al temblor, los soldados bloquearon el acceso a las zonas de desastre para evitar accidentes e infecciones.

Un día, el ejército se presentó a cerrar una calle en una colonia residencial donde trabajaba la brigada de Ordorika. Instados a retirarse, éste y sus compañeros enfrentaron con puños y piedras los rifles y gases lacrimógenos de la oficialidad. La ciudad entera celebró ese acto de resistencia al correrse la voz sobre lo sucedido.

Se tendieron asimismo en las ruinas del hospital Juárez para impedir el paso a los bulldozers (equipo pesado que las autoridades, preocupadas de que tan gran cantidad de cadáveres se convirtieran en fuente de enfermedades, ansiaban poner en funcionamiento para la compactación y desalojo del cascajo) a fin de que rescatistas franceses operaran entre los escombros. La noche del 23 de septiembre, cuatro días y medio después del primer temblor, uno de éstos encontró a un sobreviviente bajo dos cadáveres en la helada oscuridad de los escombros. Mortalmente pálido, como espectro, al final del túnel, el estudiante de medicina Juan Hernández Cruz, de 23 años de edad, hizo un último esfuerzo para abrazarse a la vida.

Durante la pausa del día siguiente en las labores de los bulldozers, en las que las autoridades insistían a pesar de ese caso y también conseguida por los universitarios, los rescatistas llegaron al área de maternidad, donde, en una sala desplomada a medias y llena de cunas, hallaron a un bebé cuyo cuerpo aún estaba caliente; según su diminuto brazalete, era hijo, aún sin nombre, de Inés Cruz Soriano y había nacido el 18 de septiembre. Luego de casi seis días en los escombros, aún vivía. Cuarenta y ocho horas después de la orden de usar los bulldozers, habían sido rescatados con vida ocho bebés.[8]

Con estas victorias, las primeras semanas posteriores al temblor fueron radiantes para Ordorika y las brigadas de la UNAM. "La ciudad era nuestra", cuenta Ordorika. "Dirigíamos el tránsito; abastecíamos de alimento zonas de la ciudad; nos enfrentábamos al poder, al ejército en particular."

Durante los más de treinta días en que participaron en el rescate, los universitarios también repararon líneas telefónicas y eléctricas, editaron una publicación de emergencia, realizaron un conteo alterno de muertos y heridos y, en especial los estudiantes radicales de la brigada de la Facultad de Ciencias de Ordorika, fueron "topos" en túneles que cavaron en los escombros. "Yo me metía entre dos losas, ahí apuntaladas con la pata de una mesa, con los pies amarrados para que, supuestamente si se veía que se iba a caer, te jalaran rapidísimo", refiere Ordorika, entornando los ojos como asombrado de que hayan sido capaces de correr ese riesgo. "Había un olor a muerte y descomposición que era brutal, que a veces todavía me llega el recuerdo."

Pese a su desaliño, acentuado por su desordenada cabellera rizada, en todas partes la gente abrazaba a Ordorika, quien, aun siendo crítica la escasez de comida en la ciudad, se alimentaba opíparamente con los platillos que las señoras preparaban para él y otros voluntarios.

"Con el sismo viene una sensación de que incluso ante un evento tan implacable e inevitable, se puede actuar", dijo. "Entonces se generó una visión de la necesidad de actuar colectivamente."

Por efecto de sus tareas de salvamento, Ordorika atestiguó hasta dónde podía llegar el sistema para atraer y neutralizar a sus críticos. No obstante que durante aquéllas ni él ni sus compañeros habían dejado de escarnecer al primer mandatario, en noviembre recibió de manos de un mensajero una carta del presidente De la Madrid en un gran sobre de pergamino grabado en la que se le informaba que, por haber participado en el rescate, había sido elegido "Héroe de Solidaridad" y se le invitaba a una ceremonia en el Campo Marte en la que se le entregarían medalla y diploma. Así, pues, nada menos que su principal enemigo político ofrecía condecorarlo como héroe nacional en un bastión del ejército, contra el que había librado durante semanas una batalla sin cuartel.

Universitarios y cientos de ciudadanos más, que se habían sumado al rescate, habían sido elegidos héroes nacionales. Junto con los demás estudiantes, unos sesenta, presentes en ese acto, Ordorika echó a gritar contra De la Madrid al ser llamado a recibir su medalla:

¡Terremoto al presidente
pa' que vea cómo se siente!

Muchos asistentes lo siguieron. Luego de un forcejeo con elementos del Estado Mayor Presidencial, quienes se apresuraron a detener a los instigadores, se retiró con sus compañeros sin que ninguno de ellos fuera arrestado.

Dos semanas más tarde recibió su medalla de héroe por correo, remitida por la oficina de De la Madrid.

El temblor sacó a la calle a Elena Poniatowska, quien en septiembre de 1985 seguía colaborando en *Novedades*, a causa, principalmente, de que nada la había obligado a optar por otro diario. Pero una semana después el mismo directivo de ese periódico, que en 1968 había suspendido la publicación de sus artículos, le pidió dejar de escribir sobre la búsqueda de sobrevivientes, la inusitada cooperación entre los ciudadanos y la decepción de éstos por la ineficaz reacción del gobierno. El presidente deseaba que la ciudad "volviera a la normalidad", y sus notas sobre las penurias de los sobrevivientes desmoralizaban a los lectores.

"Pero en la calle todo el mundo estaba buscando sus cadáveres, y estaban metiendo las maquinarias en los edificios y entre los escombros había piernas y brazos", relata Elena. "Yo fui en las noches, y me impresionó que los que más ayudaban eran los chavos banda, los punks, que a todos los rechaza la sociedad, y ahí estaban trabajando en las cadenas de rescate."

No había insistido en el 68, pero ahora era una periodista más conocida y experimentada. Así, cruzó la calle de Balderas y ofreció sus artículos a *La Jornada*, fundado exactamente un año antes del terremoto. Para ello Poniatowska dejó sencillamente en la recepción su más reciente artículo sobre el temblor y volvió a *Novedades*, donde una hora después recibió una llamada de *La Jornada*, que los aceptó de inmediato y los publicó a diario durante cuatro meses.

Mientras otros periódicos hacían creer que la vida había vuelto a la normalidad, *La Jornada* dedicaba planas enteras al trauma social, la ineptitud oficial y la creciente organización popular. Así, detuvo a última hora sus prensas para publicar en primera plana la noticia de que los damnificados de Tlatelolco habían regresado a sus endebles departamentos. A Cuauhtémoc Abarca le emocionó ver reflejada por primera vez su realidad en la prensa. "Antes sólo nos tomaban en cuenta en la nota roja", comenta. "Al fin un diario nos trataba como ciudadanos y daba importancia a nuestras opiniones."

Poniatowska encontró aquí y allá a sus conocidos del 68. Raúl Álvarez Garín había montado un centro de presentación de quejas y solicitudes de asistencia. Por su parte el ingeniero Heberto Castillo indagaba la causa de que edificios de cierta altura sobre el reblandecido subsuelo del centro de la ciudad hubieran sido tan vulnerables al temblor.

El caso que más impresionó a Poniatowska fue el de las costureras. Ocho mil de ellas trabajaban desde las siete de la mañana en los numerosos talleres de San Antonio Abad. Galerones llenos de zumbadoras máquinas de coser se vinieron abajo como casas de muñecas. En vez de prestar ayuda para saber cuántas de sus trabajadoras habían muerto o garantizar el rescate de las sobrevivientes, los dueños se apresuraron a contratar equipo pesado para rescatar sus máquinas e inventario. Carentes muchos de ellos de permiso para operar y nómina formal, desmintieron que las víctimas hubieran sido sus empleadas para no pagar indemnización a los familiares.

El ejército buscó sobrevivientes durante dos días. Una costurera emergió de los escombros el 23 de septiembre; aseguró que había más personas por rescatar.

El temblor logró lo que no habían conseguido las terribles condiciones de trabajo de las costureras: convencerlas de organizar un sindicato. Nombraron tesorera a Elena, con la que para entonces ya habían convivido bastante dada su reiterada búsqueda de información sobre sus afanes como damnificadas laborales.

"Soy pésima para las cuentas", afirma Poniatowska. "Pero me eligieron por una mala razón: porque sabían que yo no les robaría un solo centavo."

Poeta y novelista, Homero Aridjis jamás imaginó que dirigiría una organización no gubernamental. Embajador en Suiza y Holanda en los años setenta, había servido al sistema priísta, aunque como intelectual no lo admiraba. A fines de febrero de 1985 le alarmó la contaminación atmosférica del Distrito Federal, sobre el que ya pendía en forma permanente una nube de esmog color ocre. Dado que entonces el gobierno aún no efectuaba evaluaciones diarias de la calidad del aire, Aridjis ignoraba el grado de la contaminación en términos estrictamente científicos. Pero sabía que no podía respirar profundamente. Él y su ciudad se asfixiaban.

El primero de marzo publicó en varios periódicos un desplegado en el que se sostenía que "quienes vivimos bajo este hongo viscoso que nos cubre día y noche tenemos derecho a vivir" y se censuraba "la inmovilidad de las autoridades".[9] Lo firmaban, entre otros, los pintores Rufino Tamayo, Francisco Toledo, Alberto Gironella y José Luis Cuevas y los escritores Juan Rulfo y Gabriel García Márquez.

Aridjis recibió tantas llamadas y cartas de apoyo que, en los meses sucesivos, el que fue bautizado como Grupo de los Cien publicó nuevos desplegados contra la contaminación, la desforestación y la cacería de delfines. Este flamante grupo ecologista tenía por sede el estudio de la casa de Aridjis, ubicada en las Lomas de Chapultepec. Aridjis asumió la dirección general y su esposa, Betty Ferber, de origen estadunidense, la de operaciones.

El gobierno no hizo nada. Dio por supuesto que esa agrupación era insustancial o servía a intereses extranjeros.

"Cuando nosotros entramos al Grupo de los Cien, fue algo anómalo en México", señala Aridjis. "El gobierno no comprendía el voluntariado, la acción civil desinteresada. Pensaban que había una agenda oculta, que tú querías cosas que no decías. Nunca bastaba que tú tuvieras una causa, sino siempre tenía que haber una razón extra, que la CIA te estaba pagando, o algún grupo extranjero."

En una reunión con el entonces secretario de Pesca, Pedro Ojeda Paullada, éste le preguntó sin más:

–¿Qué quieres?

–Que no maten delfines —contestó Aridjis.

Ojeda Paullada se rio.

–Vamos a hablar en serio —insistió—; ¿qué quieres? ¿Cómo te ayudo?

–Dejen de matar delfines.

El secretario se impacientó:

–Ya me dijiste eso. Pero ¿cómo te ayudo a ti? ¿Qué te doy?

No podía creer que su único interés fuera proteger la fauna marina.

Después del temblor, Aridjis calculó que el gobierno había erigido la mitad de los casi cuatrocientos edificios que se derrumbaron: torres de oficinas, unidades habitacionales, hospitales y escuelas. En un nuevo desplegado, que publicó luego de consultar a arquitectos independientes, aseveró que "¡la corrupción es mala constructora!" y que el problema no eran los reglamentos de construcción sino su incumplimiento, así como la flagrante corrupción que permitía a contratistas del gobierno eludirlos de incontables maneras, denuncia que causó gran impacto.

El gobierno nunca más volvió a desoír al Grupo de los Cien, el que además dio origen a grupos similares. La gente entendió que proteger la ecología era proteger su vida. En adelante, Aridjis sería hostigado, ridiculizado y acusado de ser agente del imperialismo, pero jamás ignorado.

Aunque, al igual que en 1968, el gobierno jamás reveló el número de víctimas, se calcula que el temblor del 19 de septiembre de 1985 causó la muerte a veinte mil personas.[10]

Pero también infundió vida a la sociedad. La indecisión oficial incitó la autogestión. Pese a no serlo en absoluto, en el México controlado por el PRI era muy novedosa la noción de que una comunidad se uniera para defender sus intereses ante las autoridades. El temblor obligó a los capitalinos a dejar de depender del gobierno.

Exhibió asimismo a las autoridades, de la misma manera que la matanza de Tlatelolco de 1968 había mostrado el núcleo represivo del sistema. El 20 de septiembre se hallaron seis cadáveres en el sótano de la Procuraduría de Justicia del Distrito Federal. Eran dos mexicanos y cuatro colombianos que habían sido detenidos cinco días antes. Los médicos que los examinaron filtraron la información de que todos tenían señales de tortura, causa de la muerte de dos de ellos.

Tras el descubrimiento de otro cadáver con huellas de tortura en la cajuela de un automóvil en el mismo sitio, el 22 de septiembre la procuradora de la capital, Victoria Adato, hizo un comentario revelador: "Es absurdo pensar en torturas, puesto que ya habían confesado".[11]

Del temblor emergió la sociedad civil: grupos de ciudadanos independientes tanto del PRI como de la oposición en los que se mezclaron mexicanos de varias clases: los más pobres de los pobres del brazo de grupos de clase media, dispuestos como nunca antes, una vez que el temblor había sacudido sus casas y vidas, a adoptar tácticas como la de obstruir frecuentemente las calles para realizar insolentes marchas y plantones o a propinarle, por ejemplo, una rechifla a De la Madrid en la inauguración del campeonato mundial de futbol de 1986.

Uno de los símbolos de esa nueva actitud política fue Superbarrio, mezcla de Supermán y luchador, quien se presentaba no sólo en manifestaciones de la oposición sino también en actos oficiales, en los que se mofaba de los funcionarios con atrevidas sátiras y bufonadas.

El sismo también dio pie al ascenso de priístas de nuevo cuño. Contra la torpeza del regente de la ciudad, Ramón Aguirre Velázquez, el joven secretario de Programación y Presupuesto, Carlos Salinas de Gortari, supo aprovechar las circunstancias para crearse una base política propia en beneficio de sus aspiraciones presidenciales. Educado desde niño por su padre, exsecretario de Estado, para ser presidente, Salinas se había abierto rápido paso hasta el gabinete tras obtener en 1978, en Harvard, un doctorado en economía política. En el sexenio de De la Madrid se reveló como implacable reductor del presupuesto y sagaz maniobrador político, y después del sismo como dinámico gestor interesado en escuchar a las organizaciones ciudadanas.

Manuel Camacho Solís, otro ambicioso político joven, acompañó un día al presidente De la Madrid a inaugurar uno de los primeros conjuntos habitacionales que el gobierno había construido para los damnificados. Mientras De la Madrid cortaba el listón, líderes de la comunidad denunciaron ante Camacho que esas viviendas no habían sido edificadas por el gobierno, sino por la Cruz Roja con donativos internacionales, y que empleados de la regencia habían retirado el emblema de la Cruz Roja justo antes del arribo del presidente. Camacho asistió días después, en una sofocante sala sin sillas, a una reunión de funcionarios locales y federales con dirigentes de los damnificados. "El objetivo de esta reunión —le susurró un funcionario al inicio de la misma— es dividir a este movimiento."

Tras sustituir a Carrillo Arena en la SEDUE, a instancias de Salinas y a pesar de no saber nada sobre medio ambiente, Manuel Camacho Solís, uno de los colaboradores más eficaces de Salinas, abrió inmediatamente las puertas de su oficina a los grupos de damnificados y escuchó con atención sus peticiones, tras lo cual propuso un plan de "reconstrucción democrática", nombró a Heberto Castillo coordinador de una comisión de arquitectos e ingenieros de evaluación de daños en Tlatelolco y construyó en un año casi cincuenta mil viviendas para los afectados por el terremoto. Así, Salinas y Camacho impidieron que el episodio del temblor causara irremediables estragos en el gobierno delamadridista.

El temblor impulsó finalmente el surgimiento de nuevos líderes sociales. Algunos, como Cuauhtémoc Abarca, siguieron trabajando en sus barrios. Abarca nunca dejó Tlatelolco, contendió sin éxito por un puesto de elección popular y fundó por último una organización de niños de la calle; otros, como René Bejarano, Dolores Padierna, Javier Hidalgo y Marco Rascón, para mencionar algunos, que surgieron como líderes de agrupaciones como la Unión Popular Nueva Tenochtitlán y la Asamblea de Barrios, optaron por carreras en la oposición partidista.

El movimiento de organizaciones no gubernamentales también recibió un tremendo impulso. Desde los setenta, las organizaciones feministas y de derechos humanos, por ejemplo, habían venido trabajando en sus agendas pero con escasos resultados. Después de 1985, lograron un nuevo momento de expresión colectiva. Y por lo que se refiere a Imanol Ordorika y sus compañeros, nunca más volvieron al radicalismo abstracto que practicaron en la UNAM. Después del terremoto conservaron su agenda izquierdista, pero estaban comprometidos en afianzar el movimiento democrático.

CHIHUAHUA, 1986

Chihuahua fue el centro de gravedad de la política mexicana en el verano de 1986.

Nunca como entonces, a 57 años de su fundación, el PRI se había visto en tan grave riesgo de perder un gobierno estatal. Asignadas por el presidente, las gubernaturas eran un premio a la eficacia y la lealtad, pues ofrecían magníficas oportunidades de enriquecimiento ilícito. El PRI no estaba dispuesto a perder una sola.

Pero en 1986 el PAN estuvo a punto de arrebatarle la de Chihuahua.[1]

Fundado en 1939 por Manuel Gómez Morin —filósofo y político creador del Banco de México, siguiendo el modelo de la Reserva Federal de Estados Unidos, como subsecretario de Hacienda de Álvaro Obregón (1920-1924)—, el Partido Acción Nacional surgió como reacción al designio del entonces presidente Lázaro Cárdenas de cobijar en el partido oficial no sólo a obreros y campesinos, sino también a todos los demás sectores de la sociedad. Dirigido desde entonces, siempre con escaso presupuesto, por un hermético grupo de abogados católicos y sus respectivas esposas, todos ellos de honda convicción democrática, para muchas personas, sin embargo, era apenas algo más que un club de oratoria.

En su larga historia de oposición al régimen priísta, algunos populares candidatos del PAN a presidentes municipales habían conseguido mayoría de votos en las urnas, pero hasta 1986 el gobierno le había arrebatado al partido blanquiazul casi todas sus victorias municipales. Las ocasionales protestas ciudadanas contra esos fraudes, que a veces rayaban en disturbios, se habían extinguido siempre en unos cuantos días.

Acción Nacional tampoco había ganado nunca una posición tan importante como una gubernatura.

Pero en 1986 la crisis económica había alterado radicalmente la situación política del país. La tenaz resistencia al PRI en los estados de la frontera norte tuvo en el PAN a su principal beneficiario.

Una encuesta indicó que, de no hacer trampa el PRI, el partido blanquiazul ganaría por tres a uno las elecciones de gobernador de Chihuahua en julio de 1986.[2] La siempre vapuleada y menospreciada oposición obtendría, al fin, una gubernatura... si así lo consentía el presidente Miguel de la Madrid.

En 1986 el principal dirigente del PAN en Chihuahua era el ingeniero Luis H. Álvarez, egresado de la Universidad de Texas y empresario textil, para entonces con tres décadas en la oposición.

En 1956, cuando Álvarez tenía 37, Gómez Morin, el legendario fundador de Acción Nacional, cuya mano le emocionó estrechar y quien mostró inusual interés en sus opiniones, le había propuesto, para su gran sorpresa la tarde misma en que se conocieron en la convención estatal panista, ser el inminente candidato del PAN a la gubernatura.

"¡Pero si ni siquiera soy miembro del partido!", contestó Álvarez, pese a lo cual aceptó el ofrecimiento. Después se enteraría de que ningún panista local se había atrevido a contender contra el partido tricolor.

Su rival lo arrolló en las urnas. Según los resultados oficiales, el PRI recibió cincuenta mil votos y el PAN cero en las remotas comunidades de la Sierra Madre. Pero su campaña había sido tan enjundiosa que le ganó la admiración de todos, así que dos años después, en 1958, en medio del descontento generalizado por el agudo descenso del salario, Gómez Morin y los demás dirigentes nacionales de su partido lo nombraron candidato a la presidencia.

La celeridad con que el PAN depositó en él sus mayores responsabilidades lo dejó sin aliento. Pero también esta vez aceptó el desafío. Después de todo, Acción Nacional era el único verdadero partido de oposición al PRI, excepción hecha del Partido Comunista, que, empero, sobrevivía en la ilegalidad.

"¿De qué sirve ser crítico si no se tiene la disposición de actuar?", se preguntó Álvarez.[3]

El candidato del PRI fue Adolfo López Mateos, secretario del Trabajo en el sexenio de Adolfo Ruiz Cortines (1952-1958). Apuesto y buen orador, durante su campaña no se vio privado de nada, pues el ejército destacó oficiales en todo el país y se encargó de reservarle habitaciones de hotel, fijar el itinerario de marchas y supervisar la instalación de templetes, entre otros asuntos logísticos del candidato priísta y su numeroso séquito de ayudantes.[4] El apolítico Banco de México le proporcionó aviones.[5] La radio y la televisión no cesaron de caravanearlo, y de ignorar al candidato opositor.

El PAN tenía muy poco que ofrecerle a Álvarez. Su personal de tiempo completo se reducía, en 1958, a su presidente y una secretaria, que contestaba el teléfono en sus oficinas rentadas y ni siquiera podía pagar un anuncio de propaganda política en los periódicos.[6]

El partido blanquiazul siempre había padecido una precaria situación económica. Aunque Gómez Morin conocía a muchos empresarios ricos, éstos evitaban vincularse públicamente con el PAN, pues temían perder contratos del gobierno, esenciales para su éxito en los negocios. En consecuencia, los panistas debían trabajar en exceso, vendiendo, por ejemplo, boletos de rifas entre sus amigos de clase media para poder pagar la renta de sus oficinas.[7] Apenas si entre todos podían reunir, de igual forma, los pesos necesarios para editar una publicación semanal.

Así, Álvarez tuvo que asumir la mayoría de los gastos de su campaña. Los ingresos de su fábrica de pantalones vaqueros en Ciudad Juárez le permitieron hacer planes para una gira nacional. Viajó con su esposa, Blanca, y no más de dos o tres asistentes. Voló poco, debido, entre otras cosas, a que en esos días aún eran escasas las rutas aéreas existentes en el territorio nacional, de tal forma que se dedicó a recorrer el país en una camioneta pickup, desde cuya parte trasera pronunciaba discursos en plazas y caminos.[8] Llegó en canoa junto con su esposa a un poblado ribereño de Veracruz.

Más inaccesible aún que la física resultó ser la geografía política del país, feudo de caciques priístas —algunos más civilizados que otros, pero en general sujetos hoscos, y a menudo violentos, persuadidos de que su fortuna política dependía de acallar toda disidencia— que convirtieron la campaña del PAN en una interminable cadena de agravios: cortes de luz en mítines nocturnos cuando el vehículo de campaña de Álvarez llegaba tarde a una ciudad y las autoridades locales simplemente interrumpían el suministro de electricidad, obligando así al candidato a iluminarse apenas con una lámpara de gas; negativa de servicio en hoteles por parte de sus propietarios, temerosos de represalias, así que con frecuencia Álvarez pasaba la noche en casa de algún simpatizante; actuación durante varias horas en un mitin —al son de tubas y tambores— de la banda militar del ayuntamiento (como sucedió en Acapulco, donde miles de seguidores esperaban al candidato en un parque junto a la bahía), y encarcelamiento de asistentes y simpatizantes de Álvarez, y aun de este mismo (en Tonila, Jalisco —al pie de un volcán, donde la recepción fue peor aún, pues, al terminar Álvarez su discurso, el cacique local, Emilio Alonso Díaz, se acercó a él empuñando un revólver calibre 45 y acompañado de secuaces con máuseres. Luego de recibir una retahíla de insultos, Álvarez se identificó y le pidió a aquel que se tranquilizara. Pero Alonso le gritó: "¡Acérquese más y lo quemo!", mientras sus matones prendían a dos asistentes del candidato, a quienes trasladaron a la jaula de hierro y madera que fungía como prisión junto con el joven panista y su madre que en el camino protestaron contra ese maltrato. Finalmente serían cinco los seguidores de Álvarez encarcelados. Al volver con sus pistoleros a la plaza para dispersar a la gente, Alonso rugió: "Nosotros somos gobierno y no dejamos que venga nadie de fuera a hacer ofensas a las autoridades"— y Jalpa, Zacatecas —donde, pistola en mano, varios policías detuvieron a uno de los colaboradores del candidato panista mientras éste arengaba en la plaza; Álvarez fue encarcelado tras abandonar el micrófono, abrirse paso entre el gentío, y preguntar a un policía: "¿Por qué lo llevan a él? Yo soy el candidato", y responder afirmativamente al cuestionamiento de otro que si contendía contra el PRI por la presidencia de México. Dirigentes panistas en la capital del país tuvieron que recurrir al secretario de Gobernación para que, horas después, su candidato fuera liberado).

Obligado por tantos abusos contra su exigua campaña a dedicar sus discursos ya no, como lo había hecho en muchas ciudades, a describir la plataforma panista (defensa de fábricas, ranchos y predios agrícolas contra la expropiación; promoción del reparto de utilidades y la democracia sindical, y prestación de mejores servicios educativos y de salud a los pobres y desempleados) sino a emitir elementales llamados a la democracia, Álvarez dijo a una multitud en Guadalajara: "El gobierno y el partido oficial han tratado de mostrar la inutilidad del empeño cívico, así como la insignificancia del candidato independiente. En cuanto a ésta, es cierta: no soy un superhombre. Soy un ciudadano de México que ama la libertad y está poniendo todo de su parte para acabar con la injusticia".

La ofensiva del PRI se intensificó al acercarse las elecciones. El líder del movimiento juvenil del PAN en Chihuahua, Jesús Márquez Monreal, fue muerto a tiros mientras pegaba un cartel de campaña en una transitada calle de Chihuahua. Álvarez voló a esa entidad y encabezó una concentración que sacó a miles a las calles para llorar a la víctima y protestar contra ese crimen, que nunca fue aclarado. En la fachada de la sede nacional del PAN se colgó una manta que decía: "¡Asesinos, el pueblo no se rinde! ¡Viva Chihuahua, miserables!".[9]

Una vez celebradas las elecciones de ese año, las autoridades anunciaron los resultados oficiales: Álvarez obtuvo 705 mil votos y López Mateos 6.8 millones. Los panistas alegaron fraude, pues su candidato había atraído a grandes multitudes a muchos de sus mítines. Incluso algunos académicos proclives al PRI considerarían falsos esos resultados.[10]

Sin embargo, el gobierno no había hecho sino repetir, como lo seguiría haciendo después, sus mañas de siempre. En las 32 mil elecciones municipales efectuadas en las 2,400 ciudades del país entre 1943 —año de la primera participación electoral del PAN— y 1983 sólo reconoció 88 victorias panistas.[11] De igual forma, en las décadas de los cuarenta y los cincuenta el PAN nunca consiguió más de seis diputados federales (de un total de ciento cincuenta), cifra que aumentó a al menos dos decenas en la mayoría de las elecciones de las dos décadas posteriores, tras la reforma electoral de 1963.[12]

Aun así, los priístas excluyeron a los panistas de las comisiones de la cámara, con muy poco que hacer, por lo demás, pues eran los asesores del presidente quienes elaboraban casi todas las leyes. Los diputados del PAN se sintieron tan desplazados durante más de tres décadas que les retiraron la palabra a los del PRI, ante quienes, además, desviaban la mirada cuando se los encontraban en los pasillos.[13]

Después de su derrota de 1958, Luis H. Álvarez volvió a Chihuahua y a sus negocios. En los veinticinco años posteriores se dedicó incansablemente a su partido: asistía a reuniones, buscaba nuevos adeptos, indagaba novedosas estrategias. Pese a ello, el PAN creció poco. Aún eran escasos los ciudadanos que lo veían como una opción seria.

Éste es el motivo de que a Álvarez y otros dirigentes del PAN, lo mismo que a muchos otros mexicanos, les haya sorprendido tanto que en 1983 los vientos políticos fueran tan distintos.

La crisis económica de fines del sexenio de José López Portillo fue la peor de México desde los años treinta. Luego de que aquél prometiera defenderlo "como un perro", el peso cayó de 4 a 2.2 centavos estadunidenses en febrero de 1982 y —tras las elecciones presidenciales, la suspensión del pago de la deuda externa, la nacionalización de la banca, el control de cambios y la toma de posesión de De la Madrid— a 0.7 en diciembre.[14]

El país, y con él innumerables familias, estaba en bancarrota. Pese a todo, López Portillo saqueó las arcas públicas más allá de lo permisible aun para el tolerante pueblo mexicano. Antes de abandonar la primera magistratura, y el control sobre el erario, se hizo construir en Cuajimalpa, a la vera de una carretera de paso, un refugio que los mexicanos bautizaron sarcásticamente como la Colina del Perro, conjunto de cinco mansiones, canchas de tenis, albercas, caballerizas y gimnasio.[15]

El furor contra el gobierno se acentuó en la frontera y de manera especial en Chihuahua. La devaluación del peso agravó ese resentimiento regional, pues castigó en particular a los estados de la frontera norte. En lugares como Ciudad Juárez, dependientes del comercio en dólares, todos los productos básicos se dispararon, desde la leche y el pollo hasta la pasta dental y el papel higiénico.[16] Endeudados en dólares, muchos empresarios no podían pagar siquiera los intereses.

Al percibir en 1983, veinticinco años después de su fallida campaña presidencial, que se gestaba una sublevación política, Luis H. Álvarez lanzó su candidatura a la presidencia municipal de Chihuahua, la que estaría en juego en las elecciones programadas para julio de ese año.

Esta vez contó a su favor el poderoso factor de la nueva actitud de la Iglesia católica, que, después de observar en silencio durante muchos años las fraudulentas y corruptas prácticas priístas, se sintió incitada por la crisis económica a hablar claro y exhortar a los fieles a meditar su voto. En el folleto *Voto con responsabilidad*, del que se distribuyeron miles de ejemplares, el arzobispo de Chihuahua, Adalberto Almeida Merino, instó a los católicos a votar por "el partido que busque cambios profundos en la sociedad".[17]

Antes renuentes a apoyar económicamente al PAN, los empresarios locales ya hacían generosos donativos, que permitirían a los candidatos panistas difundir su mensaje, disponer de representantes de casillas y combatir el fraude.

La aplastante victoria de Álvarez en las urnas en las elecciones de julio de 1983, de dos a uno en promedio, se vio realzada por el triunfo panista en otras cinco de las siete ciudades más importantes del estado, la séptima de las cuales también fue ganada por la oposición, un minúsculo partido de izquierda.[18] El partido oficial no había sufrido nunca antes un descalabro electoral tan contundente.

El candidato priísta en la capital, Luis Fuentes Molinar, reconoció su derrota al día siguiente en una conferencia de prensa. Tan inusitado gesto le valió el aprecio de la ciudadanía, expresado en desplegados periodísticos, pero también el repudio de su partido, que habría preferido disponer de más tiempo para solucionar las cosas de otra manera.[19]

En Ciudad Juárez ganó Francisco Barrio Terrazas, de 32 años de edad, anchos hombros y denso cabello castaño, contador de reciente ingreso al PAN que en la oficina local del INFONAVIT, donde trabajó, había visto una y otra vez condicionar al pago de cuantiosas "mordidas" la asignación de contratos a proveedores de materiales de construcción, y quien después había sido director de la principal asociación empresarial local y de una cadena de supermercados y otros establecimientos propiedad del priísta Jaime Bermúdez.

Tras lanzar su sombrero al ruedo en la pugna por la presidencia municipal de Ciudad Juárez, Barrio integró a su campaña a muchos amigos suyos. Uno de ellos, agente de bienes raíces, atravesó el puente que separa a esa urbe de El Paso y en la biblioteca pública de esta última ciudad obtuvo en préstamo un libro sobre la forma en que se organizaban campañas políticas en Estados Unidos. En él se explicaba cómo atraer activistas, planear un mitin, coordinar grupos de representantes de casilla y otros rudimentos políticos básicos. "Ese libro se volvió nuestra biblia", comenta Barrio.[20]

Éste formaba parte de una generación de medianos empresarios pujantes, la mayoría de ellos de entre 30 y 40 años de edad, cuya súbita militancia en la oposición en los meses posteriores a la crisis económica de 1982 sería un parteaguas en la vida política del país.[21] En su mayor parte eran dueños o ejecutivos de empresas con capacidad suficiente para servir de apoyo a eficaces organizaciones políticas. Ernesto Ruffo Appel, de 31 años de edad, director en Ensenada, Baja California, de una modesta compañía pesquera, ingresó en el PAN en 1983 y años después gobernaría ese estado. Rodolfo Elizondo Torres, maderero y dueño de una línea aérea regional, sería presidente municipal de Durango y diputado y senador federal. Manuel Clouthier del Rincón, de 49 años, agricultor y expresidente del Consejo Coordinador Empresarial, la asociación de empresarios más influyente de México, promovió en 1983 al candidato panista (tío suyo) a la alcaldía de Culiacán, Sinaloa, y más tarde sería candidato a gobernador y a presidente. Vicente Fox se inició en la política para proteger, en Guanajuato, la planta empacadora de brócoli de su familia.

Resuelto a impedir que la experiencia de Chihuahua se repitiera en otros estados pero absorto en la resolución de la crisis económica, De la Madrid delegó el cumplimiento de ese cometido a uno de sus más enérgicos subalternos, Manuel Bartlett Díaz, su secretario de Gobernación.

Hijo de Manuel Bartlett Bautista, el juez de la Suprema Corte cuyo fallo contra las compañías petroleras extranjeras, en 1938, indujo el movimiento nacionalista que culminaría en la expropiación de esa industria, Bartlett Díaz inició sus estudios de derecho en la UNAM a principios de la década de los cincuenta, dos años después que De la Madrid y siendo entonces su padre gobernador de Tabasco.

Quienes los conocieron en ese periodo jamás sospecharon que, tan empeñoso como gris, De la Madrid llegaría tan alto. Mucho más brillante, activo en política al mismo tiempo que excelente alumno, Bartlett puliría más tarde su elegante francés en la Sorbona de París y su inglés británico mientras redactaba su tesis de doctorado en la Universidad de Victoria. Desde sus inicios en el gobierno demostró ser un talentoso analista y audaz estratega. Era un auténtico prosélito, a diferencia de tantos otros priístas con poco interés en la ideología. Concebía al PRI como heredero de un nacionalismo que se remontaba más allá de la revolución de 1910, hasta Juárez, Hidalgo y Morelos. Sin embargo, tanto orgullo partidista se tradujo en franco autoritarismo una vez que se hizo cargo de la Secretaría de Gobernación.

Para Bartlett, detener el ascenso del PAN en Chihuahua era un asunto de seguridad nacional de capital importancia para el gobierno de De la Madrid, pues atribuía tal avance a una artera alianza de empresarios y jerarcas católicos con la derecha estadunidense, ansiosa de anexarse ese estado a la primera oportunidad. "Chihuahua es una entidad fronteriza", insistía. "No podemos dejarla en manos de los conservadores, con tan graves antecedentes de vínculos desleales con Estados Unidos." Así, aseguraba Bartlett, según referirían después algunos intelectuales, un probable fraude en Chihuahua en realidad sería un "fraude patriótico".[22]

Las elecciones posteriores a las victorias del PAN en Chihuahua en 1983 (en Baja California, Sinaloa, Oaxaca, Puebla, Yucatán, Coahuila, Sonora y San Luis Potosí) estuvieron plagadas de irregularidades, de acuerdo con los candidatos opositores. En Chemax, Yucatán, un centenar de individuos orinó en la cara a un priísta que había intentado robar una urna, y mil quinientos más bloquearon la carretera.[23] Numerosos panistas de Agua Prieta, Sonora, huyeron a Arizona tras incendiar el ayuntamiento y ser perseguidos por priístas a mano armada.[24]

Pero la violencia no fue entonces, en absoluto, la única maniobra electoral del PRI. Fiel a su costumbre, el partido tricolor ganó la mayoría de las elecciones de esos años porque recurrió también al acarreo, el carrusel, la intimidación y la adulteración del padrón electoral.

José Newman Valenzuela observó cómo funcionaba el sistema durante los años ochenta, cuando estuvo al frente del Registro Nacional de Electores (RNE). Nacido en el seno de una familia con antiguos lazos con el PRI, Newman estudió, sin embargo, en escuelas católicas, en las que la mayoría de sus compañeros y maestros era panista, así como en la UNAM, donde sus amigos eran de izquierda. La experiencia del 2 de octubre lo instó a cuestionar el autoritarismo del régimen.

"El 68 nos marcó", afirma. "Nos hizo concebir de otra manera un partido en cuya cultura habíamos crecido pero cuyos líderes de pronto se habían lanzado contra nosotros "

En los años setenta Newman estudió matemáticas y filosofía, obtuvo un grado en psicología y, a los 26 años, un doctorado en ciencias en la Universidad de Londres. Entretanto trabajó para los dos secretarios de Gobernación de López Portillo: Jesús Reyes Heroles lo involucró en la puesta en práctica de la reforma política de 1977 y Enrique Olivares Santana lo nombró director del RNE.

Aunque tenía mala fama, la amplísima red de empleados de este organismo se extendía a las 31 capitales estatales, 300 distritos electorales y 2,400 ciudades del país. Puesto que tales empleados mantenían permanente comunicación telefónica con la Secretaría de Gobernación, el RNE era, hasta cierto punto, el sistema nervioso del aparato político mexicano. Newman no era ningún novato cuando asumió la dirección de este órgano, pero pronto se dio cuenta de que ignoraba muchos detalles prácticos del sistema electoral nacional.

Director entonces del RNE, una de las primeras tareas de Newman fue la de elaborar un nuevo padrón y sustituir las cédulas de empadronamiento, simples tiras de papel, por credenciales para votar cubiertas de plástico.[25] Irritados, para su sorpresa, algunos gobernadores priístas llamaron a la Secretaría de Gobernación para quejarse por esa labor y Newman consultó a un veterano priísta.

71

"Antes era fácil", se le explicó. "Semanas antes de una elección, iba yo con el delegado del Registro y le decía: 'Oye, mano, la veo medio difícil, échame la mano. Dame credenciales de elector'."

De este modo, Newman se enteró de que tiempo atrás había sido costumbre que en las oficinas locales del RNE se entregara a agentes priístas miles de cédulas de empadronamiento en blanco, en las semanas que precedían a unas elecciones. Dirigentes priístas en todo el país llenaban esas cédulas con cualquier nombre y daban una nueva por casilla a cada acarreado, quien así podía votar hasta en cinco o seis ocasiones.

Las reformas de Reyes Heroles habían modificado un tanto el procedimiento. Las nuevas credenciales de plástico cancelarían esa posibilidad: serían impresas por una computadora con exclusivamente nombres procedentes del padrón. Ya no sería posible que jefes del RNE manipularan a su antojo cédulas en blanco.

No obstante, el PRI no tardaría en aprovechar las lagunas de las nuevas normas electorales, como Newman descubriría muy pronto. Casi todos los 2,700 jefes locales del RNE en todos los rincones del país eran priístas y al partido oficial le bastaba con proporcionarles listas de votantes para disponer de las respectivas credenciales, previa omisión por aquéllos del requisito de que cada elector se presentara personalmente a registrarse. Una vez alimentada de nombres, la computadora emitía credenciales en presencia o ausencia de sus titulares.

Newman había dirigido empeñosamente la campaña nacional de levantamiento del padrón, con visitas puerta por puerta, y supervisado su computarización, mediante la cual se le almacenó en trescientas voluminosas cintas magnéticas, una por cada distrito electoral, propias de las macrocomputadoras de los años setenta. Para mantener incólume el nuevo padrón, de 27.8 millones de votantes, antes de que empleados de filiación priísta empezaran a contaminar el padrón computarizado con miles de nombres falsificados, Newman dispuso un plan que le permitiría determinar exactamente el número de votantes reales y proteger así la integridad de su tan laboriosa lista de electores: que en la incorporación, a instancias del PRI, de nombres adicionales falsificados se empleara un programa de computación que, ideado por él mismo, les asignaría un código por sección electoral (37 mil entonces en todo el país), no un solo código, para impedir de esta manera que partidos de oposición detectaran las marcas correspondientes, en tanto que, por supuesto, él dispondría de la clave para descifrarlas.

Pero ese programa no siempre se usó, pese a que Newman ordenó hacerlo a todos sus empleados, al parecer por su lentitud, de modo que la introducción en el padrón de miles de nombres falsificados sin codificar le complicó enormemente las cosas. Así, un día, un avispado panista se quejó ante él de que en el padrón de Sonora aparecían miles de nombres mayas, como Juan Choc y María Chuc. "Esto no puede ser —le dijo el representante del PAN—; en Sonora no hay población maya." Desconcertado, Newman pretextó ante el molesto panista un error de cómputo y se comprometió a corregirlo. Descubrió entonces que en el padrón de Sonora se había insertado una copia de una parte de Campeche. Por limitadas que hayan sido, las reformas electorales de Reyes Heroles habían modernizado el sistema electoral del país. Pero la maquinaria priísta se había adaptado con astucia a las nuevas circunstancias.

El PAN confiaba en ganar la gubernatura de Chihuahua el 6 de julio de 1986. La honestidad e imaginación con que Álvarez y Barrio habían gobernado las dos principales ciudades del estado se habían reflejado en el sostenido aumento de su popularidad. Seleccionado Barrio como candidato por una convención del PAN, decisión que Álvarez respaldó, el PRI optó a su vez por el expanista Fernando Baeza Meléndez, abogado de 44 años de edad, educado por jesuitas, con la aparente intención de arrebatarle votos al partido blanquiazul.

Pero los hechos indicaban que el PRI cocinaba tretas aún peores. Sustituido Óscar Ornelas, el gobernador que había convalidado los triunfos del PAN en 1983, por Saúl González Herrera, éste propuso a la legislatura veinticinco modificaciones electorales cuyo fin era complicar el registro de representantes de casilla de la oposición y simplificar la adulteración de la documentación electoral.[26] Álvarez, Barrio y sus seguidores organizaron protestas, que se acentuaron conforme se acercaban las elecciones.

Pese al evidente interés noticioso que empezaban a cobrar, el silencio de Televisa, la radio, la televisión y la prensa escrita en torno a las elecciones de Chihuahua convirtió a *Proceso* en lectura obligada. Julio Scherer, fundador y director de esa revista, envió a aquella entidad a Francisco Ortiz Pinchetti, uno de sus más experimentados reporteros.

De ojos negros y abundante cabellera tocada por espeso copete, Ortiz Pinchetti fue herido de bala en la Plaza de las Tres Culturas el 2 de octubre de 1968, en cumplimiento de su deber periodístico. De la pierna lastimada le fueron retirados catorce fragmentos de bala.

Patrulladas las calles del centro por el ejército, Chihuahua parecía prepararse para una batalla cuando Ortiz Pinchetti bajó de un avión en el aeropuerto y llegó a esa ciudad en mayo de 1986. El extenuante sol del desierto había elevado la temperatura a 38 grados.

En la cafetería del céntrico hotel San Francisco, punto de reunión de políticos y reporteros, días después conoció, en un desayuno, a Alberto Aziz Nassif, investigador chihuahuense experto en el sistema electoral del país, tema sobre el que había escrito su tesis de doctorado, y quien también había viajado desde el Distrito Federal para presenciar las elecciones. Con él realizaría numerosas entrevistas y asistiría a mítines.

Entrevistado por Aziz, Antonio Becerra Gaytán —líder sensible a los nuevos vientos que soplaban en Chihuahua, marxista de 53 años de edad que usaba sombreros texanos y dirigente local del Partido Socialista Unificado de México (PSUM)— refirió el rechazo de la dirección nacional de su partido a su decisión de apoyar las acciones panistas de prevención del fraude. "Hay mucha dificultad para entender", comentó. "Y claro, ellos se van por el análisis tradicional que siempre hemos hecho: el PAN es la derecha, el partido de la reacción, la tranca del fascismo. Pero a la hora de interpretar [...] son fenómenos que no te puedes explicar nomás así. Hace unos años el PAN no atraía a los jóvenes, mujeres, campesinos, ni a los viejitos. Y ahora es un centro de atención política que da envidia.

"Yo me pongo en una esquina y veo qué entusiasmo, qué agresividad, qué combatividad, qué euforia, qué confianza. Gente que jamás se había interesado en la política, gritando por la democracia."[27]

El PRI, en contraste, se hallaba en dificultades. Ortiz Pinchetti asistió a un mitin presidido por su líder nacional, Adolfo Lugo Verduzco. Cuando éste hizo uso de la palabra, el gimnasio en el que se desarrollaba el acto —con cupo para seis mil individuos sentados— ya estaba semivacío, pues muchas personas se habían retirado tras consumir la cerveza y los sándwiches prometidos.

"Lo que tiene al PRI en Chihuahua contra la pared es su propio descrédito ante una ciudadanía que exige lo único que el partido oficial no puede darle: respeto a su vocación democrática", escribió Ortiz Pinchetti en el primero de una larga serie de artículos sobre la entidad publicados en *Proceso* ese verano.[28]

Adalberto Almeida Merino, arzobispo de Chihuahua, de 70 años de edad, quien había declarado pecado el fraude electoral en su reciente carta pastoral "Coherencia cristiana en política", le contó, al presentarse Ortiz Pinchetti a entrevistarlo en su residencia, en dirección a la cual tomó un taxi desde su céntrico hotel, que el delegado del Comité Ejecutivo Nacional (CEN) del PRI, Manuel Gurría Ordóñez, lo había invitado a adherirse a ese partido y le había dicho al visitarlo días atrás:

–Usted debería estar de nuestro lado. ¡Ayúdenos!

–Mire, licenciado —había replicado él—, ése no es nuestro lugar. No participamos en política partidista.

–¡Pues comience a participar! —le había suplicado Gurría.[29]

Baeza hacía, por su parte, alusiones religiosas en sus mítines, en su intento por conquistar votos católicos. "Perdónalos, Señor, porque no saben lo que hacen", dijo al término de un discurso en el que desmintió acusaciones de la oposición de que su partido preparaba un fraude.[30]

Luego de mucho insistir, y de un plantón de doscientas de sus partidarias frente a las oficinas del RNE, el PAN recibió al fin una copia del padrón. Con todo, estaban tan próximas las elecciones que ya fue imposible corregir los numerosos errores que se detectaron en él, como la omisión de miles de nombres.

En presumible represalia por el apoyo que, a través de la presentación de sus propias quejas, el partido socialista de Becerra había prestado al PAN en el reclamo del padrón, las autoridades vetaron a los cuatrocientos representantes de casilla que el PSUM había registrado en Chihuahua y Ciudad Juárez. El día de las elecciones los panistas serían, por lo tanto, los únicos representantes de la oposición en las casillas de estas dos ciudades.

Una semana antes de las elecciones eran tan obvios los indicios de fraude que Luis H. Álvarez abandonó sus oficinas en la alcaldía y, cargando un sleeping bag, comenzó una huelga de hambre tras subir los escalones del quiosco del parque Lerdo, en el centro de la ciudad de Chihuahua.

74

El domingo 6 de julio Ortiz Pinchetti y Aziz se reunieron a temprana hora en el hotel San Francisco, bebieron café a toda prisa y salieron a presenciar las elecciones. Un taxi los condujo a las afueras de la capital, donde Ortiz Pinchetti atestiguó un incidente en la casilla 95-B en una colonia proletaria de calles sin pavimentar.

Al llegar al sitio, poco antes de las ocho de la mañana, la representante del PAN, Lourdes Cerecero, de 21 años de edad, se llevó la sorpresa de que la votación había empezado a las 7:30; treinta minutos antes de la hora establecida por la ley, tal como le dijeron los demás representantes y autoridades de la casilla, todos ellos priístas. La presidenta de la casilla, Emma Ramírez, hizo caso omiso de sus protestas y le impidió revisar las urnas, pues, le dijo, un documento en su poder hacía constar que ya las había inspeccionado.

A las 8:15 un votante de oficio albañil, una de las primeras personas en votar, causó gran alboroto al descubrir que no podía meter su boleta a la urna porque ya estaba llena. La gente que se aglomeró a su alrededor comenzó a corear: "¡Magia, magia!", en alusión a la tradicional alquimia priísta. La votación se interrumpió al hacer acto de presencia unos soldados. Hasta ese momento sólo habían votado 45 personas.

La presidenta de la casilla, ama de casa de la localidad de 50 años de edad reclutada por el PRI, le aseguró a Ortiz Pinchetti que las urnas habían llegado selladas con cinta adhesiva y que nadie las había revisado para cerciorarse de que estuvieran vacías antes de iniciarse la votación.

Indecisa entre los reclamos de sus vecinos —quienes le exigían a gritos que cancelara la votación: "¡No te prestes a este fraude! ¡Te vas a arrepentir toda tu vida!"— y las presiones de los representantes de casilla del PRI, quienes la rodearon para insistir en que los ignorara, doña Emma clausuró finalmente la votación. Justo en ese momento, sin embargo, llegó un delegado de la Comisión Estatal Electoral (CEE) que decretó:

–¡Aquí no se cancela nada! Si la señorita representante del PAN quiere quejarse, que lo haga por escrito; su protesta se añadirá al expediente electoral. Que siga la votación.

No obstante, alguien gritó:

–¿Qué caso tiene que votemos si van a anular nuestro voto?

La gente terminó por imponerse y el resto del día obstruyó el acceso a la casilla. En ella no votó nadie más.

Al fin de la jornada, Ortiz Pinchetti consultó los resultados de esa casilla: PRI, 660 votos; PAN, 29. Los de muchas otras entre las 1,800 del estado eran igualmente disparejos. Todos los periodistas en Juárez y otras ciudades, con los que se puso en contacto, mencionaron anomalías. En muchas casillas se había expulsado a los representantes del PAN, a menudo con violencia. Uno de ellos había vuelto con un notario público para levantar una fe de hechos, pero los priístas se lo habían impedido.

A las siete de la noche Aziz y Ortiz Pinchetti asistieron a una conferencia de prensa en la que Gurría, el líder priísta, proclamó el triunfo del PRI en casi todos los puestos en disputa ese día. Los reporteros, entre quienes había muchos corresponsales extranjeros, le formularon preguntas a gritos.

–¿Calificaría de limpias estas elecciones? —lo interrogó uno de ellos.

–Yo las llamaría legítimas —respondió aquél después de hacer una pausa.

En un principio, el PAN pareció paralizado por la incredulidad. Pálido, Barrio aludió a su vez a "serias irregularidades", pero se mostró confundido y derrotado. Ortiz Pinchetti se detuvo en el quiosco del parque Lerdo. Álvarez, cuya huelga de hambre cumplía una semana, era la imagen misma de la desolación.

Cientos de panistas se congregaron al día siguiente, para exigir acción, frente a la sede de su partido, donde se hallaba reunida la dirigencia. La muchedumbre clamó por la presencia de Barrio, a quien esperó en la calle tanto como fue necesario y quien al salir recuperó el aliento gracias a la rabia del gentío.

Tras afirmar que se había "cometido un ultraje contra el pueblo de Chihuahua", Barrio anunció una decisión súbita: que su partido exigiría la anulación de las elecciones, demanda a la que en las horas siguientes se sumarían la Iglesia, los empresarios, el PSUM y una organización campesina encabezada por el sacerdote radical Camilo Daniel Pérez.[31]

Un par de días después, 35 mil enfurecidas personas —hombres de negocios y campesinos, socialistas y panistas, curas y amas de casa— se concentraron frente a la catedral al grito de "¡Democracia, democracia!".

Barrio tomó el micrófono frente a la multitud al tiempo que la brisa de verano le agitaba el cabello y la enardeció al exclamar, como lo consignó Ortiz Pinchetti: "¡Óyeme bien, Miguel de la Madrid: los chihuahuenses hemos decidido que ya basta!".

"¡Barrio, Barrio!", lo interrumpieron.

"¡Esta vez no toleraremos el fraude!", continuó aquél. "¡El gobierno sabrá qué significa meterse con Chihuahua!"

La resistencia civil se extendió al instante por todo el estado. En la capital, Juárez y otras ciudades cientos de personas descontentas detenían su automóvil en céntricos cruceros y tocaban el claxon a una hora convenida, para paralizar el tránsito con una cacofonía de ira cívica. Aun con refuerzos llegados de estados vecinos y equipados con escudos y gas lacrimógeno, el ejército no podía hacer nada para que se reanudara la circulación.

Los bloqueos se extendieron pronto a las principales autopistas del estado. Tres mil panistas de la capital bloquearon la carretera a México —de cuatro carriles, sobre los que, lo mismo que sobre el camellón, atravesaron sus autos y apagaron sus motores— mientras otros tantos hacían lo propio en Ciudad Juárez y otras localidades.

Rodeado al instante por los quejosos en el primero de esos puntos, luego de descender de un helicóptero, en el que había aterrizado cerca del inmenso embotellamiento con la misión de restablecer el tránsito, un comandante de la Policía Federal de Caminos se limitó a sonreir, mandar saludos a Barrio, hacer la V de la victoria y retirarse.

Los bloqueos de calles y carreteras se volvieron un ritual cotidiano en las semanas siguientes. Veinte mil panistas obstruyeron durante seis días el puente internacional Córdoba, entre Ciudad Juárez y El Paso. Después, ese y otro puente fueron bloqueados varias veces. Por su parte, los empresarios cerraron un millar de fábricas y otros establecimientos en protesta por el fraude y exhortaron a la ciudadanía a no pagar impuestos. Becerra, el líder socialista, y Pérez, el cura de izquierda, encabezaron una marcha campesina a la capital que, procedente del noroeste, recorrió cien kilómetros.[32]

La huelga de hambre de Álvarez se convirtió en símbolo elocuente de la lucha por la democracia, aunque él se negara a admitirlo. "No soy símbolo de nada", dijo en entrevista con Ortiz Pinchetti. "Sólo soy un hombre que cree en la democracia. Las circunstancias me han dado notoriedad, pero mis esfuerzos y sacrificios no son mayores que los de muchos otros chihuahuenses."[33] Aun así, sentado en el quiosco del parque Lerdo con camisa blanca y una chamarra, cada semana más pálido y delgado, llamó poderosamente la atención de los chihuahuenses inconformes, ávidos de líderes, pues día tras día lo visitaban ciudadanos ansiosos de estrechar su mano y agradecerle su postura.

Pero quizá la protesta más llamativa fue la anunciada por el arzobispo Almeida. Inmediatamente después de las elecciones, este dignatario eclesiástico, canoso y con gafas, declaró que, luego de haberse reconocido católico durante su campaña, Baeza no podía tomar posesión de su nuevo cargo a sabiendas de que lo había conseguido en forma fraudulenta.

El 13 de julio leyó en la catedral, como los demás sacerdotes en los templos de Chihuahua: "El domingo pasado alguien fue agredido. Alguien sufrió abuso, maltrato, escarnio y ofensa. Alguien fue amenazado y mentido. Ese alguien es el pueblo de Chihuahua".[34] Después anunció la suspensión, el fin de semana siguiente, de todas las misas de la arquidiócesis.

"Por toda la hipocresía y el engaño, por el fraude, por la violación de tantos derechos humanos, perdónanos, Señor", remató.

No obstante, esta medida tuvo que ser cancelada por órdenes del delegado apostólico en México, monseñor Girolamo Prigione, quien a su vez las atribuyó al Vaticano.[35] Almeida había subestimado el poder de la curiosa y non sancta complicidad del gobierno con la jerarquía católica vaticana. El activismo católico en Chihuahua había exasperado a Bartlett, quien llamó a Prigione para pedirle su intervención. Éste cultivaba cordiales relaciones con el gobierno pese a la inexistencia, entonces, de relaciones diplomáticas oficiales entre México y la Santa Sede.

La aplanadora priísta allanó con igual impasibilidad con la que Bartlett enfrentó ese incidente con la Iglesia católica, y en general los restantes clamores procedentes de Chihuahua, todas las demás objeciones que le salieron al paso. El Colegio Electoral, por ejemplo, rechazó sumariamente 888 de las 920 quejas formales del PAN, en las que éste había documentado prácticas como el inicio de la votación antes de la hora establecida, al modo de la casilla 95-B; la falta de inspección previa de las urnas; y la expulsión de representantes de casilla de la oposición. "Elecciones impecables", fue su dictamen definitivo.[36]

Pero mientras las autoridades daban el visto bueno a las elecciones, se hallaba en marcha un inusual cortejo entre los aguerridos panistas de Chihuahua y la izquierda, muchos de cuyos dirigentes, sin embargo, aparentemente habían aceptado las explicaciones de Bartlett de que los tumultos en esa entidad no habían sido atizados por presuntas trampas electorales, sino por obispos reaccionarios y republicanos estadunidenses.

Heberto Castillo, quien a mediados de los años ochenta se había convertido en el dirigente del Partido Mexicano de los Trabajadores (PMT) y quien se había mantenido cada vez más atento a Chihuahua, voló a Ciudad Juárez —con Ortiz Pinchetti a su lado, quien registró los hechos— y se apersonó en el puente Córdoba, que une a Juárez con El Paso, en cuyo arcado tramo cientos de panistas bloqueaban el tránsito, seis semanas después de las elecciones.

"El problema de México no son la izquierda y la derecha, sino la falta de democracia", asentó en su discurso ante Barrio y los demás quejosos. "En eso estoy de acuerdo con el PAN y no temo que se me identifique con él. La lucha por la democracia incumbe a todos los mexicanos."

"Eso es la biblia", secundó el periodista Fernando Benítez, también presente en el encuentro.

Castillo, uno de los socialistas más ilustres de México, entonces de 57 años de edad, se fundió en un abrazo con Barrio y algunos de sus colaboradores, la mayoría de los cuales habían renunciado meses antes a una promisoria trayectoria empresarial para integrarse al PAN, célebre por su conservadurismo. El cálido encuentro y la manifiesta pluralidad de las opiniones que en él se expresaron no tenían precedente en un medio caracterizado por incesantes divergencias ideológicas.

Barrio agradeció a Castillo su solidaridad. "Nosotros no tenemos sus conocimientos ni su capacidad intelectual", le respondió. "Pero, como ustedes, estamos decididos a impulsar la batalla por la democracia a cualquier costo."

En la capital, al sur, adonde después voló con Ortiz Pinchetti, con quien tomó un taxi directamente al quiosco del parque Lerdo, Castillo le pidió a Álvarez suspender su ayuno, que para entonces ya duraba treinta y ocho días, y recuperar su fuerza. Demacrado, este último se puso trabajosamente en pie para recibir con un abrazo al venerable izquierdista. Castillo le habló con los mismos términos filosóficos que había empleado en Ciudad Juárez, aunque añadiendo la mencionada solicitud táctica al presidente municipal de Chihuahua. "Lancemos una campaña nacional por la democracia", le propuso. "La democracia es el único camino para la izquierda y la derecha. Luchemos juntos por alcanzarla."[37]

Éste fue uno de los primeros contactos importantes entre la izquierda y la derecha del país. En la década y media siguiente se sucederían muchos otros, todos ellos contra el autoritarismo priísta.

Luego de la visita de Castillo, Álvarez se sumió tres días en la indecisión. La propuesta de aquél le atraía, pero le resultaba humillante abandonar una huelga de hambre cuyas demandas aún no habían sido satisfechas. Y a este respecto no cabía duda: el gobierno se había burlado de él y todos los chihuahuenses.

Treinta mil personas concurrieron tres días más tarde al quiosco del parque Lerdo.

Barrio fue el primero en dirigirse a ellas y aseguró que entonces empezaba un nuevo periodo de resistencia civil, que "podría durar meses o años".

Álvarez se puso de pie. "Sé que es muy poco lo que he conseguido con mis pequeños esfuerzos, limitados por mi debilidad humana", dijo, cascada la voz. "Pero ahora deposito mi confianza en Dios. Aceptaré nuevos retos. Abandono el ayuno."

Al recordar años después ese momento, Ortiz Pinchetti lo calificaría como el más emotivo de ese verano. Barrio y muchos otros manifestantes no pudieron contener las lágrimas cuando Álvarez bajó del quiosco con paso vacilante para encaminarse a un hospital próximo en medio de una animosa multitud.

Aziz y Ortiz Pinchetti —cuyos artículos semanales en *Proceso* habían sido devorados en todo el país durante la pausa informativa impuesta por los medios controlados por el PRI— hicieron sus maletas y volvieron al Distrito Federal. En Chihuahua había tenido lugar algo más que unas simples elecciones, apuntó Ortiz Pinchetti en su último artículo de la serie; por primera vez en su vida, miles de mexicanos, antes apáticos, habían defendido su dignidad como ciudadanos. "El anhelo de democracia —escribió— convirtió a este estado en escenario de una batalla nacional decisiva, cuyo desenlace podría tardar mucho en ocurrir. La oposición, por lo pronto, ya vela las armas."[38]

Miles de chihuahuenses contemplaron el fraude electoral del 6 de julio, pero no tenían pruebas para sustentarlo. De la Madrid y Bartlett se complacían en confirmar la victoria priísta mediante condescendientes lecciones de civismo a opositores y periodistas. "El PAN obtuvo muchos votos, pero no la mayoría, según los datos oficiales disponibles", declaró De la Madrid en una entrevista con Ed Cody, corresponsal de *The Washington Post*. "Y las elecciones se ganan con votos, no con manifestaciones ni huelgas de hambre."[39]

A una delegación de once dirigentes panistas que lo visitaron en Los Pinos los conminó, después de escuchar impasible sus quejas, a no violar la ley con sus protestas, luego de lo cual los dejó con Bartlett. Éste reiteró la solicitud de pruebas de fraude.

–Llévenmelas a la secretaría —les pidió.

–Los ladrones de votos no entregan recibo —rezongó uno de ellos.[40]

Pero pese a que las más altas autoridades de la nación seguían atribuyendo las protestas de Chihuahua a las intrigas de la siniestra alianza de empresarios y jerarcas católicos mexicanos con derechistas estadunidenses, la verdad oficial no tardó en exhibir grietas.

Tras visitar Chihuahua dos meses antes de las elecciones, el historiador Enrique Krauze había publicado un ensayo en el que retrataba a un PAN insurrecto, un PRI esclerótico y una entidad que, desde tiempos de la Conquista, había estado en revuelta intermitente contra el centro, y en el que recomendaba al gobierno respetar la voluntad popular. "Chihuahua vive hoy la revolución de la democracia", concluyó.[41]

Indignado por lo acontecido en las elecciones del 6 de julio, invitó por teléfono a Octavio Paz, Gabriel Zaid, José Luis Cuevas, Lorenzo Meyer y otros intelectuales a firmar un desplegado a favor de su anulación.

Convencido de que el caso del combate al fraude en Chihuahua lo ameritaba, resolvió convocar asimismo a intelectuales ajenos al círculo tradicional de Paz y su revista, por lo que, en una arrojada decisión, también le habló a Héctor Aguilar Camín, director de *Nexos*, la revista rival de *Vuelta*.

Éste coincidió de inmediato con el principio que animaba al desplegado, aunque sugirió moderar la afirmación categórica de que se había cometido fraude en Chihuahua y señalar únicamente que así parecía, lo que provocó cierto forcejeo telefónico entre ambos.[42] Convenida la redacción definitiva del texto, a él se añadieron las firmas de, entre otros, Carlos Monsiváis y Elena Poniatowska:

> De acuerdo con los resultados oficiales de las recientes elecciones en Chihuahua, el PRI ganó en 98% de las casillas. A la distancia y sin vínculos con ninguna de las partes, creemos que esa cifra indica una preocupante obsesión por la unanimidad. Un amplio y diverso sector de la sociedad chihuahuense, directamente involucrado en el asunto y con más información para emitir un juicio razonado, cree que su voto no fue respetado. Ese sector ha realizado actos pacíficos de resistencia civil para expresar su descontento, lo que evidencia falta de unanimidad y plantea dudas sobre la naturaleza democrática y la honestidad de los comicios. Las autoridades no deberían ignorar esas manifestaciones. Hoy más que nunca el electorado debe estar seguro de que su voto cuenta; de que cuenta más que la abstención y la violencia. Esto quiere decir que los perdedores deben estar convencidos de su derrota. Pero en Chihuahua, tanto ciudadanos como la prensa nacional e internacional han documentado irregularidades suficientes para sembrar dudas razonables sobre la legalidad de todo el proceso. Para despejar esas dudas, que tocan la fibra misma de la credibilidad de la política en México, creemos que las autoridades, actuando de buena fe, deben restablecer la armonía pública y anular las elecciones en Chihuahua.[43]

Aparecido a plana entera en varios periódicos y en *Proceso* la última semana de julio, entre los veintiún firmantes de este desplegado estaban algunos de los escritores y artistas más distinguidos del país, de izquierda algunos de ellos. El gobierno difícilmente podía aducir que su demanda de nuevas elecciones formara parte de una supuesta conspiración de la derecha.

Por medio de un asistente, diez días después Bartlett invitó a cenar a algunos de los firmantes del desplegado a un restaurante de la Zona Rosa. Krauze, Aguilar Camín, Cuevas, Poniatowska, Monsiváis y algunos más se presentaron a la hora indicada. Tras llegar dos horas tarde a la cita en compañía de dos de sus más importantes colaboradores, Bartlett alertó, en el largo y civilizado debate subsecuente, contra la ominosa alianza derechista en Chihuahua. Krauze y otros de los presentes desestimaron respetuosamente ese diagnóstico alarmista y criticaron, en cambio, la persistente disposición de recursos públicos para la maquinaria electoral del PRI. Con todo, la conversación volvió, una y otra vez, al mismo punto: la petición de pruebas palpables de fraude electoral en Chihuahua.

–No hubo fraude —pontificó Bartlett—; ¿qué entienden ustedes por "dudas razonables sobre la legalidad de todo el proceso"? ¡Es absurdo! ¿Dónde están sus pruebas?

Sus invitados se sintieron acorralados por su seguridad. "Lo único que sabíamos de esas elecciones era lo que habíamos leído en la prensa", refiere Aguilar Camín.

Bartlett, por el contrario, habló con autoridad, pues sostuvo que había estudiado el expediente entero de las elecciones en Chihuahua, casilla por casilla y documento por documento.

–Ustedes dicen en su desplegado que juzgan a la distancia —prosiguió, con un dejo de desdén—; ¡yo no! ¡Sé de qué estoy hablando! ¡Las elecciones de Chihuahua fueron perfectamente legales!

Presa quizá de un arrebato, añadió:

–Pongo a su disposición, si lo desean, la documentación de esos comicios. Analícenla. Saquen sus propias conclusiones.

Aquello era una audacia. Conseguir entonces casi cualquier dato, desde cifras del Banco de México sobre la oferta de dinero hasta estadísticas de la Secretaría de Salud sobre mortalidad infantil, implicaba una auténtica batalla.

–Nos gustaría conocer esos documentos —señaló Aguilar Camín.[44]

Era obvio que Bartlett no estaba chiflado; había hecho tal ofrecimiento porque confiaba en que para cualquier persona no implicada directamente en la organización de las elecciones de Chihuahua esos documentos eran inescrutables.

Pero Aguilar Camín sabía de alguien que tal vez podría comprenderlos.

Juan Molinar Horcasitas era un verdadero experto en elecciones. Profesor de ciencia política con maestría en El Colegio de México, de 31 años de edad, había pasado la mitad de su vida estudiando los misterios de la política mexicana. Hijo de un agente de bienes raíces avecindado en Polanco, a principios de los años setenta había preferido leer a Cervantes y Shakespeare que ver televisión y había sido representante de casilla en las elecciones presidenciales de 1976, sólo concurridas por José López Portillo, lo cual lo pasmó ("Era la dramatización en pleno del sistema político mexicano: México convertido en la Unión Soviética", ilustra ahora).[45] Siendo ya estudiante universitario y habiéndose convertido en apasionado de la política y colaborador de una revista sobre la materia, asistía por curiosidad a las sesiones vespertinas de la Comisión Federal Electoral (CFE), entonces el máximo órgano electoral, dependiente de la Secretaría de Gobernación. Antes de la reforma política de 1977, la votación en ese órgano era casi sistemáticamente de cuatro contra uno (el PAN), y después de ocho contra cinco.[46]

La infalible reiteración de ese resultado le pareció aberrante a Molinar. Pero los priístas le explicaban que, siendo México un régimen revolucionario, el PRI no sólo tenía el derecho sino también la obligación de gobernar. Frente a los disidentes, añadían, quedaba una opción muy simple: tratarlos como se trataba a sus iguales en Cuba y la Unión Soviética o permitirles formar pequeños partidos y participar en las elecciones. Aun así, el PRI estaba históricamente obligado a conservar el poder.

Pese a su incipiente inclinación por el PAN,[47] Molinar mantenía buenas relaciones con los representantes del PRI en la CFE, quienes en más de una ocasión también le expusieron algunos de los rudimentos de la ya clásica ingeniería electoral priísta, los operativos tras bastidores que permitían al partido de Estado "ganar" las elecciones. Alardeaban así de su destreza para duplicar identificaciones electorales, distribuirlas entre miles de jefes distritales de su partido y organizar carruseles, el recorrido durante una sola jornada electoral de una docena o más de casillas con autobuses llenos de burócratas o maestros que votaban una y otra vez por el partido en el gobierno.

Frente a la pregunta con la que se topaban todos los que, como él, pretendían estudiar seriamente las elecciones sobre cómo analizar en México cualesquiera resultados electorales, a sabiendas de que el proceso entero era fraudulento, las cifras oficiales inconfiables y las de la oposición incompletas e imprecisas, Molinar dedujo que la aplicación de rigurosos instrumentos analíticos permitiría vislumbrar los verdaderos resultados electorales pese a lo anómalo del proceso.

Así lo explicó en un artículo publicado en *Nexos*, en 1985, en el que reportó, además, una tendencia hasta entonces insuficientemente demostrada: los resultados oficiales de las elecciones presidenciales mostraban el descenso en la percepción de votos del PRI de cerca de cien por ciento en los años veinte y treinta, a menos de setenta en 1982. "Las estadísticas oficiales no pueden ocultar por completo la realidad electoral", escribió. "En ellas es discernible el elemento de verdad. La alquimia es perceptible aun cuando intente encubrir."[48]

Aguilar Camín le llamó al día siguiente de la cena en la Zona Rosa con Bartlett para informarle del ofrecimiento de éste.

–¿Crees que podrías hallar huellas de fraude? —le preguntó.

–Supongo que sí —contestó Molinar—; es cosa de analizar los documentos.

–¿Cuáles necesitas?

Pidió el padrón electoral y los resultados casilla por casilla de todas las elecciones de Chihuahua entre 1982 y 1986, solicitud que Aguilar Camín transmitió por teléfono a un empleado de Bartlett.

Una semana después, Aguilar Camín lo citó en las oficinas de *Nexos*, donde ya se encontraba una enorme pila de cajas de cartón repletas de documentos. Parecía impensable que alguien pudiese asimilar tantos miles de páginas de datos electorales. Molinar emprendió de inmediato su lectura y clasificación.

Por análisis previos sabía que el PRI abultaba el número de votantes en zonas bajo su control y lo reducía en las demás.

¿Cómo podía probar esa hipótesis en el caso de Chihuahua? Habiendo escudriñado los documentos durante varias semanas, se le ocurrió comparar el padrón con el censo.

Esta tarea le llevó varios meses, pero en enero de 1987 su comparación demográfica había rendido frutos sobresalientes.

En 53 de las 67 ciudades de Chihuahua había más votantes que adultos. En una de ellas, por ejemplo, el padrón contenía 2,627 votantes, mientras que el censo sólo registraba 1,128 adultos; en otra había 2,112 votantes y 987 adultos. Entre 1983, año de los inesperados triunfos municipales panistas, y 1986, el padrón de Chihuahua se había incrementado (principalmente en bastiones priístas) en más de un tercio, ocho veces la tasa de crecimiento de la población.

Tampoco había congruencia entre el censo y los resultados electorales de 1986. En gran cantidad de poblados de la Sierra Madre, donde ningún candidato había hecho campaña ni el PAN había contado con representantes de casilla, el número de votos emitidos era mucho mayor que el de adultos. Más de ochenta por ciento de esos votos favorecieron al partido oficial.

En poder de esta información, Aguilar Camín... tomó el teléfono para comunicarse con Bartlett.

–Señor secretario —le dijo—, vamos a publicar un artículo muy crítico. Me gustaría que usted lo leyera antes.

Bartlett le pidió que se lo enviara a José Newman, a quien después le instruyó por teléfono:

–Destroza ese artículo.

–¿Cómo? —preguntó Newman.

–Sí, demuéstrale a ese idiota que sus argumentos son falsos y que está totalmente equivocado.[49]

"Imposible", se dijo Newman después de leer el artículo de Molinar. Nunca antes se habían dado pruebas tan rotundas de las trampas del PRI.

A propuesta suya, revisó línea por línea el texto con Molinar y le hizo notar algunas inexactitudes, cuya corrección fortaleció, en realidad, el análisis.

Publicado en marzo de 1987 con una nota introductoria en la que, para guardar las formas, Aguilar Camín agradecía a Bartlett su generoso aporte de documentación electoral, el artículo, "Regreso a Chihuahua",[50] causó revuelo y mereció un resumen en la revista inglesa *The Economist*. Todo esto contrarió profundamente a Bartlett: había perdido valiosos puntos ante Carlos Salinas en la carrera de la sucesión presidencial, por resolverse ese mismo año.

Aunque su sospecha inicial de que Molinar trabajaba para Salinas carecía de fundamento, como se lo hicieron saber sus propios agentes, en el bizantino contexto de la sucesión ni Bartlett ni ningún otro priísta advirtieron en el artículo de Molinar una llamada de alerta sobre la necesidad de vastas reformas electorales.

Amplios y prolongados como resultaron, los efectos de los comicios de 1986 en Chihuahua fueron apenas el preludio de los de las elecciones presidenciales de 1988.

1988

Horas después del cierre de las casillas en las elecciones presidenciales del 6 de julio de 1988, el secretario de Gobernación, Manuel Bartlett, anunció que problemas técnicos con una computadora de tabulación de votos impedían disponer de resultados. Pero ésa era la versión oficial. El verdadero problema fue que los resultados preliminares no favorecían al candidato priísta, Carlos Salinas de Gortari, hecho tan desusado que el presidente De la Madrid ordenó a Bartlett no divulgarlos. La ciudadanía tuvo que esperar una semana entera para conocer los resultados oficiales. Pero para entonces casi nadie creyó en ellos.

La sociedad mexicana recuerda las elecciones de 1988 como aquellas en las que "se cayó el sistema". Y aunque esta expresión se refiere principalmente a un sistema de cómputo, también es una descripción adecuada de las semanas posteriores a esos comicios. Antes de que se restableciera el control autoritario, el país enfrentó su crisis más profunda quizá desde la Revolución.

El mito de la avería del sistema gubernamental de cómputo se convirtió en una leyenda nacional pero era una versión inexacta de los hechos. El fraude de 1988 no fue un pulcro acto cibernético sino una operación torpe que dejó, por todas partes, burdas huellas, como boletas quemadas, urnas arrojadas a ríos y actas falsificadas.

Millones de personas intentaron defender su voto en las calles, al participar en las mayores manifestaciones de protesta en la historia de México. Pero el gobierno y el partido oficial aún controlaban todos los engranajes de la maquinaria electoral. Así, la disciplina, descaro y vileza del PRI permitieron a las autoridades imponerse sobre los inconformes.

No obstante, el cinismo mostrado por el sistema marcó indeleblemente a los dos principales contrincantes. Salinas fue declarado triunfador, pero en la mente de muchos mexicanos su integridad personal y legitimidad política quedaron maltrechas para siempre. Cuauhtémoc Cárdenas Solórzano, a quien el régimen hurtó millones de votos, suscitó un vasto movimiento. A ojos de muchas personas de la izquierda, se convirtió en un mesías de la democracia.

Cárdenas fue un príncipe de la Revolución, hijo de Lázaro Cárdenas, el único presidente salido de las filas del PRI al que la ciudadanía apreció con casi la misma veneración que a Benito Juárez y Emiliano Zapata.

Nacido en 1934, año en que Lázaro Cárdenas asumió la presidencia de la República,[1] Cuauhtémoc apenas gateaba cuando el general recorría el país repartiendo tierras a comunidades campesinas, y tenía 4 años cuando aquél expropió la Standard Oil y otras compañías petroleras extranjeras.

Obtuvo el grado de licenciado en ingeniería civil en la UNAM y más tarde hizo estudios de posgrado en Francia, Alemania e Italia. En 1959 conoció a Fidel Castro en Cuba junto con su padre, y dos años después participó en las manifestaciones en México contra la invasión de Bahía de Cochinos, ocasión en la que, de nueva cuenta, actuó a la sombra de su progenitor. Durante la mayor parte de los años sesenta se desempeñó como supervisor de la construcción de una presa en Michoacán. No participó en las protestas del movimiento estudiantil de 1968, año en el que tenía 34. Poco después inició sigilosamente su trayectoria política, en la que se labraría, en primera instancia, una carrera tradicional en el PRI.

En la campaña presidencial de Luis Echeverría, verificada en 1970, realizó un estudio técnico sobre el potencial de desarrollo de Michoacán, y ese mismo año buscó, a la muerte de su padre, que el PRI lo eligiera como candidato a senador;[2] la selección por parte de Echeverría de un rival suyo lo sublevó.[3]

De cualquier forma, en 1975 estuvo entre los políticos que se apresuraron a felicitar a López Portillo por su nombramiento como candidato presidencial del PRI. Para su satisfacción, López Portillo lo hizo senador por dedazo y, en 1980, gobernador de Michoacán, también por dedazo. Su gobierno no se distinguió, en general, del de cualquier otro mandatario estatal priísta. Pasaba mucho tiempo en la capital del país, desde donde se trasladaba a Michoacán a bordo de un avión oficial.[4]

Una matanza de lugareños perpetrada en 1985 por agentes federales en colusión con narcotraficantes lo impelió —contra la voluntad de funcionarios federales, quienes hubieran preferido que el incidente no trascendiera— a publicar una carta de protesta por esa atrocidad dirigida al entonces procurador general de la República de De la Madrid, Sergio García Ramírez.[5] En un foro académico sostuvo después que los gobiernos priístas posteriores al de su padre habían abandonado el compromiso de la Revolución con la justicia social.[6] Ya desde sus últimos meses como gobernador y a principios de 1987, tras dejar el cargo y no percibir en su partido ninguna vía para satisfacer sus aspiraciones, dio en expresar sus opiniones con creciente franqueza. Así, a fines de 1986 formó en el PRI lo que se llamó la Corriente Democrática, en asociación con Porfirio Muñoz Ledo —secretario del Trabajo de Echeverría, presidente de ese partido, secretario de Educación de López Portillo y embajador de México en la ONU con De la Madrid— y otros disidentes de inclinación izquierdista.

Esta organización casi no criticó los fraudes que el PRI perpetraba contra otros partidos, pero intentó democratizar el proceso de selección del candidato presidencial priísta. Su principal blanco de ataque fue la política económica de De la Madrid, que había empobrecido a millones de mexicanos.[7] "Nos mueve el reclamo de una sociedad que acusa signos de desesperanza, consternada por la creciente sangría que representa la carga de la deuda externa y sus efectos sobre los niveles de vida; acosada por la inflación, el desempleo, el libertinaje de los precios y el deterioro constante del salario", afirmó en su primera proclama, emitida poco después de su creación.[8]

Cárdenas y su grupo disidente no fueron los únicos miembros del partido oficial a disgusto con el manejo de la economía por De la Madrid. Pero sólo Cárdenas y sus seguidores lo expresaron. En el discurso que pronunció en la convención priísta de marzo de 1987, Cárdenas previno contra el descontento popular derivado del favoritismo de la política gubernamental por los ricos y aseguró que, para recuperar votos, el partido debía permitir que sus bases lanzaran un candidato presidencial "democrático y nacionalista".

Pero sus propuestas sonaron a herejía. El máximo líder del PRI, Jorge de la Vega Domínguez, respondió que bien harían en salir del partido quienes no apreciaban sus tradiciones, a lo que De la Madrid agregó, en referencia a Cárdenas y Muñoz Ledo: "Por mí que se vayan. Que formen otro partido".[9]

Aunque rechazadas y escarnecidas, las demandas por la democratización del PRI no fueron ignoradas. En agosto de 1987 Jorge de la Vega rompió modestamente con la tradición e invitó a Bartlett, Salinas y otros cuatro contendientes por la candidatura del PRI a exponer ante el Comité Ejecutivo Nacional sus soluciones a los problemas nacionales. Pero, bautizada después como "la pasarela", esa iniciativa tuvo escasos efectos en el proceso de selección del candidato.[10]

Cinco semanas después, el 4 de octubre de 1987, De la Madrid ejerció de nueva cuenta el clásico dedazo.[11] Reunida en Los Pinos la dirigencia priísta, De la Vega pidió orientación al presidente, quien dijo que Salinas era el candidato ideal. De la Vega declaró entonces a la prensa que, luego de una cuidadosa reflexión, el partido se había inclinado por Carlos Salinas de Gortari.

Brillante estratega del presupuesto y astuto operador político, Salinas era, en cambio, un candidato débil. Economista con apariencia de sabelotodo y voz atiplada, tenía escaso atractivo físico para el electorado. Además, su estrecha asociación con la política económica vigente le había valido el apodo de "Salinas Recortari", por los severos recortes que había hecho al presupuesto. Pero la opinión de De la Madrid fue lo único que contó. Como lo explicaron los expertos, el sistema político mexicano seguía siendo de "un solo hombre y un solo voto".

A Cárdenas no le quedó otra alternativa que someterse al candidato priísta, a quien detestaba, o emprender su propia campaña. Una semana después del destape de Salinas informó que había aceptado la nominación presidencial del Partido Auténtico de la Revolución Mexicana (PARM). El PRI lo expulsó de inmediato. Muñoz Ledo también rompió con el PRI. De la Madrid los juzgó liquidados, pero Cárdenas comenzó a atraer seguidores al instante.

Cárdenas había llamado inicialmente la atención de Imanol Ordorika, el líder estudiantil de la UNAM, a fines de 1986, justo cuando concluía su periodo como gobernador de Michoacán. Ordorika hojeaba la revista *Proceso* cuando su vista cayó en un artículo de Cárdenas. Era un ataque frontal contra De la Madrid, al que acusaba de traicionar los principios de la Revolución con sus severas medidas de ajuste económico.

"¡Mira a este pinche priísta!", pensó Ordorika. "¡Qué buena crítica se aventó!, ¿no?".[12]

Para entonces Ordorika y otros líderes universitarios ya se habían vuelto célebres. Fortalecidos por el rescate de los sobrevivientes del temblor, volvieron a la UNAM para organizar a los estudiantes. Meses después, Jorge Carpizo, el rector de la universidad, anunció el aumento de las cuotas, con lo que se imponía una verdadera colegiatura, tras años de que la universidad fuera prácticamente gratuita. Ordorika, su amigo Carlos Ímaz y otros veteranos de las brigadas del temblor entraron en acción y desataron un movimiento de protesta que concitó apoyo dentro y fuera de la universidad. Durante 1987 los estudiantes siguieron con cierto interés el enfrentamiento de Cárdenas con De la Madrid. En el otoño, poco antes de que Cárdenas anunciara su candidatura, los estudiantes fueron invitados a encontrarse con él en casa de un maestro. Cárdenas les dijo que planeaba dejar el PRI y enfrentar a Salinas como candidato de oposición. Añadió que respaldaba su defensa de la gratuidad de la educación superior y su desacuerdo con el pago de la ascendente deuda externa. Los dirigentes estudiantiles se mostraron escépticos en un principio.

–Ustedes siguen siendo priístas, así que les tenemos desconfianza —observó Carlos Ímaz.

Ceremonioso como siempre, Muñoz Ledo pretendió iniciar una disertación, pero Cárdenas lo atajó.

–La verdad no esperaba menos de ustedes —les dijo a los estudiantes.

Para comprobar su sinceridad, éstos le pidieron pronunciarse a favor del movimiento de los desaparecidos, encabezado por Rosario Ibarra de Piedra. Cárdenas les solicitó redactar una declaración, que después radicalizó en vez de moderar.

Ese gesto le ganó la permanente lealtad de Ordorika, Ímaz y los demás líderes estudiantiles. En las siguientes semanas, Cárdenas vencería las sospechas y conquistaría la adhesión de muchos otros grupos de izquierda. A fines de diciembre seis partidos formaron el Frente Democrático Nacional (FDN) en apoyo a su candidatura.[13]

El PAN lanzó a Manuel Clouthier del Rincón, el millonario que había presidido la principal asociación empresarial del país.[14] Barbado y obeso, Clouthier estudió la preparatoria en California, y en el Instituto Tecnológico y de Estudios Superiores de Monterrey jugó futbol americano como tacleador, gracias a sus 110 kilogramos de peso. En compañía de su esposa y sus diez hijos administraba en Sinaloa un próspero rancho de chile y jitomate. En su primera contienda por un cargo de elección popular, los comicios por la gubernatura de ese estado en 1986, se enfrentó a Francisco Labastida, entonces un político de mediano nivel en la maquinaria priísta. Al término de las elecciones, Labastida se declaró triunfador, pero los partidarios de Clouthier reunieron pruebas de relleno de urnas y tomaron las calles en protesta.

Labastida respondió llamando "neofascista" a Clouthier. Luego de que aquél asumió la gubernatura, campesinos priístas invadieron el rancho de Clouthier, quien tardó dos años en desalojarlos. Esta experiencia lo perturbó, de modo que su campaña presidencial de 1988 fue menos la búsqueda del puesto en disputa que una cruzada contra el PRI. Demostró ser un luchador incansable.

A principios de la campaña presidencial el PRI supuso que el PAN podía ser un adversario tan peligroso como lo había sido en Chihuahua en 1986. Así, el secretario Bartlett elaboró normas electorales que volvieron prácticamente imposible a cualquier partido, excepto al partido oficial, obtener el control del congreso. Esas nuevas leyes otorgaron al PRI el control de un tribunal electoral y la mayoría absoluta en la Comisión Federal Electoral (CFE), la dependencia encargada de organizar las elecciones. Asimismo, facultaron a Bartlett para nombrar a los funcionarios electorales más importantes del país e hicieron casi imposible probar el fraude.[15]

La nominación de Salinas fue un duro golpe para Bartlett, quien había maniobrado durante meses para ser el sucesor.[16] Había ordenado entonces a uno de sus más cercanos colaboradores, Óscar de Lassé, organizar una red para el acopio de información política durante la campaña presidencial y para la posterior obtención de resultados electorales preliminares.

Bartlett tenía colaboradores con más experiencia en materia electoral, como el subsecretario de Gobernación, Fernando Elías Calles y José Newman, director del Registro Nacional de Electores (RNE). De Lassé, exrockero de larga cabellera y parecido a Jim Morrison, había participado en campañas priístas, pero jamás en la organización de una elección federal. Solía presentarse a trabajar con una combinación de traje y zapatos blancos. Hablaba en caló. "¿Qué pasó, mi Tigre?", le decía a José Newman cuando coincidían en la Secretaría de Gobernación. Con la autorización de Bartlett, De Lassé procedió a disponer a su arbitrio de los recursos de la Secretaría de Gobernación. Originalmente alojada en el suntuoso recinto decimonónico de dos pisos de Bucareli 99, la Secretaría de Gobernación había crecido al paso de los años hasta abarcar un conjunto de cuatro edificios intercomunicados que ocupaban una manzana completa en torno a una plaza central de losetas del tamaño de una cancha de futbol. Bartlett permitió que De Lassé se adueñara de la mayor macrocomputadora de la secretaría, una Unisys del tamaño de un vagón de carga instalada en un amplio sótano de Bucareli, y contratara a cientos de capturistas para alimentar con datos políticos a ese monstruo chirriante. De Lassé instruyó a los tres mil delegados del RNE que le transmitieran por teléfono información biográfica de los cientos de candidatos a diputados y senadores de todo el país, así como cualquier rumor sobre conflictos entre partidos de oposición.

De Lassé llamó a su creación: Sistema Nacional de Información Político-Electoral (SNIPE). Éste causó azoro en Gobernación. ¿Con qué fin reunía De Lassé tan misteriosa información? Ésta no se destinaba al candidato priísta, ni el SNIPE formaba parte del CISEN, el Centro de Investigación y Seguridad Nacional.[17] Newman llegó a la conclusión de que Bartlett había ideado el SNIPE como recurso para su propia campaña presidencial. Luego de que Salinas obtuvo la nominación, el secretario no halló motivo para desechar el proyecto, considerando sobre todo que De Lassé se había comprometido a aportar resultados electorales precisos apenas horas después del cierre de las casillas.

En 1988 ésta era una nueva idea en México. En ninguna elección presidencial anterior ni el gobierno, ni la televisión ni nadie más había intentado nunca proporcionar resultados preliminares. Jamás había habido interés en ello, porque el resultado de esa elección nunca había estado en duda. Cada seis años, dirigentes priístas habían declarado invariablemente triunfador a su candidato la noche misma de las elecciones, sin aportar cifras que fundamentaran esa aseveración hasta días o semanas más tarde.

El conteo de votos era lento y laborioso.[18] Una vez terminada la votación, las boletas se contaban a mano en cada casilla del país (había 54 mil en 1988), muchas de ellas en remotos caseríos. Los resultados se registraban después en actas de escrutinio de casilla, y boletas y actas se entregaban, luego de ser transportadas en camiones, en el comité distrital correspondiente (eran 300, en su mayoría situados en grandes poblados o ciudades). La ley concedía a los funcionarios electorales rurales treinta y seis horas para entregar sus paquetes electorales en los centros distritales. Ahí, cuatro días después de las elecciones, el comité se reunía para sumar los resultados de todas las casillas de su distrito (unas 180) y remitir finalmente los totales a la CFE.

Por primera vez, entonces, el SNIPE abreviaría el proceso, pues la noche misma de los comicios delegados del RNE visitarían tantas casillas de su distrito como pudieran para obtener resultados y transmitirlos a los bancos telefónicos que De Lassé había establecido junto al centro de cómputo en el sótano de Bucareli.

Salinas hizo su campaña ante apagadas multitudes a principios de 1988. Recorrió el país prometiendo reactivar la economía, liquidar la corrupción y corregir todo abuso gubernamental. Pero sus promesas sonaban huecas: los electores tenían que trabajar cuarenta y ocho horas en 1988 para ganar lo que obtenían en veinte en 1976, apenas dos sexenios atrás.

Salinas había elevado a su camarilla de jóvenes tecnócratas a los principales puestos de su equipo de campaña, excluyendo así a avezados promotores del voto con contactos en distritos obreros y cooperativas campesinas. En consecuencia, la legendaria eficacia electoral priísta había languidecido. Clouthier, quien era un orador extraordinario, atraía a muchedumbres más entusiastas que Salinas.

Pero Cárdenas dominaba la campaña, pese a que disponía de poco dinero y encabezaba una frágil coalición. En cualquier poblado, bastaba con que descendiera de su autobús de campaña y enfilara hacia la plaza central para verse rodeado al instante por un tropel de electores que daban reverentes y jubilosos alaridos. En un pueblo de Aguascalientes, por ejemplo, radiantes padres le presentaron con orgullo a sus pequeños hijos.

"¡Viva el hijo del general!", exclamó un campesino con huaraches. Ancianos y ancianas sollozaban de emoción.[19]

Cárdenas no era un gran orador. Con la laboriosa metodología de un ingeniero, insistía en leer sus discursos, y rara vez sonreía. Pero el atractivo no residía en la oratoria, sino en el hombre.

"A donde vayamos, por pequeño o remoto que sea el sitio, descubrimos que Lázaro Cárdenas estuvo allí hace cincuenta años", explicó a un reportero uno de los colaboradores de Cárdenas. "La memoria histórica de la tierra que el general repartió y de los caminos y escuelas que construyó sigue viva, y no se adscribe al PRI sino a Cuauhtémoc."[20]

En la UNAM, Imanol Ordorika y sus amigos organizaron un mitin en el que el campus se llenó de infinidad de admiradores de Cárdenas.

Sin embargo, no todos los partidos de izquierda se habían sumado a su candidatura. Rosario Ibarra contendía por segunda vez por la presidencia como candidata de un minúsculo partido trotskista, el Partido Revolucionario de los Trabajadores (PRT). Heberto Castillo era, por su parte, el candidato de su partido, el Mexicano Socialista (PMS). Su asociación con Lázaro Cárdenas y su liderazgo en el movimiento de 1968 lo habían convertido en símbolo de la oposición, de tal forma que pugnaba empeñosamente por recibir los votos de la izquierda.

No obstante, una encuesta electoral independiente —también entonces un fenómeno nuevo en México— lo empujó a cambiar de opinión. *La Jornada* publicó a fines de mayo un sondeo entre votantes del Distrito Federal, realizado por un experto en encuestas llamado Miguel Basáñez. Esta encuesta indicaba que Salinas contaba con el favor de 45% del electorado, Cárdenas con 26% y Clouthier con 10%. Sólo 2% de los votantes apoyaban a Heberto. Así, éste analizó las cifras, lanzó un suspiro y declinó en favor de Cuauhtémoc.[21]

Basáñez llevó a cabo en junio una encuesta a escala nacional. Ésta señaló que Salinas retrocedía y Cárdenas cobraba impulso. Salinas fue favorecido por 44% de las intenciones de voto, Cárdenas por 29% y Clouthier por 17%. En el Distrito Federal, la encuesta indicó que Cárdenas iba a la delantera: Salinas fue favorecido por 35%, Cárdenas por 38% y Clouthier por 12 por ciento.[22]

Salinas se alarmó. Ningún candidato priísta había recibido nunca menos de 76% de los sufragios.

La campaña transformó a Cuauhtémoc Cárdenas. Como priísta disidente había pugnado por prácticas menos autoritarias, que le permitieran buscar la nominación presidencial de su partido. Sin embargo, su compromiso democrático se ahondó cuando tuvo que arrostrar tácticas autoritarias como candidato de oposición.

91

El hermano mayor de Salinas, Raúl, entonces un burócrata gubernamental adscrito a la campaña de Carlos, se acercó a la Policía Judicial Federal para contratar al comandante Guillermo González Calderoni, con objeto de que interviniera los teléfonos de los principales colaboradores de Cárdenas.[23]

Días antes de las elecciones, dos de éstos fueron asesinados a tiros en el Distrito Federal.[24] Uno de ellos había organizado una red nacional de informantes de casilla; su eliminación impediría al FDN disponer de resultados propios. Nadie fue acusado por estos delitos.

A lo largo de la campaña, Televisa, con Jacobo Zabludovsky como su principal conductor de noticieros, difundió cada movimiento de Salinas con lisonjero detalle. Cárdenas y Clouthier fueron ignorados, insultados o difamados.[25] Tan sesgada cobertura dio origen a un chiste: el papa visita México y va a dar un paseo en lancha con Cárdenas. La brisa lanza al agua el sombrero del papa. Cárdenas camina sobre el agua, lo recupera y se lo devuelve. Esa noche Televisa transmite las imágenes del incidente, junto con un breve comentario: "Cárdenas no sabe nadar". Esta agudeza reflejaba la admiración de los votantes por Cárdenas pese a —o a causa de— el sabotaje del sistema.

El destacado analista político Jorge G. Castañeda acompañó a Cárdenas al final de su campaña. "La impresión que causa el llegar a Acapulco a las diez y media de la noche, con tres horas de retraso y un calor infernal, y ver una multitud de casi cincuenta mil almas paciente, convencida y combativa, rebasa la capacidad descriptiva del que esto escribe", escribió en *Proceso* poco antes de las elecciones. "México está en la víspera del cambio."[26]

Se suponía que el enorme sistema de cómputo electoral de Óscar de Lassé se mantendría en secreto.[27] La ley no obligaba al gobierno a proporcionar resultados preliminares, y en principio, Bartlett no tenía intención de compartir los datos del SNIPE con los partidos de oposición.[28] Pero en las semanas inmediatamente anteriores a los comicios se corrió la voz. Para comenzar, cientos de empleados temporales de De Lassé salían a comer todos los días de Gobernación portando gafetes del SNIPE. Tras breves indagaciones, dirigentes de la oposición se enteraron de que Bartlett preparaba un sistema de cómputo para obtener resultados preliminares.

La noticia suscitó gran expectación y provocó un forcejeo en la Comisión Federal Electoral. La nueva ley electoral de Bartlett había ampliado la CFE a treinta y un miembros, aunque el PRI conservaba bastante más de la mitad de los votos. Bartlett presidía sus sesiones en el pomposo Salón Revolución de Bucareli, a la cabecera de una señorial mesa en forma de herradura. El diputado Jorge Alcocer, de 33 años de edad, representaba a uno de los partidos de la alianza de Cárdenas.

En una sesión a mediados de junio, Alcocer pidió a Bartlett explicar cómo funcionaría el SNIPE y que compartiera la información de éste con la oposición. Bartlett negó la existencia de tal sistema. Pero Alcocer repitió sus solicitudes, con lo que puso a Bartlett en un aprieto.

El viernes primero de julio, en la última reunión de la CFE previa a las elecciones, Bartlett accedió súbitamente. Pese a que la ley no se lo exigiera, dijo con grandilocuencia, haría un esfuerzo adicional, muestra de su respeto a la pluralidad, y proporcionaría resultados preliminares a todos los partidos.

Este anuncio inquietó a Newman. Durante la primavera había escuchado con creciente escepticismo los alardes de De Lassé sobre las maravillas del SNIPE. Pero para entonces temió que la promesa de Bartlett de proporcionar resultados la noche de las elecciones resultara un fracaso.

Concluida la sesión de la CFE, Bartlett, De Lassé y Newman se reunieron en la oficina del primero.

–Manuel, ¿ya tienes pensado cómo le vas a hacer? —le preguntó Newman.

–Dile lo de las pantallas, Óscar —respondió ufanamente Bartlett.

Óscar de Lassé bullía de entusiasmo a causa de lo que consideraba un ardid cibernético infalible. Para permitir a los partidos de oposición seguir los resultados electorales, explicó, instalaría terminales de cómputo y teclados en el RNE, localizado en la avenida Insurgentes, a unos ocho kilómetros al sur de la Secretaría de Gobernación. A la oposición se le diría que la computadora a la que estaban conectadas las terminales se hallaba en el octavo piso del Registro. Pero en realidad las terminales estarían conectadas por líneas telefónicas a la computadora del SNIPE en el sótano de la Secretaría. De Lassé asignaría técnicos para que colaboraran con los representantes de oposición en el RNE en la descarga de resultados casilla por casilla.

Newman se alteró aún más. Sabía que las primeras casillas en reportar resultados serían de la ciudad de México, justo donde el apoyo al PRI había disminuido más rápido durante la década de los ochenta. ¿Qué sucedería si la votación de la ciudad de México era desastrosa para el PRI?

De Lassé replicó que había diseñado un programa de cómputo que dividiría sistemáticamente los resultados casilla por casilla en dos grupos. Los resultados de casillas favorables al PRI, donde el partido oficial hubiera recibido más votos que todos los partidos de oposición juntos, se destinarían a un archivo que los partidos de oposición podrían ver en sus terminales en el RNE. Los resultados de casillas en las que el PRI hubiera perdido se enviarían, en cambio, a un archivo resguardado por varias contraseñas. Estas cifras desfavorables no se darían a conocer hasta que resultados de baluartes priístas en zonas rurales hubieran sido reportados en número suficiente para mostrar un abrumador triunfo del PRI, aseveró De Lassé.

El repentino e inexplicablemente generoso ofrecimiento de Bartlett de compartir los resultados preliminares era, así, una engañifa. El secretario sólo haría públicos resultados seleccionados por su aptitud para reflejar la ventaja del partido oficial.

De Lassé calculaba disponer de resultados de más de la mitad de las casillas de todo el país a la medianoche del día de las elecciones, mucho antes de la 1:45 de la mañana, hora habitual del cierre de los titulares de ocho columnas de los diarios capitalinos.

Newman gruñó.

–No tienes idea de lo que es esto, Óscar —dijo—; no vas a tener resultados tan pronto.

Para las primeras horas de la tarde del 6 de julio ya era obvio que esa jornada electoral no se parecía a ninguna otra. Newman visitó a Bartlett en su oficina de la Secretaría de Gobernación; desde allí el secretario había llamado a los gobernadores en la capital de sus respectivas entidades. "Está apretadona la cosa", le dijo Bartlett, inusualmente preocupado.[29]

Poco después, el presidente De la Madrid recibió una llamada del secretario de Gobernación en su oficina en Los Pinos. Bartlett fue directo. Las elecciones marchaban mal para el PRI.

–Bueno, ¿qué? —preguntó el presidente—; ¿vamos a perder?

–No, no tanto —respondió Bartlett.[30]

A las 6:22 de la tarde Bartlett bajó en su elevador personal desde su oficina en el segundo piso, ocupó su lugar en la cabecera de la mesa en forma de U del Salón Revolución y reanudó la sesión de la CFE. Inmediatamente uno de los representantes de oposición denunció la manipulación priísta de la cobertura informativa de los comicios en varios periódicos que, impresos antes de que se hubiera emitido un solo voto, ya proclamaban el "claro e inobjetable triunfo" de Salinas.

"Interesantes ensayos de futurología", comentó Bartlett, forzando una sonrisa.[31] Pero los representantes de oposición no estaban para bromas. Tenían informes de anomalías en todo el país: carruseles, expulsión de sus representantes de casilla, relleno de urnas, casillas en barrios de oposición que no abrieron nunca o cerradas cuando cientos de electores aún hacían cola para votar y robo de urnas por vándalos del partido oficial. Bartlett acostumbraba sentarse inexpresivo en esas reuniones. Apoyaba los codos en la mesa y sostenía frente a sí un lápiz en posición horizontal, el que estrujaba con los dedos y oprimía en el centro con los pulgares, retorciéndolo hasta casi romperlo. Cuando estaba agitado, perdía el control. Esa noche, la multiplicación de reclamos de fraude provocó que comenzara a romper lápices.[32]

En el RNE, José Antonio Gómez Urquiza, representante del PAN de 38 años de edad, y media docena de colegas de su partido trabajaban con el joven, y en apariencia apolítico, técnico asignado por De Lassé para operar la terminal panista. Más de una hora después de cerradas las casillas, lo cual había ocurrido a las seis, los representantes de los partidos de oposición aún no habían podido extraer ningún resultado de sus terminales.

Durante la tarde, Gómez Urquiza se había asomado varias veces a la espalda del técnico y había anotado la media docena de contraseñas que éste había usado para acceder a diversos archivos del sistema de De Lassé. Pidió entonces al técnico volver a probar algunas de ellas. Luego de varios intentos, la terminal parpadeó y en la pantalla apareció un menú con la ruta para obtener resultados de cada uno de los 300 distritos electorales.[33]

Sin saberlo, Gómez Urquiza había penetrado en el archivo secreto en el que el SNIPE almacenaba resultados electorales desfavorables para el PRI, lo cual significaba los resultados de casi todas las casillas del país en las que ya había terminado el conteo de votos a esa temprana hora, tal como Newman había previsto. Gómez Urquiza solicitó entonces al técnico consultar resultados de su distrito, en Coyoacán. Y, en efecto, resultados de dos casillas de Coyoacán aparecieron en la pantalla. En ambas Salinas se ubicaba detrás de Cárdenas y Clouthier. Tras comunicarse telefónicamente con amigos que habían sido representantes de casilla en ese distrito, Gómez Urquiza confirmó la exactitud de esos datos.

Entusiasmado, pidió al técnico consultar resultados de Monterrey. Los había de una docena de casillas, todos ellos adversos a Salinas. Consultaron resultados de Aguascalientes, en el centro del país, y Puebla, al oriente. En cada distrito que consultaron, al menos unas cuantas casillas habían reportado resultados, ¡y en todas partes Salinas iba perdiendo!

Emocionados por su éxito, los representantes del PAN comenzaron a imprimir los resultados y a llamar a colegas para confirmar la exactitud de las cifras. El chasquido de la impresora y la algarabía del cubículo del PAN atrajeron a representantes de otros partidos, cuyas terminales seguían en blanco e inservibles. Éstos acabaron por aglomerarse en la pequeña oficina panista.

De pronto, otro agente de De Lassé, corpulento y de mediana edad, apareció en la puerta. Observó unos momentos y una expresión de horror se dibujó en su rostro. Ordenó entonces al técnico que apagara la terminal del PAN.

–Te metiste a un archivo equivocado —lo amonestó—; ¡estás dañando el sistema!

–¡Eso es absurdo! —interrumpió Gómez Urquiza, quien insistió en que el joven técnico prosiguiera con su trabajo.

El jefe desapareció un par de minutos, pero después volvió, esta vez más agresivo.

–¡Te ordeno que apagues esa terminal! —profirió al joven técnico.

–¡No lo hagas! —interrumpió de nuevo Gómez Urquiza—; tenemos derecho a acceder a los resultados y necesitamos tu ayuda.

El técnico, atrapado en medio, permaneció absorto frente a la terminal del PAN.

Repentinamente, el jefe jaló los cables de la computadora con intención de desconectarla, pero Gómez Urquiza y sus compañeros se lanzaron frente a la computadora para alejarlo a empujones. Hubo gritos de ambas partes. El jefe se escurrió al teléfono para hablar con De Lassé, y minutos después la pantalla de Gómez Urquiza estaba en blanco. Indignados, éste y los demás representantes de partidos de oposición se quejaron en forma airada con todos los empleados a su alcance. Intentaron subir al octavo piso, donde se les había dicho que estaba alojada la computadora que procesaba los datos, pero fueron interceptados por soldados.

En la CFE, Newman recibió una inquieta llamada de un asistente, quien le informó que en el Registro había estallado un alboroto. Newman se lo comunicó en una nota a Bartlett y abandonó la sesión en busca de De Lassé.

Lo halló fumando tranquilamente un puro en su oficina.

–¿Qué pasó, Óscar? —inquirió.

–¿De qué, mi Tigre? —respondió De Lassé.

–Las pantallas se apagaron en el Registro Electoral y ya se creó una algarabía.

–Tú no te preocupes —contestó De Lassé.

En la mesa en forma de U, Diego Fernández de Cevallos, representante del PAN y abogado famoso por su ampulosa oratoria, decía en ese momento al micrófono:

–Se nos informa que se calló la computadora, afortunadamente no del verbo "caer", sino del verbo "callar". Y ojalá que se pudieran hacer las mejores gestiones para que vuelva a trabajar.[34]

Bartlett se turbó.

–No hay ningún problema. La información va a fluir —aseguró, pero ordenó un receso de media hora, a partir de las 7:50 de la noche. El receso se prolongó hasta las dos de la mañana.

Bartlett se precipitó a su oficina, donde lo esperaban De Lassé y Newman, en compañía del subsecretario Elías Calles.

–Óscar, ¿qué está pasando? —preguntó a De Lassé.

–No, jefe, no te pongas así, andamos mal —respondió De Lassé.

–¿Cómo que andamos mal? —respingó Bartlett.

–La cosa anda fea —dijo De Lassé.

El PRI perdía en la capital y en los estados de México y Michoacán. Aquélla era una catástrofe electoral sin precedentes en la historia del partido.

–Además, parece ser que en el Registro hubo un problema con la máquina —añadió De Lassé—, y para que no haya ruido la apagué.

–¿Cómo que la apagaste, pendejo? —explotó Bartlett.

Desde media tarde había sabido que al PRI le estaba yendo mal en el conteo de votos. Pero ahora la decisión de De Lassé de desactivar las terminales había agudizado las sospechas de fraude de los partidos de oposición y su determinación de disponer de resultados preliminares.

–Voy a hablar con el señor presidente —dijo Bartlett, y se deslizó a una pequeña habitación contigua en la que podía conversar en privado con aquél a través de una línea directa.

Informó entonces al presidente de la desastrosa situación de su partido en la capital y entidades vecinas. "No puedo dar estas cifras", le notificó. "Estarían muy ladeadas." Los resultados de otros estados probablemente revertirían las tendencias iniciales, adujo Bartlett. Pero si permitía que Cárdenas acumulara desde ese momento una temprana ventaja, nadie creería los resultados posteriores que concederían la victoria a Salinas. Por lo tanto, pidió autorización para suspender la provisión de resultados electorales hasta que fueran favorables al PRI. El presidente se la otorgó.[35]

96

Aproximadamente a la misma hora, Cárdenas, Clouthier, Luis H. Álvarez, Rosario Ibarra, Heberto Castillo, Porfirio Muñoz Ledo y otros dirigentes de los principales partidos de oposición se hallaban reunidos en el hotel Fiesta Americana, en Paseo de la Reforma, a unas cuadras de la Secretaría de Gobernación. Habían agrupado los reportes de fraude de sus respectivos partidos y elaborado un comunicado conjunto de oposición, que se proponían presentar a Bartlett.[36]

Cuando éste terminó de hablar con el presidente, Cárdenas, Clouthier e Ibarra se encaminaban ya a sus oficinas, seguidos por varios cientos de simpatizantes. En la entrada principal de la secretaría encontraron las puertas de hierro forjado cerradas con cadena, que azotaron hasta que un vigilante con walkie-talkie recibió la orden de dejarlos pasar. La multitud se desparramó en el patio y subió la elegante escalera de mármol que conducía a la oficina de Bartlett.

"¡Viva el presidente Cárdenas!", gritó alguien entre la muchedumbre.

Bartlett recibió a los candidatos y los hizo pasar a su despacho. Cientos de partidarios y periodistas aguardaron en el vestíbulo, también de mármol.

De pie junto al escritorio del secretario, Ibarra leyó el documento, titulado "Llamado a la legalidad". "La jornada electoral que acaba de concluir ha representado un despertar cívico", dijo. "Ha sido evidente la voluntad ciudadana para establecer un régimen democrático y abolir el autoritarismo imperante." Sin embargo, los delitos electorales habían despertado dudas sobre la legitimidad de los comicios, señaló. "En caso de que no se restablezca de modo inequívoco la legalidad del proceso electoral, los candidatos a la presidencia de la República que suscribimos este documento no aceptaríamos los resultados ni reconoceríamos a las autoridades que provinieran de hechos fraudulentos."

–No prejuzguemos —respondió Bartlett en cuanto Ibarra concluyó su lectura—; sus imputaciones no están sustentadas.

Hubo un áspero intercambio de palabras. Heberto pidió a Bartlett explicar el problema de las computadoras. El secretario inventó rápidamente una colosal mentira, ya que arguyó que sólo se habían instalado ciento sesenta líneas telefónicas para recibir los datos electorales, y una avalancha de resultados las había saturado, lo que había provocado que las computadoras fallaran. Agregó que ya se hacía cargo de que se instalaran trescientas líneas telefónicas más para abastecer a un sistema paralelo, pero que los candidatos lo habían interrumpido.

–No entiendo —repuso Heberto—; ¿cómo es que se han bloqueado los teléfonos si no ha llegado ninguna información?

Bartlett carraspeó. Las líneas se habían bloqueado debido, en parte, a las llamadas que los partidos de oposición habían hecho a sus representantes fuera de la capital. Los candidatos refunfuñaron.

–Eso, francamente, no es posible —insistió Heberto.[37]

Los inconformes se retiraron. Rosario Ibarra volvió a leer el comunicado, esta vez ante cientos de periodistas.

Bartlett llamó de nuevo a su oficina a Newman, De Lassé y Elías Calles y reprendió a De Lassé por haber desactivado las terminales del RNE.

–Eres un pendejo. ¿No te das cuenta de que has destapado toda esta sospecha? —le dijo.

Para ganar tiempo, ordenó a Newman convocar a la CFE y explicar que, a causa de la lluvia y problemas de comunicaciones, los datos tardarían en volver a fluir. Newman, quien siempre había considerado descabellados los planes de obtención de resultados preliminares de De Lassé, se negó a hacer el trabajo sucio de mentir ahora a los partidos de oposición.

–Manuel, yo no lo voy a hacer —dijo Newman.

Asombrado, Bartlett lo miró brevemente, calibrando esa insubordinación.

–Pues eres un cabrón —respondió.

Ordenó entonces a Elías Calles explicar las demoras a los miembros de la CFE, quienes estaban furiosos minutos después, al congregarse en la oficina del subsecretario.

–¡Queremos resultados! ¡Dejen de ocultar información! —exclamó Alcocer. Todos los representantes de oposición comenzaron a hacer reclamos a Elías Calles al unísono.

–¡Estamos hartos de esperar! —agregó Leonardo Valdés, también representante del FDN—; ¿qué pasa con la computadora?

A los partidos de oposición ya se les había dicho una mentira (que la principal computadora procesadora de los resultados electorales se hallaba en el octavo piso del RNE). Ahora Elías Calles añadía otra mentira, al afirmar que la computadora del RNE, que nunca había existido, estaba saturada de datos. Agregó que su equipo ya trabajaba en la puesta en operación de una computadora de emergencia.

–¿Una computadora de emergencia? —vociferaron los miembros de la CFE—; ¡queremos verla!

Finalmente, Elías Calles no tuvo alternativa. Atrapado en su propio engaño, accedió a guiar a los representantes de oposición en un recorrido por la secretaría. Bajaron escaleras, atravesaron la explanada de losetas y bajaron más escaleras, en dirección al amplio sótano.[38]

Ahí contemplaron un enorme centro de cómputo que parecía muy eficiente. La macrocomputadora Unisys zumbaba tranquilamente en una cámara cubierta por paredes de cristal y equipada con aire acondicionado. Cientos de capturistas que vestían de batín blanco y portaban hojas de datos electorales circulaban entre hileras de mesas provistas de teléfonos. No había caos. El sistema parecía todo menos saturado.

–¿Quién es el jefe del centro? —preguntó Fernández de Cevallos.

Se presentó como tal un técnico, fornido y de baja estatura, que dijo llamarse José Luis Urbina. Elías Calles intentó intervenir, pero Fernández de Cevallos lo hizo a un lado.

–Ésta es una máquina muy grande —dijo el panista al técnico, asumiendo la actitud de un fiscal que iniciara un interrogatorio.

–Sí, señor —respondió el técnico, quien describió con términos especializados la fabulosa memoria y potente capacidad de procesamiento del sistema.

–¿Es suficiente para recabar toda la información electoral? —inquirió Fernández de Cevallos.

–Sí, señor —contestó Urbina.

–¿No han tenido problemas esta noche? —prosiguió el panista, arqueando las cejas.

–Ninguno, señor —dijo Urbina.

–Ya para los efectos de esta elección, ¿me quiere explicar desde cuándo ha venido funcionando este sistema?

–Desde hace casi cuatro meses —respondió Urbina, sin saber que contradecía así la afirmación de Elías Calles de apenas unos minutos antes, en el sentido de que el sistema era un centro de emergencia que apenas esa noche entraba en servicio.

–¿De cuántas casillas han recibido resultados hasta este momento? —terció Leonardo Valdés.

–De mil cien —informó el técnico.

–¿Mil cien? —preguntó Valdés—; señor subsecretario, queremos esas mil cien ahorita.

Elías Calles pretextó que la impresora de alta velocidad estaba descompuesta.

–¡Pero si el señor Urbina nos acaba de informar que todo funciona perfectamente! —reclamó Valdés.

Elías Calles caía atrapado una vez más y accedió. Cuando los dirigentes de oposición abandonaron el sótano, sus sospechas de que Bartlett manipulaba los resultados se habían convertido en una certeza.[39]

Cuando Elías Calles y Newman regresaron, escaleras arriba, a la oficina de Bartlett, el secretario ya estaba al tanto del trágico paseo, pero conservó la calma. Ordenó a De Lassé imprimir los resultados de esas mil cien casillas. Cuando éstos fueron entregados a la CFE, alrededor de las diez y media de la noche, mostraban a Cárdenas a la delantera.

Bartlett se encerró entonces en su oficina durante las dos horas siguientes, negándose a recibir a nadie. Reapareció bien pasada la medianoche y, tras convocar a una última y tardía sesión de la jornada electoral en torno a la mesa en forma de U, proporcionó nuevos resultados impresos, esta vez el reflejo de cuatro mil casillas, muchas de ellas de Chiapas. Se refirió a esas cuatro mil casillas como la totalidad de las que se disponía de información hasta esa hora. Pero él sabía que se trataba en realidad de las cuatro mil más favorables al PRI, que De Lassé había seleccionado apresuradamente entre varios miles de casillas reportadas hasta ese momento. En ellas, Salinas aparecía con 45% de los votos, Cárdenas con 38% y Clouthier con 17 por ciento.

Esa tarde al llegar a la sede nacional del PRI, Manuel Camacho, amigo de Carlos Salinas desde sus días en la universidad, encontró al candidato priísta en una oficina de los pisos superiores, sumamente contrariado. Sus auxiliares de campaña compilaban los resultados electorales de los comités estatales del partido. Salinas estaba llamando a los gobernadores. Todos tenían malas noticias. Ninguno de ellos había cumplido la cuota de votos prometida durante la campaña. La capital era, además, una hecatombe: Cárdenas lo aventajaba dos a uno.[40]

Aun así, De la Vega y otros jerarcas priístas insistían en que proclamara su triunfo. Camacho le aconsejó cautela; le dijo que debía esperar a disponer de cifras que sustentaran un pronunciamiento en cualquier sentido.

El propio presidente le llamó para recomendarle que reclamara su victoria:

–Oiga, Carlos, esto va a ser motivo de generar suspicacia de la gente, porque tradicionalmente el candidato del PRI sale hacia las once o doce de la noche y proclama su triunfo. Si usted no lo hace, va a haber problemas.

–Pues sí, pero no me siento con las bases suficientes —replicó Salinas.[41]

Transcurrieron un par de horas. Por fin De la Vega, preocupado por el cierre de los encabezados de los diarios de la ciudad de México, fijado a la 1:30 de la mañana, exhortó una vez más a Salinas a declararse vencedor, pero éste reiteró su negativa a hacerlo.

Finalmente De la Madrid, el tecnócrata educado en Harvard, el presidente visionario, regresó a su esencia autoritaria con objeto de mantener al sistema en el poder. Ya había autorizado a Bartlett ocultar los resultados preliminares contrarios al PRI. Ahora instó a De la Vega a ignorar a Salinas y proclamar el triunfo priísta. "Adelante. Proclama nuestra victoria."[42]

Mucho después de medianoche, ya en la madrugada del 7 de julio, De la Vega tomó el micrófono en las oficinas del PRI: "La jornada electoral culminó hoy con un gran triunfo para la nación y para la democracia", dijo De la Vega en transmisión nacional por televisión. "A esta hora, aun de los lugares más remotos del país estamos recibiendo, de representantes y delegados del partido, información que confirma nuestro triunfo contundente, legal e inobjetable."[43]

A la mañana siguiente, sin embargo, lo único inobjetable era el desarreglo que había envuelto a los comicios. Durante la campaña el PRI había prometido a Salinas veinte millones de votos. El candidato priísta se daba cuenta ahora de que había recibido menos de diez millones. De igual forma, ni siquiera el alto mando priísta sabía si todas sus trampas le habían rendido suficientes votos, legítimos o no, para dar el triunfo a Salinas o si su partido conseguiría la mayoría en el congreso, facultado por las leyes electorales para calificar la elección presidencial.

Llegado ese punto, Salinas enfrentó un dilema: podía aguardar a que el conteo de votos lo beneficiara o seguir la pauta de De la Vega y reclamar, sin más, la victoria. La tarde de aquel día optó por esto último, aunque con un discurso moderado en el que reconoció que la oposición había mostrado mucho mayor vigor que nunca antes. "Termina la época del partido prácticamente único", dijo.[44]

Casualmente, el PRI conservaría el control del congreso y, por lo tanto, de la maquinaria electoral; en las diez semanas posteriores las autoridades esgrimirían ese hecho para imponer un triunfo cuestionable y desechar las pruebas de anomalías oficiales.

La noche misma de la jornada electoral las boletas se contaron a mano en cada una de las 54 mil casillas del país, y el total de votos de cada candidato se registró en el acta de escrutinio correspondiente. En las casillas en las que los partidos de oposición lograron colocar representantes, el PRI enfrentó ciertas restricciones para falsear el conteo. En miles de casillas, sin embargo, agentes priístas operaron solos, lo que les permitió reportar prácticamente cualesquiera resultados.

Después del conteo de votos, las boletas fueron transportadas desde las 54 mil casillas a las oficinas de la CFE en cada uno de los 300 distritos. Boletas y actas de escrutinio permanecieron tres días al cuidado de funcionarios que técnicamente trabajaban para Bartlett, pero que en la mayoría de los estados eran controlados por los gobernadores. Académicos que han estudiado las elecciones de 1988 han concluido que ese periodo de tres días fue un aquelarre de manipulación de votos en el que agentes electorales priístas abultaron por sistema en todo el país los totales de votos de Salinas.[45]

El 10 de julio, el domingo posterior al miércoles en que tuvieron lugar los comicios, los integrantes de los 300 comités distritales se reunieron a sumar los votos de sus casillas para arribar a un total distrital y reportaron telefónicamente sus cifras a la CFE.

Así, el gobierno dio a conocer el miércoles 13, una semana después de las elecciones, los resultados oficiales. El subsecretario Elías Calles ocupó su asiento en la mesa en forma de U, rodeado de cámaras de televisión. Informó que Salinas había recibido 9.6 millones de votos, equivalentes a 50.4% del total; Cárdenas, 5.9 millones, 31.1%, y Clouthier 3.3 millones, 17.1 por ciento.[46]

Mientras tanto, los partidos de oposición reunían testimonios del fraude electoral. Simpatizantes de Cárdenas conjuntaron un reporte de las elecciones en diez pueblos de Guerrero, por ejemplo, donde se habían reclutado grupos de niños para que marcaran a favor de Salinas boletas en blanco; habían sido robadas urnas, a menudo a punta de pistola; alcaldes priístas habían entrado a casillas para suspender el conteo de votos y reanudarlo más tarde en el ayuntamiento, y boletas a favor de Cárdenas habían sido quemadas.[47]

Durante las siguientes semanas la oposición impugnaría con tesón los resultados oficiales, en tres instancias sucesivas.[48] En julio y agosto la CFE revisaría las elecciones presidenciales y legislativas, aunque sólo tenía autoridad para designar a los ganadores en las 300 contiendas legislativas del país. A fines de agosto, los candidatos legislativos designados ganadores por la CFE formarían un colegio electoral, para calificar de nueva cuenta las elecciones legislativas, esta vez en la sala de sesiones del congreso, y certificar formalmente sus respectivas victorias. Y en septiembre, la recién electa cámara de diputados debatiría si certificaría o no el triunfo de Salinas. En cada etapa del proceso la oposición presentaría pruebas de fraude generalizado, pero el PRI la vencería siempre por mayoría de votos.

Los partidos de oposición tuvieron su primera oportunidad para revisar sistemáticamente los documentos electorales en la CFE en la tercera semana de julio. En un espacioso recinto del segundo piso de una de las alas de la Secretaría de Gobernación se tendieron mesas con la documentación electoral de los 300 distritos. Tal documentación se componía de las casi 180 actas de escrutinio de las casillas de cada distrito; una "sábana", hoja de cálculo de papel del tamaño de un escritorio grande en la que aparecían los resultados de cada una de las contiendas (presidencial, para el senado y para la cámara de diputados) de cada distrito junto con sus totales combinados de votos, y las minutas de la sesión de tabulación de votos del 10 de julio en los comités distritales.

Los representantes de Cárdenas en la CFE, Leonardo Valdés y Jorge Alcocer, estuvieron entre los más vigorosos escrutadores de esos documentos durante los trabajos de ese órgano a fines de julio y principios de agosto.[49] Trabajaban todos los días de ocho de la mañana a cuatro de la tarde verificando los conteos, después salían apresuradamente a comer y volvían a las seis de la tarde para continuar hasta la medianoche.[50]

Aun trabajando cada minuto a ese ritmo agotador, Valdés y Alcocer descubrieron que revisar las actas de escrutinio de todos los distritos del país era un reto imposible. Puesto que en cada una de las 54 mil casillas había un acta relativa a la elección presidencial, otra a la de senadores y una más a la de diputados, el total era de 162 mil. La totalidad de las horas disponibles durante los veinticuatro días en los que la CFE estaría en sesión concedía a los partidos de oposición, en promedio, menos de cinco segundos para revisar cada acta. Aun así, la revisión efectuada por Valdés y Alcocer les permitió enterarse con gran detalle de cómo se habían tabulado los votos el 10 de julio en los 300 comités distritales del país.

En todos los comités distritales de México se siguió el mismo procedimiento de tabulación. Un funcionario fue tomando una por una las actas de escrutinio y leyó en voz alta ("cantando") los votos para cada candidato, mientras un secretario anotaba los totales en la sábana distrital. Los redactores de las minutas de esa sesión con frecuencia describieron con claridad en ellas las tácticas utilizadas para inflar los totales de votos de Salinas.

Alcocer descubrió que las minutas de la sesión de tabulación de un distrito de Puebla eran particularmente vívidas, y las estudió fascinado. Poco después de iniciada la sesión, el representante del PAN había interrumpido las labores para quejarse, indicaba la minuta, de que cada vez que se leían los votos de Salinas en una casilla, el secretario del comité añadía un cero en la sábana a la cifra respectiva, convirtiendo así 73 votos por Salinas en 730, por ejemplo.

–Eso no puede ser —replicó el presidente del comité.

–Cómo no, señor presidente, ahí está —insistió el panista.

–Vamos a votar si se acepta la queja del comisionado del PAN —propuso el presidente.

El PRI tenía mayoría en ése y todos los demás comités distritales, así que la queja del PAN fue rechazada.

La tabulación continuó. Más tarde fue el representante de uno de los partidos de la coalición de Cárdenas quien interrumpió a su vez para quejarse de que el secretario seguía añadiendo ceros a los totales de Salinas.

–Eso ya se votó, y como aquí todo es democrático, ya no estén molestando —replicó el presidente—; ¡respeten la democracia!

En ese momento, todos los representantes de los partidos de oposición se retiraron, y los funcionarios priístas continuaron la tabulación sin interferencia de la oposición.

Alcocer tomó detallada nota de ese informe sobre los procedimientos del 10 de julio en Puebla y denunció los abusos correspondientes ante la CFE, esa misma noche de fines de julio, en torno a la mesa en forma de U. Pero Bartlett desechó su protesta.[51]

Valdés y Alcocer también descubrieron que los totales de votos de Salinas terminaban en cero en miles de casillas, muchas veces más que las estadísticamente probables respecto de la aparición de tales dígitos conforme a las leyes de la probabilidad aleatoria.

En miles de casillas las actas de escrutinio indicaban que Salinas había ganado con cien por ciento de los votos. En una localidad en la que habían votado 990 personas, por ejemplo, ni una sola alma había sufragado por Cárdenas o Clouthier. Además, muchas casillas en las que Salinas había obtenido la absoluta totalidad de los sufragios colindaban con otras en las que apenas había recibido treinta por ciento de los votos, patrón inexplicable en términos de demografía política.

Valdés y Alcocer identificaron asimismo otra anomalía: en los 300 distritos la ciudadanía había votado por diputados y senadores además del presidente, de manera que el número de votos emitidos en la elección legislativa debía haber sido muy similar al de los emitidos para presidente. No obstante, las actas exhibían muchos más votos para presidente que para diputados en casi todas partes. En algunos estados tales diferencias eran extremas; Salinas había recibido cientos de miles de votos más que los candidatos priístas a diputados. Esto sólo podía tener una explicación lógica: que los ejecutores del fraude urdido por el PRI habían alterado miles de actas de la elección presidencial después de las votaciones y añadido sufragios para Salinas, pero no habían perdido tiempo en ajustar también las actas de la elección de diputados.[52]

Alcocer, Valdés y otros representantes de oposición demandaron la anulación de los comicios. Pronunciaron apasionados discursos sobre las anomalías, mostraron gráficas y ocasionalmente golpearon la mesa a fuerza de frustraciones. Pero los priístas se limitaron a oírlos con indiferencia y a ratificar los resultados oficiales.

En las primeras horas posteriores a las elecciones del 6 de julio, Cárdenas y Clouthier se mantuvieron unidos en la exigencia de anular los comicios. Pero Cárdenas abrió una brecha irreparable tres días después, al declararse ganador de las elecciones en forma unilateral. Se había convencido de su victoria, dijo, estudiando resultados parciales recabados por su coalición, así como "informaciones que nos merecen toda credibilidad, procedentes del interior del gobierno". "Empeñarse en consumar el fraude" e instalar a Salinas en la presidencia, dictaminó, "equivaldría técnicamente a un golpe de Estado".[53]

Esta declaración satisfizo a sus seguidores pero provocó tensiones con el PAN, porque supuso el abandono de la demanda que había unido a la oposición de derecha e izquierda: la anulación de los comicios. Ahora Cárdenas pretendía rectificar los resultados del 6 de julio.

El antagonismo entre los partidarios de Cárdenas y Clouthier se remontaba a 1939, cuando Manuel Gómez Morin fundó el PAN. La izquierda desdeñó al nuevo partido debido en parte a que éste dio cabida a elementos radicales de extrema derecha; incluso Gómez Morin parecía en ocasiones antisemita. El presidente Lázaro Cárdenas había ordenado a la delegación de México en la Liga de las Naciones condenar la persecución de los judíos por los nazis. Gómez Morin adujo que el país no debía ayudar a "facciones que nos son ajenas". Por lo demás, consideraba a Cárdenas un socialista ávido de poder y creía que la reforma agraria suprimía la productividad agrícola y que las organizaciones obreras oficiales manipulaban a la clase trabajadora.[54]

Pese a esa histórica brecha ideológica y la unilateral declaración de triunfo de Cárdenas, Clouthier siguió colaborando con la coalición izquierdista durante meses, en la coordinación de manifestaciones y la realización de una huelga de hambre en protesta por el fraude.

Manuel Camacho, quien se reunió con Clouthier en el departamento de Luis H. Álvarez días después de los comicios, constató el compromiso democrático de Clouthier. En representación de Salinas, Camacho buscaba erosionar la determinación del PAN de anular las elecciones.

"Ya no tiene caso seguir hablando", interrumpió Clouthier. "Estoy harto de este sistema y quiero un cambio democrático. La elección es inaceptable. Nosotros nos vamos por su anulación."[55]

Pero otros dirigentes panistas nunca perdonaron a Cárdenas por haberse proclamado presidente electo, y su pasividad tras los comicios ayudó a Salinas a consolidarse en el poder.[56]

El rompimiento de Cárdenas con el PAN ocurrió cuando la coalición izquierdista debatía las mejores tácticas de resistencia contra el fraude. ¿El FDN debía impugnar las elecciones únicamente en la CFE, los tribunales y el congreso, todos ellos bajo control priísta? ¿O Cárdenas debía orquestar actos de desobediencia civil como los que habían paralizado a Chihuahua dos años antes?

Raúl Álvarez Garín, el líder estudiantil del 68, quien en 1988 editaba una influyente publicación de izquierda, instó a Cárdenas a organizar una combativa resistencia civil. Lo mismo hizo Muñoz Ledo. El 16 de julio, tres días después del anuncio de los resultados oficiales, Cárdenas reunió a 200 mil exaltadas personas —barbados estudiantes universitarios, campesinos que empuñaban sombreros de paja, obreros, veinteañeros clasemedieros en pants— en el Zócalo. Muchos de los presentes expresaron la esperanza de que Cárdenas los condujera a la confrontación abierta con el sistema. Pero Cárdenas no dejó en claro hasta dónde estaba dispuesto a llegar.

Emprendió, en cambio, un recorrido por el país. En Guerrero sus seguidores le mostraron miles de boletas quemadas marcadas a su favor; algunas habían sido halladas en barrancas y otras flotando en un río. Sondeaba el ánimo de la gente, y quizá también el suyo propio. En Michoacán sus partidarios ocuparon espontáneamente varios ayuntamientos. Dondequiera que iba, la gente manifestaba a gritos su apoyo a una acción vigorosa en defensa del voto.

Frente a tal efervescencia, militantes del PRI comenzaron a lanzar amenazas tenuemente veladas de violencia. En un foro priísta en presencia de Salinas, el general Bardomiano de la Vega se hizo eco de la retórica diazordacista previa al 2 de octubre de 1968 al acusar a Cárdenas de "terrorismo verbal".

"Vemos movilizaciones en las calles con la clara intención de provocar actos de represión", dijo el general. "Señor candidato electo: no permitiremos que los partidos minoritarios pongan en riesgo lo que tanta sangre costó a la nación."[57]

Cárdenas continuó su recorrido, impasible. A principios de agosto llamó a los ciudadanos a apagar la luz de sus hogares cada noche en protesta por el fraude. Sus más cercanos seguidores lo hicieron, pero su llamado no fue atendido en toda la nación, lo que lo desilusionó de las posibilidades de la resistencia civil.[58]

En Hidalgo miles de trabajadores de PEMEX y disidentes del PRI se arremolinaron a su alrededor y lo aclamaron. En los márgenes, inconformes quemaron una efigie de papel de Salinas. "Tenemos cuentas pendientes con el gobierno", dijo Cárdenas a la muchedumbre, pero recomendó cautela. "No es momento de tomar alcaldías ni bloquear caminos."

Varios manifestantes agitaban una manta para atraer su atención. "Estamos a sus órdenes, señor presidente", decía.[59]

A mediados de agosto la cámara de diputados inició sesiones, con la calificación de los comicios como principal punto de su agenda. Doscientos sesenta diputados del PRI se enfrentaron a doscientos cuarenta de la oposición.

Uno de los diputados del PAN era Vicente Fox. Entonces de 45 años de edad, se presentaba en el congreso con barba y pantalones vaqueros. Desde su renuncia a la Coca-Cola, en 1979, había vivido en su rancho de Guanajuato, colaborando en la administración de los negocios de su familia, pero, según sus amigos, parecía aburrido. En noviembre de 1987 había recibido una llamada de Clouthier. "Entremos a la política para cambiar esto", lo había instado aquél.

Fox ingresó al PAN de Guanajuato y contendió por el congreso. Al principio apenas podía arreglárselas para pronunciar un discurso satisfactorio, pero los votantes de Guanajuato estaban hartos del PRI y Fox ganó las elecciones. El 15 de agosto ocupó su escaño en la cámara de diputados, erigida entonces en colegio electoral.[60]

Fox y otros legisladores se enteraron de que las urnas de las 54 mil casillas habían sido depositadas en el sótano del congreso. Razonaron entonces que había un medio muy sencillo para resolver la crisis electoral: abrir las urnas y volver a contar los votos de las casillas en disputa. El PRI insistió en que volver a contar votos sería ilegal. No obstante, el fin de semana posterior a su toma de juramento, Fox y otros treinta legisladores bajaron al sótano de todas maneras, pero fueron atajados por soldados.

Fox escribió después que éstos les gritaron: "¡Un paso más y se mueren, cabrones!". Un periodista que presenció los hechos fue menos melodramático. Relató que un teniente coronel les dijo que el coordinador de la fracción priísta en la cámara era la única persona con llave para entrar al área de almacenamiento donde estaban guardadas las urnas.[61]

Si la incursión de los legisladores en el sótano del congreso fue decepcionante, encontraron en cambio intensa acción en la sala de sesiones. Fox calificó al debate sobre las elecciones de 1988 "los treinta días más divertidos de toda mi vida".

En su calidad de colegio electoral, los legisladores tuvieron que calificar las 300 distintas elecciones de diputados, en 255 de las cuales había acusaciones de fraude. Las deliberaciones se convirtieron, así, en un interminable ciclo de furibundos discursos de la oposición y tácticas de la aplanadora priísta. La exasperación empujó a los legisladores de oposición a infringir el protocolo parlamentario por todos los medios posibles. Gritaron y silbaron. Intentaron tomar por asalto la tribuna, de lo que siguieron batallas campales a puñetazo limpio. Abandonaron en masa la sala de sesiones. Lanzaron avioncitos hechos con boletas electorales.[62]

El primero de septiembre De la Madrid pronunció su último informe de gobierno. Al referirse a las recientes elecciones como "el inicio de una nueva y mejor etapa de nuestro desarrollo político", fue abucheado por el congreso.

"¡Fraude, fraude!", vociferaron los legisladores de oposición. Muñoz Ledo, senador electo del Distrito Federal, encabezó una salida de opositores.

"¡Traidor!", le gritaban los legisladores del PRI. Mientras Muñoz Ledo ascendía por el pasillo, varios de ellos intentaron golpearlo.[63]

Días después se inició el debate sobre la calificación de Salinas; diputados opositores tomaron la tribuna y rompieron el documento que declaraba formalmente el triunfo de Salinas. A continuación, los diputados priístas formaron una valla humana en la parte frontal de la cámara. La violencia verbal y física alcanzó tal crescendo que un diputado de oposición cayó al suelo fulminado por un ataque cardiaco. El último día del debate, más de cien oradores reprobaron los comicios.

Uno de ellos fue Fox. Frente al micrófono, abrió hendeduras en dos boletas, para hacerlas parecer grandes orejas, y las deslizó sobre las suyas. Su imitación de las desmesuradas orejas del inminente presidente electo arrancó carcajadas a los legisladores de oposición. En su discurso, fingió ser Salinas en plática con su familia. "Hijos, me siento triste porque me

106

he visto obligado a pedir a muchos de mis amigos que, aun por encima de sus principios morales, me ayudaran a lograr este triunfo, y lo tuve que hacer porque pienso que México no está preparado para la democracia."[64] El legislador priísta que presidía la sesión intentó callarlo varias veces, pero Fox siguió adelante con su cáustica parodia. Atento a la sesión en un circuito cerrado de televisión, la broma no fue del agrado de Salinas.

Un debate de veinticuatro horas precedió a la votación definitiva del PRI para certificar la elección de Salinas. Todos los diputados del PAN votaron en contra, en tanto que los ciento treinta y seis del FDN se habían marchado antes de la votación.[65]

Cuatro días después los seguidores de Cárdenas inundaron el Zócalo en una manifestación que Manuel Camacho, desde su perspectiva en el campamento de Salinas, consideraría "la concentración más fuerte y más radical que ha habido en México".[66]

¿Qué diría Cárdenas a los miles de molestos ciudadanos frente a las puertas de Palacio Nacional? Ya había agotado todos los recursos legales. Algunos miembros de su agrupación, quizá añorantes de la revolución de terciopelo con la que dos años atrás había sido depuesto Ferdinand Marcos en Filipinas, seguían exhortándolo a incitar a la muchedumbre a la revuelta, para ocupar el Palacio Nacional, enfrentar a la policía o tomar la ciudad.

Cárdenas se acercó al micrófono. Durante algunos minutos hizo un repaso, a su metódica manera de ingeniero, de las terribles diez semanas transcurridas desde el 6 de julio. Apeló después a la conciencia de Salinas, a quien instó a renunciar como presidente electo para remediar el fraude. No obstante, a continuación advirtió a sus seguidores contra el riesgo de dar a las autoridades pretexto para reprimir. "Quisieran que llamáramos a sacarlos como sea del poder, de manera desorganizada y no preparada, para ellos responder con un baño de sangre y una ola devastadora de represión", afirmó. Ofreció entonces su opción.

"Tenemos que generar las condiciones apropiadas para esta lucha", indicó. Así, en vez de convocar a la insurrección nacional, Cárdenas propuso a sus simpatizantes crear un nuevo partido político de izquierda para oponer un reto electoral más organizado al PRI. "Tenemos que formar comités de base en todas partes", dijo. "Comités de esta gran unidad revolucionaria, disciplinados, efectivos."[67]

En 1988 Cárdenas contribuyó a que la gente le perdiera el miedo al monolito priísta. Demostró que una oposición democrática nacional era capaz de desafiar al sistema.

Gracias a que renunció a la violencia, alejó, además, a la izquierda mexicana de la tentación revolucionaria y la enfiló hacia el cambio por medios pacíficos. Para muchos de sus partidarios, los sucesos de 1988 no fueron un drástico revés, sino una persuasiva señal de que la izquierda podía conquistar el poder en las urnas si las elecciones eran limpias e imparciales.

En 1989 Cárdenas y sus seguidores fundaron el Partido de la Revolución Democrática. Éste se convertiría en la tercera fuerza política del país, con lo que aseguró la presencia en el discurso político mexicano de un programa socialista moderado. Cárdenas no ha lamentado nunca haber optado por la legalidad. "Yo no estaba en un movimiento subversivo", dice ahora. "Estaba, por lo tanto, actuando dentro de la ley."

EL SHOW DE CARLOS SALINAS

Carlos Salinas asumió la presidencia el primero de diciembre de 1988 con la legitimidad de su mandato en grave duda. Para superar esta desventaja, esgrimió el enorme poder de su puesto para transformarse en un líder gigantesco a ojos de los mexicanos.

Aunque Salinas compartía la ideología económica de libre mercado de su predecesor, Miguel de la Madrid, su personalidad política era por completo diferente. Mientras que De la Madrid había sido esencialmente un administrador, Salinas se convirtió en un caudillo que devolvió a la presidencia el esplendor monárquico original concebido por los fundadores del sistema.

La marca distintiva de la presidencia de Salinas fue la imagen de mando enérgico y total. Esto se manifestaba incluso en su manera de caminar. Sus largas y vivaces zancadas, más llamativas aún en razón de su corta estatura, dificultaban a sus asistentes y guardaespaldas seguirle el paso. Reacio a dejar el trabajo en el escritorio, resolvía muchos asuntos contestando preguntas en tarjetas que su secretario particular le hacía llegar en apresuradas entregas, siempre que estaba desocupado, aunque fuera en el breve trayecto de una limusina a una puerta. Tanto vigor le valió el apodo de la Hormiga Atómica.

Dotado de una inteligencia y memoria poco comunes, Salinas exigía que se le mantuviera al tanto de lo que sucedía en todos los niveles de la sociedad y reclamaba para sí la última palabra en una enciclopédica variedad de cuestiones. Perseguía por teléfono a los miembros de su gabinete para que lo pusieran al día acerca de sus proyectos y exigirles resultados más inmediatos. Incluso le gustaba decidir el menú de Los Pinos.[1]

Salinas también era un profesional del espectáculo político. Le fascinaba el boato de su cargo, y lo manipulaba con destreza. El día del informe recorría el Paseo de la Reforma bajo una lluvia de confeti, de pie en una limusina descubierta. Rescató la tradición del "besamanos" después del informe, momento en que la elite política aguardaba en una fila interminable para estrechar fugazmente su mano, el equivalente moderno de tocar el manto real.

Dos de cada siete días estuvo de gira en el interior del país. En un viaje típico, un recorrido por Baja California en su primer año de gobierno, Salinas, estudiadamente informal en una chamarra de gamuza, dio el banderazo de salida a dos barcos de la armada, inauguró un congreso ecológico y cortó el listón de un cuadrilátero de box en un parque público, durante la mañana. En la tarde entregó créditos a campesinos en algunas localidades costeras, abrazando a ancianas, besando a bebés y haciendo alarde de la generosidad de su gobierno.[2]

La cultura de México también formó parte de su estrategia de lucimiento personal. Promovió un megaespectáculo de estelas mayas y diosas aztecas en el Metropolitan Museum of Art de Nueva York, *México, esplendor de treinta siglos*, un osado intento por situar el patrimonio cultural de su país a la altura de las momias egipcias y los mármoles griegos.

Virtuoso de las relaciones con los medios de información, era un voraz lector de periódicos, y entendía perfectamente la pasión de los periodistas por cualquier cosa que pareciera una "exclusiva". Era un maestro en hablar sin revelar. Algunos corresponsales extranjeros se acostumbraron a recibir llamadas telefónicas al amanecer en las que rebatía algún análisis en sus textos o los instaba a considerar ángulos que él juzgaba desatendidos.

Salinas heredó de su familia su talento para el ejercicio y la exhibición del poder. Nació dentro de la aristocracia priísta y fue educado desde niño para mandar. Su padre, Raúl Salinas Lozano, procedente de una familia del norte de modestos recursos, ascendió hasta convertirse en secretario de Industria y Comercio de 1958 a 1964, durante el periodo presidencial de Adolfo López Mateos. Al final de ese sexenio su nombre circuló brevemente como posible candidato del PRI a la presidencia.

Las lecciones políticas de Salinas Lozano para su hijo Carlos portaban dos mensajes, a veces contradictorios. Por una parte, en su casa se hablaba de política desde el punto de vista de la ideología y la práctica priístas, en la época clásica del sistema. La familia Salinas hablaba de los ganadores y perdedores de la Revolución; del ascenso y caída de famosos caciques; de las pugnas de poder dentro del partido, y del presidente, sus gestos, comentarios y otras señales acerca de quién gozaba de su favor.

El joven Carlos aprendió de primera mano que el sistema premiaba el éxito político con la prosperidad económica. Cuando su padre aún era un burócrata de nivel medio, Carlos asistía a una escuela pública del Distrito Federal, viajaba en camión y ayudaba a su madre, que era maestra, a hacer ahorros. Cuando Salinas Lozano se convirtió en secretario de Comercio, Carlos y Raúl, su hermano mayor, ingresaron en un selecto club hípico donde se volvieron consumados jinetes. Lucen elegantes en una fotografía de los años sesenta en la que aparecen con su padre en una pista de exhibición, los dos con cascos de terciopelo, corbata blanca y pantalones de montar. Carlos obtuvo medalla de plata en equitación en los juegos panamericanos de 1971.

La riqueza del secretario Salinas Lozano era vista por su familia, y por la sociedad, como normal. Desde la década de los treinta el país había desalentado el comercio y la inversión extranjeros, haciendo del Estado el eje de la economía. Las empresas dependían tanto de los contratos del gobierno que la línea divisoria entre los sectores público y privado solía ser imprecisa. El empresario que recibía un lucrativo contrato incluía por rutina, en los cálculos de sus costos, la "mordida" al funcionario otorgante. Por medio de prestanombres, muchos funcionarios públicos se convertían en socios encubiertos de negocios que ellos mismos autorizaban.

Alejo Peralta, empresario que transformó una fábrica de cable de cobre en un consorcio industrial multimillonario, reconoció agradecido que Salinas Lozano, como secretario de Comercio, le había concedido los permisos que le hicieron posible importar materiales y maquinaria para montar su primera planta. Poco después ya era el principal proveedor de cable de la Compañía de Luz y Fuerza del Centro y de Teléfonos de México. Aunque no se dispone de documentos de las transacciones, en México es común suponer que la gratitud de Peralta contribuyó a la ascendente movilidad de Salinas Lozano.

Durante la actuación de éste como secretario, México gozó de crecimiento sostenido, así que la gestión de Salinas Lozano se consideró un éxito. La idea de que su enriquecimiento pudiera cuestionarse jamás pasó por la mente de la familia Salinas, ni de la clase política.

Resultaría, sin embargo, que el puesto ministerial sería el culmen de la carrera política de Salinas Lozano. En la sucesión presidencial de 1964, luego de que fue claro que no se le designaría candidato, respaldó a un rival de Gustavo Díaz Ordaz, quien una vez en la presidencia lo congeló. Salinas Lozano se vio obligado a depositar sus aspiraciones presidenciales en sus dos hijos mayores, primero en Raúl y luego en Carlos. El ejemplo de su padre le enseñó a Carlos algunos procedimientos básicos de supervivencia política en el mundo del PRI: elegir cuidadosamente a sus aliados; ser leal, pero hasta cierto punto; no depender de nadie, pero hacer dependientes a otros.

Aparte del ámbito priísta, en su juventud el padre también se había desenvuelto en un mundo muy diferente, cursando una maestría en economía en Harvard (Carlos sostenía que su padre fue "el primer mexicano en graduarse" en esa universidad),[3] y alentó a su hijo a seguir sus pasos. Carlos vivió en Cambridge mientras estudiaba dos maestrías, y en Harvard terminó su doctorado en administración pública y economía política en 1978. Conoció la tradición europea y estadunidense de rigurosa investigación académica y análisis crítico, y se sumergió en el pensamiento avanzado sobre la economía global y el desarrollo rezagado del tercer mundo.

Los dos mundos de la educación de Carlos Salinas convergieron en su gobierno. Por un lado, puso en marcha el más ambicioso y visionario programa de cambio desde los años treinta. Lo hizo, sin embargo, mediante el personalizado control vertical y los oscuros arreglos del PRI autoritario.

Salinas se apasionó por una de las grandes obsesiones mexicanas del siglo XX: la modernidad. Ésta era una fascinación en extremo cautivadora para un país tan atado a su historia como México. La modernidad prometía liberar a la nación de sus cíclicas recaídas en el caos y permitirle ocupar su lugar entre las naciones prósperas y tecnológicamente avanzadas.

Para Salinas, la modernidad iba mucho más allá de la infraestructura. En vez de cerrarse en una soberanía defensiva, argumentaba, México debía asegurar un sitio en el mundo globalizado mediante la integración económica con la superpotencia vecina, Estados Unidos. Era preciso, por tanto, desmantelar el obsoleto Estado paternalista surgido de la Revolución y conceder libertad de operación a mercados y grupos sociales independientes. En las nuevas circunstancias, señaló en su primer informe de gobierno, "la mayoría de las reformas de nuestra Revolución han agotado sus efectos y ya no son la garantía del nuevo desarrollo que exige el país". Las crisis recientes habían demostrado que "un Estado más grande no es necesariamente un Estado más capaz; un Estado más propietario no es hoy un Estado más justo. La realidad es que, en México, más Estado significó menos capacidad para responder a los reclamos sociales de nuestros compatriotas".[4]

El México moderno de Salinas vendería al sector privado empresas estatales —bancos, hoteles y funerarias— para reunir fondos por destinar a servicios sociales básicos. Organismos gubernamentales más eficientes y mayor crecimiento y productividad del sector privado rendirían mejores resultados que los subsidios oficiales en el remedio de la condición de los necesitados, creía el presidente.[5]

Salinas fue perseverante y disciplinado en el tendido de los cimientos económicos de la modernidad que ambicionaba. Su gran logro fue el Tratado de Libre Comercio de América del Norte (TLCAN). La concepción del TLCAN, su negociación con Washington y posteriormente con Ottawa y la obtención de su ratificación en los tres países fueron tareas monumentales que consumieron cinco de los seis años del periodo salinista. El tratado disolvió la ceñida red de disposiciones legales que protegía a las empresas de México contra la competencia extranjera, y abrió de ese modo nuevos y gigantescos mercados a los empresarios de este país, a quienes también forzó, sin embargo, a alterar sus métodos de trabajo, aumentar su rendimiento y controlar sus costos. El TLCAN causó admiración en muchos países en desarrollo, y elevó a Salinas (al menos mientras ocupó la presidencia de México) a la categoría de estadista de renombre internacional.

Pero al tiempo que perseguía la *salinastroika* en la economía, era menos claro acerca de la modernización política. Admitía que la apertura económica debía redundar en un gobierno más democrático, pero sostenía que no era práctico ni prudente liberalizar ambas esferas al mismo tiempo.[6] "Los mexicanos no deseamos aventuras, cambios abruptos ni riesgos innecesarios", aseveró en su segundo informe de gobierno. "La democracia electoral no puede alcanzarse aplicando prácticas que pongan en riesgo la estabilidad del país o la continuidad de sus instituciones."[7]

De nueva cuenta un año después, cuando enfrentaba un creciente coro de críticas contra la autocracia de su gobierno, Salinas dijo, esta vez en una entrevista con *The New York Times*, que no tenía prisa para la apertura política. "Creo que cada reforma tiene sus propios ritmos, sus propios tiempos", apuntó.[8]

Conforme avanzaba su sexenio, Salinas pareció concluir que, como principal arquitecto de las reformas, era también el único con la visión e influencia necesarias para ejecutarlas. A medida que desaparecían las barreras comerciales, no podía haber ninguna duda de que Salinas buscaba reformas económicas reales. Pero, tal como había ocurrido tantas otras veces en la historia de México, sus reformas políticas resultaron ser, más que nada, un espectáculo.

112

Los dos lados políticos de Carlos Salinas fueron evidentes desde el día de su toma de posesión. Nombró un gabinete tan claramente dividido entre tecnócratas y dinosaurios que algunos columnistas lo denominaron de inmediato el "gabinete de Jano".

Como secretario de Hacienda, Salinas —quien tenía apenas 40 años de edad cuando asumió la presidencia— nombró a su amigo Pedro Aspe Armella: 38 años, economista, con doctorado en el Massachusetts Institute of Technology (MIT). El secretario de Comercio era Jaime Serra Puche: 37 años, economista, con doctorado en Yale. El secretario de Programación y Presupuesto era Ernesto Zedillo Ponce de León: 36 años, economista, con doctorado en Yale. Manuel Camacho, quien tenía 42 años y había realizado estudios de maestría en Princeton, fue premiado, por su hábil mediación con Cárdenas y Clouthier durante la crisis electoral, con el puesto de regente del Distrito Federal (que aún era un puesto en el gabinete sujeto a nombramiento presidencial). El secretario particular de Salinas, quien se convertiría en su más influyente confidente, era José Córdoba Montoya: 38 años, con estudios de economía política en Stanford. Para dirigir al PRI, Salinas eligió a Luis Donaldo Colosio Murrieta: 38 años, economista, con maestría en la University of Pennsylvania.

Al mismo tiempo, Salinas brindó un puesto en el gabinete a Carlos Hank González, el Profesor, el exregente capitalino y dinosaurio primordial. Hank era el secretario de Turismo, aunque en realidad sería asesor político de Salinas. Como secretario de Gobernación Salinas escogió a uno de los más oscuros príncipes del sistema, Fernando Gutiérrez Barrios.

Don Fernando, quien tenía 61 años de edad, era un policía profesional. Había trabajado dieciocho años en la Dirección Federal de Seguridad (DFS), la policía secreta, y había ascendido hasta el puesto más alto. Comandó a los agentes de la DFS desplegados en Tlatelolco el 2 de octubre de 1968, quienes realizaron la operación de captura de los líderes de la huelga estudiantil. Ese mismo año la DFS, bajo la conducción de Gutiérrez Barrios, también supervisó el trabajo de un agente provocador llamado Áyax Segura, quien se infiltró en reuniones de estudiantes y los incitó a la violencia, a fin de proporcionar a su jefe una justificación para reprimirlos.[9]

En los años setenta, cuando don Fernando fue ascendido a subsecretario de Gobernación, fue la autoridad designada para eliminar a la Liga Comunista 23 de Septiembre y otras organizaciones guerrilleras clandestinas. La DFS y escuadrones paramilitares secretos, también bajo su autoridad, cumplieron esa tarea. Los grupos guerrilleros fueron desmantelados, pero la lista de víctimas de tortura y de jóvenes muertos y desaparecidos ascendió a cientos.[10]

A partir, en efecto, de los fragmentos de información que había reunido, Rosario Ibarra de Piedra creía que Gutiérrez Barrios sabía más que nadie sobre la desaparición de su hijo Jesús. Así, no se hizo ilusiones sobre Salinas, y desde las primeras horas del sexenio Rosario prosiguió con una cruzada que ya la había convertido para entonces en una de las más tenaces adversarias del sistema.

El día de la toma de posesión de Salinas, primero de diciembre de 1988, ella y otras once mujeres realizaron un plantón en el Ángel de la Independencia. Se habían enterado de que Salinas iría ahí a depositar una ofrenda en compañía de algunos de los jefes de Estado visitantes, entre ellos Fidel Castro y Daniel Ortega, el presidente sandinista de Nicaragua, los estadistas reinantes de la izquierda latinoamericana. El hecho de que un capitalista convencido como Salinas pudiera atraer a tales invitados se debía a que el sistema priísta, al tiempo que reprimía a los izquierdistas de casa, había apoyado a Cuba y Nicaragua en su enfrentamiento con Estados Unidos. Rosario se veía manifestándose contra líderes latinoamericanos que debían ser sus aliados ideológicos.

De pronto la policía se precipitó al monumento y rodeó a las inconformes. Las demás mujeres se espantaron. "¡No se me achicopalen!", gritó Rosario mientras se acercaba a la policía y le exigía retroceder. "Somos doce, y doce eran los apóstoles, ¡así es que no se me muevan!"

La policía dio marcha atrás; las mujeres se sentaron. Salinas nunca llegó. El primer día de su sexenio, Rosario le echó a perder sus planes, un poco.

Salinas la había derrotado en las recientes elecciones, la segunda contienda presidencial que Rosario había librado. Desde la desaparición de su hijo, Jesús Piedra Ibarra, Rosario había dedicado su vida a buscarlo, lo mismo que a otros cientos de desaparecidos. Había adoptado el medio de una campaña presidencial no porque codiciara el poder, sino porque descubrió que le daba la credibilidad de la que había carecido cuando sólo era una madre angustiada en busca de un hijo extraviado. Muchos latinoamericanos habían dudado de sus argumentos cuando México parecía un oasis de libertad, mientras un país tras otro de la región caían bajo dictaduras militares.

"Cuando ya fui candidata, fue un razonamiento muy simple de la gente", refiere. "Decían, pues: 'Bueno, es candidata a la presidencia, denuncia desapariciones en México, entonces sí ha de ser cierto que hay desaparecidos'."

La búsqueda de su hijo le dio la valentía de quien vive al límite, en permanente conflicto con las autoridades. En agosto de 1978, ella y unas ochenta mujeres más con parientes desaparecidos habían sorprendido a la opinión pública, a unos pocos años de la desaparición de Jesús, realizando una huelga de hambre en el atrio de la Catedral. La policía que buscaba a Jesús (muy probablemente por órdenes de Gutiérrez Barrios) capturó y torturó en una ocasión al esposo de Rosario, médico de profesión, a quien le fracturó varias costillas. Más tarde, cuando Rosario se lanzó por primera vez a la presidencia, en 1982, su esposo recibió más de cuarenta amenazas de muerte.

Ella perseveró al descubrir, en esa primera campaña, que tenía una identidad propia. "Primero fui la hija del ingeniero Ibarra", reflexiona. "Después fui la esposa del doctor Piedra, y después fui la madre de Jesús Piedra Ibarra, el guerrillero. Pero cuando fui candidata presidencial, empecé a ser Rosario. Subía a la tribuna y la gente gritaba: '¡Rosario!'. Y '¡Rosario!'. Entonces empecé a ser.

"Ahora, a mí no me importaba esa dependencia de los varones", añade, para completar su razonamiento. "Porque eran varones amados: mi padre, mi esposo, mi hijo, varones a los que yo quería mucho."

Pese a que se volvió más conocida, Rosario conservó la autoridad moral de un ama de casa forzada por la persecución a incursionar en la política. Sus campañas fueron austeras, y nunca adoptó adornos modernos. Jamás lució peinados de salón; siempre recogía con un prendedor su cabello largo y ondulado. Su principal base de operaciones era la sala de su casa, con cortinas de encaje y rosas frescas en floreros de cristal. Había fotografías de Jesús, cuyas negras cejas lo hacían parecer demasiado pensativo para su edad; también de ella misma con Teddy Kennedy y Fidel Castro.

A pesar de su espíritu maternal, Rosario se asoció sobre todo con pequeños grupos de izquierda. Sus dos campañas presidenciales fueron auspiciadas por el Partido Revolucionario de los Trabajadores (PRT), organización trotskista. Aunque jamás se inclinó por la violencia ni participó directamente en un grupo armado, adoptó la postura, a causa de su hijo, de que la resistencia armada no era su opción, pero que no censuraría a quienes la eligieran.

Además, Rosario nunca fue una gran estratega. En 1988 no siguió el ejemplo de Heberto Castillo y no renunció a su candidatura en favor de la de Cuauhtémoc Cárdenas. En congruencia con sus tácticas de corazón, sin embargo, se sumó de inmediato a éste para combatir el fraude una vez que quedó claro que Cárdenas era el candidato de oposición más popular.

De hecho, la tarde del día de la toma de posesión de Salinas, sus apóstoles y ella se integraron a una marcha encabezada por Cárdenas en Reforma. Mientras, poco después, éste se dirigía a los manifestantes, Rosario se enteró de que policías vestidos de civil habían atrapado en el mitin a tres personas. Enfiló entonces hacia la Secretaría de Gobernación y exigió ver a Gutiérrez Barrios. Rosario, quien lo había perseguido con tenacidad en su ascenso por el gobierno, fue la primera persona que recibió como secretario de Gobernación. Gutiérrez Barrios le tendió caballerosamente la mano. Como siempre, lucía impecable, el copete arqueado a la perfección.

–Don Fernando —le dijo, guardando asimismo las formas—, el sexenio está empezando muy mal.

–Lamento saberlo —replicó él.

No tuvo otro remedio que liberar a las tres personas que su policía había capturado en el mitin.[11]

La más impresionante de las acciones intrépidas con las que Salinas buscó, a principios de su sexenio, consolidar su liderazgo, fue la aprehensión, en enero de 1989, de Joaquín Hernández Galicia, la Quina, máximo dirigente del Sindicato de Trabajadores Petroleros de la República Mexicana (STPRM).

La Quina era un soldador que había ascendido por el escalafón del sindicato, de doscientos mil miembros, que representaba a los trabajadores de PEMEX. En 1988, luego de veinticuatro años en la dirigencia de ese sindicato, ocupaba un puesto simbólico en la jerarquía (secretario de la comisión de Obras Sociales), pero todo mundo sabía que era el hombre fuerte. Se le llamaba "líder moral" del sindicato, título por demás inapropiado, ya que la moral no era, de ninguna manera, uno de los elementos de su estilo directivo.

Con su centro de operaciones en Ciudad Madero, Tamaulipas, el STPRM era un principado de la corrupción. Su fase más llamativa comenzó en el sexenio de López Portillo, cuando el director de PEMEX, Jorge Díaz Serrano, otorgó al sindicato, sin licitación previa, la mitad de los contratos de construcción de la compañía. La Quina también había logrado que 2% del valor de todos los contratos de la paraestatal se invirtiera en "proyectos sociales" del sindicato. Éste también vendía puestos de trabajo; por una plaza administrativa cobraba hasta 10 mil dólares.[12]

La Quina (curioso apodo femenino que era un híbrido entre su nombre propio, Joaquín, y "quinina", sustancia que tomó durante una enfermedad infantil) era un individuo de baja estatura y rápido hablar, con una chispa de malicia en la mirada. Era de gustos sencillos y, a diferencia de gran número de sus colaboradores, aparentemente había usufructuado poco las riquezas del sindicato. A menudo vestía el overol azul de PEMEX, y vivía en una casa detrás de un muro de tabique en una colonia proletaria de Ciudad Madero, Tamaulipas. Le gustaba conducir su camioneta pickup, aunque seguido siempre por un destacamento de guardaespaldas. Tenía dos familias, una con su esposa y otra con su amante. Las llamaba "mis seres queridos", y cuidaba por igual de sus hijos de uno y otro lados. Para los estándares de la clase obrera mexicana, eso hacía de él un esposo y padre ejemplar.

Los caudales que el sindicato recibía de PEMEX fueron destinados por la Quina a adquirir granjas y construir fábricas, tiendas y viviendas. Los petroleros hacían sus compras en supermercados del sindicato, consumían frutas y verduras cultivadas por el sindicato, usaban zapatos producidos por el sindicato, se trataban en hospitales del sindicato y velaban a sus muertos en funerarias del sindicato, todo ello a precios subsidiados.[13]

"No éramos esclavos de nadie", diría después la Quina en referencia a las épocas de gloria del STPRM. "Ni del gobierno ni de los comunistas. Éramos dueños de nuestras propias fábricas y amos de nuestro salario. Nuestro dinero no nos venía de Vanderbilt, Rockefeller ni George Bush, sino del sudor de miles de trabajadores."[14]

Toda clase de solicitantes hacían cola a diario fuera de su casa para pedirle trabajo o ayuda para resolver sus controversias patrimoniales o matrimoniales. Defendía con pasión a los miembros de su gremio. Los trabajadores de PEMEX se jubilaban con pensiones equivalentes a su salario íntegro y heredaban los puestos a sus hijos.[15]

"Mis trabajadores eran borrachos y corruptos, pero valientes", afirmaría, con su franqueza habitual. "Ahora son corruptos y sumisos."

Sin embargo, el sindicato petrolero se volvió una carga para PEMEX luego del periodo de bonanza. Los recursos de la compañía para proyectos de perforación y tecnología se vieron reducidos a causa de la sangría de efectivo por el sindicato. El negligente mantenimiento por éste fue conjeturado por investigadores gubernamentales como parcialmente responsable de una explosión en noviembre de 1984 en una terminal de almacenamiento de gas líquido de PEMEX en San Juan Ixhuatepec, Estado de México, en la que murieron 452 personas.

La Quina, entretanto, no toleraba la oposición. Recayeron sospechas en él y su círculo de allegados luego de que un sindicalista, que lo había desafiado, falleció en un extraño accidente automovilístico. El sindicato dijo, de otro disidente, que se había suicidado, pese a que presentaba huellas de tres disparos.

Para Salinas, la Quina representaba un obstáculo serio. El presidente preveía que se tendría que abrir algunas áreas de PEMEX a la inversión extranjera, a fin de obtener capital para modernizar la empresa. Pero la Quina había sostenido estar dispuesto a morir antes que permitir la participación de los extranjeros en PEMEX.

"Estoy aquí por idealista y nacionalista, no por sinvergüenza", aseveró, tajante. "Las propiedades de la nación deben ser del pueblo, no de los presidentes. Esto me enseñó mi papá: siempre el petróleo lo deben manejar los me-xi-ca-nos", dijo, haciendo énfasis en cada sílaba.

La mañana del 10 de enero de 1989, la policía judicial federal y el ejército, en uniforme de combate, destruyeron de un bazukazo la puerta de la casa de la Quina, a quien aprehendieron en ropa interior. La policía informó que el agente del Ministerio Público encargado de la diligencia había muerto, abatido a tiros por guardaespaldas de la Quina. Señaló que en la casa había encontrado doscientas ametralladoras Uzi y treinta mil municiones.[16]

El sindicato declaró una huelga nacional, pero ésta fracasó al segundo día, conforme surgía la aprobación de la medida de Salinas. A la sociedad le alentó el asalto contra el sindicato petrolero, bastión del sistema priísta. Octavio Paz y Enrique Krauze, entre otros intelectuales, aseguraron en un desplegado que "se avanzará, sin duda, en el camino de la democracia" como resultado de la aprehensión.[17] El impacto de la medida aumentó tres meses después, cuando Salinas también destituyó a Carlos Jonguitud Barrios, eterno cacique priísta del Sindicato Nacional de Trabajadores de la Educación (SNTE), y lo remplazó con una lideresa más dinámica, pero no menos priísta, Elba Esther Gordillo. En el extranjero estas medidas fueron vistas como señales de que Salinas estaba dispuesto a combatir la corrupción para atraer a la inversión extranjera. El presidente vio asentada su autoridad de un solo golpe, como no había podido hacerlo en las urnas, y probó de igual forma que la modernización anunciada en su discurso de toma de posesión no era simple retórica.[18]

En realidad, muchos aspectos de la detención de la Quina distaban de ser modernos.

A Salinas le motivó, en no poco grado, el resentimiento.[19] Siendo secretario de Programación, Salinas había impuesto la licitación anónima de contratos de perforación de pozos que antes se asignaban automáticamente al sindicato. El líder sindical había cobrado venganza durante la pugna por la sucesión presidencial. Hizo circular entre los periodistas el panfleto "Un asesino en la silla", en el que se recordaba un episodio de 1951, documentado por los diarios, en el que una sirvienta de la familia Salinas, de 12 años de edad, había

117

fallecido por un disparo mientras jugaba con Raúl Salinas, de 5 años; Carlos, de 3, y un amigo, de 8. Los niños habían encontrado un rifle calibre .22 en un armario de su padre, y decidieron imitar una ejecución. La sirvienta se arrodilló y uno de los niños —la prensa no especificó cuál— le disparó. Las autoridades dictaminaron que había sido un accidente.[20]

Corrió el rumor de que la Quina había financiado la distribución del libelo. Después, durante la campaña de Salinas, la Quina había elogiado a Cuauhtémoc Cárdenas y se había abstenido de ordenar a los trabajadores petroleros que votaran por el candidato del PRI.

Mientras algunos de los móviles de Salinas para deponer a la Quina fueron poco progresistas, los métodos que consintió para cumplir ese propósito fueron decididamente retrógradas. Tras su detención en Ciudad Madero, la Quina fue remitido por vía aérea al Distrito Federal y confinado en los separos de la Procuraduría General de la República. Guillermo González Calderoni, alto comandante de la Policía Judicial Federal, fue llamado para realizar el interrogatorio. El subprocurador[21] le indicó que la misión era muy importante, porque le ayudaría al "señor presidente" a proyectar en el exterior la imagen de que era implacable con los sindicatos corruptos.[22]

González Calderoni se enteró de que el arsenal exhibido ante la prensa constaba de rifles del ejército sembrados en casa de la Quina por la policía judicial durante el jaleo de la aprehensión.[23] Era su tarea, sin embargo, conseguir que la Quina firmara una confesión declarando que las armas le pertenecían.

Policía de amplia experiencia, González Calderoni sopesó las técnicas usuales para hacer hablar a un detenido. Podía someter a la Quina a un tratamiento de agua mineral con chile en la nariz, sumergirlo de cabeza en una cubeta de excremento o administrarle toques eléctricos. Pero supuso que el líder petrolero era un hombre práctico, y que por lo tanto no le sería necesaria tal coerción.

Durante muchas horas la Quina colmó de insultos a sus captores, o se sumió en el más absoluto silencio. Pero González Calderoni no tenía prisa. Cada tanto entraba a la celda, vociferaba amenazador y se marchaba, dejando a la Quina con dos interrogadores menos despiadados. Cuando, por fin, la Quina se mostró hambriento y exhausto, González Calderoni se sentó a conversar serenamente con él.

–Estás acabado —le dijo—; ambos lo sabemos. Las instrucciones para que tú estuvieras aquí no fueron del procurador, ni de nadie menor. Vinieron del más alto rango, del presidente. Si nosotros estamos haciendo este trabajo es porque el presidente lo ordenó.

Habló en términos de poder, y ése era el lenguaje de la Quina.

–Sólo que las armas no son mías —repuso éste—; ambos lo sabemos.

–Mira, Joaquín —lo amonestó González Calderoni—, yo no te voy a tocar ni un pelo. Pero tienes que reconocer que las armas son tuyas. Tienes que decirlo, porque ésas son las instrucciones.

Las horas se prolongaron hasta un segundo día. González Calderoni fastidió a la Quina con la noticia de que la huelga de su sindicato había fracasado. Cerca ya Hernández Galicia del agotamiento extremo, el agente le jugó una treta.

118

–Cuando tú te decidas a hablar, voy a soltar a tu familia —le dijo.

La Quina se estremeció.

–¿Tienes a mis seres queridos? ¿En dónde los tienes?

–Nada más dime de dónde sacaste las armas —contestó González Calderoni, para exasperarlo.

–¿Cómo te voy a decir de dónde saqué las armas si sabes que no son mías? —protestó la Quina.

González Calderoni se ablandó.

–Si quieres te ayudo a inventar algo —propuso—; pero tienes que armar una historia y decir para qué querías las armas. Di que las querías para defender las instalaciones de tu sindicato.

El líder obrero tuvo que aceptar que había perdido un asalto en su combate con Salinas. Los dos hombres comenzaron a escribir los detalles de su confesión.

–¿Quieres que confiese de una vez el asesinato de Kennedy? —preguntó la Quina, determinado a preservar la dignidad de su sentido del humor.

González Calderoni insistiría después en que no torturó a la Quina; y, en efecto, éste jamás reclamó que se le hubiera torturado. Pero otros líderes petroleros detenidos junto con él fueron salvajemente torturados. Además, una vez obtenida la confesión sobre las armas, el procurador Enrique Álvarez del Castillo se aseguró de que la Quina permaneciera en la cárcel el resto del sexenio añadiendo el cargo de homicidio premeditado por el fallecimiento del agente del Ministerio Público, Gerardo Antonio Zamora, durante el operativo de aprehensión.

–¡Ese muerto nunca salió retratado en mi casa! —protestaría después este último al referirse al asunto en la cárcel capitalina donde pronto se le confinó—; ese muerto caminó.

Tanto la Quina como González Calderoni se enterarían por separado de la historia del agente federal fallecido, a quien se le había asignado colaborar en el urdimiento del caso de las armas contra la Quina. Nunca se aclaró del todo cómo murió (González Calderoni supo que un soldado le había disparado en forma accidental), pero la autopsia reveló que había fallecido —en Tampico— a causa de una herida de bala al menos veinticuatro horas antes de la detención de la Quina.[24] La policía federal había resuelto el incómodo problema de librarse del cadáver de uno de sus hombres despachándolo a Ciudad Madero para incriminar a la Quina.

Hernández Galicia fue condenado a treinta y cinco años de prisión. Poco después, González Calderoni se vio en problemas con el gobierno de Salinas. Acusado de narcotráfico y tortura, huyó a Texas, donde un juez estadunidense negó su extradición luego de que los testigos declararon que algunas de las pruebas en su contra eran falsas.

"No sé qué tantos crímenes le pusieron", diría más tarde González Calderoni acerca de la Quina. "Lo que sí sé decir es que a lo mejor tenía otros delitos, muchos delitos. Pero ésos no."

Y continuó, un tanto añorante: "En ese momento piensas que lo que el presidente quiere es lo que el país necesita. Pero te equivocas; o sea, yo reconozco que me equivoqué.

119

Reconozco que cometí muchos errores, algunos por culpa de ellos, otros por culpa mía. Pero sí puedo decir una cosa: cuando yo hice los trabajos que se me pidieron que hiciera, pensé que le estaba sirviendo a mi país."

En el primer año del sexenio, el TLCAN no figuraba en los planes de Salinas. Insistió en que no le interesaba un acuerdo bilateral con Estados Unidos. Luego de que De la Madrid había dedicado sus seis años a controlar la inflación para estabilizar el peso, la prioridad de Salinas era reactivar el crecimiento. A principios de 1989 estaba a punto de completar negociaciones para reducir la deuda externa, equivalente a 45% del producto interno bruto (PIB), con un acuerdo que disminuiría la carga en 20 mil millones de dólares.[25]

En febrero, Salinas hizo una gira por Europa, reuniéndose con la primera ministra inglesa Margaret Thatcher y el canciller alemán Helmut Kohl. Para su desánimo, ambos se mostraron tibios con México. Salinas continuó sus gestiones, ahora en el Foro Económico Mundial de Davos, Suiza, donde recibió más bostezos. Descubrió que, aun si cumplía con todos los requisitos de política fiscal, su país no era una inversión atractiva. El mundo estaba reagrupándose en megabloques comerciales, y México no estaba integrándose en esa reorganización.

Salinas se sintió herido, diplomática y personalmente, por la indiferencia de las potencias. Una mañana en Davos despertó al secretario de Comercio, Jaime Serra Puche, en horas de la madrugada. Ordenó a Serra, aún en pijama, que se acercara a los representantes de Estados Unidos con la propuesta de iniciar negociaciones sobre un acuerdo comercial bilateral. Si México podía ofrecer a los inversionistas tanto mano de obra barata como acceso priviliegiado al mercado estadunidense, dijo Salinas, de seguro atraería más atención.[26]

Pronto la campaña por el TLCAN se convirtió en un principio rector de la política interna. Para hacer de México un socio comercial apropiado para Estados Unidos, Salinas aceleró sus esfuerzos por controlar el narcotráfico y capturar a los capos más visibles. La privatización de industrias estatales se convirtió en prioridad, y leyes neoliberales fueron rápidamente aprobadas por la mayoría priísta en el congreso.

Después de 1988, el obvio desplome del sistema electoral obligó a Salinas a crear un nuevo marco organizativo para las elecciones. Recurrió al PAN con ese propósito.

Luego del fraude, el PAN consideró a Salinas como gobernante sólo de facto. Pero adoptó la visión de que Salinas era, de cualquier modo, el jefe del ejecutivo y optó por un pacto informal con él. Si Salinas pretendía convencer al mundo de su proyecto modernizador, tenía que demostrar que había una oposición activa. La estrategia panista consistió en valerse de tal ventaja para llevar a Salinas a hacer reformas de su agrado.

En 1989 y 1990, el PRI y el PAN unieron fuerzas para aprobar leyes y reformas constitucionales que iniciaran una renovación de las instituciones electorales. El principal logro fue la creación del Instituto Federal Electoral, el IFE, más independiente del secretario de

Gobernación, dotado de personal profesional desligado de los partidos. El secretario de Gobernación seguiría siendo la máxima autoridad electoral, pero ya no la única. Presidiría un consejo ejecutivo que incluiría a legisladores federales de diferentes partidos, representantes de partidos y —en el que era el avance más importante de todos— seis ciudadanos sin filiación partidista en calidad de consejeros.

Por primera vez se establecieron reglas que exigían a los medios de información equilibrar su cobertura de las campañas. El antiguo padrón electoral de José Newman (aquél con los códigos especiales para señalar a los votantes fantasma del PRI) fue desechado y se ordenó uno nuevo.

Pese a sus muchas concesiones, el PRI aseguró su control del congreso mediante la "cláusula de gobernabilidad", una norma que aumentaba automáticamente el margen del partido triunfador en una elección de diputados hasta 51% de las curules en la legislatura nacional.[27]

A punto de consumarse estas reformas, las elecciones para la gubernatura de Baja Californa, el 2 de julio de 1989, produjeron un resultado sin precedentes. El triunfo del candidato del PAN, Ernesto Ruffo Appel, fue rápidamente aceptado por Salinas, convirtiendo a Baja California en la primera entidad en ser gobernada por la oposición desde la Revolución. Salinas obtuvo aprobación tanto en el exterior como en el país por mostrar una nueva tolerancia al pluralismo.

Al tiempo que se aliaba con el PAN, Salinas sostuvo una brutal confrontación con Cuauhtémoc Cárdenas y su Partido de la Revolución Democrática (PRD), por obra de lo que dio en llamarse "democracia selectiva". Los asesinatos nunca aclarados de los asistentes de campaña de Cárdenas, Francisco Xavier Ovando y Román Gil, fueron apenas el principio. El presidente jamás alentó abiertamente tales agresiones, pero tampoco las condenó en forma categórica.

Salinas abrigaba un odio visceral contra Cárdenas, tanto por los denuestos que éste le había prodigado durante las elecciones como por la permanente inseguridad en su mandato. El PRD calificaba a su vez de ilegítimo al gobierno salinista. Según Cárdenas, Salinas había llegado al poder por medio de un golpe palaciego, y se negó a colaborar con él. Por su parte, Salinas parecía temer que, si abría demasiado el sistema, su Némesis resurgiría.

La intensidad del enfrentamiento también se derivó del origen social de los simpatizantes del PRD. El recuerdo de la reforma agraria de Lázaro Cárdenas atrajo al partido de su hijo a campesinos descontentos, sobre todo en estados agrícolas como Michoacán (tierra natal de la familia Cárdenas), Guerrero, Oaxaca, Puebla y Morelos. Antes del surgimiento del PRD, el PRI había controlado las organizaciones campesinas. Pero la pequeña agricultura había sido devastada por la negligencia y pésimas políticas macroeconómicas de los gobiernos priístas. El partido de Cárdenas se esparció velozmente en el campo, donde se convirtió en un frente de resistencia contra los caciques priístas y sus guardianes: la policía y el ejército.

En algunas regiones, la presencia del PRD destruyó vínculos entre autoridades priístas y narcotraficantes locales. Puesto que los campesinos nunca habían abandonado la costumbre de portar rifles, que adquirieron durante la Revolución, el arribo del PRD a localidades controladas por el PRI condujo a menudo a hostilidades armadas.

La más intensa embestida contra el PRD vino en 1990, luego de elecciones en varios estados en los que sus candidatos contendieron por primera vez con el PRI por alcaldías.

En Guerrero, el cúmulo de irregularidades en los comicios de diciembre de 1989 impidió determinar resultados. A principios de enero los perredistas ocuparon 20 de los 75 ayuntamientos de la entidad, donde dieron posesión a sus alcaldes.

El gobernador de Guerrero era José Francisco Ruiz Massieu, de prestigio ascendente en el partido oficial y próximo a Salinas en lo político y lo personal. Compañeros en la UNAM, Ruiz Massieu se había casado con Adriana, la hermana de Salinas. Pese a su divorcio, Ruiz Massieu siguió siendo amigo de Salinas. Cortés y cosmopolita al hablar, al estilo de la elite priísta, Ruiz Massieu escribía ensayos sobre la democracia en México y frecuentaba el círculo de intelectuales de la capital adeptos a la modernización salinista. No obstante, cuando Salinas manifestó su intención de arremeter contra el PRD, Ruiz Massieu asumió la tarea con toda disciplina.

En febrero de 1990 los perredistas tomaron los aeropuertos de Acapulco e Ixtapa. El 27 de ese mes, la policía estatal mató a golpes a uno de los inconformes e hirió a otro. El secretario de Gobernación, Gutiérrez Barrios, invitó a los líderes locales del PRD a conversaciones de paz en la capital del país. Pero en la madrugada del 6 de marzo, mientras los dirigentes abandonaban sus respectivos poblados, Ruiz Massieu envió a ochocientos policías estatales a desalojar a los perredistas inconformes de ocho alcaldías. En Ometepec, la policía irrumpió a balazos. El PRD respondió, y al cabo de la jornada había cuatro muertos (tres de ellos policías), ocho perredistas desaparecidos, treinta heridos y una docena de detenidos.

"El estado ha vuelto a la normalidad", declaró esa noche Ruiz Massieu. "Se ha restaurado la paz."[28]

En Michoacán, donde el PRD ganó 53 de las 113 alcaldías en ese mismo periodo, los choques del PRD con el PRI arrojaron docenas de muertos.[29]

En el Estado de México, las fraudulentas elecciones del 11 de noviembre de 1990 motivaron un mitin en Tejupilco, el 12 de diciembre, al que Heberto Castillo, quien para entonces ya había integrado su partido político al PRD, asistió en representación de la dirección nacional del partido. Desde que subió al frágil estrado, Heberto advirtió a un grupo de granaderos en el ayuntamiento. Temió que alguno de los oradores incitara a la gente a tomar el edificio, pero ninguno lo hizo; todos exigieron respeto a la voluntad popular. Al llegar su turno abundó en la misma idea: "El propósito del PRD es abrir caminos legales a la democracia". "Es necesario usar las leyes y la Constitución para defender nuestros derechos."

Aún no terminaba de decirlo cuando una mujer gritó que un agente le había prendido el pecho. La policía lanzó gas lacrimógeno y bloqueó las salidas de la plaza. Atrapada en el tumulto, la esposa de Heberto, Teresa, vio a policías golpear con rifles a mujeres y niños, y a perredistas casi matar a pedradas a un agente y casi linchar a otros dos antes de que dirigentes del partido se lo impidieran.

El saldo fue de dos policías y un civil muertos y docenas de heridos. El presidente del PRI, Luis Donaldo Colosio, aseguró que el PRD había mostrado "su verdadero rostro de intolerancia",[30] en tanto que, en un boletín de prensa, otros priístas culparon a Castillo de lo sucedido y lo acusaron de homicidio.

En vez de huir, como al parecer esperaban las autoridades, Heberto se presentó a entregarse en la oficina del gobernador, pero nadie se atrevió a detenerlo.

"Meterse a la jaula de un tigre para lastimarlo trae consecuencias graves a quien lo intenta", escribió Castillo en *Proceso* acerca de ese incidente. "Si se agrede a una multitud, como la que había en Tejupilco, ésta responde. Ojalá y Carlos Salinas reflexione. Es indispensable el respeto a la democracia."[31]

Meses antes el regente del Distrito Federal, Manuel Camacho, le había advertido a Salinas que pronto se le llamaría a cuentas por esa vendetta si no se deslindaba de ella.[32] En junio de 1990, en efecto, Americas Watch, organización con sede en Nueva York, publicó un informe con un recuento de la matanza rural, titulado *Derechos humanos en México: una política de impunidad.*

Casualmente, Rosario Ibarra consiguió, por fin, en el mismo periodo, que Salinas se reuniera por primera vez con ella y otra media docena de madres de desaparecidos. Para ellas, aquél fue un encuentro increíble. Mientras que anteriores presidentes las habían esquivado y negado que el gobierno hubiese detenido a sus hijos, Salinas se mostró cordial, y se dijo muy preocupado por las desapariciones. Al final de la reunión les prometió que tendrían noticias de sus hijos "en veinte días".

Las madres se ilusionaron enormemente. "Cuando el hombre más poderoso de un país, como es el presidente de la República en México, dice que sí, a una como madre se le prende la esperanza dentro", explica Rosario, quien aparecería sonriente en la fotografía que Salinas pidió que se le tomara con el grupo.

El 6 de junio de 1990, justo al vencerse el plazo prometido, Salinas instauró la Comisión Nacional de Derechos Humanos (CNDH), la primera en su tipo en México. Aunque se trataba de un órgano gubernamental, se le dotó de cierta independencia para investigar abusos. En la ceremonia inaugural, Salinas alentó a la nueva institución a proceder con confianza en la denuncia de funcionarios públicos y fuerzas de seguridad, sin importar su rango.

La CNDH inició sus labores con una tarea ordenada por Salinas, relativa a la investigación de un asesinato que no tenía nada que ver con los desaparecidos. Se trataba del homicidio, el 21 de mayo de 1990, de una promotora de derechos humanos, Norma Corona Sapién, quien había combatido a narcotraficantes y sus cómplices en la policía en Sinaloa.

123

Después de una investigación inusualmente exhaustiva,[33] la CNDH emitió un informe en el que señalaba que un alto comandante de la policía federal, Mario Alberto González Treviño, había ordenado la ejecución. Fue aprehendido poco después.

En cambio, la CNDH resultó ineficaz en los casos relacionados con el PRD. Después de Tejupilco prosiguieron las muertes de perredistas. (Los archivos del PRD documentarían más tarde el asesinato de doscientos cincuenta activistas de ese partido durante el sexenio salinista.)[34] El PRD le tomó la palabra a Salinas y llevó invariablemente los casos de sus muertos ante la CNDH. Pero ninguna de las ochenta y dos recomendaciones que la CNDH emitió sobre casos de perredistas durante el sexenio de Salinas fue del todo satisfecha por las autoridades estatales correspondientes. Sólo se aclaró 8% de los casos de asesinatos de miembros de ese partido.[35]

La comisión tampoco avanzó en el esclarecimiento del caso de Jesús Piedra Ibarra, y sólo en el de unos cuantos de los desaparecidos en la lista de Rosario. Pese a ello, Rosario se enteró de que Salinas había enviado a embajadas mexicanas, para su distribución entre organizaciones extranjeras de derechos humanos, la fotografía en la que ella aparecía sonriente.

Esto la enojó tanto que gritaba "¡Judas!, ¡Judas!" cada vez que en un mitin se mencionaba el nombre de Salinas.

En agosto de 1991, cuando Salinas se acercaba a la cima de su poder y prestigio, se efectuaron elecciones de senadores y diputados federales y de siete gobernadores.

El firme y dinámico control que Salinas ejercía sobre su país tenía fascinados a los mexicanos. Las negociaciones del TLCAN, entonces en plena marcha, les hacían sentir, como nunca antes, que podían sentarse a la mesa con Estados Unidos y Canadá en calidad de iguales. La economía salía, por fin, de una década de estancamiento.

Así, cuando la gente acudió a las urnas en agosto, dio un resonante voto de confianza a Salinas. El PRI obtuvo 61% de los sufragios de diputados y senadores, lo que le concedió una mayoría en ambas cámaras, y a Salinas la posibilidad de legislar sin la oposición.[36]

Sin embargo, en San Luis Potosí las cosas marcharon mal para el presidente.

El candidato del PRI fue Fausto Zapata Loredo, "hombre del sistema", como se definía a sí mismo. Zapata había tenido la certeza de que brindaría a Salinas una importante victoria. Pero no fue así. Fue declarado ganador de las reñidas elecciones, pero Salinas no se mostró agradecido. Sin saber cómo, Zapata se convirtió en una mancha en el cuadro del México moderno que el presidente se empeñaba en pintar, lo que, con todo, le permitió comprobar que el interés del presidente en el cambio democrático se reducía a las apariencias.

Zapata era un ejemplo del individuo de talento atraído por el PRI. De palabra fácil y buen aspecto pese a su baja estatura, era un diplomático nato. Desde la adolescencia había trabajado como periodista en su ciudad natal, San Luis Potosí. Puesto que el PRI era en ese tiempo el único partido en México con estructura nacional y vías directas al poder, le ofreció a Zapata, y otros jóvenes ambiciosos como él, una ruta para escapar de la provincia y desenvolverse en el ámbito nacional.

Diputado federal antes de cumplir 30 años, llamó la atención de Luis Echeverría, quien lo escogió como vocero de la presidencia. Su función era informar ocasionalmente a la prensa, y controlarla siempre, premiando a las publicaciones favorables al presidente y marginando a las que lo criticaban. Su buen desempeño le valió, hacia el final del sexenio, una senaduría, y más tarde fue embajador en Italia y China.

En la contienda por la gubernatura de San Luis, sin embargo, se enfrentó a un contrincante impresionante. Salvador Nava Martínez era un oftalmólogo de edad avanzada, reconocido defensor de causas democráticas. Se había iniciado en el PRI, en el que en los años cincuenta formó una asociación de profesionales urbanos de San Luis. En 1958 ganó las elecciones por la alcaldía de la capital. Ahí chocó con el cacique Gonzalo N. Santos, quien durante su gestión como gobernador había organizado a sus seguidores en cuadrillas de pistoleros. Después había sido "asesor" de los dos gobernadores a los que seleccionó para sucederlo. Para él, Nava era un simple advenedizo, y al acercarse las elecciones de 1961 para la gubernatura, Santos impidió que el PRI le otorgara la postulación a Nava.

Éste se presentó de cualquier forma, como candidato independiente. El PRI se cercioró de que fuera derrotado, y el ejército sitió la capital para prevenir protestas. Pero la campaña de Nava, centrada en su exigencia de mayor libertad política, se transformó rápidamente en un movimiento de escala estatal.

El 15 de septiembre de 1961, mientras el gobernador saliente presidía las celebraciones del día de la Independencia en la plaza principal de San Luis, de pronto se fue la luz y sobrevino un tiroteo. Varios reporteros dispersos entre la multitud vieron que la descarga comenzó con fuego de francotiradores desde la azotea del ayuntamiento en dirección al palacio de gobierno, al otro lado del zócalo. Entonces soldados apostados en la plaza dispararon contra la muchedumbre (método que prefiguró ominosamente los sucesos de Tlatelolco, siete años después). Mientras el saldo oficial fue de seis muertos y doce heridos, en los pasillos del hospital local se encontraron al menos cuarenta personas con lesiones de bala, tanto priístas como navistas.[37] En ausencia, en ese tiempo, de prensa independiente y organizaciones de derechos humanos, la masacre no fue investigada.

Aprendiz de reportero en un diario local, Fausto Zapata, entonces de 20 años de edad, se encontraba en el salón principal del palacio de gobierno cuando comenzaron los disparos, algunos de los cuales rebotaron en las paredes a su alrededor. Conocía bien a Nava —cuyo hermano era su médico familiar—, así que dudó de que el doctor hubiese iniciado el tiroteo. No obstante, el ejército acusó a Nava de sedición. Fue encarcelado brevemente, y después liberado. Dos años después, sin embargo, agentes del ejército lo detuvieron de nuevo y le propinaron una golpiza que lo dejó inconsciente.[38]

Nava se retiró de la política y se dedicó a su práctica médica durante dos décadas. Pero en 1983 se arriesgó a una segunda contienda por la alcaldía de San Luis y ganó. Gobernó con honestidad, lo que favoreció su imagen y reavivó sus aspiraciones políticas. Pero en

125

1990, a los 75 años de edad, se enteró de que tenía cáncer de próstata, por lo que se sometió a un severo tratamiento de quimioterapia en la ciudad de México.

A medida que se acercaban las elecciones de gobernador en San Luis, su enfermedad hizo pensar tanto a Zapata como a Salinas que el doctor no se postularía. Zapata creía que sería un error contender con Nava, demócrata probado de fama intachable, el comedido oculista que al recorrer las calles de San Luis, tocado con una gorra de lana, era saludado en todas partes por pacientes y simpatizantes. Salinas tomó incluso la insólita decisión de visitar en el hospital a Nava, enemigo declarado del PRI, en un intento por evaluar su salud e intenciones. Pero ni él ni Zapata consiguieron una respuesta clara sobre sus planes.

Un día de enero de 1991 Salinas invitó a Zapata a acompañarlo en un viaje en el helicóptero presidencial. "Si el doctor Nava se resolviera a ser candidato, ¿tú le ganas?", le preguntó. A Zapata le dio la impresión de que en la cabeza de Salinas zumbaban cálculos políticos.

Zapata aventuró que la base de apoyo del doctor probablemente se había desgastado durante los largos años en que se había ausentado de la política, lo que le ofrecía la posibilidad de vencerlo. Eso era, al parecer, todo lo que Salinas quería oir. El presidente dio la orden y el PRI se puso en acción para lanzar la campaña de Fausto Zapata para gobernador de San Luis Potosí.

Una semana más tarde, Nava anunció su candidatura, apoyado por una coalición en la que participaban tanto el PRD como el PAN, alianza que simbolizaba los peores temores políticos de Salinas, pues era una rencarnación de la que había emergido en 1988 para impugnar su derecho a asumir el poder presidencial.

En San Luis la maquinaria priísta se puso a trabajar. Se movilizaron oficinas y vehículos gubernamentales, y la prensa, con la televisión local a la cabeza, se arrojó ferozmente contra el doctor. Zapata se presentó como un político moderno y redujo a Nava a un abuelo anticuado, al tiempo que advertía que el ala izquierda de aquella coalición se inclinaba a la violencia. Nava devolvió cada golpe y culpó a Zapata de toda la corrupción que reinaba en la entidad.

Sin embargo, un nuevo factor en las elecciones de San Luis alteró sustancialmente las condiciones de la competencia. Por primera vez, observadores electorales independientes vigilaron tanto las campañas como los comicios. Antes de las elecciones un grupo de investigadores de la UNAM examinaron el padrón electoral, y concluyeron que las listas nominales habían sido rasuradas en zonas urbanas, plaza fuerte de Nava, y abultadas en el campo, favorable al PRI. El día de las elecciones, más de trescientos ciudadanos, con capacitación especial como observadores, inspeccionaron los comicios. Fueron organizados por Sergio Aguayo.

En los años setenta y ochenta, Aguayo había combinado la academia y el activismo. Daba clases en El Colegio de México, pero al mismo tiempo trabajaba con los indígenas de Chiapas, obreros de maquiladoras en el norte y emigrantes ilegales en Estados Unidos.

Amenazas de muerte marcaron las diferentes fases de su vida. La primera ocurrió a fines de los años sesenta, cuando era estudiante radical. Perseguido por un grupo de matones priístas se vio obligado a salir de Guadalajara y refugiarse en Estados Unidos y en la capital del país. La disciplina monacal que adoptó entonces en sus estudios académicos le permitió convertirse, años después, en profesor universitario.

La segunda amenaza procedió, en 1981, de la policía política de Chiapas, que quería poner fin a su labor social entre los indígenas. Según la nota dejada en su automóvil, por demás escueta, o se iba inmediatamente del estado o lo matarían. Reparó de este modo en que él y otros opositores precisaban de organizaciones más sólidas en apoyo a sus arriesgadas tareas.

Tres años después Aguayo fundó la Academia Mexicana de Derechos Humanos (AMDH). A diferencia de la CNDH de Salinas, la AMDH era independiente del gobierno, e investigaba infracciones mientras educaba a los mexicanos sobre sus derechos. En su consejo directivo figuraban luminarias intelectuales como Carlos Fuentes y Elena Poniatowska. Aguayo fue elegido presidente de la institución en 1990. Un día después recibió la visita de un viejo amigo, Robert Pastor, quien dirigía el programa de observación electoral del expresidente Jimmy Carter en Atlanta. Pastor lo invitó a incorporarse al contingente de Carter que observaría las elecciones presidenciales en Haití.

Dudó en aceptar. "¿Voy a ir con imperialistas yanquis a un país extranjero a juzgar las elecciones de otros?", se preguntó. Pero fue. Durante cuatro días merodeó por las colinas del norte de Haití, en medio de la más extrema pobreza del hemisferio, viendo a la gente animada por salir de la postración en que la había dejado la dinastía Duvalier. El compañero de equipo de Aguayo fue un filipino que había participado en el movimiento por elecciones libres que derrocó al dictador Ferdinand Marcos. Aguayo volvió a casa convencido de la urgencia de un movimiento nacional por la transparencia electoral.[39]

La movilización de los observadores en San Luis Potosí fue su primera acción en ese sentido. Sumó fuerzas con un grupo local de derechos humanos, así que la mayoría de los observadores fue potosina. Se les enseñó que observar una elección era un ejercicio de sus derechos civiles. Desde campesinos hasta damas de sociedad, los voluntarios parecían encantados de participar en política sin tener que enredarse con partidos políticos.

El día de las elecciones, 330 voluntarios lograron cubrir alrededor de la tercera parte de las 2,200 casillas instaladas en el estado. Vieron a agentes priístas ofrecer dinero y comida a cambio de votos y echar de casillas a representantes de Nava. Vieron que a miles de navistas con credencial de elector válida se les impedía votar, porque su nombre había sido rasurado del padrón. Su informe íntegro fue publicado en *La Jornada*.

"Tenemos dudas sobre la legalidad de todo el proceso electoral", señalaron los observadores. "Las irregularidades que describiremos nos llevan a cuestionar la legitimidad y moralidad de aquello que observamos."[40]

Aguayo se había sentido tentado, durante la campaña, a pronunciarse en favor del doctor Nava. Le agradaban su sencillo llamado a la democracia y el movimiento popular que había suscitado. Pero creía que su cometido de transparencia electoral no rendiría frutos sin un estricto apartidismo. Ésta era entonces una opinión heterodoxa, porque la sociedad mexicana tenía poca experiencia con el activismo de derechos civiles separado de partidos políticos y debates ideológicos. La postura de Aguayo incomodó, en efecto, a muchos navistas, deseosos de que adoptara su posición y emitiera un llamado directo a la anulación de las elecciones.

Las ovaciones que recibió la noche después de los comicios hicieron sentir a Zapata más que satisfecho: había cumplido su compromiso con Salinas. Además, no había dirigido ninguna operación de fraude; simplemente había permitido que la maquinaria priísta hiciera su trabajo. Según los resultados oficiales, Zapata venció a Nava por cerca de dos a uno: 329,292 votos para él, 170,646 para el doctor.[41] Al declarar su triunfo en la casa de campaña del PRI, dijo que tales resultados constituían "un voto de confianza para el presidente Carlos Salinas de Gortari".[42]

Pero no previó el impacto de los reportes de los observadores de Aguayo. Sólo un reducido porcentaje de representantes de casilla navistas había formulado quejas al momento de cerrarse las casillas. Así, Zapata se sintió seguro, a causa de su amplio margen, de que Nava no podría impugnar los comicios. Sin embargo, las conclusiones de los observadores persuadieron al doctor de que las irregularidades ponían en duda todo el proceso electoral. Así, la noche misma de los comicios retiró a sus representantes de la Comisión Estatal Electoral.

Salinas llamó a Zapata esa noche, pero no para felicitarlo como gobernador electo, sino para ordenarle lacónicamente que evitara a toda costa que estallara la violencia. "Estamos en negociaciones comerciales muy importantes con Estados Unidos", le advirtió.

El presidente se mostró todavía más frío luego de que Zapata cometiera, al día siguiente, un error táctico en una conferencia de prensa. Un reportero de *La Jornada* le lanzó un reto: ¿estaría dispuesto a que se abrieran las urnas para volver a contar los votos? Zapata vaciló un instante, pensando en las complicaciones logísticas, pero al final respondió que sí, lo que causó revuelo entre los periodistas. Sólo más tarde se acordó de que en 1988, la oposición había exigido volver a contar los votos, tanto en las actas como en las urnas. Salinas había conseguido acallar esa demanda en los tres primeros años de su sexenio, y para entonces negociaba justamente un acuerdo definitivo para que las boletas fueran destruidas.

Salinas tomó el teléfono después de leer, al día siguiente, la declaración de Zapata en los periódicos. "Entiendo que estás dispuesto a abrir las urnas para volver a contar los votos...", le dijo glacialmente. Luego de confirmar lo que había dicho, Zapata sólo escuchó silencio.

Nava, rehusándose a presentar quejas formales ante las autoridades electorales estatales, se embarcó en cambio en una campaña de resistencia no violenta para impedir a Za-

128

pata el acceso a la gubernatura. Ocho días después de los comicios llenó la majestuosa plaza de los Fundadores. Escogió como tema de sus protestas el lamento de los esclavos hebreos de la ópera *Nabucco* de Verdi.

"Tengo que pedirle perdón a este pueblo", les dijo a sus seguidores. "Tuve confianza en las altas autoridades, que habían prometido que respetarían el triunfo de la mayoría. Luchamos confiados, pero fue traicionada esa confianza."[43]

Sus partidarios agitaron en el aire sus credenciales de elector, como enseñándolas al presidente. "¡Nos fallaste, Salinas!", se leía en carteles que sostenían en alto.

En los días posteriores los navistas bloquearon las cinco carreteras que desembocan en la ciudad de San Luis. Un grupo de mujeres inició un plantón de oraciones y ayuno en las escaleras del palacio de gobierno, y otras marcharon por las calles golpeando ollas en afán de comparar a Zapata con el dictador chileno Augusto Pinochet. Pese a su coraje, sin embargo, los simpatizantes de Nava no olvidaron las buenas maneras. Un cartel en un mitin decía: "Fausto: por favor renuncia. Familia Martínez".

A medida que se intensificaban las protestas, Zapata empezó a sospechar que también Salinas maniobraba en su contra. El presidente le ordenó cancelar la magna concentración que pensaba efectuar en su toma de posesión. Asimismo, el secretario de Gobernación, Gutiérrez Barrios, le llamaba por teléfono hasta dos o tres veces al día, para informarle, por órdenes del presidente, sobre inteligencia secreta que indicaba que el movimiento navista estaba a punto de sublevarse. Más tarde, Zapata comprendió que esos reportes de inteligencia eran falsos, aparentemente diseñados para desorientarlo.

Un día viajó al Distrito Federal a invitación de Raúl Salinas. Éste no ocupaba entonces ningún puesto formal en el gobierno, pero era uno de los más activos y confiables emisarios del presidente. Dieron un tranquilo paseo en torno a un lago en el bosque de Chapultepec. "Oye, Fausto, ojalá se llegue a una solución, para fortalecer al presidente", le aconsejó Raúl.

Después, yendo al grano, añadió: "Si yo fuera tú, no quisiera ser enemigo de Carlos Salinas".

El presidente entabló negociaciones con Nava a espaldas de Zapata, ofreciendo prescindir de Zapata e instalarlo a él como gobernador. Salinas, sin embargo, insistía en nombrar a los principales miembros de su gabinete. Nava se negó.[44]

Durante la modesta toma de posesión de Zapata el 26 de septiembre, Nava llevó a cabo una ceremonia alternativa en la que juró como "gobernador moral" de San Luis Potosí. A su lado estaban Cuauhtémoc Cárdenas y Diego Fernández de Cevallos. "Nuestro objetivo —dijo Nava— es impedir, noche con noche, que el usurpador pueda siquiera soñar en gobernar."[45]

El presidente asistió a la toma de posesión de Zapata, pero se sirvió de las pocas horas que pasó en San Luis para distanciarse del nuevo gobernador de su partido. Aun así, Zapata no se arredró, cierto de que, pese a las irregularidades, la mayoría de los potosinos lo había elegido. Cuatro días después movilizó a un grupo de priístas e intentó entrar en sus nuevas oficinas, pasando entre las navistas en las escaleras del palacio de gobierno. En la gresca varias ayunantes sufrieron pisotones.

El 28 de septiembre, el doctor Nava, de chamarra y tenis, salió de la ciudad de San Luis Potosí a la cabeza de la Marcha de la Dignidad, una procesión de miles de inconformes para recorrer los cuatrocientos kilómetros a la ciudad de México. Lucía pálido y era obvio que sufría los efectos del cáncer. En algunos tramos se le sumaron Cuauhtémoc Cárdenas y su hijo Lázaro; Luis H. Álvarez, presidente del PAN, y Vicente Fox, reciente candidato panista a la gubernatura de Guanajuato, donde acababa de librar, a su vez, una intensa batalla contra el fraude. Nava calculaba llegar a la capital el 15 de octubre.

El 9 de octubre, Gutiérrez Barrios citó a Zapata en sus oficinas en Bucareli. "El presidente le pide que presente al congreso del estado su renuncia como gobernador", le dijo. "Como usted sabe, yo estoy aquí para cumplir las órdenes del primer mandatario."

Gutiérrez Barrios le explicó que se hallaba en una situación difícil. Por instrucciones de Salinas, había hecho un análisis de un expediente de tres volúmenes sobre irregularidades electorales que el movimiento navista le había presentado al presidente. Única queja formal emitida por Nava, se dijo que ese expediente incluía pruebas de fraude de 341 casillas. Pero, aseguró el secretario de Gobernación, la gente de Nava, quizá por precipitación, había incluido documentos de 78 casillas ganadas por Nava, no por Zapata. A partir únicamente de esa base, las pruebas de la oposición eran insuficientes para invalidar las elecciones. No obstante, ahora Gutiérrez Barrios tenía que dejar de lado su propio análisis para acatar la decisión de Salinas.

Zapata fue a ver a Salinas a Los Pinos. Le dijo que estaba de acuerdo en renunciar, aduciendo su lealtad al sistema. Pero insistió en una cuestión de orgullo. "Usted sabe que yo gané esas elecciones", dijo Zapata, y Salinas no lo desmintió. En la carta de renuncia que entregó más tarde, Zapata decía que "jamás pondría en riesgo las relaciones pacíficas entre los potosinos".[46]

Nava suspendió su marcha y volvió a San Luis. Salinas nombró a otro priísta, Gonzalo Martínez Corbalá, como gobernador interino. El PRI estatal se rebeló poco después. En la última de las ironías para él, Zapata tuvo que intervenir para sofocar un motín que en su nombre organizaron sus propios seguidores, ante quienes dejó en claro que no se retractaría de una renuncia que jamás habría querido presentar.

Pese a todo, Zapata, priísta al fin, no rompió con Salinas. Aceptó el puesto de cónsul en Los Angeles y siguió desempeñándose como diplomático hasta fines del sexenio. Luego se alejó de la política e incursionó un tiempo en el sector privado como ejecutivo de medios de información.

Al reflexionar, tiempo después, sobre la debacle en San Luis, Zapata la calificó como "un acto autoritario con disfraz democrático [...] Salinas buscó estratagemas que hicieran creer a la gente que, como por arte de magia, en México se hallaban en marcha reformas para hacer del país un régimen democrático con el apoyo del presidente", dijo. "Pero no creo que en ningún momento haya tenido la intención de realizar una verdadera reforma política."[47]

Salvador Nava murió de cáncer en San Luis el 18 de mayo de 1992.

Esta crisis tuvo posdata. En 1993 llegado el momento de remplazar a Martínez Corbalá, Salinas propuso a un candidato inusual: el propio Martínez Corbalá. Desde la Revolución, tal vez el único principio constitucional que había sido sistemáticamente respetado era el que impedía a los funcionarios públicos reelegirse. Pero Salinas gozaba entonces de tal popularidad que había empezado a juguetear con la idea de un segundo sexenio. Aparentemente razonó que si los potosinos permitían que Martínez Corbalá, el gobernador interino, contendiera por el puesto de gobernador electo, esto abriría el camino para la reelección del presidente.

Priísta veterano, Martínez Corbalá lo previno de que ese proyecto no prosperaría, y acertó. En la convención estatal del PRI, las bases protestaron, y Martínez Corbalá tuvo que retirar su candidatura.[48] Si, aun así, Salinas mantuvo viva la esperanza de reelegirse, no se lo confió a nadie.

Los comicios para la gubernatura de Guanajuato también tuvieron lugar el 18 de agosto. Los tres principales candidatos fueron Ramón Aguirre del PRI, Porfirio Muñoz Ledo del PRD y Vicente Fox del PAN.

Como elocuente indicio del débil estado de derecho, ninguno de ellos cumplía los requisitos de registro de su candidatura.[49] Muñoz Ledo no había vivido en la entidad los cinco años previos a las elecciones, como lo exigía la ley. Advertido de ello, adoptó una defensa ofensiva y señaló que Fox había incumplido el plazo legal para renunciar a su ciudadanía española (doña Mercedes Quesada había nacido en España). Reveló asimismo que Aguirre había falsificado su credencial de elector del estado y carecía de credencial válida como miembro del PRI. Así, concluyó, en una creativa jurisprudencia a la que al final los tres candidatos se acogerían, si las autoridades electorales descalificaban a uno, tendrían que descalificarlos a todos.

La campaña de Fox empezó mal. El PAN estatal padecía el síndrome del perdedor predestinado que tan a menudo había aquejado a ese partido en el ámbito nacional; no estaba organizado para competir. Fox conducía su suburban a un poblado en el que su presencia se había programado con varias semanas de anticipación, pero no encontraba tribuna, sistema de sonido ni, sobre todo, gente. Aun así, no se arredraba; se echaba a andar a grandes zancadas.

"¡Señora, quítese el delantal!", decía a las amas de casa que salían a abrir a un desconocido de barba y mezclilla. "¡Venga a conocer a su próximo gobernador!"[50]

Repartió en tianguis tarjetas de presentación y un instructivo para obtener la credencial de elector. Pero lo que a la gente le llamó más la atención de Fox fue su determinación de ganar. Su campaña despertó más entusiasmo, desde luego, que la de Aguirre. Pero el día de las elecciones "se le cayó el sistema". En su fábrica de botas en León había instalado un centro de cómputo para efectuar su propia contabilización de votos. Sin embargo, el

131

sistema sufrió una falla técnica casi tan pronto como empezó a recibir datos. Lo demás fue la conocida sucesión de llamadas de representantes panistas en casillas rurales para notificar el repertorio de trampas priístas, la triunfal declaración del candidato del PRI poco después del cierre de casillas y la sensación de engaño e impotencia en la oposición.

Esto era demasiado aun para el indoblegable optimismo de Fox. Pero recobró el aliento gracias a la presencia, en Guanajuato, de dos disidentes de izquierda como observadores electorales informales.

Jorge G. Castañeda era el joven heredero de una antigua dinastía política; su padre, Jorge Castañeda, había sido secretario de Relaciones Exteriores de López Portillo. Sin embargo, el joven Castañeda era todo menos priísta. Simpatizante de la izquierda, era un enfant terrible intelectual para el que no había nada sagrado. Su amigo era otro joven apóstata del sistema, Adolfo Aguilar Zinser. En los años setenta, tras concluir estudios de posgrado en Harvard, fue protégé de Luis Echeverría, para quien coordinó un centro de estudios que difundía sus teorías tercermundistas. En la década siguiente se distanció del régimen hasta inclinarse por Cárdenas en 1988. En 1991 ya había comenzado a organizar grupos ciudadanos contra el PRI y a favor de la democracia.

Tanto a Castañeda como a Aguilar Zinser les sorprendió lo que veían de Fox en acción, aunque ninguno de los dos tuviera mucho en común, en términos ideológicos, con el candidato del PAN. La mediación que ambos ejercieron entre Fox y Muñoz Ledo hizo posible que un día después de los comicios los dos candidatos aparecieran juntos en una conferencia de prensa para protestar por el fraude. Muñoz Ledo levantó victoriosamente el puño de Fox; la fotografía respectiva se publicó en primera plana en diarios de todo el país.[51]

Fox movilizó a sus simpatizantes y casi paralizó al estado durante una semana. Mientras tanto, los resultados oficiales dieron fe de la desmesura de Aguirre, quien se había adjudicado el doble de los votos que Salinas había recibido en la entidad en 1988.

Alarmado, este último citó en Los Pinos a Luis H. Álvarez y Diego Fernández de Cevallos.

–He tomado la decisión más difícil de mi sexenio —les dijo. Anunció que estaba dispuesto a sacrificar a Aguirre, y dijo además que permitiría que el PAN designara al remplazo de Aguirre en la gubernatura. Pero había una condición:

–Quiero que usted me prometa que Vicente Fox no volverá a ser candidato —le dijo a Álvarez.[52]

Álvarez lo miró fijamente. Sabía que Salinas detestaba a Fox desde que éste lo había ridiculizado en el congreso en 1988. El futuro político de Fox estuvo un momento en el aire.

Álvarez se puso de pie.

–¿Usted me está pidiendo eso a mí? —rugió, muy lejos de su serenidad habitual—; ¿que yo vaya con un mexicano a pedirle que renuncie a sus derechos políticos?

Salinas se turbó.

–No, no, no, don Luis —balbuceó—; sólo tome nota de mi decisión de buscar otro gobernador para Guanajuato.

–Usted es tan dueño de sus decisiones como yo de las mías. Yo de ninguna manera le prohibiré a Vicente Fox ser candidato del PAN cuando quiera presentarse —repuso y se marchó.

En los días siguientes, sin embargo, Álvarez evitó que las negociaciones con Salinas se rompieran. El dirigente del PAN ya no era el audaz idealista que había ayunado en el quiosco de Chihuahua en 1986. Estaba convencido de que el sistema se había flexibilizado desde su casi fatal tropiezo de 1988.

Para fundamentar esta hipótesis solía referir que un dirigente panista había acudido una vez al presidente Echeverría para reclamarle un burdo fraude priísta. "Éste es el resultado y si no les parece, váyanse al cerro", le había contestado Echeverría. Salinas, en contraste, había reconocido la victoria panista en Baja California la noche misma de las elecciones.

"Estudiábamos las circunstancias de cada momento político y la correlación de fuerzas", explicó Álvarez después. "A partir de allí buscábamos el mayor beneficio para nuestro partido."

Álvarez y la dirigencia panista siguieron la estrategia del gradualismo, tal como el propio Álvarez la llamó, aun después de la muerte de Manuel J. Clouthier, el primero de octubre de 1989. Las circunstancias del accidente automovilístico en el que Clouthier falleció nunca se aclararon y las sospechas de violencia política prevalecen.

En opinión de Álvarez la gubernatura de Guanajuato que Salinas ofrecía al PAN era un beneficio sustancial. Que no ocupara el puesto el individuo por el que los ciudadanos habían votado pasaba a segundo plano.

Así, Álvarez y Fernández de Cevallos convocaron a Fox a una reunión en una cafetería de la ciudad de México para comunicarle la propuesta de Salinas. Al principio Fox no podía creer que su partido le pidiera hacer tal sacrificio. Pero al cabo los líderes panistas lo convencieron de "la correlación de fuerzas". Admitió que, por lo pronto, le sería imposible siquiera tomar posesión teniendo a Salinas en su contra.

"No busco victorias personales", dijo buscando una frase heroica para marcar el momento. Recomendó como gobernador provisional a Carlos Medina Plascencia, tecnócrata panista, entonces alcalde de León.

El trato se cerró, pero transcurrieron varios días sin que Salinas hiciera nada. La prensa extranjera entró al quite la mañana del 29 de agosto. *The Wall Street Journal* publicó un artículo de Enrique Krauze en el que éste señaló que el fraude en Guanajuato exhibía el extremo deterioro del sistema. "No es posible que en México siga gobernando un monstruo antediluviano", escribió. Ese mismo día, el *Journal* también contenía un editorial en el que se recomendaba anular las elecciones de Guanajuato.

Esos editoriales desde el extranjero impulsaron a Salinas. Aquella misma noche, justo después de las once, Aguirre declaró: "He tomado la decisión más difícil de mi vida", haciéndose eco de la fórmula de Salinas, lo cual era lo más correcto considerando que éste era el verdadero autor de la decisión. Medina Plascencia asumió la gubernatura interina el primero de septiembre.

Fox volvió a su rancho, sin saber qué futuro le aguardaba en la política. Pero sus nuevos amigos, Castañeda y Aguilar Zinser, regresaron a su vez a la capital del país asombrados de que, en contraste con el PAN, Fox se mostrara dispuesto a dialogar con la izquierda. "¡Qué tipazo!", pensó Castañeda. "Podría ser presidenciable."[53]

El equipo de campaña de Fox no era tan optimista. Sus colaboradores más cercanos se sintieron traicionados por el PAN y Medina Plascencia. Querían que Fox se desquitara.

"Ya bájenle, por favor", les respondía. Finalmente los convocó a una sesión de estrategia en el Distrito Federal. Para fingir disgusto, sus colaboradores acudieron al lugar convenido, pero se escondieron en una habitación apartada, y sólo uno de ellos se presentó en la mesa de la reunión. Los demás lo hicieron esperar un buen rato, hasta que al fin irrumpieron en la sala, riendo.

Fox entendió el mensaje. En un pizarrón blanco escribió con marcador rojo "1991", después trazó una flecha y luego escribió "2000", número que encerró en un cuadro dentro del cual escribió "PRESIDENTE".[54]

"Creímos que nos estaba dorando la píldora", refiere Leticia Calzada, amiga y colaboradora de Fox oriunda de Guanajuato. "Nadie lo tomó en serio. Nadie."

Muchos dirigentes de oposición e intelectuales recibieron con satisfacción los resultados de la intervención de Salinas tanto en Guanajuato como en San Luis Potosí. Pronto quedó claro, sin embargo, que las soluciones en ambos estados se inscribían en un marco de decisiones arbitrarias. Durante su sexenio, Salinas destituyó a diecisiete mandatarios priístas en 14 de las 31 entidades del país.[55] Así, más de sesenta por ciento de la población fue gobernada por autoridades elegidas por él, no por los votantes. Y aunque promovió reformas para dar mayor credibilidad a las elecciones, en realidad restó legitimidad al proceso electoral. Él decidía, con base en sus cálculos políticos, si aceptaba o no los resultados de una elección. Como en San Luis, sus acciones lograban que el régimen pareciera más democrático, pero ayudaban poco, en la práctica, a que el país fuera más democrático para sus ciudadanos.

Con el tiempo, la destitución de tantos gobernadores socavó la autonomía de los estados y centralizó todavía más las decisiones en el presidente. El ir y venir de mandatarios estatales los anuló como canales de comunicación de demandas políticas desde la base del sistema. Al concentrar el poder, Salinas debilitó la subestructura de la autoridad presidencial.

Ignoró de igual forma a su partido, desatendiendo sus recomendaciones de candidatos a puestos clave y desestimando a los priístas que protestaban cuando eliminaba a funcionarios en cuya elección habían empeñado sus esfuerzos.[56] El PRI se sometió a su voluntad por la fuerza del principio de lealtad al presidente.

El PRI mantuvo su lealtad aun cuando Salinas promulgó una serie de reformas que echó por tierra muchas columnas en las que había descansado el partido oficial, reformas que perjudicaron a las bases priístas pero elevaron la popularidad del presidente.

Salinas arremetió contra la burocracia federal, estalagmita de clientelismo priísta. Una de sus primeras acciones fue la venta de Teléfonos de México (TELMEX). Con el argumento de que el servicio mejoraría, el gobierno salinista vendió TELMEX a un grupo de inversionistas encabezados por Carlos Slim Helú.

Para 1991 también había impulsado reformas para restituir a la Iglesia católica sus derechos legales, con lo que revirtió una tradición anticlerical que se remontaba a Benito Juárez. El año anterior, en mayo de 1990, el papa Juan Pablo II había visitado el país, suscitando una efusión de fervor católico. Ese viaje contribuyó a que Salinas propusiera reformas constitucionales y nuevas leyes para permitir de nuevo a las iglesias poseer bienes e impartir enseñanza religiosa en escuelas privadas, así como para autorizar a los sacerdotes votar y usar en público indumentaria eclesiástica.

En 1992, la reforma del artículo 27 constitucional concluyó la reforma agraria y puso a disposición del capital privado millones de hectáreas hasta entonces propiedad del Estado.

"El reparto masivo de tierra ha concluido", asentó Salinas al explicar su nueva política. "Reforma agraria quiere decir ahora apoyar la producción agrícola."[57] Conforme a las reformas salinistas, los campesinos pasaron a ser dueños de la propiedad agrícola hasta entonces colectiva, y el presidente fue fotografiado incontables veces entregando títulos de propiedad a campesinos en huaraches y camisas de manta. Personas ajenas a las comunidades rurales recibieron, asimismo, autorización para rentar ejidos o invertir en ellos, y empresas privadas para adquirirlos.

Lo controvertido de esta reforma fue que permitió a los agricultores vender su parte de los ejidos. El PRD se opuso, pues, adujo, cada vez que inevitablemente se presentara una crisis económica, los campesinos se verían forzados a vender sus parcelas en masa. Otros críticos cuestionaron también la oportunidad de la reforma, pues ésta ocurría justo cuando el TLCAN estaba a punto de poner a la agricultura nacional en competencia con la estadunidense. Incluso hubo gran resistencia dentro del PRI.

Las políticas fiscales salinistas, de reducción tanto del gasto público como de los tradicionales subsidios a fin de controlar la inflación, fueron onerosas para los estratos sociales más bajos. Salinas buscó aliviar los rudos efectos de su liberalización económica mediante el Programa Nacional de Solidaridad, con el cual modernizó los programas sociales oficiales y los centralizó bajo su control directo. Durante el sexenio se destinaron a este programa 18 mil millones de pesos, para pavimentar calles, construir o reparar escuelas, electrificar comunidades alejadas y remodelar hospitales rurales.[58]

A diferencia del pasado, además, el gobierno no lo puso todo sino que exhortó a los miembros de las comunidades beneficiadas a organizarse para aportar trabajo y sumas reducidas a las obras. Salinas insistió en que una de las grandes innovaciones de Solidaridad fue que alentó la participación popular. "Y no cualquier tipo de participación —explicó—; tenía que estar organizada democráticamente, y de abajo para arriba."[59] Por órdenes suyas, este programa fue ampliamente publicitado en la televisión y la radio, pues pretendía ser, al mismo tiempo, un medio de asistencia gubernamental y un canal de expresión de demandas populares.

Solidaridad tuvo enorme éxito entre la gente, al grado de convertirse en un cuasipartido paralelo al PRI. En mayo de 1992 Salinas trasladó a Colosio de la presidencia del PRI a la dirección de este programa. Colosio fue tan eficaz en este papel que Salinas lo escogería al año siguiente como el candidato priísta a sucederlo.

Pero al tiempo que Salinas obtenía impulso político de la ágil marcha de sus reformas, minaba los cimientos del sistema político. La del artículo 27 debilitó a las organizaciones campesinas priístas. En las negociaciones del TLCAN, Salinas desconoció prerrogativas concedidas a compañías de transporte terrestre de carga y de pasajeros, constructoras y proveedoras del gobierno y el mercado interno, muchas organizadas en confederaciones del PRI. Salinas concentró en Solidaridad prebendas que antes se canalizaban a través del gobierno y del PRI. Por último, la revalidación de los derechos de la Iglesia católica disgustó a Manuel Bartlett y otros influyentes priístas de su generación.

Mientras tanto, las reformas contribuyeron, paradójicamente, a afianzar la influencia del PAN. El matrimonio por conveniencia entre Salinas y el partido blanquiazul fue crucial para la aprobación de las reformas del campo y la Iglesia. El PAN se sirvió, a su vez, del poder que obtuvo de prestarse al juego de Salinas para promover sus propios intereses.

En 1992, Francisco Barrio contendió una vez más por la gubernatura de Chihuahua, que le había sido arrebatada en 1986. En contraste con De la Madrid, semanas antes de las elecciones Salinas envió a esa entidad a uno de sus principales funcionarios electorales, Carlos Almada, para que trabajara con el equipo de Barrio en la depuración del padrón electoral. La noche misma de las elecciones, efectuadas el 12 de julio, Gutiérrez Barrios llamó a temprana hora a Barrio para felicitarlo y asegurarle que se encargaría de que el PRI local hiciera lo propio.[60] A fines de 1992, alcaldes panistas gobernaban 30 de las 160 ciudades más importantes del país.[61]

Salinas remplazó a Gutiérrez Barrios como secretario de Gobernación en enero de 1993 a causa de su resistencia a las reformas relativas a la Iglesia. También ese año el PAN promovió una nueva ronda de reformas electorales. Por primera vez se exigirían estados financieros de campaña, y sería ilegal que un partido político recibiera fondos de campaña del gobierno (norma que el PRI observaría principalmente infringiéndola). Se prohibió el financiamiento extranjero de las campañas y se concedió carácter formal a los observadores electorales, como los organizados por Sergio Aguayo.

inas, Fox aprovechaba sus "vacaciones" de la política

ianzas desde abajo, actividad que el PAN a veces pare-

hace en el polvo", decía de él Leticia Calzada a quie-

polvo en los caminos, hablando con la gente, a punta

mpaña por la gubernatura de Guanajuato, pero co-

ta. En 1993, Calzada recibió una llamada telefónica:

anicemos una luchita."

rmara un "articulito" constitucional, el 82, cuya frac-

er presidente ser hijo de padres mexicanos por naci-

dijo Fox, porque era más que ineludible que doña

aña.[62]

nalistas sobre la posibilidad de la reforma. "Imposi-

ilar del nacionalismo mexicano.

lo, los historiadores Enrique Krauze y Héctor Agui-

a sido producto de una simple maniobra de los cons-

os enemigos de la liza presidencial.

tiago Creel. Abogado en el campo corporativo, no

de su potencial presidencial, pero le interesó el reto

nó que en ninguno de los países avanzados existía

ra suprimirla, propuso enarbolar el supremo dere-

mpetir por puestos de elección popular, y argumen-

os mexicanos a ser ciudadanos de segunda.

o de varios intelectuales. Consultado el 6 de julio de

aminó el borrador de Creel. "Conscientes de que la

un clima de condiciones iguales entre ciudadanos;

ones corresponden a derechos superiores, caracte-

, y con el ánimo de avanzar en nuestra democracia..." Paz hizo una pausa. Con precisión de poeta, tachó "avanzar en" y escribió "perfeccionar". Firmó.

También lo hicieron, entre otros, Carlos Fuentes, Sergio Aguayo y Jorge G. Castañeda. Esta campaña, por la que se obtendrían adicionalmente cientos de miles de firmas, tuvo eco incluso en el PRI. El propio Salinas acabaría sumándose a ella, al percatarse de que beneficiaba a Jaime Serra Puche, su secretario de Comercio, de padres españoles.

La reforma al artículo 82 fue aprobada por el congreso el 3 de septiembre de 1993. Pero horas antes de la votación, Fernández de Cevallos —resuelto a ser el candidato presidencial del PAN en 1993— se movilizó con el PRI para añadir un pequeño inciso a la reforma, que establecía que ésta no entraría en vigor hasta la contienda de 2000.

Excluido así de la competencia de 1994, Fox se postularía en las elecciones extraordinarias para la gubernatura de Guanajuato en mayo de 1995 y ganaría por muy amplio margen.

Tras cinco años de arduas negociaciones, el TLCAN fue ratificado por la cámara de representantes de Estados Unidos el 17 de noviembre de 1993. Firmado por Salinas, el presidente estadunidense George H. W. Bush y el primer ministro canadiense Brian Mulroney, el 17 de diciembre de 1992, el tratado fue reabierto por Bill Clinton para incorporar acuerdos adicionales que brindaran protecciones a los trabajadores y el medio ambiente, firmados el 14 de septiembre de 1993. El muy activo cabildeo que Salinas y Serra Puche organizaron en Washington ejerció un impacto decisivo para la ratificación, pues a última hora venció la oposición de legisladores clave.

El TLCAN produjo grandes cambios no sólo en la alineación de los intereses económicos de este país, sino también en su propia percepción. Dio fuerte impulso a las empresas exportadoras mexicanas, mientras que relegó a las que abastecían al protegido mercado interno. Dado que no entró en vigor hasta el primero de enero de 1994, sus beneficios no se dejaron sentir en el sexenio salinista, aunque ese año la economía creció 4.4 por ciento. Pero en previsión del TLCAN, muchas compañías se vieron obligadas a reorganizarse y ponerse al día para competir.

El pacto forzó a los mexicanos a repensar el nacionalismo defensivo, elemento principal de la doctrina revolucionaria priísta. En tanto que para el PRI tradicional, Estados Unidos había sido siempre un peligroso país imperialista, el TLCAN invitaba a los mexicanos a ver a su vecino como un socio, incluso un amigo. Este cambio de perspectiva no fue tan difícil para la mayoría, después de varias décadas de migración liberal.

El TLCAN le valió reconocimiento a Salinas como dirigente de estatura mundial. "El presidente Salinas guía a México por una era de reformas sin precedentes", dijo el presidente George H. W. Bush en una de las visitas de Salinas a Estados Unidos. "Como el águila azteca, México remonta el vuelo otra vez. El renacimiento mexicano ha comenzado."[63]

El presidente Clinton lo juzgó "el mejor gobernante de México del que yo tenga memoria".[64] La prensa extranjera, especialmente *The Wall Street Journal*, lo vio con buenos ojos. (Cuando éste dejó la presidencia, Dow Jones lo invitó a formar parte de su consejo de administración.) En México, intelectuales de la talla de Octavio Paz, Enrique Krauze y Héctor Aguilar Camín suscribieron la cruzada modernizadora salinista y comprometieron su prestigio en apoyo a las políticas consecuentes. Aun María Félix, la idolatrada reina del cine mexicano, incensó al mandatario, a quien honró con una fotografía en la que estampó una dedicatoria: "A Carlos Salinas, nuestra esperanza".[65]

En el umbral del último año de su sexenio, Salinas estaba en la cima de la popularidad. Aunque el país pasaba por profundos cambios económicos, los mexicanos confiaban —como no lo habían hecho en décadas— en que los conduciría a un nuevo nivel de progreso. Salinas parecía la persona indicada tanto para el papel como para el momento: un caudillo al viejo estilo con ideas modernas.

Pero todavía le faltaba un año.

1994

Salinas sabía que su principal tarea en el último año de su sexenio era lograr una transferencia del poder tranquila. Otro cataclismo como el de 1988 sería grave para el país y desastroso para el sistema; además, si no garantizaba una transición apacible, su propio legado podía evaporarse. Le bastaba ver qué había sido de José López Portillo, quien no podía presentarse en público a causa de que la gente lo insultaba por haber incumplido su promesa de defender el peso "como perro".

Desgastado, sin embargo, por tensiones en el sistema y el país, el control político que Salinas ejercía se desgajó al final de su sexenio. Estalló la violencia, primero en Chiapas y luego en las altas esferas del PRI. Salinas había llegado tan alto que terminó solo; los mecanismos priístas que habría podido usar para reunir apoyo no funcionaron porque él mismo los había relegado.

Desde el año anterior habían aparecido signos de perturbación. El 24 de mayo de 1993, pistoleros de narcotraficantes emboscaron a uno de los prelados más importantes del país, el cardenal Juan Jesús Posadas Ocampo, arzobispo de Guadalajara, cuando arribaba al estacionamiento del aeropuerto de esa ciudad. Esa misma noche airadas multitudes exigieron justicia a Salinas fuera de la catedral de esa ciudad. Las autoridades atribuirían aquella ejecución al hecho de que Posadas fue confundido con un narcotraficante rival. No obstante, esta explicación resultó inverosímil para mucha gente, incrédula de que homicidas profesionales hayan podido confundir a un capo con un anciano de ondeante sotana negra.

Los problemas de Salinas se multiplicaron con el destape de Luis Donaldo Colosio como candidato presidencial del PRI, en noviembre de 1993. Salinas gozaba entonces de tan firme autoridad que habría podido inducir la realización de una elección o convención interna en su partido para definir la postulación. Pero no estaba dispuesto a renunciar a las prerrogativas presidenciales. De esta manera, eligió a Colosio mediante el ritual priísta más convencional: haciendo insinuaciones a su favor a tres o cuatro rivales con banales gestos de aprobación e indirectos elogios en cenas, para después verlos competir como cortesanos por la designación.

Sin embargo, una vez seleccionado Colosio por Salinas, y repetido por la dirigencia priísta el clásico fingimiento de que ella había tomado la decisión, Manuel Camacho, entonces regente del Distrito Federal, incurrió en grave herejía.[1] Convencido de que Salinas había jugado con él al hacerle creer que sería el elegido, se negó a resignarse a no serlo, como lo exigía el protocolo priísta, y en la mañana del destape guardó silencio en vez de aclamar a Colosio.

Éste le llamó más tarde. "¿No me vas a felicitar?", le preguntó jovialmente. Malhumorado, Camacho le dijo que no haría una sola declaración pública sobre él hasta que hubiera hablado con Salinas. Luego ofreció una conferencia de prensa en la que se quejó del arbitrario proceso de selección del candidato priísta y exigió más democracia en su partido.

Cundió el escándalo, por vía telefónica, entre los altos jerarcas del PRI. Salinas exigió por fin a Camacho que felicitara públicamente a Colosio "Tu presencia es muy importante. Ésas son las reglas del sistema." Luego de arduas negociaciones, aquél accedió, lo mismo que a abandonar la regencia del Distrito Federal para asumir el cargo, más prestigioso, de secretario de Relaciones Exteriores.

Salinas recibiría aún un desafío frontal en los primeros minutos del primero de enero de 1994, día en que entraba en vigor el Tratado de Libre Comercio de América del Norte, el TLCAN. Mientras celebraba el año nuevo y el acuerdo comercial al son de los mariachis en la ciudad de México, rebeldes indígenas del Ejército Zapatista de Liberación Nacional (EZLN) tomaron varias localidades de Chiapas para protestar contra el TLCAN y llamar al pueblo a derrocar al gobierno. Aunque su primera reacción fue enviar al ejército a aplastar a los rebeldes, Salinas suspendió pronto las hostilidades y entabló negociaciones. Pero el levantamiento indígena sobresaltó a mexicanos y extranjeros por igual. La imagen de indígenas con fusiles y pasamontañas que dijeron haber tomado las armas para defender su supervivencia y derechos más elementales se alzó contra la del México avanzado y tolerante que Salinas había intentado proyectar.

Camacho era el único alto funcionario que había mantenido lazos con la izquierda, y pronto persuadió al presidente de enviarlo a Chiapas como negociador. En la prensa de todo el país circuló profusamente la fotografía del inicio de las conversaciones de paz con los guerrilleros en la catedral de San Cristóbal de las Casas. En mangas de camisa y pantalones de mezclilla, Camacho aparecía sosteniendo uno de los extremos de una bandera mexicana mientras el líder zapatista, el subcomandante Marcos, sostenía el otro.

La campaña de Colosio fue eclipsada, casi de inmediato, por la pirotecnia de Camacho. Daba la impresión de que éste había adoptado una candidatura presidencial no declarada paralela a la de aquél, lo que rompía todas las reglas del sistema. Las cosas llegaron al grado de que Colosio comentara entre los miembros de su equipo de campaña la posibilidad de renunciar a la candidatura, comentario que, sin embargo, jamás refirió personalmente a Salinas.[2]

A mediados de marzo la incertidumbre en torno a la sucesión presidencial ya había repercutido en los mercados financieros. Camacho declaró, por fin, el 22 de marzo, que renunciaba a toda intención de contender por la presidencia.

Justo al día siguiente, un individuo se abrió paso hasta Colosio entre la compacta multitud que había asistido a un mitin en un suburbio de Tijuana, apuntó un viejo revólver contra su cabeza y lo abatió a tiros. El pistolero, Mario Aburto, fue sometido y capturado al instante.

Este asesinato estremeció a México como pocos sucesos lo habían hecho en la época moderna. El sistema priísta había surgido en reacción al homicidio, en 1928, del general Álvaro Obregón, con objeto de poner fin a la mutua aniquilación de los integrantes de la dirigencia revolucionaria. Durante el predominio del PRI siempre había habido violencia en la base —el campo y las barriadas urbanas—, pero no en la cima. Aunque había incumplido muchas otras de sus promesas, el partido en el poder había preservado la "paz social". La significación del asesinato de Colosio no estribó tanto en los hechos mismos como en la impresión que causaron. Si bien la conclusión oficial, dada a conocer en octubre de 2000, seis años y medio después del crimen, fue que Aburto había sido un asesino solitario trastornado, horas después del homicidio se había impuesto en la sociedad la convicción de que los asesinos de Colosio debían buscarse dentro del PRI. Para el común de la gente, este asesinato fue una señal de la autodestrucción del partido gobernante, consumido por ambiciones y recelos que Salinas había atizado.

Incluso muchos miembros de las altas esferas priístas albergaban esos temores. Las circunstancias del atentado hicieron sospechar a los familiares y seguidores de Colosio que Camacho estaba implicado. Diana Laura Riojas, esposa de Colosio, le pidió a aquél retirarse del funeral. Ernesto Zedillo, coordinador de campaña de Colosio, se negó a saludarlo.

En busca del nuevo candidato, Salinas consultó a dirigentes del PRI, personajes de la oposición e intelectuales.[3] Quienes lo vieron en esos días se toparon con un Salinas que no conocían: vacilante, desorientado. Su proceder convenció a más de uno de que no estaba detrás del asesinato, como la gente creía. Parecía penosamente consciente de que la eliminación de Colosio imponía, contra todas sus estrategias, un lamentable final a su sexenio.

También terminó entonces el largo romance de Salinas con el PAN, el cual había durado cinco años. El presidente deseaba remplazar a Colosio imponiendo a Pedro Aspe, el secretario de Hacienda. Pero hacerlo entrañaba una reforma constitucional para permitir a un individuo ser candidato presidencial, pese a haber ocupado un puesto en el gobierno en los seis meses previos a los comicios. El PAN negó a Salinas los votos que necesitaba para conseguir en el congreso la mayoría de dos tercios indispensable para toda reforma a la Constitución. Se opuso a alterar ésta en beneficio de una persona en particular, quien, para más señas, abanderaría al PRI contra el PAN en la contienda presidencial.

El único que reunía todos los requisitos —tanto constitucionales como de pertenencia al gabinete salinista— era Ernesto Zedillo (había sido secretario de Programación y Presupuesto y de Educación Pública). Aunque nunca formó parte del círculo de allegados de Salinas, Zedillo contaba con el apoyo de uno de los integrantes de ese círculo: José Córdoba Montoya, secretario particular del presidente. Así, Zedillo obtuvo la designación.

Sus adversarios fueron Cuauhtémoc Cárdenas por el PRD, quien contendía por la presidencia por segunda vez, y Diego Fernández de Cevallos por el PAN. Un factor determinante en esta lid fue el extraño comportamiento de Fernández de Cevallos. De barba cuidadosamente recortada y retórica elegante, proyectaba en la tribuna una figura imponente. Su apodo, el Jefe Diego, traslucía su porte virreinal. Era un aristócrata del PAN, brillante exponente de la ortodoxia política y social más conservadora del partido blanquiazul. Hábil orador formado en la vieja escuela, derrotó con facilidad a Zedillo y Cárdenas en el primer debate sostenido en México entre candidatos presidenciales, el cual se celebró en mayo y fue visto en televisión por cuarenta millones de personas, cifra nunca antes alcanzada en una transmisión televisiva en el país.[4] En las encuestas Fernández de Cevallos subió como la espuma.

Pero después desapareció. Casi no hizo campaña durante un mes.[5] Y cuando volvió a la liza ya era demasiado tarde. La interrupción de su campaña hizo sospechar a muchas personas que Salinas lo había comprado.

Entretanto, Zedillo manipuló el temor a la anarquía despertado por la rebelión zapatista, pues subrayó que sólo el PRI era plenamente capaz de mantener el control del país. Ganó las elecciones del 21 de agosto con 50.1% de los votos, mientras que Fernández de Cevallos obtuvo 26.6% y Cárdenas 17%, perjudicado entre los electores por su asociación con los zapatistas y por una campaña ineficaz. No obstante, la cifra más notable del día fue la de la participación: acudieron a las urnas 78% de los votantes registrados (35.2 millones de personas),[6] quienes, así, no dejaron dudas de su deseo de resolver las diferencias por la vía electoral y no mediante la violencia.

Pese a que los zapatistas habían optado por las armas sobre el debate político, su levantamiento tuvo un efecto inmediato y positivo en la democracia. La revuelta indígena inundó la prensa y cautivó la atención nacional. El repudio generalizado al racismo contra los indígenas le valió, a la causa zapatista, enorme simpatía, aunque no la aprobación de sus métodos violentos.

Los rebeldes se habían desilusionado de la vía electoral para transformar al país. En su "Primera declaración de la Selva Lacandona", el documento en el que explicaron los motivos de su insurrección, aseguraron haber optado por las armas "como nuestra última esperanza, después de haber intentado todo por poner en práctica la legalidad basada en nuestra Carta Magna". El subcomandante Marcos caricaturizó las elecciones al considerarlas una trampa que el PRI ponía regularmente al pueblo mexicano. Así, las armas zapatistas forzaron a todos los dirigentes políticos del país, y en especial a los de la izquierda, a reafirmar su compromiso con la democracia electoral.

De este modo, el 17 de enero de 1994, los candidatos presidenciales y dirigentes de los tres principales partidos, así como los de otros cinco de menor tamaño, firmaron un acuerdo en el que convinieron que "el avance democrático, para cerrar el paso a todas las formas de violencia, debe procesarse en los espacios de los partidos políticos y las instituciones republicanas". Añadieron que era momento de generar "confianza y certidumbre en todas las instancias que intervienen en el proceso electoral", para que "quienes hayan optado por el enfrentamiento se sumen al proceso de transformación de la vida política".[7] Colosio firmó por el PRI, Fernández de Cevallos por el PAN y Cárdenas por el PRD; ésta fue la primera vez en que este partido respaldaba una reforma electoral.

Forjadas en torno a una enorme mesa en oficinas de la Secretaría de Gobernación situadas en la calle de Barcelona, las reformas se sucedieron una tras otra. Pese a sus disquisiciones favorables a su lucimiento personal, Porfirio Muñoz Ledo demostró su capacidad para concebir y bosquejar la legislación necesaria. Uno de los negociadores del PRI fue José Francisco Ruiz Massieu, exgobernador de Guerrero y enemigo jurado del PRD, quien, luego de combatir a este partido durante todo su sexenio, había terminado por pensar que aun al PRI le beneficiarían elecciones menos controvertidas. Muñoz Ledo y él lograron llegar a un acuerdo.

Las reformas consistieron en incorporar a la Constitución de la independencia del Instituto Federal Electoral (IFE), establecido por ley en 1990; realzar la importancia de los consejeros ciudadanos del IFE, y anular el derecho de voto de todos los partidos, incluido el PRI, en el Consejo General de esa institución, en el que, sin embargo, estarían representados todos ellos por un miembro sin derecho a voto. Despojado de voto, el PRI tenía de pronto en decisiones electorales apenas tanta voz como el Partido del Trabajo, el cual contaba con menos de 2% del electorado. Los seis consejeros ciudadanos serían designados por la cámara de diputados; no había manera así de que el presidente metiera directamente las manos en la selección.

De igual forma, se fijaron límites al financiamiento de las campañas, se ampliaron las facultades de los observadores electorales nacionales y, contra la renuencia a la inspección electoral de todo tipo, se otorgó reconocimiento a los observadores extranjeros, aunque bajo el eufemístico nombre de "visitantes".[8]

Uno de los primeros consejeros ciudadanos en ser elegidos fue José Woldenberg. Éste se había iniciado en política en la izquierda como coorganizador del Sindicato de Trabajadores de la UNAM (STUNAM). Dio un giro a partir de 1986, en ocasión de la "consulta popular" organizada por el secretario de Gobernación, Manuel Bartlett, en torno a la simbólica reforma electoral de De la Madrid —consulta a la que asistió en representación del Partido Socialista Unificado de México (PSUM). Cediendo algo en la forma para no ceder nada en la sustancia, Bartlett decidió permitir, a diferencia de lo que había ocurrido en el pasado en reuniones similares, la realización, al final, de preguntas y respuestas. Woldenberg, preocupado de parecer "provinciano", como él mismo diría después, se interesó en leer sobre sistemas electorales en México y el mundo, curiosidad que aun el limitado debate en aquellas sesiones no hizo sino acentuar. Comenzó a escribir en *La Jornada* sobre el tema electoral, del que pronto se convertiría en experto, uno de los pocos en el país.[9]

Otro nuevo consejero fue Santiago Creel, de antecedentes políticos muy distintos de los de Woldenberg; descendía de una antigua aristocracia, aunque sus antepasados eran ideológicamente mixtos: su tatarabuelo, Luis Terrazas, fue un legendario general liberal de tiempos de Benito Juárez, y su bisabuelo, Enrique C. Creel, secretario de Relaciones Exteriores de Porfirio Díaz. Estudió derecho en la Universidad de Michigan a fines de los años setenta, y al volver a México se dedicó al derecho empresarial, que pronto lo aburrió. Atraído por los acontecimientos de 1986 en Chihuahua, que presenció, desde entonces se entusiasmó por el movimiento a favor de la transparencia electoral.[10]

Creel era amigo de la infancia de Adolfo Aguilar Zinser (y, por extensión, de Jorge G. Castañeda), dada la amistad entre sus padres. De niños les gustaba montar a caballo. Según Aguilar Zinser, su juego favorito era arremeter contra un árbol, colgarse de una rama y dejar a sus caballos galopando sin ellos. Prenderse de la rama no espantaba a Creel, pero era tan pequeño que, a menudo temía, el descenso al suelo. Aunque Creel era por naturaleza más conservador que Aguilar Zinser, a fines de los años ochenta coincidieron en la causa de oposición al PRI.[11]

Pero pese al nombramiento de consejeros ciudadanos y la implantación de gran número de nuevas leyes electorales,[12] las elecciones de 1994 distaron de ser perfectas. Instado a ello por Sergio Aguayo y Alianza Cívica, la organización nacional de observadores electorales que éste fundó a principios de 1994, el IFE comenzó a monitorear los gastos de campaña y la cobertura de los medios de información. Las iniquidades eran evidentes. En su primer informe al respecto, del 5 de julio, el IFE determinó que la cobertura de campañas en radio y televisión había sido hasta entonces de 41% para el PRI, 18 para el PRD y menos aún para el PAN.[13]

Aquél fue un año muy difícil para Aguayo.[14] Alianza Cívica se convirtió rápidamente, según sus propias palabras, en un "animal gigantesco", una coalición nacional de 470 grupos de observadores electorales capaces de rastrear elecciones en todos los rincones del país. Tras los modestos inicios del grupo en San Luis Potosí, en 1991, Aguayo había erigido una organización preparada para ocuparse de una elección presidencial.

Pero en enero, en los días posteriores al levantamiento zapatista, Aguayo recibió su tercera amenaza de muerte. Ésta fue dejada en la base hueca de un poste, y la policía informada vía telefónica de su existencia por alguien que no se identificó. En ella se expresaba rechazo por Aguayo y su labor, y la disposición a "ejecutarlo". Incluía asimismo varias referencias a su vida privada, lo que indicaba que el autor había tenido acceso a la transcripción de algunas de sus llamadas telefónicas personales (muy probablemente realizada por cuerpos gubernamentales de espionaje) y que sabía mucho sobre sus actividades cotidianas.

Tan pronto como la policía lo enteró de la amenaza, Aguayo se dirigió, renuente a presentarse en su hogar y poner en peligro a su familia, a las oficinas de *La Jornada*. Ahí recibió una llamada del secretario de Gobernación, Jorge Carpizo, quien le pidió aceptar protección del gobierno.

"No soy un héroe, pero tampoco un suicida", razonó Aguayo ante sus consternados amigos. Si algo le sucedía, adujo, los planes de Alianza Cívica para monitorear las elecciones presidenciales podían resentirse. En una ironía que no le pasó inadvertida, accedió a ser custodiado el resto del año por dos guardaespaldas de la Secretaría de Gobernación, justo el órgano gubernamental del que sospechaba que procedía la alarmante amenaza. Envió a sus dos hijos fuera del país hasta que pasaran las elecciones.

El día de los comicios, Alianza Cívica destacó observadores en 1,810 casillas de todo

144

el país, seleccionadas para aportar una muestra confiable. Aunque los observadores atestiguaron miles de anomalías, reconocieron que hubo mejoras en comparación con el pasado. "Es indudable que la forma poco equitativa en que se desarrolló la campaña y las irregularidades de la jornada electoral afectaron el resultado que conocemos; es imposible ir más allá de esa afirmación", concluyó Alianza Cívica en su informe. "Es decir, no podemos decir cuáles serían los porcentajes que tendrían los diferentes partidos si hubieran competido en igualdad de circunstancias y no hubiera habido anomalías. Lo cierto es que serían diferentes, aunque tal vez no cambien las actuales tendencias."[15]

Tal efecto, la victoria de Zedillo y la renovación del sistema, dejó a Aguayo con angustiosos sentimientos encontrados. Le fue preciso recordar sus metas. "A pesar de nuestro mejor esfuerzo, el PRI volvió a ganar", reflexiona. "Pero yo tenía claro que nuestra función no era derrotar al PRI en las elecciones; ésa era la función de otros. Nuestra función era lograr que las elecciones en México fueran limpias y confiables para dar solidez a la transición."

Aun así, no podía sino sentir que Salinas los había utilizado. "El presidente necesitaba elecciones pacíficas y legítimas que obtuvieran reconocimiento internacional", explica. "Después de la publicación de un informe nuestro, Salinas se encargó de que los medios mejoraran un mes. Pero en las últimas semanas antes de la elección volvió otra vez a la parcialidad, y no pudimos hacer nada. Luego se refirió a nosotros para demostrar que las elecciones de 1994 habían sido las más limpias en la historia del país."

Pese a todo, reconoce: "Salinas intentó utilizarnos lo que pudo, pero creo que nosotros también intentamos utilizarlo. Empujamos, y logramos reformas fundamentales".

Justo cuando el presidente saboreaba los resultados electorales y recobraba la confianza de que su sexenio terminaría gloriosamente, otro asesinato exhibió la existencia de brutales desavenencias en el PRI. José Francisco Ruiz Massieu salía de un desayuno, el día 28 de septiembre, a un costado del Paseo de la Reforma, en el corazón de la capital del país, cuando un pistolero, Daniel Aguilar Treviño, lo alcanzó para darle muerte. El agresor no pudo huir; fue atrapado en el lugar por un sencillo policía bancario.

Ruiz Massieu era entonces secretario general del PRI, el segundo funcionario de mayor rango en el partido, y su trayectoria iba en ascenso. Tras demostrar su lealtad a Salinas persiguiendo al PRD en Guerrero, aquél lo trasladó al cada vez más insumiso PRI como su agente. Ruiz Massieu se había acercado tanto a Zedillo, durante la campaña de Colosio, que corría el rumor de que el nuevo presidente lo nombraría secretario de Gobernación.

El segundo asesinato de un priísta en menos de un año parecía revelar que el sistema ya no era capaz de contener los violentos impulsos en sus filas. Con base en la confesión del pistolero, la investigación policiaca se dirigió pronto hacia Manuel Muñoz Rocha, desconocido diputado priísta tamaulipeco sin ningún otro compromiso ideológico, en apariencia, que el de lealtad a la maquinaria de su partido. Muñoz Rocha desapareció días después, aunque previa realización de varias llamadas telefónicas a casa de Raúl Salinas.

Extrañamente, Salinas nombró fiscal especial del caso a Mario Ruiz Massieu, hermano menor de la víctima y funcionario de segundo nivel de la Procuraduría General de la República, pasando por alto la restricción legal contra el nombramiento como fiscal de un pariente de la víctima. Mario Ruiz Massieu descartó pronto toda participación de Raúl Salinas en el asesinato de su hermano.

Pero no duró mucho en ese puesto. Renunció el 23 de noviembre, una semana antes de que concluyera el sexenio, en una concurrida conferencia de prensa en la que escenificó una de las más singulares actuaciones histriónicas en un periodo lleno de teatralidad, pues aseguró que sus indagaciones habían sido entorpecidas por fuerzas oscuras dentro del PRI.

"Los demonios andan sueltos, y han prevalecido", dijo, apocalípticamente.[16] Culpó del supuesto encubrimiento, entre otros, a María de los Ángeles Moreno, priísta considerada intachable, como pocos. Tan inexplicable renuncia pareció indicar que el sistema había enloquecido.

Atraídos por las decididas medidas económicas de Salinas, inversionistas nacionales y extranjeros colmaron el mercado bursátil mexicano durante su gobierno, con lo que lo volvieron excepcionalmente lucrativo e incrementaron en miles de millones de dólares las reservas de divisas del país. No obstante, la turbulencia de 1994 desgastó poco a poco su confianza.

El levantamiento zapatista sacudió en un principio a Wall Street. Pero cuando se supo que la guerrilla sólo operaba en Chiapas, muy lejos de los centros de poder, y que Salinas intentaría negociar un acuerdo con ella, volvió a los mercados una calma relativa. México aún disponía, el 15 de febrero, de 29 mil millones de dólares en reservas.[17]

Sin embargo, éstas se desplomaron en marzo tras el asesinato de Colosio; el país perdió 1,150 millones de dólares en una sola sesión de operaciones, la del 28 de marzo. Al día siguiente el PRI anunció la postulación de Zedillo como su nuevo candidato presidencial, hecho con el que tanto el propio Zedillo como Salinas esperaban controlar la despavorida especulación, dado que el primero contaba con un doctorado en economía de Yale y como secretario de Programación se había distinguido por su conservadurismo fiscal. Sin embargo, los mercados internacionales no lo conocían —parecía demasiado burócrata, carente de la aptitud y el seguro dominio de Salinas—, de modo que México perdió otros 1,200 millones de dólares de sus reservas entre el 29 y el 30 de marzo. Zedillo nunca olvidaría tan áspero recibimiento.

En compensación, México fue aceptado en abril como miembro titular de la Organización para la Cooperación y el Desarrollo Económicos (OCDE), lo que coronó los esfuerzos de Salinas por modernizar al país. La OCDE es un exclusivo círculo al que sólo pueden pertenecer aquellos países que cumplan ciertas normas sociales y de ingresos. En las décadas de los setenta y los ochenta México se había enorgullecido de formar parte del tercer mundo y defendió vigorosamente las causas de los entonces llamados "países subdesarrollados". Pero Salinas lo había convencido de que podía jugar en las grandes ligas. La ratificación de su tesis por la OCDE lo impulsó a buscar la dirección de la nueva Organización Mundial de Comercio (OMC) al finalizar su sexenio.

No obstante, otros sucesos contradecían la pertenencia del país al primer mundo. El 14 de marzo de 1994 fue secuestrado el director del Banco Nacional de México (BANAMEX), Alfredo Harp Helú, presumiblemente por guerrilleros marxistas. Luego de un cautiverio de tres meses, se pagaron decenas de millones de dólares por su rescate. Meses después, Carlos Cabal Peniche, hombre de negocios tabasqueño a quien Salinas había puesto como ejemplo de empresario mexicano, se dio a la fuga tras ser acusado de fraude por miles de millones de dólares.

En el fondo de todo ello estaban las deficiencias de la economía.[18] La aparente prosperidad que había imperado durante el sexenio salinista alentó a los consumidores a hacer compras a crédito como nunca antes, sobre todo de productos importados. El ahorro interno cayó a niveles riesgosos. El sistema bancario había prestado en exceso, y el déficit en cuenta corriente —importaciones y entradas de inversión contra exportaciones y salidas de inversión— no cesaba de crecer. Los economistas comenzaron a alertar que el peso estaba sobrevaluado. El aumento, desde principios de 1994, de las tasas de interés en Estados Unidos había atraído a ese país a capitales antes invertidos en México.

Pese a todo, Salinas confiaba en la capacidad de su gobierno para controlar la economía. Dotado de admirable habilidad profesional y gran don de gentes, el secretario de Hacienda, Pedro Aspe, mantenía excelentes relaciones con los administradores de fondos y analistas bursátiles de Wall Street. Esas relaciones eran decisivas, porque en Nueva York se disponía de escasos datos objetivos sobre el estado de la economía mexicana. En contraste con su incipiente pero radical apertura comercial, México seguía manteniendo en secreto sus finanzas. Cifras tan elementales como la relativa a las reservas y el saldo en cuenta corriente se divulgaban apenas dos veces al año. No obstante, los grandes inversionistas de Wall Street confiaban en Aspe, a quien, además, podían localizar rápidamente por teléfono cada vez que tenían preguntas. Así, pese al deterioro de varios indicadores económicos a causa de la turbulencia política, Salinas y Aspe estaban seguros de que al final remediarían la situación sin necesidad de tan severas devaluaciones como las que habían acompañado a cada cambio de gobierno desde los años setenta.

Sin embargo, en las postrimerías del sexenio, Salinas y Aspe comentaron cada vez menos con sus colaboradores y compañeros las dificultades económicas del país, abandonando de este modo la toma común de decisiones que Salinas había estilado hasta entonces en su equipo. El gabinete económico —integrado por los secretarios de Hacienda, Programación, Trabajo y Comercio y por el director del Banco de México, bajo la coordinación todos ellos del secretario particular de Salinas, José Córdoba— se había reunido antes de 1994 una vez a la semana, sesiones que, por lo general, habían producido candentes debates y brillantes resultados.

Pero en 1994, justo cuando la economía precisaba de un manejo más cuidadoso, Salinas centró su atención en la crisis política, ya no, como en años anteriores, en sus medidas económicas, prioridad y soporte de su gobierno. Córdoba abandonó su puesto en abril, víctima de un escándalo personal y el desgaste político. En todo ese año, el gabinete económico sólo se reunió en siete ocasiones,[19] y nunca con el gabinete político. Pese a la agudización de la crisis a lo largo del año, el gabinete económico casi no recibió explicaciones del presidente, quien crecientemente mantuvo sus decisiones para sí mismo y sus más cercanos allegados.

Salinas no dio el menor indicio de fragilidad económica en su último informe de gobierno, el primero de noviembre. Tres semanas más tarde, la mañana del domingo 20 de ese mismo mes, el secretario de Comercio de Salinas y para entonces ya probable secretario de Hacienda de Zedillo, Jaime Serra Puche,[20] no sabía qué le aguardaba cuando recibió una llamada del Estado Mayor Presidencial citándolo a media mañana en la casa del presidente, en Coyoacán. (Salinas ya había desocupado Los Pinos.)

Luego de haber llevado a feliz término, como incansable y perspicaz negociador, las maratónicas negociaciones del TLCAN, Serra Puche estaba en excelentes términos con Salinas. Pero con Zedillo lo unía una amistad personal, que se remontaba a su mutua estancia en Yale en los años setenta, durante la realización de sus estudios de posgrado en economía. Eran de orígenes muy distintos. Hijo de exiliados españoles, Serra Puche pertenecía a una elite pensante de la ciudad de México; Zedillo procedía, en cambio, de una familia obrera asentada en Mexicali. Obtener una beca para un posgrado en Yale significó para Zedillo una oportunidad extraordinaria. Había llegado a New Haven en el otoño de 1974 y batallado con el inglés durante su primer año. Así, cuando Serra Puche se presentó al año siguiente con un dominio igualmente vacilante de esa lengua, Zedillo se le acercó y dio en invitarlo a cenar los domingos a su minúsculo departamento. La amistad había perdurado.

–¿Qué opinas? —le preguntó Zedillo cuando pasó a recogerlo en dirección a casa de Salinas.

–¿Qué opino de qué? —preguntó a su vez Serra Puche.

–De lo que pasó el viernes.

–¿Pero qué pasó?

Serra Puche estaba tan inmerso en la resolución de sus pendientes en la Secretaría de Comercio que no estaba enterado de la más reciente información financiera confidencial.

Zedillo lo miró con incredulidad y le explicó impaciente que había habido una debacle del mercado en la que las reservas se habían reducido 1,650 millones de dólares en un solo día, luego de cuatro de continua sangría de dólares, y que ése era el motivo de que Salinas hubiera convocado a la reunión a la que se dirigían.

Congregados Salinas, Zedillo, Serra Puche, Aspe, Miguel Mancera (primero director y, desde 1993, gobernador del Banco de México, en virtud de una reforma constitucional que le otorgaba autonomía a esta institución), Arsenio Farell (secretario del Trabajo) y Luis Téllez (economista que sería el primer secretario particular de Zedillo) en la plácida, recientemente remodelada biblioteca de la casa del primero de ellos, Mancera rindió un mesurado informe sobre el grave daño que el peso había sufrido, después de lo cual la conversación giró en torno al tipo de cambio.

Salinas abrió el debate declarando: "Si se requiere operar una devaluación, yo estoy dispuesto a asumir esa responsabilidad".

Durante su periodo presidencial el peso había flotado dentro de los límites de una banda de fluctuación. Cuando la moneda llegaba al límite superior, el gobierno compraba pesos con reservas para hacerla bajar. El peso se había deslizado durante el sexenio, por disposición de Aspe, más de la mitad de su valor original, pero siempre en pequeños incrementos que no causaban alarma.

Lo que se discutía en ese momento era la conveniencia o no de ampliar la banda con un incremento mayor. Convencidos de los perniciosos efectos de un rápido aumento del déficit en cuenta corriente, Serra Puche y Zedillo se pronunciaron por una ampliación sustancial de la banda, de hasta 15 por ciento. Serra Puche intervino con confianza, pues pensó que, como secretario de Comercio, poseía la información necesaria para emitir juicios fundados.

Pero Aspe opuso reparos. Los mercados, adujo, estaban acostumbrados a los aumentos graduales que él había venido aplicando hasta entonces. Alterar ese ritmo en los últimos días del sexenio socavaría la confianza que él tanto se había esmerado en generar y sembraría dudas acerca no sólo del gobierno saliente, sino también del nuevo.

Aspe y Zedillo habían librado incontables batallas burocráticas entre sí a causa de su responsabilidad sobre los ingresos y egresos del gobierno, respectivamente. Sus fricciones salieron a relucir de nueva cuenta cuando Aspe sugirió que la caída del peso se debía a la "percepción" de que el presidente electo no estaba preparado para asumir los costos políticos de defender la banda; en otras palabras, a que era débil.

Al final de una mañana de acaloradas discusiones, Salinas dio por terminada la reunión diciendo que parecía privar el acuerdo de ampliar la banda y les propuso determinar el nivel. Luego pasó con Zedillo a otra habitación para hablar en privado, poco después de lo cual invitaron a Serra Puche a unírseles. Salinas le dijo a este último que Zedillo quería anunciar de inmediato su nombramiento como su coordinador de política económica de campaña para indicar de ese modo a los mercados que el nuevo equipo económico ya estaba listo. Así, el primero de diciembre Serra Puche dejaría la Secretaría de Comercio para hacerse cargo de la de Hacienda, mucho más poderosa.

–Lo que ustedes me digan —dijo Serra Puche.

Los tres convinieron entonces en que Zedillo se trasladara a sus oficinas de campaña para anunciar de una vez, mediante un boletín de prensa, el nombramiento de Serra Puche.

Cuando éste salió de la sala para hacer unas llamadas telefónicas, Aspe entraba en ella. Se retiró menos de diez minutos después, serio y silencioso. Salinas llamó de nuevo a Serra Puche.

–Ha habido un cambio de planes —le informó—; Pedro dice que va a renunciar. Pedro dice que te nombremos secretario de Hacienda desde ahora; entonces, que tú hagas la devaluación desde ahorita. Que así sea contigo.

Serra Puche pasó rápidamente de la sorpresa a la exasperación.

–¡Oiga, llevamos toda la mañana discutiendo eso! Todos estuvimos de acuerdo que aquí lo que se trata es de minimizar el trauma. La renuncia de Pedro va a ser traumática. Muy traumática.

–Pedro no quiere —insistió Salinas—; Pedro quiere que tú tomes lo de la devaluación.

Incapaces de llegar a un acuerdo, Salinas se comunicó con Zedillo, con quien tampoco concluyó nada. Zedillo argumentó que la renuncia de Aspe emitiría perturbadoras señales de disensión entre el nuevo gobierno y el saliente.

Esa misma tarde todos volvieron a reunirse en la biblioteca del presidente. En medio de un ambiente muy tenso, Salinas y Zedillo salieron al jardín, donde dialogaron agitadamente sin llegar a ningún acuerdo. Para ese momento ya se habían acumulado tantas conversaciones marginales que no todos los presentes en la biblioteca de Salinas sabían bien a bien qué se debatía. Aspe le había dicho en privado a Salinas que una devaluación controlada implicaba un coherente paquete de medidas antinflacionarias que su gobierno ya no estaba en condiciones de preparar, puesto que ya no le quedaba tiempo suficiente para ello. Serra Puche no oyó entonces de labios de Aspe tan atinado juicio económico.

Al reanudarse la sesión, Mancera, el gobernador del Banco de México, explicó serenamente que se vería obligado a renunciar si se permitía que las reservas cayeran por debajo de los 10 mil millones de dólares sin ajustar el tipo de cambio. Aspe pidió al fin la opinión del secretario del Trabajo, Farell, veterano priísta, quien observó que cualquier devaluación erosionaría los salarios de los trabajadores y podría traer un desastre político para el gobierno en los últimos días del periodo de Salinas.

Al parecer, estos comentarios decidieron de modo irrevocable el caso para Salinas, quien deseaba evitar la devaluación. Los presidentes saliente y electo se miraron, incapaces de llegar a un acuerdo sobre el deslizamiento de la moneda. Zedillo y Serra Puche sabían, por su parte, que no disponían del menor margen para demandar la ampliación de la banda, puesto que aún no asumían el mando. En ese momento, una decisión como aquélla seguía estando única y exclusivamente en manos de Salinas.

El grupo se inclinó, al final, por una tercera opción, en ausencia de otra mejor: la presencia esa noche, con la aprobación de Salinas, de Zedillo y Serra Puche, al lado de Aspe y Mancera, en la reunión del Pacto (Pacto para la Estabilidad y el Crecimiento Económico), círculo en el que participaban representantes obreros y empresariales y que desde tiempos de De la Madrid había sesionado con regularidad para respaldar cambios en la política económica. Zedillo fue enfático ante tal audiencia en su compromiso de cumplir la disciplina fiscal y mantener la buena marcha de la economía; no dijo una sola palabra sobre la posibilidad de devaluar el peso.

El lunes en la mañana Aspe acometió en forma intensiva su famosa diplomacia telefónica. Esa tarde los mercados ya habían comenzado a tranquilizarse, tal como se mantuvieron hasta el 30 de noviembre, último día del sexenio.[21]

Así, Salinas finalizó su gobierno sin estridencias. Ya avanzada la tarde de su último día como presidente, volvió en el autobús presidencial a Los Pinos acompañado por varios funcionarios y diplomáticos tras una gira de trabajo en el Distrito Federal. No perdió la última oportunidad para inaugurar obras de beneficio social, entregar títulos de propiedad y despedirse de beso de muchas personas. Al anochecer recibió en su red privada una llamada de Aspe, quien le transmitió el informe del último día de operación de los mercados en su sexenio.

Al oir el breve mensaje de Aspe, en su rostro resplandeció una sonrisa de alivio y satisfacción.

–Soy el primer presidente mexicano en treinta años que no devaluó —dijo.[22]

Serra Puche tuvo dificultades desde el primero de diciembre, su primer día como secretario de Hacienda, para reunir toda la información que necesitaba y formar su equipo. Conforme a la tradición priísta, muchos de los mejores funcionarios de esa secretaría habían seguido a sus mentores a otras. Así, aunque había recibido la dependencia de un gobierno priísta, halló sorpresivamente poca continuidad.[23]

Días antes del cambio de gobierno había recibido de Aspe un grueso volumen de información económica, tanto pública como confidencial, llamado "Libro de los 100 días", que contenía todos los datos que el secretario de Hacienda saliente consideraba que su sucesor necesitaría para guiar la economía durante sus tres primeros meses en el puesto. A sólo nueve días de haberlo asumido, por ejemplo, tendría que presentar, en una comparecencia en el congreso, el presupuesto federal del año siguiente.

El "Libro de los 100 días" describía una economía deteriorada pero manejable, concluyó Serra Puche, aunque una partida confidencial le dio escalofrío al sólo verla: los 30 mil millones de dólares de déficit en cuenta corriente que Aspe y su equipo habían proyectado para 1995.[24]

Pero tras asumir el cargo y considerar toda la información confidencial de la Secretaría de Hacienda, descubrió una preocupante omisión en el informativo libro de Aspe: los tesobonos. Éstos eran certificados de tesorería de corto plazo que el gobierno había empezado a emitir durante el ejercicio de Aspe, denominados en pesos pero fijados al dólar. Así, para los inversionistas tales documentos equivalían a dólares; México se hacía responsable de contar con pesos suficientes para pagarlos cualquiera que fuese el tipo de cambio. Serra Puche no había tomado en cuenta en sus planes estratégicos la deuda total de tesobonos —cifra confidencial—, porque el libro de instrucciones no se refería a ella. Nunca se había tratado el tema expresamente en el gabinete económico de Salinas, quien, además, no había tocado el tema con Zedillo.

Sin embargo, las cifras sobre el particular mostraban un panorama ominoso: la emisión en el último año del sexenio salinista de 25 mil millones de dólares en tesobonos, el doble del valor de las reservas, las que al primero de diciembre ascendían a 12,500 millones.[25] Esto constituía una enorme deuda externa de corto plazo —equivalente a 40% de la deuda externa total de 1994, contra 3% en 1993— sobre la que Serra Puche no había recibido la menor información antes de tomar posesión.[26]

Además, Aspe no había incluido la deuda de Nacional Financiera en el déficit total del presupuesto federal, el que, en consecuencia, era mucho mayor que el reportado.

El 6 de diciembre en una maratónica sesión con sus colaboradores, tras recibir por fin del equipo saliente todos los datos que necesitaba, Serra Puche ideó una estrategia para los tesobonos. Si libraba el mes de diciembre, a principios de 1995 podría negociar con Washington, donde tenía muchos amigos, un acuerdo crediticio para un fondo de estabilización que tranquilizaría a los inversionistas. Dada la alta credibilidad de la elección de Zedillo, confió en que disponía del margen político indispensable para salvar diciembre. La economía, calculó, crecería casi seguramente desde principios de 1995 gracias al ímpetu del TLCAN.

La presentación del presupuesto en el congreso fue el 9 de diciembre y transcurrió en calma. La legislatura, con mayoría priísta, no cuestionó sus desequilibradas cifras comerciales y sólo hizo una pregunta sobre los tesobonos. A la semana siguiente Serra Puche concedió una entrevista a *The Wall Street Journal*, en la que aseguró que la economía mexicana estaba bajo control y no se preveía ninguna modificación a la política del tipo de cambio. ("¿Qué se supone que debo decir?", pensó al escuchar la pregunta del reportero. "¿Que vamos a devaluar la semana próxima?")

Pero después se precipitaron los acontecimientos. Luego de un año de tregua, volvió a agudizarse la confrontación con los zapatistas, lo que reavivó la agitación en los mercados. El Banco de México intervino el 15 de diciembre en favor del peso, no obstante, al día siguiente se perdieron reservas por 855 millones de dólares.[27] En declaraciones profusamente publicadas en la prensa el 19 de diciembre, el subcomandante Marcos afirmó que los zapatistas habían ocupado treinta y ocho ciudades chiapanecas. Reporteros que se desplazaron de inmediato a la zona se encontraron con que, en realidad, los guerrilleros habían tomado de manera fugaz un pueblo y bloqueado algunas carreteras, tras lo cual habían vuelto a esfumarse en la selva. Aun así, el peso y el índice bursátil se desplomaron.

Al juzgar que ya era imposible posponer un cambio en la política monetaria, Serra Puche convocó la noche del 19 de diciembre a una reunión del Pacto para, de acuerdo con la costumbre instaurada a lo largo de una década, asegurar el apoyo de los líderes obreros priístas al ajuste económico y su ayuda en la contención de los salarios y el descontento de los trabajadores. Según recordaba, todas las modificaciones al tipo de cambio de los últimos años, incluidos los del sexenio salinista, se habían negociado con los miembros del Pacto.

Serra Puche recibió la autorización de Zedillo, quien se hallaba fuera de la ciudad, para la realización de esa reunión y consultó al resto del gabinete económico. En la reunión al final de la tarde, Serra Puche —en compañía de Mancera, aún gobernador del Banco de México— argumentó ante los miembros del Pacto que era preciso permitir que el peso flotara. No obstante, se topó con la resuelta resistencia de banqueros, industriales y agroempresarios, quienes sostuvieron que abandonar la banda de fluctuación del peso propinaría un fuerte choque psicológico a los inversionistas y podía sumergir la moneda muy por debajo de su valor real. Frente a la resistencia de los hombres de negocios, Mancera invitó a Serra Puche a salir un momento de la reunión. Una vez consultado telefónicamente Zedillo por Mancera, Serra Puche decidió junto con este último prescindir, por el momento, de la flotación del peso y conformarse con un incremento de 15% en la banda de fluctuación.

La reunión terminó después de medianoche. Por instrucciones de Zedillo, al día siguiente, 20 de diciembre, Serra Puche comenzó a dar entrevistas a primera hora a la radio y la televisión mexicanas para anunciar esa medida antes de que abrieran los mercados, a las nueve de la mañana. Desatinadamente, sin embargo, explicó la disposición con una estrecha definición de economista, reiterando que no equivalía a una devaluación. Culpó de la inestabilidad financiera a los zapatistas.

Al llegar a mediodía a su oficina, tras varias horas de entrevistas, se encontró con una situación de caos. Inversionistas de Wall Street lo habían buscado, y estaban furiosos por no haber logrado comunicarse personalmente con él, más aún cuando se enteraron de que Serra Puche estaba anunciando la medida a la sociedad mexicana. Importantes personalidades en Nueva York reclamaban que Aspe jamás las habría abandonado a su suerte, y algunos preguntaban por qué el nuevo secretario no les había advertido de la devaluación. A Serra Puche le incomodó la presuposición de que debía mantener mejor informados a los inversionistas de Nueva York que a los mexicanos.

Sin embargo, el 20 de diciembre no terminó tan mal. La fuga de reservas sólo llegó a 90 millones de dólares, un rasguño en comparación con la hemorragia de días anteriores.[28]

Pero al día siguiente todo se vino abajo. El pánico se apoderó de los mercados. Aquella tarde las reservas eran ya sólo de 6 mil millones de dólares; se habían perdido 4 mil millones. La diferencia entre reservas y tesobonos ascendió a 16 mil millones.[29] En apenas unas cuantas horas el país se había quedado sin dinero para pagar sus deudas. Aun extranjeros, como constató Serra Puche, se deshacían de sus tesobonos, la inversión más segura que México había ofrecido al mundo. El gobierno mexicano había perdido toda credibilidad.

Esa noche en una nueva reunión con los miembros del Pacto, ya asustados, se acordó permitir la libre flotación del peso y congelar precios y salarios durante sesenta días. La televisión anunció la decisión poco después de las once. A la mañana siguiente la moneda cayó 20 por ciento.

Ese mismo día, 22 de diciembre, Serra Puche voló a Nueva York para encarar a los administradores de dinero, representantes de cientos de miles de estadunidenses de clase media que habían sufrido cuantiosas pérdidas.[30] Ni siquiera en los momentos más difíciles de las negociaciones del TLCAN había enfrentado tanta hostilidad. Su firme defensa de la decisión de consultar a los miembros del Pacto sobre la modificación del tipo de cambio dejó impávidos a los inversionistas neoyorquinos. Serra Puche les ofreció una lección básica sobre la dinámica de la toma de decisiones en México. Irritó que los tratara con condescendencia cuando estaban preocupados por la evaporación de grandes sumas en sus empresas. Sintiéndose traicionados, éstos clamaban indiscretamente por el retorno de Aspe. A Serra Puche le impresionó comprobar que factores psicológicos que creía secundarios pudieran generar una estampida en la economía globalizada. Consideró absurdo que una decisión económica tan compleja e importante hubiera podido viciarse por el simple hecho de que él careciera del tacto de Aspe.

En los días siguientes Zedillo y Serra Puche recurrieron al gobierno de Estados Unidos en busca de ayuda, la que obtuvieron de inmediato (pese a que en ese país también acabara de tomar posesión un nuevo secretario del Tesoro). A diferencia de lo que ocurría en Wall Street, en Washington sí se conocía y confiaba en Serra Puche, por su papel en el TLCAN. México recibió así, gracias a la vigencia del mecanismo correspondiente, un crédito de emergencia por 5 mil millones de dólares. (En la primavera de 1995 recibiría asistencia por 52 mil millones más, con el aval del gobierno de Bill Clinton.)

Luego de su viaje a Nueva York, fue obvio para Serra Puche que, si quería recuperar la confianza de los inversionistas, el gobierno zedillista precisaría de un nuevo y severo programa económico que, sin embargo, él ya no estaba en condiciones políticas de aplicar. Por lo tanto, un día después de navidad le hizo llegar a Zedillo, junto con su propuesta del nuevo programa de ajuste, una nota en la que, tuteándolo y dirigiéndose a él como "Ernesto", reconoció el desgaste de su credibilidad. Como secretario de Comercio había defendido el abultado déficit de la balanza de pagos con el argumento de que era necesario para el despegue del TLCAN. Pero ya en Hacienda, señaló, tendría que culpar de la devaluación a una política que él mismo había promovido tan vigorosamente.

Zedillo no aceptó los argumentos de Serra Puche durante varios días. Pero, por fin, el 28 de diciembre lo citó en Los Pinos. (Recibió la llamada en el hospital al que había llevado a su esposa, quien estaba a punto de dar a luz.)

Muy a su pesar, el presidente aceptó su renuncia. No pudo ocultar su desolación.

–Es muy injusto esto —le dijo.

–No es un problema de justicia, Ernesto; es un problema de Estado —replicó Serra Puche—; tú échame a mí la bronca. Échamela toda a mí. Asumiré mi responsabilidad.

Zedillo jamás imaginó que tendría que gobernar sin Serra Puche, uno de sus pocos colaboradores en quienes confiaba como amigos. Descubriría la soledad del presidente mexicano, justo cuando tendría que enfrentar el descontento popular por una nueva catástrofe económica.

Una profunda tristeza los invadió a ambos por un momento. Luego cayeron en la cuenta de que la breve estancia de Serra Puche en la Secretaría de Hacienda terminaría en un momento absurdo. Ese día, 28 de diciembre, era el día de los inocentes. Serra Puche no podía anunciar su renuncia en esa fecha, porque medio México pensaría que se trataba de una broma de mal gusto.

Serra Puche la hizo efectiva hasta el día siguiente, 29 de diciembre.

154

Aunque para entonces la devaluación de la moneda era ya una rutina de fin de sexenio, la de 1994 fue particularmente humillante, pues hizo sentir a los ciudadanos que Salinas les había visto la cara; que los había engañado al hacerles creer que el país había dado, por fin, el gran salto del tercer mundo al primero.

"Yo sí creí que estábamos creciendo y que la economía ya era estable", dijo el carpintero José Romero a *The New York Times* a principios de 1995. Había llegado a la conclusión de que la promesa gubernamental de progreso había sido una absoluta mentira. "Se propusieron engañarnos", aseguró.[31]

Para los pobres, especialmente en las grandes ciudades, la devaluación de 1994 representó la vuelta del hambre. Pese al congelamiento de precios, los productos básicos se dispararon. La población tuvo que olvidar la carne, el pollo y otros productos.

Pero quien recibió un golpe también muy duro fue la clase media, la que más había creído en Salinas. En el sexenio salinista, la gente usaba sus tarjetas de crédito confiadamente para comprar televisores de pantalla gigante, videograbadoras y computadoras caseras. La devaluación arrasó con sus ahorros y, en muchos casos, también con su empleo. Incapaz así de saldar sus deudas crediticias, los bancos le dieron trato de delincuente. Aún mayor fue el aprieto de quienes firmaron hipotecas de tasa ajustable para comprar casa. (A causa de la inflación crónica, los bancos no ofrecían créditos hipotecarios a tasa fija.) Al aumentar a más de cien por ciento las tasas de interés en febrero de 1995, estos deudores tuvieron que optar entre rebelarse contra los bancos o aceptar que se les echara a la calle. El precio del dólar se había incrementado, en los primeros días de agosto, a casi 8 pesos por dólar, casi sesenta por ciento sobre su valor al comienzo del año.

Zedillo anunció su primer programa de recuperación económica el 3 de enero de 1995. Insuficientemente severo, los inversionistas no se dieron por enterados. El gobierno comenzó entonces a culpar de manera más abierta a la administración anterior de la catástrofe. Aunque Zedillo y el nuevo secretario de Hacienda, Guillermo Ortiz, reconocieron que se habían cometido torpezas en el manejo de la devaluación, también señalaron las dificultades económicas heredadas de Salinas. Al principio éste guardó el silencio tradicionalmente impuesto a los expresidentes. Pero rompió la usanza priísta el 28 de febrero, al ser aprehendido su hermano Raúl por agentes federales, mediante una trampa, en casa de su hermana Adriana, acusado de haber sido el autor intelectual del asesinato de José Francisco Ruiz Massieu. Nunca antes se había detenido a un pariente cercano de un expresidente. Este enérgico golpe de Zedillo contra la impunidad de los poderosos era también una declaración de guerra contra su antecesor.

Salinas llamó ese mismo día al noticiero vespertino de Televisa para hacer precisiones sobre la crisis económica, porque, dijo, Zedillo, en su versión, no había tomado en cuenta "los errores que se cometieron en diciembre".[32] En otras entrevistas concedidas ese mismo día culpó a Serra Puche de haber iniciado la debacle en la reunión del Pacto del 19 de diciembre, pues en ella puso sobre aviso de la inminente devaluación a los banqueros mexicanos, quienes, en poder de esa información privilegiada, sacaron del país 13 mil millones de dólares "en un solo día".

Días después volvió a echar mano del sainete político, esta vez en defensa de su prestigio. El 3 de marzo apareció en la casa de un beneficiario de Solidaridad en Monterrey, donde, sentado en un catre en una apretada habitación, declaró que iniciaba con una huelga de hambre una "batalla por la verdad, el honor y la dignidad". Pero su protesta no duró siquiera lo suficiente para que se le abriera el apetito. Tres horas más tarde regresó en un avión privado a la capital del país para reunirse con Zedillo.

Esa noche, en el encuentro de ambos en casa de un exintegrante del gabinete salinista, Zedillo deseaba referirse a la aprehensión de Raúl, como para persuadir a Salinas de que había obrado correctamente. Pero éste replicó que su huelga de hambre no era contra la detención de su hermano, sino a favor de su prestigio. En la prensa se le acusaba con insistencia de la crisis económica, así como de haber fraguado un encubrimiento en la investigación del asesinato de Colosio. Exigió, por tanto, que el procurador general de la República lo exculpara públicamente del caso Colosio y que Zedillo lo deslindara de la debacle financiera. El presidente le dio su palabra de que así lo haría.[33]

Zedillo no le exigió salir del país ni le ofreció garantías si lo hacía. En esa reunión no sólo no se alcanzó sino que ni siquiera se propuso un pacto sobre el futuro de Salinas.

Días después el procurador exoneró, en efecto, a aquél del caso Colosio, pero Zedillo siguió dirigiendo contra el expresidente el descontento público causado por la devaluación. Forzado a ello por los acontecimientos, Salinas abandonó el país el 10 de marzo.

Salinas voló entonces a la ciudad de Nueva York, su arribo a la cual pasó inadvertido para los medios de información y donde durante tres días se dedicó a actividades privadas. El domingo 12 de marzo, colaboradores de Zedillo transmitieron a Tim Golden, jefe de la oficina de The New York Times *en la ciudad de México, una versión de los hechos de acuerdo con la cual el presidente había expulsado a Salinas del país. En su despacho respectivo, Golden describió una lucha de poder sin paralelo en México desde la expulsión de Plutarco Elías Calles por Lázaro Cárdenas en 1936. Medios de información de todo el hemisferio salieron a la caza del expresidente.*

El martes 14 de marzo por la mañana, éste llamó a las oficinas de The New York Times *en Nueva York, la única publicación estadunidense con la que estableció contacto en esos días, y dijo que deseaba reunirse con Joe Lelyveld, director ejecutivo del diario, quien, sin embargo, estaba ocupado. Yo cubría entonces en el* Times *la fuente educativa local. Pero dado que hablaba español y tenía experiencia como corresponsal en México, se me pidió acompañar al nuevo director de la sección internacional, Bill Keller, a entrevistar a Salinas.*

Dispuse de alrededor de una hora para pasar mentalmente de las escuelas de Nueva York a la situación imperante en México. Keller y yo tomamos un taxi a la residencia oficial del embajador de ese país en la Organización de las Naciones Unidas, un elegante edificio de cinco pisos en la calle 72 Este, donde Salinas había almorzado.

Se nos condujo por una escalera alfombrada hasta una sala de estar en un piso superior. Vestido con un traje cruzado, Salinas sonrió afablemente y se puso de pie para recibirnos, tras de lo cual volvió a sentarse en un sillón, en el que bebía té de hierbas.

La entrevista fue un estira y afloja. Nosotros queríamos que nos relatara su expulsión de México por Zedillo. Él rechazó la sola idea de que tal cosa hubiese ocurrido.

–¿Puedo volver a México? —se preguntó retóricamente—; ¡claro, en cualquier momento! —y, tras hacer una pausa, añadió—: Pero por ahora no planeo hacerlo.

De lo único que quería hablar era de la economía de su país. Deseaba poner las cosas en su sitio, afirmó, y se sumergió en un extenso discurso sobre la debacle financiera mexicana. Por una vez, sin embargo, no nos autorizó a hacer públicas sus palabras.

–¿Entonces para qué nos llamó? —le preguntamos.

–Para hablar con Lelyveld —tuvo a bien recordarnos.

–Pero trabajamos en un periódico —insistimos—; nuestra labor es publicar noticias.

El forcejeo prosiguió. Hablamos principalmente en inglés, pero conversé un poco con él en español.

–Su español es muy bueno —mintió mientras me miraba a los ojos, como había hecho con tantos corresponsales extranjeros en México durante su sexenio.

Se refirió a las virtudes de la economía heredada a su sucesor. Afirmó que la crisis había sido producto del modo en que Zedillo y su equipo manejaron la economía en las primeras semanas del nuevo gobierno, no de que aquélla hubiese quedado maltrecha al término de su sexenio.

–¿Podemos publicar esta última aseveración?

–No por lo pronto —insistió Salinas.

La divulgación de esos comentarios podía echar por tierra la escasa estabilidad que Zedillo había sido capaz de recuperar para el país, explicó.

–La situación en México es delicada —aseguró—; es importante no perturbarla.

Keller y yo lo convencimos al fin de que nos permitiera hacer pública esta breve declaración.

Decidí adoptar, por último, un tono más personal. ¿Qué sentía un presidente mexicano al dejar su puesto y volver a ser un simple ciudadano luego de haber disfrutado de las célebres facultades de ese cargo?

–Han sido noventa días muy difíciles —respondió, con melancolía, sorbiendo su té—; un expresidente de México debe adecuarse a un nuevo modo de vida. Tiene muchos deberes y responsabilidades que terminan abruptamente. Y se acabó.

La nota apareció al día siguiente en primera plana. Autoerigido en fenómeno informativo durante su sexenio, el misterio que rodeaba al exilio y paradero de Salinas sólo había intensificado la aguda expectación a su alrededor. Así, aunque no nos había dicho casi nada, seguía siendo noticia.

Samuel Dillon

Mientras Zedillo, desde Los Pinos, pugnaba en la primavera por la recuperación económica, Serra Puche y Aspe guardaron silencio. En julio, sin embargo, este último defendió en un artículo publicado al mismo tiempo en *Reforma* y *The Wall Street Journal* su oposición a la devaluación en noviembre anterior.[34] Serra Puche siguió una vía menos visible y comentó el asunto en una carta a la revista *The Economist*. Meses después el Banco de México emitió un informe técnico sobre la devaluación que contradecía el principal argumento de Salinas: el de que los banqueros que asistieron a la reunión del Pacto del 19 de diciembre se habían apresurado a proteger su posición. Las cifras definitivas del Banco de México confirmaban, en cambio, que en la sesión de operaciones del 20 de diciembre no había habido una alta demanda de reservas.[35] El peso cayó el 21 de diciembre.

Aunque no sorprendieron a nadie, dada la gravedad de las circunstancias, los reproches fueron descaminados. La crisis económica no resultó tanto de los errores de un funcionario u otro —Aspe o Serra Puche, aunque ciertamente ambos cometieron errores—, sino de una falla sistémica en la transferencia del poder.

El momento crítico fue la reunión del 20 de noviembre en la biblioteca de Salinas, cuando éste y Zedillo no lograron llegar a un acuerdo sobre la devaluación. En condiciones de crisis ascendente, ya no se contaba con un marco institucional estable para transferir el control de la economía de un presidente al siguiente. Como había sucedido durante buena parte del sexenio salinista, todo se redujo entonces a una confrontación entre un puñado de políticos y a intempestivas decisiones presidenciales. Salinas dispuso de todo el poder efectivo en esas últimas semanas de su sexenio. Cuando dudó en devaluar, imponiendo así los intereses de su gobierno sobre los de su sucesor, terminó el consenso entre ambos —y aun la comunicación— en torno a la economía.

Esta crisis económica marcó, además, el fracaso del dedazo, hasta entonces el eje central del sistema, como el mecanismo para la transferencia del poder. Fue una consecuencia tardía del dudoso mandato con el que Salinas inició su periodo presidencial, a lo largo del cual intentó disipar los recelos acrecentando su poder y centralizando las decisiones en vez de fortalecer el proceso democrático. No obstante, la apertura comercial complicó enormemente la toma de decisiones económicas y al mismo tiempo estimuló la diversidad política en la base. Esto rebasó a Salinas en 1994. La ausencia de un fundamento plural, un método democrático y un armazón institucional para la transferencia del poder causó inestabilidad en el sistema. Éste se resquebrajó al momento en que Salinas entregó a su sucesor una economía tambaleante.

Una vez que dejó la presidencia, los mexicanos se volvieron contra Salinas en forma casi patológica. En unos cuantos meses se disolvieron los espejismos de progreso sobre los que había sostenido su gobierno y sus logros reformistas desaparecieron del recuerdo popular. Tuvo que retirar su candidatura a la dirección de la OMC y se le negó todo crédito en la explosión comercial pronto ocasionada por el TLCAN. El PRI intentó expulsarlo y sus líderes se apresuraron a demostrar que no mantenían ningún lazo con él. Apenas un puñado de mexicanos se atrevió a admitir públicamente que alguna vez lo había admirado, mientras que su sexenio quedó convertido en un vacío histórico. Una máscara calva y de orejas colgantes que se vendía como pan caliente entre los automovilistas del Paseo de la Reforma fue el principal monumento público a su memoria. Ya como expresidente, el país le asignó un nuevo papel dramático: el de villano irredimible.

Sólo consiguió una pequeña victoria. Su frase "el error de diciembre" pasó a ser la denominación popular de la devaluación de 1994, como una confirmación de que ésta no fue solamente su culpa.

ERNESTO ZEDILLO, EL "SOLITARIO"

Hasta días antes de que Salinas designara a Ernesto Zedillo candidato presidencial del PRI, en remplazo de Luis Donaldo Colosio, nadie pensaba que pudiera ser el nuevo presidente de México, y menos que nadie el propio Zedillo.

En uno de los pocos momentos de reposo en Los Pinos, a principios del sexenio de Zedillo, su secretario particular, Liébano Sáenz, comentó que, en su afán por conseguir la designación como candidato presidencial del PRI, Colosio —de cuyo círculo de allegados había formado parte— ordenó a su equipo elaborar, en secreto, perfiles de todos sus competidores. Quería estudiarlos para saber cómo opacarlos ante Salinas. Su equipo se había puesto a trabajar para descubrir las peculiaridades de Pedro Aspe, Manuel Camacho y varios más que Sáenz mencionó. Al concluir la lista, se detuvo bruscamente, turbado.

Zedillo hizo la pregunta lógica.

–¿Y de mí no?

–No —respondió Sáenz—; creímos que no tenía la menor posibilidad de ser presidente.

Zedillo se rio.

–Yo creí lo mismo —dijo.

Dado su desligamiento del sistema, pocas personas consideraron a Zedillo como contendiente por la candidatura. Aunque había trabajado más de una década en el gobierno, ocupando dos veces puestos en el gabinete, seguía siendo un desconocido para la realeza priísta. Para ella era un forastero.

Lo era, además, en muchos sentidos. Para comenzar, no formaba parte de la "familia revolucionaria". Aunque había nacido (en 1951) en el Distrito Federal, de niño se había mudado con su familia, de clase obrera, a Mexicali. Ahí asistió a escuelas públicas y, según la leyenda, boleó zapatos en la calle para ayudar a su madre en la manutención familiar.

No es casual que Baja California haya sido la primera entidad en ser conquistada por la oposición; se ubicaba en la órbita exterior de la galaxia priísta, ignorada en gran medida por el poder central. En Mexicali un muchacho podía conocer al México rudo: el incesante flujo de inmigrantes a la caza de empleo en maquiladoras o el cruce nocturno a Estados Unidos; florecientes mercados de mariguana, autos robados y otras innobles mercancías fronterizas. Asimismo, desde el centro de Mexicali se percibía a simple vista el territorio estadunidense. El próspero y tranquilo modo de vida que imperaba al otro lado de la frontera se ofrecía a la mirada del joven Zedillo.

A los 14 años de edad volvió a la capital del país para cursar la secundaria; al concluirla ingresó al Politécnico. Después obtuvo una beca oficial para estudiar el doctorado en economía, en Yale, el cual terminó en 1978, a los 27 años.

Aunque ingresó al PRI cuando tenía 20 años, nunca buscó una intensa vida partidista; jamás compitió por un cargo de elección popular. En cambio, en 1978 inició su trayectoria en el gobierno en el Banco de México. Aunque esa institución era entonces instrumento en gran medida del presidente, se le consideraba una de las más serias y profesionales del país, normalmente aislada de la politiquería priísta. Sus empleados estaban al tanto de la cleptocracia en el gobierno, pero en general no participaban en ella. Zedillo tenía mentores, no cómplices, y ascendió por sobresalir como tecnócrata inteligente y disciplinado. Quizá su mayor aportación a ese banco haya sido un programa para proteger a las empresas de las fluctuaciones del peso. En ese periodo este programa desempeñó un crucial aunque discreto papel en la recuperación económica.

En 1987 se desplazó a un terreno más político, al aceptar un empleo en la Secretaría de Programación y Presupuesto, responsable del gasto público. Salinas le confió al año siguiente esa dependencia. Zedillo fue un eficiente, aunque no descollante, miembro del gabinete; no mostró la desenvoltura de Pedro Aspe ni la imaginación populista de Manuel Camacho. En 1992 Salinas lo trasladó a la Secretaría de Educación, en la que ejecutó limpiamente una reforma para modernizar y descentralizar a la monstruosa burocracia del ramo.

Quizá la más severa prueba de su habilidad política antes de 1994 fue el escándalo que provocó la publicación, a instancias de Salinas, de nuevos libros de texto de historia.[1] En ellos se ofrecía una semblanza de Porfirio Díaz en la que, más allá de la convencional caracterización como dictador abominable, se señalaban sus esfuerzos por modernizar la economía y consolidar el gobierno. Se hacía, además, una punzante mención del papel de las fuerzas armadas en la matanza de Tlatelolco. Esto disgustó al alto mando militar e inflamó de revolucionaria indignación a la realeza priísta. Alarmado por la controversia, Salinas retiró su apoyo a los libros, que Zedillo procedió a corregir (censurar, según los autores) para complacer a la ortodoxia del sistema.

A principios del año electoral de 1994, los grandes anteojos cuadrados e impaciente sonrisa de Zedillo lo hacían parecer incluso un novato. Colosio lo eligió para coordinar su campaña, en reconocimiento, aparentemente, a su lealtad y aptitud como economista, no a su agudeza política.

Aun tras el asesinato de Colosio, Salinas dejó en claro que no pensaba en Zedillo como sustituto; intentó conseguir una reforma constitucional en beneficio de Aspe. La vieja guardia del PRI no apoyaba a Zedillo, sino a Fernando Ortiz Arana, presidente del partido.

El destape de Zedillo, el 29 de marzo de 1994, en la sede nacional del PRI, no hizo sino destacar la falta de entusiasmo del partido por su nuevo abanderado. Molesta porque no se había tomado en cuenta a su ungido, la dirigencia priísta se negó a convocar la acostumbrada manifestación callejera y se limitó a congregar a un pequeño grupo en un salón. El aplauso para el nuevo candidato fue discreto, y la nerviosa sonrisa de éste pareció revelar que estaba consciente de la indiferencia de su partido.[2]

Durante su campaña, Zedillo mantuvo escasa relación con el aparato nacional priísta, por lo común el eje principal de una campaña presidencial del PRI. Por ejemplo, supuestamente debía elegir a sus más firmes aliados en el partido como candidatos a las curules más importantes, para asegurar la cooperación de la legislatura. Pero no tuvo interés en hacerlo. En cambio, preguntaba con insistencia a su equipo por qué el PRI no contaba con procedimientos para elegir a sus candidatos.

No obstante, el candidato por accidente y su partido cerraron filas al aproximarse los comicios. Zedillo aprovechó todas las ventajas que el sistema le ofrecía en términos de aparición en los medios de información y financiamiento de campañas. (Cifras publicadas después indicaron que el PRI efectuó 71% del gasto total de campañas, contra, por ejemplo, 6% del PRD.)[3] Con 50.1% de los votos y una elevada participación, la de Zedillo fue, con todo, la victoria presidencial priísta más creíble en décadas.

Zedillo llegó así a su toma de posesión, el primero de diciembre de 1994, con un sólido respaldo electoral y muy pocas deudas políticas. Era un presidente joven; cumpliría 43 años en un par de semanas. Puesto que no pertenecía a ninguna camarilla priísta ni había hecho el menor esfuerzo por crear una propia, no llegó al cargo con un grupo de secuaces, sino con apenas unos cuantos colegas profesionales de confianza, como Jaime Serra Puche.

Asimismo, arribó al poder con muchas ideas que debían muy poco al dogma priísta. Versado en economía neoliberal, creía en las virtudes del libre mercado, el comercio global y el capital internacional. Se oponía al proteccionismo comercial, al gobierno obeso, al clientelismo social y al endeudamiento externo, políticas aún ardientemente veneradas en la doctrina priísta, aun después de más de una década de presidentes neoliberales. Opinaba, además, que una política económica sana implicaba cuentas y palabras claras del gobierno, no la opaca y cifrada retórica del PRI. Le desagradaba la simulación, tanto en la economía como en la política; reprobaba la administración fiscal mágica y las elecciones fraudulentas. Por personalidad y experiencia tenía poca tolerancia y ningún talento para las barrocas maquinaciones de estilo priísta. Además, el sistema había escogido a un presidente que estaba en serio desacuerdo con la incongruencia histórica entre palabras y actos en las operaciones del Estado mexicano.

Salinas también era un economista neoliberal, desde luego, pero entre los dos existía una diferencia básica. Mientras Salinas sostuvo que la reforma democrática debía esperar a la apertura económica para no desestabilizar el mercado, Zedillo estaba persuadido de que la democracia era un prerrequisito de mercados prósperos.

"La reforma económica no es suficiente", diría en Nueva York a un grupo de empresarios estadunidenses a principios de su sexenio. "Ésa es la lección que el mundo ha aprendido en esta época de cambio global: que la prosperidad depende del libre mercado, y éste precisa en definitiva de una sociedad democrática."[4]

Tras los sangrientos acontecimientos de 1994, al parecer el nuevo presidente también había llegado a otra conclusión todavía menos ortodoxa: que el antiguo sistema se desgajaba y ya no podía cumplir su compromiso central de estabilidad y bienestar.

Zedillo expuso su proyecto por primera vez en su discurso de toma de posesión ante el congreso. "Los mexicanos queremos una vida democrática a la altura de nuestra historia, a la altura de nuestra diversidad; sin embargo, debemos reconocer que los avances democráticos son aún insuficientes", dijo. "Ha llegado el momento de unirnos en la construcción de una nueva democracia que comprenda una mejor relación entre los ciudadanos y el gobierno, entre los estados y la federación; un nuevo código ético entre los contendientes políticos y una reforma electoral definitiva."

"Ha llegado el momento en que la democracia abarque todos los ámbitos de la convivencia social", continuó. "Ratifico mi respetuosa convocatoria a todos los partidos, a todas las organizaciones políticas y agrupaciones ciudadanas para participar, con espíritu franco y resuelto, en la democratización integral de nuestra vida, de nuestra nación; con hechos construiremos un régimen presidencial mejor equilibrado por los otros poderes del Estado." Propuso "liquidar el centralismo" y "coadyuvar al despliegue de la fuerza de las regiones que dan identidad, energía y pluralidad a México".

Prometió que su "reforma definitiva", palabras que usó dos veces, disiparía "las sospechas, recriminaciones y suspicacias que empañan los procesos electorales [...] Sabré asumir mi responsabilidad en la construcción de un sistema electoral más equitativo, y estoy seguro de que todos los partidos políticos sabrán asumir que la competencia democrática es el elemento decisivo para representar a la ciudadanía".

Incluso admitió que los comicios en los que se le había elegido habían sido imperfectos, aceptación nunca antes hecha por un presidente. Expresó su deseo de nuevas leyes de financiamiento de campañas, con límites de gastos; normas para asegurar la cobertura imparcial de los medios y un supremo órgano electoral totalmente independiente, en sustitución del híbrido creado por Salinas, el cual era encabezado por el secretario de Gobernación.[5]

La reacción de la sociedad ante esta declaración de objetivos fue de escepticismo, actitud que persistiría durante todo el sexenio. Como los priístas habían insistido durante décadas en que el régimen era democrático, nada de lo dicho por el nuevo presidente les sonó extraño. La oposición ya estaba acostumbrada a que se le dijera que el partido en el poder estaba a punto de perfeccionar su democracia. Todos oyeron a Zedillo hablar de democracia, pero pocos creyeron que hablara en serio.

Zedillo fue un solitario desde sus primeros días en Los Pinos; accedía sólo a la política palaciega estrictamente indispensable. Instruyó a Luis Téllez, su primer secretario particular, y

Sáenz, su más cercano colaborador, librarlo de toda reunión que no fuera esencial para el cumplimiento de sus objetivos políticos inmediatos.[6]

"No tuvo el cuidado, entre comillas, de invitar a Los Pinos a la elite política del país, platicar con ellos, escucharlos, apapacharlos", dice Téllez. "Entonces, por supuesto, hay gente que se sentía incómoda, porque estaba acostumbrada a que el presidente la escuchara, y entre que escuchaba le resolvía algún favor. Y eso el presidente Zedillo no lo hizo, punto."

Pese a que, hasta entonces, había sido costumbre que "el Señor Presidente" fuera cortejado y solicitado por peticionarios de toda clase, Zedillo consideró indecorosos tales ruegos. En la sala de su oficina colgó una litografía de un grillo enorme de Francisco Toledo. Si sospechaba que un visitante pretendía importunarlo con un asunto personal, lo hacía sentar en el sillón bajo ese cuadro y lo señalaba. "¡No me hagas grilla!", le advertía, agitando el dedo.[7]

Camacho lo visitó en Los Pinos durante los agotadores primeros meses del sexenio, y lo halló en mangas de camisa frente a una computadora con hojas de cálculo con datos económicos. Como si fuera un profesor universitario en el fragor de una investigación, Zedillo abandonó sus gráficas sólo para intentar convencer a su visitante de su tesis de cómo salir de la crisis económica. (Adujo que México no sólo tenía que reducir su deuda externa, sino también estimular el ahorro interno para prevenir crisis futuras.)[8]

Fue sistemático para reducir el lujo de su oficina. No ofrecía ni asistía a plácidas comidas de tres horas de duración y pródigo consumo de tequila, el foro tradicional en México para cerrar negocios. Ni se echaba un taco en la oficina o caminaba a su residencia para comer en compañía de su esposa y sus cinco hijos. Colaboradores suyos tuvieron que ocultar sus Rolex, porque él usaba Casio con extensible de plástico negro. A veces didácticamente puritano, amenazaba con expulsar a los fumadores de las reuniones del gabinete.

Tras el derrumbe del peso, sólo tres semanas después de haber tomado posesión, afianzó su intención de eliminar toda imagen de espectáculo de su presidencia. Redujo a una hora su primer informe de gobierno, el primero de septiembre de 1995, contra las cuatro usuales. Ese día canceló el tradicional asueto bancario, así como el desfile con confeti y el besamanos. Dos semanas más tarde, en su primera celebración del grito de Independencia, comprimió radicalmente la lista de invitados a la recepción en Palacio Nacional, y ordenó suprimir entremeses. Los invitados se juntaron desconcertados y hambrientos en una sala semivacía.

Salió a las once al balcón de Palacio y recitó la consagrada frase "¡Mexicanos!, ¡viva México!". Su voz, débil y vacilante, dejó insatisfecha a la muchedumbre.

Los planes de reforma democrática de Zedillo fueron rápidamente eclipsados por el trauma de la crisis económica. En medio de las penurias consecuentes, el presidente comenzó a articular un nuevo concepto de estabilidad nacional. El PRI había mantenido durante décadas "la paz social" ahogando el pluralismo, sobre la premisa de que se asomaría el México bronco si relajaba su control. Tras la devaluación, Zedillo argumentó que México, para restaurar y mantener la estabilidad, precisaba con urgencia de una mejor representación democrática para canalizar la diversidad en vez de reprimirla.

El 17 de enero de 1995 se reunió con los dirigentes de todos los partidos políticos y los persuadió de firmar el Pacto de Los Pinos, en el que acordaron —aunque con profundo escepticismo— colaborar en la "reforma definitiva". Con la economía en ruinas, mayor libertad política era todo lo que Zedillo podía ofrecer a la oposición a cambio de un mínimo de cooperación con su severo programa de ajuste. No obstante, dijo que esperaba consumar la reforma electoral con el consenso de todos los firmantes del flamante pacto. "La democracia no puede ser impuesta por un gobierno, por un partido o por una corriente ideológica; la democracia debe construirse con el concurso de todos, en todo tiempo y en todo lugar", asentó.[9]

Para disipar las dudas de la oposición sobre su compromiso, Zedillo accedió a resolver una nueva controversia electoral, esta vez relacionada con la contienda por la gubernatura de Tabasco. Tal promesa fue la causa, sin embargo, de que el pacto político, destinado a pasar a la historia, no sobreviviera al verano de ese mismo año. Zedillo se topó con un artero sátrapa del sistema, que le demostró que no bastarían afirmaciones en Los Pinos para instaurar la democracia en México.

A diferencia de Zedillo, Roberto Madrazo había nacido en el seno de la familia revolucionaria. Su padre, Carlos Alberto Madrazo, fue gobernador de Tabasco a fines de los cincuenta, y más tarde intentó, como presidente del PRI, abolir el dedazo y permitir a las bases del partido elegir a sus candidatos para puestos locales. Pero chocó con la maquinaria priísta y el presidente Díaz Ordaz, quien anuló sus reformas. Murió en 1969, en un accidente aéreo, lo que dio lugar a perdurables sospechas de que había sido eliminado por reaccionarios al interior de su propio partido.[10]

Su hijo Roberto adquirió el gusto por el poder al crecer en la Quinta Grijalva, residencia oficial del gobernador en Villahermosa, y colaboró desde adolescente con el PRI, de cuyo movimiento juvenil fue nombrado dirigente tras graduarse en derecho en la UNAM, en 1974, cargo que usó para establecer vínculos con priístas de todo el país. En 1981 Carlos Hank González lo puso al frente de una de las delegaciones de la capital, convirtiéndose así en su padrino político.

Senador y presidente del PRI tabasqueño en 1988, rápidamente consiguió partidarios entre los agricultores, petroleros y ganaderos del estado. Se volvió cacique al viejo estilo: generoso con los propios e implacable con los ajenos.

No tenía apariencia de caudillo. Delgado, de tez blanca, se acicalaba tanto que sus enemigos corrieron el rumor de que era homosexual. Aunque podía ser afable en una conversación personal, en la tribuna mostraba dotes de demagogo. Impulsor de la modernización económica de Salinas, cuando ambos estaban en el candelero, cambió rápidamente cuando éste cayó en desgracia. Comenzó a atacar al gobierno federal y a defender a la gente pobre de Tabasco, a la que ofreció enfrentar resueltamente a los insensibles burócratas y nacionalistas fracasados del centro. Pronto demostró que no temía gastar recursos públicos en su cruzada a favor de los derechos de su estado, según él los veía.[11]

Su principal rival en Tabasco, Andrés Manuel López Obrador, era tan populista como él y tal vez más hábil como líder de movimientos populares. También se había iniciado en el PRI tabasqueño, aunque no en una posición privilegiada: en los años setenta había sido director del Instituto Indigenista de Tabasco. En 1982 coordinó la campaña priísta por la gubernatura del estado y al año siguiente se le nombró presidente del partido en la entidad, cinco años antes que a Madrazo. En ese periodo representó, asimismo, a Tabasco en arduas negociaciones con PEMEX para exigir la limpia de la contaminación causada por las instalaciones petroleras.

En 1984 se trasladó a la ciudad de México para ocupar el puesto de director de Promoción Social del Instituto Nacional del Consumidor. Ahí aumentó su decepción del PRI, al grado de identificarse con las críticas de Cuauhtémoc Cárdenas contra el sistema en vísperas de las elecciones de 1988. Volvió entonces a Tabasco para contender por la gubernatura en representación de la coalición de Cárdenas.

Derrotado en medio de la ola nacional de fraudes de 1988, incitó un movimiento de resistencia civil y dirigió marchas, plantones y bloqueos de carreteras en todo Tabasco. Se veía bien en la televisión, y su franca elocuencia, vertida en su sibilante habla costeña, atrajo a los pobres de su estado. No permitió que las protestas decayeran; en 1991 marchó durante seis semanas a la ciudad de México a la cabeza de un arrojado grupo de inconformes.[12]

López Obrador y Madrazo se enfrentaron en las elecciones de gobernador del domingo 20 de noviembre de 1994, días antes, por un desajuste del calendario electoral, del fin del sexenio de Salinas. López Obrador realizó una campaña modesta, mientras que Madrazo gastó a manos llenas en la compra de tiempo en los medios y pagos a periodistas, dejando a su adversario prácticamente fuera de la televisión y la radio locales. Colaboradores de López Obrador detectaron a miembros del equipo de campaña de Madrazo repartiendo dinero en efectivo en algunos distritos.

El rebase, por parte de Madrazo, de los de suyo holgados límites estatales al financiamiento de campañas fue notorio. En los días previos a las elecciones, Zedillo, aún presidente electo, envió a Tabasco a un miembro de su equipo de transición para intentar convencer a Madrazo de refrenar sus excesos y a López Obrador de ser paciente y aceptar los resultados de las elecciones, fueran los que fuesen. Sus esfuerzos resultaron infructuosos.

Según los resultados oficiales, Madrazo ganó por 56 contra 37 por ciento.[13] López Obrador rechazó ese desenlace. En protesta, sus simpatizantes ocuparon docenas de instalaciones y pozos de PEMEX, con lo que paralizaron parcialmente las operaciones de ésta en el estado. Emprendió, entretanto, una nueva marcha a la capital del país, para exigir la anulación de las elecciones.

Zedillo asumió su cargo, así pues, en medio de una crisis que ponía en peligro su principal propuesta política: la reforma electoral. Las circunstancias demandaban una solución

167

astuta y directa, precisamente el tipo de ejercicio político que Zedillo no dominaba. Sumergido en el control de la crisis económica, éste delegó el asunto a su secretario de Gobernación, Esteban Moctezuma, de 41 años de edad, brillante economista graduado en Cambridge pero, en lo político, aún más ingenuo que él.

Moctezuma sorprendió a Madrazo y al PRI, al encargar la investigación del caso a individuos ajenos al gobierno: Santiago Creel y otro abogado.[14] Consiguió, en principio, que López Obrador y Madrazo accedieran a tal indagación. Una vez que expertos en encuestas tomaron muestras científicas de las actas de escrutinio, Creel y su equipo detectaron importantes anomalías. En su informe a Moctezuma detallaron un cúmulo de irregularidades, aunque se abstuvieron de proponer la anulación de los comicios.

Madrazo se encolerizó de todos modos. Negó haber aprobado la investigación e hizo circular en el estado una versión del informe en la que se eliminaron todas las referencias a las malas artes priístas. Pero a Moctezuma el informe le pareció convincente. Luego de concluir que el plan de reforma política de Zedillo no prosperaría si se permitía que en Tabasco prosperara el fraude, se propuso persuadir a Madrazo de ceder.

Sin embargo, Zedillo lo sorprendió entonces, y con él a toda la estructura priísta, al anunciar que no asistiría a la toma de posesión de Madrazo. Para el azoro general, insistió en que su propósito no era distanciarse de Madrazo, sino evitar lo que juzgaba una inaceptable intervención federal en la política estatal. Así, no asistiría a ésa ni a ninguna otra toma de posesión de un gobernador.

Tan elevados principios no impresionaron a Madrazo, quien se sintió ofendido por el desaire. Sin la bendición presidencial parecía improbable que durara siquiera una semana en el cargo.

Miles de policías patrullaron las calles de Villahermosa el día de su toma de posesión. Aunque a la ceremonia no asistió ningún funcionario federal importante, muchos gobernadores priístas hicieron patente su solidaridad con Madrazo, irritados por la afrenta a un colega por parte de un presidente al que tenían por torpe. Durante el acto, manifestantes del PRD ocuparon la Plaza de Armas e impidieron el acceso al palacio de gobierno. Madrazo no podría ocupar su oficina.

Ese bloqueo se prolongó semanas. Madrazo efectuó entonces frecuentes visitas a la ciudad de México, donde reanudó discretamente negociaciones con el secretario de Gobernación. Éste le propuso renunciar a la gubernatura de Tabasco y asumir la Secretaría de Educación, responsabilidad que, le hizo notar, podía colocarlo en 2000 en la liza presidencial.[15]

Madrazo aceptó el ofrecimiento a mediados de enero, y se comprometió a solicitar licencia al congreso local. Pero no comunicó nada a sus seguidores en Tabasco, entre ellos los empresarios que financiaron su campaña, ansiosos de verlo ejercer ya como gobernador.

Moctezuma creía todo resuelto el 17 de enero, día en que Zedillo y los dirigentes de los partidos firmaron el pacto en Los Pinos. La promesa del presidente de solucionar el conflicto en Tabasco fue entendida por todos como anuncio de la inminente renuncia de Madrazo.

168

Pero no así por éste, quien, luego de una reunión en Los Pinos, ese mismo día se presentó en la residencia de columnas de cantera, en las Lomas de Chapultepec, para ver a su mentor, Carlos Hank González. Aunque retirado de la política y alejado de la vida diaria del PRI, el Profesor seguía ejerciendo gran influencia en el partido. Éste le dijo que, aparte de débil, el nuevo presidente también parecía indiferente a los intereses de la Revolución. En consecuencia, le aconsejó no dejar la gubernatura y promover una corriente priísta, de sólido apoyo popular, contraria a Zedillo y los tecnócratas, fuerza que en 2000 bien podría llevar a Madrazo —y al bando de Hank en el PRI— hasta la primera magistratura.

Cuando, el 18 de enero, Madrazo volvió a Villahermosa, ya había estallado ahí la insurrección del partido oficial. Los legisladores priístas se habían atrincherado en la cámara, resueltos a bloquear la solicitud de licencia de Madrazo (y amenazando, por añadidura, con separar la entidad de resto de la nación). Madrazo recibió llamadas del presidente de su partido y gobernadores de todo el país, quienes lo alentaron a mantenerse firme. Por su parte, los líderes empresariales tabasqueños dejaron ver que no estaban dispuestos a perder su inversión en Madrazo por simples caprichos del centro para congraciarse con la oposición.

Los perredistas más aguerridos se dispusieron a la batalla esparciéndose en la plaza principal, rodeada por el ejército al igual que el centro de la ciudad.

Madrazo se estableció en la Quinta Grijalva. Poco antes de medianoche recibió una llamada telefónica de Zedillo. Escuchado por un grupo de priístas, adoptó un tono sosegado. "No, no, señor presidente, ésta es sólo una catarsis natural del pueblo", dijo tranquilamente. "Hay cierta frustración aquí de que yo no vaya a ser gobernador. Creen que hicimos una concesión al PRD. Pero usted, señor presidente, y yo sabemos que eso no es cierto."

Hizo una pausa para permitir a Zedillo responder, y después agregó: "Creo que en las próximas horas la situación se resuelve. Hay que dejar que la gente se calme, que desahogue su frustración. Pediré licencia en cuanto la cosa se calme. Lo veré muy pronto en la ciudad de México".

Pasó el resto de la noche en el teléfono tratando de apaciguar a sus simpatizantes. Sin embargo, Villahermosa despertó a la mañana siguiente con un paro empresarial que inmovilizó prácticamente todas las tiendas de la ciudad. Los priístas bloquearon las principales carreteras y tomaron la estación de la televisión estatal, desde donde transmitieron escenas de multitudes que le mentaban la madre a Zedillo; más tarde, la Secretaría de Gobernación consiguió la desconexión.

A media mañana, Madrazo instruyó a un emisario para comunicar un mensaje a Moctezuma y Zedillo: "Esta noche tomo posesión del despacho que ocupó mi papá".

A la misma hora, cientos de priístas armados con piedras y mazos al mando del coordinador de la bancada del PRI en el congreso local, Pedro Jiménez León, quien blandía un bat, rodearon a los perredistas en la plaza principal, a los que golpearon hasta hacerlos huir ensangrentados. Se presentó entonces la policía estatal, la cual lanzó gas lacrimógeno y detuvo a los perredistas que aún oponían resistencia.

El presidente, priísta, del Consejo Estatal Electoral, Gonzalo Quintana Giordano, abandonó la imparcialidad que con poco entusiasmo había aparentado durante la campaña y exhortó a los ciudadanos a manifestar su apoyo a Madrazo quemando su credencial de elector.[16] En transmisiones en vivo, Madrazo expresó en la radio su gratitud "por el valor con que actuó el pueblo de Tabasco".[17] Poco después de las nueve de la noche se sentó a su escritorio en el palacio de gobierno.

El desafío de Madrazo fue más que humillante para Zedillo. Dado que aconteció en plena crisis económica, ahondó la impresión de que el presidente había perdido el control del país. Zedillo había permitido a un caudillo regional provocar una rebelión en el PRI, y salirse con la suya. Cuando López Obrador comprobó que Madrazo no daría marcha atrás, acusó a Zedillo de mala fe y el PRD se retiró de las negociaciones de la reforma electoral, lo que también haría el PAN poco después. Habiendo perdido la confianza de los partidos, incluido el suyo, Moctezuma renunció en junio.

El episodio de Tabasco puso de relieve la urgencia de la reforma electoral, pero también la resistencia al cambio. En gran parte del país los componentes del régimen priísta seguían siendo feudos de caciques regionales cuyo poder sólo estaba sujeto a la supremacía presidencial. Habiéndose erigido en herederos de la Revolución, esos caciques debían sus caudales a la maquinaria priísta, y luego de décadas en el gobierno creían tener sobrado derecho a disfrutar de esa prerrogativa. Una cosa era pedirles que cedieran espacio a sus oponentes, y otra muy distinta exigirles competir seriamente por el poder. Luego del desenlace en Tabasco fue evidente que Zedillo jamás conseguiría que hicieran esto último insistiendo en principios y manteniéndose a un lado.

A mediados de 1995 se vio obligado a hacer las paces con el gobernador de facto de Tabasco. Anunció que Madrazo y él "gobernaremos juntos" hasta 2000. Después viajó a Villahermosa y dio un fuerte abrazo al gobernador al pie del avión presidencial, para deleite de los fotógrafos.

Si las cosas no comenzaron bien para Zedillo en la reforma electoral, lo hicieron mucho peor en la política económica. Pareció confundido y abrumado en las semanas posteriores a la devaluación del 19 de diciembre. Su paquete de medidas de emergencia, dado a conocer el 2 de enero (cinco días después de la renuncia de Serra Puche), no fue del gusto de los mercados. Dada la persistente caída del peso, Zedillo buscó miles de millones de dólares en fondos de rescate de Estados Unidos y el Fondo Monetario Internacional. En Washington, el congreso prodigó desdenes a México y reprobó el plan de asistencia.

Este espectáculo hizo que la gente comenzara a pensar algo antes imposible: que el presidente no estaba capacitado para el puesto. Se abandonó la tradicional reverencia. "¡El presidente no puede!", señaló en su portada la revista *Proceso*. Porfirio Muñoz Ledo ridiculizó la inexperiencia de Zedillo llamándolo "Ernesto Nonato", y Cárdenas exigió su renuncia.

Gradualmente, sin embargo, Zedillo recuperó el equilibrio, aplicando su método de cifras objetivas y franqueza respecto de la economía, a menudo contra el parecer político de sus asesores. "El desarrollo de México exige reconocer, con todo realismo, que no constituimos un país rico, sino una nación de graves necesidades y carencias", dijo en un pesimista discurso televisado a principios de enero, en el que exhibió su novedoso método.[18]

El país tocó fondo a fines de febrero. Tras el rechazo por el congreso de Estados Unidos del paquete de rescate propuesto por el presidente Bill Clinton, éste recurrió a un fondo ejecutivo de reservas para proporcionar a México un préstamo de emergencia por 20 mil millones de dólares. En una nueva humillación, sin embargo, México fue obligado a entregar como garantía algunos de sus bienes petroleros. Zedillo y Guillermo Ortiz, el nuevo secretario de Hacienda, anunciaron, al fin, el 9 de marzo un programa de emergencia que parecía viable, de reducción del gasto público y aumento de la gasolina, la electricidad y el impuesto al valor agregado (IVA).

No obstante, la única manera en que Zedillo podía lograr que el PRI aceptara esas medidas de austeridad era ejerciendo el mandato presidencial contra el que previamente se había pronunciado. Desolados legisladores priístas, sometidos a la voluntad presidencial en una votación llevada a cabo el 10 de marzo, aprobaron el aumento del IVA de 10 a 15 por ciento. Los diputados de oposición les gritaron "culeros" y les ofrecieron huevos, insinuando así que les habían faltado testículos para oponerse a Zedillo. Adolfo Aguilar Zinser, entonces diputado del PRD, expresó la opinión de la mayoría. "Este programa es inviable por una razón política: porque no tiene sustento de ninguno de los sectores de la sociedad", dijo en la tribuna. "Ernesto Zedillo, solo contra el resto del país, no va a poder sacar este programa adelante."[19]

Dos noches después, Zedillo dirigió otro sombrío mensaje por televisión. Había tomado medidas "duras, dolorosas", reconoció, porque "si no frenamos el deterioro y descontrol de los mercados en las últimas semanas, nos arriesgamos a sufrir un colapso financiero y productivo que paralizará las fuentes de trabajo y la dotación de servicios". No había "caminos fáciles o agradables" para salir de la crisis, aseveró, y agregó que esperaba "disciplina y constancia" del pueblo en el cumplimiento del programa, el que de observarse, prometió, fructificaría en una perspectiva económica muy distinta en cuestión de meses.[20]

Tras la confrontación en Tabasco, y a diferencia de Zedillo, López Obrador no cedió. Durante varios meses siguió organizando protestas, que llevó al corazón del país.

Un día de junio de 1995, mientras pronunciaba un discurso en el Zócalo durante un mitin contra el fraude, una camioneta pickup al mando de dos desconocidos arribó a la plaza y depositó un voluminoso cargamento: cuarenta y cinco cajas repletas de documentos. Luego de una inspección preliminar, López Obrador tomó una habitación en un hotel cercano a la que hizo llevar las cajas, que fueron apiladas en columnas que llegaban al techo.

Las cajas —evidentemente sustraídas de las oficinas del PRI en Villahermosa por algún priísta tabasqueño descontento— contenían un tesoro político: documentos originales de expedientes del partido oficial relativos a la campaña de Madrazo.[21] Por primera vez la oposición disponía de documentos para fundamentar una investigación del PRI por gastos cuestionables de campaña. López Obrador entregó los documentos al procurador general de la República, Antonio Lozano Gracia, a quien instó a proceder legalmente contra Madrazo por infringir los límites legales a los gastos de campaña.

Con base en los documentos, Lozano concluyó que Madrazo había gastado el equivalente a 38.8 millones de dólares en su campaña, treinta y tres veces más que el tope estatal. Y puesto que el padrón de la entidad constaba de menos de 500 mil electores, aquella suma equivalía a alrededor de 135 dólares por cada voto obtenido.

Un procurador decidido habría aprovechado esos documentos como pruebas suficientes para imponer a Madrazo cargos estatales y federales. Pero aunque procedía de la oposición, Lozano no era un procurador resuelto. Así, Madrazo pudo utilizar su red de relaciones políticas y sus conocimientos sobre la operación práctica del sistema judicial para frustrar todo intento de procesarlo.

No obstante, la batalla que López Obrador libró en su contra durante todo el tiempo en que se mantuvo como gobernador de Tabasco favoreció su propio perfil nacional como vigoroso y tenaz dirigente opositor. La cobertura de los medios de información era cada vez más plural, de modo que la cruzada de López Obrador contra el PRI recibió mucha atención de la televisión.

Conforme avanzaba 1995, Santiago Creel se percató de que las negociaciones de la reforma democrática de Zedillo no progresaban. Se reunió entonces con algunos amigos para debatir el asunto.[22] Si el gobierno no estaba en condiciones de lograr la "reforma definitiva", pensaron, quizá ellos podrían diseñarla. Esta simple idea era explosiva en esos años, pues todo intento de reforma era de la exclusiva incumbencia del secretario de Gobernación.

Creel había sido uno de los consejeros ciudadanos del Instituto Federal Electoral (IFE) que habían participado en la organización —y crítica— de las elecciones presidenciales de 1994, experiencia que le permitió conocer muy de cerca la maquinaria electoral priísta. Tras retomar ese papel en Tabasco, comenzó a pensar que estaba llamado a intervenir en la reforma electoral. "Yo creo que la gente del sistema pensó: 'Pues vamos a invitar a seis ciudadanos para estar ahí de figuras decorativas'", explica. "Como cuando te invitan a una casa: te invitan a la sala y, si hay comida, al comedor, y así me quisieron invitar a mí. Pero yo me metí hasta la cocina, al clóset; me metí hasta el sótano del sistema político mexicano."[23]

Creel y su grupo decidieron invitar a representantes de los partidos y activistas electorales a una serie de sesiones de discusión. Para evitar una notoriedad excesiva, la llamaron "seminario". Pero necesitaban una sede inequívocamente mexicana que, sin embargo, diera asimismo realce a las reuniones. Creel pensó en el Castillo de Chapultepec.

Rodeado de amplias terrazas, este recinto debe su fama sobre todo a los Niños Héroes, aunque también al hecho de que en él vivieron Maximiliano y Porfirio Díaz.

Lo que atrajo a Creel del Castillo fue precisamente la gran variedad de corrientes políticas convergentes en él. Sin embargo, supuso que el gobierno le negaría la autorización para usarlo. Así, un día se presentó, sin más ni más, en la oficina de la directora para sugerirle que dispusiera un salón con una mesa enorme en la que pudieran congregarse muchos de los más influyentes líderes del país. Alarmada, la directora se rehusó a hacerlo, tal como Creel lo había previsto, pese a lo cual éste y su grupo distribuyeron, a pesar de todo, sus invitaciones. En consecuencia, el Castillo de Chapultepec fue tomado de nuevo, aunque en esta ocasión en forma sobradamente cortés.

Más adelante, Creel se enteró de que el ala en la que se celebraba el seminario había albergado las habitaciones presidenciales de Plutarco Elías Calles. Le agradó pensar que la desintegración del sistema se tramara precisamente en la recámara del Jefe Máximo.

Mientras las negociaciones promovidas por el secretario de Gobernación trastabillaban, las reuniones del Castillo de Chapultepec marchaban con fluidez. Entre los participantes se contaban dirigentes partidistas como Porfirio Muñoz Ledo, entonces presidente del PRD, y Carlos Castillo Peraza, su homólogo del PAN, así como intelectuales y especialistas en elecciones. Las sesiones se realizaron a puerta cerrada y para tener acceso a ellas era preciso contar con invitación, lo que las dotó de una atmósfera de intriga insurgente. Poco después, dirigentes priístas, un tanto celosos, solicitaron su incorporación. El PRI se integró a las conversaciones en junio de 1995.[24]

El logro vital de Muñoz Ledo fue conseguir que el rijoso PRD apoyara la reforma. Muchos miembros del partido planteaban que las negociaciones tenían que respaldarse en combativas protestas para obrar cambios en el sistema. Tras el descenso de Cárdenas en las elecciones de 1994, el PRD se quedó fascinado con la táctica de confrontación de López Obrador. Sin embargo, en el congreso del partido, efectuado en agosto de 1995, Muñoz Ledo convenció a sus compañeros de aceptar la reforma de las instituciones. "El diálogo no es un método de lucha más, sino la forma misma del cambio democrático", insistió en un tronante discurso. "El desafío es la reconstrucción democrática del Estado y no su demolición irresponsable."[25] Su propuesta fue aprobada en las conclusiones del congreso.

El seminario de Chapultepec culminó en enero de 1996 con la elaboración de un documento de sesenta puntos en el que se hacían propuestas para cada área de la reforma electoral, y otras no directamente relacionadas con las elecciones. En los últimos días del seminario, no obstante, los representantes del PRI se retiraron. Las conversaciones del Castillo habían llegado mucho más lejos que el proceso oficial en Bucareli, y el PRI deseaba que el crédito de cualquier reforma recayera en él, no en Santiago Creel y su exclusivo grupo, y mucho menos en Muñoz Ledo.

Esta actitud molestó a Creel. "No es momento de discutir la paternidad de la reforma", dijo en la sesión de clausura del seminario. En esencia, sin embargo, sus comentarios fueron muy similares a los que Zedillo había enunciado al emprender las negociaciones para la reforma democrática. "En estos tiempos —dijo Creel— el cambio político debe corresponder por igual a todos los mexicanos."[26]

Fue tal el éxito del seminario de Chapultepec que todo mundo hablaba de la reforma electoral. Las negociaciones en Bucareli se reanimaron, y comenzaron nuevas en el congreso. No obstante, el nuevo retiro del PAN de las conversaciones de Bucareli significó otra interrupción. Al partido blanquiazul le había disgustado que el PRI le hubiera arrebatado las elecciones municipales de Huejotzingo, Puebla, entidad entonces gobernada por Manuel Bartlett.

Éste nunca había ocultado su opinión de que el sistema priísta era el más adecuado para el país. Así, veía con inquietud que la oposición ganara elecciones municipales y estatales en todo el territorio nacional, resquebrajando la hegemonía priísta. Cada vez que en su estado había una contienda reñida, Bartlett daba feroz batalla. Precisamente los comicios de Huejotzingo habían sido muy reñidos, y el PAN estaba convencido de haber triunfado. Pero, a pesar de todo, el candidato priísta había tomado posesión, y el PAN apeló a la Comisión Estatal Electoral (CEE), en la que Bartlett ejerció su influencia. La CEE se inclinó en favor del PRI, luego de anular el número exacto de votos del margen de victoria del PAN.

Pasaron las semanas y el PAN se negó a volver a las conversaciones de Bucareli, aduciendo la situación de Huejotzingo. Exasperado, Zedillo admitió que el impasse exigía su intervención. Invitó entonces a Bartlett a Los Pinos, al que hizo sentar al otro lado de la desierta mesa redonda de la oficina presidencial bajo la grave mirada de Benito Juárez.

–Mira, Manuel, yo ya tengo muchos meses parado aquí y se me está agotando el tiempo para la reforma política en un asunto de un municipio de Puebla, y tú no lo resuelves —le dijo Zedillo, señalándolo con el dedo para mayor énfasis—; a ver, Manuel, ¿ganamos o no ganamos en Huejotzingo?

La brusquedad de la pregunta desconcertó a Bartlett. Éste comenzó a describir los detalles del caso, pero Zedillo lo interrumpió:

–No, Manuel. ¿Ganamos o no ganamos?

Bartlett titubeó. Ignoraba en qué concepto lo tenía Zedillo. Pocos priístas habían acumulado más prestigio y poder dentro del sistema que él, pero no sabía qué valor concedía a ello este presidente.

–Pues sí ganamos, pero... —replicó por fin—, usted sabe que siempre hay diferentes visiones, diferentes interpretaciones de lo que significa ganar...

–Manuel, ¿ganamos o no ganamos?

–Bueno, hay algunas cosas que podrían estar a discusión...

–Entonces no ganamos...

Bartlett guardó silencio. Zedillo montó en cólera.

–Si ganó el PAN, hay que reconocerle al PAN —dijo—; entonces te regresas y le das el triunfo al PAN. Te regresas y lo arreglas, y pones en orden a la gente del PRI de esa ciudad.

Bartlett contuvo su furia por respeto a la investidura presidencial. Pero al salir de la oficina de Zedillo confió su irritación a algunos colaboradores de éste. "Si empezamos a ceder en cosas así —dijo, en referencia a Huejotzingo—, ¡un día lo perderemos todo!"

"Me siguen subestimando", observó a su vez Zedillo ante sus asistentes a propósito de los líderes de su partido.

El alcalde priísta de Huejotzingo renunció a mediados de mayo de 1996; fue remplazado por un alcalde panista y el PAN volvió a las negociaciones de la reforma.

Éste ya era entonces un muy variado guiso, enriquecido por ingredientes de muchos ciudadanos. Zedillo, el congreso, el PRI, la oposición de izquierda y derecha, el IFE y un vasto grupo, tanto de expertos independientes como de ciudadanos informados que habían aportado algo al conjunto.

La noche del 25 de julio de 1996, los dirigentes de los partidos se presentaron de nueva cuenta en Los Pinos, esta vez de muy buen talante. Firmaron un acuerdo para impulsar diecisiete reformas constitucionales y varias leyes a fin de crear un marco electoral nuevo. Casi todos los objetivos originales de la oposición —en un principio meros sueños— habían sido considerados. Esta reforma arrebataría al gobierno, de una vez por todas, la organización y supervisión de las elecciones. El IFE, plenamente autónomo y regido por un consejo elegido por el congreso, se haría cargo del proceso entero. Los partidos recibirían financiamiento público y privado para sus campañas; los fondos públicos se distribuirían de manera proporcional, mientras que los privados se sujetarían a ciertos límites. Se crearía un tribunal electoral especial y se facultaría al IFE para monitorear la cobertura de campañas de los medios de información con objeto de garantizar el trato justo a todos los candidatos.

Se protegería el derecho de los ciudadanos a ingresar en el partido político de su elección. Ya no se les obligaría a pertenecer al partido oficial para poder integrarse a un sindicato u obtener un empleo en el gobierno. Por último, en un trascendental avance que evidentemente generaría problemas al PRI, por primera vez se otorgaría a los habitantes del Distrito Federal, vivero de la oposición, el derecho a elegir alcalde.

Zedillo intentó mantenerse solemne durante su alocución, pero su satisfacción era evidente. Ahí estaba la "reforma definitiva" —y ahora también "decisiva" e "irreversible", como dijo en su discurso— que había prometido en su toma de posesión. Como lo había ofrecido, además, tal reforma había sido aprobada por consenso por todas las fuerzas políticas del país. Aun Santiago Creel se mostró satisfecho. El congreso convocó a un periodo extraordinario de sesiones para discutir la nueva legislación, paso que se esperaba puramente formal y de una duración de no más de una o dos semanas.

No obstante, transcurrieron varios meses sin que la reforma se sometiera a votación, pues el debate en el congreso se estancó en el asunto del financiamiento de las campañas. El PRI insistía en destinar a los partidos fondos públicos por casi 290 millones de pesos para las inminentes campañas legislativas de 1997; un aumento de seis veces sobre los fondos asignados a las campañas presidenciales de 1994. Recelosos de los motivos del PRI, el PAN y el PRD sostuvieron que dicha cantidad era exorbitante. Supusieron que el propósito del alto mando priísta era elevar al máximo el financiamiento para su partido.

En realidad, el causante del empantanamiento era el propio Zedillo, quien durante su campaña presidencial se había formado firmes opiniones sobre el particular. Cierto de

175

que las campañas eran altamente vulnerables a dinero de origen turbio, no sólo estaba a favor del financiamiento público, sino que buscaba eliminar por completo las aportaciones privadas. A menudo citaba el caso de Ernesto Samper, el presidente de Colombia cuyo gobierno había sido ensombrecido por revelaciones de que algunos capos habían respaldado su campaña. Pero Zedillo también tenía razones más inmediatas para estar preocupado por el riesgo de aportaciones sucias. Gerardo de Prevoisin, exdirector de Aeroméxico, había declarado en un tribunal de Texas que el PRI lo había obligado a efectuar cuantiosas aportaciones de recursos económicos de esa compañía en beneficio de la campaña de Zedillo, afirmación acerca de cuya sustancia éste negó haber tenido conocimiento.[27] También corrían persistentes rumores, no confirmados, de un supuesto intento de inyectar a la campaña de Colosio, de la que Zedillo había sido coordinador, dinero procedente del narcotráfico.

En medio del impasse legislativo hubo un momento histórico. El 29 de octubre el congreso eligió por unanimidad el primer Consejo General del IFE plenamente independiente, del que no formaba parte ningún representante del gobierno ni de los partidos políticos. Entre los nuevos consejeros estaba Juan Molinar, diez años después del estudio en el que había exhibido el fraude priísta en Chihuahua. Otro era Jesús Cantú, periodista que se había opuesto múltiples veces al robo de votos. El presidente del Consejo era José Woldenberg.[28]

A principios de noviembre se dieron los primeros pasos en las campañas para las elecciones legislativas federales del 6 de julio de 1997, de modo que se agotaba el tiempo para llegar a un acuerdo sobre el financiamiento de las campañas. El 14 de noviembre entró en acción la aplanadora priísta. En cuestión de horas, diputados del PRI decidieron fuera de comisiones y por la vía del voto la legislación de la reforma, incluidas las controvertidas medidas sobre el financiamiento de las campañas. La iniciativa se aprobó con 282 votos a favor (todos los diputados priístas menos uno) y 142 en contra (toda la oposición). Se había roto el consenso que legitimaría a la reforma.

De cualquier modo sobrevivió la mayoría de los principales acuerdos de julio. Con todo, el PRI impuso el alto presupuesto de financiamiento público de las campañas defendido por Zedillo, y elevó asimismo los topes de las aportaciones privadas, sobre cuya infracción redujo, además, las sanciones. En una medida especialmente querida por los líderes priístas, la ley también complicó en gran medida la formación de coaliciones contra el partido en el poder para las elecciones presidenciales de 2000.

El paquete contenía, incluso, un dardo personalizado contra Creel. Cansados de su protagonismo, los dirigentes priístas añadieron un inciso para prohibir la reelección de los consejeros electorales. Eso dejó a Creel sin la posibilidad de volver al Consejo General del IFE, o "despedido por mandato constitucional", como él mismo diría después con irónico orgullo.[29]

La oposición censuró la reforma priísta. Enrique Krauze pidió a Zedillo vetarla, y López Obrador (quien había sucedido a Muñoz Ledo en la presidencia del PRD) dijo que se habían confirmado sus sospechas: "Ahora sabemos con certeza que el cambio en México no llegará a través de reformas legales. Sólo vendrá de la movilización y los votos de la gente". PAN y PRD se negaron a recibir las primeras erogaciones en favor de las campañas. El PAN incluso convirtió la devolución del cheque respectivo en un espectáculo ante los medios de información.

En Los Pinos, Zedillo oyó el clamor durante algunos días. Al aparecer después en una convención de empresarios explicó que había sido él —no el PRI— el que había contrariado a la oposición y roto el consenso, pero que no lo lamentaba. Insistió en que el sistema de los fondos públicos "es el que mejor garantiza que el financiamiento de una campaña o de un partido no dé pie a sujeciones indeseables a intereses particulares, incluso frente a compromisos inconfesables".[30]

Puesto que ese encuentro transcurrió a puerta cerrada, los reporteros tuvieron que atenerse a la transcripción del mensaje presidencial proporcionada por el equipo de Zedillo. En esa versión, no obstante, los colaboradores del presidente eliminaron, sin consultar al jefe, tales comentarios acerca de la reforma electoral, pues los creyeron fruto de un arrebato.

Al día siguiente Zedillo se irritó al descubrir que sus palabras no habían aparecido en la prensa; sus asistentes confesaron que las habían censurado. A fin de dar a conocer su argumento, Zedillo volvió a la carga, aún más enérgicamente, en su siguiente aparición pública.

Junto con los temas de la reforma política y la recuperación económica, Zedillo también insistió a lo largo de su sexenio en otro asunto: la consolidación del estado de derecho en México. Su estrategia a este respecto fue sencilla: fortalecer y despolitizar los tribunales y el sistema judicial, y poner después el ejemplo ciñéndose como presidente a la letra de la ley y permitiendo a las instituciones cumplir su función sin interferencia de su parte.

"Los anteriores presidentes se consideraban por encima de la ley", comentó José Ángel Gurría, secretario de Relaciones Exteriores en los primeros años sexenio. "En cambio, este presidente siempre pregunta: '¿Qué dice la ley?'

"Nosotros le decimos: 'Pero, señor, hay realidades políticas' —continuó—; sin embargo, él está convencido de que si cumplimos la ley, el resultado será positivo."[31]

Una de las primeras acciones de Zedillo como presidente fue depurar la Suprema Corte de Justicia, retirando sumariamente a sus veinticinco magistrados, todos ellos nombrados por presidentes previos. Redujo la corte a once jueces, nominados por el presidente pero ratificados por dos tercios del senado. Dijo entonces que con ello esperaba generar una reacción en cadena que alentara al poder judicial a distanciarse aún más de la política. Asimismo, había dado el paso sin precedentes de nombrar titular de la Procuraduría General de la República (PGR) al abogado y legislador panista Antonio Lozano Gracia, el primer político de oposición en formar parte de un gabinete presidencial priísta.[32]

Sin embargo, la elevada visión de Zedillo enfrentó, desde el principio, problemas planteados por las "realidades políticas". Luego de décadas de gobiernos del PRI, las instituciones legales que Zedillo dejó funcionar solas eran por lo general ineficaces. Lo único que podía hacerlas operar decorosamente era la presión del presidente; justo el tipo de apremio que Zedillo creía que no debía ejercer. Su estrategia encaró muchas pruebas, pues luego de la devaluación menudearon atracos y secuestros, y surgieron violentas venganzas entre bandas de narcotraficantes. No obstante, una prueba especialmente dolorosa para el país fue un crimen ocurrido en la hondonada de un camino de terracería en Guerrero.

El lugar se llamaba Aguas Blancas, por el río que atravesaba el enmalezado terraplén durante las inundaciones de la temporada de lluvias. Sólo en una región agrícola tan pobre como las calurosas laderas de la sierra de Guerrero, donde los campesinos examinan el potencial de cultivo de cada centímetro de tierra salpicada de rocas, puede tener nombre un rincón tan solitario. La ciudad más cercana es Coyuca de Benítez, árida localidad cuyos habitantes se han opuesto al PRI y su régimen por generaciones. En los años noventa su resistencia se expresó en la Organización Campesina de la Sierra del Sur (OCSS), la cual forcejeaba con el gobierno estatal en torno a títulos de propiedad agrícola, salarios de campesinos y maestros, violencia policiaca, tala inmoderada y la arbitraria aprehensión de los ciudadanos que protestaban por cualquiera de los motivos anteriores.

El gobernador del estado, Rubén Figueroa Alcocer, era uno más de los príncipes herederos del sistema: cuatro nobles de la dinastía familiar habían gobernado la entidad, administrándola como una hacienda. En la década de los setenta, cuando una partida de campesinos y maestros tomó las armas, Rubén Figueroa Figueroa, el cuarto y más poderoso de ellos, llamó al ejército y barrió con ella. En sus recorridos por el estado en jorongo y sombrero de ala ancha, Figueroa Figueroa gustaba de hacerse fotografiar cargando su rifle y revólveres en preparación de su encuentro con sus paisanos.

"Hay un dicho de que muerto el perro se acabó la rabia. Bueno, pues muerto un guerrillero se acabó la guerrilla", señaló a manera de resumen de su doctrina antinsurgente.[33] La "traición" de que fue objeto al ser secuestrado por rebeldes con los que se había reunido para entablar negociaciones de paz endureció la actitud de su hijo hacia todos los opositores al PRI.

El joven Rubén Figueroa guió su gobierno por el principio de "mucha policía y poca política", según Juan Angulo, uno de los pocos periodistas del estado que se atrevían a criticar regularmente a los Figueroa.[34] Entre las ventajas políticas que Figueroa Alcocer gustaba de divulgar estaba que era compadre de Zedillo, por el hecho de que éste había asistido a una boda de su familia. Zedillo nunca lo desmintió, y ciertos funcionarios priístas pensaban que el presidente profesaba secreta admiración por la capacidad de Figueroa para establecer contacto con el pueblo, aptitud de la que él carecía.

La mañana del 28 de junio de 1995, dos docenas de campesinos de la OCSS, junto con otra docena de pasajeros, se apiñaron en la parte trasera de una camioneta azul de redilas para dirigirse a un mitin en una ciudad próxima. Al llegar a Aguas Blancas, hallaron bloqueado el camino por varias docenas de policías del estado en uniforme negro, armados con rifles de combate, quienes salieron de los matorrales. Los policías les ordenaron bajar de la camioneta. De pronto sonaron unos disparos y la policía comenzó a gritar. Después hizo estruendosa explosión una densa barrera de fuego.

Al final escurría sangre de la plataforma de la camioneta, y cuerpos laxos estaban tendidos en desorden en la vereda. Había diecisiete muertos. Otras veinte personas fueron heridas, algunas de gravedad, aunque sobrevivieron, mientras que sólo un puñado de pasajeros no sufrió ninguna lesión.

Más tarde, estos testigos proporcionaron a los reporteros detallados informes de la matanza. Ninguno de los pasajeros de la camioneta portaba un arma, y mucho menos había disparado, coincidieron. Fue la policía la que abrió fuego y tiró a matar, como ejecutando una orden precisa. Los sobrevivientes reconocieron entre los coordinadores de la operación a varios policías y funcionarios judiciales de alto rango de la entidad. Indicaron, asimismo, que el general Mario Arturo Acosta Chaparro, conocido entre los campesinos guerrerenses por su papel en el sofocamiento de la rebelión guerrillera una generación atrás, llegó en helicóptero para inspeccionar la zona momentos después de la matanza. Varios de los heridos se refirieron a un hombre que se inclinaba sobre ellos, no para prestarles ayuda, sino para filmarlos con una cámara de video.

Esa misma noche, Figueroa envió a la televisión local y nacional una breve y borrosa videocinta en apoyo a su versión de los hechos. En ella, un hombre de camisa blanca, visto desde atrás, apunta con una pistola a un policía uniformado: un campesino del grupo radical, dice la voz en off. El video de Figueroa no incluía ninguna escena de descarga de fuego, pero traía imágenes de campesinos muertos tendidos en el suelo con pistolas en las manos. Figueroa aseguró que había enviado a Aguas Blancas a la policía para invitar a los campesinos a dialogar y "disuadirlos de su cometido" de asistir al mitin. El tiroteo había sido producto, afirmó, de una "agresión" contra la policía.

Esta versión comenzó a desmoronarse a la mañana siguiente. *El Sol* de Acapulco publicó en primera plana dos fotografías: en una —a colores, tomada por el propio fotógrafo del periódico, quien había sido el primero en llegar a la escena del crimen— aparecía un campesino muerto tendido boca abajo en el fango. En la otra, en blanco y negro, se veía al mismo hombre, tomado horas después por otro fotógrafo, y aunque estaba tendido en la misma posición, en la mano del campesino se advertía una pistola. *El Sol* no se había distinguido por ejercer un periodismo de denuncia; pero aun sus complacientes reporteros se sentían ofendidos por el burdo engaño de las fuerzas de seguridad.

La maquinaria priísta se puso en marcha para difundir la versión de Figueroa, cortejando a la prensa, al tiempo que acosaba a los testigos, cuyas revelaciones fueron pronto acalladas. Figueroa asignó la investigación local a un comandante de policía del que era socio en un negocio. Este primer fiscal terminó sus indagaciones en tres días, detuvo a catorce policías estatales de ínfimo rango y defendió la tesis de que la policía había actuado en respuesta a un ataque.

Zedillo declaró que la matanza incumbía a las autoridades de Guerrero y, en congruencia con sus principios, se comprometió a no interferir.

Quien sí intervino fue Samuel del Villar. Abogado y profesor de derecho con un doctorado de la Facultad de Leyes de Harvard; desde 1988 había sido uno de los principales asesores de Cárdenas y el PRD. Como Zedillo, creía en la urgencia de fortalecer el estado de derecho en el país, convicción a la que, sin embargo, había llegado varias décadas antes que aquél. Al volver a México de Cambridge, en 1971, a los 26 años de edad, pensó que la mejor vía para cambiar el país era apuntalar la Suprema Corte de Justicia. Su mentor era Jesús Reyes Heroles, el distinguido político priísta que años después sería secretario de Gobernación.

Un día le preguntó a éste:

—¿Por qué no intenta presidir la Suprema Corte?

Supuso que un individuo tan brillante como Reyes Heroles podía desempeñar una función similar a la de John Marshall en Estados Unidos en el siglo XIX y establecer la independencia y autoridad del poder judicial. Pero Reyes Heroles no hizo sino reirse.

—¿Estás loco? —le dijo—; ir a dar a la Suprema Corte es caer en el limbo.

Del Villar reparó, de este modo, en el escaso valor de la ley en la cultura mexicana.

Aunque había ingresado al PRI, como hacían entonces los jóvenes ambiciosos, en la década de los setenta escribió una serie de ensayos sobre los nocivos efectos del sistema autoritario en la trama legal de la sociedad. Esos textos le valieron ser nombrado por De la Madrid el primer zar anticorrupción en México. No obstante, el compromiso de De la Madrid con esa causa pronto flaqueó, y Del Villar abandonó el gobierno. En 1988 unió fuerzas con Cárdenas, atraído por su aire natural de probidad.

En 1995 era un desgreñado intelectual disidente de 50 años de edad, fumador empedernido cuyas palabras manaban sin cesar cuando tocaba un tema que le apasionaba. Como maestro era reflexivo, y a menudo gracioso, pero en la práctica jurídica era notoriamente obstinado. Una vez que se formaba una opinión de un caso, perseguía con terquedad sus conclusiones sin desviación. Aguas Blancas fue uno de los casos en los que ya se había formado una opinión.

Designado por el PRD representante de las viudas de las víctimas, viajó a Guerrero para entrevistarse con los testigos en sus chozas. Concluyó que se hallaba frente a dos delitos premeditados: asesinato múltiple y encubrimiento, y que era probable que en ambos estuviera implicado el propio Figueroa. "Estos hombres fueron liquidados", resolvió. "Simple y llanamente ejecutados."

El 7 de julio presentó un alegato en la PGR, con el propósito de inducir la intervención de las autoridades judiciales federales. Pero su solicitud fue desechada en cuatro días sin explicación. Un mes después, no obstante, la Comisión Nacional de Derechos Humanos, la CNDH (creación de Salinas) emitió un informe que le daba la razón. Haciendo pleno uso de sus limitadas facultades de apercibimiento, la CNDH había realizado una investigación bastante completa en la escena del crimen. En ella comprobó que la policía había "sembrado" las pistolas en las víctimas, con lo que echó por tierra la tesis de Figueroa de que las víctimas iniciaron la agresión. La CNDH recomendó procesar por encubrimiento al fiscal inicial del caso de Guerrero, pero se abstuvo de acusar a Figueroa.

Pasaron algunos meses, durante los cuales hubo varios fiscales especiales del caso en Guerrero, nombrados todos ellos por Figueroa. Del Villar presentó en tribunales estatales y federales cuantos recursos, demandas y quejas se le ocurrieron, poniendo en juego toda su creatividad jurídica para intentar forzar a las autoridades a ampliar la investigación y extraerla de la esfera de influencia de Figueroa. Viajó a Guerrero y se alojó en tristes posadas para recolectar documentos y agotar el interrogatorio de los testigos. Descubrió, por ejemplo, que dos días antes de la matanza, Figueroa había sostenido en el palacio de gobierno una reunión a puerta cerrada con empresarios locales, en la que dijo disponer de información secreta de que líderes de la OCSS organizaban una nueva guerrilla que se financiaría con secuestros. Ahí había asegurado que ya tomaba medidas para hacer frente a esa amenaza.

En enero de 1996 un fiscal especial de Guerrero encarceló a dieciocho oficiales estatales más, incluidos varios asistentes de Figueroa. Pero tuvo el cuidado de absolver al gobernador, con el argumento de que la razón del delito era que la policía había perdido la cabeza. El presidente Zedillo siguió atentamente los acontecimientos y permitió que las instituciones cumplieran su función sin interferencia de su parte.

Televisa no se había interesado nunca, durante sus ya varias décadas de existencia, en temas como la matanza de campesinos, y en cambio optaba por noticieros anodinos y telenovelas sentimentales. Pero Ricardo Rocha no estaba de acuerdo con ello.

Ágil y experimentado conductor, Rocha había dedicado buena parte de su trayectoria a quebrantar poco a poco las reglas convencionales. Trabajaba en Televisa desde el surgimiento mismo de esta empresa, en 1972. Compañía privada controlada por la familia Azcárraga, a la que los términos de su licencia convirtieron, de hecho, en un monopolio, con lazos tan estrechos con el PRI, además, que bien se le habría podido considerar propiedad del Estado. Rocha condujo durante varios años tanto un programa de espectáculos los viernes por la noche como un programa más serio de entrevistas, los domingos por la tarde. Entre uno y otro se las arregló para mostrar por primera vez (y quizá última) en la televisión mexicana a una mujer totalmente desnuda, invitar a dos sexólogos profesionales a enseñar a los televidentes nuevas posiciones para hacer el amor, y transmitir al aire la salida del clóset de un homosexual.

En los años ochenta invitó a críticos del sistema a dar sus opiniones en su programa dominical, aunque sin transgredir, por lo general, las invisibles fronteras fijadas por Emilio Azcárraga Milmo, el Tigre, el patriarca de Televisa. Durante la huelga de 1986 en la UNAM, Imanol Ordorika marchó a Televisa, dando por supuesto que se le rechazaría. Por el contrario, Rocha lo pasó al aire. En esas opresivas épocas, esa entrevista hizo sentir a los estudiantes que habían traspasado una cortina de hierro.

Rocha creó, finalmente, un programa de reportajes especiales de fin de semana, al que tituló *Detrás de la Noticia*. En él presentó varias notas sobre Aguas Blancas, dando voz a los testigos presenciales de la matanza. Un día de febrero de 1996, ocho meses después de la masacre, una mujer que se negó a identificarse llegó hasta la puerta de los estudios donde se grababa el programa de Rocha y entregó al vigilante una videocinta con el ruego de que se la hiciera llegar a aquél. Algo en la vehemencia de esa mujer hizo pensar al equipo de Rocha que el asunto merecía atención.

Rocha estaba solo la primera vez que vio la cinta, y ésta lo dejó atónito. Pidió al jefe de su equipo de edición buscar en ella indicios de falsificación. No había ninguno, así que planeó con sus productores dedicar a la cinta parte del programa del domingo siguiente.

Sabía, no obstante, que primero debía obtener el permiso de los directivos de Televisa. Acudió a las oficinas de avenida Chapultepec en busca de Alejandro Burillo, pariente de Azcárraga y director de noticias. Luego de ver la cinta, Burillo, exempresario de futbol poco dado al sentimentalismo, guardó silencio largo rato.

–Es una patada en los güevos —dijo por fin.

De veinte minutos de duración, la cinta, con la fecha y hora marcadas en el extremo inferior derecho (a partir de las 10:28 de la mañana del 28 de junio de 1995), se iniciaba con las escenas que Figueroa había difundido. Primero una camioneta roja irrumpe en el punto donde el río atraviesa la vereda. La policía sale de los matorrales para detenerla; pero, tras revisar a los pasajeros, la deja ir. Poco después llega la camioneta azul, con pasajeros colgando de los lados.

Comienza entonces la parte faltante en la versión de Figueroa. A la vista de la camioneta azul, la policía irrumpe apresuradamente en el camino y grita a los pasajeros que se bajen. Éstos se apuran y la policía les ordena echarse al suelo; patea a algunos de ellos. Segundos después se oyen varias descargas de fusil. Los policías corren y una voz ordena: "¡Corten! ¡Corten!".

Luego de dos disparos en rápida sucesión, otro policía les grita a los campesinos: "¿Eso quieren, eh? ¿Eso quieren?".

Empiezan entonces las detonaciones, tan ruidosas y desenfrenadas que el camarógrafo se tambalea y la cámara oscila del cielo a la tierra.

Después de un largo minuto, el fuego se detiene. El camarógrafo vuelve a enfocar y filma con lentitud a los muertos y heridos. Amontonados, los baña la sangre de todos. El gemido de un hombre sube y baja con la agonía de cada resuello. "Ya no disparen", dice otro, fatigosamente. "Me voy a morir. Ya no disparen."

Terminada la cinta, Burillo se volvió hacia Rocha.

–¿Y todavía me vienes a preguntar si esto va o no va, cabrón?

Rocha asintió con la cabeza.

–Por supuesto que va, cabrón.

–Güero, qué bueno que me dices esto —respondió Rocha—; porque si me hubieras dicho lo contrario, yo te dejaba el video y dejaba también Televisa.

Aguas Blancas, Toda la Verdad se transmitió el domingo 25 de febrero de 1996. Rocha hizo un recuento de todo lo que se sabía hasta el momento sobre la matanza y presentó de nueva cuenta las declaraciones y el video de Figueroa. Luego presentó el video completo de la matanza, de alrededor de diez minutos de duración, sin comentarios.

Zedillo veía el programa con su familia en Los Pinos. Al concluir la emisión, estaba furioso. No porque Rocha hubiera proyectado el video, como explicó a sus colaboradores, sino por el hecho de que el presidente de la República tuviera que enterarse por la televisión de lo que en realidad había pasado en Aguas Blancas. El secretario de Gobernación, los servicios de información y su amigo el gobernador de Guerrero, obviamente, le habían fallado, lamentó.

El programa de Rocha dejó poca duda de que Figueroa había orquestado un encubrimiento. La existencia misma de la videocinta sugería que había ordenado a la policía filmar la matanza para que su aparato de seguridad dispusiera de material para confeccionar más tarde una versión trastocada.

No obstante, dos días después el novísimo fiscal especial de Guerrero emitió un informe definitivo que exoneraba, una vez más, a Figueroa. Con base en ese dictamen, el congreso estatal, bajo control del PRI, dio por terminada la misión del fiscal y cerró el caso. Del Villar intentó obtener un aplazamiento, pero las autoridades del estado desecharon sus recursos sin siquiera leerlos.

El presidente Zedillo comenzó a percibir que las instituciones no estaban operando sin su interferencia como lo hubiera esperado. El 4 de marzo solicitó a la Suprema Corte de Justicia investigar posibles violaciones a los derechos civiles federales en el caso de Aguas Blancas.

Enterado de ello, Figueroa se presentó en Los Pinos, pero el equipo de Zedillo le impidió el acceso. Sin embargo, nadie le dijo explícitamente que su permanencia en la gubernatura estuviera en riesgo. Así, volvió envalentonado a Guerrero; como gobernador, gozaba de inmunidad. Una semana después organizó en Chilpancingo una gran concentración de priístas, a quienes dijo que no necesitaba el respaldo del centro para gobernar. "Yo trabajaré siempre al lado de los que hicieron la Revolución, que son mis mayores, en contra de los farsantes de este país", aseveró, en referencia a las víctimas de la matanza y sus defensores. "En Guerrero hay hombres valientes, no cobardes." La multitud lanzó insultos a Zedillo y Rocha: "¡Televisa miente!".[35]

Horas después Figueroa recibió una llamada de la capital. Los improperios habían colmado la paciencia de Zedillo. El 12 de marzo, el gobernador solicitó licencia permanente de su puesto al congreso local.

Cinco semanas más tarde, el 23 de abril, la Suprema Corte emitió un informe sobre Aguas Blancas. Los magistrados determinaron que el primer disparo no se dirigió contra la policía, como habían alegado Figueroa y varios de sus fiscales especiales, sino que fue "a manera de mandato, o una señal, para disparar en ráfaga sus armas automáticas sobre los civiles indefensos". Esta señal "provoca que los policías, con poderosas armas de fuego, compulsiva e indiscriminadamente empiecen a disparar contra los ocupantes del segundo camión". Los policías actuaron "fría y prepotentemente, dueños totales de la situación". Figueroa, afirma-

183

ron los magistrados, había despachado a la escena a altos funcionarios estatales "no a investigar estos hechos y exigir responsabilidades, sino aparentemente a ocultarlos y crear confusión informativa".

El dictamen concluía que "existió violación grave a las garantías individuales de los gobernados", y colocó a Figueroa como el primero en la lista de funcionarios responsables.[36] La Suprema Corte envió su informe a Lozano, con la instrucción de llevar a término la investigación y perseguir los delitos federales resultantes.

Revelador como fue, ese informe causó en Del Villar sentimientos encontrados. Veía por una parte que la Suprema Corte cobraba vida y objetaba con imparcialidad y elocuencia la impunidad de los poderosos. Pero también sabía que, al ordenar ese informe, el presidente había frustrado el proceso legal. Después de ese veredicto, ¿cómo era posible que la Suprema Corte fungiera como la instancia de último recurso en el caso?

Pese a pertenecer a la oposición, en efecto, Lozano no estaría dispuesto a proceder contra alguien tan poderoso como Figueroa, sin la anuencia presidencial. El procurador buscó algún indicio por parte de Zedillo, pero no lo obtuvo. Éste permitió que las instituciones operaran sin interferir. Así, Lozano ignoró las líneas de investigación abiertas por la Suprema Corte, insistió en que no advertía delitos federales en Aguas Blancas y devolvió el caso a las autoridades estatales, que lo cerraron otra vez. Tal como Del Villar había temido, la Suprema Corte se rehusó a ocuparse de nueva cuenta del asunto.

Nunca se procesó a Figueroa. Varios altos funcionarios de su gobierno fueron encarcelados, pero liberados en su mayoría al desvanecerse la atención pública sobre el caso.

"El problema fue que alguien debió subrayar que una sociedad no puede vivir decentemente si se mata a la gente como perro", reflexionó años después Del Villar. "Alguien debió haberle dicho a Figueroa: 'No puedes andar matando así a la gente'."[37]

Durante el segundo año de su sexenio, Zedillo creyó necesario restaurar sus relaciones con el PRI, de modo que solicitó a dirigentes de éste organizar una asamblea nacional del partido.

El enfriamiento entre Zedillo y el PRI venía de tiempo atrás; era anterior incluso a los comicios presidenciales de 1994. A fines de la campaña de ese año Zedillo se había reunido en la sede nacional del PRI con dirigentes estatales. Éstos pensaron que el candidato quería cortejarlos, pero, por el contrario, les pidió la separación.

"Estoy firmemente convencido de que la democracia demanda una sana distancia entre mi partido y el gobierno", asentó Zedillo entonces. Y remató: "Los priístas no queremos un gobierno que se apropie de nuestro partido ni un partido que se apropie del gobierno".

Los dinosaurios en primera fila aplaudieron con el debido respeto. Pero en los pasillos traseros, los dirigentes estatales cruzaron miradas como preguntándose: "¿No?".

Ya en la presidencia, Zedillo tomó decisiones que su partido interpretó como desaires, o algo peor aún. Quizá la más importante de ellas fue la de suspender el financiamiento encubierto del PRI con recursos proporcionados por el presidente. Aunque para nadie era un secreto que el PRI vivía del erario, éste había intentado siempre guardar las formas. Pero no pagaba renta por ocupar oficinas en edificios propiedad de gobiernos municipales: hacía que gobiernos locales pagaran a sus empleados de tiempo completo y tomaba su ración de cuotas y derechos sindicales. Sin embargo, sus recursos estratégicos procedían de un fondo discrecional secreto controlado por el presidente. Ésta era la fuente del dinero para las necesidades prácticas de las campañas electorales, los oportunos donativos a causas comunitarias y los pagos a periodistas y escritores. Poco después de tomar posesión, Zedillo se enteró de que Salinas había destinado millones de dólares, en forma secreta, a la campaña presidencial de Colosio, y por extensión a la suya propia. Así, mientras que en público defendía el generoso financiamiento gubernamental a las campañas, en privado advertía a los dirigentes priístas que el partido debía dejar de depender económicamente de Los Pinos.

Sergio Aguayo y su grupo, Alianza Cívica, habían contribuido a que Zedillo asumiera esa actitud. Iniciaron el programa "Adopta a un funcionario", y al primero que adoptaron fue al presidente. Con fundamento en principios constitucionales largamente ignorados, exigieron información sobre el presupuesto y gastos de la presidencia de la República, así como sobre el patrimonio personal del primer mandatario. En las cuentas del gobierno hallaron oculto el rubro Ramo 00023, del que, en 1996, se destinaron a la presidencia más de 4 mil millones de dólares tan sólo para salarios, incluida una reserva de 86 millones que el presidente podía gastar sin rendir cuentas a nadie. Alianza Cívica demandó a Los Pinos en un tribunal federal, amparada en su derecho a conocer el uso dado por el gobierno al dinero de los contribuyentes.[38] Zedillo dio entonces los primeros pasos para hacer cambios en las cuentas presidenciales (y reducir a cero los gastos discrecionales a finales de su sexenio).

Su distanciamiento del PRI ocurrió cuando el partido soportaba las más amargas expresiones del descontento popular por la crisis económica y luego de que la presidencia forzara a los legisladores priístas a aprobar el programa económico de emergencia, con el que la mayoría de ellos estaba en desacuerdo. Así, el PRI llegaba a su decimoséptima asamblea nacional, en septiembre de 1996, cargado de resentimientos.

Las periódicas asambleas del partido oficial habían sido hasta entonces muy similares a los congresos de los partidos comunistas, convocados para ratificar cambios de rumbo ideológico previamente decididos por potentados nacionales. Pero en vísperas de la decimoséptima asamblea, el PRI se topó con que esta vez las instrucciones de Los Pinos —la esperada "línea" del presidente— eran demasiado vagas. Así, surgieron propuestas espontáneas de las bases. En esencia, éstas querían reformar los estatutos para imponer nuevos requisitos a los candidatos presidenciales. Exigieron lo que llamaron "candados", de tal forma que sólo pudieran aspirar a la postulación quienes hubieran ocupado, al menos, un puesto de elección popular, pertenecido al PRI cuando menos diez años y ejercido algún cargo en la dirigencia del partido. El mensaje era claro: no a los tecnócratas. En efecto, el propio Zedillo no habría podido ser candidato presidencial en 1994 de haber privado entonces tales condiciones.

Los delegados se congregaron el 21 de septiembre, última noche de la asamblea, para discutir las conclusiones. La delegación de Tabasco, manejada en las sombras por Madrazo, fue la primera en abandonar la línea habitual del partido, preparada por la dirigencia, leal a Zedillo. Otras se le sumaron prontamente.

"¡Tenemos que padecer los caprichos de tecnócratas poderosos que imponen a sus incondicionales como gobernadores y senadores aunque no conocen siquiera el ideario de nuestro partido!", exclamó un delegado de Puebla, Antonio Hernández. Una mujer de Querétaro llamó al gabinete zedillista "una bola de arribistas de las ligas menores". Los delegados reprobaron enérgicamente las medidas económicas de Zedillo y lo calificaron heredero directo del detestable Carlos Salinas. No obstante, de súbito, el senador veracruzano Eduardo Andrade, priísta ortodoxo, hizo ademán de que ya había oído demasiado y se abrió paso hasta el frente de la cola de oradores que esperaban su turno en el podio.

–Están enviando a nuestros enemigos un mensaje de que estamos rompiendo con nuestro presidente —gritó ante los advenedizos—; ¡se olvidan de que el presidente de la República es la fuerza básica de nuestro partido!

Surgieron abucheos en el público. Fernando Ortiz Arana, el priísta de la vieja guardia que presidía la sesión, se había mostrado inicialmente satisfecho con la intervención de Andrade; pero dada la agitación que sus palabras habían provocado, le indicó que se sentara.

Andrade explotó.

–¿Me está pidiendo que me siente? ¡Pero si fuiste tú quien me mandó aquí para dar la línea!

Así expuesto, Ortiz Arana hizo desconectar el micrófono de Andrade, al que dejó gesticulando sin que nadie lo oyera. Cuando las bases rebeldes vieron que los dirigentes del partido silenciaban a uno de sus propios adeptos, se amotinaron y tomaron por asalto el estrado. Hojas y restos de barro se esparcieron por el suelo al pisotear los priístas una hilera de macetas colocadas al frente del proscenio. Andrade se sumó a los sublevados, lanzando puñetazos.

Tras varias horas de andanadas y refriegas, los rebeldes accedieron a votar. El punto para impedir a los tecnócratas ser candidatos presidenciales fue aprobado. Los rebeldes también impusieron una declaración contra el proyecto zedillista de vender una parte de PEMEX, cancelando así de un solo golpe la más importante iniciativa privatizadora del presidente.

Según lo programado, a la mañana siguiente Zedillo clausuraría la asamblea en una magna concentración en el Auditorio Nacional. Pero tras lo sucedido la noche del sábado, el Estado Mayor Presidencial temió que se desatara la violencia. El jefe de esa corporación determinó que Zedillo accediera al estrado por una entrada lateral, no por el extenso pasillo central en medio de los miembros del partido.

Pero, tras consultar a sus asesores, el presidente rechazó esas medidas de seguridad. Retrasó su entrada unos minutos, pero luego marchó por el pasillo central, estrechando manos y palmeando espaldas a su paso. La estrategia surtió efecto. Al comprobar que Zedillo no se mostraba intimidado, los priístas rebeldes se apaciguaron.

"¡Esta vez la línea fue que no hubo línea!", prorrumpió Zedillo en su discurso, dando así la más optimista interpretación de los acontecimientos.

La decimoséptima asamblea nacional del PRI resultó un momento decisivo de la transición de México a la democracia. Los priístas ataron de manos a su partido reduciendo el conjunto de posibles candidatos para la lid presidencial de 2000. Por ejemplo, un funcionario capaz como José Ángel Gurría, último secretario de Hacienda de Zedillo, quedó eliminado de la contienda, pues nunca había ocupado un cargo de elección popular. Pero, sobre todo, después de esa asamblea el partido tricolor jamás cerró filas detrás de Zedillo. La insistencia del presidente en negar al PRI los privilegios que éste creía asegurados le dio popularidad entre la ciudadanía, pero no en su partido. Autoritario de corazón, el PRI demostró no entender los usos y costumbres de la democracia. Aprovechó el mayor margen de acción que le brindó Zedillo para retroceder a un universo político falto de competencia, un universo que ya no existía.

"No creo en el autoritarismo", afirmó Zedillo. "Creo en la ley y la política."

Samuel y yo lo entrevistamos en Los Pinos dos días después de la asamblea del PRI. El alboroto en el partido oficial no era en ese momento la única preocupación en el aire. Un grupo guerrillero ultraizquierdista hasta entonces desconocido, el Ejército Popular Revolucionario (EPR), había hecho aparición con bombazos coordinados en varios estados, eclipsando el segundo informe de gobierno de Zedillo, en el que éste había planeado referirse al éxito de la reforma política.

Sus colaboradores nos dijeron que había accedido con renuencia a la entrevista. Desconfiaba de la prensa, y la mayoría de nuestros colegas mexicanos nunca tuvieron la oportunidad de conversar con él. Pero al economista internacional evidentemente no le pasó inadvertida la conveniencia de charlar con The New York Times. *Así, nos sentamos a la mesa redonda en un extremo de su oficina, debajo de Benito Juárez. Una fuga barroca sonaba tenuemente.*

Hicimos la brusca observación de que muchos mexicanos lo consideraban un presidente débil.

"Posiblemente tengo una manera distinta de ejercer el poder respecto a los estándares que ciertas personas o ciertos líderes de opinión identifican", replicó. "No creo en el autoritarismo, y eso a lo mejor hace que algunos piensen que soy menos poderoso." Señaló que había trabajado deliberadamente para reducir sus propios alcances.

"He tomado decisiones personales de autocontrol de esa autoridad y de ese poder para abrirle espacios al congreso y tener ahora un poder judicial independiente, a fin de impulsar una descentralización efectiva en la vida del país", indicó. Apuntó a la reforma política y la recuperación económica, ambos en marcha entonces. Le preguntamos a qué atribuía que esos logros no hubieran tenido mayor impacto en las calles, donde la gente aún batallaba, molesta. Respondió que ello se debía a que se había rehusado a tomar medidas para satisfacer a grupos de interés o conseguir una recuperación económica de corto plazo. "No puedo fingir ser un político populista —dijo—, aunque eso me diera puntos de popularidad transitoria. ¿Por qué? Porque no me resulta."

Le pedimos su opinión sobre las críticas que había recibido en la asamblea del PRI. Quiso hacernos creer que, a su entender, ésta había sido un éxito. "Mi responsabilidad como presidente es hacer todo lo que a mí me corresponda para que el PRI tenga vida propia", dijo, como si fuera el papá de un adolescente descarriado. "Así que lo que he visto es una asamblea como deben de ser las asambleas de los partidos, con mucho debate, muchos enfrentamientos. Para mí lo importante de la asamblea fue el método. Por primera vez en muchos años el PRI tuvo una asamblea real, una asamblea de a de veras. No he interferido en ninguna medida en esos aspectos que son de vida interna del partido."

Nuestro examen de la manera de pensar de este político antipolítico avanzó fluidamente mientras aludimos a principios, pero se volvió tenso cuando tocamos cuestiones más específicas. Sacamos a colación el caso de un colega nuestro, Razhy González, periodista oaxaqueño secuestrado por un pistolero no identificado a menos de una cuadra del palacio de gobierno de Oaxaca e interrogado en un cercano centro secreto que parecía una unidad profesional de inteligencia. González había publicado notas sobre el EPR, el cual tenía células en Oaxaca, en una modesta revista alternativa que él mismo editaba. Cuando lo vimos, tenía heridas en la frente donde sus captores le habían levantado la piel al quitarle la cinta adhesiva que usaron para vendarle los ojos. Estaba seguro de que sus secuestradores pertenecían a un cuerpo de inteligencia militar.

Zedillo desestimó ese incidente. "No tengo información de que esté relacionado con alguna autoridad gubernamental", comentó. Le preguntamos si creía que, aparte del ejército, algún grupo o institución podía contar con una moderna cámara de interrogación en Oaxaca, pero no mostró interés en el tema.

Así que le preguntamos sobre Aguas Blancas.

Se refirió ceremoniosamente al veredicto de Lozano de que no había delitos federales que perseguir. "En ese asunto no tuvimos ninguna comunicación el procurador y yo. Me tengo que atener a su reporte, porque no soy juez, no soy fiscal", dijo. "Obviamente el procurador Lozano, como todos los funcionarios públicos, de tiempo en tiempo es criticado. Sin embargo, debe cumplir su función conforme a la ley, no conforme a ciertos sectores de opinión pública."

Empezábamos a decirle que la gente, en general, y muchos grupos de derechos humanos y de abogados, en particular, habían cuestionado que realmente se hubiera hecho justicia en el caso de Aguas Blancas, pero nos interrumpió.

"Discúlpenme —dijo, como si nos aleccionara—, pero mi responsabilidad como presidente es procurar con todos los medios a mi alcance la mejora de las instituciones, para que inspiren más confianza. Esa confianza no la voy a establecer atropellando yo la ley. Esa confianza se va a establecer mejorando el profesionalismo, renovando el personal, estableciendo nuevos estándares de ética y comportamiento."

Tanto Samuel como yo habíamos visto el video de la matanza. Recordábamos cómo la policía había golpeado a campesinos postrados antes de dispararles, y pasado después sobre cadáveres tendidos en el fango enrojecido para evaluar su trabajo. Recordábamos la afirmación de Figueroa de que la policía había sido la verdadera víctima.

"En estas situaciones pueden tomarse medidas que lo vuelvan a uno popular uno o dos días", explicó Zedillo, en referencia a las demandas de que interviniera para garantizar el procesamiento de Figueroa. "Pero ese tipo de popularidad se revierte, porque tarde que temprano la gente reconoce que uno se ha apartado del estado de derecho y ha caído entonces en una gran incongruencia. Creo que para lograr esa nueva cultura de apego a la legalidad lo que se requiere, en primer lugar, es una gran congruencia, siempre en el estado de derecho."[39]

Al parecer, su argumento era que no había ningún daño al estado de derecho si una figura relevante del partido oficial encubría impunemente una masacre con tal de que el presidente no interfiriera en los procedimientos judiciales.

La conclusión que sacamos de esta entrevista fue que Zedillo era un reformador de instituciones, pero no de personas. Poseía un pensamiento esquemático y una visión progresista de cómo modificar la estructura del Estado para hacerlo más sensible a sus sostenedores, y al mismo tiempo más estable. Como un arquitecto al restaurar un monumento nacional, había tendido sus planos y los seguía al pie de la letra. Esta política de conceptos le fue a menudo muy útil, pues le permitió seguir un curso sistemático hacia la reforma y desentenderse del incesante fatalismo de la política mexicana. Durante los tres primeros años de su gobierno, además de eliminar el control presidencial de las elecciones, contribuyó a la consumación de reformas que otorgaron autonomía al Banco de México y facultaron al congreso para ratificar el nombramiento del procurador y de los magistrados de la Suprema Corte.[40]

Su firmeza ciertamente rindió frutos en la recuperación económica. En 1995 la economía cayó 6.5% (la peor contracción desde la Gran Depresión); al año siguiente creció 5.2%, con la restitución de casi un millón de empleos. En esos dos años Zedillo resistió presiones sobre el gasto público y presentó presupuestos equilibrados. Pagó pronto los préstamos del rescate extranjero. La confianza de los inversionistas se restauró, el peso se estabilizó y el comercio a través del Tratado de Libre Comercio de América del Norte (TLCAN) comenzó a fluir. A fines de 1996, las reservas de divisas, que dos años antes se habían reducido a 6 mil millones de dólares, ascendían a 17,500 millones e iban en aumento.[41]

Pero el común de la gente seguía sumida en dificultades económicas: persistía la alta inflación, y los bancos eran débiles y corruptos. Muchos nuevos empleos procedían de efímeras industrias maquiladoras con salarios bajos que contribuían muy poco al desarrollo de las comunidades en las que se insertaban. La recuperación era dispareja, pues favorecía a las clases y regiones ricas y pasaba por alto a las pobres.

Desde su distancia autoimpuesta, sin embargo, Zedillo no advertía cabalmente cuán disfuncional se había vuelto el sistema para muchos ciudadanos, tanto en lo económico como en lo político, o qué se sentía estar del lado equivocado. Aunque para el PRI tradicional era un extraño, el sistema en su conjunto había tratado bien a Zedillo. Éste no sabía qué era el temor que invadía a un campesino en guerra con el PRI en Guerrero, o el de un periodista que debía esquivar a la policía secreta en Oaxaca. Con los menos favorecidos, Zedillo no podía sino ser tan autoritario como sus predecesores. Así, podía ayudar a erigir el marco para la democracia; pero la labor de hacerla funcionar para los proscritos del sistema correspondía a la sociedad en general, lejos de Los Pinos.

Quedaría claro, además, que el compromiso de Zedillo con el imperio de la ley tenía ciertos límites y que, pese a sus afirmaciones en sentido contrario, éstos eran eminentemente políticos. Durante su sexenio la oposición intentó varias veces que el congreso lo investigara. Aguilar Zinser promovió la investigación de desembolsos poco claros que Zedillo había autorizado como secretario de Programación. López Obrador intentó que se investigara el financiamiento de su campaña presidencial. Legisladores priístas bloquearon ambas iniciativas.

Julia Preston

189

Para las elecciones de mitad del sexenio de julio de 1997, Woldenberg y los nuevos consejeros ciudadanos del IFE consolidaron uno de los sistemas electorales más avanzados del mundo. Desde el fraude de 1988, el país había gastado más de mil millones de dólares en la reforma electoral. Todos los ciudadanos habían sido visitados varias veces en su hogar para elaborar un padrón electoral confiable. El IFE emitió millones de credenciales con fotografía digital integrada, parte de un sistema de alta tecnología que, finalmente, expurgó 135 mil nombres duplicados mediante la comparación de fotos de electores.[42]

Los consejeros se mudaron a las modernas instalaciones del IFE, en el sur de la capital, para hacerse cargo de un vasto organismo con oficinas en los 31 estados y 300 distritos electorales del país. Para eliminar a los incondicionales del PRI, pusieron sistemáticamente al frente de esas oficinas a ciudadanos imparciales. Reclutaron a jóvenes expertos en computación para diseñar una red basada en Internet capaz de revisar cada etapa de una elección; desde la capacitación de los funcionarios de casilla hasta el rastreo de boletas no utilizadas. Esto permitiría a la ciudadanía revisar en tiempo real los resultados de elecciones federales, a medida que se contaran los votos.

Muchos ciudadanos no se percataron de la trascendencia de esos cambios hasta las elecciones del 6 de julio de 1997, las primeras en ser organizadas por el recientemente independizado IFE.

Ésa fue, de hecho, la noche en que Cárdenas sonrió.

Desde su derrota en los comicios de 1994, su célebre cara larga no había hecho otra cosa que alargarse más. Cárdenas había trabajado impasiblemente para reagrupar al PRD. Al final decidió contender para convertirse en el primer alcalde electo de la ciudad de México en sesenta y ocho años, desde que el sistema priísta había estado en el poder.

Logró una gran victoria, ya que obtuvo 47% de los votos, contra 25% del PRI y apenas 16% del PAN. El PRD consiguió también una decisiva mayoría en la Asamblea de Representantes, cuyas facultades habían sido ampliadas poco antes. El electorado sintió que le hacía un acto de justicia a Cárdenas, compensándolo por los sucesos de 1988 y premiándolo por su firme oposición a Salinas. Así, cuando esa noche aquél apareció ante las cámaras en las oficinas de su partido justo después de las diez, mostró una franca y grandiosa sonrisa.

Saboreaba de igual forma un momento decisivo en la lucha democrática del país. En las elecciones federales de ese mismo día, el PRI perdió, por primera vez, la mayoría en el congreso, pues sólo recibió 239 de las 500 curules de la cámara de diputados. El PRD se convirtió en la segunda fuerza política del país, con 125 diputados, aunque seguido muy de cerca por el PAN, con 122. (Pequeños partidos obtuvieron el resto.) Para ser los primeros comicios a cargo del IFE independiente, fueron un rotundo éxito; pese a haberse verificado más de quinientos torneos electorales en toda la nación, hubo apenas un puñado de impugnaciones.

Esas elecciones también representaron una reivindicación para Zedillo, aunque los partidos de oposición nunca lo reconocieron. Uno de los factores cruciales de la contienda fueron los abundantes fondos de campaña que los partidos recibieron del gobierno, muy a pesar de que, en su momento, éstos hubieran reprochado a Zedillo la defensa de un elevado financiamiento. Pero una vez que se percataron del considerable aumento de su atractivo gracias al tiempo que con ese dinero pudieron comprar en radio y televisión, abandonaron calladamente sus objeciones.

Zedillo fue objeto de dudas y ambivalencias a todo lo largo de su sexenio. Al fin de su mandato, Salinas fue condenado por autócrata; cuando Zedillo redujo las facultades presidenciales, se le condenó por apocado. Pero una vez mitigada la crisis económica, creció la confianza popular en él. Acreditado como sencillo y trabajador, vio subir sostenidamente su popularidad en las encuestas.[43] En contraste, la clase política nunca dejó de dudar de la sinceridad de sus intenciones reformistas, y jamás estuvo dispuesta a reconocer una relación de causa y efecto entre las propuestas de cambio democrático realizadas por Zedillo en el discurso de su toma de posesión y las conquistas de la oposición en las elecciones del 6 de julio de 1997.

Esa fecha, Zedillo apareció en televisión a las once de la noche para reconocer la victoria de Cárdenas. Usó sus términos acostumbrados, pero ya no en futuro, sino en pasado: "La nación dio hoy un definitivo, irreversible e histórico paso hacia una vida democrática normal", aseguró.

Con tan amplio margen de votos a favor de Cárdenas, tal declaración era innecesaria, pero aun así agradó a la ciudadanía. El presidente ofreció a Cárdenas la colaboración del gobierno federal, diciendo: "Le deseo el mayor éxito en su delicada tarea". En 1988, sólo nueve años antes, ese gesto habría sido imposible para el régimen priísta. Esta vez, en cambio, Zedillo hizo que pareciera fácil.

RAÚL

La primera vez que María Bernal vio a Raúl Salinas de Gortari, estaba tendido a la entrada de la boutique para caballeros donde ella trabajaba en una exclusiva calle comercial de Sevilla, España. Era temprano y el forastero aún se tambaleaba después de una noche de melancólica borrachera.[1]

Tras suplicar la ayuda de Bernal, Salinas, brusco, se abrió paso a su tienda. Se lavó en el baño y resolvió el problema de su traje sucio comprando uno nuevo y un par de zapatos, en lo que gastó más de mil dólares. Ante la sorpresa de Bernal, explicó: "Soy multimillonario". Pagó con una tarjeta Visa dorada en la que aparecía su verdadero nombre. Bernal se enteraría después de que, ese mismo día, Salinas también realizó compras en una tienda enfrente donde utilizó otra tarjeta de crédito con nombre distinto. Era junio de 1992 y, aunque ese día Bernal no se dio cuenta, Carlos Salinas, hermano de Raúl, se hallaba en la cima de su periodo presidencial en México.

De ese encuentro poco prometedor en España nació un romance trasnacional que habría de convertirse en leyenda en México. Raúl llevó a su país a María, hermosa joven de larga cabellera rizada, a la que instaló en casa de su padre, Raúl Salinas Lozano, para después despacharla de un lugar a otro para poder verla, mientras hacía viajes de negocios. En uno de sus primeros paseos juntos, Raúl rentó un yate en Acapulco, en el que erraron todo el día en compañía de otros dos hermanos de Raúl, Enrique y Sergio, con sus amigas. En cierto momento, María se sentó en el regazo de Raúl, sentado a su vez en la proa del yate. Un marinero tomó una foto, en la que María mira coquetamente a la cámara mientras Raúl ostenta una amplia y satisfecha sonrisa.

Ésos fueron días de gloria para Raúl Salinas. En abril de 1992 había renunciado a su puesto en el gobierno, luego de una insignificante carrera burocrática de dieciséis años en la que siempre había permanecido a la sombra de su hermano menor, Carlos, y durante la que invariablemente lo habían perseguido rumores de dinero mal habido. Carlos lo había forzado, al final, a dimitir a causa de que las murmuraciones sobre su corrupción amenazaban ya con escapar de su control. En el Distrito Federal, Raúl era conocido como el Señor Diez por Ciento, en referencia a las comisiones que al parecer cobraba en forma encubierta por los muchos contratos gubernamentales que les conseguía a sus amigos.

Su retiro anticipado no le causó ninguna molestia. En su última declaración patrimonial como funcionario público aseguró no haber ganado nunca más allá del equivalente a 190 mil pesos anuales, suma correspondiente, señaló, a su salario más prestaciones. Pero para entonces ya tenía guardadas en el país decenas de millones de dólares en cuentas bancarias con nombres falsos. Pronto uno de sus amigos, Carlos Hank Rohn, hijo de Hank González, lo presentó con una funcionaria del Citibank en Nueva York. Esta ejecutiva bancaria, Amy Elliot, se encargó de erigir el laberinto financiero —cuentas en las Islas Caimán, Londres y Suiza— que Raúl necesitaba para desplazar y proteger su creciente fortuna.

La relación con él brindó a María Bernal una visión excepcionalmente íntima del modo de vida de Raúl Salinas. Dueña de un excelente ojo para los detalles, años después, ya como examante despechada, dijo todo lo que sabía en un libro repleto de confesiones. En él relató sus visitas a las grandes propiedades de la colección de inmuebles de Raúl, comenzando por sus dos espaciosas residencias, a unas cuantas cuadras de distancia entre sí, en las Lomas de Chapultepec; sus jugueteos con él en su casa en la playa, en Acapulco, y en la mansión que rentó durante un año en La Jolla, California, para hacerle creer a Carlos que estudiaba en un centro de investigación; sus prácticas de esquí gracias al chalet de Raúl en Aspen, y la ayuda que le prestó para arreglar su nuevo departamento en Nueva York, en la Quinta Avenida, con vista al Central Park.

También colaboró con Raúl en la decoración y administración de sus dos ranchos. Uno, El Encanto, se situaba en los cerros de Cuajimalpa, a diez minutos de su casa. Eterno devoto de la equitación, Raúl tenía ahí una pequeña caballeriza, así que durante su jornada habitual podía detenerse en cualquier momento en el rancho para dar un paseo o cumplir una cita con Bernal, o cualquier otra amante. El otro, Las Mendocinas, era una hacienda a las faldas del Popocatépetl, con una cuadra de caballos pura sangre y un Greco original (a decir del propio Raúl) en la pared. En su armario, Raúl atesoraba su preciada colección de unos sesenta trajes de charro.

La complacencia y ambición de Bernal hicieron que su aventura con Raúl durara más de lo que muchas mujeres habrían tolerado. Ni siquiera se disuadió cuando, un año después de haberlo conocido, Raúl se casó con Paulina Castañón. Le explicó a María que debía desposarse por razones prácticas, puesto que ella era rica y mexicana. Carlos se disponía a hacerlo gobernador de Nuevo León, y un gobernante mexicano no podía tener por esposa a una buscona española.

Además de su dinero, nunca estuvo muy claro qué le vio María Bernal a Raúl Salinas. Sin embargo, en la corresponsalía en México de The New York Times *pudimos hacernos, en cambio, una idea muy clara de lo que él vio en ella cuando María nos hizo llegar unas fotografías que ofrecía en venta pues le urgía efectivo. Las fotos, en las que aparecía desnuda en poses de diosa, fueron tomadas por el propio Raúl, nos aseguró ella. Desafortunadamente, no pudimos publicarlas, ya que el* Times *no tiene* centerfold.

Julia Preston

Tiempo después, el matrimonio de Raúl forzó a Bernal a repensar su relación. A fines de 1994 accedió durante varios meses a una degradación táctica, de prometida a ama de llaves. Raúl la convenció de que lo ayudara a empacar, pues estaba clausurando algunas de sus casas, sacando su dinero del país y registrando a prestanombres como dueños de sus propiedades, en preparación del inminente fin del sexenio, a partir del cual la familia Salinas dejaría de ser intocable.

"Estaba muy cerca el fin del sexenio y no era conveniente que Raúl apareciera como propietario, porque México no se lo perdonaría", escribió Bernal en su libro; comentario que resultaría premonitorio.[2] México, en efecto, no lo perdonó.

Podría argumentarse que, en su momento, Raúl Salinas de Gortari hizo más que ningún otro mexicano por impulsar la transición a la democracia. El suyo no fue, sin embargo, un papel de héroe; su impacto en la democratización del país derivó de la ingente fuerza de su ejemplo negativo. A ojos de la sociedad, su papel en el descrédito del sistema fue excepcionalmente espectacular, con lo que contribuyó a precipitar el régimen autoritario.[3]

Dadas las circunstancias, fue inevitable que el disipado estilo de vida de Raúl se hiciera del dominio público casi tan pronto como Carlos Salinas dejó de ser presidente. Las revelaciones comenzaron tras la inesperada aprehensión de Raúl el 28 de febrero de 1995, acusado de haber ordenado el asesinato de su excuñado y rival político José Francisco Ruiz Massieu. Pero adquirieron un ritmo vertiginoso luego de que Paulina Castañón fuera detenida en Zürich, Suiza, el 15 de noviembre de 1995, mientras, acompañada de su hermano, pretendía hacer un retiro bancario, por varios millones de dólares, usando un pasaporte falso que, a pesar de llevar la fotografía de Raúl, estaba a nombre de un tal Juan Guillermo Gómez Gutiérrez. Aunque la dejaron en libertad, las autoridades suizas congelaron los 130 millones de dólares que hallaron depositados en las cuentas secretas de Raúl, dinero cuyo origen sometieron a investigación por posible lavado de dinero procedente del narcotráfico.

Sujeto a forzoso silencio en la cárcel de máxima seguridad de Almoloya, Raúl fue el epicentro de un escándalo tras otro. Pesquisas del congreso sacaron a la luz sus turbios negocios como funcionario público, especialmente en CONASUPO y DICONSA, dos agencias paraestatales de distribución de alimentos. Indagaciones en México y Suiza evidenciaron acuerdos financieros, sellados, a menudo, con poco más que un apretón de manos, por efecto de los cuales Raúl y sus amigos transfirieron en secreto decenas de millones de dólares a fondos o inversiones tras beneficiarse de información confidencial del gobierno. Funcionarios de Suiza determinaron a la postre que al menos una parte de los millones depositados por Raúl en ese país procedía del narcotráfico, motivo por el que le decomisaron alrededor de 90 millones de dólares.

Peor todavía para el sistema, una investigación federal descubrió que, durante el sexenio de Salinas, 38 millones de dólares fueron traspasados de cuentas del presidente a cuentas bancarias privadas a nombre de diversos seudónimos de Raúl.[4]

Pese a la conmoción que causó el asesinato de Ruiz Massieu, la sociedad se sintió aún más ultrajada al saber que Raúl Salinas se había vuelto rico gracias a los cuestionables privilegios de que disfrutó en su calidad de hermano del presidente. El propio Raúl reconoció las ventajas de su posición en una carta de diez cuartillas escrita el 23 de octubre de 1997 y dirigida a *The New York Times* en México, en respuesta a preguntas que le fueron enviadas a través de un abogado estadunidense. Su manuscrito, redactado en inglés, mismo que su abogado sacó de contrabando de la rígida penitenciaría de Almoloya, fue la primera entrevista que concedió a una publicación extranjera desde su confinamiento en prisión.[5]

"Siempre he tenido negocios privados —escribió—; y cuando se es hermano del presidente de México, llegan muchas grandes oportunidades, como me ocurrió a mí."

Hizo esta puntualización en apoyo a su negativa categórica de que hubiera tenido algo que ver con narcotraficantes. Su argumento —completamente lógico, al parecer, para él y su familia— fue que, con tantos medios a su disposición para enriquecerse vía el nepotismo, no precisaba de sobornos procedentes de la droga. "En la posición que yo tenía, no había la menor necesidad de involucrarse con narcotraficantes", consignó.

Raúl incurrió en formas de corrupción que eran rutina en el sistema, pero no guardó las debidas proporciones. Llegó a excesos que ofendieron incluso a sus aliados en el partido en el gobierno, y no fue suficientemente generoso en el reparto del botín.

Además, los detalles sobre la riqueza e impunidad de que gozó gracias a su proximidad con el poder agobiaron al pueblo, justo en los años en que éste pugnaba por recuperarse de la devaluación de 1994. Así, esta vez su tolerancia se agotó. El caso de Raúl Salinas puso de relieve para la ciudadanía que el sistema aún se empeñaba en enriquecer a la elite política, pero ya no proporcionaba bienestar a la clase trabajadora.

Un negocio representativo del estilo empresarial de Raúl fue su inversión en TV Azteca, televisora nacional de propiedad estatal (con el nombre de IMEVISIÓN) Carlos Salinas la había vendido al sector privado en 1993. Esta compañía fue adquirida en subasta pública por el joven magnate Ricardo Salinas Pliego, dueño de la cadena de tiendas Elektra. Dicha venta formó parte de la proclamada campaña de privatización en la que, en busca de recursos frescos y del adelgazamiento del gobierno, Salinas también vendió Teléfonos de México (TELMEX) y muchos otros haberes del Estado. Se esperaba que, una vez en manos privadas, TV Azteca se convirtiera en la primera competencia seria de Televisa. Documentos surgidos de las diversas investigaciones sobre las finanzas de Raúl Salinas pusieron de manifiesto las transacciones de un préstamo que le hizo a Salinas Pliego, en la época en que éste compró la compañía televisora.[6]

El 24 de mayo de 1993 el gobierno publicó las condiciones de la licitación anónima de TV Azteca. Esa misma semana, mucho antes de que se hiciera pública la identidad de los postores, Raúl abrió una cuenta bancaria bajo nombre falso en las Islas Caimán. Consumada la venta, en esa cuenta aparecerían pagos de Salinas Pliego.

Cuando semanas más tarde el gobierno informó que Salinas Pliego era uno de los postores, la comunidad empresarial apenas si reparó en ello. El joven ejecutivo con barba de bohemio había hecho su fortuna vendiendo estufas, tenía sólo 40 años de edad y carecía de experiencia en los medios de información, así que no fue visto como un rival de respeto en una pugna de esa trascendencia política.

El 30 de junio, más de dos semanas antes de que se anunciara el resultado de la licitación, Raúl depositó 25 millones de dólares en cuentas controladas por Salinas Pliego en tres bancos suizos (no sin antes pasear esa suma entre sus propias cuentas de Citibank en Europa).[7]

El 17 de julio el gobierno otorgó TV Azteca en venta a Salinas Pliego, para sorpresa del mundo empresarial. Se dijo entonces que su elevada oferta, de 642 millones de dólares, había sido superior en cien millones a la de su más cercano competidor.

Las transferencias de Raúl a Salinas Pliego se ignoraron durante tres años, pero salieron a la luz tras la divulgación, en México, de documentos financieros presentados por el primero en su defensa ante autoridades mexicanas y suizas. Al hacerse públicas sus transacciones, ambos implicados mintieron, aunque Salinas Pliego con particular vigor. En una entrevista con Andrés Oppenheimer, de *The Miami Herald*, negó que hubiera hecho negocio alguno con Raúl. Dijo que todo era producto de un enredo, pues los investigadores suizos se habían confundido al ver el nombre "R. Salinas" en los registros de algunas de sus propias transacciones.[8]

Sin embargo, cuando se le opusieron documentos judiciales en los que se detallaban transferencias de Raúl a sus cuentas, Salinas Pliego tuvo que admitir en conferencia de prensa que, en efecto, aquél le había hecho un préstamo por poco más de 29 millones de dólares, a pagar en seis años a un interés de 12 por ciento.[9]

Entonces uno y otro insistieron en que habían acordado ese préstamo después de consumada la venta de TV Azteca. Al igual que en la mayoría de los negocios de Raúl, tampoco en éste se disponía de un contrato que pudiera ofrecer una fecha. "No fue necesario ningún documento, porque para mí fue suficiente la palabra de Ricardo Salinas", explicó Raúl a investigadores mexicanos.

Los estados bancarios de Raúl indicaron que la operación tuvo lugar estando aún en marcha la licitación confidencial de TV Azteca. Pese a ello, nunca se investigó a fondo si él o Salinas Pliego contaron con información confidencial sobre la venta de la televisora.

Como muchos otros socios de Raúl, Salinas Pliego se mostró asombrado y ofendido por la alharaca en torno al préstamo. Aseguró que su amistad con Raúl Salinas se debía a su común afición a montar a caballo. Después ofreció lo que para él era una explicación elemental de la dinámica entre el poder político y las empresas en México. "Raúl no era un funcionario cualquiera", razonó. "Era el hermano del presidente. En ese entonces, y mucho antes de Salinas, si el hermano del presidente llegaba y te decía: 'Quiero hacer negocios contigo', muy pocos empresarios se habrían rehusado." Adujo, además, que la suma en cuestión era reducida. "Veintinueve millones pueden ser mucho dinero para algunas personas, pero en esta operación era un monto irrelevante."

Raúl insistió por su parte, a pesar de hallarse tras las rejas, en que aquel trato había sido un buen negocio. En su carta de octubre de 1997 a *The New York Times* escribió que confiaba que "se me pagaría con réditos (una buena ganancia) ". Interrogado por investigadores mexicanos, expuso lo que llamó la "lógica de rico" de esa transacción: "El dinero trabaja por los ricos; quienes no lo tienen creen que deben trabajar por él. Los ricos creen dos cosas: que merecen todo el dinero que puedan acumular y que el dinero debe trabajar por ellos".

Esta misma lógica también se aplicaba, al parecer, al trato de Raúl con Carlos Peralta Quintero, otro acaudalado príncipe, hijo de Alejo Peralta y amigo de Raúl desde la juventud.[10] Peralta fue a la telefonía celular lo que Salinas Pliego a la televisión. En 1993 el gobierno le otorgó una licencia para poner en marcha la principal compañía competidora de TELMEX en telefonía celular.

La congelación por funcionarios suizos de las cuentas de Raúl, a fines de 1995, fue una mala noticia para Peralta. Para deslindarse de cualquier sospecha de narcotráfico, admitió ser dueño de 50 millones de dólares de las cuentas congeladas. Ambos sostuvieron que esa suma estaba destinada a un fondo de inversión, cuyos propósitos, reconocieron, aún no habían sido establecidos. Peralta presentó ante las autoridades suizas un expediente de quinientas páginas que probaba que su dinero procedía de transacciones legítimas y documentaba cada uno de sus movimientos en su camino a las cuentas de Raúl en Suiza, acreditando que su dinero no tenía nada que ver con drogas.

Pese a sus pilas de papeles, Peralta no tenía un solo documento relativo al fondo de inversión. Dijo haber confiado ese dinero a Raúl en un pacto de caballeros. Un apretón de manos "fue más que suficiente", aseguró.

Conforme a las leyes suizas, una cuenta encubierta podía incautarse íntegra aun si sólo era parcialmente atribuible al narcotráfico. Así, al confiscar casi todo el dinero de Raúl, se incautaron los millones de Peralta. El sistema judicial mexicano nunca investigó la inevitable sospecha de que Peralta había recompensado con esa suma a Raúl por haberlo ayudado a obtener la licencia de telefonía celular.

Lo que más enardeció a la prensa fueron las aseveraciones de que el "hermano incómodo" había hecho grandes negocios con narcotraficantes. Iniciadas por los fiscales suizos, las investigaciones sobre los vínculos de Raúl con el comercio de estupefacientes prosiguieron durante años, en instancias mexicanas e internacionales, y produjeron evidencias significativas pero no siempre contundentes ni legalmente procesables, por lo menos para la justicia estadunidense.

Varios informantes, por ejemplo, confirmaron a agentes antidrogas estadunidenses que Raúl se había reunido, en 1990, en un rancho de su familia con representantes del capo Amado Carrillo Fuentes.

Además, participantes en una cena ofrecida, en 1995, en Tamaulipas, por un empresario petrolero afín al PRI aseguraron haber visto circular en ella una fotografía de Raúl con Juan García Ábrego, líder del cártel rival de Carrillo Fuentes. La ocasión parecía ser una feria ganadera. La cena de referencia tuvo lugar poco después de la aprehensión de Raúl y el anfitrión bromeó con sus huéspedes que este hecho volvía más valiosa la foto, la que, sin embargo, nunca ha sido publicada.

La investigación de la policía de Suiza, encabezada por Carla del Ponte, entonces procuradora general, reunió la mayor cantidad de pruebas sobre los vínculos de Raúl con el narcotráfico.[11] Después de tres años de indagación, en el documento justificatorio de la incautación de 90 millones de dólares de las cuentas de Raúl, presentado en un procedimiento civil en octubre de 1998, la policía suiza asentó que "una vez que Carlos Salinas de Gortari asumió la presidencia de México, en 1988, Raúl Salinas de Gortari tomó el control de prácticamente todos los cargamentos de drogas que atravesaban el territorio mexicano".[12] Según esta descripción, Raúl era el cobrador de cuotas en la puerta por la que pasaba la cocaína dirigida a los mercados estadunidenses.

Todo indica, sin embargo, que de tales pruebas se desprendía un cuadro incompleto. El testigo más sustancioso de la procuradora suiza fue Guillermo Pallomari, excontador de uno de los principales narcotraficantes colombianos. Pallomari huyó de Colombia en agosto de 1995 y fue interrogado durante tres meses por agentes antidrogas de Estados Unidos, luego de que se convirtió en testigo protegido. Años después, declaró a las autoridades suizas que su antiguo jefe colombiano le había ordenado reunir 80 millones de dólares para pagar sobornos en México. Afirmó que dispuso de 40 de ellos para Raúl Salinas, a cambio de que éste le ayudara a agilizar el paso de embarques de droga por territorio mexicano.[13]

Contra la veracidad de esta declaración obraba el hecho de que Pallomari no la hubiese rendido al ser interrogado por los agentes estadunidenses. Al mismo tiempo, sus acusaciones adquirieron credibilidad cuando indicó a los detectives suizos cómo identificar pagos de sobornos en México, en libros contables de líderes del cártel colombiano requisados por la policía de ese país en 1995.

Otro informante de las autoridades suizas fue José Manuel Ramos, convicto por narcotráfico que había trabajado en Texas como agente de mediano rango del cártel de Medellín antes de ser aprehendido en 1990. Según Ramos, en 1989 Raúl intercedió por él frente a autoridades de México para que le permitieran recuperar el cargamento de cocaína de un avión colombiano que había hecho un aterrizaje forzoso en el norte del país. Como en el caso de Pallomari, tales afirmaciones cobraron peso cuando Ramos las sustentó en documentos contables del cártel de Medellín, decomisados al momento de su detención. De acuerdo con las autoridades suizas, dichos documentos certificaban que, a partir de 1987, Ramos había pagado a Raúl 28.7 millones de dólares a lo largo de dos años.[14]

No obstante, agentes antidrogas de Estados Unidos objetaron este testimonio, pues señalaron que Ramos lo presentó luego de habérsele impuesto dos cadenas perpetuas en cárceles de ese país. Declaraciones de Ramos en otros casos de drogas les habían resultado poco confiables.

Raúl negó cualquier vínculo con el narcotráfico, insistiendo en que las acusaciones en su contra eran "narcoficción" urdida por traficantes presos que buscaban reducir sus sentencias.

"Personas muy malas han dicho muchas mentiras para dañarme y beneficiarse por el solo motivo de que soy hermano de Carlos", escribió en su carta a *The New York Times*. En efecto, declaraciones en su perjuicio rendidas por varios narcotraficantes presos no resistieron el análisis.[15] Asimismo, siempre faltaban detalles sobre la manera y las personas de las que había obtenido la cooperación oficial por la que presumiblemente se le pagaba.

A causa de la fragilidad de las pruebas, a Raúl nunca se le procesó en Estados Unidos por acusaciones concernientes a narcotráfico.[16] De hecho, entre todos los cargos de corrupción que enfrentó, los referentes a ese asunto fueron los que se documentaron con menor solidez.

Sería difícil exagerar la consternación que produjo en México el asesinato de José Francisco Ruiz Massieu. El homicidio ocurrió seis meses después del de Colosio (el 28 de septiembre de 1994), y fue casi igualmente traumático. Salinas se apresuró a nombrar como fiscal especial del caso a Mario Ruiz Massieu, funcionario judicial y hermano de la víctima. Pese al conflicto de interés que ello entrañaba, durante las exequias de Ruiz Massieu, Salinas llegó a un acuerdo con Mario y obtuvo, asimismo, el consentimiento de Zedillo, entonces presidente electo.

Mario Ruiz Massieu tenía material con el cual empezar: el pistolero había sido capturado en la escena del crimen. Daniel Aguilar Treviño, ranchero de 28 años de edad, se confesó culpable tras un interrogatorio de dieciocho horas en el que la policía le aplicó choques eléctricos y casi lo ahogó en una cubeta con excremento.[17] Dijo que había sido contratado por el secretario particular del diputado priísta Manuel Muñoz Rocha, mismo que desapareció sin dejar huella un día después del homicidio.

Ruiz Massieu rendía a Salinas inmediata cuenta de su investigación. Pero a principios de octubre comenzó a informar también a Zedillo. "Algunos testigos aseguran que Raúl Salinas está detrás del asesinato", reportó a éste.

Zedillo no simpatizaba con Raúl. Habían tenido diferencias por asuntos financieros a principios del sexenio de Salinas, cuando Raúl era director de Planeación de CONASUPO y Zedillo secretario de Programación. Pese a todo, éste dudó de la versión de Mario, en la que creyó percibir una intriga para incriminar a Salinas en las últimas semanas de su gobierno. Así, se limitó a aconsejar a Ruiz Massieu que profundizara en su investigación.

Mario insistió varias veces más ante Zedillo en que las pruebas apuntaban hacia Raúl, si bien hizo notar que no tenía aún evidencias concluyentes de ello. Buscaba orientación del presidente electo para saber cómo manejar tan explosivo asunto. Sin embargo, los asesores de Zedillo comenzaron a sospechar que Ruiz Massieu se servía del caso de su hermano para perseguir la titularidad de la Procuraduría General de la República (PGR) en el nuevo gobierno. Así, Zedillo le instruyó con impaciencia que sólo tratara con Salinas.[18]

Mario se hizo entonces asiduo de Los Pinos. El presidente asumió con él una actitud afable, y aun solícita. A mediados de noviembre, Salinas llamó a Zedillo.

–Todos los presidentes de México, cuando salen, piden a su sucesor dos o tres puestos del gabinete —le dijo Salinas—; no soy pretencioso. Sólo te voy a pedir uno.

–¿Cuál es ése, señor presidente? —preguntó Zedillo, a la defensiva.

–La Procuraduría General de la República —respondió Salinas.

Zedillo vaciló, pero, adoptando un tono formal, repuso:

–Señor presidente, ya tomé mi decisión a ese respecto y sé que le va a gustar.

Zedillo y su equipo nunca supieron con certeza a quién deseaba colocar Salinas en la PGR, pero supusieron que éste confiaba en mantener el control del caso Ruiz Massieu, quizá dejando a Mario en aquel puesto. La reserva que imperó en los días siguientes en torno a la identidad del nuevo procurador contribuyó al deterioro de las relaciones entre Salinas y Zedillo.

Cuando éste optó, al fin, por el panista Antonio Lozano Gracia, a quien prometió absoluta libertad en la continuación de las investigaciones sobre el asesinato de Ruiz Massieu, Salinas se llevó un profundo chasco. Sostuvo entonces intensas conversaciones con Mario Ruiz Massieu.

El 23 de noviembre, una semana antes de que Zedillo tomara posesión, tuvo lugar la extraña conferencia de prensa en la que Ruiz Massieu renunció a su cargo y acusó a altos dirigentes priístas —aunque no a Salinas— de entorpecer sus indagaciones.[19] No mencionó a Raúl. Zedillo puso en duda la veracidad de sus acusaciones al nombrar secretario de Energía a Ignacio Pichardo, uno de los líderes priístas inculpados, y a otro, María de los Ángeles Moreno, presidenta del PRI.

El súbito estallido de la crisis económica impidió a Zedillo prestar atención al caso Ruiz Massieu hasta febrero de 1995, cuando Lozano le hizo llegar una propuesta. Testigos clave del caso habían cambiado su declaración y afirmaban que Mario Ruiz Massieu había ordenado que se les torturara para que no implicaran a Raúl Salinas en el crimen. Lozano aseguró que se disponía de pruebas suficientes para juzgar a Raúl como presunto autor intelectual del homicidio.

En medio de la escalada de recriminaciones mutuas entre Zedillo y Salinas por la crisis económica, el primero se percató de que detener al hermano del segundo haría trizas la tradición de proteger a los expresidentes y podía agravar aún más la crisis, pero también le ayudaría a consolidarse en la presidencia, justo cuando necesitaba recuperar el control de la economía. Así, consultó discretamente al presidente de la Suprema Corte de Justicia sobre la consistencia de la acusación contra Raúl Salinas preparada por Lozano.[20] La respuesta afirmativa que recibió convirtió a la Suprema Corte en la primera instancia, no en la última, de la revisión judicial del juicio contra Raúl.

La aprehensión de éste, el 28 de febrero, le reportó a Zedillo tanto descalabros como beneficios políticos.[21] Fue aplaudida como un desafío al código de impunidad de los expresidentes, pero al mismo tiempo puso en movimiento una querella irreparable entre un presidente y su antecesor.

Entre tantas turbulencias, el 3 de marzo Mario Ruiz Massieu fue detenido de camino a Madrid en el aeropuerto de Newark en Nueva Jersey, con 40 mil dólares en efectivo en las maletas. Tres días después el gobierno de México lo acusó de encubrimiento en el caso de su hermano y comenzó el correspondiente proceso de extradición.

Pionero panista en el gabinete priísta, Lozano Gracia tuvo la oportunidad, sin precedentes, de fortalecer el estado de derecho en México mediante la resolución del asesinato de José Francisco Ruiz Massieu. Pero su investigación fue a tal punto inepta que pasó a integrarse a los peores anales de la justicia mexicana. La flagrante y sistemática violación de los derechos de Raúl Salinas hicieron de él, en la práctica, un preso político.

El episodio que exhibió con mayor vividez esta ineptitud tuvo verificativo el 9 de octubre de 1996 en El Encanto, el rancho de Raúl en Cuajimalpa. A la cabeza del contingente de detectives y peritos forenses, que ese día desfiló por el camino adoquinado que desemboca en la propiedad de Raúl, iba Pablo Chapa Bezanilla, el fiscal especial del caso Ruiz Massieu nombrado por Lozano; impetuoso detective de cabello cano. Lo acompañaban María Bernal, luciendo un uniforme negro y un chaleco antibalas con el emblema de la Policía Judicial Federal, y Francisca Zetina, la Paca, clarividente por lo común ataviada con vestidos de satén violeta. Raúl había sido su cliente, y declaró a la policía que el año anterior a la aprehensión de aquél le había hecho varias limpias.

Tras inspeccionar el jardín, la Paca indicó un lugar hacia el que se sintió "atraída". Los operarios empezaron a cavar, y varios metros abajo hallaron una osamenta. "Por las vibraciones que siento", dijo la Paca, tenía la certeza de que se trataba de los restos de Muñoz Rocha, y además se sentía ebria por el coctel de fuerzas psíquicas que había detectado en el sitio.

Acuclillado al borde de la fosa, Chapa se entusiasmaba más y más a medida que emergían nuevos huesos. Estaba tan emocionado que prestó poca atención a ciertas peculiaridades del esqueleto. No tenía dedos ni maxilar inferior. Un detalle adicional preocupó particularmente al equipo forense: un corte aserrado horizontal en el cráneo arriba de los ojos, que lo hacía parecer una caja de música. El sujeto de referencia no sólo estaba muerto; al parecer, ya se le había practicado una autopsia.

Pese a todo, esa misma noche Lozano convocó a una conferencia de prensa. Tanto Chapa como él estaban radiantes, y Chapa afirmó que el cadáver sería "la prueba definitiva" en el homicidio de Ruiz Massieu. Lozano indicó repetidamente que la fuente anónima que había alertado a la policía sobre la localización de la osamenta "nos aseguró que hallaríamos a Muñoz Rocha". Elogió la diligente labor de sus subalternos.

A la gente le fascinó el misterio del Hombre de Cuajimalpa. Pronto se enteró de que el descubrimiento del cadáver no había sido producto de una concienzuda tarea de la policía, sino de una dramática nota que la Paca le había entregado a ésta.

El autor anónimo del mensaje refería que el remordimiento lo empujaba a revelar por fin lo que sabía. La casualidad lo había conducido a pedir trabajo en el rancho de Raúl Salinas a fines de septiembre de 1994. Para su mala suerte, justo antes de que se le hiciera pasar por la puerta del frente, en el vestíbulo, aquél había destrozado la cabeza de un visitante con un bat de beisbol. "¡Cuál sería mi sorpresa!", exclamaba el autor, con efusión literaria. "El sujeto del bat (que ahora identifico como Raúl Salinas de Gortari) se me quedó viendo estúpidamente."

Habiendo llegado en momento tan inconveniente, el solicitante de empleo se vio forzado a esperar a que un médico "con acento extranjero" cortara los dedos del cadáver y le extrajera los dientes, para, doblado, introducirlo después en un costal. Aquél decidió que, en tales circunstancias, no le parecía del todo deseable trabajar para Raúl Salinas, y se le permitió retirarse. Semanas más tarde, uno de los guardaespaldas de Raúl le había revelado el paradero del cadáver, no sin antes haber ingerido buen número de cervezas.

Dado que el hallazgo del Hombre de Cuajimalpa había acontecido en el Distrito Federal, la labor forense correspondió a la policía capitalina, cuya unidad respectiva era relativamente profesional. Luego de insistentes tentativas de Lozano y Chapa para obstruir el anuncio de los resultados, a fines de noviembre las autoridades locales hicieron saber que los restos encontrados en Cuajimalpa no eran los de Muñoz Rocha.

Para ese momento la información sobre la vidente y la osamenta competía ya con las telenovelas en el horario nocturno. Zedillo destituyó a Lozano y a Chapa el 2 de diciembre de 1996; la protesta del PAN fue meramente formal. Dos meses después, el procurador del Distrito Federal indicó que el Hombre de Cuajimalpa había sido un pariente de la Paca. Los dedos y el maxilar faltantes aparecieron en la tumba donde había sido sepultado originalmente, tras fallecer a causa de una herida accidental en la cabeza. La nota anónima había sido escrita por la propia Paca, la que, además, había hecho un buen negocio con Chapa, pues éste le pagó casi 150 mil pesos por declarar contra Raúl.

La Paca, seis parientes suyos y María Bernal fueron a dar a la cárcel por haber sembrado el cadáver. La policía capitalina cercó la residencia de Chapa, quien huyó, para ser así el segundo fiscal especial del caso en volverse prófugo de la justicia.

Cuanto más se prolongaba el caso Ruiz Massieu, más frágiles parecían las acusaciones contra Raúl Salinas. En la oficina de The New York Times *habríamos podido considerar una farsa el asunto entero, salvo por el hecho de que Raúl permanecía recluido en Almoloya, en condiciones reservadas a los peores presidiarios del país. Ocupaba una celda minúscula, se le mantenía incomunicado y su familia tenía autorización para visitarlo apenas una o dos veces al mes, pese a que hasta ese momento no se le hubiera condenado aún por delito alguno.*

El caso fue retomado por el nuevo procurador, Jorge Madrazo Cuéllar, respetado defensor de los derechos humanos. Su equipo encontró nuevas pruebas, pero la insuficiencia central persistía. El caso se apoyaba en la declaración de un solo testigo: Fernando Rodríguez González, secretario particular de Muñoz Rocha. Aguilar Treviño, el pistolero, en la confesión que se le arrancó bajo tortura, había dicho que, por órdenes del segundo, Rodríguez González había trazado el plan del homicidio y le había indicado cómo reconocer a Ruiz Massieu en una calle muy concurrida.

Encarcelado poco después del asesinato, Fernando Rodríguez González rindió al menos cuatro declaraciones juradas, en el otoño de 1994, a detectives bajo las órdenes de Mario Ruiz Massieu, en ninguna de las cuales mencionó a Raúl Salinas. En febrero de 1995, luego de que Mario había dejado el caso, modificó de nueva cuenta su declaración, asegurando a Lozano que Ruiz Massieu lo había torturado para que no aludiera a Raúl Salinas. En su nueva versión de los hechos dijo que éste le había pedido a Muñoz Rocha demostrar su lealtad política haciéndole el favor de deshacerse de Ruiz Massieu. Tras la alteración de su declaración, Chapa había pagado 500 mil pesos a la familia de Rodríguez González.

Esta confesión nos parecía una base endeble para una condena por homicidio. Además, ninguno de los fiscales había sido capaz de determinar el móvil.

Aquélla fue una época muy agitada, y pronto nuestra labor periodística se encaminó a otros asuntos. Cerrado el caso por la fiscalía especial a fines 1998, se inició la cuenta regresiva para que el juez emitiera su veredicto. Comenzamos así a buscar una manera novedosa de cubrir la culminación del juicio. Fue entonces cuando Samuel y yo recordamos la cinta.

Se trataba de un audiocasete que había llegado a nuestras manos por medio de Craig Pyes, reportero freelance que a menudo colaboraba con nosotros. Craig lo había recibido, a su vez, muchos meses antes de una fuente cercana a la Policía Judicial Federal, quien aseguraba que la cinta jamás había sido entregada a la PGR. Craig nos había insistido mucho en que deberíamos profundizar la investigación. De hecho, Craig, reportero incansable, había avanzado bastante en una investigación minuciosa para establecer la hora y el lugar de la grabación, así como su significado en comparación con otras pruebas del juicio. Con el caso a punto de consumarse, desenterré la cinta de un cajón de la oficina y me senté a oírla. Y a oírla otra vez. Y otra más.

La inquietante grabación parecía recoger la voz de Jorge Rodríguez González, hermano de Fernando. Jorge le había ayudado a contratar al pistolero, y había observado desde una esquina de la calle Lafragua cómo este último perseguía a Ruiz Massieu. Al igual que Fernando, cumplía una sentencia de varias décadas por su participación en el crimen.

Tal como Craig había señalado, lo que le confería a la cinta un carácter excepcional era el momento en que aparentemente había sido grabada. Referencias casuales en el diálogo indicaban que se grabó la noche del 29 de septiembre, treinta y seis horas después del homicidio, en Matamoros. Dada la intensa búsqueda policiaca en la capital del país de los implicados, Jorge Rodríguez había volado a Matamoros, su ciudad natal, donde se presentó por su propio pie en la delegación local de la Policía Judicial Federal, en la que tenía algunos amigos. Es de suponer que, mientras Jorge hablaba, uno de ellos activó una grabadora. La grabación era primitiva, con timbres y aparatos de radio chirriando al fondo, en congruencia con el ruido de un cuartel de policía. En la cinta, de una hora de duración, había algunas palabras tensas, pero ninguna manifestación obvia de coerción.

El único testigo adicional que había sido interrogado en el curso de esas treinta y seis horas fue Aguilar Treviño, el pistolero, en la ciudad de México y bajo tortura. Así, de resultar auténtica, la cinta de Jorge Rodríguez González sería la única declaración en todo el embrollado caso —en cuyas indagaciones se habían invertido cuatro años— rendida antes de que las autoridades empezaran a manipular a los testigos (y viceversa, en el caso de la Paca) en beneficio de sus fines políticos y personales.

Jorge describía fríamente el asesinato, vanagloriándose un tanto aquí y allá. Mencionaba a

Raúl Salinas once veces en total, señalando que, hasta donde sabía, él había dado la orden de "eliminar" a Ruiz Massieu. Refería que Raúl Salinas Lozano también estaba al tanto de la conspiración. Afirmaba haberse enterado por su hermano Fernando de quién estaba detrás del homicidio.

 –¿Qué comentarios te hicieron del operativo? —pregunta un sujeto.

 –Pues nomás que dieron instrucciones desde arriba y se iba a hacer ese operativo —replica Jorge.

 –¿Qué operativo?

 –Pues que iban a eliminar a una persona que no querían que estuviera ahí —dice Jorge.

 –¿Quién daba la orden de arriba? —pregunta el mismo individuo.

 –Lo que tengo entendido, lo que yo oí ahí, es que Raúl Salinas de Gortari y el papá eran los que manejaban eso —apunta Jorge, para después añadir que su hermano le había dicho que Raúl había prometido conseguirles a ambos hermanos trabajo en el gobierno a cambio de su cooperación.

 Ciertamente, Jorge Rodríguez sólo relataba lo que otros le habían dicho acerca del papel de Raúl Salinas; no participó de manera directa en las negociaciones. Aun así, la grabación tenía credibilidad, dada la libre admisión, por parte de Jorge, de su intervención en el crimen. En ese primer momento también mencionó muchos detalles que se confirmarían en la investigación, pero mucho tiempo después. Su propósito parecía ser advertir a la policía de Matamoros que se mantuviera al margen, porque la ejecución de Ruiz Massieu había sido ordenada desde muy arriba: por el hermano del presidente.

 Samuel y yo comprendimos que, sin darnos cuenta, habíamos estado sentados en una pieza clave de las pruebas del caso. Para completar el panorama obtuve una copia de la declaración judicial de Jorge Rodríguez. En ella se advertía con claridad que éste había cambiado abruptamente de opinión en las veinticuatro horas posteriores a la grabación en Matamoros. En vez de dejarlo partir, como él esperaba, la Policía Judicial Federal lo trasladó a la ciudad de México, por órdenes de Mario Ruiz Massieu. Ahí fue sometido a golpes durante doce horas, sufriendo fracturas en dos costillas. Al final rindió su primera declaración jurada. Sus menciones de Raúl Salinas se redujeron de once a ninguna.

 Como, pese a todo, cabía la posibilidad de que la cinta fuera una fabricación, tramité una visita a la cárcel para entrevistarme con Jorge Rodríguez.

 A causa de una confusión de las autoridades de la cárcel, el primer recluso que se presentó ante mí en la pequeña sala de visitantes no fue Jorge, sino Fernando. Luego de escuchar un breve fragmento de la cinta, confirmó de inmediato que era la voz de su hermano.

 Después se lo llevaron y trajeron a Jorge. Éste era de apariencia más rústica que Fernando, quien se había urbanizado en sus empleos en el PRI. Jorge reconoció su propia voz al instante. Recordó rápidamente lugar y fecha: Matamoros, cuartel de la Policía Judicial Federal, un día después del asesinato de Ruiz Massieu. Pero al desarrollarse el interrogatorio en la cinta su mente se aceleró; recordaba lo que había dicho esa noche. Las manos le empezaron a temblar.

 En un principio Jorge había confesado su participación en el crimen. Pero recientemente sus abogados habían impugnado su condena, aduciendo autoinculpación bajo tortura. Así, al escucharse en la cinta admitir con franqueza su complicidad, comenzó a llorar. Comenzó una confusa explicación, pero la interrumpió para referirse, en cambio, a su terrible vida en prisión. Me rogó no empeorar su situación. Al despedirnos apenas controlaba su mano para extenderla para decir adiós.

 No quedaba duda entonces de que la cinta era auténtica. Antes de publicar una nota sobre el tema, hice llegar una copia de la grabación a José Luis Ramos Rivera, el tercer y último fiscal especial del caso, a quien le sorprendió por sus implicaciones. Sin embargo, señaló abatido que ya había cerrado el caso y no podría incluir la cinta entre las pruebas por presentar en el juicio.

Julia Preston

El artículo sobre la cinta apareció en *The New York Times* el 14 de enero de 1999.[22] Los abogados defensores de Raúl Salinas la denunciaron como falsificación. Dieron a entender —y la mayor parte de la prensa mexicana les creyó— que el fiscal especial nos había proporcionado la cinta en una maniobra de último minuto para reforzar su argumentación.

El 21 de enero, un juez federal declaró culpable a Raúl de la autoría intelectual del homicidio de Ruiz Massieu y lo sentenció a cincuenta años de cárcel. Admitió que la fiscalía no había ofrecido ninguna "prueba directa" ni un móvil contundente de la participación de Raúl en el crimen. Pero aseguró que el "entrelazamiento" de las pruebas circunstanciales e indirectas era persuasivo. La sentencia se redujo después a veintisiete años.

Más que ninguna otra resolución judicial de la época moderna en México, la condena de Raúl Salinas hizo ver que los poderosos ya no estaban por encima de la ley. Al mismo tiempo, sin embargo, el juicio había sido un escandaloso extravío de la justicia, que prosperó únicamente porque confirmaba la negra imagen de Raúl en la mente pública. Aunque en el país no tenía precedentes la condena penal del hermano de un presidente, no podía decirse que el veredicto contra Raúl quebrantara la norma de sujetar la ley a los dictados de la política.

Lo que el caso Ruiz Massieu mostró con toda claridad fue que la descomposición del sistema ya había alcanzado a las altas familias de la clase política. José Francisco Ruiz Massieu había sido cuñado de Raúl y Carlos Salinas. Aunque quizá nunca se sepa la verdadera razón de su asesinato, todo parece indicar que su ascenso político hizo de él un blanco a abatir. El ansia de promover la carrera de su jefe convirtió, a su vez, en asesinos a los hermanos Rodríguez González. Mario Ruiz Massieu ordenó aparentemente que se torturara a testigos y se ocultaran pruebas del asesinato de su propio hermano.

Mientras Mario permanecía bajo arresto domiciliario en Nueva Jersey, autoridades de Estados Unidos descubrieron que éste había remitido a ese país 9 millones de dólares en efectivo embutidos en mochilas de lona durante su ejercicio como alto funcionario judicial en México. En marzo de 1997, el jurado de un tribunal civil ordenó confiscar la mayor parte de ese dinero, al determinar que era producto de sobornos de narcotraficantes.

El 15 de septiembre de 1999, Mario Ruiz Massieu, quien enfrentaba entonces un proceso criminal en Houston por acusaciones relacionadas con el narcotráfico, se quitó la vida mediante la ingestión de una sobredosis de antidepresivos.

El general y el Señor de los Cielos

Calvo y con una prominente mandíbula de bulldog, el general Jesús Gutiérrez Rebollo tenía una apariencia temible. Cuando, en diciembre de 1996, Zedillo lo nombró director del Instituto Nacional para el Combate a las Drogas, funcionarios tanto de Washington como de la ciudad de México se sintieron complacidos. Gutiérrez Rebollo parecía personificar la guerra contra las drogas como a ellos les gustaba librarla: sin piedad, pero con eficiencia militar.

"Es un castigador", dijo admirativamente de su nuevo homólogo el zar antidrogas del presidente estadunidense Bill Clinton, Barry McCaffrey, él mismo general retirado. En su calidad de general al mando de miles de soldados apostados en guarniciones de todo el centro de México, Gutiérrez Rebollo había dirigido la aprehensión de varios grandes narcotraficantes.

Pero apenas nueve semanas después de su nombramiento, Gutiérrez Rebollo fue detenido por la policía militar y acusado de fraude; específicamente, de valerse de sus facultades oficiales para ayudar y proteger a un cártel de narcotraficantes; justo el acto ilegal que debía perseguir.

Según la versión oficial, un joven teniente que prestaba servicio como chofer de Gutiérrez Rebollo denunció, por iniciativa propia, la implicación del general con una mafia de narcotraficantes. Aunque sorprendido de la acusación, el secretario de Defensa, general Enrique Cervantes, la investigó valientemente, y una vez que confirmó su veracidad hizo arrestar al instante a Gutiérrez Rebollo y transmitió la fatal noticia a Zedillo. La moraleja era clara: los mecanismos internos del ejército mexicano poseían suficiente eficacia para descubrir y castigar la corrupción aun entre la más alta oficialidad.

Pero la versión oficial era una burda falsificación. Ningún joven teniente alertó jamás al ejército de la corrupción de Gutiérrez Rebollo, ni nadie en la Secretaría de la Defensa informó al presidente Zedillo sobre el caso. Lo cierto fue que el presidente y su equipo tropezaron, por casualidad, con los vínculos de Gutiérrez Rebollo con un cártel de la droga y que Zedillo tuvo que hacer acopio de autoridad presidencial para obligar al ejército a detenerlo.[1] En consecuencia, aunque en público colmó de elogios al ejército por su valerosa actitud contra la corrupción, sólo su tenaz presión como presidente sobre el alto mando militar impidió a éste ocultar el escándalo debajo del tapete.

Los delitos de Gutiérrez Rebollo constituyeron una grave amenaza para la seguridad nacional de México. El general forjó una alianza con una camarilla de narcotraficantes controlada por Amado Carrillo Fuentes, millonario traficante de cocaína, heroína y metanfetamina; puso a soldados y armamento, bases y campos aéreos a disposición de la mafia; envió a soldados en uniforme negro y mascarilla a secuestrar y asesinar a rivales; hizo detener y torturar en sus bases militares a miembros de otras bandas de drogas.

En su creciente temeridad, el general Gutiérrez Rebollo intentó socavar la apertura de México a la democracia. Luego de décadas de servicio al PRI, el resto de las fuerzas armadas había comenzado a aceptar un papel no partidista, excepto Gutiérrez Rebollo, quien incitó un motín de policías en Jalisco para desestabilizar al primer gobierno de oposición de ese estado.

En los años ochenta y noventa, la ciudadanía vio que el ácido de la corrupción del narcotráfico corroía prácticamente todas las instituciones mexicanas, desde el partido gobernante y la Presidencia de la República hasta los tribunales y el sistema financiero, e incluso la Iglesia, ya que diversos capos financiaron proyectos de construcción de algunas parroquias. Sólo el ejército —parecía— se había mantenido, en gran medida, indemne. Zedillo nombró a Gutiérrez Rebollo director del órgano nacional antidrogas a causa de que sabía que sobornos de narcotraficantes habían comprometido en alto grado a la policía civil. Sin embargo, la aprehensión del general demostró que el ejército era tan vulnerable a la corrupción como el resto del desacreditado sistema a cargo de hacer cumplir la ley.

Por todo ello, éste fue un episodio particularmente desolador en la apertura de México a la democracia. El país deseaba erigir un régimen de leyes y un medio imparcial para hacerlas cumplir. Pero bandas criminales, rebosantes de ganancias cosechadas en el inmenso mercado estadunidenses de estupefacientes, debilitaban la estructura completa de su edificio legal.

El jurista Samuel del Villar estuvo entre los primeros ciudadanos que comprendieron la amenaza que representaba el narcotráfico para el gobierno legalmente constituido.[2] Obtuvo su doctorado en derecho en la Facultad de Leyes de Harvard en 1971. En los sexenios de Echeverría y López Portillo fue profesor de ciencias políticas y periodista, así como promotor de la reforma del gobierno. En los últimos años de la presidencia de López Portillo, la cual se distinguió por un elevado grado de corrupción, publicó en la prensa una serie de artículos en los que señaló las fallas sistémicas que daban origen al soborno.

Esos artículos llamaron la atención de un muy influyente lector. Cuando, en 1982, Miguel de la Madrid contendió por la presidencia de la República, invitó a Del Villar a integrarse a su equipo de campaña como asesor anticorrupción. Del Villar le entregó una lista de propuestas de reforma, las cuales le sirvieron a De la Madrid para convertir a la "renovación moral" en uno de los lemas centrales de su campaña. Una vez electo, De la Madrid lo nombró asesor presidencial para asuntos especiales, con el encargo de combatir la corrupción. Del Villar tenía una oficina a veinte cuadras de Los Pinos, un equipo de diez personas e imponentes símbolos de alta categoría oficial, pero muy limitadas facultades: no podía emitir citatorios y vio a De la Madrid sólo ocasionalmente.

Aun así, se entregó a su trabajo. Inició varias investigaciones, concentrándose especialmente en las "mordidas" en torno al sindicato de trabajadores petroleros y en los vínculos, cada vez más obvios, de los capos de la droga con el gobierno.

Estudió la historia del narcotráfico, pues en México se había cultivado mariguana desde hacía siglos, incluso durante la segunda guerra mundial autoridades estadunidenses alentaron la siembra de amapola en Sinaloa para abastecer de morfina a los ejércitos aliados; después de la guerra, astutos traficantes de esa entidad comenzaron a procesar dicho cultivo para convertirlo en heroína de alquitrán oscuro. No obstante, las drogas permanecieron como pequeña industria hasta los años setenta, cuando barones de la cocaína de Colombia empezaron a contratar a traficantes mexicanos para contrabandear su producto hacia Estados Unidos. Casi de la noche a la mañana, se percató Del Villar, la industria mexicana de la droga había comenzado a generar cientos de millones de dólares al año.

Del Villar armó un árbol genealógico de las principales familias de narcotraficantes en México. Descubrió que en una sola generación había tenido lugar una evolución alarmante. Grandes narcos como Ernesto Fonseca Carrillo y Miguel Ángel Félix Gallardo, descendientes de rústicas familias asentadas en las sierras de Sinaloa, habían formado una compleja federación de traficantes que negociaba cara a cara con productores colombianos; transportaba, almacenaba y contrabandeaba cocaína en México, y operaba redes de mayoreo en Estados Unidos.

Inevitablemente, los traficantes habían hallado aliados en los gobiernos priístas. En particular, a Del Villar le llamó la atención el caso de la Dirección Federal de Seguridad (DFS), cuerpo secreto de agentes vestidos de civil, fundado (con ayuda de la CIA) en el sexenio de Miguel Alemán (1946-1952), quien lo conservó bajo su control directo, aunque en el siguiente gobierno se integró a la Secretaría de Gobernación. Tras reconstruir, de manera informal, la historia de la DFS, Del Villar concluyó que el narcotráfico había utilizado ese organismo para consolidar su asociación con las autoridades federales.

La DFS se había topado casi por accidente con el negocio de la droga. En 1976, luego de que un grupo izquierdista rebelde secuestró a su hermana, el presidente electo, José López Portillo, autorizó a aquella corporación liquidar a los insurgentes por todos los medios posibles. En colaboración con la Brigada Blanca, unidad secreta de la policía militar, agentes de la DFS secuestraron, torturaron y ejecutaron a cientos de rebeldes mexicanos. Durante incursiones en bodegas de estupefacientes, originalmente consideradas casas de seguridad de la guerrilla, estos agentes entraron en contacto con narcotraficantes, a los que pronto ya protegían contra arrestos a cambio de una parte considerable de sus ganancias.

A principios del sexenio de De la Madrid (1982-1988), José Antonio Zorrilla fue director de la DFS. Del Villar cayó en la cuenta de que éste había elevado la relación con los narcotraficantes a un nuevo nivel, reorganizando el organismo a su cargo en media docena de oficinas regionales cuyos comandantes se habían convertido, para efectos reales, en los directores de sucursales del narcotráfico en México.

Desde la perspectiva de Del Villar, Zorrilla había vuelto la búsqueda de protección oficial por parte de los narcos en un caso de "comercio integrado". Al negociar cada cargamento de cocaína y otras drogas con la DFS y pagar a funcionarios un porcentaje de su valor, los traficantes garantizaban la no intervención de ninguna fuerza de seguridad del gobierno en cualquier nivel, ya fuera éste local, estatal o federal. Por su parte, los comandantes de la DFS se enriquecían, lo mismo que, presumiblemente, muchos altos funcionarios priístas, aunque Del Villar nunca pudo determinar cuán alto llegaba la corrupción en el gobierno.[3]

Del Villar compendió sus inquietantes hallazgos en una serie de informes dirigidos a De la Madrid, quien lo instó a proseguir con sus investigaciones, pero no emprendió acción alguna. En 1984, por ejemplo, Del Villar se enteró con toda anticipación de que Fonseca Carrillo, Félix Gallardo y otros grandes capos confluirían en Guadalajara, motivo por el cual pidió con insistencia al presidente que le otorgara facultades como fiscal especial para enviar a esa ciudad una compañía de paramilitares que cayera por sorpresa en la reunión cumbre de narcotraficantes. Pero De la Madrid lo remitió con Jorge Carrillo Olea, general retirado y subsecretario de Gobernación, a quien Del Villar le explicó su propuesta en una reunión sin resultado alguno.

Las relaciones de Del Villar con el presidente y sus principales colaboradores se deterioraron. Éstos comenzaron a volverle la espalda. La posterior filtración a la prensa oficialista de los memorándums confidenciales de Del Villar puso en riesgo su vida. Renunció finalmente en 1985, luego de dos años y medio en el cargo.

"Mi función es terminar con la corrupción", le dijo a De la Madrid. "Pero, al contrario, lo que estamos viendo es que está caminando en el otro sentido."

No mucho después de la renuncia de Del Villar, el joven e impetuoso narcotraficante Rafael Caro Quintero, discípulo de Fonseca Carrillo y Félix Gallardo, cometió un exceso en Guadalajara que colocó al narcotráfico bajo escrutinio público. Dispuso que sus secuaces secuestraran, torturaran y ejecutaran a Enrique Camarena, agente del órgano estadunidense de combate al narcotráfico, la Drug Enforcement Administration (DEA), y se cercioró de que fueran protegidos por agentes con placa de la DFS. Caro Quintero y Fonseca Carrillo fueron detenidos y encarcelados. Pero el escándalo obligó al secretario de Gobernación, Manuel Bartlett, a disolver la DFS en el verano y otoño de 1985.[4]

¿Qué fue de Zorrilla? En vez de que se le remitiera a las autoridades federales para su procesamiento, se le lanzó como candidato del PRI al congreso.[5] Pero tras la aparición de nuevas pruebas de su participación en actos delictivos, Bartlett lo obligó a renunciar a su candidatura, pese a lo cual no fue objeto de acusaciones judiciales. Se le permitió exiliarse en España. No fue sino hasta 1989, cuando De la Madrid ya no era presidente ni Bartlett ocupaba la Secretaría de Gobernación, que se le juzgó, condenó y sentenció a treinta y cinco años de prisión por el homicidio, en 1984, de Manuel Buendía, periodista que investigaba las ligas gubernamentales con el narcotráfico.[6]

Mientras tanto, los mil quinientos comandantes y agentes de la DFS —muchos de los cuales tenían lazos con el crimen organizado— fueron sencillamente despedidos, y se les permitió hacer su voluntad.[7] Cientos de ellos hallaron empleo en fuerzas policiacas estatales y federales, donde siguieron realizando múltiples actos criminales. Algunos dejaron el gobierno para convertirse, incluso, en poderosos narcotraficantes.

En los años ochenta, dinero procedente de la droga corroyó también otros organismos públicos, como la Procuraduría General de la República, la Policía Judicial Federal e incluso la Secretaría de la Defensa.

El ejército era la fuerza de seguridad más capacitada y profesional del país y, por lo tanto, en principio, un reto mayor para la infiltración criminal que las desordenadas dependencias civiles vigilantes de la aplicación de ley. No obstante, las evidencias indican que el narco vulneró esta fuerza con éxito durante el gobierno de De la Madrid. El propio secretario de Defensa, el general Juan Arévalo Gardoqui, le brindó protección militar. En declaraciones juradas obtenidas por el Departamento de Justicia de Estados Unidos y expuestas en dos juicios en tribunales federales de ese país, Arévalo Gardoqui fue acusado de haber aceptado cuantiosos sobornos de narcotraficantes.[8]

El gobierno de México presentó airadas protestas diplomáticas en Washington por las imputaciones contra el buen nombre del general Arévalo. Pero De la Madrid jamás investigó su veracidad, al menos no públicamente, y, ya presidente, Salinas concedió a Arévalo Gardoqui un pacífico retiro.

Uno de los últimos actos oficiales del general Arévalo como secretario de Defensa fue ascender a Jesús Gutiérrez Rebollo a general de división, el rango más alto del ejército.[9] Hasta entonces, sin embargo, nada indicaba que durante la trayectoria de Gutiérrez Rebollo la corrupción del narcotráfico hubiera infectado a la Secretaría de la Defensa.

Tras graduarse como subteniente, en 1957, en el Heroico Colegio Militar, Gutiérrez Rebollo sobresalió, para los estándares del ejército mexicano, en todas partes. Se le destinó a guarniciones en el país entero, ocupó una serie de puestos administrativos en cuarteles militares y durante un tiempo fue profesor de la Escuela Superior de Guerra. Pero su carrera realmente despegó al servir como miembro del estado mayor del general Arévalo Gardoqui y ser nombrado éste secretario de Defensa. En el periodo respectivo, Gutiérrez Rebollo ascendió en tan breve lapso de general brigadier a general de división, de una a tres estrellas, que sus rivales sospecharon en ello infracciones al código militar.

Después de 1988 asumió el mando de la Novena Zona Militar, con sede en Culiacán. Una de sus responsabilidades era la realización de tareas antidrogas, que, al parecer, desempeñó capaz y honorablemente.

En los primeros meses de su gobierno, Carlos Salinas lanzó una fuerte ofensiva contra el narcotráfico, a fin de impresionar a Estados Unidos y conseguir su aprobación para el establecimiento de una asociación comercial formal con México. Gutiérrez Rebollo hizo entonces la parte que le correspondía. En abril de 1989 intervino en una operación regional en Guadalajara en la que se consiguió el arresto de Miguel Ángel Félix Gallardo, en ese tiempo considerado el narcotraficante más poderoso del país. Gutiérrez Rebollo detuvo al comandante de la Policía Judicial Estatal, así como al jefe de la policía y a novecientos oficiales de Culiacán, a los cuales acusó de colaborar con Félix Gallardo.

Tres meses después dirigió a cientos de soldados en un ataque relámpago a una montañosa ciudad de Sinaloa, donde pasó en medio de una cohorte de guardaespaldas ebrios para aprehender a Amado Carrillo Fuentes, sobrino de Ernesto Fonseca Carrillo y ascendente lugarteniente del cártel de Juárez, la mafia que controlaba la lucrativa ruta de contrabando de Ciudad Juárez a El Paso, Texas.

–General, con gusto lo acompaño —le dijo Carrillo Fuentes—; pero deje que aclare... —añadió, para dar la clásica entrada a una negociación de soborno.

–Tengo órdenes de llevarlo —replicó el general—; a mí no tiene que explicarme nada.[10]

Pero si bien parecía incorruptible, la documentación muestra que, en prosecución de una muy activa vida sexual, Gutiérrez Rebollo gastaba más de lo que obtenía por intermedio de un magro salario gubernamental. Había establecido residencias separadas para su esposa, Teresa, y no una sino dos jóvenes amantes. Inició un romance con Esther Priego Ruiz cuando tenía 43 años y ella apenas pasaba de los 20; Priego lo siguió a lo largo de los años ochenta mientras lo transferían de base en base con su esposa e hija. El general continuó en Culiacán su relación con ella al tiempo que empezaba una segunda aventura, con una mujer diez años menor que Esther.

A fines de 1989, a los 55 años de edad, Gutiérrez Rebollo recibió el mando de uno de los más prestigiosos puestos del ejército, la Quinta Región Militar, con sede en Guadalajara. Su nuevo cuartel ocupaba un edificio colonial del siglo XVIII de cuatro pisos, originalmente un convento católico. Como comandante regional tenía autoridad sobre cuarenta mil soldados en una docena de bases.

Políticos y distinguidas personalidades regionales subían las escaleras del augusto edificio para encontrarse con el nuevo comandante regional: el gobernador y exgobernadores de Jalisco, alcaldes y jefes de policía de Guadalajara y de la vecina Tlaquepaque, e inevitablemente capos.

En 1989 Guadalajara se hallaba convertida en la capital mexicana del narcotráfico. Grandes traficantes se sentían seguros en esa ciudad, de modo que vivían ahí en compañía de sus respectivas familias a la vista de todo el mundo. Hacían negocios con el ejército a través de una persona que se había autoerigido como intermediaria: Irma Lizette Ibarra, belleza de ojos negros que había ganado el concurso Señorita Jalisco en 1970. El capo Félix Gallardo le había regalado un célebre collar de piedras preciosas. Muchos militares de alto rango, entre ellos el general Vinicio Santoyo, antecesor de Gutiérrez Rebollo, también se habían puesto a sus pies.[11]

Ibarra acostumbraba organizar una elegante cena para los nuevos comandantes militares que llegaban a Guadalajara, a la que invitaba a Fonseca Carrillo y sus demás amigos narcos. No mucho después del arribo de Gutiérrez Rebollo, ascendió por las escaleras hasta la oficina de éste y lo invitó a cenar, en medio de los destellos que despedían las joyas que Félix Gallardo le había obsequiado.[12]

Gutiérrez Rebollo reinstaló en la Perla Tapatía a su séquito femenino. A su esposa le compró una lujosa residencia cerca del hotel Camino Real, a Esther una casa en el suburbio norteño de Zapopan y a su amante más joven otra en Tlaquepaque, en las afueras sureñas de la ciudad. Desplegó pelotones de jóvenes soldados para cuidar a sus mujeres, en calidad de choferes, cocineros, niñeras y jardineros. Pronto tenía tres familias; lo mismo su esposa que sus dos amantes le dieron hijos.

Mientras tanto, Amado Carrillo Fuentes hacía tiempo en el Reclusorio Sur de la ciudad de México. Tenía 1.80 metros de estatura, piel blanca, ojos verdes, cabello claro y abundante y vientre renuentemente abultado. El comercio de cocaína lo había hecho rico, y era uno de los clientes preferidos de Tomás Colsa McGregor, joyero del jet set de Guadalajara que vendía esmeraldas y diamantes a la mayoría de los principales narcotraficantes mexicanos. Aunque estaba recluido en un, así llamado, "bloque de celdas de alta seguridad", el joyero lo visitaba cuando quería, porque Carrillo Fuentes había incluido en su nómina tanto al director de la prisión, Adrián Carrera, como al jefe de seguridad, quien recibía al joyero en el aeropuerto y lo escoltaba hasta la celda del traficante.[13]

Al cabo de un año se desvanecieron los cargos contra Carrillo Fuentes, quien fue liberado en junio de 1990. No mucho después Carrera fue nombrado director de la Policía Judicial Federal, y Carrillo Flores lo mantuvo en su nómina, pagándole en cierta ocasión un millón de dólares para que designara comandante de la policía federal en Sonora a uno de sus secuaces.[14]

Carrillo Fuentes actuó rápidamente para asumir el control del cártel de Juárez. Separó a los grupos que lo componían —descargadores, almacenistas, contrabandistas—, para que, si alguno era aprehendido, los demás no perdieran su libertad. Cuando empezaron a usarse teléfonos celulares en el país, adquirió avanzados escáners computarizados que le permitieron piratear frecuencias celulares y evitar así la vigilancia.

Aplicó igual pragmatismo en las ejecuciones: para eliminar a rivales o subalternos indisciplinados contrataba a matones, extraídos a menudo de las filas de la policía federal o estatal, e insistía en la aniquilación de las pruebas. Cientos de sus víctimas, sobre todo en Juárez, fueron detenidas por policías o soldados y simplemente desaparecidas; sus cadáveres se hallaron mucho después, desmembrados y metidos en barriles de ácido.

Carrillo Fuentes era particularmente hábil para la venta simultánea de grandes cargamentos de droga a varios inversionistas, lo que le permitía obtener economías de gran escala que otros narcotraficantes no podían menos que envidiar. Compraba viejos Boeing 727 y otros aviones de pasajeros, les quitaba los asientos para dejar espacio suficiente para seis o más toneladas de cocaína y los hacía volar de Colombia a pistas de aterrizaje en el norte de México y de regreso, y, después, simplemente los abandonaba en el desierto una vez descargada la droga.[15] Un solo vuelo podía contener polvo con valor de más de cien millones de dólares. Pasmados, sus admiradores mexicanos lo apodaron el Señor de los Cielos.

Carrillo Fuentes pagaba tan jugosas "mordidas" a una serie tan amplia de altos funcionarios que autoridades estadunidenses terminaron por considerarlo el más insidioso narcotraficante de México. En 1994, analistas de un centro de inteligencia antidrogas del gobierno de Estados Unidos en El Paso, Texas, elaboraron una extensa y confidencial "Evaluación de inteligencia de la organización de Amado Carrillo Fuentes". En ella concluyeron que los narcos mexicanos habían organizado una holgada federación de contrabando encabezada por varios "patrones". "Amado Carrillo Fuentes es en la actualidad el principal patrón", aseguraron.

"Gracias a sus lazos familiares y abundante dinero, Carrillo Fuentes ha comprado influencias en niveles clave del gobierno mexicano", añadieron. Afirmaron asimismo que Manlio Fabio Beltrones, gobernador de Sonora, era "socio" de Carrillo Fuentes y empleaba a la policía estatal para proteger cargamentos de narcotraficantes en todo el estado. Agregaron, asimismo, que Jorge Carrillo Olea se había convertido, a principios de los años noventa, en el "más influyente socio" de Carrillo Fuentes "en el gobierno mexicano" y que, como principal coordinador antidrogas de Salinas de 1990 a 1993, había usado su influencia para "garantizar la seguridad en el paso de aviones de Carrillo Fuentes" por el espacio aéreo mexicano. Sin parentesco alguno con el capo, Carrillo Olea fue gobernador de Morelos desde 1994.[16]

En los años posteriores a la emisión de ese informe de inteligencia, muchas otras autoridades mexicanas —jueces federales, agentes del ministerio público, comandantes de policía y funcionarios estatales— fueron acusadas de vínculos con Carrillo Fuentes. El caso más sonado fue el de Mario Villanueva, gobernador de Quintana Roo, estado en el que se reabastecían de combustible los aviones del narco procedentes de Colombia con destino al norte. Villanueva fue detenido y procesado en México y Nueva York por haber alquilado a Carrillo Fuentes cientos de apartadas pistas aéreas de su entidad.[17]

Pese a que había comprado la lealtad de funcionarios, Carrillo Fuentes temía los ataques de mafias rivales. La que más le preocupaba era la organización establecida en Tijuana y encabezada por Ramón Arellano Félix, el dominante entre cuatro impulsivos hermanos, sobrinos de Miguel Ángel Félix Gallardo. Ramón Arellano fue quien dirigió el imprudente tiroteo de mayo de 1993, en el aeropuerto de Guadalajara, en el que fue acribillado el cardenal Posadas, ejecución que alertó a la sociedad del creciente poder y temeraria violencia de los capos. Ese mismo año, una escuadra asesina de Arellano atacó el restaurante en la ciudad de México en el que Carrillo Fuentes cenaba con su familia, episodio del que apenas escapó con vida.

En Guadalajara, los favoritos del general Gutiérrez Rebollo eran los miembros de su equipo de inteligencia, unidad de treinta soldados vestidos de civil que dedicaban prácticamente todo su tiempo a operaciones relacionadas con las drogas. El general les concedió tan ilimitadas facultades que el resto de sus compañeros los llamaban los Intocables. Su jefe era el arrogante capitán Horacio Montenegro.[18]

En el verano de 1994, Montenegro coordinó el allanamiento de un laboratorio de metanfetaminas en un suburbio de Guadalajara, operación en la que confiscó un yate, dos camionetas pickup Nissan y una Dodge Ram. De acuerdo con el protocolo militar debía entregar los bienes incautados a las autoridades federales, pero los consideró más bien botín de guerra y regaló el yate y las camionetas a familiares y amigos. Meses después su padre fue detenido a bordo de una de las camionetas en una revisión de rutina en autopistas. La policía federal halló en el vehículo un compartimiento secreto que contenía rifles y granadas. Gutiérrez Rebollo usó su influencia para liberar, sin cargos, al padre de Montenegro. La policía nunca aclaró por qué este individuo conducía un vehículo confiscado con un arsenal clandestino dentro. Ésas fueron las primeras señales inequívocas de que el general Gutiérrez Rebollo había empezado a coquetear con el crimen organizado. Pronto habría muchas más.

Gutiérrez Rebollo entabló amistad con un acaudalado ganadero, José González Rosas, dueño de grandes extensiones junto a varias bases militares de Guadalajara en las que criaba ganado y embalaba forraje. Oficial de caballería, el general poseía dos preciados caballos, y pronto González Rosas lo abastecía de alfalfa. Gutiérrez Rebollo se convirtió en visitante frecuente del rancho de su nuevo amigo.

Tiempo después empezó a investigar, por órdenes de la Secretaría de la Defensa, a un teniente de la fuerza aérea sospechoso de sostener vínculos con el narcotráfico. Tras ser interrogado, este teniente rindió una confesión extraordinaria: era amigo de la infancia de Eduardo González Quirarte, hijo de González Rosas, quien le había ofrecido, en 1993, un lucrativo empleo complementario como controlador de tráfico aéreo de Carrillo Fuentes, para coordinar vuelos del narco desde Colombia. Era común, agregó el teniente, que los aviones se reabastecieran de combustible en Mérida, continuaran hasta Guadalajara y aterrizaran en la Quinta Base Aérea, donde su embarque de cocaína se descargaba en camionetas para ser trasladado al rancho de González Rosas.

Para los subordinados de Gutiérrez Rebollo, que sabían de sus vínculos con la familia González, esas revelaciones fueron asombrosas. Esperaban que, en el peor de los casos, aquél entregara al teniente a fiscales militares para someterlo a corte marcial, pero lo dejó en libertad, argumentando ante sus asistentes que lo utilizaría como informante. Esperaban, asimismo, que ordenara una investigación del rancho de González; en vez de ello, invitó a González Quirarte a su cuartel. Éste se volvió visitante regular de sus oficinas, a las que llegaba acompañado de un convoy de pistoleros en suburban blindadas. El general lo recibía con cordialidad y lo conducía directamente a su despacho.

215

En 1995, un escuadrón de Arellano aprovechó una rara ocasión en que González Quirarte viajaba con escasa seguridad y abrió fuego contra su vehículo, causándole leves heridas, lo mismo que a una de sus hijas. A raíz de este incidente, Gutiérrez Rebollo les extendió credenciales militares tanto a él como a media docena de sus socios, para quienes dispuso además, como escoltas, a soldados de la Quinta Región Militar.

González Quirarte le obsequió a cambio varias camionetas Jeep cherokee blindadas y otros vehículos. También le regaló escáners avanzados para monitorear llamadas telefónicas celulares en Guadalajara, así como teléfonos celulares con dispositivos digitales de codificación para llamar a la mafia sin riesgo de detección. Pagó también grandes sobornos a varios colaboradores de Gutiérrez Rebollo. En cuanto a éste, no hay pruebas de que haya recibido "mordidas" de la magnitud de las destinadas a otros altos funcionarios.[19]

No obstante, González Quirarte le proporcionaba información de inteligencia sobre el cártel de Tijuana, que el general usaba para planear sus operaciones militares. A principios de 1996, Gutiérrez Rebollo envió en traje de civil a varios oficiales a Tijuana, donde trabajaron tres meses con González Quirarte interviniendo teléfonos y viendo la manera de atrapar a los Arellano. Carrillo Fuentes pagó los boletos de avión, habitaciones de hotel y otros gastos de los soldados. Éstos efectuaron operaciones similares en Chihuahua y en toda la Quinta Región Militar. La asociación de inteligencia de Gutiérrez Rebollo con la mafia de Carrillo Fuentes permitió al primero mantener su prestigio como osado y eficaz comandante antidrogas. Pero, al igual que generaciones enteras de comandantes de la Policía Judicial Federal, intimó con una mafia para atacar a otra.

El panista Alberto Cárdenas Jiménez ganó, en 1994, la gubernatura de Jalisco, entidad que se convirtió en la tercera en México en ser gobernada por la oposición. Este hecho amenazaba con poner fin a la mascarada de Gutiérrez Rebollo. En Baja California y Chihuahua, estados ya regidos por la oposición, el ejército había cooperado plenamente en la transición política. Pese a su reducida vistosidad, esa respetuosa actitud había sido crucial en la evolución democrática del país.

Tras asumir su cargo, en marzo de 1995, Cárdenas Jiménez intentó establecer lazos amistosos con Gutiérrez Rebollo. El general, en cambio, no perdía oportunidad para debilitar al gobierno panista, lo que puso de manifiesto el riesgo que el crimen organizado entrañaba para la democracia.[20]

Dada la costumbre entre gobernadores priístas de que el comandante militar de Jalisco eligiera al jefe de la policía estatal, Cárdenas pidió recomendaciones a Gutiérrez Rebollo, quien urgió el nombramiento en ese puesto del capitán Horacio Montenegro. Pero no bien había asumido éste su nueva responsabilidad cuando ya chocaba con el procurador estatal, Jorge López Vergara, profesor de leyes y activista de derechos humanos. Montenegro ordenó la instalación de nuevos puntos de revisión en autopistas del estado, pero López Vergara bloqueó la orden por considerarla violatoria de los derechos ciudadanos. Para entonces ya se había percatado de que los individuos detenidos por la policía eran usualmente entregados para su procesamiento judicial cubiertos de contusiones y lesionados, de modo que advirtió a Montenegro que respetara los derechos de los acusados.

"Los únicos derechos humanos que le importan a usted son los de los criminales", contratacó Montenegro.

Días después, la policía estatal detuvo el auto de López Vergara y maltrató a sus guardaespaldas. El gobernador Cárdenas se quejó con Gutiérrez Rebollo, quien defendió a Montenegro. El gobernador mantuvo las cosas en paz hasta principios de 1996, cuando la policía falló torpemente un intento para rescatar al rehén de un secuestro. Cárdenas despidió entonces a Montenegro, quien organizó en respuesta una protesta de policías. Cientos de oficiales uniformados invadieron la sala en la que se llevaba a cabo una conferencia sobre el combate a la delincuencia en la Cámara de Comercio de Guadalajara portando ametralladoras. Algunos se subieron a las sillas y gritaron: "¡Montenegro, Montenegro!". Otros tomaron el micrófono para arengar a delegados con demandar la reinstalación de su jefe.

Otros más empujaron a vigilantes para abrirse paso en el palacio del gobierno. Cárdenas oyó que molestos oficiales se reunían fuera de su oficina, tras de lo cual estallaron en insultos y amartillaron sus rifles con metálico estruendo. "En ese momento pensamos que nos acababan", referiría después.

Aterrado, se comunicó telefónicamente con Zedillo. Los oficiales abandonaron el palacio diez minutos después.

No obstante, Montenegro (con la anuencia de Gutiérrez Rebollo) intensificó en los meses siguientes las hostilidades contra el gobierno de Cárdenas y acusó a López Vergara y otros funcionarios panistas de vínculos con el cártel de Tijuana. López Vergara lo demandó por difamación, pese a lo cual aquél persistió en sus ataques.

En julio de 1996, la guerra entre mafias del narco ensangrentó al ejército. Pistoleros de Ramón Arellano se apersonaron en Guadalajara con intención de ejecutar a Carrillo Fuentes, pero emboscaron en cambio camionetas Chevrolet suburban conducidas por agentes vestidos de civil de Gutiérrez Rebollo y liquidaron a un teniente y a un sargento, así como a uno de los hombres de González Quirarte. Una investigación reveló que ambas camionetas habían sido regalo de González Quirarte para Gutiérrez Rebollo.

Este incidente reforzó las dudas de López Vergara, quien intentó comprender los motivos de su adversario. ¿Gutiérrez Rebollo quería hacerlo a un lado para consolidar su control sobre la policía de Jalisco? ¿Por qué sus operaciones antidrogas sólo estaban dirigidas contra el cártel de Tijuana? Llamó al procurador general de la República, Antonio Lozano Gracia, para notificarle la posibilidad de que Montenegro y Gutiérrez Rebollo estuvieran implicados en el narcotráfico. Luego de mucho pensarlo, Lozano decidió informar de ello a Zedillo. Lozano ha asegurado haberse referido a este asunto durante una reunión de junio de 1996, en Los Pinos, y que el presidente se irritó: "Nomás eso faltaba", dijo. "Que quien está luchando; que está, pues, combatiendo frontalmente al narcotráfico, ahora se le pretenda involucrar."

Zedillo ha negado, por su parte, que Lozano le haya expuesto alguna vez sus sospechas en torno a Gutiérrez Rebollo, pero también se ha rehusado a contestar preguntas sobre el asunto.[21]

Si la emboscada de julio de 1996 preocupó a López Vergara, enfureció a Gutiérrez Rebollo, quien había perdido a dos de sus hombres bajo las balas de los Arellano. En venganza, ordenó una operación arrolladora contra la banda de Arellano Félix.

Esta cacería humana no rindió como resultado la captura de ninguno de los gatilleros que habían matado a los soldados del general. Pero agentes de éste descubrieron a un operador de Arellano, un estafador de poca monta llamado Alejandro Hodoyán Palacios. Alex, como le decían, había sido enviado por Ramón Arellano Félix a Guadalajara, en septiembre de 1996, con la misión de rentar una casa que pudiera servir como base para la mafia de Tijuana. Los hombres de Gutiérrez Rebollo lo atraparon el 11 de septiembre. A diferencia de tantos otros probables traficantes detenidos por Gutiérrez Rebollo, quienes desaparecían sin dejar huella, Hodoyán sobrevivió, gracias a que aquél lo consideró un útil informante contra los Arellano. Retenido los ochenta días siguientes en una prisión clandestina, Hodoyán vivió en carne propia la brutalidad del general y vivió para contar su historia.

Alex Hodoyán era un junior narco de Tijuana, miembro de una generación de jóvenes fronterizos de clase media que fue a dar al narcotráfico en busca de emociones fuertes. En realidad, era de nacionalidad estadunidense, pues había nacido en un hospital de San Diego. Junto con sus tres hermanos, había crecido en discotecas de Tijuana, donde los adolescentes experimentaban con la cocaína a la desbocada manera de los jóvenes estadunidenses ricos.

Los Hodoyán conocieron a Ramón Arellano en una boda de sociedad en Tijuana. En pleno verano en el desierto, el joven narcotraficante se presentó en saco de mink, pantalones de cuero y una cadena de oro con una cruz cuajada de esmeraldas. Su insolente estilo impresionó a Alex, desertor de la escuela de leyes, y a su hermano Alfredo, menor que él, quienes pronto se sumaron a la espiral de riqueza y violencia de los Arellano. Alex comenzó haciendo pequeños favores, pero después ya ayudaba a los traficantes a contrabandear rifles y granadas de Estados Unidos. Alfredo, con 24 años en 1996, se integró a una escuadra asesina de Arellano.

Cuando Alex llegó a Guadalajara no estaba enterado siquiera de que su banda hubiera realizado días antes una emboscada, así que, en principio, tenía poco que decir a los soldados que lo capturaron, quienes, tras golpearlo salvajemente y quemarlo con encendedores, lo trasladaron a una base militar desocupada en las afueras del sur de la ciudad, que Gutiérrez Rebollo usaba como centro de interrogatorios. Una vez ahí lo esposaron a una cama y le introdujeron agua mineral con chile en la nariz. Le quemaron las plantas de los pies y le aplicaron toques eléctricos en los dedos y en los párpados. Hicieron todo eso en presencia de Eduardo González Quirarte, quien de vez en cuando sugería a los torturadores preguntas para Hodoyán.

Durante su cautiverio, éste oyó los gritos de otros presos, atrapados todos ellos por hombres de Gutiérrez Rebollo y recluidos en secreto de la misma manera ilegal, sin orden de aprehensión y violando el precepto legal de entregar en un plazo máximo de cuarenta y ocho horas a autoridades civiles a presuntos delincuentes detenidos por el ejército.

Los primeros trece días, Gutiérrez Rebollo dirigió el tormento de Hodoyán, pero no se presentó ante el prisionero hasta el 24 de septiembre. Actor consumado, se fingió conmovido por su estado y ordenó que se le quitaran las esposas y se le diera mejor de comer. Regañó a subordinados frente a Hodoyán por darle tan mal trato.

En su lamentable condición, este truco tuvo un poderoso efecto sobre Hodoyán. Gutiérrez Rebollo, el general amable, se presentó en lo sucesivo todos los días ante su preso. En poco tiempo Hodoyán se convirtió en devoto de su carcelero. Cuando se le permitía, seguía al general por las barracas como un perro.

Pero domesticar a Hodoyán no fue suficiente para Gutiérrez Rebollo. Poco después de su detención, pistoleros del cártel de Tijuana habían asesinado en la capital del país a un importante agente antidrogas. Con inducciones y torturas, Gutiérrez Rebollo había extraído de Hodoyán y otros prisioneros información sobre ese hecho. Atando cabos llegó a la conclusión de que uno de los homicidas era Alfredo Hodoyán, el hermano de Alex. Así, pudo proporcionar a sus superiores información sobre el escondite de Alfredo, quien pronto fue detenido en San Diego por agentes estadunidenses.

Deseosos de extraditar a Alfredo Hodoyán a México, para juzgarlo por homicidio, agentes mexicanos precisaban de sólidas pruebas para presentarlas a un tribunal estadunidense. Gutiérrez Rebollo se propuso convencer a Alex para que declarara contra su hermano. A fines de octubre ya confiaba tanto en la cooperación de su nuevo informante que lo hizo trasladar al cuartel de la Quinta Región Militar, en el centro de Guadalajara, donde le permitió llamar a su familia para informarle que estaba vivo. Sus padres se alborozaron. Luego de varias llamadas, sin embargo, se dieron cuenta, pese al cauteloso lenguaje de su hijo, de que éste estaba revelando información sobre la banda de Arellano y se hallaba bajo presión para volverse contra su hermano.

Su padres le rogaron mantenerse leal a su familia. Pero él estaba molesto de que los Arellano lo hubieran enviado a Guadalajara en el epílogo de una emboscada. Su lealtad pertenecía ahora a Gutiérrez Rebollo, captor que lo mismo suscitaba terror que devoción. Cooperar con el general, argumentó Alex, era lo único que le permitiría sobrevivir para volver a ver a sus dos pequeñas hijas. "Amo a mi hermano, mamá", le dijo a su angustiada madre en una conversación. "Pero mis hijas son primero."

En otra conversación, su padre le preguntó si deseaba enviarle un mensaje a su her-

219

mano Alfredo. "Dile que hice un trato con el general y que está cumpliendo su palabra", respondió Alex. "Incluso me compró ropa. Me salvó la vida. No quiero fallarle."

Su padre le sugirió, en otra conversación, que padecía el síndrome de Estocolmo, consistente en el apego de la víctima a su secuestrador. "Mira, papá, no quiero problemas", replicó Alex. "No quiero que me maten. No lo quiero."

El general Gutiérrez Rebollo ganó finalmente la batalla por el alma de Alex Hodoyán. En noviembre de 1996 convocó a agentes civiles mexicanos a Guadalajara. Hodoyán se sentó durante ocho horas ante cámaras de video del gobierno para revelar los secretos del cártel de Tijuana en una declaración formal. Describió el asesinato de comandantes de policía, agentes del ministerio público, rivales de drogas y espectadores inocentes. Su declaración fue interpretada, en ambos lados de la frontera, como un triunfo más del castigador comandante de la Quinta Región Militar.

A principios de diciembre de 1996, Zedillo nombró al general Gutiérrez Rebollo director del órgano federal antidrogas. ¿Cómo fue posible que cometiera tal error?

Zedillo llegó a la presidencia de la República alarmado por el creciente poder y audacia de los capos. Tres semanas después de su toma de posesión, el director de la Policía Judicial Federal, quien se había comprometido a cazar a los narcotraficantes infiltrados en la corporación, fue envenenado por sus propios guardaespaldas. Más tarde, el ejército detuvo al traficante Héctor Palma Salazar prácticamente por accidente —su Learjet se había quedado sin combustible y venido abajo— y aprehendió a los treinta y dos policías que le servían de guardaespaldas.[22] Al parecer, toda distinción entre policías y delincuentes estaba por desaparecer. Zedillo confió en que la disciplina y cohesión del ejército resistirían la cáustica y violenta embestida de los traficantes.

Gutiérrez Rebollo asumió el mando con una peculiar demostración de fuerza. Horas después de prestar juramento, un equipo SWAT con pasamontañas y ametralladoras tomó posiciones en la azotea del edificio de cristal y acero del organismo federal antidrogas y recorrió pasillos y oficinas para desalojar a los burócratas civiles.

Pero, al renunciar al lucrativo mando del ejército en Guadalajara, Gutiérrez Rebollo se sentía fuera de su elemento en la ciudad de México. La prensa le solicitaba entrevistas. En un desayuno con periodistas extranjeros se encorvó sobre su plato de huevos rancheros, mientras colaboradores de Zedillo se ocupaban, casi en su totalidad, de la tarea de informar, y se retiró más tarde con el ceño fruncido, negándose a aceptar preguntas.

En busca de estabilidad personal, llevó consigo desde Guadalajara a Montenegro y gran parte de su equipo de la Quinta Región Militar. Mudó a su esposa a una casa en los suburbios de la capital, que habían comprado una década antes, pero dejó en Guadalajara a su amante más joven, madre ya de dos hijos. Para recomponer su relación con Esther Priego, pidió ayuda a González Quirarte. "Ve si tiene un departamento o una casa que pueda prestarme", instruyó a su chofer, el subteniente Juan Galván.

El narcotraficante se mostró feliz de poder hacerle un favor al general. Citó a Galván en un edificio de departamentos en Bosques de las Lomas. Cuando Galván llegó, un hombre de ojos verdes y nariz aguileña estaba sentado en un sillón.

–Te presento a Amado Carrillo Fuentes, el Señor de los Cielos —le dijo González Quirarte—; siéntete orgulloso de conocerlo. Porque hay mucha gente que lo quisiera conocer, y tú eres uno de los pocos que lo han conocido.

Carrillo Fuentes le dio a Galván las llaves de tres propiedades, entre ellas un departamento en un segundo piso en Sierra Chalchihui, con vista a una barranca arbolada en las Lomas de Chapultepec.[23]

Gutiérrez Rebollo y Priego se mudaron, el 10 de diciembre de 1996, a ese departamento, provisto de extravagante y recargado mobiliario y plantas de plástico. Esther compró una autopista eléctrica para su hijo, para entonces ya de 5 años de edad, y la instaló sobre la alfombra de la sala.[24]

Ese mismo día Barry McCaffrey viajó a la ciudad de México para reunirse con el procurador y Gutiérrez Rebollo. Tras pronunciar un discurso por la mañana, habló con los reporteros, ante los que expresó su opinión del nuevo coordinador antidrogas de México. "Gracias al embajador y su equipo, estamos muy bien informados acerca del general Gutiérrez Rebollo", explicó. "Es un verdadero militar, y un sujeto muy tenaz. Ha pasado la mayor parte de su vida en el mando de campaña, los últimos siete años en Guadalajara. Su integridad es absolutamente incuestionable."[25]

La aprehensión del general ocurrió nueve semanas después. Según la versión oficial de los hechos, el 6 de febrero un desconocido llamó a la oficina del general Cervantes para informar que Gutiérrez Rebollo vivía en un departamento propiedad de un narcotraficante. Agentes del ministerio público sostuvieron después que ese desconocido había sido el subteniente Galván, el chofer. No obstante, la versión oficial es falsa, pues fue presurosamente inventada por el ejército en los días posteriores a la detención de Gutiérrez Rebollo.[26]

Lo que, en última instancia, hundió a éste fue su presunción y la certeza de que era impune. Entre sus nuevos vecinos era bien sabido que Carrillo Fuentes era dueño de dos departamentos en el edificio de Sierra Chalchihui. A principios de febrero, uno de ellos, empresario muy bien relacionado, hacía ejercicio en el gimnasio del edificio cuando le llamó la atención una nueva y sexy residente, Esther Priego, quien se encontraba en una caminadora. Se acercó a conversar con ella, y Priego le refirió que vivía con el general Gutiérrez Rebollo.

El empresario captó al instante el significado de aquel comentario e informó a un colaborador de Zedillo que el nuevo zar antidrogas vivía en un departamento propiedad de Carrillo Fuentes.[27]

Zedillo citó en Los Pinos al secretario de Defensa. "Quiero que le pregunte al general Gutiérrez Rebollo si es verdad que vive en esta dirección", le dijo. "Si lo confirma, como comandante en jefe de las fuerzas armadas le ordeno que lo detenga de inmediato."[28]

El general Cervantes volvió a la Secretaría de la Defensa, reunió a sus principales colaboradores y justo antes de la medianoche del 6 de febrero cuestionó a Gutiérrez Rebollo, quien dijo que no sabía que Carrillo Fuentes fuera su casero.

De acuerdo con la versión oficial, Gutiérrez Rebollo sufrió un ataque de hipoglucemia en la oficina del secretario de Defensa, al percatarse de que se habían descubierto sus vínculos con la mafia. Se le trasladó entonces al hospital Central Militar, para ser tratado bajo estricta vigilancia.[29]

La detención del general se mantuvo en secreto durante doce días, mientras la policía militar interrogaba a su chofer, guardaespaldas, secretaria y otra docena de asistentes. El 14 de febrero la policía militar aprehendió al capitán Montenegro.

Entretanto, miembros del alto mando del ejército, e incluso colaboradores de Zedillo, propusieron no dar a conocer el arresto de Gutiérrez Rebollo, hasta después del primero de marzo, fecha en la que tendría lugar la certificación anual por el presidente estadunidense de la cooperación de México en la guerra contra las drogas. Sin embargo, Zedillo se negó: "Si no actuamos, nuestra soberanía será puesta en ridículo en el congreso de Estados Unidos", replicó.

El ejército aún mantenía en secreto la detención de Gutiérrez Rebollo el 17 de febrero cuando reporteros del diario tapatío *Siglo 21* se enteraron de que la policía militar registraba las casas del general en Guadalajara. La Secretaría de la Defensa se vio obligada a actuar, ante la posibilidad de que ese periódico hiciera pública tal información. Antes del amanecer del 18 de febrero, la policía militar condujo esposados a Gutiérrez Rebollo y a Montenegro al penal de Almoloya.

Esa noche se trasladó en autobús a reporteros a un salón de baile del ejército, reluciente de candelabros rococó. Frente a los comandantes de las treinta y seis zonas militares del país y muchos otros generales, todos ellos con caras largas, el general Cervantes refirió los delitos de Gutiérrez Rebollo y su decisión de someterlo a juicio. El propósito de su discurso fue impresionar a los periodistas y advertir a los demás generales contra la tentación de seguir el errado camino de Gutiérrez Rebollo.

En Jalisco, el arresto de éste y Montenegro fue recibido como una justa reivindicación del procurador López Vergara y el gobernador Cárdenas. En el Distrito Federal, Zedillo ordenó cambiar el nombre del órgano nacional antidrogas. En Washington, funcionarios antidrogas revisaron los secretos que Gutiérrez Rebollo habría podido filtrar a la mafia; en la primavera de 1997 aparecieron en las calles de Tijuana y San Diego, en efecto, evidentes indicios de un malogro de inteligencia: la muerte de media docena de informantes de la DEA.[30]

En el curso de los seis meses posteriores a la aprehensión de Gutiérrez Rebollo, tres protagonistas de su drama perdieron la vida o desaparecieron. Alex Hodoyán fue trasladado, a mediados de enero de 1997, a San Diego, donde agentes antidrogas estadunidenses ofrecieron inscribirlo en un programa de protección de testigos si declaraba contra su hermano

Alfredo. Alex se encontraba precisamente en San Diego cuando se enteró de la detención de Gutiérrez Rebollo.

Durante su cautiverio se había formado una opinión ficticia del general como un militar amable que lo había tratado bien, opinión que le ayudó a racionalizar su papel como informante contra su hermano. La noticia de la caída en desgracia del general destrozó ese espejismo, y con él su personalidad. A la mañana siguiente se levantó antes de que amaneciera, abandonó el hotel y cruzó la frontera, sin cuidarse del peligro representado por los hermanos Arellano Félix, quienes ya sabían que cooperaba con las autoridades. Se presentó llorando en casa de sus padres en Tijuana, a quienes suplicó perdón. Trece días después conducía por esa ciudad con su madre cuando hombres armados interceptaron su vehículo y lo secuestraron. No se le ha vuelto a ver.

Era obvio, por otra parte, que el Señor de los Cielos iba quedando atrás. Había comprado por un tiempo protección del gobierno, enriqueciéndose y beneficiando a altos funcionarios; pero, como otros grandes capos que habían ascendido y caído antes que él, se había vuelto demasiado notorio. Un mes antes de la detención de Gutiérrez Rebollo escapó apenas de ser capturado por soldados que tomaron por asalto un rancho de Sinaloa, durante la fiesta de bodas de su hermana. Diez días después, el 14 de enero, González Quirarte se reunió a negociar con varios generales: si se permitía a Carrillo Fuentes conservar parte de su fortuna y proteger a su familia, el capo reduciría al mínimo la violencia asociada con el narcotráfico e invertiría en México todo lo que había ganado con las drogas. Según la versión del ejército, los generales rechazaron la oferta; pero, según otras versiones, aceptaron un pago de 6 millones de dólares, y después desconocieron el acuerdo.[31] Carrillo Fuentes envió a su familia a Chile y fijó su residencia en las Islas Caimán, pero volvió a la ciudad de México con la esperanza de que un cambio de apariencia le permitiera vivir tranquilamente en su país. El 3 de julio se registró en una clínica privada, vigilado por sus pistoleros. Murió luego de ocho horas de cirugía cosmética.

Tres semanas más tarde, el 27 de julio, *Proceso* publicó un informe militar secreto en el que se identificaba a Irma Lizette Ibarra, la exreina de belleza, como intermediaria entre narcotraficantes y el ejército.[32]

El corresponsal de esa revista en Guadalajara, Felipe Cobián, llamó al día siguiente a Ibarra para solicitarle una entrevista. Ésta se negó, pero dijo: "Si hablara, embarraría a muchos generales que están metidos en el narcotráfico". Agregó que pensaba convocar a una conferencia de prensa para exponer sus opiniones.[33]

La tarde siguiente, un motociclista la mató de ocho tiros mientras ella conducía. Minutos después, oficiales de inteligencia militar registraron su casa. Ese mismo verano fueron asesinados otros dos individuos de quienes se decía que eran intermediarios entre narcotraficantes y el ejército. Su muerte nunca fue aclarada.

En privado, aun el presidente Zedillo expresó temores por el potencial de violencia del ejército. El empresario que denunció a Gutiérrez Rebollo se ufanó, tiempo después en una cena, de su participación en el caso. Enterado de ello, Zedillo envió a uno de sus asistentes a aquietarlo. "Dile a ese pendejo que se calle porque lo van a matar", le ordenó.

Especialistas en ciencias políticas han estudiado de manera profusa, desde hace años, las relaciones entre narcotraficantes, gobernantes, guardianes de la ley y el Estado.[34] Algunos de ellos han descrito una cadena jerárquica de control y corrupción que, desde el presidente y sus principales colaboradores hasta la Secretaría de Gobernación y otros órganos relacionados con la seguridad, vendía protección oficial a traficantes. Otros, han trazado patrones de corrupción más fragmentados y complejos, con alianzas temporales de altos funcionarios y líderes criminales para negocios específicos.

La aprehensión y subsecuente condena de Gutiérrez Rebollo por cargos de fraude incitaron un nuevo debate sobre el poder y evolución del crimen organizado en México. Los gobiernos de Zedillo y Clinton adujeron que aquel acto fue un paso importante en el establecimiento del imperio de la ley, en tanto que el procesamiento de otros generales mexicanos pareció indicar que la impunidad del ejército había llegado a su fin. El 17 de marzo de 1997, el general Alfredo Navarro Lara fue detenido en Tijuana y acusado de haber ofrecido un soborno de un millón de dólares al mes, a nombre de los hermanos Arellano Félix. Tiempo después, aún durante el sexenio de Zedillo, otros tres generales fueron acusados de delitos asociados con el narcotráfico; con base en reportes de informantes, funcionarios estadunidenses señalaron que uno de ellos había aceptado un soborno por 16 millones de dólares de narcotraficantes.[35] Todo indica que, a instancias de Zedillo, el ejército desarrolló mecanismos internos de vigilancia para, al menos en algunos casos, procesar a generales corruptos.

Ciertos promotores de reformas manifestaron su esperanza de que el avance de la democracia en México volviera más responsables a los funcionarios públicos, y al ejército, en particular, más sensible a la supervisión tanto del congreso como de otras entidades públicas, para desterrar así la corrupción. No obstante, pocos mexicanos abrigaron ilusiones de que esto ocurriera pronto o fácilmente. La agudización del narcotráfico seguiría siendo uno de los mayores desafíos contra la consolidación democrática. En tanto continuara habiendo una enorme demanda de drogas de consumo ilegal al norte de la frontera, las leyes del mercado garantizarían a los traficantes el hallazgo de los medios necesarios para satisfacerla, lo que convertía a la guerra contra los estupefacientes en una actividad costosa, a menudo atroz y generalmente inútil.

Algunos académicos y críticos de los medios de información adujeron que los periodistas se ocupaban demasiado del tema de las drogas e ignoraban, en cambio, los esfuerzos de reforma democrática en México, con lo que ofrecían una imagen desequilibrada del país a los lectores extranjeros.[36] Pero ¿cómo iban los periodistas a ignorar el hondo drama representado por el narcotráfico? El país luchaba por desarrollar un régimen de leyes después de siglos de gobierno autoritario, en tanto que la industria de los narcóticos convertía a los policías en secuestradores, a los políticos en corredores de cocaína y a los tribunales en un mercado en el que todo, desde documentos hasta sentencias, estaba en venta.

Lo difícil no era hallar corrupción, sino discernir entre el interminable torrente de acusaciones contra policías, agentes del ministerio público, jueces y generales remitidas a oficinas de periódicos por teléfono o fax. En la mayoría de las democracias occidentales corresponde a los tribunales poner orden en ese torbellino de imputaciones, castigando a los culpables y exonerando a los inocentes. En México, sin embargo, el régimen priísta respondía a menudo a acusaciones penales no con investigaciones, sino con negociaciones tras bastidores.

Experimentamos esto en carne propia durante una escaramuza legal de siete meses de duración provocada por un extenso artículo que escribí, en 1997, con la colaboración de Craig Pyes.[37] Craig y yo comenzamos a trabajar en nuestro reportaje luego de haber tenido acceso al extraordinario informe de inteligencia de Estados Unidos elaborado, en 1994, por analistas de la DEA en el Centro de Inteligencia de El Paso en el que se afirmaba que Carrillo Fuentes era el "principal" traficante de México y se acusaba de protegerlo a dos gobernadores priístas: Manlio Fabio Beltrones, de Sonora, y Jorge Carrillo Olea, de Morelos. Rumores de vínculos con el narcotráfico habían rodeado a ambos gobernadores durante años, pero nunca habían dado pie a una indagación oficial en México.

El mencionado informe de inteligencia, el cual había sido ampliamente distribuido en oficinas gubernamentales estadunidenses, llegaba mucho más lejos que cualquier otro documento oficial que hubiéramos conocido hasta entonces en sus acusaciones específicas de ligas con el narcotráfico de altos funcionarios mexicanos. Obviamente, no nos precipitamos a hacer públicos tan explosivos hallazgos. Por el contrario, emprendimos en Sonora, Morelos, el Distrito Federal y Estados Unidos una investigación en la que invertimos cuatro meses, periodo durante el cual entrevistamos a algunos de los analistas gubernamentales que habían escrito el informe. Éstos admitieron que buen número de sus juicios sobre la mafia de Carrillo Fuentes y sus patrocinadores políticos procedían de declaraciones de informantes, individuos por definición poco dignos de confianza. Concluimos, sin embargo, que los autores del informe habían basado sus aseveraciones en un minucioso escrutinio de la información de inteligencia disponible, de manera que no percibimos en ellas ningún indicio de venganza personal contra los gobernadores.

Entrevistamos, asimismo, en sus oficinas a ambos gobernadores, a quienes leímos las acusaciones contenidas en ese documento a fin de observar su reacción y evaluar si aquellos cargos eran suficientemente verosímiles para merecer su publicación. Beltrones, político ubicuo y popular que había forjado su trayectoria a la sombra de Fernando Gutiérrez Barrios en la Secretaría de Gobernación, admitió que Carrillo Fuentes había establecido vastas operaciones en Sonora, pero insistió en que, como gobernador, él se había empeñado en limitar la influencia del narcotraficante. Nos preguntábamos, sin embargo, por qué se había negado de modo tan tajante a proporcionarnos su declaración patrimonial.

Hasta su actuación como gobernador de Morelos, Carrillo Olea había llevado una agradable vida en el sistema priísta, a causa de una circunstancia accidental. Cuando era un joven oficial del ejército en los años setenta, la casualidad lo había puesto junto a Luis Echeverría el día en que estu-diantes de la UNAM *lo apedrearon. La protección que brindó entonces al presidente impulsó muy alto su carrera dentro del* PRI; *tras retirarse del ejército, siendo ya general, en los años ochenta, fue subsecreta-rio de Gobernación bajo las órdenes de Manuel Bartlett y director fundador del Centro de Investigación y Seguridad Nacional (*CISEN*) en el sexenio de Salinas, quien después lo nombró coordinador general para la Atención de Delitos contra la Salud en la* PGR.

Poco antes de nuestra entrevista con él en Cuernavaca, diarios mexicanos habían documenta-do que Carrillo Fuentes también había establecido ahí una base de operaciones. Sus Learjets aterrizaban sin problemas en el aeropuerto de Cuernavaca, y había comprado una hacienda y otras tres mansiones en la entidad. En nuestra entrevista el gobernador no sólo negó todo lazo con Carrillo Fuentes, sino que alegó, además, completa ignorancia de las visibles actividades del Señor de los Cielos en el estado, lo cual costaba trabajo creer dada su experiencia como alto funcionario de inteligencia. Insistió indignado en que la prensa había exagerado al decir que el narcotraficante había adquirido una inmensa finca a sólo dos cuadras de su residencia en Cuernavaca. La propiedad en cuestión estaba al menos a veinte cuadras de distancia, no a dos, puntualizó. Después de la entrevista descubrimos, sin embargo, que en realidad la amurallada casa de Carrillo Fuentes se hallaba nada menos que a la vuelta del palacio de gobierno. Era inconcebible que el gobernador hubiera podido desconocer la identidad de su insigne vecino.

Aun así, no sabíamos qué tipo de reportaje escribir. Después, a principios de 1997, descubri-mos en entrevistas que ambos gobernadores no sólo habían sido acusados en el documento de inteligen-cia de El Paso, sino que también la embajada de Estados Unidos había incluido sus nombres en una lis-ta de diecisiete funcionarios mexicanos sospechosos en Washington de corrupción. El embajador, James R. Jones, había entregado esa lista a Zedillo poco antes de que éste tomara posesión. Tal hallazgo nos con-venció de que las sospechas en torno a esos dos gobernadores se extendían entre gran número de miem-bros del gobierno estadunidense, aunque saltaba a la vista que algunos funcionarios del gobierno de Clinton creían que, en interés del fomento del comercio, era mejor no importunar a las autoridades me-xicanas con cuestiones relativas al narcotráfico. En tales circunstancias, tanto nosotros como los directi-vos de The New York Times *consideramos que sería irresponsable no publicar un amplio reportaje so-bre la materia sólo para evitarnos molestias.*

Nuestro reportaje, de tres mil setecientas palabras, apareció el fin de semana posterior al anun-cio de la aprehensión de Gutiérrez Rebollo y la semana anterior al primero de marzo, día en el que el go-bierno de Clinton certificaría si México estaba cooperando en la guerra contra las drogas, así que no fue una sorpresa que suscitara intensas reacciones. El proceso de certificación fue considerado en toda Améri-ca Latina como un ejercicio de arrogancia yanqui, de modo que a muchos lectores mexicanos les fue di-fícil creer que nuestro reportaje no formaba parte de un complot para amedrentar a su país.

Nuestro reportaje intensificó un debate dentro del gobierno estadunidense sobre si revocar la visa estadunidense de Beltrones, debate que giraba en torno a opiniones oficiales acerca de información de inteligencia gubernamental sobre drogas. Robert S. Gelbard, director de la Oficina de Asuntos Inter-nacionales sobre Narcóticos del Departamento de Estado, consideró que tal información de inteligencia era suficientemente copiosa y verosímil para justificar la revocación de la visa, juicio que fue apoyado por la Oficina de Asuntos Consulares de la misma dependencia. Por el contrario, otros funcionarios, entre ellos el embajador Jones, manifestaron dudas sobre los datos de inteligencia obtenidos de informantes de drogas en México, pues, adujeron, gran parte de ellos no pasaban de ser un mero rumor, además de lo cual eran inconcluyentes en el caso de Beltrones. Así, pues, Jones vetó el intento de retirar la visa a Beltrones.

Éste aseveró, en principio, que entablaría contra nosotros un juicio por difamación en Nueva York, pero sus abogados le advirtieron de la limitada posibilidad de persuadir a un tribunal estadunidense de sancionar a periodistas por citar un documento gubernamental. Así, ambos gobernadores interpusieron demandas penales en México, amparados en una ley federal de difamación elaborada en 1917, con objeto de que los dirigentes revolucionarios pudieran amordazar a sus críticos en la prensa.

Este caso de difamación nos obligó a Julia y a mí a dedicar durante un tiempo mucha energía a nuestra defensa. De acuerdo con los periódicos mexicanos, los abogados de Carrillo Olea afirmaron que "habíamos inventado las acusaciones contra los gobernadores", pese a que ya habíamos proporcionado a agentes del ministerio público fotocopias del informe de inteligencia.

La revista Siempre! *tituló un artículo "¡Sam Dillon conspira contra México!". Los abogados del gobernador de Morelos incluso dijeron a los reporteros que yo me había ocultado y era prófugo de la justicia.*

Si el sistema judicial mexicano hubiera sido más sano, en los trámites oficiales subsecuentes se habría podido averiguar exhaustivamente la supuesta asociación de los gobernadores con el narcotráfico, aun si eso nos hubiera obligado a defender la exactitud de nuestra información. Pero nunca hubo nada semejante a una investigación seria, ni sobre los gobernadores ni sobre nosotros. Era evidente que estábamos implicados menos en un caso de difamación que en una negociación política. Aunque el procurador general de la República, Jorge Madrazo Cuéllar, tenía jurisdicción formal sobre nuestro caso, éste fue manejado por la Secretaría de Gobernación, donde se me requirió para una reunión. Julia me acompañó.

Fuimos recibidos, muy jovialmente por cierto, por el priísta Alejandro Carrillo Castro, entonces subsecretario de Gobernación. Acababa de colgar el teléfono tras haber hablado con los gobernadores de Sonora y Morelos y, dijo, ya sabía qué querían. Era momento de llegar a un arreglo.

Nos explicó, para tranquilizarnos, que no era infrecuente que periodistas mexicanos fueran acusados de difamación por gobernadores. Así, el procedimiento a seguir era casi de rutina, aseguró. Un periodista escribe un artículo que disgusta a un gobernador. El gobernador interpone una denuncia penal contra el periodista. El periodista, prosiguió Carrillo Castro, por lo general se defiende por un tiempo, pero después se cansa. Escribe entonces un segundo artículo, retractándose de lo que incomodó al gobernador en el primero.

Todo se reducía entonces, nos dijo, a que escribiéramos un nuevo reportaje en el que reconociéramos haber cometido un error en el primero, afirmáramos que no existía ningún documento de inteligencia estadunidense en el que se identificara a ambos gobernadores como socios de una mafia de narcotraficantes y citáramos elogiosos comentarios de algún funcionario estadunidense sobre las acciones antidrogas de aquéllos.

Aunque intentamos ser corteses, le respondimos llanamente a Carrillo Castro que era por completo imposible que The New York Times *hiciera lo que él acababa de sugerirnos. Se mostró sorprendido y después furioso. El director de la sección internacional de* The New York Times, *Bill Keller, re-*

227

frendó más tarde nuestra postura en una carta dirigida al gobierno mexicano. *"No nos hemos retractado hasta ahora, ni nos retractaremos nunca, de un reportaje cuyo contenido consideramos veraz sólo por el hecho de que a algunas personas les haya parecido enojoso"*, escribió.

Al final, las autoridades del PRI resolvieron el caso de un modo que dejó ver las graves limitaciones del sistema. En el otoño de 1997 el procurador emitió un breve comunicado en el que anunciaba que no nos procesaría por difamación y en el que, al mismo tiempo, sostenía que, tras haber realizado una investigación sobre los dos gobernadores, había comprobado que no era verdad lo que afirmábamos en nuestro artículo. La segunda parte de este mensaje era pura retórica, puesto que, hasta donde era posible saber públicamente, ninguna autoridad había llevado a cabo ninguna investigación, ni vigorosa ni de cualquier otra índole.

Aunque el propósito de esta salomónica decisión era desagraviar a los acosados gobernadores, en definitiva les hizo a ellos, tanto como a la sociedad mexicana, un flaco favor. Si eran culpables de tratar con el crimen organizado, merecían ser investigados y condenados, en bien de la ciudadanía. Pero si, como alegaban, habían sido injustamente ensuciados por funcionarios estadunidenses, merecían una investigación confiable y una exoneración rotunda. El sistema judicial mexicano fue incapaz, sin embargo, de brindar cualquiera de ambas cosas, porque su credibilidad estaba por los suelos. ¿Cómo habría podido ser de otra manera cuando se había descubierto que docenas de sus más altos funcionarios trabajaban para narcotraficantes?

Samuel Dillon

El cambio a prueba, 1997

En las elecciones de julio de 1997 fueron elegidos 261 diputados de oposición (del PAN, PRD y dos partidos menores) y sólo 239 del PRI. Si la oposición lograba unirse, por primera vez en la historia moderna de México tendría una mayoría decisiva en la cámara baja del congreso.

Esos resultados reflejaron un patrón de la última década del siglo: el pluralismo florecía en todo México como bugambilia, desde la base. José Woldenberg, el presidente del Instituto Federal Electoral (IFE), gustaba de repetir una lección de geografía política para explicar por qué estaba convencido de que el progreso a la democracia en México era irreversible. En 1988, observaba, sólo 3% de los mexicanos vivía en municipios gobernados por algún partido distinto del PRI. Para 1997 esa cifra había aumentado a 44%.[1]

En 1988, señalaba Woldenberg, el monopolio del PRI en los palacios de gobierno era absoluto: ninguno de los treinta y un estados y el Distrito Federal tenían un gobernador de oposición. En los ocho años posteriores a la ruptura de esa barrera con la victoria de Ernesto Ruffo, del PAN, en Baja California en 1989, este partido ganó las gubernaturas de Chihuahua, Guanajuato, Jalisco, Querétaro y Nuevo León. Los ciudadanos se estaban sublevando en contra del PRI, voto por voto, comenzando por sus propias ciudades.

Los diputados de oposición electos para el primer congreso sin mayoría priísta comprendieron que los votantes los habían elegido para servir como nuevo contrapeso del presidente. En cambio, los diputados del PRI, aunque en principio comprendieron que la pérdida de la mayoría en el congreso significaba el fin del statu quo, no tenían la menor idea de lo que significaba en la práctica no ejercer el control. En consecuencia, estuvieron a punto de provocar la caída del primer congreso plural de México durante su vuelo inaugural.

El Palacio Legislativo de San Lázaro había sido un recinto apropiado para una legislatura que era más apariencia que sustancia. Después de que en 1989 el fuego consumió casi la mitad del enorme edificio moderno, el gobierno no creyó que valiera la pena reconstruirlo. En 1997, un ala completa aún era un cascarón a merced del viento.

Pero en agosto de ese año, la parte ilesa de San Lázaro —sede de la cámara de diputados— abrigaba efervescente actividad. Los líderes de las bancadas de los partidos se reunieron para negociar la integración de las comisiones antes del inicio de sesiones el 30 de agosto y para prepararse para el tercer informe de Zedillo, el primero de septiembre. Ahí estaba Porfirio Muñoz Ledo, recorriendo a grandes zancadas los pasillos, conferenciando y pontificando, enteramente en su elemento. Ahí estaba también Pablo Gómez, nuevo diputado del PRD. Había sido militante estudiantil y preso político en 1968, y más tarde dirigente juvenil del Partido Comunista. De bigote todavía espeso, representaba la llegada a la mayoría de edad de la generación de 1968.

También estaba Santiago Creel. Luego de que el PRI había forzado el fin de su carrera en el IFE, se había vengado contendiendo para diputado como candidato independiente cercano al PAN. Después de las elecciones, Creel había organizado una serie de reuniones en su casa, en la calle Esopo, con objeto de forjar una alianza legislativa entre los partidos de oposición. Las conversaciones habían marchado bien, a pesar de la mutua desconfianza de los dirigentes partidistas; todos sabían que si permitían al PRI dividirlos, su mayoría no significaría nada.

Reunidos en San Lázaro, los legisladores de oposición examinaron el reglamento de la cámara en busca de los procedimientos a seguir para repartir las comisiones. Pero tales procedimientos no existían: las reglas habían sido escritas sobre la premisa de que el PRI controlaría la cámara y sus comisiones hasta la eternidad. Sin mayoría priísta, descubrieron, era técnicamente imposible iniciar las sesiones de la nueva cámara. Así, los partidos de oposición —PAN, PRD, el Partido del Trabajo y el Partido Verde Ecologista de México— se pusieron a escribir nuevas reglas para el congreso plural.

Los diputados del PRI comenzaron a comprender lentamente su nueva situación. Primero fueron echados de docenas de oficinas en los pasillos de San Lázaro para dejar lugar a los legisladores de oposición. Después, la mayoría los obligó a ceder la presidencia de la Comisión de Presupuesto y Cuenta Pública, compuerta por la que tenía que pasar el gasto federal: el manantial del clientelismo. Más tarde fueron informados de que un diputado panista presidiría la Comisión de Concertación Política y Régimen Interno, a cargo de las gratificaciones y favores dentro del congreso. El PRI vetó a Santiago Creel, así que el PAN, todavía con el afán de mantener el diálogo, nombró a Carlos Medina Plascencia.

El viernes 29 de agosto, en vísperas del inicio de sesiones, el PRI se retiró finalmente de las negociaciones. La gota que derramó el vaso fue la controversia sobre el diputado que respondería el informe. La oposición tenía derecho a elegir al presidente de la Mesa Directiva para el mes de septiembre, a quien correspondía la respuesta al informe. Por primera vez en sesenta y ocho años de sistema priísta, un representante de la oposición compartiría los reflectores con el presidente, y disfrutaría de la última palabra en el principal rito del calendario político mexicano.

El cambio respecto de las prácticas del pasado era enorme. Los pocos diputados de oposición que habían participado en legislaturas anteriores recordaban que los elementos del Estado Mayor Presidencial se presentaban cinco días antes del informe para ordenarles desocupar sus oficinas, dejando entender que consideraban que la mera presencia de cualquier persona ajena al PRI constituía un riesgo para la seguridad del "Señor Presidente".

Para los priístas, era un sacrilegio que un personaje de la oposición respondiera el informe como si se enviara a un ateo a San Pedro para contestar una oración del papa. Se trastornaron por completo cuando se enteraron del nombre del nuevo presidente de la Mesa Directiva elegido por la oposición: Porfirio Muñoz Ledo. Tan pronto como la noticia llegó a las oficinas del PRI, Arturo Núñez, el líder de la bancada del partido en el gobierno, perdió su mesura y comenzó a golpear con el puño la mesa de negociaciones.

–¡No nos consultaron sobre Porfirio! —reclamó, olvidando ostensiblemente que, superior en número, la oposición ya no estaba obligada a acordar con el PRI la elección del líder de la cámara. Los diputados priístas exigieron derecho de veto sobre el texto del discurso de Muñoz Ledo.

Los priístas detestaban a Muñoz Ledo por considerarlo un brillante y volátil traidor. Según la leyenda, de joven había sido campeón nacional de oratoria, box y mambo —al mismo tiempo. Antes de unir fuerzas con Cuauhtémoc Cárdenas en 1988, militó en el PRI durante tres décadas, ascendiendo hasta presidente del partido. Había sido secretario de gabinete en dos ocasiones y embajador de México en la Organización de las Naciones Unidas, y aun había figurado en la lista del dedazo de dos presidentes priístas.[2]

Sin embargo, tras su rompimiento, Muñoz Ledo se convirtió rápidamente en uno de los más acerbos críticos del partido oficial. En respuesta, el PRI retiró su retrato al óleo de la galería de sus presidentes en su sede nacional. Cuando Muñoz Ledo ganó un escaño de oposición en el senado en 1988, líderes priístas recibieron su solicitud de que se le asignara una comisión con "carcajadas", recordaría después, y finalmente le concedieron un lugar en la Comisión de Biblioteca. En los años posteriores, había permitido que su agudeza política fuera sumergida a menudo por su tempestuoso ego. Para 1997 había acumulado muchas diferencias con sus antiguos compañeros de partido, de modo que los diputados priístas temían que, en medio de las cámaras de televisión y la ceremonia del informe, lanzara contra Zedillo un vengativo asalto retórico. Se pusieron a trabajar para bloquearlo.

Por acuerdo de todos los partidos, la apertura de sesiones del congreso se programó para las diez de la mañana del sábado 30 de agosto. El viernes en la noche, no obstante, empezó a circular en los pasillos de San Lázaro un citatorio extraño, según el cual el inicio de sesiones se pospondría hasta la noche del domingo.[3] El documento llevaba, en apariencia, la firma de Píndaro Urióstegui, diputado priísta saliente y presidente de la Comisión Instaladora de la cámara entrante. Pero reporteros que lo buscaron descubrieron que Píndaro había sido hospitalizado la mañana del viernes, al parecer a causa de un paro cardiaco, y yacía semiconsciente en una unidad de terapia intensiva, en absoluto en condiciones de firmar documentos.

Sin embargo, el PRI insistió en el aplazamiento de treinta y seis horas. Sus diputados procedieron a una guerra de cabildeo telefónico, ofreciendo favores y privilegios a legisladores posiblemente indecisos, en un intento por dividir a la mayoría opositora y privar a Muñoz Ledo de su derecho a responder el informe. Entre los más activos al teléfono estaba Emilio Chuayffet, secretario de Gobernación.

Pero la mañana del sábado el PRI se llevó una sorpresa. Los diputados de oposición se mantuvieron unidos, decidieron ignorar la maniobra priísta y procedieron a instalar el congreso sin el PRI. A las diez de la mañana en punto entraron en la sala de sesiones de la cámara de diputados y ocuparon sus curules. Comenzaron entonces a pasar lista, para establecer el quórum: necesitaban la mitad más uno, o doscientos cincuenta y un diputados presentes.

Los diputados priístas se alarmaron. Muchos de ellos estaban en casa, confiados de que dispondrían del día entero para su campaña telefónica. Apresuradamente se pusieron trajes, tomaron corbatas y se reunieron en un consejo de guerra en la sede nacional del PRI en Insurgentes. El PRI alistó una flotilla de autobuses para trasladarlos al Palacio Legislativo en caso de que fuera necesaria una exhibición de la fuerza de su voto. Ansiosos priístas se acomodaron en los autobuses. Las horas pasaron, pero los autobuses no se movieron.

El PRI envió a San Lázaro a media docena de diputados en una misión de reconocimiento. Encabezados por el legislador de línea dura Fidel Herrera Beltrán, se colaron por un pasillo lateral para no ser detectados por la prensa, hasta que encontraron una oficina con un monitor del circuito cerrado de televisión que daba a la sala de sesiones.

La bancada priísta estaba vacía. Con fila tras fila de curules de respaldo alto y redondeado desocupadas, parecía un cementerio. Al otro lado se hallaban los diputados de oposición, prestos a oprimir en sus escritorios los botones que registrarían electrónicamente su presencia.

Herrera Beltrán miró incrédulo la pantalla de votos al frente de la sala. Doscientos cuarenta y uno... doscientos cuarenta y dos... doscientos cuarenta y tres...

–¡Esos hijos de la chingada van a juntar el quórum! —le gritó en la línea telefónica a Arturo Núñez, quien se encontraba en la sede del partido. El monitor mostraba a Muñoz Ledo en el pleno de la cámara, sonriendo.

–¡Velo, velo, es un Fujimoriledo! —vociferó Herrera Beltrán.

En la sede del PRI, Núñez y su equipo decidieron que era ilegal que la oposición ignorara el segundo citatorio con el cual habían cancelado aquella sesión. Eso tenía que ser ilegal, ¿no? ¿Cómo podía ser legal instalar el congreso sin el PRI?

Núñez mandó a Herrera Beltrán y otro priísta, Ricardo Monreal, dirigirse a la sala.

–Piden la palabra y denuncian el acto. Díganles que la sesión es ilegal e ilegítima de origen —les dijo Núñez.

Doscientos cuarenta y cuatro... doscientos cuarenta y cinco... doscientos cuarenta y seis...

–¡Nos los vamos a chingar! —exclamó Herrera Beltrán, luego de que improvisaron un plan. Los priístas celebrarían su propia sesión el domingo, conseguirían su quórum y declararían ilegal la inauguración de la oposición.

Herrera Beltrán y su pelotón marcharon a la sala y descendieron por el pasillo que conduce a la tribuna, caminando directamente hacia Muñoz Ledo.

–¡Caramba! ¿Dónde andaban? —preguntó éste en medio de una risotada, jovial y socarrona al mismo tiempo.

–¡Esta ceremonia es espuria! —arremetió Herrera Beltrán.

232

–¡Es un asalto al congreso! —gritó Monreal.

Doscientos cuarenta y siete... doscientos cuarenta y ocho... doscientos cuarenta y nueve...

–Porfirio, queremos hablar —insistía Herrera Beltrán.

–Sí, sí, pero vamos a esperar que se acabe la votación —replicó pausadamente Muñoz Ledo.

–¡No, ahora! ¡Ahora mismo! —repuso aquél.

Doscientos cincuenta... doscientos cincuenta y uno.

Una comisión de protocolo dirigida por un joven diputado perredista subió a la tribuna. Colocó ahí el tintero y la campana de plata que simbolizan la sabiduría y el decoro de la legislatura. Con un alegre campanazo, declararon abierta la sesión del congreso.

Herrera Beltrán y sus correligionarios se retiraron. Como primer punto del orden del día, los diputados de oposición eligieron a Muñoz Ledo presidente de la Mesa Directiva con una votación de 260 contra 0. Eligieron, asimismo, a Santiago Creel como segundo en la jerarquía. Luego se pusieron de pie, se abrazaron y cantaron en un desentonado pero encendido coro, el himno nacional. Más de uno lloró de emoción.

Posteriormente, Muñoz Ledo tomó la protesta a sus compañeros. El senado, aún bajo control del PRI, se desquitó de inmediato diciendo que apoyaría a los diputados priístas y se rehusaría a reconocer a la nueva cámara de diputados.

Así llegó México al final de su primer día de pluralismo legislativo: en crisis constitucional. A causa de la obstinación de una elite eclipsada, el país, que desde hacía mucho tiempo había carecido de una legislatura funcional, estaba a punto de tener dos.

El papel de Zedillo en esos acontecimientos pareció incoherente. Por un lado, Chuayffet dedicó viernes y sábado a alentar la resistencia de sus compañeros priístas. Pero cuando, la noche del sábado, el impasse cobró fuerza, Zedillo hizo una declaración que parecía contradecir a su secretario de Gobernación.

Muy en su estilo de delinear dónde no intervendría, Zedillo aseguró que la controversia era de la exclusiva competencia del poder legislativo; lo importante era respetar la ley.

Pero no había ninguna ley por aplicar al insólito conflicto. Peor aún, el aparente desacuerdo con Chuayffet dejó la impresión de que tanto el principal operador político de Zedillo como su partido habían escapado al control presidencial.

El domingo en la mañana, con el asunto aún sin resolver, los priístas empezaron a hablar de posponer el informe. Zedillo entró entonces en acción, y sus instrucciones a Chuayffet y a Núñez fueron tajantes.

–Busquen la eficacia del poder legislativo. Que se instale el congreso y acabe la crisis —les dijo—; no queremos crisis. Queremos el informe.[4]

Los diputados priístas se quedaron atónitos. Sin el respaldo del presidente, el eje de su poder, la rebelión se vino abajo. Para la noche del domingo, los priístas habían accedido a que se les tomara protesta en una ceremonia el lunes por la mañana, para que, de acuerdo con lo planeado, el informe se rindiera a las cinco de la tarde. El PRI sólo arrancó una concesión a la oposición: aunque el protocolo exigía al presidente de la Mesa Directiva conducir la toma de protesta, Muñoz Ledo aceptó que ésta corriera a cargo de otro diputado de oposición, para ahorrar una humillación a su expartido.

Zedillo hizo en su informe un conciso recuento de los logros de su gobierno durante el año anterior, sin embargo, con palabras que hicieron poco por iluminar el momento histórico. Entonces Muñoz Ledo subió a la tribuna. Crispados, los diputados priístas se aferraron a sus asientos.

Pero Muñoz Ledo pronunció un discurso tan elocuente y mesurado, tan magistralmente acorde con el momento, que aun Fidel Herrera Beltrán se sintió tentado a aplaudir.

"A partir de hoy, y esperamos que para siempre, en México ningún poder quedará subordinado a otro y todos serán garantes de los derechos ciudadanos, de la fortaleza de las instituciones y de la integridad y soberanía del país", declaró Muñoz Ledo. "Saber gobernar es también saber escuchar, y saber rectificar", dijo, dirigiéndose por igual al presidente y a los legisladores reunidos. "El ejercicio democrático del poder es ciertamente mandar obedeciendo."

Tomando una frase de los primeros parlamentos de la monarquía española, puso a Zedillo cordialmente al corriente de que en México habían terminado los días de la presidencia real. "Nosotros, que cada uno somos tanto que vos —dijo, en referencia a los legisladores— y todos juntos somos más que vos."[5]

La crisis de la instalación del primer congreso plural mostró cuán frágil parecía ser la transición de México a la democracia, y cuánto tesón podía exigir. El riesgo que el país enfrentó el 30 de agosto fue grande. Después de 1994, cualquier conflicto constitucional sostenido habría podido sacudir la confianza de los inversionistas extranjeros e iniciar una estampida de capitales. México habría podido parecer necio ante el mundo, impreparado para la democracia y el desarrollo. Los mexicanos habrían podido perder su tenue fe en el proceso de cambio. Pero nada de esto ocurrió.

En 1988 Cuauhtémoc Cárdenas se había abstenido de forzar el cambio por medio de la violencia, abriendo así nuevas posibilidades a la reforma pacífica. Nueve años después, cuando las navajas salieron a relucir otra vez, todas las partes optaron por el refrenamiento. La crisis se resolvió con un método autoritario, cuando Zedillo ordenó a su partido obedecer. Pero el resultado demostró que el verdadero sentido de sus órdenes fue que el PRI obedeciera la voluntad popular.

En lo sucesivo, San Lázaro no volvería jamás a carecer de vida. Instalado el congreso plural, de inmediato se convirtió en un campo de batalla entre la legislatura y el presidente, así como entre partidos rivales.

En una ocasión, diputados del PRD vertieron pegamento en los botones de votación electrónica de uno de los suyos por haber apoyado al PRI en una votación reñida. También memorable fue el discurso del diputado perredista Félix Salgado Macedonio, quien se opuso a la aprobación del horario de verano con el argumento de que él era "mañanero". Mientras que otros preferían el sexo de noche, dijo, a él le gustaban los revolcones con su esposa en la mañana, y temía que el nuevo horario trastornara su reloj biológico masculino.

La cámara pareció la sede de un desfile el día en que una docena de miembros del Barzón, un grupo de campesinos deudores, dramatizó su enfrentamiento con los bancos presentándose a caballo. Trabajadores azucareros veracruzanos en huelga llamaron la atención tomando por asalto el frente de la sala, donde se volvieron de espaldas y se bajaron los pantalones. Detrás de esas bufonadas había un asunto serio: demostraron que la cámara de diputados ya no era el tapete del presidente.

En ningún otro asunto el congreso ejerció más notoriamente su poder que en el controvertido rescate de los bancos por el gobierno.

El problema de los bancos tenía su origen en el sexenio de Salinas. Luego de su desastrosa nacionalización, en 1982, por José López Portillo, Salinas —en medio del ascendente optimismo de mediados de su periodo presidencial— los devolvió, mediante su venta, al sector privado. Para guardar las apariencias nacionalistas, insistió en venderlos únicamente a mexicanos, con lo que limitó el grupo de compradores al puñado de empresarios que podían reunir el capital necesario, y estipuló que su meta principal era obtener el mayor ingreso posible para el gobierno.

Salinas puso a Guillermo Ortiz, distinguido economista educado en Stanford y entonces subsecretario de Hacienda, a la cabeza de la comisión encargada de efectuar la venta. Ortiz contrató a varias firmas de Wall Street para organizar las complejas subastas. Las disposiciones en vigor acerca del secreto bancario dificultaron a Ortiz y sus asesores extranjeros evaluar a los posibles compradores. No obstante, el gobierno vendió dieciocho bancos y recaudó más de 12 mil millones de dólares, monto 3.4 veces superior al valor contable de los activos.[6] Salinas se mostró satisfecho, y la comunidad financiera internacional elogió la reprivatización bancaria mexicana como ejemplo de probidad y finanzas sanas.

Pero no tardaron en presentarse problemas. Dos bancos, Banco Unión y Banca Cremi, habían sido vendidos al comerciante de camarones de Tabasco, Carlos Cabal Peniche. Éste tenía gustos ostentosos y la tendencia a jugar en grande, y cultivó cuidadosamente sus relaciones con Roberto Madrazo y el PRI de Tabasco. Pronto, Salinas lo exaltó como modelo de empresario mexicano en la era del Tratado de Libre Comercio de América del Norte (TLCAN).

Más tarde, sin embargo, Cabal Peniche incumplió importantes pagos a acreedores, y Ortiz comenzó a vigilarlo más de cerca. A mediados de 1994, investigadores del gobierno descubrieron que estaba involucrado en una estafa de grandes proporciones, pues usaba dinero de uno de sus bancos para financiar al otro, y se servía de ambos para hacerse préstamos a sí mismo. Las autoridades lo acusaron de fraude por 700 millones de pesos. Cabal Peniche se dio a la fuga; sus bancos quebraron y fueron requisados por el gobierno.

Después estalló la crisis del peso, que a principios de 1995 elevó las tasas de interés a más de cien por ciento. Puesto que los préstamos a tasa fija son raros en México, particulares y empresas se vieron rápidamente forzados al incumplimiento, y pronto muchos bancos estuvieron al borde del derrumbe. Dado que el sistema de pagos dependía de los bancos, la economía entera estuvo en riesgo.

Zedillo y Ortiz, secretario de Hacienda tras la renuncia de Jaime Serra Puche, concibieron un plan de rescate. En su precipitación, no buscaron siquiera la aprobación formal del congreso, todavía controlado por el PRI. Conforme a ese programa, el gobierno tomaría a su cargo los bancos insolventes, protegiendo cien por ciento de los depósitos de los cuentahabientes, mientras que los accionistas perderían la totalidad de su inversión. En el caso de bancos en problemas pero que aún no habían quebrado, el gobierno asumió su cartera vencida y les inyectó nuevo capital, con lo que les permitió recomenzar a condición de que sus dueños también aportaran nuevo capital.

La administración cotidiana del rescate le fue asignada a una oficina en el laberinto burocrático, provista de personal insuficiente, bajo la égida de la Comisión Nacional Bancaria, el órgano regulador de los bancos. Con una normatividad imprecisa y sujeto a escasa supervisión, ese organismo asumió miles de préstamos incobrables que, para comenzar, los bancos no habrían debido hacer.

A la luz de los riesgos que el país enfrentaba, los primeros resultados fueron positivos: la gente no asedió los bancos y ningún depositante perdió un solo peso.

Pero después surgieron más problemas con los nuevos banqueros.[7] A Ángel Isidoro Rodríguez Saez, comprador de Banpaís, se le conocía como el Divino, por el elegante restaurante en el Paso de la Reforma, propiedad de su familia. Luego de que autoridades regulativas federales requisaron su banco en 1995, descubrieron pruebas, según los fiscales, de que el Divino se había hecho préstamos cuestionables a sí mismo y a otras personas por un total de 400 millones de dólares. Acusado de fraude, huyó. Un año después la policía española lo arrestó mientras se asoleaba en un yate en el Mediterráneo.[8]

Extraditado a México, el Divino pagó una fianza y salió libre, puesto que las leyes de entonces no consideraban como un delito grave el fraude bancario. Pronto estaba de vuelta en los negocios, ahora administrando hoteles de lujo. El Divino se volvió la personificación de las desigualdades que los ciudadanos aborrecían en sus sistemas financiero y judicial.

Al iniciarse, en 1997, las actividades del nuevo congreso, doce de los dieciocho bancos originalmente privatizados habían quebrado y vuelto a manos del gobierno. Mientras que unos cuantos de los bancos quebrados desaparecieron, la mayoría fue mantenida por el organismo a cargo del rescate, que los dispuso para su venta. Pero incluso a los bancos aún sanos —a BANAMEX, por ejemplo— se les permitió descargar en el gobierno su cartera incobrable. Se tomaron pocas previsiones para obligar a los bancos rescatados a dirigir sus subsecuentes utilidades a aligerar la carga de la deuda del gobierno. Algunos dueños de bancos rescatados se enriquecieron extraordinariamente.

En enero de 1998, Zedillo nombró a Ortiz gobernador del Banco de México y designó a un nuevo secretario de Hacienda, José Ángel Gurría. Éste era un inteligente y avezado estratega económico, y como principal representante de México en negociaciones de la deuda externa de los años ochenta, había hecho mucho para restaurar la credibilidad del país en el exterior. Pero, al igual que Zedillo, jamás había enfrentado un congreso opositor.

Semanas después de que Gurría asumió su puesto, Zedillo y él deslizaron una partida inusual en la propuesta del presupuesto federal para 1999. Querían sumar todas las deudas que el gobierno había asumido por efecto del rescate bancario, las cuales no estaban registradas en las cuentas oficiales centrales, e incorporarlas a la deuda pública del país. Gurría defendió esta acción como una transferencia contable que facilitaría el financiamiento de la deuda del rescate a través de los mercados internacionales.

Cuando la propuesta llegó a San Lázaro, recibió un nuevo tipo de escrutinio.[9] ¿A cuánto exactamente ascendía, preguntaron algunos diputados, la deuda que el gobierno proponía cargar sobre las espaldas de los contribuyentes? La cifra de Hacienda era de 62 mil millones de dólares.

Los diputados de oposición saltaron de sus asientos cuando oyeron esos números, equivalentes a 16% del producto interno bruto del país. Rápidamente se unieron para bloquear la maniobra de Hacienda. Tanto el PAN como el PRD declararon que los contribuyentes no tenían por qué pagar deudas impropias o ilegales que se habían colado al fondo del rescate. Para estimar qué proporción de la deuda del rescate podía ser fraudulenta, los partidos de oposición exigieron más información sobre la cartera vencida asumida por el organismo, el Fondo Bancario de Protección al Ahorro, FOBAPROA. Por su lado, Zedillo, Gurría y los diputados del PRI también cerraron filas, insistiendo en que el secreto bancario les impedía dar al congreso información sobre deudas y deudores específicos cuyos préstamos habían sido traspasados por los bancos al FOBAPROA.

El enfrentamiento expuso las deficiencias que había heredado el nuevo congreso. Cada diputado disponía apenas de presupuesto suficiente para pagar una secretaria que le contestara el teléfono; no tenían recursos para una investigación ambiciosa. Las comisiones carecían de autoridad para citar a testigos o solicitar documentos. Además, como la Constitución prohibía la reelección legislativa consecutiva, los quinientos diputados eran apenas aprendices parlamentarios, en su gran mayoría.

Recibieron ayuda de una fuente inesperada, cuando Cabal Peniche fue detenido en Australia. Con la esperanza de evitar su extradición a México, reveló que había operado, en coordinación con ciertos encargados de finanzas del PRI, para canalizar a este partido 25 millones de dólares de sus bancos para las elecciones de 1994, antes que éstos se desplomaran y fueran transferidos al FOBAPROA.[10] Exhibió documentos que, afirmó, demostraban que alrededor de 4 millones de dólares habían sido destinados directamente a la campaña de Zedillo. Diputados de oposición acusaron al presidente de pedir a los contribuyentes que pagaran préstamos ilegales convertidos en donaciones ilícitas a su campaña. Pero Zedillo se rehusó a divulgar información sobre los préstamos en la cartera vencida del FOBAPROA.

Andrés Manuel López Obrador, entonces presidente del PRD, percibió el descontento público en torno a tal escándalo y lanzó una campaña nacional contra el rescate bancario. "Al presidente Zedillo sólo se le ocurrió salvar a los de arriba, y comprar las deudas de los más poderosos y los amigos del gobierno", repitió en encendidos discursos. "Mexicanos, ¿les parece justo que nuevamente las ganancias sean para unos cuantos, y las pérdidas para la mayoría?"[11]

López Obrador y el PRD hicieron campaña contra el rescate en todo el país a lo largo de 1998, mientras en la cámara de diputados seguían las negociaciones. López Obrador causó revuelo al hacer pública una lista, obtenida por hábiles piratas informáticos del PRD, de miles de personas y empresas cuyos préstamos aparentemente habían caído en el FOBAPROA. El PRD estuvo a punto de llamar a incumplir el pago de esas deudas, acción que podría haber desestabilizado el sistema bancario. El debate se prolongó varios meses, dejando relegados los demás asuntos de la agenda legislativa.

Gradualmente el PAN tomó la iniciativa en las negociaciones, con Santiago Creel en el centro.[12] Creel, vinculado con los abogados y empresarios conservadores que conformaban el PAN, se sintió empujado por la línea dura del PRD a establecer una alianza táctica con el PRI, a fin de producir un proyecto de ley viable para salvar el sistema bancario. Con intención de cobrar al PRI por su incómoda cooperación, Creel y sus colegas panistas enfocaron su ira en Guillermo Ortiz, exigiendo que Zedillo lo echara del Banco de México, por haber sido el responsable del plan original del rescate bancario. Pero los panistas jamás le encontraron a Ortiz ninguna acción irregular, y menos ilegal. Éste se había ganado una sólida posición política gracias a su actuación como secretario de Hacienda, cuando había guiado al país a retomar el crecimiento. Además, era casi imposible —incluso para Zedillo— destituir a Ortiz como gobernador del Banco de México, a causa de la nueva legislación para proteger la autonomía del banco central, leyes que el mismo PAN había elaborado.

El 12 de diciembre de 1998, el PRI y el PAN lograron finalmente la aprobación de una nueva ley de rescate bancario. Los diputados perredistas votaron en contra. Como resultado de un acuerdo, la nueva ley destinó las deudas del rescate a una categoría especial en los libros contables del gobierno, no a la deuda pública. Creó un nuevo órgano administrador del rescate, el Instituto para la Protección al Ahorro Bancario (IPAB), sujeto a normas y supervisión más estrictas, aunque dotado asimismo de mayor flexibilidad para costear deudas y vender activos, y proveyó financiamiento para un programa de apoyo a pequeños deudores. Exigió a los bancos pagar una mayor proporción de la deuda. Prohibió a Ortiz formar parte del consejo directivo del nuevo instituto, si bien conservaría su puesto en el Banco de México. Los mercados respiraron aliviados, y la economía se mantuvo estable.

Como parte del acuerdo, la oposición insistió en una auditoría externa independiente que determinara la cartera vencida acumulada en el fondo del rescate. Los diputados contrataron a un auditor canadiense, Michael Mackey, quien entregó su informe en julio de 1999. En los fríos términos de la contabilidad, la auditoría de Mackey describió un sistema plagado de fraudes e incestos. Entre la cartera traspasada por los bancos al FOBAPROA detectó préstamos irregulares por 7,700 millones de dólares, incluidos 638 millones en préstamos que juzgó claramente ilegales. El conflicto de interés era flagrante: préstamos por 4,400 se hicieron de un banco a otro o a clientes con los que el acreedor tenía vínculos comerciales directos.

En su informe Mackey protestó porque el gobierno de Zedillo había entorpecido permanentemente su labor. Nunca pudo, por ejemplo, examinar el fideicomiso establecido por Cabal Peniche para canalizar sus aportaciones secretas a la campaña de Zedillo.[13]

En definitiva, el debate sobre el rescate bancario exhibió las posibilidades y limitaciones de la nueva cámara controlada por la oposición. Abrió en cierta medida los santuarios secretos del sistema priísta, exponiendo a la vista pública el deterioro de éste con nuevo detalle. Sin embargo, los diputados de oposición no lograron impedir que los contribuyentes pagaran la cuenta por los errores y la corrupción que dejó al país con una deuda de rescate que finalmente ascendió a más de 100 mil millones de dólares. En el mejor de los casos, el nuevo instituto revitalizó algunos bancos sólo para venderlos a precios de remate a empresas financieras extranjeras. Citigroup, demostrablemente el principal beneficiario del rescate, compró dos bancos una vez saneados por el gobierno. Los partidos de oposición, a causa de sus divisiones e inexperiencia parlamentaria, nunca lograron obligar a un solo funcionario a renunciar como responsable de tanto lío.

Más todavía, el debate sobre el FOBAPROA disolvió de forma permanente la alianza de la oposición. En adelante, los partidos en el congreso no cesarían de moverse por la pista de baile, pasando de una pareja a otra según el asunto del momento. El PRI empezó a recuperar poder en ese proceso.

Por otro lado, las prácticas del monopolio político se disiparon para siempre. En efecto, a partir de 1997 tuvo lugar en México un cambio fundamental en el poder. El congreso plural le hizo ver al ejecutivo que quedaría siempre vigilado. Una propuesta de Los Pinos no sería ya un fait accompli, sino el inicio de una negociación. Aunque a menudo bronca, la cámara dominada por la oposición fue razonablemente productiva. Muchos ciudadanos habían advertido el desastre en una legislatura no controlada por el PRI, pero resultaron estar equivocados.

Cuauhtémoc Cárdenas y el equipo del PRD que asumieron la jefatura de gobierno del Distrito Federal, en diciembre de 1997, abrieron otro frente en el territorio democrático. Si los diputados de oposición araron a menudo en terreno agreste, al gobierno de Cárdenas le tocó cultivar un pantanal.

Antes de 1997, el gobierno de la ciudad de México había sido una pirámide priísta. El Distrito Federal no era ni un municipio ni un estado, sino un protectorado de Los Pinos. El presidente había nombrado al regente desde 1824, pero el sistema priísta intensificó la lógica autoritaria a la que estaba sujeta la capital.

La población del Distrito Federal que Cárdenas gobernaría ascendía a 8.5 millones de personas, grande pero no excepcional para los estándares mundiales. No obstante, la zona metropolitana de la ciudad de México se acercaba a los 20 millones de personas, cifra que la colocaba no muy por debajo de Calcuta y Tokio. La mayor parte de esa población se hallaba dispersa en los gigantescos municipios del Estado de México que colindan con el D.F. De por sí la ciudad era casi ingobernable, porque sus más persistentes problemas —sobrepoblación, tránsito, contaminación—, se originaban fuera de la jurisdicción de su gobernador.

Un día antes de su toma de posesión, Cárdenas divulgó datos deprimentes. Unos 182 mil de los 8.5 millones habitantes del D.F. no tenían drenaje, y casi otro tanto carecía de agua potable. La administración de justicia era un desastre: de los 229,605 delitos graves reportados a la policía desde enero de ese año, noventa por ciento había quedado sin resolver. Los asaltos bancarios a mano armada ocurrían a razón de uno cada tres días. Dada la reducción de la base de empleo en virtud de que las industrias se mudaban a estados del norte por sus costos menores y mayor cercanía al mercado estadunidense, alrededor de 22% de la población estaba desempleado o subempleado. Al menos trescientos treinta días al año la contaminación alcanzaba niveles que habrían dado lugar a una emergencia de salud pública en Los Angeles. Cárdenas, el primer jefe de gobierno elegido por los habitantes del Distrito Federal, les había prometido que gobernaría en forma radicalmente nueva, combatiendo la corrupción en vez de depender de ella e incorporándolos como ciudadanos, no como clientes de prebendas políticas.

Si Cárdenas era el comandante del asalto a las murallas, sus capitanes eran los jefes de las dieciséis delegaciones de la ciudad. Para ocupar esos puestos Cárdenas escogió a varias personas con trayectorias similares: de 1968 a los primeros despertares cívicos de 1985, pasando por el movimiento estudiantil en la UNAM en 1986, de ahí a la campaña de Cárdenas en 1988 y finalmente a la pugna con Salinas a principios de los años noventa. Uno de los nuevos delegados, Salvador Martínez della Rocca, el Pino, había sido un destacado líder estudiantil en 1968. En una entrevista poco después de asumir el cargo, se le preguntó qué significaba que un hombre que alguna vez había sido revolucionario se hubiera convertido en un político de traje y corbata. Pareció ofenderse. "¡Sigo siendo revolucionario!", exclamó.

El experto en asuntos urbanos Jorge Legorreta era el delegado en la Cuauhtémoc, delegación enorme que aloja al antiguo centro de la ciudad. En teoría, Legorreta estaba espléndidamente calificado para el puesto, ya que había dedicado su vida profesional al estudio y celebración de la ciudad de México. Desde su base de operaciones en una diminuta oficina en el sótano de la antigua casa de Ramón López Velarde, Legorreta publicaba textos sobre la historia y costumbres de la ciudad, conducía estudios sobre el problema del esmog, dirigía paseos por el centro histórico y compilaba una guía de los venerables bares de la capital. Con el cabello peinado para atrás y un extenso bigote entrecano, el propio Legorreta parecía bardo. Pero desde el primer día en su nuevo puesto entendió que su largo romance con la ciudad le sería de muy poca utilidad para gobernarla.[14]

El regente priísta saliente había sido Óscar Espinosa Villarreal, estrechamente asociado con Zedillo, de cuya ahora controvertida campaña de 1994 había sido tesorero.[15] Al igual que los otros quince delegados, Legorreta descubrió al mudarse a sus nuevas oficinas que

240

Espinosa y el PRI habían purgado computadoras y vaciado archiveros. Contratos de obras públicas, licitaciones en proceso, permisos y licencias ya autorizados: todo había volado. Los delegados perredistas supieron después, por sus trabajadores, que días antes del cambio de gobierno se les había ordenado cargar camiones de volteo con expedientes. Legorreta no disponía siquiera de una lista de nombres y puestos de sus 8,500 empleados.

No le tomó mucho tiempo descubrir las reglas básicas del régimen que había heredado del PRI. Se enteró rápido que al delegado no le correspondía resolver los problemas de los habitantes de la delegación; era meramente un emisario del regente. Así, por ejemplo, al salir en las mañanas de su casa en la avenida Insurgentes, Legorreta veía baches y botes de basura rotos. Pronto supo que no podía mandar arreglarlos, ni en Insurgentes ni en cualquier otra avenida importante. Si el problema atañía a una calle lateral, el delegado podía disponer que se tapara un bache con unas cuantas llamadas telefónicas. Pero durante el régimen priísta, las grandes avenidas se habían considerado valiosas fuentes de comisiones extraoficiales. Según la costumbre establecida, sólo el regente podía designar a los trabajadores que se encargarían del mantenimiento de Insurgentes y otras grandes avenidas, y de recolectar la consecuente cosecha de ingresos en propinas y mordidas.

En general, se dio cuenta Legorreta, el gobierno de la ciudad se había ejercido como un negocio, no como un servicio público. Un empleo en el gobierno capitalino era una plataforma sobre la cual erigir una empresa. Los salarios eran brutalmente bajos: un oficinista o secretaria ganaba el equivalente a 450 dólares al mes, y un policía 700. La mayoría de los trabajadores se veía obligada a complementar su salario con propinas informales o francos sobornos. Estos arreglos eran, a su vez, el fundamento del poder de los sindicatos y otras organizaciones corporativas del sistema priísta. Aquéllos controlaban la distribución de empleos, reservando para aliados del PRI los que brindaban las mayores ganancias.

Por ejemplo, los trabajadores de limpia de la delegación no recogían la basura que la gente dejaba en bolsas a la puerta de su hogar, a menos que se les pagara una propina. Así, la basura echada a diario a la calle sin la correspondiente remuneración se quedaba ahí, apestando.

"¿Esto cómo lo arreglas?", se pregunta Legorreta, recordando su conversación de entonces consigo mismo. "Obviamente, esto es resultado de la corrupción entre los trabajadores de limpia. Pues vamos a quitar esa corrupción. Entonces es una lucha, te pones tu espada, te armas con tu armadura y vas en una cruzada contra el sindicato."

El enemigo era, en este caso, la dirigencia local de los trabajadores de limpia del Sindicato Único de Trabajadores del Gobierno del Distrito Federal, uno de los más grandes del país, con más de cien mil miembros y aún controlado por el PRI.

"Llevas atrás también tu equipo y te sientas a negociar con el sindicato —relata Legorreta—: 'Señores, no puede ser que ustedes estén cobrando propinas porque la ciudad les paga sus salarios para que recojan basura esté donde esté'."

"Ellos están ahí sentados y escuchan", recuerda Legorreta. "'Cómo no, señor delegado, con mucho gusto.'"

"Pero después —prosigue—, me enfrenté a la realidad."

Los dirigentes sindicales le explicaron que cada camión de basura de la delegación era operado todo el día por doce trabajadores, en promedio, en dos turnos. Pero de esos doce trabajadores, el único empleado del gobierno capitalino era el chofer. Los otros once eran "meritorios".

–¿Quiénes son ellos? —preguntó Legorreta.

Los meritorios eran todos ellos empleados del chofer, y éste, a su vez, gerente de una pequeña empresa. En muchos casos el camión de basura era un negocio familiar, cuyo personal eran los hermanos, tíos y sobrinos del chofer. Además de las propinas, la tripulación del camión obtenía ingresos del reciclaje; varios hombres se ocupaban de clasificar la basura desde el momento mismo de su recepción. Legorreta se percató de que el reciclaje era una de las fuentes del poder del sindicato, que decidía qué choferes serían enviados a las colonias que ofrecían mayores ganancias del reciclaje.

–Los meritorios son personas que viven de las propinas, señor, porque el gobierno de la ciudad no les puede pagar —continuaron los líderes sindicales—; déle gracias a Dios que esos meritorios levantan la basura; no la van a levantar gratis. Si el gobierno puede contratarlos, encantados; lo hemos estado pidiendo desde hace treinta años.

Legorreta respondió que si no tenía presupuesto para contratar a un trabajador de limpia, mucho menos lo tenía para contratar a miles.

–Muy bien, señor. Pero por ahí de mientras los meritorios tienen que recoger la basura y pedir propinas —le dijeron los líderes sindicales. Y remataron con un duro golpe—: ¿O quiere que no la recojan?

Otro delegado, Jorge Fernández Souza, de la delegación Miguel Hidalgo, descubrió que los camiones de su jurisdicción usaban ochenta litros de gasolina por kilómetro. La reventa de gasolina extraída de los camiones recolectores de basura era un buen negocio para el sindicato.

Legorreta se sintió profundamente frustrado:

Hay procesos de ilegalidad que están asentados en una estructura ya muy anquilosada, pero que hacen que la ciudad funcione. Si tú retiraras en la basura, en la vivienda, en el transporte, esos sistemas privatizados que se han formado en el proceso de la reducción de inversión pública que se ha hecho desde los años ochenta, la ciudad entraría en una gran crisis urbana. De eso tú te das cuenta cuando gobiernas.

El gobierno no tiene la capacidad de contratar un eficiente servicio de basura —prosigue—; entonces tú tienes que irte con el viejo aparato que traes. No basta que llegue un hombre con un discurso nuevo, académico como el mío, con una lucha contra la corrupción. Porque te das cuenta que el aparato pues no lo puedes cambiar fácilmente, no tienes dinero para cambiar la máquina. Es un coche que funciona con fugas y no tienes otra máquina. El mecánico te dice: "A ver, hágale como pueda". Entonces te vas tú con las viejas inercias, los viejos sistemas, para que la ciudad te funcione.

Legorreta descubrió, asimismo, que tenía que hacer un constante esfuerzo para no caer en la trampa de la corrupción. Aunque le declaró la guerra en muchas ocasiones, meses después de haber asumido su cargo se percató de que empleados de la delegación seguían recibiendo mordidas en su nombre, como lo habían hecho en la época de los delegados priístas. Taxistas y vendedores ambulantes sin licencia, paracaidistas, prostitutas y un número incontable de personas al margen de la ley pagaban el "entre" acostumbrado a funcionarios de la delegación para seguir con sus actividades ilícitas. Los burócratas reservaban una pequeña porción de ese flujo para el delegado, como lo habían hecho siempre.

La primera vez que sus empleados mencionaron que debía recoger su parte, Legorreta, sin entender bien a bien lo que le decían, no prestó atención. Más tarde recibió la visita de un conocido suyo, antiguo funcionario del gobierno de la capital. Aparentemente a instancias del personal de la delegación, este individuo lo instó a tomar el dinero. El efectivo que ascendía por la burocracia era su tesorería, sostuvo su amigo, los únicos fondos de los que dispondría para hacer mejoras en la delegación. Exhortó a Legorreta a considerarlo no como dinero mal habido, sino como una gravación informal. Puesto que los empleados de la delegación sabían que era un hombre honesto, le dijo, tendrían la seguridad de que no pondría el dinero en su bolsillo. Pero si no lo agarraba, argumentó el exfuncionario, desquiciaría todo el sistema con consecuencias impredecibles, y hasta peligrosas.

Legorreta se entrevistó con Cárdenas, y ambos coincidieron en que no tocarían ese dinero. A partir de entonces ignoró el destino de esos recursos.

Los cambios que Legorreta intentó hacer en la delegación Cuauhtémoc nunca se toparon con la violencia. Pero algunos colegas suyos fueron menos afortunados. Ricardo Pascoe Pierce fue delegado en Benito Juárez, había sido uno de los fundadores, junto con Cárdenas, del PRD, en 1989; además de uno de los principales estrategas de su exitosa campaña de 1997. Pascoe contaba con un doctorado de la London School of Economics y había escrito ampliamente sobre la clase trabajadora mexicana y la transición a la democracia. Tras dos años como delegado, fue nombrado oficial mayor del gobierno capitalino.[16]

Como delegado, Pascoe descubrió que el gobierno de la capital, durante la época priísta, había comprado uniformes dos veces al año para cada uno de sus empleados; un beneficio consignado incluso en el contrato colectivo. Aparte de uniformes, se compraban trajes para hombres y mujeres; más de un millón de artículos de ropa al año, con un costo equivalente a 25 millones de dólares.

El sindicato se había asegurado el derecho de decidir dónde se compraba la ropa, y luego había establecido una red de fábricas para producirla, vendiendo las prendas a precios inflados. Autoridades del mismo gobierno se hicieron socios de las fábricas del sindicato que recibía los contratos para confeccionar la ropa. Además, el sindicato cobraba una cuota de 10 pesos por "costos de transporte" sobre cada juego de prendas, a pesar de que el gobierno capitalino había sufragado todos los costos de producción y distribución; luego, los dirigentes sindicales insistían a los trabajadores que el sindicato había asumido esos costos. Por último, el sindicato retenía parte de la ropa y la vendía en tianguis de la ciudad.

Cuando pasó al cargo de oficial mayor, Pascoe resolvió poner fin a la manipulación del sindicato en lo relativo a la distribución de ropa. Sabía que no podía eliminar el reparto de la misma sin incitar un levantamiento de las bases. Entonces, optó por excluir sumariamente al sindicato del proceso de distribución.

Las amenazas comenzaron pronto. Desconocidos llamaban a su oficina, a su casa. Lo seguían en la calle. Ni siquiera en los momentos más tensos de la campaña de Cárdenas en 1988, Pascoe se había sentido tan inseguro. Por primera vez en su vida tuvo que recurrir a un guardaespaldas.

En alguna ocasión, cuando viajaba a mediodía en su auto oficial, por la calle 20 de Noviembre, en el centro histórico de la ciudad, dos autos trataron de interceptarlo en un operativo de pinzas, clásico del secuestro. Sólo el denso tránsito impidió que los agresores lograran pararlo, y mientras su guardaespaldas apuntaba hacia ellos con su pistola, su chofer maniobró para huir. "Es obvio que se creían invulnerables", concluyó Pascoe, asustado.

Cárdenas y su equipo trataron de detener la corrupción alentando la participación y supervisión de los ciudadanos. En Miguel Hidalgo, Jorge Fernández Souza organizó un consejo de vigilancia ciudadana de la policía. Altos comandantes asistieron a sesiones mensuales en las que los ciudadanos presentaban quejas y reportaban puntos de alta incidencia de crimen; los comandantes debían informar al mes siguiente lo que habían hecho para resolver los problemas. Los ciudadanos podían vencer su temor a los policías, y éstos a menudo se veían librados de ser vistos como gorilas. El gobierno perredista organizó elecciones para escoger nuevos comités vecinales, en sustitución de los protegidos de caciques nombrados por el PRI. Bajo un sistema establecido por los comités vecinales, agentes de policía tenían que reportarse con ellos una vez al día y obtener una firma para demostrar que habían patrullado las zonas bajo su cuidado. Con este tipo de reformas, el equipo perredista logró que en algunas colonias operaran en forma ordenada y, en general, aunque persistió la corrupción, los ciudadanos comprobaron que ya no se le alentaba.

Cárdenas, enfrentado a una ciudadanía cuya demanda número uno fue la reducción de la delincuencia, nombró a Samuel del Villar procurador de justicia del Distrito Federal. Para Del Villar, parecía la grata culminación de sus años de analizar la corrupción y dar batallas perdidas contra ella como abogado.

Pero la tarea de procurador de justicia de la capital era sumamente complicada. El sistema local de administración de justicia estaba tan infiltrado por la corrupción que a Del Villar le resultó difícil incluso formar un equipo honesto. Tras nombrar, luego de una intensa búsqueda, a Jesús Carrola Gutiérrez como titular de la policía judicial capitalina, la prensa informó que estaba sujeto a investigación por vínculos con narcotraficantes. Del Villar lo despidió y tuvo que ocupar el puesto ascendiendo a un joven oficial de policía, Mauricio

Tornero, poco mayor de 30 años, al que había conocido durante su práctica jurídica, porque no halló a nadie más que le inspirara confianza.

Aun así, logró avances interesantes. Trabajó en equipo con Alejandro Gertz Manero, rector de la Universidad de las Américas, a quien Cárdenas había designado secretario de Seguridad Pública, en agosto de 1998. Instalaron dispositivos de rastreo en patrullas, para que la policía no pudiera salir de sus zonas para cazar mordidas. Pusieron a José Luis Pérez Canchola, un respetado activista de derechos humanos, a la cabeza de la academia de la policía, para inculcar ética en los nuevos cadetes. Del Villar restructuró la burocracia judicial para dar mayor continuidad a las investigaciones y eliminar demoras entre la detención y la acusación formal, que permitían a muchos delincuentes eludir la ley. Con la ayuda de la Asamblea de Representantes, bajo control del PRD, reformó leyes que habían impuesto requisitos casi inalcanzables a las pruebas presentadas por el ministerio público para obtener órdenes de aprehensión.

Del Villar consiguió que se le impusiera a IBM multas por 37.5 millones de dólares por fraude en un contrato de venta de computadoras con el gobierno de la ciudad. Los asaltos bancarios, que habían aumentado a veintitrés al mes a fines de 1998, se redujeron a uno por mes para junio de 1999.

Pronto, sin embargo, Del Villar se vio sumido en un choque frontal con los más atrincherados intereses de México. Sucedió a causa de un comediante: el conductor de televisión Francisco, Paco, Stanley, ultimado por dos pistoleros, el 7 de junio de 1999, al salir a plena luz del día del Charco de las Ranas, una conocida taquería del sur de la ciudad. Tanto Televisa como TV Azteca de inmediato reaccionaron con profunda indignación, pues adujeron que el homicidio demostraba la incapacidad de Cárdenas para contener la ola de delincuencia en la capital. Ricardo Salinas Pliego, presidente de TV Azteca, emisora que transmitía el programa de Stanley, salió en vivo en un canal de su compañía esa misma tarde para exigir la renuncia de Cárdenas como jefe de gobierno de la ciudad.

Los ataques contra Cárdenas hicieron que el caso Stanley fuera especialmente importante para Del Villar, y dedicó mucha energía a la investigación. En cuestión de horas sus detectives establecieron con pruebas contundentes que el popular cómico era cocainómano y distribuía la droga entre sus amigos en el mundo del espectáculo. La policía detuvo pronto al patiño de Stanley, y varios colegas más, bajo sospecha de que eran socios en el tráfico de drogas, y los acusó de haber asesinado al cómico para apoderarse de ese negocio.

Sin embargo, la investigación degeneró en una batalla entre Del Villar y Salinas Pliego. Bajo la sospecha de que el asesinato de Stanley formaba parte de un enredo más amplio de TV Azteca con intereses del narcotráfico, Del Villar amplió la averiguación para incluir las finanzas de la compañía. Salinas Pliego respondió con una campaña contra Del Villar en sus noticieros. Noche tras noche, los conductores de los noticieros de TV Azteca retrataban a Del Villar como un tirano incompetente y vengativo. La televisora transmitió un video de un asalto en la ciudad de México, que después se descubrió que había sido montado, en un evidente intento por atizar la frustración de la ciudadanía respecto del combate a la delincuencia.

Del Villar cometió un error en su acusación, apoyándola mucho en el testimonio de un solo testigo. En un momento clave, el testigo renunció a su testimonio. Existían señales de que había sido presionado, pero Del Villar no pudo probarlo, y su caso se vino abajo. Tampoco logró reunir pruebas suficientes de su hipótesis acerca de una conspiración mayor de TV Azteca relacionada con las drogas. El juez, desestimando pruebas importantes contra algunos de los socios de Stanley, absolvió a todos los acusados por el procurador.

Del Villar había luchado durante años por reformar al sistema desde fuera. Sabía mejor que nadie que dinero procedente del narcotráfico había saturado la vida pública del país y que en el pasado, a menudo, los medios de información se habían coludido con el poder político para proteger conductas criminales. Una vez dentro, sin embargo, no halló una estrategia eficaz para su cruzada. Se enfrentó a intereses poderosos armado sólo con su inteligencia y el deficiente sistema de justicia que había heredado, y sus aspiraciones se vieron frustradas.

No obstante, el sistema de justicia sí estaba cambiando, si bien lentamente, y la sociedad pudo ver algunos resultados de ello en 1998, cuando la nación conmemoró el trigésimo aniversario de la matanza de Tlatelolco.

Durante tres décadas, mucho después de la muerte de Díaz Ordaz en 1979, las autoridades se habían aferrado a la versión oficial de los hechos, culpando de la violencia a los manifestantes, sus víctimas. Cada año, el 2 de octubre los parientes de las víctimas se habían reunido discretamente en la Plaza de las Tres Culturas, portando velas para llorar en silencio a sus seres queridos.

Pero el 2 de octubre de 1998 fue diferente. Cárdenas ya era el jefe de gobierno de la ciudad de México. Los estudiantes que habían elevado protestas en 1968 ya alcanzaban la edad madura, y muchos habían ascendido a puestos de importancia, no sólo en el gobierno de Cárdenas y en el congreso, sino también en la academia, el periodismo y las artes.

Cárdenas celebró una ceremonia conmemorativa en la azotea de la sede del gobierno del Distrito Federal, en el Zócalo. Firmó una proclama que calificaba al movimiento estudiantil de 1968 como "un factor decisivo en la apertura democrática de México" y ordenaba a la ciudad observar un día de duelo, con la enorme bandera mexicana en el centro del Zócalo a media asta.[17]

Elena Poniatowska tenía entonces 65 años, y su libro *La noche de Tlatelolco* iba ya en su quincuagésima séptima edición. A invitación de Cárdenas, ella estuvo a su lado en esa ceremonia.

Decenas de miles de mexicanos marcharon del Zócalo a la Plaza de las Tres Culturas.[18] Desde el balcón del tercer piso del edificio Chihuahua, una docena de exlíderes del Consejo Nacional de Huelga, comenzando por Raúl Álvarez Garín, recordaron el sentimiento de liberación que experimentaron en el verano de 1968. La Asamblea de Representantes develó una inscripción en letras de oro honrando a los "Mártires del Movimiento Estudiantil de 1968", al lado de iconos como Emiliano Zapata y Miguel Hidalgo.

La versión oficial de lo ocurrido en Tlatelolco fue sometida a serio análisis. Trabajando cada cual por su lado aunque en beneficio colectivo, académicos, periodistas, abogados, líderes urbanos y diputados desmantelaron sistemáticamente el muro de la propaganda gubernamental. Enrique Krauze, quien participó en los márgenes de las protestas de 1968 como estudiante de ingeniería en la universidad, obtuvo acceso exclusivo a las memorias de Díaz Ordaz. En su historia del México moderno, publicada en 1997, reveló a Díaz Ordaz como un líder paranoico que veía a los manifestantes como parte de una conspiración mundial contra su autoridad. "La versión de los hechos del presidente está repleta de fantasías y mentiras", escribió Krauze.[19]

Sergio Aguayo, obligado en 1968 por un escuadrón de la muerte a huir de su hogar en Guadalajara, produjo quizá el más ambicioso de esos libros analíticos, explorando archivos de México, Estados Unidos y Europa en los que halló informes sobre la matanza elaborados por agencias de inteligencia de Estados Unidos y documentos que revelaban la estrategia del gobierno mexicano para encubrirla. Tras entrevistar a gran número de oficiales de policía y del ejército, Aguayo estableció que las tropas convencionales desplegadas en la Plaza de las Tres Culturas únicamente tenían órdenes de dispersar a los manifestantes. Abrieron fuego sólo después de que fueron atacados por francotiradores, cuyos disparos incitaron una batalla campal que involucró a efectivos de una docena de órganos militares y policiales.

Aguayo reunió pruebas de que los francotiradores apostados en Tlatelolco actuaban confiados en su autoridad al preparar su ataque. Sir Peter Hope, embajador británico en México en 1968, le dijo que hombres armados se habían apoderado de los departamentos de tres familias británicas con vista a la plaza, convirtiéndolos en nidos de francotiradores. Aguayo encontró asimismo un informe, sepultado en archivos desclasificados de la Secretaría de Gobernación, que indicaba que el ejército había capturado a muchos francotiradores. Sin embargo, los archivos señalaban que ninguno de ellos había sido acusado de ningún delito; por el contrario, fueron tranquilamente liberados.[20]

Descubrir la identidad de los francotiradores le correspondió a Julio Scherer. En 1998 Scherer tenía 72 años y una aún abundante cabellera cana, y se había consolidado como una eminencia en el periodismo mexicano, con numerosas fuentes en las altas esferas del país. Una de ellas era el general Marcelino García Barragán, el secretario de Defensa de Díaz Ordaz, con quien había cultivado una larga amistad.

Preocupado por la mancha que la matanza había inferido al prestigio del ejército, García Barragán había escrito, una década después, una versión de los hechos, a la que llamó "La verdad para la historia". Junto con otros documentos secretos del ejército, se la dejó a su hijo al morir, en 1979. Durante veinte años Scherer le insistió al hijo del general, Javier García Paniagua, que le permitiera leer los archivos. Cuando el hijo murió, en noviembre de 1998, aquéllos pasaron al nieto de García Barragán, Javier García Morales. En cuestión de semanas, éste se los entregó a Scherer, quien los publicó en 1999.

De acuerdo con esos documentos, la noche del 2 de octubre de 1968, García Barragán seguía por teléfono las operaciones del ejército en Tlatelolco. El comandante del principal destacamento en la plaza[21] le llamó para solicitarle autorización para registrar edificios desde los cuales, informó, francotiradores habían disparado contra su tropa. García Barragán se la otorgó. Quince minutos después recibió una llamada urgente del general Luis Gutiérrez Oropeza, jefe del Estado Mayor Presidencial. El general Gutiérrez rendía cuentas directamente a Díaz Ordaz, no al secretario de Defensa.

–Mi general, yo establecí oficiales armados con metralletas para que dispararan contra los estudiantes —dijo bruscamente el general Gutiérrez al secretario. Añadió que ocho de sus diez francotiradores, vestidos de civil, habían huido luego de que otros soldados comenzaron a responder a sus disparos, pero que tropas regulares del ejército habían detenido a dos de ellos.

–Temo por sus vidas —dijo el general Gutiérrez al secretario García Barragán. ¿No quiere usted ordenar que se les respete?

–¿Por qué no me informaste de esos oficiales a que te refieres? —preguntó el secretario de Defensa.

–Porque así fueron las órdenes —replicó el general Gutiérrez, con lo que no dejó duda de que había ejecutado instrucciones del presidente.[22]

Los documentos del general García Barragán demostraban que el propio Díaz Ordaz había tendido una trampa. Aborrecía a los jóvenes inconformes, y necesitaba un pretexto para reprimirlos. Sin informar a García Barragán, ordenó que tiradores vestidos de civil pertenecientes al Estado Mayor Presidencial tomaran posiciones sobre la plaza. Los francotiradores dispararon no sólo contra los manifestantes, sino también contra sus propios camaradas del ejército, para hacerles creer que los estudiantes los estaban atacando, lo que provocó la caótica refriega en la que tantos ciudadanos perdieron la vida.

Gracias a las nuevas condiciones imperantes en el país, el pueblo mexicano conoció al fin la médula de la verdad sobre Tlatelolco. La justicia para los perpetradores, sin embargo, tendría que esperar.

Después de sólo veintiún meses a cargo de la ciudad de México, Cuauhtémoc Cárdenas renunció para lanzar su tercera campaña presidencial. Había sido un jefe de gobierno competente pero no brillante. Su granítica integridad personal no hacía que fuera un gerente cautivador o dinámico, y su pronta partida le impidió realizar mejoras que tuvieran un impacto profundo en la vida cotidiana de la capital. Pero logró detener el deterioro de la ciudad y fijar un nuevo tono de honradez y servicio en su gobierno.

Su administración repavimentó miles de kilómetros de calles; reacondicionó el agrietado sistema de suministro de agua potable de la ciudad; limpió un poco el aire; ideó un más eficiente sistema de atención a la salud, basado en mayor participación de la comunidad; construyó miles de viviendas públicas; y distribuyó casi un millón de libros de texto gratuitos. Pero Cárdenas, siempre desdeñoso de los medios de información, se rehusó a divulgar sus aciertos, insistiendo en que la suya era una "tarea silenciosa". Cuando dejó su puesto, una encuesta indicó que 53% de los capitalinos reprobaba su actuación y sólo 41% la aplaudía.[23]

Esos resultados afectaron sus perspectivas de convertirse en presidente. De todas maneras, Cárdenas había hecho una contribución política para todos los enemigos del antiguo sistema: descalificó de una vez por todas las advertencias del PRI de que el ascenso de la oposición traería el caos. Irónicamente, al no hacer olas en la capital, Cárdenas hizo mucho para legitimar la posibilidad de cambios en otras partes. Sólo le faltó convencer al pueblo de México de que era a él a quien correspondía efectuar esos cambios.

249

EL MOCHAOREJAS

Pistoleros secuestraron a Raúl Nava Ricaño una soleada tarde de 1997. Tenía 27 años de edad y era hijo de un individuo que había prosperado transportando plátanos desde haciendas en Chiapas y vendiéndolos al mayoreo en el Distrito Federal. Fotografías familiares muestran a Raúl con cabello ondulado y ojos dulces, sonriendo con desenvoltura a su madre en vacaciones en Roma, Montreal y Santiago, durante y después de los años en que obtuvo su grado universitario en ingeniería.

De vez en cuando había trabajado con su padre desde los 10 años de edad en el negocio familiar, Navafrut, en la Central de Abastos. Se había hecho fama como muchacho brillante, y su familia tenía ciertas relaciones en el gobierno. En 1996, colaboradores de Zedillo lo seleccionaron para acompañar al presidente a un viaje a China como parte de una delegación de jóvenes empresarios mexicanos.

El 6 de mayo de 1997, Raúl salió de las oficinas de Navafrut, poco después de las tres de la tarde. Aparentemente, abandonó la nave de plátanos y bajó unas escaleras de cemento en dirección a uno de los inmensos estacionamientos en torno a la Central de Abastos, donde fue atrapado y conducido a rastras a una camioneta van, aunque las autoridades jamás localizaron a testigos presenciales. Minutos después, mientras era conducido a un calabozo improvisado, en un barrio suburbano, donde sus raptores lo encadenarían a la pared, el jefe de la banda se comunicó al teléfono celular del padre de Raúl y dejó hablar al joven.

–Papá, me tienen aquí amarrado —dijo Raúl.

El secuestrador volvió a tomar el teléfono y exigió 3 millones de dólares de rescate.[1]

Los padres de Raúl tenían algunos amigos en el gobierno, quienes los pusieron en contacto tanto con la policía capitalina como con el Centro de Investigación y Seguridad Nacional (CISEN). Los raptores llamaron a menudo a la casa de los Nava Ricaño, en Bosques de las Lomas, y las autoridades comenzaron a grabar las llamadas. Domingo Tassinari, agente de policía de alto rango, reconoció al instante la imperturbable crueldad en la voz del secuestrador.

–Es Daniel Arizmendi —dijo, y pareció algo engreído al describir, en detalle, a los padres de Raúl varios raptos de Arizmendi.

–Si usted sabe quién es, ¿por qué no lo han agarrado? —preguntó la madre de Raúl, Josefina Ricaño de Nava.

251

Siete días después del secuestro, Arizmendi ordenó a la familia recoger un paquete oculto en la base de un poste de luz en una avenida de la ciudad.

Resultó tratarse de un pequeño frasco de tapa enroscable que contenía una oreja humana.

Al día siguiente Arizmendi volvió a llamar.

–O nos das el dinero ahorita o lo matamos —dijo.

Consultores ingleses de seguridad privada, que asesoraban a Josefina y a su esposo, les recomendaron hacer caso omiso de esa amenaza, pues, afirmaron, era sólo una táctica de presión. Pero estaban equivocados. Arizmendi les había llamado a los Nava Ricaño por última vez. Éstos esperaron semanas, después meses, en extrema aflicción. Josefina comía, dormía y se bañaba con el teléfono celular a la mano. La policía aseguraba que trabajaba en el caso, pero su desatención era obvia.

Al fin, movido por la desesperación, en octubre de 1997, cinco meses después del secuestro, el hermano de Josefina, Fausto Ricaño, tío de Raúl, decidió comenzar a visitar depósitos de cadáveres. En su primera escala —el principal centro forense del Distrito Federal, en una céntrica colonia a unos minutos del Zócalo—, luego de pasar junto a una aterradora estatua de Ometecuhtli, dios azteca de la muerte con cabeza de serpiente y adornado con cráneos, y de subir unas escaleras que olían a desinfectante, un funcionario de bata blanca le dio un álbum lleno de espeluznantes fotografías de cadáveres anónimos recogidos en las calles de la ciudad. Al hojearlo, el tío identificó a Raúl. Se le había encontrado desnudo, sin una oreja y con una herida de bala en la cabeza a orillas de una avenida en la zona industrial del oriente de la capital, el 15 de mayo de 1997, nueve días después del secuestro. Sus restos habían permanecido en ese depósito cinco meses, mientras la policía "investigaba".[2]

Al correrse la voz del hallazgo del cuerpo mutilado de Raúl entre sus antiguos compañeros de preparatoria y universidad, se levantó una ola de indignación, a causa de que en todo México estaban ocurriendo atrocidades similares.[3] Sólo en 1995, expertos recopilaron información sobre mil quinientos secuestros en México,[4] un tercio más que en Brasil, país casi dos veces más grande. En América Latina, sólo Colombia, centro mundial del tráfico de cocaína y foco de insurgencia guerrillera endémica, registraba un número mayor. Al año siguiente, la Sanyo Corporation pagó un rescate de 3 millones de dólares por uno de sus ejecutivos japoneses, raptado en Tijuana. Aunque este caso atrajo la atención de la prensa, la mayoría de las personas secuestradas eran individuos pobres y de clase obrera: criadores de cerdos, choferes de autobuses y maestros sufrían el rapto de hijos o parientes de edad mayor en burdos secuestros dignos de aficionados que, a menudo, terminaban en el asesinato del rehén. En Cuautla, Morelos, secuestradores exigieron un rescate de 6,600 dólares por el hijo de un vendedor de chiles en un tianguis. En la capital del país, pistoleros secuestraron, y finalmente mataron, a un sacerdote jesuita.

Andando el tiempo, el sufrido pueblo mexicano se enfureció. Durante casi dos décadas, los encuestadores habían hallado sistemáticamente que la principal preocupación del ciudadano promedio era la inestable economía nacional; para 1998, la "inseguridad pública" se había convertido en la inquietud número uno del país.[5]

¿Cómo se convirtió una de las naciones más seguras del hemisferio en un país en el que los automóviles blindados eran una industria en crecimiento?

La causa era en parte la economía. Rafael Ruiz Harrell, profesor de la UNAM, vació en una gráfica las cifras anuales de la totalidad de los delitos reportados en México, entre 1930 y fines de los años noventa, y descubrió que aumentos en la tasa de criminalidad coincidían con devaluaciones del peso y otras crisis cíclicas.[6] En los cincuenta años posteriores a 1930, por ejemplo, periodo durante el cual los trabajadores disfrutaron de una casi ininterrumpida mejora en su nivel de vida, las tasas de criminalidad se mantuvieron estables. Pero entre 1981 —fecha en la que se desplomaron los precios del petróleo, con lo que la economía cayó en picada— y 1983, las tasas de criminalidad aumentaron alrededor de veinte por ciento. Tras la devaluación de 1995, el aumento en delitos reportados fue aún más acentuado, de alrededor de cincuenta por ciento en dos años.

Las ascendentes tasas de delincuencia también se derivaron de las deficiencias del sistema de justicia penal, el cual, según Ernesto López Portillo, especialista en derecho con acceso a estadísticas e investigaciones gubernamentales confidenciales, "simplemente no responde a la mayoría de los delitos".[7] Muchas víctimas preferían no reportar delitos, y pocos de los delitos reportados eran investigados. De acuerdo con un estudio realizado en 1997, año del secuestro de Raúl Nava, de cada cien denuncias de delitos, sólo tres resultaban en la aprehensión y procesamiento de un sospechoso.[8] En un estudio del Banco Mundial sobre la delincuencia en América Latina se concluyó que los delincuentes en potencia basan sus decisiones de extorsionar o robar en un tipo específico de análisis personal de costo-beneficio. Estiman los rendimientos de un delito, los costos asociados con cometerlo y la probabilidad y severidad del castigo.[9] Quienes en México siguieron este procedimiento, durante los años noventa, pudieron percatarse de que el robo y el secuestro eran extremadamente lucrativos, y su castigo, raro.

Ministerios públicos, jueces y policías contribuían por igual a la ineficacia del sistema. La labor poco profesional de los ministerios públicos era uno de los más serios, pero menos comprendidos problemas del país.[10] Cruciales guardianes del sistema de justicia, los ministerios públicos eran a menudo hombres o mujeres jóvenes, apenas egresados de la escuela de derecho y con un salario mensual de apenas unos cuantos miles de pesos. Puesto que gozaban de considerable discrecionalidad sobre qué órdenes de aprehensión serían atendidas y cuáles casos enviados a un juez, eran fácil blanco de sobornos. Con frecuencia se les acusaba de introducir errores en demandas penales a cambio de cierta suma de dinero, para forzar a los jueces a desestimar las acusaciones respectivas.

Los jueces estaban mejor preparados y recibían un sueldo más alto, pero en una encuesta efectuada a escala nacional, en 1999, se descubrió que alrededor de setenta y cinco por ciento de la población tenía escasa o nula confianza en los tribunales.[11] Detrás de gran parte de esa irritación pública estaban los abusos asociados con el recurso de amparo, procedimiento para la apelación de sentencias, presentación de este recurso contra la privación arbitraria de la libertad, gestión de requerimientos e impugnación de la constitucionalidad de las leyes. Cualquier persona sujeta a una averiguación judicial podía, si era suficientemente rica para pagar los servicios de un abogado, entablar un juicio de amparo y solicitar a un juez federal protección contra la aprehensión. Un funcionario del Departamento de Justicia de Estados Unidos radicado en México en los años noventa llamó al amparo una "licencia para librarse de la prisión". La mayoría de los mexicanos no recurre jamás al amparo, pero en esos años no pocos de los quinientos jueces federales del país extendían en forma rutinaria amparos a narcotraficantes, secuestradores y otros delincuentes.

La policía era un problema aún peor. La mayoría de las fuerzas policiacas no hacían siquiera el intento de prevenir o castigar el delito; lo administraban. A cambio de una porción de los beneficios, la policía permitía a los delincuentes hacer negocios, siempre y cuando no se extralimitaran. La relación parasitaria entre la policía y la delincuencia estaba tan institucionalizada que sucesivos gobiernos priístas no se molestaron nunca en pagar a la policía un salario digno. Por el contrario, en los ámbitos federal, estatal y municipal, la policía recibía un pago casi simbólico, en la inteligencia de que se ganaría la vida exprimiendo a delincuentes, así como a los ciudadanos comunes a los que supuestamente debía proteger. Un estudio realizado en 1998 por dos sociólogos mexicanos reveló que a los jóvenes oficiales se les enseñaban técnicas de extorsión desde el momento mismo en que entraban en la academia de policía, cuyos instructores exigían dinero a los cadetes para integrarlos al cuerpo policiaco.[12]

Sucesivos gobiernos priístas toleraron la corrupción, en tanto permaneciera dentro de límites razonables. Pero en las décadas de los ochenta y noventa la participación de la policía en el crimen organizado escapó de ese control, a medida que el sistema perdía las facultades autoritarias que habían permitido a los presidentes de décadas anteriores mantener restricciones sobre los sobornos que la policía recibía.[13]

La policía cometía miles de delitos. En un periodo de tres semanas, en 1998, la prensa detalló treinta y nueve casos de espectacular criminalidad policiaca. En uno de los artículos sobre el particular se aseguraba que la policía capitalina usaba una computadora gubernamental para identificar, y más tarde amenazar, a ciudadanos que reportaban delitos. En otro se informaba de la detención de once policías que traficaban con trabajadores migratorios en el estado de Veracruz. Otro más documentaba el caso de un oficial de policía de una entidad vecina al Distrito Federal, que dirigía una banda de robacoches. Finalmente, en otro se informó que un agente federal había organizado una fuga en una cárcel de Tamaulipas.

El país sufría no sólo una alarmante ola criminal, sino también un nuevo tipo de delincuente, versado en las maneras del antiguo sistema pero aterradoramente independiente de él.

Daniel Arizmendi López fue un notorio ejemplo de esa nueva clase.[14] A sus 25 años, mientras se desempeñaba como oficial de la Policía Judicial Estatal de Morelos, observaba atentamente a sus colegas torturar a detenidos. Despedido durante una purga de oficiales, comenzó a robar automóviles para ganarse la vida en Ciudad Nezahualcóyotl, donde había crecido.

Tras su aprehensión por robo de autos, en 1990, tuvo una breve estancia en la penitenciaría. De vuelta en la calle, organizó una banda: un sujeto robaba los carros, otro sobornaba a funcionarios gubernamentales para obtener placas de repuesto y él revendía los autos en su propia distribuidora. Este grupo robaba alrededor de ciento cincuenta coches al año.

En 1994 y 1995, Arizmendi fue acusado de robo de autos siete veces. Si el sistema de justicia hubiera operado en forma aceptable, habría sido identificado como reincidente crónico. Pero había establecido vínculos con corruptos ministerios públicos federales, quienes lo presentaron con José Ángel Vivanco, comandante de la policía federal vuelto abogado, quien se convirtió en su defensor. Vivanco persuadió a los jueces de desechar esos siete casos.

Un día de 1995, Arizmendi le comentó a su esposa que ya no creía que valiera la pena robar autos. Días después le dijo que "tenía a alguien" de quien esperaba obtener dinero. Ese alguien resultó ser un comerciante local, casi inmediato vecino suyo; el rescate le rindió 60 mil dólares.

Dirigió entonces la mira a prósperos empresarios, en especial de la acaudalada comunidad de expatriados españoles de la ciudad de México. Sometía a cada uno de sus rehenes a largos interrogatorios, para extraerles nombres de amigos o socios vulnerables por incluir en su lista de secuestrables.

Cuando adquirió experiencia, dividió en grupos a sus subordinados. Uno de esos grupos se encargaba de reunir información sobre las finanzas y los hábitos de los secuestrables. Otro ejecutaba los raptos. Otro más se ocupaba de los rehenes, a los que mantenía en celdas provisionales. Arizmendi se hacía cargo de la negociación. Sin reparar en el riesgo de intercepciones, en sus primeros secuestros negociaba desvergonzadamente por teléfono durante quince minutos o más, a menudo haciendo oir a los parientes los gritos de sus rehenes.

–Yo sí cumplo —le dijo a una familia—; lo voy a lastimar.[15]

Exigía rescate, y después hacía recoger a los parientes una oreja cortada, depositada en un frasco o en una bolsa de plástico dejada en el camellón de una avenida o bajo una banca en un parque. Dotó a su actividad delictiva de un ritmo industrial, pues con frecuencia conseguía un nuevo rehén el mismo día en que recogía el rescate del anterior.

La parte más importante de este mecanismo era el muro de protección oficial que Arizmendi cimentó con sobornos a policías, ministerios públicos y (muchos sospechan) altos funcionarios. Operaba con credenciales de la Procuraduría General de la República (PGR) y de la cámara de diputados. De 1995 a 1998 fue intocable.

Algunos de los secuestrados morían; los sobrevivientes quedaban traumatizados. El dueño de una cadena de tiendas de abarrotes, de 79 años de edad, falleció a causa de una insuficiencia cardiaca semanas después de haber sido liberado, luego del pago de un rescate por 3 millones de dólares. El propietario de un restaurante se sumió en una profunda depresión, y se negaba a salir de su recámara.

Comprensiblemente alarmadas, miles de personas ricas compraron la protección que el gobierno ya no les suministraba. El número de compañías de seguridad privada casi se duplicó tras el arribo del caso Arizmendi a las primeras planas de los diarios, y para fines de 1999 habían aparecido alrededor de 10 mil compañías de seguridad, la mayoría de ellas destinadas a propósitos muy específicos y ajenas a toda reglamentación.[16] Las calles de las Lomas de Chapultepec, Polanco y San Ángel se llenaron de mercedes-benz blindados, escoltados por autos conducidos por hoscos pistoleros de corbata y traje negro.

En contraste, Josefina Ricaño, quien tenía 49 años cuando Raúl fue secuestrado, resolvió no llorar aislada su pena. Después del entierro de Raúl y de una semana de misas y luto, estableció contacto con otras personas para compartir su historia y escuchar a otras víctimas de delitos, con lo que catalizó un importante movimiento ciudadano que exigió a las autoridades combatir más eficazmente la delincuencia.

Ricaño comenzó por intentar entrevistarse con Zedillo. Una amiga suya conocía al cocinero del presidente, así que Ricaño le escribió a Zedillo una carta para pedirle audiencia, que entregó al cocinero para hacerla llegar a su destino. No hubo respuesta. Otra amiga conocía a la esposa de Liébano Sáenz, el secretario particular de Zedillo, y Ricaño pasó varias horas con ella contándole la historia de Raúl. A la mañana siguiente le llamó el propio Sáenz; pero cuando ella solicitó ser recibida por el presidente, así fuera sólo un momento, aquél le dijo que Zedillo estaba muy ocupado.

Después Ricaño y una docena de amigas suyas convocaron a una reunión en el Club de Golf Chapultepec, a la que, desde sus teléfonos particulares, invitaron a familias afectadas. Asistieron unas ciento veinte personas, entre ellas el rector de la Universidad Iberoamericana, varios directivos de periódicos, conductores de radio y sobrevivientes de secuestros de las comunidades española, judía y libanesa. Ricaño inició la reunión dando lectura a un breve texto. ¿Cómo era posible que en México el premio por años de estudio y trabajo fuera entonces el secuestro y la muerte violenta? "No puedo recuperar a mi hijo, pero no quiero que una sola familia más sufra lo que yo he padecido", concluyó. "¿Qué podemos hacer para poner fin a estas atrocidades?"

Uno de los presentes dijo que apenas un mes antes había sido liberado de un secuestro en el que perdió una oreja, pero el llanto le impidió decir más. Otro refirió que, tras su liberación de un rapto meses atrás, se había enterado de que la policía había hallado un diario en el que sus captores habían anotado todos los días comentarios sobre el curso de su cautiverio, así como de sus propias negociaciones de rescate. La policía, sin embargo, dijo haber perdido ese documento. Pese a ello, este individuo empezó a recibir después llamadas de comandantes de policía que le ofrecían venderle partes de ese diario, página por página.

La reunión se convirtió en una sesión de lluvia de ideas. Se propusieron un boicot contra el pago de impuestos y un paro empresarial. Al final, el grupo llegó al acuerdo de organizar una marcha silenciosa de protesta contra la delincuencia de Paseo de la Reforma al Zócalo. Su lema sería: "¡Ya basta!".

Aunque el grupo dispuso de menos de tres semanas para preparar esa marcha, las víctimas de la delincuencia prácticamente se organizaron solas. Ricaño y sus amigas repartieron volantes en estaciones del Metro y mercados. Otras personas corrieron la voz en iglesias y sinagogas. Un grupo de mujeres ricas rentó un helicóptero para distribuir miles de volantes en el Distrito Federal. Docenas de organizaciones ciudadanas garantizaron su asistencia, incluidos muchos grupos vecinales recién formados contra la delincuencia.

El 29 de noviembre de 1997, la marcha atrajo a más de 40 mil participantes, de todas las clases sociales. Había personas ricas cuyos parientes habían sido secuestrados y sus casas robadas; gente de las clases media y obrera que había sido asaltada en estaciones del Metro; políticos de los tres partidos principales, algunos de los cuales habían sido víctimas de la delincuencia. Margarita González Gamio, luego de volver de una estancia en Hungría como embajadora de México, perdió todas sus pertenencias al ser atracado por ladrones (en aparente colusión con la policía) el camión de mudanzas que las transportaba. El escritor Carlos Monsiváis había sido asaltado a punta de pistola, al bajar de un taxi, apenas tres días antes.

"Esta marcha es un hecho histórico para la vida cívica de México", declaró a los reporteros el novelista Carlos Fuentes. "Es muy fácil olvidarse de los derechos, y más en un sistema que ha sido, hasta hace poco, autoritario, en que no había que responderle a nadie, porque nadie los había elegido. Hoy es una ciudadanía activa, ciudadanía movilizada, ciudadanía consciente. Hoy está aquí en aras de la defensa de su seguridad y la de los suyos."[17]

Rossana Fuentes-Berain, directora de investigación del periódico *Reforma*, se enteró del secuestro de Raúl Nava en una cena, en casa de una amiga. Hablar en la mesa de casos de delincuencia se había convertido en una deprimente rutina en la ciudad de México. Muchos anfitriones, en efecto, establecieron una regla, sólo parcialmente en broma: cada invitado tenía derecho a referir sólo un asalto, robo de auto u otra agresión.

Pero aun en esa atmósfera el secuestro de Raúl Nava parecía extravagante en su crueldad. Al día siguiente, Fuentes-Berain pidió a un reportero de *Reforma* comunicarse con sus contactos en la administración de justicia, medio por el cual confirmó rápidamente los detalles.[18]

En ausencia de archivos gubernamentales confiables, Fuentes-Berain encargó a reporteros de investigación revisar una base de datos de la totalidad de los periódicos que se publicaban en México, para analizar la cobertura de prensa de los secuestros ocurridos en los tres primeros años del sexenio zedillista, e investigar, por extensión, la propia guerra contra el crimen. Los reporteros encontraron información sobre el secuestro de 269

257

personas; en la mayoría de los casos, tal información era un mero aviso, de dos o tres párrafos de largo. La policía había recibido reportes de al menos el doble de casos sólo en 1996. Fuentes-Berain concluyó que, aunque comunes, los secuestros casi no recibían una cobertura seria.[19]

Mientras tanto, a ese periódico llegaba una excesiva cantidad de reportes de delitos. Los lectores llamaban para relatar secuestros de parientes, aunque pocos de ellos accedían a que se hiciera pública esa información. Hombres de negocios reportaban el rapto de colegas.

En una reunión, en octubre de 1997, en los días posteriores al hallazgo del cadáver de Raúl Nava, los directivos de *Reforma* decidieron emprender una cobertura sostenida de la crisis de secuestros. Días después, ese diario consiguió una exclusiva. El joven reportero César Romero Jacobo obtuvo copia de un informe interno de la policía capitalina sobre Daniel Arizmendi, que lo relacionaba con doce secuestros en los que había acumulado cerca de 5 millones de dólares en rescates. *Reforma* basó en ese expediente una nota en primera plana, la primera en hacer públicos el nombre y brutales tácticas de Arizmendi y en sugerir que funcionarios del aparato de administración de justicia lo protegían.[20]

Romero completó ese perfil en el curso de un par de semanas. Informó que altos funcionarios del ministerio público sospechaban que el jefe de la unidad antisecuestros capitalina protegía a Arizmendi. Se trataba de Domingo Tassinari, el alto comandante que había reconocido la voz de Arizmendi en la cinta, en casa de los Nava Ricaño. Romero informó que, en junio de 1997, cuatro hombres de Arizmendi, detenidos luego de un rapto fallido, habían conducido a agentes a Ciudad Nezahualcóyotl y señalado a Arizmendi, quien se encontraba sentado en una camioneta volkswagen estacionada. Los agentes llamaron a Tassinari. Éste les ordenó esperarlo en ese lugar. Cuando llegó, horas después, Arizmendi ya se había ido.[21]

Según *Reforma*, al sentirse presionado Tassinari había pedido amparo, y un juez federal se lo había concedido.[22]

Mientras ese periódico exponía la corrupción que permitía prosperar a los secuestradores, Fuentes-Berain sintió que era crucial dar voz a las víctimas. Por medio de la amiga de una amiga, puso a Romero en contacto con un estudiante universitario que había sido secuestrado por hombres de Arizmendi, quienes lo mantuvieron encadenado desnudo durante nueve días; *Reforma* publicó al respecto una serie en tres partes, "Secuestro, morir mil veces". Esta serie incluyó el relato en primera persona por el estudiante de la mutilación que le infligió Arizmendi:

Mientras hablas con el jefe de los secuestradores, alguien te amarra los brazos sobre la espalda. Usan mucha cinta para inmovilizarte las piernas.
–Tengo miedo —dices.
–No te apures.
Te van cubriendo la cabeza y el rostro. No le pones mucha atención, pero luego

recuerdas los movimientos exactos de quienes te cubren. Primero los ojos, cuidando de no tapar las orejas, dándole muchas vueltas a la cinta. Y luego la boca.

Una mano se coloca sobre tu espalda. Sientes un puñetazo en la nuca. Caes. Quedas de espaldas al piso. Sientes cómo un hombre se coloca, sentado, sobre tus piernas. Otro más se recarga en tu estómago y te inmoviliza el dorso y la cabeza.

Con movimientos profesionales, el Patrón mete la punta de un gancho de metal en la parte central de tu oreja derecha. Con una mano, la jala hacia fuera y con precisión corta la piel y el cartílago con un solo movimiento vertical y perfecto.

"Oí cómo empezaron a cortarme la oreja izquierda. Oí el sonido que hacía la navaja al irme cortando", recuerdas. "Primero cortó ésta. Luego se cambió de lado y me cortó la otra."

En ese momento el hombre gritó algo. La voz le cambió. "Es como si le hubiera dado mucho gusto. Me agarró de las axilas, me alzó y me aventó contra una pared."

–¡Desamárrenle las manos! —ordena.

"Me puso un trapo sobre la cabeza. Me agarró las dos manos y las puso sobre las heridas", recuerdas.

–¡Apriétate! —grita.

Sientes la sangre en el cuello, en los hombros. Es mucha.

"Cortando cartucho de una pistola 9 milímetros, me la puso en la parte de atrás del cuello."

–Si gritas, te mato.[23]

La delincuencia pasó a ocupar el primer lugar de la agenda política. Dos de los más poderosos empresarios del país, Emilio Azcárraga Jean, heredero del imperio de comunicación Televisa, y Roberto Hernández, presidente de BANAMEX, el banco más grande del país, visitaron Los Pinos para instar a Zedillo a combatir con energía a los secuestradores.[24] Otras personas llamaron a Liébano Sáenz, para pedir ayuda para la liberación de sus parientes. La oficina de Sáenz se convirtió en punto de referencia para los afligidos.

Zedillo actuó por fin. Ordenó al CISEN destinar una mayor proporción de sus actividades de intercepción telefónica y de otro tipo a perseguir a secuestradores. Hizo saber que deseaba que se aprehendiera a Arizmendi "por todos los medios que sean necesarios".[25] La Unidad Especializada contra la Delincuencia Organizada de la PGR, por lo general dedicada a investigar el narcotráfico, se puso a trabajar en el caso. El procurador ofreció una recompensa extraordinaria, de 5 millones de pesos, a quien diera información sobre Arizmendi, más alta que la relacionada con cualquier narcotraficante.

El primer gran golpe contra Arizmendi ocurrió en diciembre de 1997. Seis semanas después de que agentes de la policía capitalina localizaran una casa de seguridad utilizada por el brazo derecho de Arizmendi, Daniel Vanegas, detuvieron a éste en el centro de la ciudad en posesión de 220 mil dólares y varias ametralladoras. Poco más tarde, otros agentes detuvieron a la esposa y a la madre de Vanegas, las que ubicaron a Arizmendi en un hotel de Cuernavaca. Agentes irrumpieron en la habitación de Arizmendi. Había huido minutos antes, aparentemente, pues acababa de tomar un baño. Era obvio que uno de sus protectores le había dado aviso de lo que sucedía.

El descubrimiento de que Arizmendi estaba viviendo en Cuernavaca no fue una sorpresa. Morelos había sido invadido por secuestradores desde 1994, cuando el general retirado Jorge Carrillo Olea asumió la gubernatura. En 1995, el jefe de la unidad antisecuestros de la policía estatal fue procesado y encarcelado por colaborar con secuestradores. Para 1996 miles de ciudadanos habían optado por marchar con regularidad en las calles de Cuernavaca, en protestas organizadas por Carmen Génis, agente de viajes que había pasado a la acción a causa del rapto de un amigo. En dos visitas de Zedillo a la entidad, Génis y varias víctimas de secuestros se apostaron en aceras para gritar consignas contra la delincuencia al paso del presidente y el gobernador. Pero no fue sino hasta que una hermana de Bill Richardson, embajador de Estados Unidos en la Organización de las Naciones Unidas que había crecido en México, fue secuestrada en Morelos que Zedillo, finalmente, prestó atención a la crisis.

"¡Es la hermana del representante de Estados Unidos en la ONU!", exclamó un asesor presidencial en una reunión en Los Pinos. "Esto va a ser un escándalo mundial." Un alto funcionario mexicano se comunicó con Richardson para confirmarle que el gobierno haría todo lo posible para garantizar la seguridad de su hermana. Ésta fue liberada ilesa, tras el pago de un rescate.

La paciencia de Zedillo llegó a su límite luego de descubrirse que el segundo jefe antisecuestros de Carrillo Olea, Armando Martínez Salgado, también era delincuente. Martínez Salgado fue detenido en Guerrero, el 28 de enero de 1998, a bordo de una camioneta pickup en la que transportaba el cadáver de un joven de 17 años, el cual se disponía a tirar al lado de la carretera. En una investigación federal se concluyó que Martínez Salgado había torturado al muchacho hasta matarlo; que había sido el autor intelectual de varios secuestros en Morelos, y que el procurador de la entidad estaba al tanto de sus crímenes.

En las elecciones estatales del verano anterior, los dos principales partidos de oposición, PAN y PRD, habían obtenido por primera vez la mayoría en la legislatura de Morelos, con 18 de 30 escaños. En la primavera de 1998 sumaron fuerzas para exigir la salida de Carrillo Olea; el jefe de la policía y el procurador estatales fueron detenidos y acusados de encubrimiento en el homicidio del adolescente secuestrado, y Zedillo criticó ásperamente, en público, al gobierno de Carrillo Olea.[26]

Éste renunció el 12 de mayo de 1998, fecha en la que se le otorgó una licencia que no había terminado un año después, cuando el congreso morelense votó a favor de su destitución formal. Fue la primera vez que un movimiento ciudadano deponía a un gobernador.

Los investigadores no hallaron jamás pruebas concluyentes de que el gobernador o alguno de sus colaboradores hubiera protegido a Arizmendi. La prueba circunstancial, sin embargo, fue muy elocuente. Apenas nueve días después de que Carrillo Olea fue separado de su puesto, el muro de protección oficial de Arizmendi pareció resquebrajarse. La policía federal aprehendió a su hijo Aurelio en Cuernavaca, quien la condujo a una suntuosa residencia, situada a unas cuantas cuadras de la mansión de Carrillo Olea, en la que supuestamente encontraría a Arizmendi.

Éste había escapado otra vez. Sin embargo, los oficiales detuvieron a su esposa, su hija y su nuera y decomisaron el equivalente a 5 millones de dólares en efectivo, guardados en varios armarios y bajo el fregadero de la cocina. Arizmendi no se había molestado siquiera en desempaquetar gran parte del dinero obtenido en los rescates.

Dos semanas después llegó una extraña llamada a la sala de redacción de *Reforma*: un hombre rudo que hablaba desde un teléfono público pidió que se le comunicara con el director. El director ejecutivo estaba en una junta, así que la operadora remitió la llamada a la oficina de un editor veterano, Roberto Zamarripa.

–Soy Daniel Arizmendi —dijo el hombre.

Asombrado, Zamarripa activó el altavoz, encendió una grabadora y empezó a disparar preguntas. En un principio intentó precisar detalles biográficos que el díario no había podido confirmar. ¿Dónde y cuándo había nacido Arizmendi? ¿Quiénes eran sus padres y hermanos?

–Si me preguntas de mis hijos, probablemente no te lo pueda decir, porque soy muy distraído, la verdad —respondió.

Parecía alternadamente demente y fríamente lúcido. Zamarripa le preguntó si se entregaría en caso de que la policía accediera a soltar a su familia.

–En definitiva, no —contestó—; a la muerte no le tengo miedo, pero a la pobreza y a la cárcel sí le tengo miedo, mucho miedo. No sabes cuánto.

Disperso, recordó su breve carrera como policía, y las torturas que sus antiguos colegas infligían a los detenidos.

–Las torturas ahí son muy feas —dijo—; cuando ya te tienen, te quieres morir. Pero desgraciadamente te tienen vendado, amarrado, y mátate, ¿cómo le haces?

Confesó haber realizado unos veinte secuestros, e inculpó tranquilamente a su esposa e hijos en el lavado de dinero de los rescates. No, no era drogadicto, aseveró. Sí, era alcohólico. Expresó indignación de que se hubiera dicho que había matado de hambre y golpeado a sus rehenes. Jamás lo había hecho, insistió.

–¿Pero les cortaba las orejas? —le preguntó Zamarripa.

–Eso sí —respondió.

Consideraba las mutilaciones como una personal guerra de clases:

–A pesar de tener tanto dinero, no me lo querían dar —dijo. Reflexionó un momento—: Pienso que me voy a ir al infierno, ¿no? —añadió.[27]

La llamada de Arizmendi a la sala de redacción de *Reforma* fue un acto audaz. Cuatro años antes había seducido a Dulce Paz Vanegas, hermana adolescente de uno de sus lugartenientes. Ella se había convertido en su pareja en la ejecución de secuestros, tarea en la que anduvo un tiempo con él, el Bonnie de su Clyde. Luego ella dio a luz a una niña, y él la instaló en una casa de seguridad suburbana, en compañía de un adolescente que la abastecía de cocacolas, pizzas y cigarros.

Para entonces, Arizmendi usaba cabello largo y una enmarañada barba que le daba cierto parecido con Charles Manson. Viajó a Querétaro. Ahí rentó una nueva casa de seguridad y comenzó a acechar a nuevas víctimas. Al final optó por Raúl Nieto del Río, de 34 años de edad, hijo de un adinerado distribuidor de gas doméstico en esa ciudad. Arizmendi encargó el secuestro a una escuadra de pistoleros de la capital del país; pero cuando atacaron a Nieto, embistiendo el porsche de éste desde atrás con su vehículo y acorralándolo, la víctima opuso resistencia. Los pistoleros le dispararon en el pecho, lo arrastraron a una camioneta van y lo llevaron, sangrando profusamente, a la casa de seguridad.

Cuando sus hombres llegaron portando un cadáver en vez de un rehén, Arizmendi ordenó a dos de ellos romper el cemento del piso de su recámara y sepultar a Nieto ahí; un tercer cómplice llamó a la familia y pidió un rescate de 15 millones de dólares. La policía de Querétaro, sin embargo, ya había encontrado el porsche de Nieto, bañado de sangre, de modo que la familia exigió pruebas de que su hijo aún vivía.

Tras reflexionar un día, Arizmendi hizo desenterrar a Nieto, presa ya para entonces del rigor mortis, y lo bañó con agua caliente para que recuperara cierta flexibilidad. Aplicó rubor a su pálida cara y lo tendió en una cama, con un periódico de ese día, 6 de agosto de 1998, en las manos. Colgó junto a la cama una bolsa de solución intravenosa para simular el tratamiento médico de un rehén vivo. Le tomó al cadáver una fotografía con una cámara Polaroid. Uno de sus pistoleros llamó de nuevo a la familia para indicarle que recogiera la foto, metida en una caja de cornflakes y oculta en un puesto de frutas de Querétaro.[28]

Una vasta operación de persecución con cientos de policías federales y estatales, ordenada por el presidente Zedillo, cercaba a Arizmendi.

Una unidad secreta del CISEN dirigía la investigación. Oficialmente, ésta era encabezada por un alto comandante del Estado de México, Alberto Pliego Fuentes. Policía regordete y franco de 49 años de edad; Pliego jamás había asistido a una academia de policía. Había iniciado su trayectoria en la justicia como guardaespaldas de Arturo Durazo Moreno, corrupto jefe de policía de la ciudad de México. Se le acusó de haber aceptado, en 1996, un soborno por 150 mil pesos de Arizmendi para no registrar sus propiedades. Negó esa acusación.[29]

No obstante, Pliego recibía órdenes de Wilfrido Robledo Madrid, contralmirante de marina retirado a cargo de una unidad de contrainteligencia del CISEN, y de su asistente, Genaro García Luna. Las principales labores de investigación en torno a Arizmendi tenían lugar en el centro de inteligencia del CISEN, en el oriente de la ciudad de México. Ahí, oficiales de inteligencia analizaban las voces de secuestradores de todo el país, grabadas durante llamadas para exigir rescate a los parientes de las víctimas. Poco después del asesinato de Raúl Nieto, un agente identificó la voz de Arizmendi en una llamada a la familia, y el CISEN empezó a tenderle una trampa.

Mediante la interceptación de llamadas y otros recursos, el CISEN había reunido un perfil de la banda de Arizmendi, el que incluía la identificación de las placas de la camioneta van que se había utilizado en el asalto de Querétaro. Esas placas condujeron a Pliego y otros agentes a una casa en un suburbio de la ciudad de México. En una calurosa tarde dominical de mediados de agosto de 1998, Pliego detuvo a cuatro hombres, junto con sus respectivas esposas y al menos media docena de niños, durante una parrillada.

Les hizo un ofrecimiento a los pistoleros: si cooperaban actuando como anzuelo para atrapar a Arizmendi, cedería a sus familias, mientras ellos estaban en prisión, una parte del dinero que habían acumulado en rescates. Si se negaban, retendría indefinidamente —como rehenes, en efecto— a sus mujeres e hijos. Pliego carecía de autoridad legal para ejecutar esas acciones, pero altos funcionarios del CISEN las aprobaron.[30]

Los hombres de Arizmendi aceptaron las condiciones. Uno de ellos llevaba un teléfono celular, en el que, al día siguiente, recibió una llamada de Arizmendi. Mientras los agentes del CISEN escuchaban, aquél convino en reunirse con sus secuaces esa misma tarde frente a un banco en la lateral de una avenida en Iztacalco.

Dos horas después se tendía la trampa de aquel organismo: la camioneta van se estacionó frente al banco, con los cómplices de Arizmendi en los asientos delanteros y cuatro agentes de inteligencia acuclillados detrás de ellos, armas en mano. Cuando Arizmendi se acercó a la camioneta, su cabello y ropa desaliñados como los de un vagabundo, los agentes se precipitaron sobre él y lo echaron al suelo.

Gimoteante, Arizmendi les pidió que lo mataran en ese momento. Luego admitió que Raúl Nieto tenía doce días de muerto. Tras un interrogatorio que se prolongó toda la noche, se le trasladó en avión a Querétaro, a su antigua casa de seguridad, donde agentes forenses exhumaron el cadáver de Nieto.

En una conferencia de prensa en la ciudad de México, el procurador general de la República, Jorge Madrazo, ofreció una versión ficticia de la aprehensión de Arizmendi, aparentemente para proteger la argumentación de las autoridades contra impugnaciones legales y mantener en secreto la intervención del CISEN.[31]

Zedillo y sus colaboradores intentaron capitalizar de inmediato la detención de Arizmendi. Programaron una ceremonia para la semana siguiente en la que el presidente y el secretario de Gobernación, Francisco Labastida, anunciarían una Cruzada Nacional contra el Crimen y la Delincuencia. Para dar a ese acto la apariencia de participación ciudadana, recurrieron a Josefina Ricaño.

En los meses posteriores a la marcha contra la delincuencia de noviembre de 1997, Ricaño y otros convocantes habían fundado la organización nacional ciudadana México Unido contra el Crimen. Esta organización exhortaba a la ciudadanía a hacer a un lado su justificable desconfianza de las autoridades y reportar delitos, rehusarse a pagar "mordidas" a policías y formar grupos vecinales de vigilancia contra la delincuencia.

Ricaño estableció buenas relaciones con Wilfrido Robledo, el funcionario del CISEN a cargo de investigar secuestros, quien había prestado mucha atención a su caso. Los colaboradores de Zedillo habían rechazado, en repetidas ocasiones, sus solicitudes de reunirse, así fuera brevemente, con el presidente, hasta la puesta en marcha de la cruzada nacional. Una vez que Robledo le aseguró que se le permitiría expresar sus opiniones con libertad, ella accedió a participar.

Días más tarde, sin embargo, dos colaboradores de Zedillo se presentaron en su domicilio para ofrecerle "orientación" sobre lo que debía decir en su discurso. Ricaño se lo agradeció, pero insistió en que, puesto que era la madre de un joven asesinado en un secuestro, tendría que hablar con el corazón. Aquellos individuos se retiraron insatisfechos; un día antes de la ceremonia, uno de ellos le llamó e insistió en que enviara por fax su discurso a Los Pinos. Ella se resistió en un principio, pero luego lo hizo así.

Un funcionario le llamó minutos después para reprenderla por una frase insuficientemente respetuosa en referencia al presidente. Ricaño no cedió más. Si los funcionarios querían que participara, dijo, tendrían que respetar su libertad para elegir sus propias palabras. Si no, podían buscar a otros oradores.

La ceremonia tuvo lugar en el Museo Nacional de Antropología. A ella asistieron todos los gobernadores de los estados, la mayoría de los miembros del gabinete presidencial y los integrantes de la Suprema Corte de Justicia de la Nación; en suma, la elite política del país. Como todos los eventos de su tipo, éste dio inicio cuando un locutor exclamó, casi sin aliento: "Damas y caballeros, ¡con ustedes el ciudadano presidente de los Estados Unidos Mexicanos!". Zedillo entró andando a grandes zancadas y ocupó su asiento en el centro del vasto escenario.

Cuando llegó el turno de Ricaño en el podio, narró los hechos que desembocaron en la muerte de Raúl, al que llamó "un magnífico hijo y un mexicano ejemplar". Recordó a los políticos que "la delincuencia se ha convertido en un negocio solapado con frecuencia por las mismas autoridades a quienes el Estado ha confiado nuestra seguridad". Luego se volvió hacia Zedillo y le dijo de manera directa: "Señor presidente: ya que a través de nuestro voto le hemos confiado nuestra seguridad, como madre mexicana y a nombre de toda la ciudadanía, le suplico y exijo respetuosamente desplegar su capacidad, y sobre todo su voluntad, para acabar con esta ola de violencia".

Fue el "exijo" el que les había parecido impertinente a los colaboradores del presidente.

La sociedad se sintió más que aliviada al ver a Arizmendi tras las rejas. Su aprehensión, sin embargo, no fue una demostración de que la policía ya dominara modernas técnicas de administración de justicia, sino de que el sistema seguía dependiendo de los autoritarios y extralegales métodos que, en opinión de algunos expertos, eran la causa misma de aquella crisis de criminalidad.

Aun así, había habido progresos. Promotoras del combate a la delincuencia como Josefina Ricaño, en el Distrito Federal, y Carmen Génis, en Morelos, representaban a una nueva generación de ciudadanos: mexicanos valerosos cuya insistencia en un más eficaz cumplimiento de la ley obligó al gobierno a responder. Independientes tanto del sistema como de los partidos de oposición, estas personas tuvieron el valor suficiente para exponer sus agravios. El concepto de los derechos políticos de los ciudadanos, consagrado en la Constitución de 1917, por fin cobraba vida en las postrimerías del siglo entre los mexicanos comunes. Y a medida que la pluralidad avanzaba en todo el país en el nivel local, iniciativas ciudadanas encontraban apoyo en el gobierno.

En el sistema priísta, políticos como Carrillo Olea tenían escasa necesidad de atender las demandas ciudadanas. La determinación de Zedillo de someter a Arizmendi reflejó en parte su certeza de que, al concluir su sexenio, su partido tendría que pedir el voto de los ciudadanos.

Pero aun con una ciudadanía más activa y un gobierno más sensible, el crimen organizado siguió siendo un temible desafío. Las disparidades económicas que provocaron la crisis de criminalidad de los años noventa no hicieron sino aumentar durante esa década. Y al igual que otras democracias emergentes, México buscaba medios para remplazar los antiguos controles sobre la conducta delictiva, acordes con un régimen autoritario, por nuevos basados en el imperio de la ley. Sin embargo, las sólidas instituciones de administración de justicia en las que encarna el régimen democrático aún estaban por erigirse.

LA APERTURA DE LAS MENTES

A quien buscara evidencias de que a fines de los años noventa se hallaba en marcha en México una transformación, le habría bastado con leer un periódico matutino de la capital del país. Los diarios más influyentes —*Reforma, La Jornada, El Universal, El Financiero*— habían abandonado casi por completo la cortés autocensura que practicaron durante décadas y se ocupaban de temas que por mucho tiempo habían sido intocables. La competencia por noticias frescas se había convertido en una desbocada guerra de prensa.

A generaciones de reporteros se les había instruido que había tres temas sagrados: el presidente en turno, el ejército y la Virgen de Guadalupe. Pero en 1998 un periódico de Guadalajara reveló que un hermano de Zedillo había hecho negocios con banqueros que lavaban dinero del narcotráfico —sin saberlo, adujo él—; la mayoría de los diarios criticó por sumario el juicio militar del general disidente José Francisco Gallardo; y varios periódicos dieron cuenta incluso de un debate sobre si Juan Diego realmente existió.

El fin de una época de control de la información, ejercido a menudo por los periodistas sobre sí mismos, se registró el 20 de enero de 1998, cuando Jacobo Zabludovsky condujo la última emisión de *24 Horas*, su noticiero nocturno en horario estelar de Televisa. Como conductor del programa durante veintisiete años, Zabludovsky había desarrollado una apreciación casi perfecta de la información que debía omitir para no molestar al gobierno. Aunque demostró poseer considerables habilidades como periodista, también se le recordaría por haberse negado a informar sobre Cuauhtémoc Cárdenas en las elecciones de 1988 y por haberlo atacado abiertamente en la campaña presidencial de 1994, en una cobertura tan sesgada que aun Ernesto Zedillo, el principal beneficiario de ésta, admitiría más tarde que había sido desigual.

En una entrevista con *The New York Times* en la mañana anterior a la última transmisión de *24 Horas*, Zabludovsky explicó, con inusual franqueza, que los vigilantes gubernamentales de los medios de información "no daban órdenes. Emitían consejos, sugerencias, peticiones [...] Teníamos que observar esas peticiones en un grado considerable", dijo, conciso como siempre.

Aunque la prensa aún difundía muchas insinuaciones e inexactitudes, emergía una nueva calidad. Los periodistas adquirían las habilidades del periodismo de investigación, como lo indica la serie de *Reforma* que alertó a la opinión pública sobre los delitos de Daniel

Arizmendi. *La Jornada* brindó, a su vez, una profunda cobertura del movimiento zapatista en Chiapas, incluida la versión íntegra de textos antigobiernistas del subcomandante Marcos.

Una emancipación paralela tenía lugar entonces entre los intelectuales. Antes, sus más amplios debates sobre el futuro del sistema político se habían desenvuelto en el marco de una elite letrada, en revistas eruditas como *Vuelta* de Octavio Paz y *Nexos* de Héctor Aguilar Camín. Ahora, muchos de ellos se habían desplazado hacia la prensa de gran circulación. Carlos Monsiváis —simpatizante de la Revolución cubana y activista de los derechos de los homosexuales— escribía una columna cultural en *El Norte*, periódico de la conservadora Monterrey. Enrique Krauze y Sergio Aguayo vituperaban regularmente al sistema en *Reforma*, y no eran los editorialistas más radicales.

Para los últimos años de la década, la prensa beligerante y su ruidoso debate político habían terminado por parecer normales. Pero, como tantas cosas en la apertura de México, fueron resultado de una acumulación de ideas y cambios a lo largo de décadas.

El sistema priísta no era totalitario; nunca fue tan rígido e intolerante como los regímenes comunistas de la Unión Soviética y China. Sin embargo, tuvo su dogma, y conforme imponía su hegemonía, sus ideas pasaron a formar parte de la trama de la vida.

El PRI se entendía a sí mismo como el heredero de la Revolución; al correr de los años, la "Revolución mexicana" acabó por referirse no sólo al tumulto entre 1910 y 1917, sino también al canon político del sistema que se desprendió de aquél. El sistema priísta fue nacionalista: desconfiado de Estados Unidos y defensor de la soberanía nacional. Su visión era de un México guiado por un Estado centralizado al mando de una economía capitalista protegida. Jamás pretendió eliminar la propiedad privada, pero seguía principios igualitarios, y en ciertos momentos —la época de Lázaro Cárdenas— llevó a cabo una redistribución de la propiedad agrícola. El PRI favorecía un presidencialismo muy acentuado como la forma natural de gobierno para el país.

Aunque se decía democrático, el PRI no promovió un gobierno representativo, unas elecciones libres, la competencia entre partidos políticos, la separación de poderes, la independencia judicial, la rendición de cuentas por el gobierno, el estado de derecho, los derechos civiles, el activismo ciudadano ni la prensa independiente. Sin embargo, el sistema priísta fue inusualmente flexible. Rara vez sus líderes permitían que la doctrina de la Revolución mexicana se interpusiera en un buen arreglo político. El PRI se adaptaba para contener a facciones ideológicas rivales internas, y el único principio en el que no transigió fue aquel que sostenía su derecho a permanecer en el poder.

Como resultado de su adaptabilidad, el sistema autoritario pudo mantener firmes lazos con los intelectuales, situación única entre las naciones latinoamericanas. Las universidades del Estado, en especial la UNAM, recibían un generoso financiamiento. Reclutó a escritores y pensadores como embajadores en el extranjero y funcionarios públicos en el país, con lo que convirtió a la intelligentsia en parte de la estructura del poder. Tales costumbres convirtieron a los intelectuales en una casta distinguida en la sociedad mexicana. El régimen consentía a la clase pensante, en gran medida para promover sus propios fines: para que lustrara su imagen e impedirle extraviarse en la disidencia. Como resultado, los intelectuales enfrentaron un permanente dilema en su relación con los gobiernos priístas, su "ogro filantrópico", según la expresión de Octavio Paz. Siempre buscaron el equilibrio entre influir en el Estado y ser manipulados por él.

El poeta, novelista y ecologista Homero Aridjis describe su convivencia como intelectual con el sistema como un "juego perverso".[1] Durante muchos años vivió sin disidencia al amparo del PRI. Cuando joven, fue embajador de México en los Países Bajos y en Suiza. Al volver al país en 1980, a los 40 años de edad, aceptó desempeñarse como secretario de Cultura de Cuauhtémoc Cárdenas, entonces ascendente figura priísta y gobernador de Michoacán.

Ahí conoció el concepto en que el sistema priísta tenía a la cultura. En cierta ocasión, refiere, se le pidió pasear a las esposas de varios altos funcionarios de la ciudad de México de visita en Michoacán. Las llevó a una de sus iglesias rurales favoritas, un monasterio agustino del siglo XVI donde, en una vetusta capilla, colgaba una colección de exvotos.

Después de admirar las placas, las damas las descolgaron y las depositaron en sus bolsas, desnudando la pared de la iglesia. Desconcertado, Aridjis intentó persuadirlas de comprar placas similares en una cercana tienda de antigüedades. Pero las esposas priístas lo ignoraron; les parecía obvio que el patrimonio artístico del país les pertenecía.

En 1981 Aridjis organizó un festival de poesía, al que asistieron escritores ilustres de Europa y América Latina. El presidente José López Portillo, quien se las daba de escritor, prometió en su discurso inaugural que al terminar su sexenio se dejaría crecer la barba y se dedicaría a escribir poesía. Con el gobierno entonces en la cúspide de su generosidad petrolera, a los principales participantes en el festival se les obsequiaron monedas conmemorativas de oro.

Pese a la renuencia de Aridjis, Cárdenas programó un nuevo festival de poesía para el año siguiente, en los primeros días de septiembre de 1982. Pero el primero de septiembre López Portillo nacionalizó la banca, y la economía se tambaleó. Evidentemente, por disposición presidencial, Cárdenas ordenó a Aridjis cancelar el festival, aunque muchos de los invitados ya habían llegado al país. Su negativa le valió ser despedido por Cárdenas.

Aridjis recorrió la capital rogando a pintores donar cuadros para recolectar fondos y suplicando habitaciones hoteleras y auditorios. El festival se llevó a cabo según lo previsto. Años después, sin embargo, Aridjis sentía que seguía pagando el precio de su desafío al presidente. Aunque su obra ya había ganado el reconocimiento internacional, se le ignoró en el otorgamiento de premios literarios y becas nacionales. La Secretaría de Relaciones Exteriores borró su nombre de invitaciones a simposios de gobiernos extranjeros.

Después de 1985, cuando fundó el Grupo de los Cien, de corte ecologista, el acoso se volvió más persistente. Su teléfono era permanentemente intervenido o suspendido. Luego, algún funcionario intentaba, de vez en cuando, atraerlo de nuevo al redil. A fines de los años ochenta, cuando Raúl Salinas de Gortari, entonces funcionario de la CONASUPO, intentaba cortejar a los ecologistas, su jefe de ayudantes le ofreció a Aridjis un automóvil. Con la esperanza de evitar una confrontación con los hermanos Salinas, Aridjis respondió, verazmente, que no sabía manejar.

El ayudante de Raúl le ofreció, de inmediato, un coche con chofer. Aridjis volvió a negarse.

El sistema sólo reconocía a dos tipos de intelectuales, asegura Aridjis. "O eras cooptado o eras traidor."

Aunque siempre hubo intensos debates en las universidades y círculos intelectuales de México, la discusión se mantenía generalmente dentro de los límites ideológicos de la Revolución mexicana. En 1965, el distinguido sociólogo Pablo González Casanova escribió *La democracia en México*, obra pionera basada en el análisis marxista en la que examinó indicadores sociales y resultados electorales para demostrar las grandes iniquidades y falta de representación que sufrían los obreros en el régimen priísta. No obstante, el remedio que planteó fue la reforma interna del PRI; no contempló la posibilidad de remplazar el sistema autoritario por uno democrático. En 1965 no había germinado aún la idea de la democracia mexicana. Su cultivo vendría en las dos décadas siguientes, y sería la labor especializada de un pequeño grupo de intelectuales.

El primero entre iguales fue Octavio Paz. *El laberinto de la soledad*, psicoanálisis político de la nación publicado en 1950, les había brindado a los mexicanos una excepcional vislumbre de su reticencia colectiva, derivada, según Paz, de la catástrofe de la conquista. Al renunciar a su puesto como embajador en India, después de la matanza de Tlatelolco, Paz había abierto una brecha en el monopolio de las letras del sistema. Cuando volvió a México en 1971, era un héroe para la intelligentsia.

Ésta clamó que Paz se uniera a Heberto Castillo y Carlos Fuentes para formar un partido socialista que enfrentara al PRI desde la izquierda. Fuentes, buen amigo de Paz, ya había escrito dos novelas, *La región más transparente* y *La muerte de Artemio Cruz*, que lo habían establecido como brillante narrador de la amoralidad de la política mexicana. Pero Paz sorprendió a sus admiradores. Durante sus años en el servicio exterior había leído sobre los campos de concentración del estalinismo y los abusos de la revolución en China. Proclamó entonces su desapego del comunismo y empezó a fustigar a la izquierda mexicana con tanta vehemencia como al gobierno.

En lugar de fundar un partido, se distanció de la política para fundar la revista literaria mensual *Plural*. Su inspiración provino, en parte, de Julio Scherer, aún director de *Excélsior*, entonces el diario más influyente de México. *Plural* se editaba en las oficinas de *Excélsior* y era distribuida por sus repartidores; por fin una publicación literaria se vendía en los puestos de periódicos de la calle.

El desplazamiento de Paz a la derecha motivó a un grupo de escritores izquierdistas a unirse en torno a la popular revista semanal *Siempre!* En 1972, Carlos Monsiváis asumió la dirección de su suplemento literario. Cuando joven estudiante, Monsiváis había ingresado en el Partido Comunista Mexicano, pero en 1960, a los 22 años de edad, había sido expulsado a causa de una disputa por una oscura cuestión de ortodoxia. Aun así, permaneció leal a la revolución de Fidel Castro, aunque cada vez más consternado por la persecución a los homosexuales. De desgreñado aspecto y sardónico humor, Monsiváis había publicado recientemente *Días de guardar*, su crónica idiosincrásica de los acontecimientos de 1968, que, como el relato de Elena Poniatowska, fue aplaudida como una obra de desafiante denuncia.

Entre los jóvenes escritores que gravitaban en torno a *Siempre!* estaban Enrique Krauze y Héctor Aguilar Camín, quienes a principios de los años setenta realizaban estudios de posgrado de historia en El Colegio de México. Aunque amigos, eran personalidades muy diferentes. Krauze era hijo de un empresario judío fabricante de cajas. Aunque cursaba un posgrado, ya poseía cierta experiencia como hombre de negocios, pues desde muy joven había colaborado en la fábrica familiar y había estudiado ingeniería industrial en la universidad.

Aguilar Camín, en contraste, creció en Chetumal, donde mantuvo lo que él mismo llama una "vida de clase media naufragante". Su padre llevó a la ruina la maderería de la familia, que más tarde aniquilaría un huracán. Cuando Aguilar Camín tenía 15 años, su padre abandonó para siempre el hogar.

Krauze nunca se sintió atraído por la izquierda. Su investigación histórica versó sobre Manuel Gómez Morin, el fundador del PAN. Aguilar Camín, por su parte, escribió su tesis de doctorado sobre la Revolución mexicana, enfocado en los generales que condujeron la lucha en Sonora. Ambos jóvenes, sin embargo, fueron inspirados por el espíritu antiautoritario del movimiento estudiantil de 1968, aunque ninguno desempeñó un papel importante en él.

Pronto estallaron las hostilidades entre el grupo de *Siempre!* de Monsiváis y el de *Plural* de Paz. Aunque el grupo de Paz era ecléctico, se unía detrás del cada vez más ferviente rechazo, por parte del poeta, del marxismo y el comunismo. Paz insistía en que el caos de la lucha de clases y la tiranía del Estado de partido y clase únicos eran los peligros más graves que enfrentaba la sociedad moderna. Prefería el liberalismo mexicano, del linaje de Benito Juárez, que reivindicaba los derechos individuales. Sin embargo, seguía siendo un nacionalista, adversario del predominio estadunidense, y escéptico de la ideología del libre mercado. Al lado opuesto, los izquierdistas de *Siempre!* abogaban por la confrontación abierta con Estados Unidos, apoyaban las insurgencias que surgían en muchos países latinoamericanos inspiradas en la Revolución cubana y defendían la necesidad de una acción combativa, incluso en algunos casos armada, para llevar igualdad y justicia a los pobres.

Los miembros del grupo de *Siempre!* identificaban su misión como doble: atacar tanto al gobierno como a los "reaccionarios" de *Plural*. En un consejo de guerra acordaron dirigir sus baterías contra el poeta. "Tenemos que darle en la madre a Octavio Paz", propuso uno de ellos.

271

Esa perspectiva incomodó un tanto a Krauze. "Yo creo que es mejor que lo leamos y lo critiquemos", aventuró. No obstante, Aguilar Camín y él escribieron juntos un ensayo en el que acometieron tanto contra Paz como contra Fuentes, aunque su crítica fue principalmente literaria: acusaron a ambos escritores de permitir que su personalidad política eclipsara y disminuyera sus obras artísticas. Este ensayo se publicó en un número de *Siempre!* en el que se sentenciaba, asimismo, que Paz y sus aliados se habían vuelto irrelevantes para lo que sucedía en México y en el que se proponía "expulsarlos del discurso".

Paz y Fuentes respondieron con un ensayo en *Plural* mucho más habilidoso, en el que ridiculizaron memorablemente a Krauze y Aguilar Camín, llamándolos "un cerebro en dos cabezas". Krauze se sintió ofendido, pero también atraído por algunos de los argumentos expuestos por Paz y Fuentes para defender su papel. En el curso de los cuatro años siguientes, Krauze transitó hacia las opiniones liberales de Paz. En 1975 publicó un artículo en *Siempre!* en el que expresó su rompimiento con Monsiváis y sus socialistas, y se separó de la revista.

Esa rivalidad ideológica tenía lugar con el telón de fondo de un nuevo intento del gobierno por cortejar a la intelligentsia. Cuando Luis Echeverría relevó, en 1970, en la presidencia a Díaz Ordaz, estaba determinado a poner de su lado a los intelectuales, con quienes el régimen se había enemistado en 1968. Adoptó medidas tercermundistas que agradaron a la izquierda. Tras anunciar una apertura, aumentó los salarios de los maestros e inundó de fondos a artistas e institutos de investigación, comprometido a rencauzar al Estado por el auténtico curso de la Revolución mexicana.

Fuentes fue el más destacado hombre de letras en creer en su palabra. En 1975, siete años después de la renuncia de Paz como embajador en India, Fuentes accedió a ser representante diplomático de México en Francia.

Sin embargo, Echeverría demostró pronto que no era amigo de la libre expresión. Bajo la dirección de Julio Scherer, *Excélsior* se había vuelto cada vez más enérgico en su crítica al presidente, al que acusó de corrupción y complicidad en el ataque por un grupo de choque del gobierno, los Halcones, a unos manifestantes el 10 de junio de 1971, que dejó por lo menos veinticinco estudiantes muertos. En los últimos meses de su sexenio, Echeverría provocó, mediante sobornos y amenazas de agentes suyos, una ruptura en la cooperativa al control de ese periódico, que culminó con la salida de Scherer el 8 de julio de 1976. Casi doscientos empleados y colaboradores, prácticamente todos los periodistas serios del diario, se marcharon con él.

El golpe de Echeverría contra *Excélsior* resultó ser uno de los errores más costosos del régimen priísta. El objetivo del presidente era silenciar a la disidencia. Pero con la colaboración de su equipo, Scherer organizó rápidamente el semanario *Proceso* (cuyo primer número apareció el 6 de noviembre), con lo que estimuló también a otros periodistas salidos con él de *Excélsior* a iniciar el diario *unomásuno*. Con su éxodo de *Excélsior*, Scherer se convirtió en el patriarca de la prensa independiente en México.

Entre quienes dejaron ese periódico por solidaridad con Scherer estaban Octavio

Paz y su equipo de *Plural*. El pintor Rufino Tamayo les donó un cuadro para recolectar fondos. El primer número de su nueva revista, *Vuelta*, apareció con la fecha de diciembre de 1976, pero para fastidiar a Echeverría comenzó a circular el 15 de noviembre, dos semanas antes de que terminara su sexenio. Incluía un ensayo del poeta y economista político Gabriel Zaid, quien censuraba la ineptitud con la que Echeverría había manejado la reciente devaluación del peso. Titulado "Alicia en el país de la fluctuación", Zaid calificó las medidas económicas del presidente saliente como "ciencia ficción".[2]

Convencido de que el insular régimen priísta había aislado a México, Paz quiso que *Vuelta* importara pensamiento y análisis literario avanzados del mundo entero, al tiempo que le servía como plataforma para criticar a la izquierda de América Latina. En febrero de 1977, Zaid y él invitaron a Krauze a unirse a ellos. Ejerciendo sus dotes empresariales, Krauze se convirtió tanto en subdirector como en editor. Ideó un plan para dotar a la revista de una nueva base financiera que le permitiera librarse del yugo de la publicidad gubernamental, de la que dependían para su sostenimiento todas las publicaciones informativas del país.

Krauze decidió aceptar algunos anuncios del gobierno, de instituciones menos políticas como PEMEX. Aumentó también los ingresos de *Vuelta* con anuncios de Televisa y otras compañías privadas, así como con las suscripciones y ventas en los puestos de periódicos. Su estrategia fue mantener un equilibrio en el que ninguna fuente aportara más de un tercio de los ingresos de la revista. Para Krauze, este criterio tripartita, aunque precario, era decisivo para asegurar la independencia de la publicación.

Pronto, el secretario de Educación, Fernando Solana, ofreció comprar 7,500 suscripciones. Ese salto habría casi duplicado la circulación y puesto fin a las dificultades financieras de *Vuelta*. Pero Zaid insistió en que era demasiado riesgoso, y los directivos coincidieron en rechazar la propuesta.

Vuelta se fortaleció, pero ese hecho no alegró a todos. "Cometieron el error de no invitar a la izquierda", señala Aguilar Camín. Éste se reagrupó con Monsiváis, otros colaboradores de *Siempre!* y académicos izquierdistas como González Casanova. Luego de varias sesiones en el Castillo de Chapultepec, lanzaron *Nexos* en 1978.[3] Más que ser una publicación literaria, *Nexos* se propuso aplicar la investigación académica sobre los problemas socioeconómicos del país a la política pública, y ocuparse de temas que la prensa de gran circulación prefería eludir.

En la década siguiente, estas revistas contrarias se atacaron sin cesar, intercambiando argumentos a favor y en contra del socialismo en la Unión Soviética, Cuba y Nicaragua y de la insurrección guerrillera en El Salvador, y evaluando las proposiciones y peligros para México derivados de su relación con Estados Unidos. Ambos bandos cargaban contra el PRI. Pero en los primeros años de su rivalidad, ninguna de las partes brindó una visión de México sin el partido dominante; más bien hablaban de reformar la Revolución desde dentro.

"Todos traíamos de algún modo nuestro pequeño priísta adentro", observa Aguilar Camín, quien se convirtió en uno de los principales directivos de *Nexos*. "Los modos de hacer política del PRI llegaron a ser una forma de la cultura política nacional. Entonces, la idea de botar al PRI es muy tardía. Porque la dominación era tan efectiva que proponerse la derrota del PRI era tan utópico y parecía tan lejano que cualquier acercamiento sensato lo que planteaba era la reforma del PRI, la apertura del sistema, hacerlo menos cínico, menos avasallador, transparentarlo más; hacer un presidente más responsable."

"Nuestra crítica al PRI era sistemática y frontal", afirma. "Lo que no nos cabía en la cabeza era de qué manera iba a terminar su hegemonía."

Un escritor, sin embargo, había comenzado a imaginar ese fin. Retraído por naturaleza, Gabriel Zaid no participaba en las largas comidas ni en las distinguidas presentaciones de libros en las que se desarrollaba el diálogo político en la ciudad de México. No le interesaban las recepciones en Los Pinos ni los banquetes con el "Señor Presidente" a los que se invitaba a intelectuales de cierto renombre.

"Zaid es un hombre que nunca ha visto a un presidente", comenta Krauze, describiendo a su amigo como "algo así como un anarquista cristiano".

Zaid comenzó escribiendo poesía, no ensayos políticos. Nacido en 1934 en Monterrey, realizó estudios de ingeniería industrial en el Instituto Tecnológico de esa ciudad. A diferencia de muchos otros jóvenes talentosos de su generación, nunca aspiró a ocupar un puesto en el gobierno; prefería proteger su independencia para tener tiempo para escribir.

En su juventud leyó y admiró a Paz, veinte años mayor que él. Al encontrar al poeta una vez en un restaurante en Monterrey, se acercó a él; para su sorpresa, Paz lo mandó a su casa para traerle algunos de sus poemas. "Son mejores que los que yo escribía a su edad", le dijo Paz, lo que provocó en él una emoción electrizante. Años después conocería a otros poetas a los que Paz había halagado y estimulado con exactamente las mismas palabras.

Tras mudarse a la capital del país, se incorporó a la industria editorial y escribió poesía y crítica literaria. Viviendo en el centro geográfico del poder pero desligado de él, empezó a concebir al régimen priísta como una gran empresa corporativa, un enjambre de unidades y facciones en competencia, una de las cuales era el establishment cultural.

Publicaba sus ensayos literarios en *Siempre!*, y comenzó a aderezarlos a menudo con comentarios políticos. Un día envió a Monsiváis un artículo sobre la matanza del 10 de junio de 1971, en el que acusaba directamente al presidente Echeverría de haber "faltado a su palabra" de apertura; es decir, lo llamaba mentiroso. Precavido, Monsiváis le mostró el artículo al director de *Siempre!*, José Pagés Llergo, profundo conocedor de las reglas del juego que imperaban entonces.[4]

–Que Zaid haga la poesía. La política la hago yo —decretó Pagés.

Monsiváis le llamó a Zaid, en busca de un arreglo.

–¿Y si le cambiáramos para que dijera: "El sistema ha faltado a su palabra..."?

Zaid se negó, pensando que aquélla era otra muestra de la famosa ironía de Monsiváis.

Pero *Siempre!* nunca publicó el ensayo y Zaid dejó la revista y comenzó a escribir para Paz.

En su columna mensual en *Plural* y después en *Vuelta*, Zaid desplegó una muy labrada crítica liberal que no le debía nada a la Revolución mexicana. Demostró con datos y cifras que, en manos del Estado, la economía no producía empleos ni bienes para los pobres, como había prometido. Exigió mayor libertad política y denunció la falsedad de los reclamos democráticos del régimen. Sus ensayos eran breves y su humor ácido; no ejercía ninguno de los habituales comedimientos del intelectual mexicano.

En una carta publicada en *Plural*, en 1972, Zaid censuró a Fuentes por apoyar a Echeverría. Luego de comparar al presidente con Porfirio Díaz, escribió: "El contexto, aunque no quieras, configura tu posición como una entrega de independencia. Una entrega totalmente gratuita".[5] Tras el arribo de López Portillo al poder, Zaid amplió su crítica económica. En 1979 publicó *El progreso improductivo*, libro en el que demandó que el Estado se contrajera para dejar más espacio a la empresa privada.

Ese mismo año publicó en *Vuelta* un breve artículo, de apenas seiscientas palabras, titulado "Cómo hacer la reforma política sin hacer nada".

> Supongamos —escribió— que, por alguna lotería, la mayoría de los votantes de Nayarit (o cualquier otro estado) se moviera a votar por el Partido Popular Socialista (o cualquier otro partido de oposición) [...] En un primer momento, los candidatos perdedores del PRI, los candidatos ganadores de la oposición y los votantes quedarían desconcertados, dudosos de si estaban soñando o había llegado el fin del mundo [...] Supongamos que en ese desconcierto [...] otra mayoría de votantes en otro estado también votara contra el PRI, y que de nuevo todo el poder presidencial, todo el aparato gubernamental, todo el talento y los millones de pesos asignados a la reforma política, se concentraran en la acción hercúlea [...] de no hacer nada.

"Una reforma de alcances desconocidos estaría en marcha", concluyó.[6] Jamás empleó en su ensayo la palabra "democracia". Pero estaba describiendo la derrota del PRI en las urnas.

Como Zaid, Krauze empezó escribiendo en *Plural* ensayos que no trataban sobre la política actual. Eran históricos, a menudo basados en su investigación biográfica sobre Gómez Morin y sobre Daniel Cosío Villegas, el patriarca de los historiadores mexicanos y mentor de Krauze en El Colegio de México. Ambos habían estudiado la ortodoxia de la Revolución mexicana, y ambos habían disentido de ella, optando, en cambio, por las ideas liberales incrustadas en la historia del país.

Indignado por la nacionalización de la banca hecha por López Portillo, Krauze se sintió impulsado a escribir en *Vuelta* su primer ensayo de crítica política. Aunque su tono era respetuoso, argumentó que, a causa de los mínimos contrapesos a su poder, López Portillo se había excedido desastrosamente, y quizá perdido la lucidez. En su recapitulación enumeró las reformas que consideraba más urgentes para el país. "A partir de un nuevo ciclo —escribió— el Estado tendría que intentar lo más difícil: construir sus propios límites." Demandó la descentralización, una cámara de diputados independiente, "una prensa profesional, plural, que informe sobre los hechos, no los fabrique" e intelectuales "que no confundan el homenaje y la protesta con el análisis y la crítica y que aprecien la verdad más que el dogma o la chamba".

"De ahí —concluyó— que nuestra única opción histórica sea respetar y ejercer la libertad política, el derecho y, sobre todas las cosas, la democracia."[7]

De la edición de *Vuelta* en la que apareció este ensayo se vendieron casi 20 mil ejemplares.

Al año siguiente, Luis H. Álvarez, el líder del PAN, ganó la contienda por la alcaldía de Chihuahua. Krauze no se sentía atraído hacia el PAN, en parte porque era judío. Pero la victoria de don Luis lo hizo pensar más en las posibilidades de la democracia electoral en México. Tal como les había sucedido a tantos otros pensadores mexicanos, la germinación de las ideas de Krauze se aceló en cuanto salió del país. Como profesor visitante en la Universidad de Oxford, en el otoño de ese año, ahondó en la historia de Inglaterra, con base en la noción de que la monarquía británica tenía mucho en común con el PRI.

El resultado fue un ensayo de amplio alcance titulado "Por una democracia sin adjetivos", que apareció en *Vuelta* en enero de 1984. El error de México en la conducción del auge petrolero, asentó, fue que "quisimos ser ricos antes que democráticos".

Exigió que López Portillo fuera juzgado por corrupción. "La falta de límites a la silla presidencial ha llegado al extremo, y la sociedad —o el tigre, si se quiere— comienza a despertar", escribió, afirmando que el PRI no cambiaría "desde adentro" sin la vigorosa competencia con otros partidos. "Para alcanzar el progreso político, sólo se tiene una invención probada: la democracia", insistió. "El caso es empezar en todos los frentes y comprender [...] que la democracia no es la solución de todos los problemas, sino un mecanismo —el menos malo, el menos injusto— para resolverlos."

Señaló que había llegado el tiempo para que México dejara de ser una "democracia formal" para convertirse en una democracia llana y simple. Sin adjetivos.[8]

El ensayo causó conmoción. Manuel Camacho, funcionario gubernamental en esos años, escribió una respuesta en la que defendió al PRI como la única ruta viable hacia la democracia. Pablo Gómez y otros en la izquierda rechazaron por burguesa la democracia de Krauze, y criticaron que éste no tenía ningún planteamiento claro defendiendo los derechos de los desposeídos.

Paz, Krauze y Zaid volvieron a la carga con un número de *Vuelta*, en junio de 1985, cuya portada proclamaba: "PRI: hora cumplida". En conjunto, sus artículos perfilaron por primera vez una democracia liberal de forma distintivamente mexicana. Incluso Paz, el más cauto de los tres, escribió: "Hasta hace algunos años creía, como tantos, que el remedio era la reforma interna del PRI. Hoy no es suficiente".[9]

Cierto, las prescripciones de Paz no eran radicales. En lugar de la reforma del partido en el poder, deseaba que éste reformara el Estado, recuperando las metas democráticas de Francisco I. Madero. No veía otra opción. Descartó a la izquierda por doctrinaria y al PAN por carecer de un "nuevo y viable proyecto nacional".

Mientras la democracia se convertía en la meta central de los liberales de *Vuelta*, los socialistas del bando de *Nexos* tendían a concebirla como una meta entre muchas otras, una cuestión de reforma electoral, en tanto que su ideal prioritario era la justicia social. La democracia era sólo "una de las partes de nuestra agenda", dice Aguilar Camín, quien asumió la dirección de *Nexos* en 1983.

Otros académicos izquierdistas se sumaron al debate. En 1985, Jorge Castañeda publicó un ensayo en la revista *Foreign Affairs* en el que previno que la estabilidad de México "ya no podía darse por sentada", a causa de las insuficiencias del sistema priísta.[10]

El resultado de esa fermentación fue la extraordinaria convergencia intelectual que tuvo lugar luego de las elecciones de Chihuahua de 1986, cuando Krauze se acercó a la izquierda para que firmara el desplegado de protesta contra el fraude en la entidad. Entre los firmantes estuvieron Krauze, Paz y Zaid, así como Aguilar Camín, Monsiváis y Poniatowska. Nociones abstractas para desafiar al sistema mediante la competencia partidista, las cuales se habían incubado durante décadas en ámbitos intelectuales, fueron puestas en juego en una elección real. La democracia mexicana ya no era sólo una idea.

La armonía fue efímera. Las elecciones presidenciales de 1988 destruyeron alianzas en todas partes. Muchos en la izquierda, naturalmente, apoyaron a Cuauhtémoc Cárdenas y su campaña para reclamar la victoria que Carlos Salinas se atribuyó. Monsiváis asegura que ésa ha sido la única vez en su vida que ha gritado consignas políticas. "Cuando aprueban el dictamen que hace presidente a Salinas, me puse a gritar: '¡Repudio total al fraude electoral!'"

Pero muchos intelectuales importantes no respaldaron la insurgencia de Cárdenas ni su protesta después de las elecciones. Paz desconfiaba de Cárdenas, al que creía menos reformador que demagógico. Pensaba que aún conservaba la fe socialista de su padre. No estaba convencido de que hubiera ganado las elecciones, y permaneció impávido ante sus reclamos de fraude. Sobre todo, Paz, entonces de 74 años, temía el cambio incontrolado.

"Aceptar las propuestas de la oposición era iniciar una guerra civil", explicó a Tim Golden, de *The New York Times*, al reflexionar en los sucesos de 1988 en una entrevista cuatro años después. Agregó que el alboroto de la campaña de Cárdenas había planteado el riesgo de volver al ciclo crónico del país, pues "nos exponíamos a la vieja historia de México de pasar del orden al desorden, del desorden a la violencia y de la violencia a la dictadura".[11]

Inesperadamente, Aguilar Camín tampoco apoyó a Cárdenas. Aunque para entonces ya era un veterano crítico del sistema,[12] era asimismo un historiador de la Revolución mexicana. También creía que Cárdenas miraba hacia el pasado y recuperaría las anticuadas tradiciones estatistas y populistas de su padre. Como Paz, no estaba convencido de que el fraude electoral en realidad le hubiera arrebatado a Cárdenas la victoria.

Una vez asegurada la presidencia, además, Salinas se empeñó en conseguir el respaldo de intelectuales clave y en restablecer la tradicional complicidad entre el régimen priísta y la clase pensante. Dividió y venció, y durante su gobierno eminentes intelectuales, en vez de depurar su rechazo al sistema, cayeron en riñas entre ellos, con lo que los ímpetus en favor de la democracia perdieron fuerza.

Es indudable que Salinas representó un desafío para los intelectuales. Con su doctorado estadunidense, era casi uno de ellos. "Su apellido materno es 'Educado en Harvard'", bromeaba con frecuencia Jorge Castañeda. "Carlos Salinas Educado en Harvard."

Salinas cortejó con asiduidad a los escritores. José Córdoba, su secretario particular, leía mucho, y coordinaba además a un grupo de lectores para mantener al día al presidente. Cuando un escritor o académico iba a Los Pinos, Córdoba le deslizaba a Salinas una breve nota con información sobre la obra más reciente de ese autor. Los escritores se sentían halagados por el interés del presidente.

Pero la cuestión primordial fue que, más que ningún otro presidente, Salinas ofreció desde que asumió el cargo políticas modernizadoras notablemente contrarias a la agotada ortodoxia del PRI. Su programa fue muy atractivo para Paz, quien en las páginas de *Vuelta* había defendido la reducción del Estado y el derribamiento del proteccionismo. Paz conoció a Salinas al impartir una serie de conferencias en Harvard, cuando éste estudiaba un posgrado ahí. Ahora veía a Salinas como el presidente que ejecutaría sus propuestas de reforma. El impacto del apoyo de Paz a las medidas de Salinas se multiplicó luego de que al poeta se le concediera el premio Nobel de literatura en 1990.

"Celebro la apertura con todo el mundo, y especialmente la apertura con Estados Unidos", dijo Paz en la entrevista con *The New York Times*, en el cuarto año del sexenio salinista. "Es la primera vez en mi vida que siento que hay cambios importantes en el país."

Paz colaboró con Salinas en el establecimiento de un programa para el suministro de pensiones vitalicias, bajo la forma de una beca anual, a los más distinguidos artistas de México.[13] Esta sinecura —que el propio Paz también recibió— equivalía a la clásica cooptación priísta. No obstante, a causa del prestigio de Paz, Homero Aridjis, Carlos Fuentes, Carlos Monsiváis y Elena Poniatowska, entre otros, aceptaron pensiones, argumentando que el dinero procedía del gobierno, no de Salinas.

Paz fijó ciertos límites. Rechazó ofertas de Salinas para ser embajador en Francia y secretario de Cultura, así como las grandes celebraciones que aquél intentó organizar en su honor en ocasión del Nobel.

"Octavio siempre fue un hombre de la Revolución mexicana", explica Krauze, quien conoció el pensamiento de Paz mejor que nadie. "Opinaba que era un régimen corrupto, sí, imperfecto, sí, pero lo menos malo. Creyó que Salinas era la encarnación de su mejor sueño: el régimen de la Revolución, que tantas cosas buenas había hecho por México, finalmente reformada desde adentro."

"Octavio fue más liberal que demócrata", añade. "Siempre tenía adjetivos para la democracia."

El entusiasmo de Paz por Salinas generó una desavenencia en *Vuelta*. Aunque tanto Zaid como Krauze apoyaban la liberalización económica de Salinas (si bien Zaid aboga-ba por mejores programas para extender el crecimiento a los pobres), ambos rechazaban, por superficiales, sus gestos de reforma política. Zaid siguió con sus críticas en las páginas de *Vuelta*, pero Krauze se sintió incómodo discrepando de Paz en su propia revista. Así, em-pezó a mandar sus artículos políticos a *La Jornada*, pese a que el grupo de *Vuelta* había des-deñado siempre a este periódico por ser un reducto izquierdista. Durante el gobierno de Sa-linas, reconocería Krauze más tarde, "*Vuelta* fue perdiendo cada vez más su filo crítico".

Una crisis similar surgió en *Nexos*. Aguilar Camín también se sintió atraído por las políticas modernizadoras de Salinas. En *Después del milagro*, libro publicado en noviembre de 1988, detalló el deterioro causado en el panorama social mexicano por un erosionante Es-tado corporativo. Propuso cambios como la descentralización de la burocracia federal, la creación de incentivos gubernamentales para descentralizar la inversión y el desmantela-miento de los subsidios y control estatales de sindicatos y otras organizaciones sociales. Afir-mó que los recientes disturbios electorales eran un exhorto a "cambiar a fondo nuestro sis-tema político por las vías institucionales a la mano, en forma gradual, pero drástica". Su libro fue otro llamado a la reforma de la Revolución mexicana, radical, pero desde dentro.[14]

"Para mi gran sorpresa —refiere Aguilar Camín una vez que Salinas tomó pose-sión—, el libro empezó a definir puntualmente algunas grandes iniciativas del gobierno". Salinas intentó atraer a Aguilar Camín a su gabinete y le ofreció también la gubernatura de Quintana Roo. Aguilar Camín declinó.

"Eso nunca fue un problema para mí", asevera. "Nunca he tenido la tentación de ser funcionario público."

Sin embargo, algunos colaboradores regulares de *Nexos* se integraron al gobierno, mientras que otros, comprometidos con la izquierda, abandonaron disgustados la revista. Aguilar Camín adoptó el que consideró un curso intermedio, convirtiendo a *Nexos* en con-tratista del gobierno. Llevó a cabo la primera encuesta nacional de necesidades y valores educativos y organizó un equipo de especialistas para que elaboraran nuevos libros de tex-to gratuito de historia.[15] Salinas le encomendó, asimismo, la creación del Canal 22, de tele-visión cultural. Aguilar Camín fue llamado pronto el "intelectual de cabecera" de Salinas.

Paralelo al debate en torno a Salinas, también otro conflicto envenenó las relaciones entre los intelectuales.

En junio de 1988, *The New Republic*, revista política estadunidense, publicó una re-seña de Krauze sobre dos libros de Fuentes: la antología autobiográfica *Myself with Others* y la novela *Gringo viejo*. El título de la reseña, concebido por el propio Krauze, fue "El dandy guerrillero". A lo largo de ocho extensas páginas, Krauze se mofaba de Fuentes y su obra. Tras hacer notar que Fuentes había crecido en embajadas siguiendo a su padre, quien era diplomático, afirmó que el novelista era "un extranjero en su propio país" y que su autobio-grafía demostraba "falta de identidad e historia personal".

"Para Fuentes —escribió Krauze— México es un guión aprendido de memoria, no un enigma o problema, no algo realmente vivo, no una experiencia personal [...] Carente de un punto de vista personal y de brújula interna, Fuentes perdió su camino en la historia de la literatura y se vio condenado a la reproducción histriónica de sus textos, teorías y personajes."[16]

Algunos lectores percibieron elementos de verdad en la burla de Krauze, la cual apareció en *Vuelta* dos semanas después. Luego de sus extraordinarias primeras novelas, así como de varias obras de teatro y su fecunda crítica literaria en los años setenta, Fuentes, aunque prolífico, pareció estancarse. Su perenne infortunio fue que se le comparara con Paz, cuya poesía modernista evolucionó para volverse más inteligente e innovadora, más escudriñadora de un universo distintivamente mexicano y, al mismo tiempo, más universal.

Aun así, la crítica de Krauze les pareció desproporcionada a muchos lectores, para quienes Fuentes tenía bien ganada su estatura como estadista de las letras. Aparte de escribir novelas siempre interesantes, había estudiado profundamente la historia de la política y el arte mexicanos, y sus conferencias lo habían convertido en un elocuente intérprete de su país ante el resto del mundo.[17] Jamás había adoptado un gesto radical de principios, como Paz en 1968, pero mantenía su integridad, promovía causas progresistas y señalaba a las jóvenes generaciones el camino a seguir para una distinguida vida independiente en la literatura.

La acometida de Krauze, manifestación de la sensación de superioridad intelectual prevaleciente en el bando de *Vuelta*, fue doblemente lastimosa a causa de la larga amistad de Fuentes con Paz. Fuentes estaba seguro de que Paz había encargado a Krauze escribir la reseña. No se convenció de lo contrario ni siquiera cuando Leon Wieseltier, editor literario de *The New Republic*, le escribió una carta para aclarar que había sido él quien había asignado a Krauze esa tarea. Paz explicó, por su parte, que Krauze le había enseñado un borrador y que él lo había instado a no publicarlo. Pero impedírselo habría sido censura, concluyó.[18]

La reacción de Fuentes, sus partidarios y la izquierda en general fue más que airada. La bilis se dejó correr en cartas, artículos y seminarios en los que se denunció a Krauze como mercenario y arrogante impostor. Fuentes rompió con Paz y jamás se reconciliaron.[19] La querella entre la derecha y la izquierda intelectuales adquirió un agudo tono personal.

En el segundo año del sexenio salinista, las animosidades desembocaron en guerra. Tras soportar años de insultos del establishment izquierdista de México, Paz y su grupo se sintieron reivindicados por la caída del Muro de Berlín. En agosto de 1990, *Vuelta* organizó un ostentoso simposio para discutir las implicaciones para América Latina del nuevo orden mundial. Lo tituló "La experiencia de la libertad" e invitó a disidentes del comunismo de todo el mundo, entre ellos Leszek Kolakowski, Czeslaw Milosz, Daniel Bell y Mario Vargas Llosa. Las sesiones se celebraron a puerta cerrada, pero fueron grabadas en video y transmitidas cada noche por un canal de cable de Televisa, uno de los principales patrocinadores del evento. Cada participante recibió honorarios por 5 mil dólares. Paz y Krauze insistieron en que el financiamiento procedía por entero de empresas privadas.

La izquierda latinoamericana estuvo escasamente representada, por Carlos Monsiváis y unos cuantos más. En la lista de invitados destacó la ausencia de varios nombres, en particular los de Carlos Fuentes y Gabriel García Márquez.

"No invitamos a seudointelectuales cómplices de tiranos", declaró Paz, en evidente referencia a la conocida amistad de García Márquez con Fidel Castro.[20]

Paz predominó en las deliberaciones, pero halló inesperada resistencia en Vargas Llosa, de opiniones políticas liberales generalmente próximas a la suyas. "Recuerdo haber pensado muchas veces sobre el caso mexicano con esta fórmula: México es la dictadura perfecta", dijo Vargas Llosa en una sesión. "No es la Unión Soviética; no es la Cuba de Fidel Castro; es México, porque es una dictadura de tal modo camuflada que llega a parecer que no lo es."

Paz se alteró. Interrumpió con "una pequeña rectificación... Dije que en México existía un sistema hegemónico de dominación", repuso. "No se puede hablar de dictadura."[21]

Varias de las sesiones fueron sensacionales por su erudición. Pero su autocomplaciente tono neoliberal irritó a la prensa y a la izquierda. Monsiváis escribió una carta a *La Jornada* en la que acusó a Paz de haber recortado su intervención. Cuestionó el papel de Televisa. "En cuanto al tema de la democracia, ¿recuerdas cómo Televisa silenció a la oposición en las elecciones de 1988?", preguntó.[22]

Un año después, la izquierda se desquitó con un congreso propio sobre el fin de la guerra fría, más modestamente titulado Coloquio de Invierno. La lista de organizadores incluía a las estrellas del firmamento izquierdista de México: Aguilar Camín, Jorge Castañeda, Pablo González Casanova y, desde luego, Carlos Fuentes. Éstos decidieron realizar el encuentro en la UNAM, con fondos del Consejo Nacional para la Cultura y las Artes. Ninguno de los miembros del círculo de *Vuelta* fue invitado, ni siquiera Paz.

Cuando éste se enteró, hizo una rabieta. Objetó el concepto mismo de esa reunión, en la que el capitalismo sería sometido a juicio junto con el comunismo. "Equipar al comunismo y al capitalismo democrático como si se tratase de monstruos gemelos es insensato", dijo.[23] Se quejó con el rector de la UNAM, y después con el propio Salinas. Al recibir una invitación de última hora, la rechazó con el argumento de que no se invitaba a Krauze.

El grupo de *Vuelta* calificó el coloquio como una infracción a la ética democrática, alegando que no podía ser excluido, ya que el acto se llevaría a cabo en una universidad pública y se financiaría con recursos públicos. "No tienen derecho a no ser plurales cuando están recibiendo fondos del gobierno", reclamó Krauze.

Un surrealista duelo de alaridos llenó las primeras planas. Los izquierdistas, con *Nexos* a la cabeza, arguyeron que *Vuelta* había vendido su alma a Televisa, cuyo dinero, afirmaron, no era menos envilecedor que el del régimen. El grupo de *Vuelta* acusó a Aguilar Camín de vender a *Nexos* al diablo "al hacer negocios con el gobierno" por medio de sus contratos, los que, adujo, eran moralmente distintos de la publicidad gubernamental en su revista. (Nunca más de un tercio, subrayó Krauze.)

Sin embargo, la ineludible realidad fue que tanto Paz como Aguilar Camín habían aceptado a Salinas y apostado sus publicaciones a las políticas del presidente. El choque entre los grupos fue un retroceso a los viejos rezongos de los intelectuales sobre cuál de ellos estaba más manchado por el poder estatal. En adelante, ninguno de los bandos haría aportaciones notables al debate sobre la democracia.

Lo cierto es que las publicaciones exquisitas comenzaron a perder importancia conforme la prensa de gran circulación publicaba una más extensa gama de opiniones para un público cada vez más amplio. Los disidentes ya podían dirigirse a una ascendente generación de lectores de clase media sin gusto por la censura periodística. La prensa, como la intelligentsia, tenía su propia evolución, e intentaba ensanchar los límites de la expresión nota tras nota. Pero los lazos de la prensa con el régimen habían sido especialmente íntimos, y la influencia corruptora del sistema sobre los periodistas era enorme.

Los gobiernos priístas mantuvieron el dominio de los periódicos controlando lo fundamental: su financiamiento y su abasto de papel. Los diarios derivaban ingresos de la venta de anuncios al régimen, que también ejercía el monopolio sobre la distribución de papel periódico, que se remontaba a 1935, a través de la Productora e Importadora de Papel, S.A. (PIPSA).

Los diarios pagaban sueldos miserables, equivalentes a apenas 400 dólares mensuales aun en los años ochenta, así que el medio para mayores ingresos de la mayoría de los reporteros no era su publicación, sino su fuente. Los reporteros competían por las mejores noticias con base no en el valor de éstas, sino en su rendimiento en efectivo. Así, Los Pinos, el PRI y PEMEX, que ofrecían los mejores "embutes", recibían la más atenta cobertura. Pero el diario mexicano típico era un compendio de vagas declaraciones de políticos intrascendentes, intercaladas con eventuales "sablazos" en los que reporteros y columnistas atacaban a un político, pagados por uno de sus rivales.

La apertura de la prensa ocurrió en forma accidentada, y a menudo se topó con traumáticos reveses. En el Distrito Federal comenzó con la diáspora causada por el golpe contra *Excélsior* en 1976. Mientras Scherer dirigía sus energías a *Proceso*, su subdirector en *Excélsior*, Manuel Becerra Acosta, iniciaba el diario *unomásuno*, con formato tabloide. En circulación a partir de noviembre de 1977, este periódico, francamente izquierdista, tuvo un vigoroso inicio. Pero a la postre Becerra recuperó antiguos hábitos y suscitó una pugna por el control autocrático del diario, la cual forzó a la mejor parte de su equipo a retirarse en 1983.

El 30 de mayo de 1984, Manuel Buendía, belicoso y muy leído columnista, fue asesinado mientras investigaba la corrupción de funcionarios por narcotraficantes. Pero el 19 de septiembre de ese año hubo un nuevo avance, cuando un grupo de emigrantes de *unomásuno* produjo el primer número de *La Jornada*. Este nuevo tabloide floreció, también con una pujante línea izquierdista. Mientras tanto, Becerra aceptó tranquilamente un pago de un millón de dólares por la Secretaría de Gobernación a cambio del control de lo que quedaba de *unomásuno*, renunció al periódico y huyó al exilio.[24]

Los acontecimientos de 1988 vigorizaron a la prensa. En el sexenio de Salinas se amplió, en cierto grado, la libertad, pero también reaparecieron antiguas restricciones.

Si la prensa de la capital sobrevivía con dificultades, la situación de los periódicos de provincia era peor aún. Había algunas excepciones, en especial *El Norte*, próspero diario de Monterrey dirigido por Alejandro Junco de la Vega, joven editor formado en una escuela de periodismo en Texas. Había, además, un semanario independiente en Tijuana, *Zeta*, y un diario respetable en Hermosillo, *El Imparcial*. Sin embargo, fue sorpresivo que, en 1991, un periódico irreverente de aspecto moderno apareciera en Guadalajara, la más conservadora y católica de las grandes ciudades del país. *Siglo 21* se propuso no sólo reformar, sino sacudir, el molde autoritario del periodismo, y estuvo a punto de lograrlo.

Este diario surgió de las aspiraciones políticas frustradas de un hijo del sistema.[25] Alfonso Dau, heredero de una acaudalada familia libanesa de Guadalajara con intereses en la industria textil, no había logrado persuadir a su partido, el PRI, de postularlo como candidato a la gubernatura de Jalisco, y buscó otras vías para sobresalir. Durante su incursión en la política le había fascinado la tarea que el periódico madrileño *El País* había cumplido en la transición de España a la democracia, en la década de los setenta, tras la dictadura de Francisco Franco.

Sin conocimientos del periodismo, buscó la ayuda de un joven amigo que sabía aún menos que él. Jorge Zepeda Patterson había crecido en Guadalajara, pero se había desplazado a otras regiones del país mientras estudiaba para convertirse en profesor de economía y sociología. Cuando Dau se enteró de que se marchaba a París para estudiar un doctorado en la Sorbona, le dio mil dólares en efectivo y le pidió viajar a Madrid a conocer *El País*.

Tras presentarse como portador de la ilusión de iniciar un diario en el corazón agrícola de México, Zepeda hizo amistad con altos directivos de *El País*. Otros 2 mil dólares de Dau lo convencieron de elaborar el anteproyecto del diario fantástico. Terminó su plan luego de diez días de reclusión en un departamento con vista al cementerio de Montmartre.

Dau se apersonó entonces en París para persuadirlo de ser el director. Inseguro de sus aptitudes, Zepeda puso una condición tras otra, para hacerle ver a Dau que su idea no daría resultado. En su calidad de editor, insistió, Dau no estaría autorizado a hablar con ningún reportero a menos que el director estuviera presente. Zepeda contrataría al gerente y al personal de la sala de redacción. El reiterado "sí" de Dau hizo que Zepeda decidiera por fin que sería "irresponsable" no aceptar.

Zepeda pasó seis meses en *El País* aprendiendo a ser director de un periódico, y varios meses más en París trabajando con un diseñador gráfico italiano en el diseño del diario. Al volver finalmente a México, tenía en la mano un dummy del primer número. *Siglo 21* fue producto de un parto virginal: un diario de Guadalajara concebido en Europa y regido por un director que jamás había escrito un reportaje.

"Estábamos totalmente incontaminados de las herencias del periodismo mexicano", señala Zepeda. Para preservar así las cosas, decidió no contratar a reporteros con experiencia. Formaría a su personal.

"Tenían que ser listos, inquietos, movidos, inquisitivos. Y redactar razonablemente", indica. Contrató a estudiantes recién salidos de la universidad y recurrió a Tomás Eloy Martínez, periodista y novelista argentino, para que los preparara en talleres casi clandestinos, explicando que ejercerían un periodismo tan subversivo que las fuerzas del statu quo podrían intentar detenerlos si los descubrían.

La principal idea de Zepeda era destinar el periódico no a la clase política, sino al lector común. "Era simplemente dar voz a otras corrientes, tratar de enfocar los asuntos públicos no necesariamente desde la perspectiva de la red de intereses vigente, airear los vicios de la vida pública", refiere Zepeda.

Así, *Siglo 21* contó con un manual de estilo, el primero del periodismo mexicano, en el que se establecieron reglas para eliminar la complicidad entre reporteros y fuentes. Aunque no pródigo, el salario de los reporteros era digno, y notablemente superior al de otros periódicos. Cada reportero tenía una computadora y una conexión a Internet. Como director, Zepeda decidió ser asesor, no jefe, de la sala de redacción. "La tradición era que el jefe de redacción tenía que ser un cabrón, ridiculizar al reportero y hacerlo sentirse un ignorante, un pendejo", afirma. "Lo que yo tenía que ser era un suministrador de una visión periodística."

El primer número de *Siglo 21* apareció el 8 de noviembre de 1991, prometiendo, en un compromiso formal en la página 2, ganarse el respeto de los lectores haciendo "un diario no militante, pero responsable frente a los asuntos que afectan a todos. Un diario profundo, pero sin solemnidad; independiente, responsable, comprometido con los intereses de la comunidad y la ética periodística".

"Cada uno de los participantes de *Siglo 21* tenemos una idea de la sociedad civil a la que deseamos servir. Se trata de una sociedad inconforme con el estado de las cosas, en la que cada día aumenta el número de personas que sustentan la plena convicción de que una vida democrática y equilibrada obliga a contar con un periodismo libre de atavismos y comprometido con sus lectores."

Ese primer número contenía una fotografía de Zepeda, en mangas de camisa y jeans, revisando el diseño de páginas con miembros de su equipo; otra de Dau en traje de negocios, y un perfil en el que el propietario proclamaba que su intención no era promover su carrera política ni la de ningún otro, sino únicamente formar "una empresa cultural de trascendencia para la región". Habiendo invertido 3 millones de dólares, Dau agregó que partía del supuesto de que "un periódico de calidad es un buen negocio".

El periódico comenzó vigorosa pero lentamente. La competencia a vencer era *El Informador*, periódico regido por las convenciones del periodismo servil. Al principio, muchos lectores pensaron que *Siglo 21*, con sus estilizadas fotografías de primera plana y amplia cobertura de conciertos de rock y de exposiciones en galerías de vanguardia, era demasiado adolescente para darles información sustancial. Zepeda y su equipo advirtieron que sus elevados principios éticos no les eran de mucha utilidad en su pugna noticiosa con la competencia.

Constantemente eran superados por reporteros de otras publicaciones con íntimas y añejas relaciones con fuentes clave. La circulación del periódico no pasaba de 4 mil ejemplares diarios.

Pero esto cambió cuando una reportera obtuvo una nota fenomenal. Recién egresada de la universidad, firmaba como Alejandra Xanic.

Una tarde de abril de 1992, Xanic fue enviada a un barrio industrial de Guadalajara cuyos vecinos se quejaban de que de las alcantarillas emanaban intensos olores. Llegó a tiempo a la conferencia de prensa en la que el jefe de bomberos de la ciudad informó que había habido una fuga en una tubería, aparentemente de solventes, de una de las fábricas de la zona, entre las que estaban una planta de aceite de cocina, otra de plásticos y un gran centro de almacenamiento de PEMEX. El jefe de bomberos aseguró que la situación ya estaba bajo control.

Cuando la conferencia de prensa terminó, Xanic hizo un recorrido por el lugar, recordando las enseñanzas de Martínez de que las noticias no salen sólo de la boca de los funcionarios. Buscó la manera de bajar al drenaje. Pronto descubrió que los bomberos que habían descendido bajo tierra volvían a la superficie y que, aparentemente alarmados, se negaban a volver a bajar.

Un grupo de técnicos de PEMEX inspeccionaba el sitio con un instrumento que los bomberos llamaban "explosímetro". Nadie, aparte de esos técnicos de PEMEX, sabía qué era o cómo funcionaba tal aparato, y aquéllos no lo explicaban. Pero Xanic los oyó decir que registraba "cien por ciento".

Casi cada hora se reportaba con Zepeda, impaciente en la sala de redacción. Zepeda retrasó el cierre del diario hasta la una de la mañana. Para entonces Xanic había obtenido declaraciones de bomberos que alertaban contra el peligro e información suficiente para trazar un mapa de la zona en el que apareciera la telaraña de calles por las que se había extendido la fuga.

Tras leer la nota de Xanic, Zepeda decidió publicarla en primera plana, aunque no como la nota principal. Dentro, sin embargo, la primera página de la sección de la ciudad destacaba una advertencia de "peligro inminente de explosión". *El Informador* sólo publicó una breve nota que decía que la oportuna intervención del cuerpo de bomberos había anulado el riesgo de desastre.

La explosión ocurrió justo después de las diez de la mañana del día siguiente, 22 de abril. Más de diez kilómetros de calles volaron en pedazos. Fachadas de edificios quedaron destruidas, autos fueron lanzados a las azoteas de casas de dos pisos, cuerpos desmembrados quedaron regados entre los escombros. No hubo fuego, pero la detonación cimbró la sala de redacción de *Siglo 21*, a varios kilómetros de distancia. El número de muertos ascendió a cientos.[26] Las calles afectadas eran casi exactamente las indicadas en el mapa de *Siglo 21*.

Zepeda publicó una edición especial vespertina —"¡EXPLOTÓ!"— y durante varios días dedicó a la explosión una sección del periódico, de treinta páginas al principio. Para el 24 de abril ya se vendían más de 20 mil ejemplares diarios de *Siglo 21*.

Las pasmadas autoridades priístas titubearon, dando evasivas sobre el saldo de muertos. PEMEX apuntó el dedo hacia otras plantas del vecindario. La policía acordonó varias manzanas en las que el olor seguía siendo intenso aun después de la explosión y prohibió a los reporteros el acceso al área.

Pero Xanic encontró un agujero en una pared. ("Esa mujer es una cabra", dice Zepeda, con respeto. "Se mete donde sea.") Sorprendió así a un grupo de técnicos de PEMEX haciendo sus rondas, quienes, en razón de su cabello rubio claro y pantalones color caqui, creyeron que era una visitante estadunidense experta en accidentes. Xanic descubrió que el explosivo era gasolina y que procedía de una fuga en una tubería que conducía a la planta de PEMEX. Se enteró, además, de que bajo la parte acordonada del vecindario aún corría un río del combustible, tan volátil, se le dijo, que no se permitía la entrada a la zona de individuos con zapatos con clavos, por temor a la menor chispa.

Funcionarios de PEMEX negaron públicamente la responsabilidad de esta compañía, pero después fueron desmentidos día tras día al aparecer en *Siglo 21* las francas conversaciones entre los técnicos de la paraestatal. Con la indignación popular canalizada por el diario, el gobernador de Jalisco y el alcalde de Guadalajara, ambos priístas, se vieron obligados a renunciar. *Siglo 21* no alteró su cobertura pese a que el alcalde en desgracia fuera primo de Alfonso Dau.

"La ciudad comenzó a prestarnos atención", asienta Xanic.

Al año siguiente, 1993, Alejandro Junco de la Vega, el editor de *El Norte*, fundó *Reforma*, con lo que llevó a la capital del país su estilo de periodismo independiente. *Reforma* pagaba más que otros periódicos e inculcó en sus reporteros la práctica de verificar la información y obtener los dos puntos de vista en torno a las noticias; creía que el éxito comercial era fundamental para una prensa libre. "Defendemos el derecho del público a la información, y eso significa desarrollar [...] una sana y distante relación con el gobierno", comenta. "Pero no podemos ser quijotescos en esto; enfrentamos el reto de sobrevivir. Tenemos que vender periódicos y publicidad."

Esta filosofía volvió a *Reforma* una amenaza para el gobierno, aunque también para otras publicaciones, incluidas aquellas que compartían sus metas. *La Jornada* seguía dependiendo principalmente de los anuncios del gobierno. *El Universal* se había mantenido a flote gracias a que el gobierno desviaba la mirada cuando esa compañía incumplía el pago de impuestos al Seguro Social. Pronto *El Universal*, el mayor de los periódicos serios de la ciudad de México, emprendió una completa renovación editorial y optó por depurar sus finanzas para competir con *Reforma*.

Un año después del lanzamiento de *Reforma*, la Unión de Voceadores y Expendedores de Periódicos, controlada por el PRI, se negó a seguir vendiendo ese diario. Junco sacó a sus reporteros a la calle para venderlo. Luego contrató a un ejército de vendedores, con lo que *Reforma* consiguió su propio sistema de distribución y consolidó su imagen de periódico independiente.

Durante el sexenio de Salinas la prensa avanzó rápidamente. El periodismo radiofónico también mejoró, pues se volvió más honesto e incisivo, bajo el liderazgo del lúcido y perseverante conductor del noticiero *Monitor,* José Gutiérrez Vivó. Sin embargo, Televisa, aún predominante entre los medios de información con su red nacional de radio y televisión, cambió poco. El Tigre Azcárraga siguió ejerciendo una autoridad absoluta, y su disposición a ampliar el alcance político de la red fue errática.

Azcárraga sentía simpatía por Krauze, a quien había tratado a causa de la relación con *Vuelta,* y lo invitó a integrarse al consejo de administración de Televisa. Krauze aceptó, y Azcárraga invertía pronto en una compañía en la que aquél publicaba libros de historia y producía una serie de inusualmente reveladores documentales de una hora de duración sobre los presidentes de México, que Televisa transmitía los domingos en la noche.

Sin embargo, Azcárraga amenazó en cierta ocasión, en un titánico arranque de cólera, con sacar a Krauze del gremio y del país —por medios violentos de ser necesario— luego de ver una fotografía de prensa en la que Krauze, judío, parecía reírse de la Virgen de Guadalupe. Krauze tuvo que humillarse ante Salinas y rogar su intercesión para calmar al Tigre.[27]

En agosto de 1993 Salinas ordenó la venta de IMEVISIÓN (ahora TV Azteca), con lo que llegaría a su fin el monopolio, de facto, de Televisa. Sin embargo, se cercioró de que Televisa permaneciera del lado del PRI. El patente sesgo progobiernista de esta televisora en la campaña presidencial de 1994 instó a protestar a un amplio e influyente grupo, de reciente formación, de intelectuales, políticos de oposición y periodistas. En junio de 1994, dos meses antes de las elecciones, Carlos Fuentes convocó en un artículo periodístico a la acción ciudadana "para que no haya un choque de trenes" en las elecciones. Le llamó a Jorge Castañeda, ambos llamaron a unos cuantos amigos y poco después más de sesenta personas de una extensa variedad de profesiones y bandos se reunían en la sala de la casa de Castañeda. Nuevas caras se unieron a rostros ya conocidos: Manuel Camacho, Adolfo Aguilar Zinser, Lorenzo Meyer. Se les bautizó como Grupo San Ángel, por la colonia donde se ubicaba la casa de Castañeda.[28]

Este grupo, que recibió intensa cobertura de prensa, presentó una lista de reformas urgentes por ejecutar antes de las elecciones. Una demanda clave fue que Televisa transmitiera una serie de programas en los que cubriera asuntos de la contienda presidencial. La televisora hizo algo para satisfacer esa demanda: mientras Zabludovsky atacaba a Cárdenas en su noticiero, Ricardo Rocha conducía programas acordes con los criterios apuntados por los intelectuales.

El Grupo San Ángel simbolizó el relevo de la antorcha entre los pensadores mexicanos. Emergía una nueva generación que ya no centraba su atención en la teoría de la democracia. Trabajaba en pasos concretos para hacer de la democracia una realidad.

En Guadalajara, *Siglo 21* alcanzó una circulación de 35 mil ejemplares, demostrando con ello que un periódico serio e independiente podía prosperar en ese mercado. Su objetividad fue nuevamente puesta a prueba cuando políticos del PAN ganaron la gubernatura de Jalisco y la alcaldía de Guadalajara en febrero de 1995. El diario fue tan crítico con ellos como lo había sido con el PRI.

Pero el éxito trajo sus propios problemas. El primer signo de esto llegó en el verano de ese año, cuando funcionarios panistas del gobierno de la ciudad llamaron a una conferencia de prensa para denunciar, con base en documentos, que Alfonso Dau, el dueño, había recibido 50 mil dólares en efectivo del gobierno local en los últimos días del régimen priísta, pago descrito en los documentos como adelanto por futura publicidad. Frente a tales pruebas, Dau reconoció haber aceptado ese pago. Zepeda se sintió ofendido, especialmente cuando no encontraba el pago en los libros contables de *Siglo 21*.

Las relaciones de Zepeda con el dueño se volvieron tensas. Aquél halló pruebas que le parecían demostrar que Dau tomaba dinero del periódico para financiar proyectos inmobiliarios. Cuando el diario emprendió una investigación para exponer fraudes en el Instituto Mexicano del Seguro Social, sus reporteros descubrieron que Dau no había pagado los impuestos del periódico a ese organismo.[29]

Dau había cumplido su palabra de que no interferiría en las decisiones editoriales de la sala de redacción. Pero el éxito del diario lo estaba llevando a conducir sus demás negocios de tal forma, en opinión de Zepeda, que comprometía la independencia del periódico.

En el otoño de 1996, Zedillo fue a Jalisco y, rompiendo con el protocolo, pidió ver a Zepeda, pero no a Dau. En un encuentro personal en la suite presidencial de un hotel de Guadalajara, Zedillo se dijo sorprendido del carácter "esquizofrénico" de *Siglo 21*. Este diario había hecho mucho para demostrar que estaba comprometido con el periodismo democrático. Pero Zedillo aseguró que al conocer a Dau en una gira por Guadalajara, durante su campaña presidencial en 1994, el dueño de *Siglo 21* le había ofrecido que por 5 millones de pesos pondría el periódico al servicio de su campaña. "Tengo más de quince años de funcionario en la administración pública y nunca me habían tratado de comprar de una manera tan burda como me sucedió ahí con ese señor", comentó el presidente.

Al día siguiente Zepeda confrontó al dueño. A la defensiva, Dau le avisó que asumiría la dirección y le dijo que podía marcharse si no estaba de acuerdo.

Zepeda se tomó su tiempo. Seis meses después, en abril, renunció a *Siglo 21*. Mientras, se dedicó discretamente a reunir dinero y comprar una imprenta. El primero de agosto de 1997, doscientos treinta y cinco de los doscientos cincuenta miembros del personal de *Siglo 21* renunciaron a este diario y se fueron a trabajar con Zepeda en un nuevo periódico, *Público*.

Público, que comenzó con una sólida circulación de 22 mil ejemplares, era una cooperativa. A causa de la experiencia del personal, arrancó como un mejor periódico que su predecesor.

Pero cuando aún estaba en su primer año, enfrentó el más severo e irónico reto de todos. Alejandro Junco decidió abrir un periódico del estilo de *Reforma*, en Guadalajara. Los diarios de Zepeda le habían demostrado que existía demanda para el tipo de periodismo que él ejercía en la segunda ciudad más grande del país. Zepeda sabía cómo competir con la vieja escuela. ¿Pero cómo batiría a un periódico con bolsillos mucho más llenos que ofrecía la misma clase de periodismo que él quería que *Público* hiciera?

Para proteger a su personal, decidió vender el control de *Público* a una cadena nacional de medios de información cuyo periódico principal competía con *El Norte* de Junco en Monterrey. Pero Zepeda pronto chocó con lo que consideraba un estilo administrativo impersonal. En febrero de 1999 renunció a *Público* y se fue de Guadalajara.

Durante un tiempo trabajó en *El Universal* en la ciudad de México. Pero la experiencia de Guadalajara no se perdió. Pronto creó una nueva revista dominical para ese periódico, la cual logró tanto periodismo independiente como estabilidad comercial.

El presidente Zedillo desconfiaba de los medios de información, pero intervenía poco en la prensa. Sin embargo, ejerció más directamente su influencia en Televisa, que reconocía como parte más integral de la estructura del poder.

En 1997 el Tigre Azcárraga entró en la etapa terminal del cáncer que padecía. La pregunta de quién asumiría la conducción de su imperio, entonces un conglomerado de 9 mil millones de dólares, cobró enorme importancia. Azcárraga estaba indeciso: nombró a su hijo, Emilio Azcárraga Jean, de 29 años, como presidente, pero a Guillermo Cañedo White, joven ejecutivo de otra familia, presidente del consejo de administración. Fue una fórmula de conflicto, la cual hizo erupción aún en vida del Tigre.

El 4 de marzo de 1997, los principales contendientes por el control del consorcio fueron a Los Pinos a conferenciar con Zedillo: Emilio Azcárraga Jean, Guillermo Cañedo White y su hermano José Antonio, también alto ejecutivo del conglomerado, y Miguel Alemán Velasco, uno de los principales accionistas de Televisa. Los cuatro informaron a Zedillo que habían acordado actuar como una unidad colectiva ante el gobierno en el futuro. Pero el presidente no aceptó eso, y se volvió hacia el joven Azcárraga. "Emilio, tu papá me pidió que te ayudara y te cuidara", le dijo. "Entre el gobierno y la familia Azcárraga siempre ha habido un pacto, comenzando por tu abuelo y pasando a tu padre, y ahora tú tienes la responsabilidad. Pero la situación ha cambiado, y debemos ajustarnos a la nueva realidad."

"Emilio, los asuntos de Televisa los vamos a ver tú y yo directamente, eso debe de quedar claro", dijo. Rechazó la propuesta que traía el grupo de formar un comité ejecutivo, y alentó a Alemán a vender sus acciones. Dijo que no le quedaba claro qué intereses representaban los hermanos Cañedo, dejándolos desconcertados. Al final todos acordaron que en adelante el presidente trataría sólo con el joven Emilio.[30]

Tras la muerte del Tigre, el 16 de abril de 1997, su aparentemente inexperto hijo sorprendió a todos al modernizar la administración de la compañía y librar una serie de batallas, al más auténtico estilo de su padre, para conseguir el control indisputable sobre su imperio. Las ventajas de tener a Zedillo de su lado saltaron a la vista. La familia Alemán vendió sus acciones de Televisa. Los Cañedo pugnaron por quedarse (llegando hasta los golpes en una reunión del consejo), pero se vieron aislados y amenazados. Guillermo se exilió un año.

Azcárraga Jean retiró a Zabludovsky del horario estelar y dio un enfoque más equilibrado a los noticieros. Pronto el exmonopolio obtenía más altas calificaciones de imparcialidad que TV Azteca. Aun así, Azcárraga Jean dejó en claro que él y Televisa seguían siendo leales a Zedillo.

Ricardo Rocha pagó el precio. En la reunión de marzo de 1997 Zedillo se había quejado con Azcárraga Jean de que Rocha era muy duro con el gobierno. Cuando Rocha fue considerado para remplazar a Zabludovsky, el secretario de Gobernación de Zedillo intervino para vetarlo.[31]

Sin embargo, Rocha siguió irritando al gobierno con incómodos documentales en su programa de fin de semana. En diciembre de 1997 transmitió un reportaje sobre los Altos de Chiapas, para el que usó película sin editar a fin de exhibir las explosivas tensiones entre los zapatistas y bandas progubernamentales, advirtiendo del riesgo de derramamiento de sangre. Tres semanas después, asesinos progubernamentales masacraron a cuarenta y siete pobladores de la zona mientras éstos rezaban en una modesta capilla. Televisa respondió reduciendo la duración del programa de Rocha, desplazando su transmisión a una hora más tardía y auditando sus cuentas.

En abril de 1998 Rocha preparó un documental sobre las secuelas de la matanza de Aguas Blancas; dos años después de haber proyectado su extraordinario reportaje sobre el tema. En él expondría el fracaso del gobierno de Zedillo en la impartición de justicia en el asunto. El exgobernador Rubén Figueroa seguía en libertad, y Rocha descubrió que muchos de los policías condenados ya habían salido de la cárcel.

Justo media hora antes de que el programa saliera al aire, un emisario de Azcárraga Jean llegó al estudio de Rocha y tomó la videocinta maestra de su programa, que se llevó consigo. Sin programa por transmitir, Rocha leyó las noticias en cinco minutos e inmediatamente después comenzó un programa deportivo.

Rocha se presentó ante Azcárraga Jean y Alejandro Burillo, quien había defendido el primer video sobre Aguas Blancas. "Me voy, pero no rompo", les dijo. Seguía agradecido con el Tigre por su carrera en Televisa, afirmó, y no pretendía reñir con la televisora. Así, formó una agencia de noticias, con servicios de televisión, radio y prensa escrita. Levantar la empresa fue muy laborioso, pero Rocha jamás habló mal de Televisa.

Hubo frecuentes luchas de poder entre periodistas a fines de los años noventa, cuando grandes egos que durante décadas se habían mantenido unidos tras la causa de mayor libertad comenzaron a chocar una vez que ésta estaba a la vista. El periodismo había sido en gran medida una profesión pobre, pero ahora había dinero por ganar, y los nuevos líderes de la profesión peleaban por utilidades y control de instituciones.

Aun así, el país estaba maduro para el surgimiento de un nuevo tipo de político de oposición con habilidad para tratar con los medios de información, que entendiera que la prensa ya no era súbdita del Estado sino que, con campañas acertadas, podía ser utilizada en su contra. Un político, por ejemplo, como Vicente Fox.

CHIAPAS

En los últimos años del sexenio de Zedillo, el levantamiento de los zapatistas había dejado de ser una gran noticia en México. La sublevación armada de los indígenas encapuchados que había sacudido al país el año nuevo de 1994 —interrumpiendo la fiesta con mariachi del presidente Salinas para celebrar la entrada en vigor del Tratado de Libre Comercio de América del Norte— parecía haber decaído en una serie de broncas locales entre las comunidades indígenas de Chiapas. La lucha de los zapatistas por la justicia para los pueblos indígenas de México seguía atrayendo simpatía en toda la nación. Pero en las elecciones federales de 1997, zapatistas con pasamontañas perturbaron la votación en las casillas, quemaron boletas e incluso agredieron a algunos votantes. Aunque el subcomandante Marcos era admirado hasta la adulación por la izquierda tanto de México como del extranjero, las tácticas de su movimiento en la elección parecieron discordantes con el progreso hacia la democracia en el resto del país.

Pero el Ejército Zapatista de Liberación Nacional (EZLN) no estaba tan alejado de la tendencia general como parecía. En sus comunidades, en tórridas cañadas de la selva y en gélidos caseríos en las tierras altas, los seguidores de los zapatistas estaban inmersos en un experimento democrático propio. Éste no se centraba en avanzar la representación electoral. Inspirados más bien por el radicalismo agrario de Emiliano Zapata, las enseñanzas del socialismo cristiano de la Iglesia católica en Chiapas y la doctrina antiglobalista sui géneris de Marcos, los zapatistas emprendieron un programa utópico de autodeterminación indígena con la intención de crear un enclave de gobierno popular dentro del Estado autoritario.

La búsqueda de autonomía indígena de los zapatistas era poco comprendida fuera de Chiapas. La prensa nacional y extranjera (incluido *The New York Times*, lo admitimos) dirigió su atención a la seductora figura de Marcos, el comandante guerrillero de pipa y desgastado traje de faena, el mestizo entre indígenas, el antiguo profesor universitario que renunció a las comodidades de la academia urbana para unirse a una organización revolucionaria clandestina en la selva. La prensa también siguió el ferviente movimiento de solidaridad prozapatista que surgió en Estados Unidos y Europa, estimulado, en no poca parte, por las excepcionales habilidades del subcomandante para la comunicación vía Internet. Al mismo tiempo, los zapatistas no siempre hicieron público su experimento de gobierno local. Rodeados y acosados por el ejército, restringieron el acceso a sus comunidades, y sólo permitían la visita de simpatizantes izquierdistas mexicanos y extranjeros que pasaban una meticulosa inspección.

Las comunidades indígenas de Chiapas habían sido, desde hacía mucho tiempo, mundos en sí mismos, excluidas del México caxlán durante siglos de explotación y racismo. En 1994, en Chiapas aún había fincas remotas cuyos dueños ejercían el derecho de pernada, esto es, acostarse con una novia indígena en su noche de bodas antes que el esposo.

Los poblados zapatistas, denominados "municipios autónomos", se erigieron sobre la concepción de los indígenas de vivir aparte tanto en la política como en la fe. Si bien el EZLN tenía un ejército clandestino de hasta un millar de combatientes guerrilleros campesinos, desde los primeros momentos de su sublevación aclaró que no buscaba la lucha armada. Su método de desafío fue establecer sus propios gobiernos municipales alternos con políticas y programas sociales propios y rechazar todo contacto con órganos gubernamentales. Los tzeltales, tzotziles, tojolabales y choles (entre otros) que vivían en los municipios autónomos adoptaron la filosofía política de la "resistencia" a la autoridad del gobierno. A fines de los años noventa existían en Chiapas treinta y ocho municipios zapatistas, los que alojaban aproximadamente diez por ciento de los 700 mil indígenas del estado, aunque con un impacto político en las comunidades indígenas que rebasaba con mucho su tamaño.

El propósito de los zapatistas no fue fundar una nación indígena, sino abrir un espacio a la autodeterminación indígena en el Estado mexicano. En sus municipios llevaban sus propios registros de nacimientos y muertes, y desalentaban a sus seguidores a registrarse con las burocracias oficiales. Suspendieron el pago de impuestos a todos los gobiernos y se negaron a permitir que trabajadores sociales de organismos de salud y bienestar social del gobierno traspasaran lo que consideraban sus límites. Abrieron clínicas de salud, atendidas por médicos voluntarios nacionales y extranjeros y por curanderos locales, y organizaron cooperativas agrícolas y de artesanos que operaban principalmente mediante el trueque regional. En algunos municipios celebraban juicios e instalaron cárceles.[1]

Sus procedimientos para elegir a sus autoridades variaban de un municipio a otro dependiendo de los usos y costumbres locales. En algunas comunidades realizaban elecciones, y daban formal posesión de su puesto a sus alcaldes con el bastón de mando, el símbolo tradicional de autoridad en Chiapas. En otras, se formaban consejos municipales, integrados por líderes que habían ascendido por el sistema tradicional de cargos maya.

La doctrina zapatista exigía a sus líderes comunitarios "mandar obedeciendo" (la expresión que Porfirio Muñoz Ledo usó en la cámara de diputados en 1997); debían gobernar sujetos a la voluntad de la comunidad local. Acumular un historial de servicio honesto era la clave para ascender a un puesto más alto. "Para nosotros nada, para todos todo" era uno de los lemas más reiterados de una organización radicalmente igualitaria y desconfiada de las ganancias materiales individuales. Los municipios zapatistas recogieron las experiencias de los indígenas católicos que habían participado en una amplia red de catequistas organizada en distantes comunidades indígenas en los años setenta y ochenta por el obispo Samuel Ruiz, de San Cristóbal de las Casas.

Los municipios autónomos ofrecieron a los indígenas una experiencia nueva de potenciación, a pesar de las grandes penalidades que soportaron para construirlos. Las mujeres indígenas fueron incorporadas como nunca antes a la vida y liderazgo de las comunidades. El EZLN también logró unir a los indígenas chiapanecos por encima de las divisiones étnicas, pues movilizó por igual a tzeltales, tzotziles y otros grupos en manifestaciones que abarrotaron las calles de San Cristóbal.

Los constantes enfrentamientos en Chiapas entre los zapatistas y el gobierno me llevaron con frecuencia al estado. Convencida de que los municipios zapatistas estaban haciendo una contribución única a la rica historia de las revoluciones de izquierda en América Latina, intenté visitar tantos de ellos como pude. No fue fácil. El ejército los mantenía bajo permanente asedio, así que los zapatistas sospechaban de todos los fuereños que no llegaban en calidad de simpatizantes, en particular de una reportera de The New York Times, *que suponían la voz oficial del imperialismo yanqui. Después de años de negociaciones, logré convencerlos de que me permitieran pasar dos días en un municipio.*

Llamado Roberto Barrios, era un comunidad tzeltal junto a una cascada en medio de palmeras silvestres y árboles de caucho al pie de las montañas del norte de Chiapas. En la entrada del poblado, mujeres zapatistas montaban guardia las veinticuatro horas del día. Un rótulo de madera con letras rojinegras daba la bienvenida a los visitantes a territorio rebelde y al Aguascalientes, su capital política regional. Aunque desarmadas, las vigilantes eran aguerridas; era imposible pasar sin previo permiso de las autoridades zapatistas. El gobierno del EZLN era firme pero no siempre eficiente, e incluso con los documentos apropiados un extraño bien podía esperar un día o más para que se le permitiera entrar en el centro de la villa, a apenas un centenar de metros por el camino, mientras las autoridades solicitaban por radio instrucciones de la comandancia, al parecer oculta en las cañadas lacandonas.

Lo que distinguía más claramente a Roberto Barrios de las comunidades vecinas no zapatistas era que tenía dos escuelas primarias: una del gobierno y otra zapatista. La escuela autónoma del EZLN era una tosca construcción de tabique a medio terminar; sus ventanas no tenían vidrios, y el techo de lámina esparcía en los salones el sofocante calor del sol. Cada aula tenía apenas un pizarrón y unos cuantos gises. Algunas tenían sillas y mesas para los niños; los estudiantes de cursos inferiores se sentaban en el suelo. Cada alumno tenía un cuaderno y un lápiz, pero no había indicios de otros materiales. Un maestro, de nombre Israel (todos los profesores suprimían sus apellidos), daba una clase de historia prehispánica al grupo de alumnos mayores, quizá de sexto año. Hablaba en tzeltal, pero había escrito "olmecas" y "mayas" en el pizarrón en español, y después una lista:

> *elaboraron cabezas colosales de piedra*
> *utilizaron una numeración vigesimal con cero*
> *construyeron centros ceremoniales como Palenque*

293

Israel procuraba persuadir a sus escépticos alumnos de que Palenque, ya una ciudad importante en la región, había sido fundada por sus antepasados.

En un salón de niños más pequeños, una maestra, Ana, también tzeltal, enseñaba el abecedario del español. Una niña de ojos redondos, Erica, era sordomuda. La maestra le enseñaba a señalar las letras en el pizarrón, y Erica leía los labios de sus compañeros mientras las pronunciaban; era evidentemente una de las alumnas más atentas del salón.

Los últimos diez minutos de la clase de Ana se dedicaron a la "integración", curso en el que los maestros aplicaban las enseñanzas zapatistas a las realidades de la comunidad. Ana trató de interesar a los niños en una conversación sobre la escasez de tierra agrícola, planteando que los padres indígenas debían exigir más tierra al "mal gobierno", pero los niños estaban demasiado intranquilos para escuchar. De buena gana, Ana procedió a entonar algunas estrofas del himno zapatista, que los niños cantaron con brío.

Un arrugado folleto zapatista explicaba más detalladamente los propósitos de los maestros:

1. No queremos escuelas que castigan a los alumnos por faltar a clases.
2. No queremos escuelas que golpean o maltratan a los alumnos.
3. No queremos escuelas con maestros corruptos que nos obliguen a pagar para obtener una calificación aprobatoria.

1. Queremos escuelas que respetan la lengua y cultura indígenas.
2. Queremos escuelas felices, llenas de canciones y teatro.
3. Queremos escuelas donde aprendamos cosas útiles para los indígenas.

Después de clases, un grupo de maestros —los zapatistas les llamaban "promotores", para evitar el jerárquico nombre de "profesores"— se reunió para explicar su labor. Enseñaban en Roberto Barrios, dijeron, por órdenes del EZLN. Trataban de crear una escuela muy diferente de aquellas a las que sus padres habían asistido, donde a los niños indígenas se les impedía entrar a clases si no llevaban uniforme (que sus pobres padres difícilmente podían comprar) o si llegaban tarde después de haber trabajado en el campo a temprana hora. Una promotora de nombre Rosa dijo que para los niños era un cambio muy importante hablar y leer en su propia lengua.

"No pintamos otro mundo aquí", terció Benjamín. "Aquí pintamos la realidad de nuestro mundo, cómo vivimos y qué hacemos."[2]

Por detrás de su idealismo, los maestros aludieron a algunos problemas. No eran remunerados por el EZLN, sino que vivían de donaciones de alimentos de los padres de familia de la escuela y de la ayuda de los grupos de solidaridad extranjeros, todo lo cual se estaba reduciendo. La construcción de la escuela se había detenido porque los voluntarios de la comunidad que trabajaban en ella ya no tenían tiempo ni materiales. La escuela había iniciado con ciento cincuenta alumnos, pero la matrícula habían bajado a ciento treinta y seguía disminuyendo. Aunque muchos padres decían preferir el plan de estudios zapatista, les preocupaba que los niños de las escuelas autónomas no obtenían certificados de la Secretaría de Educación que indicaran los grados que habían cursado.

La visita me permitió observar que Roberto Barrios era un municipio dividido. Los zapatistas eran mayoría, pero un número importante de familias apoyaba activamente al PRI y a la escuela del gobierno. El recién pintado edificio que albergaba a ésta se levantaba al otro lado de la plaza central, con vidrios en las ventanas, pizarrones en las paredes, libros de texto en los estantes y un generador de energía para las luces. Los maestros no eran de la localidad, sino que pasaban ahí la semana y volvían a su hogar, en otra parte, los fines de semana. Durante el recreo, el día en que estuve ahí, organizaron a los estudiantes en grupos en el patio y los hicieron marchar en formación militar de un lado a otro portando la bandera nacional y jurando lealtad a la nación.

Julia Preston

Cuando los zapatistas irrumpieron por primera vez desde la selva y tomaron media docena de pueblos en los Altos de Chiapas, apenas mencionaron la causa indígena. En la "Primera declaración de la Selva Lacandona", emitida en las primeras horas del levantamiento, el alto mando del EZLN declaró la guerra a la "dictadura" de Carlos Salinas de Gortari y llamó a sus combatientes a "avanzar hacia la capital del país venciendo al ejército federal" en nombre de los oprimidos. Incluso en esa etapa, sin embargo, los zapatistas no demandaron la destrucción del orden establecido por la Constitución de 1917, sino sólo la recuperación de sus orígenes revolucionarios mediante la instauración de un gobierno "libre y democrático" para todos los mexicanos.[3]

Al cabo de unos días, tras el contrataque del ejército y el aumento de bajas rebeldes, el subcomandante Marcos se dio cuenta de que su fuerza estaba siendo desangrada. Salinas también resentía daños a su imagen, y ambas partes optaron por un paralelo cese unilateral del fuego apenas doce días después de iniciadas las hostilidades. Marcos comenzó a reconsiderar sus planes.

La defensa de la causa indígena aún no sobresalía en la "Segunda declaración de la Selva Lacandona" del EZLN, de junio de 1994, pero otras ideas evolucionaban. "Esta revolución no concluirá en una nueva clase, fracción de clase o grupo en el poder —establecía el documento—, sino con un 'espacio' libre y democrático de lucha política [...] que nacerá sobre el cadáver maloliente del sistema del partido de Estado y del presidencialismo." Los comandantes informaron que habían realizado un referéndum entre sus filas, "ejercicio democrático sin precedentes dentro de una organización armada", en el que los militantes habían votado por rechazar el ofrecimiento gubernamental de paz presentado por el negociador, Manuel Camacho. Revelaron, asimismo, la filosofía de su resistencia. "Nada aceptaremos que venga del corazón podrido del mal gobierno —dijeron—, ni una moneda sola ni un medicamento [...] ni un grano de alimento ni una migaja de las limosnas que ofrece a cambio de nuestro digno caminar."

En diciembre de 1994, en una nueva declaración emitida cuando Zedillo asumía el poder en la ciudad de México, los zapatistas comenzaron a describirse como "una rebelión indígena de Chiapas". Restaron importancia a las tácticas militares y acentuaron la de formar una nueva fuerza de oposición, la sociedad civil. Anunciaron los primeros municipios autónomos, afirmando que pondrían en práctica en tres docenas de poblados chiapanecos bajo su control las ideas que enarbolaban en favor de un gobierno más justo e igualitario para los indígenas.

Dos meses después, en febrero de 1995, Zedillo, en un afán por afianzar su control en medio de la crisis económica, giró órdenes de aprehensión contra Marcos y otros altos comandantes zapatistas y envió al ejército a buscarlos en las cañadas de la Selva Lacandona. El 9 de febrero reveló, en una transmisión nacional por televisión, que Marcos, según los servicios de inteligencia del gobierno, se llamaba Rafael Sebastián Guillén Vicente, era mexicano pero no indígena y había sido profesor de comunicación en la Universidad Autónoma Metropolitana en el Distrito Federal antes de perderse de vista en Chiapas. El combate terminó en unos cuantos días, sin la captura de Marcos (ni de ningún otro alto dirigente del EZLN).

La izquierda mexicana no había tenido desde Emiliano Zapata una figura tan atrayente como el subcomandante Marcos. La revelación de su identidad no aminoró su aura. Era un icono viviente: aparecía siempre con una camisa café, pantalones verde olivo, botas de alta montaña y un pasamontañas negro que invariablemente coronaba con una estropeada gorra café. Portaba audífonos inalámbricos para mantenerse en contacto con sus fuerzas. Era un renacentista revolucionario: estratega y teórico de la guerrilla y, al mismo tiempo, maestro de la teatralidad política, ensayista y narrador, e incluso autor de libros para niños. Formulaba muchos de sus textos como diálogos con un escarabajo llamado Don Durito, insecto que tenía una baja opinión de la habilidad política de Marcos, la que expresaba libremente en intercambios en los que éste ponía a prueba su análisis de sucesos de actualidad.

Aunque era evidente que Marcos estaba al mando, mantenía el rango de subcomandante, por debajo de los altos comandantes indígenas, para preservar el principio de mandar obedeciendo. El tiempo demostró que los dirigentes indígenas —Tacho, David, Zebedeo, Esther, Trini, entre otros— ejercían significativa influencia. El EZLN, a pesar del constante acoso del gobierno, conservó su unidad.

Marcos concibió una ideología izquierdista híbrida para el EZLN, que planteaba como la punta de lanza del cambio a la nueva sociedad civil, distante de cualquier partido político y sería a la larga mucho más poderosa. Definió la lucha de los indígenas chiapanecos como parte de un amplio ataque contra la política económica neoliberal, con el EZLN como vanguardia del movimiento internacional contra el libre comercio. Los manifiestos que él redactaba expresaban las metas del EZLN en términos de la búsqueda de la democracia en México.

Pero Marcos menospreciaba, por lo general, las elecciones, y el EZLN condenaba, e incluso agredía, a indígenas que optaban por contender en elecciones locales como candidatos del PRD.

Me inclinaba a simpatizar con el subcomandante a causa de su sentido del humor. Yo había cubierto las guerrillas en América Central en la década de los ochenta. Los comandantes del régimen sandinista en Nicaragua y el frente guerrillero de El Salvador habían sido tipos muy sobrios, y me cansaban sus ampulosos textos marxistas.

Conocí por primera vez a Marcos en octubre de 1995, al reanudarse las conversaciones de paz entre los zapatistas y el gobierno luego de una pausa de un año. El EZLN había accedido a reunirse con un grupo de mediadores, el cual incluía a varios legisladores federales, en un poblado tojolobal al pie de una barranca en la selva. Apropiadamente llamada La Realidad, la comunidad había sido acorralada durante meses por el ejército, así que los lugareños no habían podido vender sus cosechas de café y padecían hambre.

La expectación aumentó a lo largo del día indicado, pero los comandantes del EZLN no aparecieron. Al anochecer, el retumbar de una marcha sobre el camino de terracería anunció la llegada de una columna de muchachas zapatistas, con vestidos de satén y paliacates rojos o negros. Luego de que entraron en fila al poblado, y mientras el sol poniente hacía relucir de ámbar el valle, sobre una loma se asomó Marcos, a caballo, con un rifle de asalto de mango plateado cruzado en su montura y cananas al pecho, flanqueado por otros dos comandantes montados. Esa teatralidad deslumbró a los indígenas que se habían reunido para ver al líder zapatista y brindó a los reporteros gráficos imágenes imponentes.

Marcos dio una conferencia de prensa después de medianoche, a la luz de las velas, sentado a una mesa de madera bajo un frondoso árbol. Me impresionaron la moderación de su discurso y la finura de sus manos, poco típicas de un guerrillero. Describió al EZLN como un ejército renuente a serlo. "Sabemos lo que cuesta levantarse en armas", dijo. "No debió ser necesaria una rebelión armada para que se nos escuchara."

No hizo el menor intento de alardear de su capacidad militar. "Tenemos muchas cosas de las cuales enorgullecernos —aseguró—, pero nuestras armas no están entre ellas." Insistió una y otra vez en que los zapatistas estaban listos para abandonar las armas y firmar un acuerdo de paz; la pregunta no era si, sino cuándo. "No cabe la menor duda de que los zapatistas nos convertiremos en una fuerza política", asentó.

Sin embargo, fue difícil hacerlo detallar pasos específicos que el EZLN estuviera dispuesto a dar en favor del avance de las conversaciones de paz. Fue obvio que no le interesaban las elecciones estatales que estaban próximas a realizarse. "No vamos a votar por alguien que no ha hecho nada por nosostros", dijo.

Julia Preston

Los zapatistas cobraron nuevo ímpetu tras firmar un acuerdo parcial de paz con el gobierno el 16 de febrero de 1996 en San Andrés Larráinzar, Chiapas. En él, ambas partes convinieron en establecer "una nueva relación" entre el Estado y los pueblos indígenas mediante la reforma de la Constitución para otorgar a los indígenas el derecho a la "libre determinación" en un "marco" de "autonomía" que "asegure la unidad nacional". Esta nueva condición concedería a los indígenas el suficiente margen legal para escoger su forma de gobierno municipal y conferiría a sus comunidades una categoría especial dentro de las leyes mexicanas que les permitiría crear nuevas formas colectivas de tenencia de la tierra y asociación política. El acuerdo elevó enormemente la estatura de los zapatistas, estableciéndolos como representantes de todos los pueblos indígenas del país.

Sin embargo, Zedillo pronto decidió que sus negociadores habían llegado demasiado lejos. Paralizó el avance del acuerdo, y para septiembre de 1996 las conversaciones de paz se habían roto. No obstante, los dirigentes zapatistas sorprendieron al gobierno al decidir cumplir de cualquier modo la autonomía prometida en el Acuerdo de San Andrés. El EZLN se empeñó en extender su movimiento de las cañadas a las comunidades de los Altos, con lo que conformó una insurgencia civil opuesta a la autoridad del gobierno en Chiapas, comenzando por los más humildes poblados indígenas.

Gradualmente mi opinión de Marcos cambió. Me llamó la atención un incidente durante la cumbre antiglobalista que organizó el EZLN en agosto de 1996, la Conferencia Intergaláctica. La celebración de encuentros simultáneos en cinco o seis puntos de Chiapas atrajo a simpatizantes de Estados Unidos, Europa y América Latina. La última sesión, en la que todos los participantes coincidieron en La Realidad, se llevó a cabo en un enorme corral, cubierto por treinta centímetros de espeso lodo después de varias semanas de aguaceros. La reunión, para la que estaba programado un discurso de Marcos, se programó a las dos de la tarde, pero a las cinco y media aún no aparecían los comandantes, y el sol intenso calentaba el lodo hasta despedir vapor. Avanzada la tarde, muchos participantes, todos ellos fervorosos seguidores de los zapatistas, no soportaban más el calor y querían retirarse del centro del corral hacia la sombra de las orillas. Pero Marcos y Tacho, comandante indígena, enviaron a guardias zapatistas de seguridad armados con macanas para impedir que la gente abandonara sus asientos, con el argumento de que sería un riesgo de seguridad para los dirigentes del EZLN que hubiera personas en movimiento. Un grupo de alemanes pidió ayuda porque varios se habían desmayado. Sin embargo, los dos comandantes, quienes aparecieron al anochecer, insistieron que su seguridad requería medidas estrictas.

Julia Preston

El afán de erigir su nuevo espacio político desde los pueblos condujo inesperadamente a los zapatistas a una nueva fase de conflicto al chocar con autoridades priístas locales, que casi siempre eran indígenas como ellos. (La mayoría de los terratenientes caxlanes en las zonas indígenas habían huido tras el levantamiento de 1994.) En los poblados mayas la organización política tradicional era, a menudo, más autocrática que la del Estado priísta, pues en ella predominaban caciques indígenas que habían llegado al poder siguiendo las rígidas reglas ceremoniales del ascenso político y maniobrando para asegurar una posición en la máquina clientelar priísta local. El pluralismo era, en gran medida, desconocido en las comunidades, las que tendían a ser homogéneas en lo que se refiere a origen étnico y fe e intolerantes

298

con otros puntos de vista. Mucho antes de la rebelión zapatista, en los Altos de Chiapas había habido una turbulenta historia de comunidades indígenas que expulsaban a miembros que habían intentado convertirse del catolicismo al evangelismo.

Un sitio en el que el conflicto con el EZLN se tornó nocivo fue en los alrededores del municipio zapatista de Polhó, paraje asentado en una empinada ladera en los Altos tzotziles. Este municipio autónomo fue fundado en abril de 1996 por simpatizantes de los zapatistas que habían intentado asumir el control de un municipio más grande, Chenalhó. Tras perder la lucha de poder a manos de los lugareños priístas, los zapatistas se separaron y establecieron un gobierno rival en Polhó, quince kilómetros arriba de la sede del otro municipio por un sinuoso camino.

El resentimiento se profundizó a lo largo de 1997, hasta que ambas partes tomaron las armas. En el segundo semestre de ese año, homicidas reclamaron dieciocho vidas en el municipio de Chenalhó: catorce priístas y cuatro zapatistas, saldo mortal que indicaba que el EZLN era la facción más beligerante. Las autoridades judiciales estatales ignoraron esos asesinatos por considerarlos el tipo de conflicto crónico que cabía esperar de los indígenas. Finalmente, el padre de una de las víctimas priístas decidió tomar rotunda venganza. El 22 de diciembre de 1997 envió a varias docenas de indígenas priístas a Acteal, asentamiento de refugiados a orillas de una barranca. Los residentes no eran militantes del EZLN sino de Las Abejas, una asociación de indígenas católicos comprometidos con la no violencia. Los pistoleros del PRI mataron a cuarenta y cinco personas, entre ellas dos bebés y dieciséis niños, mientras rezaban en la choza que les servía de capilla.

Después de la masacre de Acteal, Zedillo, pese a su apoyo a la reforma democrática nacional, exhibió su lado autoritario en Chiapas. Para ese momento el EZLN ya había demostrado que no se adscribía a la ortodoxia marxista, sino que estaba haciendo lo que ninguna otra organización guerrillera en América Latina: tratar de transformarse gradualmente, por iniciativa propia, en un movimiento civil por los derechos indígenas. Pero Zedillo optó por ignorar esa realidad. Concluyó que Acteal era resultado de la omisión de funcionarios federales y estatales que habían permitido a los municipios zapatistas usurpar su autoridad, y decidió que el remedio era restablecer la soberanía del Estado. Así, despidió a su secretario de Gobernación, Emilio Chuayffet, y lo remplazó por un político más accesible, Francisco Labastida. Optaron por una estrategia doble: tratarían de hacer volver al redil a las comunidades indígenas mediante una enorme inversión de 3,500 millones de dólares en programas sociales para Chiapas, mientras aplastaban a los municipios autónomos zapatistas.

Uno de los municipios sobre los que se abatieron el ejército y la policía federales fue el poblado de Taniperla, a seis horas en jeep por un pedregoso camino. Lo primero que hicieron las tropas al llegar, a mediados de abril de 1998, fue amartillar contra un festivo mural de once metros de largo que los pobladores zapatistas habían terminado de pintar precisamente esa mañana en un costado de un edificio que alojaría a un consejo municipal autónomo recién electo. Las fuerzas gubernamentales abrieron fuego contra el edificio y detuvieron a nueve personas; ninguna era una autoridad zapatista. (Estaba un observador de una organización de derechos humanos de Chiapas y el maestro de pintura del Distrito Federal que había asesorado a los zapatistas en la realización del mural.) Los zapatistas huyeron a los cerros aledaños mientras la facción priísta era reinstalada en la alcaldía, en lo que equivalió a un golpe de Estado en la localidad.

Al mismo tiempo, funcionarios federales desplegaron una campaña de xenofobia en Chiapas, dirigida contra los extranjeros que ayudaban a los zapatistas. Docenas de médicos y otros voluntarios extranjeros que se desempeñaban en los municipios autónomos fueron sumariamente detenidos y deportados, acusados de violar las disposiciones constitucionales que prohíben a los extranjeros participar en política. Los indígenas priístas, alentados por la retórica gubernamental, acosaron y amenazaron a trabajadores sociales estadunidenses.

Los zapatistas, tras comprobar que el gobierno zedillista estaba resuelto a destruir sus formas alternas de autogobierno, optaron por una retirada defensiva. Sus autoridades autónomas se ocultaron, y cerraron los municipios a la mayoría de los visitantes. El odio se extendió entre indígenas priístas y zapatistas. La estrategia del gobierno también impuso nuevas privaciones a los zapatistas que permanecieron en sus municipios. Asediados por el ejército, los pueblos fueron aislados del comercio regional, y el flujo de la ayuda internacional de la solidaridad no fue suficiente para compensar. Dado que los pueblos zapatistas se negaron a pagar impuestos, las autoridades les cortaron la electricidad.

Pero los zapatistas también se impusieron privaciones por sí solos. Expulsaron a trabajadores de Teléfonos de México (TELMEX) que llegaron para tender líneas telefónicas, con el argumento de que el EZLN no contribuiría a las ganancias de una compañía privada. Impidieron que cuadrillas de construcción del gobierno abrieran caminos a través de sus territorios, y rechazaron todos los servicios oficiales de salud, de modo que sus niños se quedaron sin vacunas ni medicamentos y padecieron epidemias de sarampión y paludismo.

Conforme el tiempo transcurría sin ningún acuerdo de paz a la vista, las comunidades zapatistas se aislaron cada vez más. El EZLN comenzó a parecer más un culto político que un movimiento de derechos civiles con aspiraciones nacionales.

Fui a Polhó en octubre de 1998 en busca del alcalde zapatista, Domingo Pérez Paciencia. No era fácil de encontrar. Las autoridades estatales no habían cesado de insinuar que preparaban un ataque contra el municipio, de modo que Pérez iba de un escondite a otro. Para ese momento Polhó, como todos los demás municipios zapatistas, llevaba ya cinco meses bajo un "silencio" general impuesto por el alto mando del EZLN, que impedía a todos sus seguidores hablar con periodistas sin instrucciones precisas de los altos comandantes. En todos los Altos, los zapatistas habían observado rigurosamente esa directiva, lo que revelaba el alto nivel de disciplina dentro del movimiento.

El poblado se tendía a horcajadas sobre empinadas laderas, muy resbalosas por aquellos días a causa del lodo producido por las lluvias de la temporada. Además de la población regular, más de 8 mil refugiados prozapatistas, que habían sido expulsados de poblados priístas vecinos, vivían en rústicas chozas en torno al caserío. El lugar presentaba un aspecto desolado; prácticamente todos los árboles habían sido talados para obtener leña.

Los habitantes de Polhó, como los zapatistas en general, eran civiles. Es muy probable que hubiera una reserva de armas en algún lugar de Polhó, pero, a diferencia de los pistoleros del PRI, los combatientes zapatistas raramente exhibían sus rifles.

En un operativo de guerra psicológica, el ejército había instalado en el camino arriba del poblado una casa de campaña como base, desde donde un general y su tropa vigilaban día y noche sus calles. Helicópteros militares iban y venían estruendosamente de un improvisado helipuerto en las cercanías. Los soldados patrullaban todos los senderos que desembocaban en el pueblo, en los que registraban e interrogaban a los transeúntes.

Una mañana, durante mi visita, un grupo de zapatistas se aventuró en los cerros fuera de Polhó en búsqueda de leña. Los adeptos al PRI de un pueblo vecino los vieron y, alegando que la madera era suya, llamaron al ejército. Los zapatistas también llamaron refuerzos, y la refriega estalló cuando mujeres indígenas de los bandos rivales comenzaron a lanzarse piedras. Los soldados repelieron con bayonetas a los zapatistas, dispararon al aire para dispersarlos. Los zapatistas decidieron por fin retirarse —sin la leña.

A pesar de las presiones, los zapatistas avanzaban en sus proyectos de cambio de las costumbres indígenas. Junto a la entrada de Polhó había varios botes de basura para efectos de reciclamiento. Sobre tejados aquí y allá colgaban paneles solares, cuyo uso era alentado por los zapatistas en sus municipios como fuente independiente de energía eléctrica. Letreros proclamaban la estricta prohibición, aplicada en todas las zonas zapatistas, de bebidas alcohólicas y drogas. Vi a dos jóvenes policías zapatistas conducir a un borracho tambaleante a la cárcel del pueblo. De todas la innovaciones zapatistas, la prohibición del alcohol era quizá el desafío más directo a las costumbres mayas, ya que los tradicionales ritos políticos y religiosos implicaban generosas libaciones alcohólicas. Esta medida era especialmente popular entre las mujeres, las que informaron de una drástica disminución de grescas callejeras y de violencia doméstica.

En una cooperativa de producción y venta de tortillas, la caja y los libros de cuentas, así como la rechinante tortilladora automática, eran manejados por indígenas encapuchadas. Una de ellas explicó que la cooperativa se había formado para suplir a los vendedores de tortillas de fuera, quienes cobraban un alto precio, así como para servir de ejemplo de la nueva participación de las mujeres en el modo de vida zapatista.

Luego de días de espera, por fin pude ver al escurridizo alcalde Pérez, muy brevemente. No respondería a ninguna pregunta. Su propósito en la entrevista relámpago era sólo destacar el hecho de que Polhó había mantenido su combativa resistencia, rechazando toda ayuda gubernamental.

Dondequiera que mirara, veía niños desnutridos y terribles carencias: los resultados más visibles de la perseverancia de los zapatistas. No había comida a la vista en ningún hogar de Polhó, sólo saleros casi vacíos. En una angosta y arbolada vereda fuera del poblado me encontré con dos trabajadores de salud del estado. Me contaron que habían ido a una aldea lejana a llevar medicinas para combatir un brote de paludismo. Aunque vieron a un niño estremecerse de fiebre, las autoridades zapatistas rechazaron las medicinas y les exigieron retirarse.

Un hombre cuya hambre lo instó a hablar fue Juan Pérez Vázquez, líder de un grupo de refugiados que vivía en un cerro a las afueras de Polhó. En una loma arrasada por el sol, los refugiados se reunieron para acompañar la entrevistar con su dirigente. Pérez Vázquez refirió que pistoleros del PRI seguían controlando su pueblo natal, de manera que no había ninguna posibilidad de que regresaran. Pero la vida en Polhó era muy dura: no había tierra para sembrar, dijo, ni agua potable o leña, ni trabajo, ni mercado donde comprar fruta ni dinero para comprarla, ni escuela para los niños mayores, ni zapatos para nadie.

No obstante, se llenaba de orgullo al exponer su apoyo al EZLN. "Somos zapatistas y no tenemos que responder al gobierno", dijo, y quienes lo escuchaban asentían. "Los zapatistas somos indígenas que estamos en resistencia, fuertes, poderosos. Queremos democracia y justicia y libertad." Hizo una pausa y después añadió gravemente: "Aún no sabemos si lo vamos a lograr".

Respaldó el rechazo del EZLN a la ayuda gubernamental. "No aceptamos ayuda del gobierno, porque no hemos ganado todavía nuestra lucha. Antes de que fuéramos zapatistas, cuando pedíamos ayuda el gobierno nos despreciaba y no nos daba nada. Ahora que estamos en resistencia, quiere ayudarnos; pero aun si viviéramos bajo un árbol o en una cueva, no tomaríamos nada del gobierno."

Julia Preston

Después de Acteal, cuando el gobierno de Zedillo comenzó a desmantelar los municipios autónomos, Marcos se obsesionó con la idea de que el ejército planeaba un ataque de gran escala para eliminarlos a él y a la comandancia general zapatista. "Recientemente ha quedado claro que la estrategia del gobierno es rodear al ejército zapatista y sus dirigentes para aislarnos, a fin de que cuando nos ataquen no queden apoyos ni testigos", aseguró. A principios de junio de 1998, luego de un episodio bélico entre pobladores zapatistas y el ejército y tras la renuncia del obispo Ruiz como mediador en las conversaciones de paz, escéptico ya de toda posibilidad de progreso en ellas, Marcos se perdió de vista durante muchos meses. En noviembre, el comandante Tacho y otros comandantes indígenas estuvieron en San Cristóbal un fin de semana para reunirse con los mediadores en la negociaciones de paz para ver si era factible reanudar las conversaciones. Marcos no asistió, pero fue evidente que estaba en estrecha comunicación con los representantes zapatistas. Éstos iniciaron la sesión acusando de racismo a los mediadores, porque las habitaciones que habían dispuesto para los comandantes carecían de colchones cómodos. Los mediadores, entre ellos Carlos Payán, director por muchos años de *La Jornada* y defensor riguroso del zapatismo, se sintieron ofendidos. Los comandantes parecían haber perdido su legendario toque populista.

La última vez que vi a Marcos fue en La Realidad, en agosto de 1999. Era claro que no habría paz con Zedillo, y los zapatistas ya sólo aguardaban el final de su sexenio. Marcos convocó a un reducido grupo de gente del frente de apoyo al EZLN para reflexionar sobre el futuro de éste. Los guardias de seguridad zapatistas desplegados en el evento establecieron una nueva disposición de que ningún periodista podía estar cerca de Marcos mientras pronunciara su discurso. Nos encerraron a mí y a otras dos docenas de reporteros, la mayoría de ellos mexicanos, en una barraca durante toda una tarde mientras Marcos se dirigía a la asamblea. Cuando finalmente nos soltaron, después del discurso, encontramos a Marcos paseando con un séquito de admiradores extranjeros detrás de él. Se negó a hablar con la prensa, pero estaba feliz fotografiándose con unas simpatizantes escandinavas.

Julia Preston

Zedillo intentó derrotar a los zapatistas por desgaste. Impulsó una nueva y selectiva ronda de reforma agraria en Chiapas, concediendo crédito a indígenas no zapatistas para la compra de pequeñas parcelas. Los zapatistas vieron que un torrente de asistencia federal permitía prosperar a otras comunidades indígenas del estado, las que cosechaban así los beneficios de su levantamiento. El largo exilio en la selva de los comandantes y la persecución de sus bases radicalizó a los zapatistas, aislándolos de la nación. Marcos y el EZLN siguieron atrayendo admiradores en otras partes del país y el mundo. Pero a causa de la intransigencia de los líderes de ambos lados, su experimento con la autodeterminación indígena en Chiapas no tuvo mayor resonancia en el resto del país.

LA DEMOCRACIA EN EL TRABAJO

Las celebraciones del día del trabajo el primero de mayo de 1997 fueron representativas del estado de cosas que imperaba en el movimiento obrero oficial.

Fidel Velázquez, el otrora lechero que había controlado durante medio siglo la confederación obrera más grande del PRI, estaba en agonía. Tenía 97 años. Desde principios de los años noventa había permanecido prácticamente ciego y confinado a una silla de ruedas, y apenas si podía hablar. Parecía tan cadavérico que ya en una ocasión su fotografía, ocultos sus nublados ojos detrás de sus característicos lentes oscuros, había aparecido en un cartel antigubernamental fijado en cientos de paredes del Distrito Federal. "¡Éste es el rostro del sistema que quieres cambiar!", decía el cartel.[1]

Don Fidel había sido infalliblemente leal a diez sucesivos presidentes priístas: había reprimido a obreros disidentes, mantenido bajo control las demandas salariales y, en las últimas décadas, hasta tolerado el despido masivo de miles de miembros de la Confederación de Trabajadores de México (CTM).[2] Tras la crisis económica de 1994, mientras la devaluación aniquilaba los ahorros de los trabajadores y don Fidel se hundía cada vez más en la decrepitud, su pasividad no hizo sino profundizarse. Desdeñó llamados a una huelga general y firmó acuerdos con el gobierno en los que se prohibían incrementos salariales superiores a un tope muy por debajo de la inflación, tal como lo había hecho cada año desde 1987.

Pero a pesar de su mala salud, Velázquez siguió al tanto de la posibilidad de violentas protestas. En 1995, y de nueva cuenta en 1996, canceló el tradicional desfile del día del trabajo en la capital del país. En cambio, en cada una de esas festividades obreras apareció junto a Zedillo ante leales trabajadores selectos, inofensivamente congregados bajo techo y protegidos por barricadas policiacas.

En 1997 la CTM anunció, una vez más, que la ceremonia del primero de mayo se realizaría en un recinto cerrado: el Auditorio Nacional. Esta vez, sin embargo, fue evidente de antemano que Velázquez estaba demasiado enfermo para aparecer en público. Por primera vez en 56 años, otro líder obrero tendría que presidir los festejos oficiales del día del trabajo. Obviamente la CTM y el Congreso del Trabajo, el organismo cúpula controlado por el PRI que incluía a varias confederaciones menores aparte de la CTM, necesitaban rejuvenecer. Así, los líderes priístas escogieron a un hombre más joven para que pronunciara el discurso

305

del día del trabajo: Leonardo Rodríguez Alcaine, dirigente del sindicato de electricistas. Tenía 78 años de edad.

Miles de trabajadores petroleros, burócratas y otros obreros sindicalizados fueron transportados en autobuses al auditorio el primero de mayo, y recibieron un día de salario por permanecer sentados durante los discursos. Aun así, tuvieron poca paciencia con Rodríguez Alcaine, de prominente quijada y cabello teñido. Desde el momento mismo en que se dirigió al podio, estallaron rechiflas y abucheos. "¡Ya cállate!", "¡Ya deja dormir!", le gritaban los trabajadores en son de burla.

Zedillo miraba irritado la multiplicación de interrupciones, apretando las mandíbulas. Rodríguez Alcaine apresuró su discurso. Le temblaban las manos y la cara se le había puesto roja. Un nuevo grito insultante recorrió el auditorio: "¡Vete al INEA!" (Instituto Nacional para la Educación de los Adultos). Rodríguez Alcaine admitió por fin el descontento. Tras una respiración profunda, alzó la vista para enfrentar a sus detractores. "¡Ya voy a acabar!", espetó.[3]

Sin saber si Rodríguez Alcaine se refería a su discurso o a su carrera, los trabajadores silbaron aún más estruendosamente.

Pese a que la clase obrera mexicana llegó a fines del siglo XX bajo el mando de endebles burócratas como Rodríguez Alcaine, lo había iniciado con heroicos avances que parecían augurar grandes progresos para los trabajadores.[4] La agitación obrera ya se difundía rápidamente al estallar la revolución en 1910, y trabajadores radicales, inspirados muchos de ellos por los miembros de la Casa del Obrero Mundial (Industrial Workers of the World) de Estados Unidos, concedieron importante apoyo a los ejércitos revolucionarios, más tarde triunfantes.

En el Congreso Constituyente de Querétaro de 1917, los delegados consagraron gran parte del programa político de los trabajadores en el artículo 123 de la Constitución, de cuatro mil palabras, relativo a asuntos laborales y de bienestar social. Ese artículo otorgó protección constitucional al derecho de huelga y a formar sindicatos, recibir salario mínimo y pago de horas extra, trabajar un número limitado de horas en condiciones seguras e incluso al reparto de utilidades. Esas disposiciones hacían más generoso, para los trabajadores, al sistema mexicano, al menos en el papel, que al sistema laboral de Estados Unidos.

La Ley Federal del Trabajo aprobada catorce años después, sin embargo, confirió al Estado revolucionario amplias facultades para controlar a los obreros, a través de una oficina federal (la futura Secretaría del Trabajo) y de una red nacional de juntas laborales nombradas por el presidente, las Juntas de Conciliación y Arbitraje. Un sindicato podía obtener el derecho a representar a los obreros de una planta, por ejemplo, con sólo persuadir a la junta local de conciliación y arbitraje de otorgarle el registro, sin necesidad de obtener para ello los votos de los trabajadores en una elección para el otorgamiento del registro. Desde el principio las juntas laborales se negaron rutinariamente a reconocer a sindicatos que no contaran con el favor del partido y del presidente. Un sindicato deseoso de estallar una huelga tenía que notificarlo con seis a diez días de anticipación, y la ley facultaba a las autoridades a declararla ilegal si la consideraban inconveniente.

De esta manera, el sistema redujo la organización obrera a una serie de confederaciones oficialmente sancionadas, con amplio margen para reprimir a rivales independientes. Un precursor fue Luis N. Morones, mecánico que durante la década de los veinte forjó la Confederación Regional Obrera Mexicana (CROM). Morones era de la opinión de que los líderes sindicales debían explotar sus vínculos con el gobierno, y su propia carrera fue un ejemplo de ello. Durante la presidencia de Plutarco Elías Calles, de 1924 a 1928, dirigió la CROM, al mismo tiempo que fungía como secretario de Industria, Comercio y Trabajo, y utilizaba su puesto en el gabinete para incrementar el número de miembros e influencia de su organización.

Pero concluido el periodo presidencial de Calles, Morones y su confederación cayeron en desgracia. En 1934, al asumir la presidencia, Lázaro Cárdenas convocó a la formación de una nueva confederación obrera nacional que extendiera la base política de su gobierno y contribuyera a la ejecución de su programa social, el cual incluía medidas salariales, y de otro orden, benéficas para los trabajadores. Una convención de dirigentes obreros respondió a su solicitud fundando la CTM. En 1938, Cárdenas reorganizó al partido gobernante, incorporando de manera formal a la CTM en su estructura y convirtiendo al movimiento obrero oficialmente sancionado en uno de los cuatro pilares que lo sustentarían. En los años posteriores, buen número de confederaciones oficialistas menores, en su mayoría regionales, incluida una ya para entonces abatida CROM, fueron absorbidas por el PRI.

A la larga estas organizaciones contuvieron a millones de trabajadores de todos los sectores de la economía, incluso a familias residentes a orillas de tiraderos que obtenían ingresos seleccionando basura. El propio Velázquez organizó, cuando era joven, un sindicato de lecheros, y sus colaboradores procedían de gremios poco calificados, como los de lavatrastes, albañiles y barrenderos. Prácticamente todos los que se ganaban la vida en la calle necesitaban un permiso del gobierno, el cual sólo se otorgaba a quien poseyera una credencial sindical. El PRI organizó de esta forma a toda suerte de trabajadores —desde vendedores de billetes de lotería hasta voceadores, desde mariachis hasta boleros— en sindicatos "charros", como se les llamó. Terminó siendo difícil que un trabajador no perteneciera a alguna de las confederaciones alineadas al gobierno.

Al desaparecer la línea entre las confederaciones obreras y el partido gobernante también se borró la frontera que separaba a la CTM del Estado. Fidel Velázquez asumió la secretaría general de esta confederación en 1941, y la mantendría bajo su control hasta su muerte en 1997. El PRI le garantizó a él o a uno de sus subordinados más cercanos una curul en el senado durante cuarenta y ocho años, de 1940 a 1988, postulándolo y asegurando su elección. El PRI reservaba en el congreso una docena o más de escaños para líderes menores de la CTM y otras confederaciones también integradas a sus filas. Asimismo, a estos dirigentes se les asignaban asientos en cada una de los cientos de juntas laborales municipales, estatales y federales, junto con los representantes de los patrones y de la Secretaría del Trabajo. Dado que las juntas laborales estaban facultadas para determinar qué sindicatos eran válidos y cuáles huelgas eran legítimas, los dirigentes de filiación priísta participantes en ellas podían suprimir legalmente a todos sus rivales.

Para fines de la década de los cuarenta ya había tomado forma el sistema obrero del PRI. Se trataba de un movimiento obrero domesticado cuyos dirigentes disfrutaban de altos puestos en ese partido, gran presencia permanente en el senado y la cámara de diputados y cómodas prebendas en la red nacional de juntas de conciliación y arbitraje. La CTM y otras confederaciones oficialistas brindaban, a su vez, apoyo político al gobierno, pues movilizaban a decenas de miles de trabajadores para que aplaudieran en mítines a sucesivos presidentes y candidatos priístas. En elecciones, la CTM y otras organizaciones obreras pertenecientes al PRI aseguraban millones de votantes y también movilizaban fuerzas en favor del partido oficial en el ámbito de las casillas, ya que se servían de sus miembros como representantes de casilla o dirigentes vecinales priístas y, en áreas de oposición, como vándalos para el robo y destrucción de urnas.

Al mismo tiempo, los sindicatos charros proporcionaban al gobierno un crucial medio de control de los trabajadores, un sistema de cooptación de jóvenes líderes idealistas y de sofocamiento de grupos considerados demasiado izquierdistas o independientes, mediante la amenaza de la pérdida del empleo.

A pesar de su subordinación, el movimiento obrero afiliado al PRI hizo una clara contribución al progreso nacional durante sus primeras décadas. Velázquez y otros dirigentes usaron su influencia con el amplio propósito de elevar el nivel de vida de los trabajadores. Contribuyeron a persuadir a los líderes del PRI de adoptar en México la estrategia de desarrollo común a la mayor parte de América Latina, conocida como sustitución de importaciones. La idea era proteger a los productores nacionales y sus empleados de la competencia extranjera, para lograr una rápida industrialización. Los resultados fueron impresionantes por un tiempo: la economía creció, los salarios se elevaron, el gobierno erigió miles de escuelas y clínicas disponibles para los trabajadores y las empresas crearon millones de empleos urbanos. La proporción de la población mal alimentada, vestida o albergada se redujo drásticamente entre 1940 y 1970.[5]

Sin embargo, el PRI favoreció a los trabajadores sólo cuando le convenía hacerlo. En momentos delicados de industrias clave, sucesivos presidentes no vacilaron en utilizar a la policía o el ejército para aplastar huelgas y encarcelar a líderes independientes. Durante décadas, la ausencia de rendición de cuentas en los sindicatos oficiales alentó la corrupción y el fraude. Al correr el tiempo, Velázquez y otros cada vez más viejos caciques obreros del PRI renunciaron a casi todos sus esfuerzos retóricos por buscar el mejoramiento de las bases, y en cambio utilizaron su menguada energía para mantener su poder y privilegios. Se empeñaron tan obstinadamente como cualquiera dentro del establishment priísta en frustrar las aspiraciones democráticas de los ciudadanos comunes.

Arturo Alcalde conoció mejor que nadie el inframundo del sistema laboral. A mediados de la década de los noventa poseía ya una experiencia de veinticinco años como abogado de trabajadores subasalariados y pequeños sindicatos disidentes. Los obreros que lo buscaban para que les ayudara a formar un sindicato independiente solían sorprenderse al saber que su centro de trabajo ya estaba representado por un sindicato legalmente constituido, dirigido por líderes priístas o meros pillos que habían firmado un contrato complaciente con la dirección patronal pero cuya identidad y dirección se mantenían en secreto, según lo permitía la ley. Así, buena parte de las tareas diarias de organización de trabajadores consistía en ayudar a éstos a librarse de aquellos sindicatos parásitos, proceso conocido como "cancelación del registro", y a obtener el reconocimiento de uno de su elección.

Pero las leyes contenían reglas onerosas que ayudaron a los sindicatos oficialistas a resistir impugnaciones. En elecciones de anulación de registro, por ejemplo, las autoridades tenían permitido forzar a los trabajadores a emitir su voto no en forma secreta en una urna sino en forma oral, a plena vista de los directivos y de los dirigentes sindicales establecidos. Los patrones estaban obligados a despedir a cualquier trabajador que dejara de ser miembro del sindicato. Con base en esta disposición, los líderes sindicales impuestos que enfrentaban demandas de una representación más efectiva en un centro de trabajo podían sencillamente despojar a sus detractores de su pertenencia al sindicato, con lo que los disidentes perdían su empleo.

A lo largo de los años esta táctica se había utilizado repetidamente contra incipientes reformadores de sindicatos, y no sólo en pequeñas fábricas expoliadoras, sino también en las más grandes y modernas plantas del país. En 1985, por ejemplo, luego de que el comité ejecutivo del sindicato, afiliado a la CTM, de una planta fabricante de motores de General Motors (GM) en Coahuila, presentó demandas salariales que la dirección juzgó excesivas, líderes cetemistas de alto rango, en colusión con la dirección de GM, expulsaron del sindicato a los dirigentes locales, con lo que dieron a la compañía una justificación legal para despedirlos en masa.[6]

En el otoño de 1997, justo diez semanas después de que los partidos políticos de oposición habían conseguido el control del congreso, en las elecciones de mitad del sexenio, Alcalde atestiguó que el avance de la democracia electoral no se había traducido en cambios en el ámbito laboral. Los obreros de una planta ubicada a las afueras del Distrito Federal confiaban en que un nuevo sindicato les ayudara a obtener mejores condiciones de seguridad. La fábrica, que producía frenos de disco para camiones, era propiedad de Itapsa, S.A de C.V, filial mexicana de la Echlin Corporation, de Connecticut, Estados Unidos. Los trabajadores sabían que ya estaban representados por la CTM, pero los dirigentes de esta organización no habían hecho nada en respuesta a sus quejas de que se hallaban rutinariamente expuestos al asbesto sin el adecuado equipo de protección. Deseaban afiliarse al Frente Auténtico del Trabajo (FAT).[7]

Mediante la presentación de documentos legales, Alcalde persuadió a la junta local de conciliación y arbitraje de programar elecciones para permitir que los trabajadores de la planta optaran entre la CTM y el FAT. Al aproximarse esas elecciones, la dirección de la compañía despidió a más de veinte trabajadores sospechosos de oponerse al sindicato oficial y realizó una campaña de amenazas e intimidación contra otros. Cuando Alcalde llegó a la planta, el 9 de septiembre de 1997, la mañana de la elección, se topó con que líderes cetemistas y la dirección, en colaboración con la policía local, habían transportado a la planta a cerca de doscientos golpeadores provistos de palos y algunas armas de fuego. Mientras Alcalde y dos colegas del FAT atravesaban la puerta de la fábrica, fueron filmados por camarógrafos de la compañía y rodeados por vándalos que les gritaban amenazas e insultos. En medio del alboroto, Alcalde acudió a los funcionarios gubernamentales de la junta laboral a cargo de la supervisión de la elección para protestar por esas desfavorables condiciones. Los funcionarios ignoraron sus quejas.

Los trabajadores refirieron que, para emitir su voto, tenían que pasar frente a los vándalos vociferantes, pararse en un pequeño salón en medio de un círculo de funcionarios de la CTM y decir en voz alta a qué sindicato preferían ante un funcionario de la junta de conciliación. La experiencia era tan intimidatoria que varios trabajadores lloraron. Cuando un obrero tuvo valor suficiente para votar por el FAT, los provocadores gritaron: "¿Quién es éste? ¡Anoten su nombre!". No es de sorprender que la mayoría de los trabajadores de la planta haya votado por la CTM. Cuatro meses después, golpeadores de la CTM atacaron a cinco obreros de Itapsa que distribuían volantes en los que se describía esa manipulada elección, a los que les pegaron hasta dejarlos inconscientes.

Los presidentes Plutarco Elías Calles y Lázaro Cárdenas fijaron las reglas del sistema laboral con la mira puesta en el control oficialista de los trabajadores. Pero durante la mayor parte del siglo XX, eso implicó un arreglo: aunque se reprimía a los disidentes, al menos en la estrategia nacional de desarrollo se concebía a los obreros no sólo como productores sino también como consumidores de bienes hechos en el país. Sin embargo, dado el casi derrumbe de la economía en los años ochenta, México adoptó una nueva estrategia, basada en atraer inversión extranjera para incrementar la producción de bienes de exportación diseñados para consumidores extranjeros, modelo que ganó solidez con la entrada en vigor del Tratado de Libre Comercio de América del Norte (TLCAN) en 1994. Esa modificación trajo consigo un cambio esencial en la política laboral oficial: en adelante la idea central ya no sería elevar el poder adquisitivo de los trabajadores sino mantener salarios competitivos en comparación con los de la mano de obra barata de otras partes del mundo.

El nuevo sistema económico estimuló la industrialización de remotas zonas del país, y en especial del norte, donde, controlado por el PRI, el movimiento obrero hacía escasos intentos de sindicalización de centros de trabajo. La mayoría de los políticos de todos los partidos, aun los del PAN, que finalmente gobernaron los estados fronterizos de Baja California y Chihuahua, ignoró el previo compromiso del gobierno con la amplia elevación del nivel de vida.

Buena parte de la inversión extranjera se destinó a parques industriales cerca de la frontera con Estados Unidos, donde se financió la construcción de miles de maquiladoras. Una ciudad fronteriza transformada por la profusión de maquiladoras fue Ciudad Acuña, Coahuila, al otro lado del río Bravo de la ciudad estadunidense de Del Río, Texas. Durante casi todo el siglo XX, Ciudad Acuña había sido un soñoliento poblado ribereño de apenas unos cuantos miles de habitantes. El soporte de la economía local eran las cantinas y prostíbulos que atendían a los pilotos estadunidenses de la Base Aérea Laughlin, cerca de Del Río.

Durante décadas una sola familia administró Ciudad Acuña y sus terrenos fronterizos como rancho privado. El patriarca, Jesús María Ramón Cantú, fue en tres ocasiones alcalde priísta del lugar, entre estancias en el senado y la cámara de diputados; entre otras cosas, sus hijos recuerdan sus heroicas borracheras con Lyndon B. Johnson, quien sería presidente de Estados Unidos en los años sesenta y que en ocasiones visitaba la ciudad. Mientras Ramón Cantú acumulaba poder en la región, su familia adquirió vastas extensiones ganaderas junto al río Bravo. A principios de los años setenta, cuando la población de Ciudad Acuña había aumentado a 40 mil personas, el gobierno federal empezó a ofrecer exención de impuestos a compañías que instalaran maquiladoras en la frontera. El hijo mayor de Ramón Cantú, Jesús María Ramón Valdés, convirtió entonces los campos de artemisa de su familia en parques industriales e intentó atraer a compañías extranjeras que los rentaran.

Alcoa, conglomerado fabricante de productos de aluminio con sede en Pittsburgh, fue una de las compañías que aceptaron la invitación. En 1982, año en el que construyó su primera fábrica en Ciudad Acuña, Alcoa producía sistemas eléctricos para automóviles en dos plantas en Mississippi, pero sus competidores asiáticos ya producían componentes más baratos.[8] La compañía descubrió que sus ejecutivos podían vivir en Del Río y administrar plantas en Ciudad Acuña. Esto combinaba las ventajas de la producción barata en el extranjero con la comodidad de los campos de golf, escuelas y agua potable de Texas. En los años ochenta y noventa Alcoa cerró sus instalaciones de autopartes en Mississippi y construyó ocho fábricas en Ciudad Acuña. Esto la convirtió, al final, en la compañía más importante de la localidad. Subsidiarias de muchas otras corporaciones estadunidenses, como General Electric y Allied Signal, también construyeron fábricas ahí.

Dentro de las plantas, como en otros centros de maquiladoras a lo largo de la frontera, las condiciones de trabajo variaban. Algunas de ellas estaban bien organizadas y limpias y eran eficientes. Otras eran fábricas caóticas en las que privaba la explotación. Pero en casi todas ellas se pagaban salarios de subsistencia que condenaban a los trabajadores a vivir en medio de la inmundicia.

La construcción de esas plantas incitó la inmigración masiva, pues miles de campesinos y desempleados se precipitaron a Ciudad Acuña procedentes de todo el país. Muchos de ellos levantaron refugios en terrenos baldíos. Cientos de invasores ocuparon incluso un tramo de vías de ferrocarril y construyeron chozas sobre ellas. Para 2000 la población de esta urbe se había cuadruplicado, pues ascendía ya a 150 mil personas, y aumentaba más rápido que la de cualquier otra ciudad del norte del país.[9] Ciudad Acuña era, sin embargo, una escuálida cuadrícula de calles polvosas y basura en descomposición.

Visité por primera vez Ciudad Acuña a causa de que Javier Villarreal Lozano, historiador de Coahuila residente en la capital de esa entidad, se había referido a ella como un ejemplo de explotación de trabajadores mexicanos por compañías estadunidenses. "Ciudad Acuña es una desgracia", me dijo Villarreal. "Los patrones estadunidenses de hace cien años se habrían avergonzado de estas condiciones. ¿Acaso los trabajadores de Henry Ford vivían en cajas de cartón? No lo habría tolerado."

En mi primer día en Ciudad Acuña, un ingeniero ambiental local me dijo que como el gobierno municipal no ha tendido suficientes tuberías de desagüe para la explosiva población, la mitad de los habitantes defecaba en letrinas instaladas en patios.

Concerté una entrevista con Jesús María Ramón Valdés, el promotor de los parques industriales, quien voló a Ciudad Acuña desde un distante punto del sur en su avión privado. Me trató con cortesía, y se ofreció a enseñarme la ciudad. Mientras atravesábamos una barriada, el hedor de las letrinas llegó hasta la camioneta pickup en la que viajábamos. Notó mi mueca. "Tenemos un problema de olor muy serio", me dijo.

Ramón Valdés había seguido los pasos de su padre. Fue alcalde priísta de Ciudad Acuña a principios de los años ochenta. Se sentía orgulloso de haber atraído a unas sesenta maquiladoras a la ciudad, lo que contribuyó a la fortuna que él y su familia habían acumulado como beneficiarios locales del poder priísta. Estaba igualmente orgulloso de haberse empeñado, desde el principio, en impedir la aparición de cualquier sindicato, aun afiliado al PRI. "Las compañías estadunidenses dijeron que no querían sindicatos, así que siempre me las arreglé para que no hubiera ningún sindicato aquí", me explicó.

Le pregunté cómo le había hecho.

"Nos asociamos con un líder de la CTM en nuestro primer parque industrial", me contó. "Y después les dimos la concesión de las líneas de autobuses de la ciudad. Desde entonces no ha habido un solo sindicato en Ciudad Acuña."[10]

En otra ocasión, me dirigí a un caserío a kilómetro y medio al sur de las plantas de Alcoa. Estacioné mi auto y eché a andar bajo el sofocante calor de verano de la ciudad. En lo alto de una saliente hallé la oxidada carrocería de un autobús escolar, montada sobre unos leños, que parecía la casa de alguien. Toqué a la puerta de metal del autobús y Óscar Chávez Díaz, trabajador de Alcoa, me invitó a conocer la casa que compartía con su esposa, Nelba.

Mantenía apilada su ropa donde había estado el asiento del conductor, y había instalado una estufa y un refrigerador diminutos al otro lado de la cama, cerca de la puerta trasera de emergencia. Había amarrado un aparato de aire acondicionado en una ventana lateral, pero el autobús seguía siendo un horno. Me confió que se bañaba en los escalones delanteros del autobús, a jicarazos.

Le pregunté cuánto ganaba y extendió sus talones de pago sobre la mesa. Indicaban que su salario neto en Alcoa era de 60 dólares por una semana de cuarenta y ocho horas. Dijo que gastaba unos 11 dólares a la semana en agua embotellada. Alrededor de 5 se le iban en la renta del autobús, 20 en la luz y 10 en camiones y taxis. (No tenía auto.) Le quedaba poco para comida y ropa. Nelba, que trabajaba en otra planta de Ciudad Acuña cosiendo vestiduras de piel para Corvettes de Chevrolet, ganaba aproximadamente lo mismo que él. Gastaba alrededor de 40 dólares a la semana en comestibles.

Pensando en la difícil aritmética de su vida, volví a mi habitación en el hotel Ramada Inn, lleno de gerentes estadunidenses, en el lado de Del Río de la frontera. Llamé para darle esas cifras a la doctora Ruth Rosenbaum, economista social establecida en Hartford, Connecticut, que recolectaba datos sobre precios de alimentos y otros productos en once ciudades fronterizas mexicanas para un estudio sobre el poder adquisitivo de los trabajadores mexicanos.[11] Después de realizar algunos cálculos, me llamó.

Óscar, aseguró la doctor Rosenbaum, tenía que trabajar casi una semana sólo para proveer a su hijo, Raúl, de 6 años de edad, de todo lo necesario para la escuela. Trabajaba dieciséis horas para ganar lo suficiente para comprar los tenis más baratos en Ciudad Acuña; doce horas para una mochila; nueve para unos pantalones; tres para una camisa blanca. Eran necesarias cuatro horas de trabajo de Óscar para comprar cuadernos y lápices.

Resultó que el alcalde priísta de Ciudad Acuña, en la época de mi visita, era Eduardo Ramón Valdés, hermano del promotor de parques industriales. Cuando se presentó en el Ramada Inn para una entrevista, me enteré de que el gobierno de la urbe estaba casi tan quebrado como sus habitantes. El presupuesto de Ciudad Acuña para 2000 era de 9 millones de dólares, lo que significaba que el gobierno municipal sólo podría gastar 60 dólares en cada habitante. En contraste, el presupuesto de Del Río, con una población de 45 mil personas, era de 32 millones de dólares, lo que permitía un gasto per cápita de 777, trece veces más alto.[12]

El alcalde reconoció que su gobierno no podía resolver ni remotamente las necesidades de la ciudad. Los camiones del cuerpo de bomberos estaban descompuestos; así, era costumbre que, cuando había incendios, los camiones del cuerpo de bomberos de Del Río atravesaran el puente a Ciudad Acuña haciendo sonar sus sirenas. El hospital local, con sesenta años de antigüedad y cuarenta y cinco camas, al cuidado del Instituto Mexicano del Seguro Social, prestaba los servicios de salud básicos a la mayoría de los obreros, pero estaba en ruinas y sobresaturado. El alcalde me dijo que una de sus tareas más difíciles era satisfacer las angustiosas demandas de las escuelas de la ciudad. "Cada semana recibo una nueva solicitud de los maestros", explicó. "Necesitan ventanas, baños, agua potable. Quieren escritorios. Una bandera. La lista es interminable."

El dilema del gobierno municipal era que el mísero salario de los trabajadores de la ciudad hacía imposible el cobro de impuestos. Si Ciudad Acuña hubiera sido una urbe estadunidense, sus sesenta fábricas habrían generado millones de dólares en ingresos anuales por concepto de impuestos a la propiedad en apoyo a las escuelas, calles y policía locales. Pero el régimen tributario de las maquiladoras permitía a las compañías matrices estadunidenses no pagar casi nada a las comunidades que las alojaban. Alcoa, por ejemplo, operaba ocho plantas manufactureras en Ciudad Acuña, lo que la hacía equivalente a un gran consorcio industrial. Sin embargo, no pagaba un solo impuesto sobre la renta, propiedad, activos, importaciones, exportaciones, ventas o al valor agregado. Las demás compañías extranjeras establecidas en Ciudad Acuña disfrutaban de las mismas ventajas fiscales.[13]

Samuel Dillon

313

Los sindicatos priístas no dijeron nada sobre las sórdidas condiciones de trabajo y de vida en la frontera. Su silencio era algo nuevo. Durante los años de rápida industrialización de la posguerra, Fidel Velázquez y los demás líderes obreros del PRI, a pesar de su subordinación política al presidente, habían pugnado con frecuencia por llevar a distritos obreros calles pavimentadas, tuberías de desagüe y construcción de escuelas financiadas por el gobierno. Pero en los años ochenta y noventa, al tiempo que la construcción de maquiladoras prosperaba en el norte del país, los sindicatos priístas guardaron silencio sobre las miserables condiciones en las localidades fronterizas.

Los trabajadores de algunas maquiladoras han intentado organizar sindicatos independientes. En Tijuana, los trabajadores de la planta fabricante de chasís de camiones Han Young, de propiedad coreana, lucharon por el reconocimiento de su organización local, afiliada al FAT. Tuvieron que librar, además, otra batalla con los representantes de un sindicato afiliado al PRI que había firmado un contrato secreto con Han Young.

En Ciudad Acuña, el grupo que trabajó más arduamente para desafiar el statu quo no fue un sindicato, sino el Comité Fronterizo de Obreras, dirigido por Julia Quiñónez, joven madre trabajadora de cabellera oscura e infatigable energía organizativa. Cuando adolescente, Quiñónez había trabajado en varias maquiladoras de Coahuila, que finalmente dejó para estudiar salud pública en una universidad local. Ella y sus compañeras sospechaban de la corrupción y compadrazgo del movimiento obrero oficial, y por lo tanto no hacían ningún esfuerzo por obtener el reconocimiento legal de los sindicatos a los que pertenecían las trabajadoras que ingresaban en el comité. En cambio, Quiñónez las visitaba en sus hogares, en los diversos barrios de Ciudad Acuña y otras urbes fronterizas, y las exhortaba a conocer sus derechos legales y a demandar de sus patrones un trato justo.

Para mediados de la década de los noventa, Quiñónez había organizado gran cantidad de grupos de estudio, los cuales se reunían cada semana en las casas de sus integrantes. Las trabajadoras se sentaban en círculo, leían en voz alta leyes laborales mexicanas, casi a la manera de un grupo de estudio de la Biblia, y discutían formas de mejorar las condiciones en y alrededor de las fábricas. Con el apoyo de dos grupos religiosos estadunidenses propietarios de pequeños montos de acciones de Alcoa,[14] Quiñónez y Juan Tovar, trabajador de Alcoa de 30 años de edad, viajaron en 1996 a Pittsburgh para asistir a la asamblea anual de esa corporación.

Al dirigirse por el micrófono a los accionistas de Alcoa —ejerciendo derechos de accionista—, Tovar puso en evidencia a los altos ejecutivos de la compañía cuando describió con sencillez las condiciones de las plantas de Ciudad Acuña. Informó que los gerentes de Alcoa habían colocado conserjes en las puertas de los baños de las fábricas para restringir a tres piezas el papel higiénico que podían usar los obreros. Narró un incidente en el que más de cien trabajadores de Alcoa habían sido vencidos por gases y llevados a hospitales.

Presidía la convención el director general de Alcoa, el respetado líder de negocios estadunidense Paul O'Neill, quien cinco años después sería nombrado secretario del Tesoro por George W. Bush.

–Nuestras plantas en México son tan limpias que se puede comer en el suelo —insistió O'Neill ante los accionistas congregados.

–Falso —replicó Tovar. Exhibió recortes de periódicos que documentaban sus aseveraciones.

O'Neill reconoció después que muchas de las denuncias de Tovar eran válidas. Ordenó la depuración de las plantas y un aumento salarial, de 25 dólares a la semana, para el trabajador promedio, a 30 dólares.[15]

El Comité Fronterizo de Obreras, naciente grupo de demócratas de origen popular, había conseguido mejoras, al menos temporales, en las condiciones de los trabajadores de Alcoa, pero en los últimos años del siglo había pocas victorias obreras de ese tipo que celebrar en cualquier otra parte del país.

Durante los gobiernos de De la Madrid, Salinas y Zedillo, las federaciones obreras priístas consintieron la sistemática contención de los salarios, con lo que impusieron a los trabajadores una desproporcionada parte de los costos de la modernización económica. En 1980, la compensación promedio por hora de un trabajador manufacturero mexicano equivalía a 22% de la obtenida por un trabajador estadunidense de la misma categoría. Dieciséis años después, en 1996, la compensación promedio del trabajador mexicano había caído a sólo 8% del índice estadunidense. El salario promedio por hora de un obrero estadunidense era de 17.74 dólares, y el de un mexicano de 1.50.[16]

Cada año de la década posterior a 1987, Fidel Velázquez y otros dirigentes del movimiento obrero priísta se aliaron al gobierno y los líderes empresariales en la firma del Pacto, acuerdo formal anual que oficializaba el deterioro del salario. Los líderes obreros afiliados al PRI ayudaron al gobierno a reducir al mínimo las protestas de los trabajadores, pero pagaron un alto precio en credibilidad.

Al morir Velázquez, el 21 de junio de 1997, los únicos trabajadores que asitieron a su velorio en las solitarias oficinas centrales de la CTM en la ciudad de México fueron unas cuantas docenas de obreros automotrices, todos ellos pagados por la confederación para estar ahí. Algunos analistas laborales predijeron que sindicatos independientes más a tono con el ánimo democrático del país pronto podrían arrollar a la CTM. Sin embargo, Leonardo Rodríguez Alcaine tomó las riendas de una confederación charra que estaba un poco como él mismo: debilitada, pero no derrotada. La CTM seguía siendo la mayor agrupación obrera de México, con derechos oficiales de contratación colectiva sobre varios millones de trabajadores en decenas de miles de sindicatos locales.

Algunas personas que soñaban con la reforma pusieron sus esperanzas en la Unión Nacional de Trabajadores (UNT). Su líder era Francisco Hernández Juárez, sagaz político obrero formado en la CTM, que alguna vez fue protegido de don Fidel. La carrera de Hernández Juárez, dirigente del sindicato de telefonistas, prosperó después de que negoció un acuerdo, durante el gobierno de Salinas, para cooperar con la venta, en 1990, de Teléfonos de México al sector privado. Pero en la década de los noventa siguió un camino rebelde, y reunió a su alrededor a un conjunto de líderes sindicales independientes. A fines de 1997, meses después de la muerte de Velázquez, congregó a ciento sesenta federaciones y sindicatos en la formación de la UNT como opción de reforma al movimiento de filiación priísta. Varios sindicatos importantes que anteriormente habían estado con el PRI decidieron integrarse a la nueva confederación, entre ellos los telefonistas y el sindicato del Seguro Social.

Al principio pareció que el Sindicato Nacional de Trabajadores de la Educación, el sindicato más grande de América Latina y el cual había ayudado al PRI a ganar en muchas elecciones, también se uniría a la UNT. Su dirigente, Elba Esther Gordillo, se entrevistó muchas veces durante 1997 con los líderes organizadores de la nueva confederación, pero finalmente el SNTE no se sumó a ella.

Aun así, Gordillo condujo al sindicato de maestros por el camino del pluralismo. No parecía una combatiente, con su rostro fijo en una perpetua sonrisa después de múltiples cirugías faciales y coronado por una esponjada cabellera rojiza escrupulosamente peinada. Pero era una de las personalidades políticas más astutas del país, una pragmática consumada que percibió un cambio de aires en la política mexicana. Se dio cuenta de que un sindicato en proceso de modernización con una amplia base cada vez más cosmopolita ya no podía confinar a sus miembros a un solo partido político; y aunque se mantuvo como dirigente priísta, comprendió que la federación de maestros ya no obtenía fuerza de sus vínculos con el partido oficial. Cortó así el lazo formal de aquélla con el PRI y anunció a sus miembros que en adelante podrían decidir su lealtad política de acuerdo con su preferencia personal.[17]

A fines de los años noventa, nuevas organizaciones obreras, que eran todo menos reformistas, también reclamaban la lealtad de los trabajadores. Muchos patrones que en décadas anteriores habían firmado contratos colectivos con líderes cetemistas, confiando en preservar así buenas relaciones con el PRI, comenzaron a formalizar arreglos con federaciones de nuevo tipo dispuestas a negociar contratos complacientes, garantizar la paz laboral y mantener a las empresas respectivas completamente ajenas a la política.

Los dirigentes de esas federaciones eran, por lo general, abogados que actuaban en calidad de gerentes laborales. Ofrecían a los patrones contratos de protección, acuerdos favorables a la dirección, que resguardaban a las empresas contra cualquier otra posibilidad de sindicalización. Una organización que se extendió rápidamente durante los sexenios de Salinas y Zedillo, por ejemplo, fue la Federación Sindical Coordinadora Nacional de Trabajadores, de tan bajo perfil que pocos mexicanos habían siquiera oído hablar de ella. Su fundador y secretario general era Ramón Gámez Martínez, acaudalado abogado trotamundos cuyas pasiones incluían el coleccionismo de antiguos muebles chinos y de arte popular africano.[18]

Su organización representaba a los más de 10 mil trabajadores de todos los restaurantes McDonald's de México, a los empleados de la mayoría de los miles de cines del país y a los trabajadores de la mayoría de las líneas aéreas extranjeras con operaciones en México, entre ellas United, Northwest, Air Canada, Air France, KLM, British Airways y Aeroflot. En total, Gámez administraba más de dos mil contratos de protección, con derechos legales sobre la contratación colectiva de 350 mil trabajadores de compañías dispersas en los treinta y dos estados de la nación. Dirigía así uno de los más extensos imperios laborales del país, pese a lo cual pocos de los trabajadores a los que representaba sabían quién era, puesto que los contratos eran mantenidos en secreto por el gobierno.

Gámez fue sólo uno de los muchos astutos y apolíticos oportunistas que erigieron feudos sindicales mientras las federaciones priístas declinaban.

A fines de los años noventa, las principales federaciones obreras oficialistas del país estaban completamente desacreditadas, dirigidas por octogenarios achacosos y frente a desafíos de rivales de todo tipo. El PRI ya no extraía poder de un movimiento obrero que había sido uno de sus pilares principales.

LA CAMPAÑA POR EL CAMBIO

En los últimos años del milenio muchos hechos —grandes y pequeños— señalaban el fin de una época. Los grandes hombres del México del siglo XX y de su sistema de partido único estaban muriendo. Emilio Azcárraga Milmo, el barón de la comunicación que dirigía el mayor imperio de medios de información de América Latina, el fiel partidario del PRI que se decía "soldado del presidente", murió en 1997. Meses después falleció Fidel Velázquez, el perdurable líder obrero que vio pasar a diez presidentes; uno de los pocos hombres influyentes en la operación del sistema aún más que Azcárraga. Al año siguiente murió Octavio Paz, el poeta que alternativamente había escarnecido y cortejado al PRI, su "ogro filantrópico".

Los patrones de la vida cotidiana estaban cambiando. Los hombres de negocios abandonaban su tradicional comida con tequila, de tres horas de duración, y el puro de Veracruz y el juego de dominó que a menudo le seguían. Ahora jóvenes ejecutivos engullían un sandwich en su escritorio y lo acompañaban con una coca-cola light. Las agridulces celebraciones del día de muertos del 2 de noviembre daban paso a los recorridos puerta a puerta de Halloween.

Muchos jóvenes preferían el futbol a los toros, y grupos defensores de los derechos de los animales protestaban con regularidad fuera de las plazas de toros. El sombrero de ala ancha había dado paso, entre los hombres de campo, al Stetson texano y, en obras en construcción, a la gorra de beisbol. En algunos salones de baile parejas mayores aún se deleitaban con los elegantes pasos del danzón, pero la mayoría de las parejas movía la cadera al son de la cumbia y el merengue.

Sólo la tercera parte de la población del país tenía líneas telefónicas fijas, porque Teléfonos de México (TELMEX) había extendido lentamente el servicio doméstico a zonas rurales a precios accesibles.[1] No obstante, en los años noventa las compañías privadas de telecomunicaciones gastaron varios miles de millones de dólares en el tendido de líneas de fibra óptica en todo el país y en la instalación de antenas de telefonía celular. Así, los restaurantes de lujo se convirtieron en una cacofonía de pitidos y zumbidos, y el Periférico se llenó de BMW conducidos por ricos con teléfono celular al oído.

México se libró de su mala fama de rezago industrial. Tenía sus propias trasnacionales, como CEMEX, la compañía fabricante de cemento con sede en Monterrey, que ya había ampliado sus operaciones a veintitrés países y era admirada por su eficiencia de clase mundial.[2] Compañías nacionales producían semillas de alto rendimiento con métodos de bioingeniería para la agricultura, y las plantas de montaje de automóviles y computadoras de propiedad extranjera asentadas en el país se contaban entre las instalaciones manufactureras más eficientes y tecnológicamente avanzadas del mundo.[3]

El cambio estaba en el aire, aun en sentido literal.[4] Desde los años sesenta la población del Distrito Federal se había asfixiado con esmog, y en 1992 la Organización de las Naciones Unidas había calificado el aire de esa urbe como el peor del mundo. Sin embargo, la gasolina sin plomo, los convertidores catalíticos y la verificación obligatoria del bajo nivel contaminante de los automóviles mejoraban poco a poco la calidad de la atmósfera. En días buenos, los capitalinos podían incluso mirar al oriente y ver los volcanes Popocatépetl e Iztaccíhuatl, ocultos durante décadas detrás de una sucia niebla amarilla; sus majestuosos picos cubiertos de nieve resplandecían ahora ocasionalmente en el horizonte.

México estaba cambiando porque los mexicanos también lo estaban haciendo. En 1929, año en que se fundó el sistema político autoritario, la población del país era de apenas 16 millones de personas. Durante las cuatro décadas de desarrollo posteriores, la población se triplicó, pues aumentó a 48 millones de personas en 1970. Las campañas de control de la natalidad produjo después un desplome en la tasa de fertilidad. En 1965 las mujeres tenían siete hijos en promedio; en los años noventa, sólo tres.[5] Con familias más pequeñas de las que hacerse cargo, la gente gastaba más en la educación de sus hijos, y las mujeres trabajaban o pasaban más tiempo fuera del hogar. La esperanza de vida aumentó de 61 a 70 años para los hombres y de 65 a 75 para las mujeres. La tasa de mortalidad infantil se redujo de 31 a 22 defunciones por cada mil niños nacidos vivos en sólo siete años, durante la década de los noventa, pese a la crisis económica.[6] En esos mismos años la matrícula universitaria aumentó 42 por ciento.

Aun con una menor tasa de crecimiento, la población siguió aumentando, y superó el doble entre 1970 y fines de siglo, pues pasó de 48 a 97 millones de personas.

Uno de los rasgos distintivos de la vida en México durante sesenta años, la migración del campo a la ciudad, persistió. Pero ahora los migrantes ya no se establecían en el Distrito Federal, donde ya no había cabida para ellos, sino en las localidades antes adormecidas situadas a muchos kilómetros de la capital. Los demógrafos proyectaban que en las primeras décadas del siglo XXI la megalópolis se extendería en un radio de 150 kilómetros en torno al centro de la ciudad y contendría unos 50 millones de personas.

Desarraigada por las crisis económicas de los años ochenta y noventa, la gente también migraba por nuevas rutas. Campesinos fluían al norte desde estados como Veracruz y Durango a los parques industriales que proliferaron en la frontera. Los oaxaqueños dejaban sus poblados indígenas para cada año viajar a la cosecha de chiles en Sinaloa y Sonora. Desempleados de Chiapas y Guerrero se dirigían a nuevas urbanizaciones costeras cerca de Cancún y Los Cabos. Una franja de prósperos estados centrales como Querétaro y Aguascalientes atraían a cientos de industrias y miles de nuevos trabajadores de todo el país.

En la ciudad de México y muchas capitales regionales —como Monterrey, Querétaro y Aguascalientes—, la suciedad urbana se combinaba con elegantes enclaves profesionales. Nuevos graduados universitarios administraban despachos de arquitectos, compañías de acceso a Internet, distribuidoras de automóviles, videoclubes y centros médicos.

Tan intensa era la sensación de transformación inminente que incluso muchos empresarios, que habían acumulado fortunas a la sombra del sistema priísta, comenzaron a reconocer en privado que no estaría mal que el PRI perdiera la presidencia. Nadie siguió más de cerca este cambio que Lino Korrodi, el recolector de fondos de Vicente Fox.[7]

Íntimo amigo de Fox desde los días de Coca-Cola, Korrodi había colaborado con él en sus dos campañas por la gubernatura de Guanajuato. En la primera de ellas, en 1991, pedir dinero para un candidato de oposición había sido una angustiosa experiencia. Algunos directivos de las doce compañías embotelladoras de Coca-Cola en el país —cuates tanto de Fox como de Korrodi— habían prestado ayuda en secreto. Pero aquéllos eran los años de esplendor del sexenio de Salinas, y ningún otro empresario devolvió siquiera las llamadas de Korrodi, ni siquiera los fabricantes de zapatos y empacadores de verduras de Guanajuato que conocían bien a Fox y su familia. "Hubo un rechazo total", recordó Korrodi.

En la campaña de Fox de 1995, algunos hombres de negocios fueron más receptivos; para entonces Salinas ya había caído en desgracia, y algunos atrevidos empresarios estaban tan indignados por la devaluación del peso que accedieron a reunirse con Fox.[8]

Pero el verdadero cambio ocurrió luego de que Fox anunciara su candidatura presidencial, en julio de 1997. Para su sorpresa, Korrodi descubrió entonces que muchos grandes empresarios no sólo devolvían sus llamadas, sino que además expresaban abiertamente su insatisfacción con el PRI. Se quejaban de deudas acumuladas durante la crisis económica de 1995-1996. Querían que sus contactos con Fox y Korrodi se mantuvieran en secreto, y muchos dijeron que al menos en público seguirían apoyando al PRI. Por primera vez en la historia, sin embargo, los hombres más ricos del país hicieron importantes aportaciones a un candidato presidencial de oposición.[9] Éste fue un movimiento tectónico en la relación entre la clase empresarial y el partido gobernante.

"La crisis fue un parteaguas", señala Korrodi. "El gobierno perdió toda su credibilidad, y los empresarios sabían que eso no podría seguirse sosteniendo."

Para entonces, los hombres más ricos del país ansiaban reunirse con Fox. La historia de algunos de los nuevos partidarios de éste entre la clase empresarial hacía comprensible su apoyo. Manuel Espinosa Yglesias, por ejemplo, había sido director del Banco de Comercio hasta su nacionalización en 1982 por López Portillo, y aún estaba enfadado con el PRI. Alfonso Romo Garza, industrial con raíces en la clase media, había amasado una fortuna de 2 mil millones de dólares en biotecnología y otras industrias, pero seguía siendo un extraño para la aristocracia nacional.[10]

Otros grandes empresarios que entonces hicieron aportaciones para la campaña de Fox eran jóvenes cuyos mayores jamás se habían atrevido a financiar a la oposición, pero ha-

321

bían llegado a la mayoría de edad en los años ochenta y noventa, cuando ya no era inconcebible que algún día gobernara un partido de oposición.

Aun así, la disposición de algunos plutócratas para respaldar a Fox constituyó una sorpresa enorme, porque hasta apenas pocos años antes habían buscado abiertamente el favor del PRI. Aún estaba fresca en la memoria la cena de 1993 en la que este partido había "pasado la charola". Roberto Hernández, el multimillonario director de BANAMEX, organizó entonces una cena privada a la que asistieron el presidente Salinas; Carlos Slim, quien se había convertido en el hombre más rico del país tras la compra de TELMEX al gobierno; Emilio Azcárraga Milmo, de Televisa; Lorenzo Zambrano, de CEMEX, y unos veinticinco magnates más. Salinas y sus colaboradores les explicaron a los millonarios ahí presentes que el partido oficial necesitaba fondos de campaña por al menos 500 millones de dólares. Hubo algunas corteses resistencias, pero el grupo finalmente aceptó que cada uno de sus miembros aportara un promedio de 25 millones de dólares. Esta cena se convirtió en un legendario ejemplo de la gratitud de los millonarios al PRI, y de su temor a una victoria de la oposición.[11]

Pero en 1997 y 1998, cuando la campaña presidencial de Fox cobraba impulso, Korrodi se encontró con que muchos de los asistentes a la cena de 1993 del PRI accedían a girar cheques para la campaña foxista. Uno de ellos fue Roberto Hernández. Otros, Lorenzo Zambrano y Carlos Slim.

Prácticamente todos los magnates que realizaron aportaciones a Fox le hicieron saber a Korrodi que deseaban que tanto aquéllas como sus reuniones con el candidato se mantuvieran en secreto. Además, que su decisión de apoyar a Fox de ninguna manera significaba que no pudieran girar también cheques a favor del PRI. Korrodi estaba seguro de que la mayoría de ellos protegía sus apuestas y respaldaban al mismo tiempo a Fox y al antiguo sistema. De cualquier forma, el apoyo financiero a Fox destruyó el prolongado monopolio priísta de campañas eficaces.

¿Por qué los plutócratas estaban dispuestos a respaldar a Fox, cuando durante medio siglo ningún miembro de su clase había proporcionado importantes sumas de dinero a un candidato presidencial de oposición?[12]

Korrodi sintió que, al igual que millones de ciudadanos más, muchos empresarios creían que había llegado el momento de crear un nuevo sistema. En un folleto de 1998, *La transición mexicana*, el Consejo Coordinador Empresarial lo dijo de modo explícito: "México vive una transición", asentó. "Pasamos de un viejo sistema a un nuevo sistema. La transición existe. Es un hecho. Nos compete directamente. Por ello, podemos participar en el diseño de lo nuevo."[13]

Aun así, los hombres de negocios tenían reservas. ¿Cómo asegurar un cambio moderado? Gracias a sus antecedentes en la Coca-Cola, Fox parecía el candidato idóneo para echar al PRI de Los Pinos sin desatar una revolución social. Una vez en el puesto, sin embargo, ¿querría desenterrar los secretos de la historia reciente de México? ¿Era Fox un hombre vengativo que podía castigar a empresarios que hubieran obtenido millones en tratos encubiertos con el Estado priísta?

La clase empresarial necesitaba sentirse tranquila, y Fox se lo concedió con la postura que adoptó en el debate de 1998 sobre el rescate bancario. Andrés Manuel López Obrador y el PRD habían demandado una amplia investigación destinada a forzar a los ricos beneficiarios del rescate bancario a asumir sus deudas. Tras infiltrarse en los archivos del FOBAPROA, López Obrador había dado a conocer una lista de miles de deudores cuyos préstamos habían sido asumidos por ese órgano. Incluso algunos líderes del PAN exigían al PRI aceptar que se castigara a funcionarios que habían hecho malos manejos en el rescate y a empresarios que se habían beneficiado de préstamos ilegales.

Polarizado socialmente el país a causa de esa confrontación, Fox intervino en el debate. Se dijo consternado de que López Obrador hubiera hecho públicos los nombres de personas que no habían podido pagar sus préstamos, entre ellas esforzados fabricantes de zapatos y rancheros de su propio estado. Aseguró conocer su aprieto; los préstamos impagables casi habían hundido la planta empacadora de verduras de su familia. En un anuncio de televisión transmitido en forma insistente por el PAN en diciembre de 1998, Fox llamaba a una "solución responsable" del rescate bancario, mientras que en entrevistas de prensa tenía el cuidado de indicar a la clase empresarial que no tenía nada que temer de un gobierno encabezado por él. A instancias de Fox, los legisladores del PAN aprobaron junto con el PRI la ley definitiva del rescate bancario.[14]

"Vamos a ser exigentes en el cumplimiento de la ley y en asegurar que no vuelva a haber una sola acción deshonesta y corrupta", declaró Fox a *The New York Times* en ese periodo. "Pero toda transición democrática requiere de un país, primero, ver hacia delante. No vamos a desperdiciar tiempo y energía en una venganza permanente persiguiendo a los criminales del pasado y sólo andar en una cacería de brujas."

A partir de entonces, los acaudalados donadores comenzaron a clamar por reunirse con Fox, lo que indujo a Korrodi a determinar que si no podían garantizar que su encuentro con él generaría aportaciones por al menos 3 millones de pesos, les diría que Fox estaba muy ocupado.

Cuando Ernesto Zedillo empezó a ocuparse de la sucesión presidencial, le inquietó que el PRI hubiera perdido contacto con los tiempos que corrían. Su partido lo había apoyado en la aprobación de la reforma electoral de 1996, la cual dotó al país de uno de los sistemas electorales más avanzados del mundo. Pero el PRI no había mantenido el paso en sus prácticas electorales. Pocos de sus líderes eran jóvenes, pese a que la mitad del electorado registrado tenía 35 años de edad o menos.[15] El camino más directo al cambio, argumentó Zedillo, era que el candidato presidencial priísta fuera seleccionado mediante un proceso legítimamente democrático. "Quiero primarias", les dijo Zedillo un día a sus colaboradores a mediados de su sexenio, lo que repitió en discursos y entrevistas en los meses siguientes.[16]

323

Pero la sugerencia pareció tan desatinada que, al principio, casi nadie la tomó en serio. El presidente estaba proponiendo renunciar a su derecho no escrito a ejercer el dedazo, su facultad más importante. Pese a ello, continuó obstinadamente con su plan, y organizó elecciones internas a escala nacional.

Su meta era contribuir a que su partido mantuviera el poder volviéndolo más competitivo, pero el plan contenía un riesgo considerable. El PRI resentía agudas pugnas internas; ante su propuesta de una competencia abierta entre aspirantes rivales a la candidatura presidencial, ¿cómo impediría Zedillo que el partido se dividiera?

Delegó a sus colaboradores el delicado reto de diseñar la elección interna. En 1998 y principios de 1999, Liébano Sáenz, Ulises Beltrán (historiador egresado de la Universidad de Chicago a cargo de la realización de encuestas para Los Pinos) y otros asesores presidenciales discutieron temas tan misteriosos como el papel de New Hampshire en las elecciones primarias estadunidenses y las fallas teóricas del singular proceso de votación partidaria en Iowa.

Sáenz llevó a cabo un experimento en Chihuahua, su estado natal, donde se elegiría a un nuevo gobernador. El PRI estaba decidido a ganar, debido, en parte, al simbolismo de ese estado: el gobernador en funciones era Francisco Barrio, el panista derrotado con prácticas fraudulentas en 1986, pero que había triunfado en su segundo intento, en 1992. Barrio había gobernado hábilmente y dejaba el puesto contando con el favor de los votantes. En contraste, la maquinaria priísta local era dirigida por Artemio Iglesias, alquimista de la vieja guardia apodado Hereford, "por la vaca", como escribió un corresponsal.[17]

Iglesias parecía tener asegurada la postulación. Pero Sáenz intervino en secreto, forzando voluntades en nombre del presidente, y el PRI de Chihuahua anunció súbitamente que seleccionaría a su candidato en una elección interna abierta no sólo a sus miembros, sino también a todos los votantes. El experimento fue un éxito rotundo. Casi un cuarto de millón de curiosos chihuahuenses emitieron su voto; esa cifra equivalía a alrededor de veinticinco por ciento de los participantes en las elecciones legislativas federales de 1997, lo que el PRI consideró una elevada concurrencia. Los electores rechazaron a Iglesias a favor de Patricio Martínez, ejecutivo de bienes raíces que había sido alcalde de la capital del estado. Pero, sobre todo, el PRI local preservó su unidad, pese al rencor en el bando de Iglesias, y, en julio de 1998, Martínez venció al PAN en las urnas.

En otros estados, similares ejercicios democráticos provocaron reyertas internas. En Guerrero, facciones priístas rivales se disputaron a balazos una elección primaria. Pero el éxito de Chihuahua eclipsó los fracasos. Beltrán elaboró un detallado plan para las elecciones internas nacionales, en las que podrían participar todos los votantes registrados, no sólo los priístas.

Finalmente, cuatro políticos compitieron por la candidatura presidencial del PRI. El exlegislador Humberto Roque Villanueva participó a instancias del equipo presidencial, pero su candidatura casi no atrajo apoyo. A Manuel Bartlett, quien acababa de dejar la gubernatura de Puebla, se le tomó más en serio hasta que las primeras encuestas señalaron que también él despertaba poco entusiasmo popular. Así, la mayoría de la gente vio su candidatura con cierta ironía: el autócrata de mano dura que, como secretario de Gobernación de De la Madrid había dirigido las fraudulentas elecciones presidenciales de 1988, ahora se quejaba de que el proceso de selección interna del PRI era insuficientemente democrático.

La contienda se redujo entonces a Francisco Labastida, quien renunció a la Secretaría de Gobernación para buscar la candidatura, y a Roberto Madrazo, a quien, en 1995, Zedillo intentó, sin éxito, impedir que ocupara la gubernatura de Tabasco.

La gubernatura de Madrazo había sido una elocuente exhibición de demagogia tropical. Construyó algunos caminos y puentes y presionó a PEMEX para que destinara mayor proporción de sus ingresos al desarrollo local. Pero a pesar de sus promesas de proseguir con el legado de su padre y efectuar reformas democráticas, dirigió a su partido y su estado "como un rancho", en palabras del entonces legislador priísta Raúl Ojeda. Permitió al PRI local elegir a su líder; pero al ser derrotado su candidato, expulsó del partido al triunfador. Por su parte, un joven ejecutivo al que había puesto a la cabeza de la oficina de inversión del estado renunció quejándose de que el gobernador y sus colaboradores le exigían comisiones.[18]

No obstante, Madrazo supo colocarse en una posición favorable en la carrera por la candidatura presidencial. Durante sus últimos meses como gobernador destinó fondos estatales por unos 25 millones de dólares a una serie de anuncios de televisión,[19] transmitidos en todo el país, que, con el pretexto de lustrar la imagen de Tabasco, en realidad enaltecían la suya propia. Esto lo convirtió en una celebridad; al iniciarse las campañas para las elecciones internas, Madrazo ocupaba el primer lugar en los sondeos.

Pero Labastida gozó de ventajas propias del PRI, que ni siquiera Zedillo pudo suprimir. En el marco del ritual del dedazo, tan pronto como el presidente anunciaba quién era el elegido, los líderes priístas se precipitaban a felicitar al nuevo candidato y futuro gobernante; exhibición de lealtad que se conocía como "la cargada". Pero, si como parecía, Zedillo había abolido el dedazo, se suponía que ya no habría cargada.

Zedillo no insinuó jamás que se inclinara por Labastida. Pero éste era el único miembro de su gabinete en la contienda, de modo que millones de priístas infirieron que Labastida era "el bueno" y se apresuraron a mostrarle su lealtad. Una tarde de mayo de 1999 cuando Labastida anunció su candidatura en el hotel Fiesta Americana de Reforma, en la ciudad de México, cientos de empleados gubernamentales se arremolinaron a su alrededor con la desesperada intención de tocarlo, dando por supuesto que sería el próximo presidente de México.

Madrazo intentó volver en su favor tan anacrónica cargada. Se presentó como disidente y llamó a Labastida "candidato oficial". Criticó las restrictivas medidas económicas del presidente, populares en los círculos empresariales pero no en las calles.

La lealtad de Madrazo fue puesta a prueba en las últimas semanas de la campaña, cuando la maquinaria del partido lo hizo objeto de sucias tretas electorales. Caciques priístas de una ciudad bloquearon la avenida principal de ésta, obligando así a los partidarios de Madrazo a descender de sus autobuses y caminar kilómetro y medio dentro de la ciudad para oir su discurso. Uno de los principales colaboradores de Labastida, Emilio Gamboa Patrón, hizo despedir a un conductor de radio de Sinaloa por haber transmitido una entrevista con Madrazo.[20] El gobernador priísta de Chiapas, Roberto Albores Guillén, ordenó a los legisladores locales de su partido oponerse a Madrazo. "¡No sean pendejos!", les gritó. "¡Aquí tenemos que garantizar el triunfo de Labastida!"[21]

El 7 de noviembre de 1999, día de la elección, agentes del partido, como de costumbre, rellenaron urnas y manipularon el conteo de votos. En una ciudad de Puebla alguien tomó una fotografía de un pistolero priísta blandiendo su arma frente a las personas reunidas en el lugar mientras sus secuaces salían de una casilla cargando urnas.[22]

Labastida ganó las elecciones internas por amplio margen. Madrazo pareció coquetear con la idea de abandonar el PRI, pero Zedillo se le había adelantado. Desde principios de la campaña el presidente había enviado un mensaje a Carlos Hank González, el exregente del Distrito Federal que era padrino político de Madrazo: "Me voy a despreocupar de Roberto, porque sé que usted se va a encargar de que no se vaya del partido".

Madrazo se tragó su derrota y permaneció en el partido. El presidente y sus colaboradores celebraron el éxito de su arrojado experimento. Sin embargo, la diplomacia personal de Zedillo había sido necesaria para impedir la división del partido oficial.

Al comenzar 2000, el PRI parecía, ¡otra vez!, casi invencible. Zedillo era popular. La economía había crecido un robusto 6.9% en 1999. Al parecer, las elecciones internas habían convencido, al menos a algunos votantes, de que el PRI adoptaría, por fin, ciertas prácticas democráticas. Al mismo tiempo, gracias a esas elecciones, Labastida había dejado de ser un rostro gris más en el gabinete de Zedillo para convertirse en un nombre familiar, y en las encuestas aventajaba en alto grado a todos los candidatos de oposición. "El PRI goza de una luna de miel con el electorado mexicano", escribió el jefe de encuestas de *Reforma* semanas después de las elecciones internas de ese partido.[23]

"Terminar con setenta años de dictadura será una hazaña heroica para México", me dijo Fox en la primavera de 1998, en campaña de pueblo en pueblo en Yucatán. "Algo parecido a cuando ustedes, los estadunidenses, llevaron un hombre a la luna."

Estaba parlanchín y relajado mientras su suburban nos conducía por un paisaje tropical de pastizales y palmeras. El chofer se detenía en cada poblado para que Fox estrechara las manos de sorprendidos residentes, en su mayoría campesinos mayas de la mitad de la estatura del panista, así que aquél fue un día de interrupciones.

Sin embargo, Fox reanudó una y otra vez nuestra conversación sobre los supuestos estadísticos de su incipiente campaña. El PRI, calculaba, obtendría cuarenta por ciento de los votos en 2000. Sesenta por ciento del electorado votaría contra el partido oficial. Si él y Cárdenas competían fuertemente entre sí, se derrotarían uno a otro. "Tengo que vencer a Cárdenas", aseguró. "Si él y yo nos dividimos los votos, gana el PRI."

Pero desbordaba confianza. Daba por hecho que conseguiría la postulación del PAN y que vencer a Cárdenas y al PRI en la carrera a Los Pinos era sólo cuestión de arduo trabajo, cuidadosa planeación, incesante recolección de fondos e inteligente mercadotecnia. Le gustaba decir sin embozo que era un buen producto.

Hicimos alto en un cruce de caminos; cuando se reunieron dos docenas de hombres con sombrero de paja, Fox subió a la parte trasera de una camioneta. Soltando palabrotas y agitando sus inmensos puños, juró sacar al PRI de Los Pinos por el cogote.

A veces, no obstante, su habla popular lo metía en problemas. "Lo que yo vendo es un producto irrefutable", le dijo a un reportero de una agencia de noticias en un acto de campaña. "Soy honesto, trabajo un chingo y no soy tan pendejo."[24] La publicación de estas vulgaridades en periódicos del muy católico estado de Guanajuato causó revuelo. En su siguiente aparición pública en su entidad, Fox advirtió: "Señoras, por favor tápense los oídos y saquen a los niños. El gobernador va a pronunciar un discurso".

Samuel Dillon

Fox podía ejercer esa magia con los ciudadanos que tenían algún vínculo con el pasado rural del país. Pero tuvo que esforzarse por establecer una relación con los intelectuales de la capital que decoraban sus paredes con retratos del Che Guevara y preferían a Pablo Milanés que a Los Tigres del Norte.

Al percatarse de ello, se creó una imagen de socialdemócrata. Recibió ayuda de Jorge G. Castañeda, amigo suyo desde su campaña de 1991 en Guanajuato. Castañeda, antes izquierdista militante, tenía un doctorado de la Sorbona en historia económica y se decía "intelectual afrancesado". Mantenía relaciones con políticos progresistas de toda América Latina, y en los años de desazón izquierdista, después de la caída del Muro de Berlín, convocó a muchos de ellos a una serie de grupos de debate político en su casa, en San Ángel. Invitó a Fox a uno de ellos; al principio, el exdirector de Coca-Cola con botas vaqueras parecía fuera de lugar bebiendo vino blanco con socialistas y exguerrilleros. Pero Fox pronto aprendió el lenguaje de la socialdemocracia y empezó a sostener que el gobierno tenía un importante papel que desempeñar en el combate a la pobreza, la nivelación de la desigualdad social y el otorgamiento de crédito a pequeños productores.

Sin embargo, su verdadero reto no fue ganar los votos de los pocos miles de intelectuales del país, sino conquistar a los millones de trabajadores de la ciudad de México y sus alrededores, que habían votado por Cárdenas en 1988 y 1997. Se trataba de sirvientas, barrenderos, vendedores de mercados y obreros que ganaban 30 pesos al día. Vivían apiñados en derruidos edificios del centro de la ciudad, barriadas junto a autopistas y cerca de tiraderos en los astrosos suburbios del oriente.

Fox esperaba heredar esos votantes persuadiendo a Cárdenas, en las negociaciones por la coalición opositora, de retirarse de la contienda. Una noche, poco después del fracaso de las pláticas correspondientes, se reunió en casa de Adolfo Aguilar Zinser con Castañeda, Camacho, Porfirio Muñoz Ledo y otras personas para diseñar una estrategia con ese fin. Castañeda presentó una propuesta.

La clave para ganar, adujo, era transformar las elecciones en un referéndum sobre el cambio e insistir en que Cárdenas no podía llevar a cabo ese cambio, porque no tenía posibilidades de vencer. La mayoría de las encuestas indicaba que no atraía más de quince por ciento de los votos. Si Fox podía convencer a la gente de que un voto por Cárdenas era un voto perdido, la obligaría a optar entre Labastida y el PRI, por un lado, y Fox y el cambio, por el otro.

Muñoz Ledo y Camacho apoyaron el razonamiento de Castañeda, y Fox se fue a casa convencido. En las semanas siguientes ajustó su campaña para perfilar las elecciones como un plebiscito sobre el cambio.[25]

Francisco Ortiz, joven mago de la mercadotecnia en televisión que Fox arrebató a Procter & Gamble, ideó un lema de una sola palabra que expresó brillantemente la nueva campaña: "¡Ya!". El emblema era una mano con dos dedos levantados sobre los cuales aparecía impresa la letra Y, para convertir la V de la victoria en la Y de "ya".

Para marzo de 2000, cuando viajé de nuevo con Fox, durante su campaña, ese gesto se había vuelto una señal de desafío al PRI. Una noche en la que su autobús de campaña avanzaba lentamente por las calles de Morelia, Fox se asomó por la ventana agitando el "¡Ya!" frente a la multitud en las aceras. Muchos peatones respondían elevando dos dedos y gritando un saludo. Otros miraban a los lados antes de hacer lo mismo en forma más subrepticia. A la mañana siguiente, mientras abordábamos su suburban para continuar la campaña, Fox se dijo encantado de su golpe de mercadotecnia.

Rutinariamente se había referido a Labastida, priísta que había ocupado tres puestos en el gabinete y la gubernatura de Sinaloa, como el "candidato oficial". Pero Ortiz opinó que esa frase parecía demasiado positiva, a la manera del respaldo de un producto, como Gatorade, "bebida oficial" de las olimpiadas. Por consejo suyo, Fox comenzó a ridiculizar a Labastida como "el candidato de más de lo mismo".

De igual forma, había empezado a hablar de sí mismo como mercancía. "Fox es una persona común y corriente", explicó, refiriéndose a él en tercera persona al describir la lógica de su campaña de televisión durante un recorrido por una sinuosa carretera de Michoacán. "Es el ciudadano preocupado por su país que renunció a su vida empresarial para trabajar por el cambio."

"Muy pocos mexicanos creían que era posible vencer al PRI", añadió, volviéndose desde el asiento delantero de la suburban para mirarme. "Necesitaban ver a un tipo agresivo, un tipo rudo con botas y las mangas arremangadas sin temor a luchar por la justicia social. Necesitaban a un Lech Walesa, a un Nelson Mandela, un valiente, un triunfador, un tipo con agallas."

Abandonó un instante su discurso mercadotécnico. "En realidad no soy ese tipo rudo", me dijo. "Soy humano y emocional. Pero me estoy creando esa imagen."

Samuel Dillon

También Labastida se empeñaba en proyectar la imagen de candidato del cambio. El diseñador de su estrategia era Esteban Moctezuma, el joven economista que había sido el primer secretario de Gobernación de Zedillo, y quien era ahora el coordinador de campaña de Labastida. Tras analizar encuestas que indicaban que los jóvenes desconfiaban del PRI, Moctezuma concluyó que su partido ya no podía depender de su base de votantes envejecidos, analfabetos y en su mayoría rurales. Necesitaba una transformación.

Sugirió rebautizar al partido como "el Nuevo PRI". A Labastida le agradó la idea, que se convirtió en el tema central de la moderna campaña conducida por Moctezuma, dirigida sobre todo a la televisión. Moctezuma contrató como asesores al consejero político y al jefe de encuestas del presidente estadunidense Bill Clinton, James Carville y Stanley Greenberg, respectivamente. La trayectoria de éstos en Estados Unidos era impresionante, pero ninguno de los dos hablaba español ni tenía la menor experiencia en asuntos relativos a México. Como principal lema de Labastida, Carville adaptó una antigua frase de la izquierda estadunidense, "Power to the People". La traducción al español era poco sugestiva, "Que el poder sirva a la gente", pero pronto se plasmó en bardas de todo el país.

Labastida tuvo un gesto público para manifestar su repudio a la corrupción en el PRI. Propinó un golpe a Carlos Hank González, aún uno de los más influyentes caciques del partido oficial, al rechazar el ofrecimiento de ayuda de uno de sus hijos, Jorge Hank Rhon, playboy dueño de una pista de carreras de autos en Tijuana.[26] Hank Rhon había sido visto en compañía de narcotraficantes y una vez fue detenido por contrabando de pieles de ocelote.[27] Para muchas personas, era símbolo de envilecimiento.

Moctezuma se mostró encantado. Pero otro grupo de asesores de Labastida, encabezado por Emilio Gamboa, no. Secretario particular de De la Madrid cuando éste fue presidente, Gamboa era el contacto de Labastida con la línea dura del partido oficial, la cual consideró un insulto el concepto del Nuevo PRI.

Gamboa creía que la campaña debía fundarse en las virtudes del partido gobernante. Éste era el único partido verdaderamente nacional del país, con líderes en cada poblado, colonia, sindicato y cooperativa. Era el partido en el poder y, en su opinión, toda persona que recibía un beneficio gubernamental estaba en deuda con él. Gamboa y sus colegas pensaban que Labastida debía llamar a la maquinaria priísta a movilizar a sus votantes leales, atraer a los indecisos y atemorizar a los opositores.

En el primero de dos debates entre los candidatos presidenciales, transmitidos por televisión a todo el país, el cual tuvo lugar el 25 de abril, Labastida tropezó al proferir los lemas de Carville en un esfuerzo por presentarse como el candidato del cambio.

"Labastida habla de cambio, pero ha estado en el PRI durante treinta y siete años", replicó Fox. Los comentaristas de televisión y columnistas de prensa juzgaron que, de un solo golpe, había puesto a Labastida en su verdadero lugar.

Éste desplazó entonces a Moctezuma y cerró filas con la vieja guardia. El día posterior al debate abrazó a Hank González en una comida organizada a toda prisa, creyendo, al parecer, que la gente no notaría ninguna contradicción entre este hecho y el previo repudio del hijo de Hank. Invitó a Manuel Bartlett a recorrer el país para activar a la militancia priísta. No volvió a referirse al Nuevo PRI; en adelante haría campaña como el orgulloso heredero de las venerables tradiciones de la Revolución.[28] ¿Quién había llevado a cabo la reforma agraria?, preguntó a un tropel de campesinos en Durango. ¿Quién había creado el Seguro Social? ¿Quién expropió el petróleo?

Tras bastidores, la línea dura del PRI intentaba comprar y forzar votos en toda la nación. Funcionarios advirtieron a mujeres y campesinos que dejarían de recibir apoyos del gobierno si no votaban por Labastida. En Tabasco, autoridades priístas aparecieron súbitamente en poder de fondos contra desastres, que habían retenido desde una inundación ocurrida ocho meses atrás, y pagaron seis mil pesos a los propietarios de casas dañadas identificados como adeptos al partido gobernante.

En las últimas semanas de la campaña, cientos de votantes se quejaron públicamente de coacciones priístas.

Los anuncios de televisión de Labastida, que lo retrataban como enemigo de la corrupción, sonaban huecos.

La campaña panista también tuvo incongruencias. Fox se concentró en la mercadotecnia, no en presentar un plan de gobierno realista para resolver los persistentes problemas del país. Algunas de sus contradicciones emergieron en ocasión de la convención anual de la Asociación de Banqueros de México, celebrada el 4 de marzo en un hotel de Acapulco.

En tiempos pasados, el arribo del candidato priísta habría sido todo un acontecimiento, y los banqueros se habrían precipitado a saludarlo. Pero esta vez Labastida sólo recibió un remedo de aplauso al entrar a la sala en compañía de sus colaboradores.

Por su parte, Fox había cortejado durante meses a la elite empresarial en discretos encuentros destinados a la recolección de fondos. Al entrar al auditorio con sus botas vaqueras, los banqueros le brindaron una ovación de pie. Dirigió su discurso a "mis amigos y amigas de la banca", apenas si mencionó el escandaloso rescate bancario e incluso elogió a los banqueros por haber mantenido a flote sus instituciones durante la crisis de 1995. La aprobación fue clamorosa.

"Fox nos dijo lo que queríamos oir", declaró a la prensa Roberto González Barrera, director del grupo financiero Banorte y durante mucho tiempo partidario del PRI.[29]

Cuatro días después, Fox también les dijo a un grupo de pequeños empresarios lo que querían oir. Se reunió en la capital con gran número de empeñosos empresarios enemigos de los banqueros, a quienes criticaron por aceptar miles de millones de dólares en fondos gubernamentales de rescate, pero negarse a extender nuevos préstamos a miles de pequeñas empresas amenazadas de quiebra por falta de crédito. Fox los escuchó atentamente y luego se hizo eco de sus irritadas protestas. Fustigó a los banqueros por considerarlos una clase de zánganos ineficientes y prometió perseguir a quienes hubieran cometido fraudes en el rescate bancario.

En una visita a Nueva York habló a favor de privatizar PEMEX, pero de regreso en México prometió que nunca haría tal cosa. En uno de sus mítines cargó el estandarte de la Virgen de Guadalupe, y más tarde se disculpó a causa de quejas de protestantes y agnósticos y luego de que las autoridades le recordaran que el uso de símbolos religiosos en campañas políticas era contrario a la ley. Pese a tantos bandazos, Fox resintió, en definitiva, pocos perjuicios. Los votantes parecían comprender que las elecciones de 2000 no se decidirían porque Fox o Labastida hubieran hecho las propuestas de campaña más coherentes. Aceptaron la sugerencia de Fox de que se trataría de un referéndum sobre el régimen priísta.

A lo largo de tres décadas había madurado en todo el país un gran movimiento ciudadano, una rudimentaria masa de votantes de todas las regiones, partidos y clases sociales unidos en el deseo de elecciones honestas, del fin de la corrupción y el crimen organizado, de una nación moderna capaz de ofrecer una mejor vida a su gente. Querían el cambio. Durante treinta años de lucha democrática, Fox había sido, primero, un espectador y, después, un mero participante. Pero en la proximidad del clímax había conseguido que el electorado lo viera como el único líder con la fuerza y la voluntad necesarias para llevar esa saga a una triunfal conclusión.

En el último debate entre los candidatos, Fox rindió homenaje a los héroes que habían luchado contra el despotismo y habían sido excluidos de la historia oficial. Honró el sacrificio de los estudiantes en Tlatelolco en 1968. Elogió la tenacidad de Rosario Ibarra en su búsqueda de los desaparecidos y la generosidad de Heberto Castillo al haber renunciado a su candidatura en favor de Cárdenas en 1988. Alabó las protestas antifraude de Manuel Clouthier. Rindió tributo a la Marcha de la Dignidad de Salvador Nava en San Luis Potosí. "El camino ha sido largo y difícil", dijo. "Estamos llegando al final gracias a que millones de mexicanas y mexicanos han superado con firmeza, con carácter y un poco de terquedad los desafíos del autoritarismo priísta. Estamos a cinco semanas del cambio."[30]

El 2 de julio de 2000, a las ocho de la mañana, cuando José Woldenberg hizo sonar su mazo para abrir la sesión del Consejo General del Instituto Federal Electoral (IFE), tenía muchas razones para confiar en que los comicios marcharían bien.[31] Lo mismo como estudioso que como practicante de la reforma electoral, sabía que la institución a su cargo era producto de dos y media décadas de cuidadosos avances. La independencia del proceso electoral era ahora una realidad, y bajo la conducción de Woldenberg el IFE había atinado a crear uno de los sistemas electorales más modernos del mundo. Con 1,200 millones de dólares por gastar en la elección presidencial, el IFE había capacitado como funcionarios de casilla a casi medio millón de individuos. A ellos se añadirían los representantes de la oposición, los que cubrirían casi cada una de las más de 113,000 casillas.

Woldenberg había supervisado una innovación de la que estaba especialmente orgulloso: el diseño de una caseta ligera, pequeña y portátil para usarse en todas las casillas. Era imposible que en ella cupiera más de un adulto, y tenía una cortina para permitir a los ciudadanos votar en completa privacidad. Los electores podían aceptar sobornos o temblar a causa de amonestaciones del PRI, pero votar después a su gusto, porque su voto sería secreto.

Las elecciones transcurrieron con muy pocos contratiempos para los estándares de cualquier nación.

Ya avanzada la tarde del 2 de julio, el expresidente estadunidense Jimmy Carter realizó una breve visita al PRI en compañía de su esposa, Rosalynn, y otros miembros de la reducida delegación de observadores dirigida por él. Encontraron una atmósfera extraña. Para ese momento ya había empezado a circular, en Los Pinos y en algunos cuarteles de campaña, la noticia de que las primeras encuestas privadas de salida concedían a Fox una ventaja sustancial.

Labastida salió un instante a saludar a Carter; parecía indispuesto, casi atarantado, como si un golpe lo hubiera dejado sin fuerzas. La plática corrió a cargo de otros priístas. Éstos informaron imperturbablemente a Carter que, de acuerdo con sus sondeos, Labastida, no Fox, llevaba una delantera de tres puntos.[32]

Carter y Robert Pastor, su asesor, tuvieron la nítida impresión de que los priístas habían fingido. El ánimo fúnebre de sus oficinas les hizo pensar que Labastida conocía los verdaderos resultados. ¿Por qué no se los había comunicado? ¿Enfrentaba problemas para aceptarlos?

Zedillo, Sáenz y los demás ocupantes de Los Pinos también temieron esa tarde las reacciones del partido oficial. A lo largo de las muchas rondas de reformas electorales y durante sus elecciones internas, el PRI había hecho un esfuerzo por convertirse en el partido democrático que nunca estuvo llamado a ser. Pero en el momento en que por fin debía renunciar a la presidencia, el pilar de su poder, Zedillo y su equipo temieron profundamente que el núcleo duro del PRI se rebelara.

A las ocho, las encuestas divulgadas por Televisa y TV Azteca revelaron el triunfo de Fox. En el curso de su sexenio, Zedillo se había distanciado del partido gobernante. Él y Sáenz descubrieron entonces, en una coyuntura crucial, que disponían de menor margen para negociar con Labastida y su propio partido que con Fox y el PAN. Cuando en las primeras horas de la noche se supo en la sede del PRI que Zedillo planeaba aparecer en televisión para comentar los resultados de las elecciones, antes de que Labastida reconociera su derrota, los altos jerarcas de ese partido reunidos en la sala de juntas desataron su resentimiento reprimido contra el presidente. ¿Qué se creía? ¿Le concedería el triunfo a Fox para asegurarse un lugar en la historia sin importarle abandonar a su partido a su suerte?

Durante las primeras horas de la noche Woldenberg enfrentó inesperadas presiones para alterar el proceso planeado por el Consejo General del IFE. Preocupado de que Labastida no admitiera su derrota, Zedillo le llamó para sugerirle adelantar su anuncio de los primeros resultados oficiales del IFE, programado para las once de la noche. Pero en estricto apego a su independencia, Woldenberg y el consejo respondieron que no.

Al mismo tiempo se desarrollaba un intenso intercambio de llamadas entre el equipo de Woldenberg y Robert Pastor, quien se hallaba en el puesto de avanzada de Jimmy Carter en un hotel del centro. De pronto, un asistente de Woldenberg informó a éste que Carter había solicitado autorización para dar una conferencia de prensa en el IFE, antes de las once, al parecer para anunciar los resultados de las elecciones.

Woldenberg se quedó atónito. Él y los demás miembros del Consejo General del IFE habían trabajado día y noche durante cuatro años para organizar los comicios y sobrevivido a estridentes conflictos entre sí y a intentos de todos los partidos por debilitarlos. ¿Y ahora les salían con que un gringo, un político que había desagradado a los mexicanos cuando fue presidente, anunciaría al pueblo de México los resultados de las elecciones?

Pastor intentó explicar que Carter sólo se había propuesto manifestar su apoyo a los resultados que Woldenberg anunciara, cualesquiera que fuesen. Pero el Consejo General del IFE quería dejar absolutamente claro que no había ninguna interferencia extranjera en una elección nacional.

Tal como correspondía, dado el esfuerzo realizado durante treinta años, Woldenberg anunció los resultados oficiales a las once de la noche en punto. "Somos un país en el cual el cambio en el gobierno puede realizarse de manera pacífica, mediante una competencia regulada, sin recursos de fuerza por parte del perdedor, sin riesgos de involuciones; eso es la democracia."

Después apareció Zedillo, hablando desde Los Pinos. "Hemos podido comprobar que lo nuestro es ya una democracia madura, con instituciones sólidas y confiables, y especialmente con una ciudadanía de gran conciencia y responsabilidad cívicas", dijo.

Los seguidores del PRI que se congregaron en la explanada de la sede nacional de ese partido vagaban, en un principio, a la deriva, desorientados. Luego comenzaron a enojarse. Pero más tarde fructificó toda una vida de instrucción en un partido autoritario. Arriaron sus banderas y emprendieron la retirada. Los mariachis, que habían dedicado horas a probar sus trompetas, las guardaron desconsoladamente, preguntándose si acaso se les pagaría el tiempo que habían pasado ahí.

Militantes del PRI de todo el país flaquearon; su resistencia nunca había sido activada. Las bases priístas se rindieron, aunque no por convicción democrática, sino porque ni su candidato ni su presidente les indicaron actuar de otra manera. Los dirigentes del partido jamás contemplaron la probabilidad de una amplia derrota; así, cuando ésta ocurrió, estaban paralizados. Décadas de cambio en México los habían dejado sin los medios ni la posibilidad de arrebatar una elección más.

333

Una vez que Labastida admitió su derrota, los dirigentes del PRI presentes en el auditorio del partido lucían abrumados. Manuel Bartlett temblaba. Leonardo Rodríguez Alcaine, el líder obrero priísta de 81 años de edad, que antes de las elecciones había alardeado de que "pintaría su raya" ante Fox, balbuceaba, y después se sumió en un profundo silencio. La presidenta del partido, Dulce María Sauri, se empeñaba en demostrar que no era una persona que se amilanara fácilmente. "No tenemos vocación de oposición eterna", declaró, desafiante. El PRI no estaba aún fuera del poder, pero a sus miembros el exilio ya les parecía demasiado largo.

Según los resultados oficiales, Fox obtuvo 43% de los votos, contra 36% de Labastida y 17% de Cárdenas.[33] El antiguo México rural y analfabeta que votaba por el PRI se había desvanecido. El nuevo México —joven, urbano, con estudios— era ahora la mayoría y había optado por Fox.[34] Éste recibió 50% de los votos de los ciudadanos de 18 a 24 años, 59% de los emitidos por estudiantes y 60% de los emitidos por ciudadanos con estudios universitarios. Labastida obtuvo muchos más votos que Fox entre quienes dijeron carecer de escolaridad.[35]

El principal triunfo de Fox ocurrió en la ciudad de México y sus enormes suburbios. En el Distrito Federal venció a Labastida por casi dos a uno, acumulando un margen de 870 mil votos. De hecho, todos los suburbios obreros del oriente que votaron abrumadoramente por Cárdenas en 1997 lo hicieron por Fox en 2000.

Éste obtuvo grandes márgenes dondequiera que había aceras, y ganó en los dieciséis estados más urbanizados, mientras que Labastida ganó en los siete estados más rurales.[36] En el norte, Fox triunfó en todos los estados fronterizos.

La ciudadanía votó con alto grado de sofisticación, pues dividió sus boletas. Aunque llevó a Fox a la presidencia, eligió al congreso más plural en la historia del país, ya que no concedió a ninguno de los tres partidos principales votos suficientes para aprobar leyes sin hacer alianzas.[37] En el Distrito Federal los votantes eligieron como jefe de gobierno a Andrés Manuel López Obrador, quien dirigió su campaña no a los seguidores de clase media de Fox, sino a los pobres de la ciudad.

Los electores le gastaron una última broma al PRI.[38] La magnitud de la victoria de Fox indicaba que muchos de ellos habían aceptado regalos de campaña del partido gobernante e incluso asistido a sus mítines, sólo para votar por Fox. Los ciudadanos ya no vendían su voto. Después del 2 de julio, el país ya no pertenecía al PRI ni a ningún otro partido o caudillo, ni siquiera a Fox. Pertenecía a los ciudadanos. Habían votado por el cambio, por un presidente que sería diferente del PRI. "Más de lo mismo" ya no sería soportable.

Luego de beber champaña en el balcón de la sede nacional del PAN frente a miles de entusiastas seguidores, Fox reconoció que la suya no era tanto una victoria personal como el triunfo de un movimiento ciudadano que se remontaba a una generación. "Hoy es la culminación de muchos años de lucha", dijo.

Después fue al Ángel de la Independencia, telón de fondo de incontables manifestaciones a favor de la democracia: de estudiantes que protestaban por la violencia policiaca antes de las olimpiadas de 1968; de Rosario Ibarra y otros marchistas contra el fraude tras la elección de Carlos Salinas; de Josefina Ricaño y otras víctimas del crimen en 1998. La multitud congregada en las escaleras del monumento celebraba la victoria de Fox, pero ya desde ese momento los ciudadanos querían recordarle que se proponían pedirle cuentas. "¡No nos falles!", gritaban mientras Fox levantaba los brazos para agradecer sus vítores.

Epílogo

¿La victoria de Vicente Fox significaría meramente el remplazo de un partido gobernante por otro? Como candidato había prometido no sólo sacar al PRI de Los Pinos, sino también realizar transformaciones más fundamentales, extender el estado de derecho y establecer una economía favorable a todas las clases, no sólo a la elite rica.

En cualquier nación, desmantelar un sistema autoritario y erigir en su lugar instituciones democráticas es una empresa extraordinaria. Las antiguas reglas políticas ya no son aplicables, y los nuevos códigos de conducta aún están por formularse. Quienes gozaron de privilegios en el antiguo régimen buscan la manera de conservarlos, y las expectativas de los ciudadanos son muy altas. Es raro que una nación se aventure por tan pantanoso terreno, y pocos políticos poseen las cualidades necesarias de un estadista para encabezarlas.

Fox, talentoso como candidato, demostró tener sólo instintos y capacidades limitados como presidente. Pronto fue obvio que su victoria no se traduciría en prosperidad, igualdad y justicia de la noche a la mañana. Al final de cuatro años de su sexenio, muchos ciudadanos dudaban de que Fox hubiera logrado cualquier cambio significativo. Pero nadie ponía seriamente en duda el vigor esencial de la democracia que los mexicanos habían erigido, y la pacífica transición del país continuó siendo motivo de orgullo nacional.

Muchos mexicanos suponían que el traspaso del poder de Zedillo a Fox sería un periodo caótico, en especial para la economía. El derrumbe de la moneda había ensombrecido cada entrega del poder presidencial desde 1976. Pero en 2000 también ese paradigma se vino abajo; la economía demostró ser resistente. Mucho antes de las elecciones Zedillo había trazado una estrategia económica para impedir una nueva crisis de fin de sexenio, y dio resultado.[1] En vez de fuga de capitales, en los meses de la transición se vio a inversionistas extranjeros derramar dólares en México, y la bolsa prosperó.

Semanas después de la derrota del PRI, la sociedad mexicana presenció un último enfrentamiento entre los líderes del sistema cuando Zedillo y Carlos Salinas se confrontaron en una batalla pública. Durante sus años en el exilio, Salinas raramente había hablado, pero se dedicó a escribir un libro de 1,393 páginas en el que defendía su gobierno como peleador callejero, decreto por decreto.[2] En él sostuvo que Zedillo había procesado a Raúl Salinas por homicidio únicamente en afán de venganza política contra su hermano. Con la esperanza de que el libro fuera el cimiento de su rehabilitación, Salinas preparó una acometida en los medios de información para acompañar su lanzamiento, en México, en el otoño de 2000. En una entrevista con Joaquín López-Dóriga transmitida por Televisa un sábado por la noche, argumentó que Zedillo se había servido del poder del Estado para culpar a otros de sus propios errores.

Pero Salinas desbarró al hablar de Raúl. Hasta entonces los hermanos Salinas, uno en el exilio, el otro en la cárcel, habían mantenido una precaria lealtad mutua. Carlos jamás había culpado a su hermano de haber dañado su prestigio presidencial con sus hazañas corruptas, y Raúl nunca había detallado lo que el presidente Salinas sabía sobre ellas mientras ocupaba Los Pinos. Sin embargo, en la entrevista en Televisa, Carlos rompió ese equilibrio, pues adoptó una actitud autoexculpatoria ante los negocios de Raúl y aseguró que a los mexicanos se les debía una explicación.

Raúl, quien vio la entrevista en la cárcel, se encolerizó. Llamó a su hermana Adriana. Días más tarde, López-Dóriga transmitió una grabación de la conversación telefónica de Raúl con Adriana.

El tono y lenguaje de Raúl eran mesurados, pero su voz traslucía indignación al quejarse de que las declaraciones de Carlos a Televisa habían debilitado su defensa contra cargos de cohecho. Adriana, consciente de que las autoridades grababan las llamadas de los internos, intentó tranquilizarlo:

> RAÚL: –Todo voy a aclarar: de dónde salieron los fondos, quién era el intermediario, para qué eran, de dónde salieron y dónde fueron. Porque creo que, efectivamente, la sociedad merece una aclaración completa y creo que más mentiras no ayudan.
>
> ADRIANA: –Ajá.
>
> RAÚL: –Yo voy a decir qué fondos salieron del erario público para que se devuelvan...

A Raúl le enfureció que Carlos lo hubiera criticado en televisión por tener un pasaporte falso.

> RAÚL: –Sí, Adriana, lo saqué a través de Gobernación por instrucciones de él.

La cinta terminaba con la revelación de Raúl de que Carlos le había pedido dinero muchas veces.

> RAÚL: –...porque el dinero es de él, ¡y venir a decir que él no sabía nada![3]

338

La mayoría de la gente supuso que el presidente Zedillo o su equipo habían urdido la filtración de la cinta en un maquiavélico contraataque contra Carlos Salinas. Pero el secretario particular de Zedillo, Liébano Sáenz, lo negó en una entrevista para este libro.[4] En definitiva, sin embargo, la manera en que Televisa obtuvo la cinta tenía menor importancia que el hecho de que los hermanos Salinas se habían agraviado uno a otro. Ninguno de los enemigos de Carlos Salinas jamás había presentado pruebas convincentes de que hubiera sido cómplice directo de las transgresiones de Raúl, y al menos algunos mexicanos habían concedido el beneficio de la duda a un expresidente que una vez habían admirado. Pero después de la cinta incluso fieles aliados como Héctor Aguilar Camín, que había defendido a Salinas durante los años de Zedillo, cortaron sus lazos con él. Las palabras de Raúl causaron daño como no habrían podido hacerlo las de nadie más.

Vicente Fox gozaba del más amplio favor nacional al asumir la presidencia el primero de diciembre de 2000, y muchos ciudadanos recibieron con satisfacción la nueva informalidad a la que convirtió en su estilo presidencial. Su elección de algunos de sus secretarios reforzó el dramatismo del cambio de régimen: varios puestos clave fueron asignados a protagonistas de la lucha democrática. Santiago Creel era el secretario de Gobernación; Jorge G. Castañeda asumió el cargo de secretario de Relaciones Exteriores que su padre había ejercido, volviendo a sus orígenes de elite después de su odisea por los desiertos de la oposición política. Adolfo Aguilar Zinser era el consejero de seguridad nacional de Fox; Francisco Barrio, contralor general;[5] Luis H. Álvarez, representante de Fox ante los rebeldes de Chiapas.

Sin embargo, semanas después de la toma de posesión de Fox ya era claro que éste no podría cumplir muchas de sus extravagantes promesas de campaña. Disfrutaba de un considerable mandato popular, pero tenía menos poder que cualquier otro presidente moderno, a causa, sobre todo, de que el PRI seguía siendo el partido con el mayor número de votos en el congreso. Además, se hicieron evidentes las limitaciones de Fox. Como candidato había sido astuto, decidido y ocasionalmente intrépido. Como presidente parecía, a menudo, inepto, vacilante y demasiado dispuesto a aplacar a los defensores del pasado autoritario.

Había jurado resolver el conflicto de Chiapas "en quince minutos",[6] y en cuanto se le tomó protesta procedió como si creyera en su propia retórica. Tuvo muestras de buena voluntad con el Ejército Zapatista de Liberación Nacional, pues soltó a sus presos, autorizó su marcha a la ciudad de México y permitió a sus líderes encapuchados hablar en el congreso. Pero habría tenido que movilizar todo el peso de su mandato electoral para imponer disciplina partidaria sobre renuentes conservadores del PAN para lograr que respaldaran sus propuestas de paz. Por el contrario, Fox se descuidó, permitiendo que dos de sus más efectivos adversarios —Diego Fernández de Cevallos, de su propio partido, y Manuel Bartlett— unieran fuerzas para adoptar una propuesta que los zapatistas rechazaron. La oportunidad para la verdadera paz en Chiapas se perdió.

Había señales de que Fox podía ser tan desatento como sus predecesores del PRI con los intereses de los ciudadanos comunes. Citigroup anunció la compra, en 12,500 millones de dólares, de BANAMEX, el banco más grande del país, cuyo principal accionista era Roberto Hernández. El gobierno de Zedillo había inyectado unos 30 mil millones de pesos para estabilizar a BANAMEX como parte del rescate bancario de FOBAPROA. Al aprobar la compra de BANAMEX, la cual rindió a Hernández utilidades enormes, el gobierno de Fox no exigió a ninguno de ambos bancos rembolsar los fondos de rescate. La rápida aprobación de esa venta dio la impresión de ser una jugosa recompensa a uno de los generosos aportadores de fondos a la campaña de Fox.[7]

Cuando volví a México, un año después, en septiembre de 2002, para conocer el progreso del país, la mayoría de la gente seguía expresando paciencia con Fox. Pero un profundo cinismo, muy semejante al que había imperado durante la época del PRI, flotaba en el aire. Algunos ya aseguraban que el único verdadero gran logro de Fox había sido ganar las elecciones de 2000.

Sergio Aguayo estaba entre quienes se decían decepcionados por el gobierno de Fox. Me encontré con él en un centro comunitario en la capital del país, donde estaba inmerso en las tareas de organización de un nuevo partido político de centroizquierda, México Posible. Ese día hablaba con colegas regionales del partido que abarrotaban una sala, la mayoría de ellos activistas de derechos humanos, sobre cómo evitar reclutar como candidatos a simples oportunistas.

"Nuestra transición ha pasado por diferentes fases", me dijo en un receso. "Durante más de una década, la lucha de México fue por elecciones limpias. Eso terminó. Ahora la tarea es desmontar las redes de corruptos intereses especiales del antiguo régimen y crear instituciones acordes con las reglas de la democracia. Esto es más difícil."

Samuel Dillon

En 2002 un grupo de ciudadanos había ideado un instrumento democrático del tipo que Aguayo parecía tener en mente. Por costumbre los gobiernos priístas habían manejado la información básica sobre sus operaciones, para no hablar de los documentos oficiales, como secretos de Estado, y era rutina de los presidentes purgar archivos que podían inculparlos. Pero un colectivo de profesores universitarios, abogados, periodistas y otros individuos, que se dieron el nombre de Grupo de Oaxaca (Oaxaca fue uno de sus primeros lugares de reunión), elaboraron una ley de libertad de información. En ella se exigía al ejecutivo, la legislatura, los tribunales, el banco central y otras instituciones federales dar a conocer públicamente información básica sobre sus decisiones y operaciones, y se establecían sanciones para funcionarios que ocultaran información o destruyeran documentos. El 30 de abril de 2002, el congreso aprobó la ley sin que un solo legislador votara en contra.[8]

Fox la firmó, pero esa ley fue un triunfo de los ciudadanos. A causa de que Fox necesitaba los votos del PRI en el congreso para la aprobación de los cambios económicos que

340

eran su principal prioridad, sus medidas a menudo parecían diseñadas para evitar conflictos con los funcionarios e instituciones del antiguo régimen.

Al inicio del sexenio, la mera supervivencia del PRI parecía incierta, porque su derrota había provocado múltiples cismas, y el partido jamás había existido sin una relación umbilical con el presidente. Pero esas dudas se sepultaron rápidamente. En dos años el PRI había elegido a Roberto Madrazo como presidente nacional, superado su abatimiento e incluso ganado varias elecciones estatales.

El senador Manuel Bartlett personificaba la adaptación de su partido. Había viajado a Francia para inspeccionar la exitosa industria eléctrica de propiedad estatal de ese país y había estudiado el caso de Enron y la desastrosa desregulación del sector eléctrico en Estados Unidos. Armado de esos nuevos conocimientos, dirigía la oposición contra los esfuerzos del gobierno de Fox por atraer capital privado al monopolio de energía eléctrica. Sus opiniones estaban abiertas a debate, pero Bartlett y la mayoría de sus colegas de partido estaban jugando de acuerdo con las reglas democráticas.

No sólo el PRI había sobrevivido. Gran parte del antiguo sistema que le había servido a ese partido, la cultura política y el aparato clientelar, también resultó resistente al cambio, y Fox parecía alternadamente indispuesto o incapaz de forzar los cambios que harían avanzar la transición.

Había llevado consigo al gobierno a sólo un centenar de colaboradores de campaña y simpatizantes del PAN. Éstos habían hecho poca mella en el ejército de más de un millón de buróctratas federales que se había acumulado bajo el régimen priísta mientras los funcionarios llenaban nóminas con primos y queridas. Concha Lupe Garza, la veterana panista era funcionaria de nivel medio de la Secretaría de Gobernación. Cuando asumió su puesto, pidió a sus subordinados que le detallaran los deberes de las secretarias y asistentes que tenían. Las secretarias, le dijeron, marcaban números telefónicos, en tanto que los asistentes servían café. Fox logró despedir a algunos de esos trabajadores federales innecesarios; después de dos años, Concha Lupe y cuatro colegas suyos del PAN dirigían una oficina con cincuenta empleados, prácticamente todos los cuales debían su puesto al PRI.

La inercia era más extrema en otras burocracias. En Hacienda el secretario era Francisco Gil Díaz, economista que había trabajado durante la mayor parte de su carrera en el Banco de México y la propia Secretaría de Hacienda. Dado que la estabilidad era su mayor prioridad, tenía el cuidado de no hacer olas; prácticamente todo el personal de la secretaría estaba formado por burócratas de antiguas épocas.

Luis González de Alba era uno de los ciudadanos que resintieron el impacto. Seguía escribiendo libros, pero en realidad se ganaba la vida como dueño de varios bares gays. En una ocasión había importado para sus emporios vino griego con valor de 115 mil dólares; pero cuando el embarque llegó a Tampico, inspectores aduanales (empleados de Hacienda) lo embargaron a causa de un pago pendiente de impuestos de importación por 30 mil pesos. González de Alba pagó el impuesto de inmediato. Pero el vino se quedó en una bodega del gobierno durante cuatro meses, hasta que los funcionarios pudieron resolver el papeleo, y después le cobraron 65 mil pesos por almacenamiento. ¿Había cambiado la vida de González de Alba desde la derrota del PRI?

"Sí: ahora los trámites están más difíciles", contestó.

Fox el candidato había prometido hacer de la "revolución educativa" su mayor prioridad. En tiempos del PRI, las escuelas primarias y secundarias habían sido controladas por la Secretaría de Educación Pública (SEP), entidad que imponía un plan nacional de estudios, y también por treinta y un departamentos estatales, los cuales mantenían los expedientes académicos y aprobaban a los maestros. Zedillo había comenzado a descentralizar el sistema, pero con Fox la SEP parecía paralizada. En lugar de contraerse, el número de burócratas en sus oficinas centrales en la ciudad de México estaba aumentando.[9]

La política de Fox de complacer al antiguo régimen era especialmente obvia en su relación con los desacreditados líderes obreros del PRI. Leonardo Rodríguez Alcaine, el dirigente de la CTM, había amenazado, antes de las elecciones de julio de 2000, con convocar a una huelga general si Fox ganaba la presidencia. Pero después de las elecciones cambió de opinión, y dijo que esperaba convertirse en "cuate" del presidente.[10] Fox, al parecer consciente del servicio que los sindicatos oficialistas prestaron durante la época del PRI persuadiendo a los trabajadores de aceptar medidas de austeridad, elogió la "visión" de Rodríguez Alcaine.[11]

Arturo Alcalde comprobó que sus esfuerzos para obtener el reconocimiento legal de sindicatos independientes no se habían vuelto menos tormentosos desde la victoria de Fox. Representaba a pilotos de una línea aérea regional, Aviacsa, que buscaban desautorizar a un sindicato falso con el que la dirección de la aerolínea había firmado un contrato de protección. En plena elección de anulación de registro, el primero de abril de 2002, treinta sujetos irrumpieron en el principal tribunal laboral de la ciudad de México, golpeando y pateando a Alcalde. Los sujetos se retiraron cuando un grupo de pilotos corrieron al rescate de Alcalde, quien gracias a ello sólo sufrió contusiones. Pero el ataque demostró que las mafias aún controlaban el inframundo laboral.[12]

Tampoco la vida parecía más fácil para los trabajadores de maquiladoras en el norte de México, luego de la derrota del PRI. En Ciudad Acuña, las tensiones entre Alcoa y el Comité Fronterizo de Obreras, dirigido por Julia Quiñónez y Juan Tovar, se exacerbaron después de la victora de Fox. El comité exigió un aumento salarial, y en el otoño de 2000 Tovar encabezó un paro no autorizado.[13] Alcoa llamó a la policía de Ciudad Acuña, la que reprimió la huelga lanzando gas lacrimógeno a los trabajadores congregados en un estacionamiento de la compañía. La empresa reaccionó en un principio con un modesto aumento salarial. Pero un año después, cuando los medios de información mexicanos y estadunidenses se ocupaban de los ataques terroristas del 11 de septiembre en Nueva York, Alcoa despidió a Tovar y a casi doscientos trabajadores más de Ciudad Acuña, cuya dirección había identificado como conflictivos.

El gobierno de Fox asestó algunos golpes a los cárteles de la droga, pues encarceló a Mario Villanueva, exgobernador priísta acusado en Nueva York y México de vínculos con el narcotráfico;[14] detuvo a Benjamín Arellano Félix y la policía mató a su hermano Ramón en un enfrentamiento a balazos.[15] Estos sucesos indicaban que algunos de los lazos forjados durante la época del PRI entre funcionarios federales y las mafias de la cocaína se estaban disolviendo. Pero aún no se podía concluir que el gobierno democrático pudiera permanecer inmune a los requiebros de los narcotraficantes; las ganancias del comercio de estupefacientes en América del Norte eran demasiado elevadas.

El gobierno había avanzado poco contra otros tipos de crimen organizado.

Durante mi viaje visité a Josefina Ricaño en su casa en Bosques de las Lomas. Nuestra conversación fue interrumpida varias veces por llamadas de los angustiados parientes de una persona que había sido secuestrada en el Valle de Chalco, justo al sur de la casa de Daniel Arizmendi en Nezahualcóyotl.

"Samuel, quiero que dejes muy claro que desgraciadamente está peor la situación en cuanto a secuestros. Ha crecido."

Samuel Dillon

Fox titubeó en cómo enfrentar los crímenes históricos de la época del PRI. Durante sus dos primeros años, algunos de sus colaboradores, como Adolfo Aguilar Zinser, intentaron persuadirlo de que nombrara una Comisión de la Verdad, siguiendo el modelo de órganos similares en Sudáfrica y Chile, con autoridad para examinar los archivos largamente mantenidos en secreto por el PRI con objeto de esclarecer los hechos e identificar a los funcionarios responsables de la matanza de Tlatelolco, la campaña de exterminio de los años setenta contra rebeldes izquierdistas y otros episodios. Otros, encabezados por Santiago Creel, sostenían que era preferible no perturbar a los muertos.

En junio de 2002 Fox optó por una medida intermedia. Abrió los archivos de la Dirección Federal de Seguridad, la policía política de tiempos del PRI, a la consulta pública y nombró a un fiscal especial, Ignacio Carrillo Prieto, para la investigación de algunos episodios de violencia gubernamental, entre ellos el de Tlatelolco.[16] Ningún presidente anterior había dado pasos como éstos, pero algunas organizaciones defensoras de los derechos humanos los criticaron como otra táctica para eludir la confrontación con el PRI. La apertura de millones de expedientes a la consulta pública estuvo muy lejos de facultar a los expertos, respaldados por la autoridad del gobierno democrático, para examinarlos con la mira puesta en el deslindamiento de responsabilidades.

En julio de 2004, Carrillo Prieto emitió una denuncia sin precedentes de un expresidente, culpando a Luis Echeverría de genocidio por la muerte, el 10 de junio de 1971, de unos veinticinco estudiantes por un escuadrón de choque conocido como los Halcones. Pero esta acción resultó infructuosa: el juez desechó los cargos al día siguiente sin siquiera haber estudiado el expediente.

Sin embargo, al menos algunas autoridades responsables de los peores abusos en la época del PRI serían llamadas a rendir cuentas. En septiembre de 2002 el ejército informó que un tribunal militar había acusado a dos generales, Francisco Quirós Hermosillo y Mario Acosta Chaparro, de supervisar el asesinato de casi ciento cincuenta izquierdistas en los años setenta.[17] Grupos de derechos humanos habían identificado, años antes, a esos dos generales como jefes de la guerra sucia librada durante los periodos presidenciales de Echeverría y López Portillo. En las últimas semanas del sexenio de Zedillo, la policía militar los había detenido por acusaciones relativas al narcotráfico, pero pocas personas confiaban en que alguna vez se les sometería a juicio por homicidios políticos.

Con sus logros muy limitados, Fox se vio cada vez más atrapado en un zarzal de indecisiones, y los mexicanos se sintieron frustrados. Aun así, pocos expresaban nostalgia de los presidentes autoritarios del pasado. La evolución de actitudes populares se volvió evidente en la controversia causada por la construcción del nuevo aeropuerto internacional a treinta kilómetros al noreste de la ciudad de México. Sus pistas cubrirían en gran medida el desecado lecho del lago de Texcoco, pero también implicaban la expropiación de algunos terrenos agrícolas. Los campesinos protestaron. Los colaboradores de Fox, procedentes del mundo corporativo, trazaron impecables planos, pero ignoraron las crecientes protestas, hasta junio de 2002, cuando, machete en mano, los campesinos tomaron oficinas gubernamentales y a una docena de rehenes. Presidentes priístas habían enfrentado similares protestas; invariablemente los líderes disidentes habían sido comprados, encarcelados o, en algunos casos, desaparecidos. Fox, en contraste, canceló de forma abrupta el proyecto del aeropuerto, con el argumento de que, en conciencia, no podía imponer su construcción al precio de reprimir a los campesinos.

Algunos empresarios lo criticaron por no sofocar a los inconformes, pues, adujeron, esa decisión no haría sino estimular protestas oportunistas en otros casos. Pero los ciudadanos comunes aprobaron su moderación como un impulso a la democracia.[18] Con una admiración histórica por caudillos, la nación tenía ahora opiniones divididas sobre si los presidentes debían gobernar con mano dura.

Fox no habría podido gobernar como caudillo autoritario aun si hubiera querido, porque controles democráticos restringían sus facultades como a ningún presidente anterior. Aunque, bajo control de la oposición, en 1997 el congreso había declarado su independencia de Zedillo, había aprobado muchas de las leyes propuestas por éste. Pero ya con Fox el congreso se volvió más agresivo e impugnaba un considerable porcentaje de las leyes que aquél proponía.[19] Incluso una vez el senado prohibió a Fox viajar a Estados Unidos y Canadá.[20]

La Suprema Corte de Justicia también evolucionaba y se convertía en un poder más independiente. Siempre había sido el más débil de los tres poderes federales; antes de la derrota del PRI, jamás se había atrevido a fallar contra un presidente en una controversia constitucional. Esto cambió apenas siete semanas después de la victoria de Fox. La Suprema Corte ordenó a Zedillo, en las postrimerías de su sexenio, entregar al congreso información bancaria que había insistido en mantener en secreto. Con Fox, la Suprema Corte afianzó su independencia, pues falló contra él tres veces en dos años, anulando decretos tan diversos como los relativos al horario de verano y a un impuesto al jarabe de maíz.[21] Uno de los mayores riesgos políticos que Fox asumió desde principios de su sexenio fue prometer relaciones mucho más cálidas con Estados Unidos, buscando nuevas medidas para legalizar la situación de millones de mexicanos que vivían y trabajaban allá sin documentos. Fox estaba seguro de que cumpliría ese compromiso porque había establecido una muy buena relación con el presidente estadunidense, George W. Bush, ranchero como él. Pero tras los ataques terroristas del 11 de septiembre de 2001 en Nueva York, las prioridades de Bush cambiaron: redobló la seguridad en la frontera y persiguió enérgicamente la inmigración ilegal, olvidando su amistad con Fox. Las relaciones entre ambos países se deterioraron aún más cuando México consiguió un lugar en el Consejo de Seguridad de la Organización de las Naciones Unidas durante el debate sobre Irak. El gobierno de Bush, con base en un burdo cálculo diplomático, supuso que, en definitiva, México se vería obligado a dar su apoyo a la guerra. Pero Fox respondió al avasallador sentir antibélico en su país y se mantuvo al margen de las negociaciones. Al final, ambas partes se mostraron disgustadas.

En enero de 2004, el presidente Bush, finalmente, presentó una nueva propuesta, en la que ofreció crear visas de trabajo temporales por tres años para indocumentados mexicanos. Pero no la envió al congreso, de manera que su único impacto inmediato fue dejar en claro que su gobierno procedería en forma unilateral y no se proponía negociar con Fox un pacto de inmigración.

Aunque Fox había prometido crear más de un millón de empleos al año, con énfasis en las pequeñas empresas, en realidad México perdió empleos, a causa del desaceleramiento de la economía, por efecto de la recesión en Estados Unidos, y de la fuga de empleos de manufactura a China. En el cuarto año de gobierno, el empleo comenzaba a crecer otra vez. En contraste con el pasado, bajo el gobierno de Fox la economía sorteó la desaceleración sin una crisis mayor. Pero la reforma fiscal que propuso para mantener la competitividad del país en una economía globalizada había fracasado en un congreso hostil.

En 2004, Fox ya gobernaba como un "caso perdido". Muchos de los veteranos del movimiento democrático que se habían sumado a su gobierno, habían languidecido o se habían alejado, y algunos incluso rompieron con él. Luis H. Álvarez no logró avances en el entendimiento con los zapatistas. Jorge G. Castañeda renunció como secretario de Relaciones Exteriores en 2003, frustrado por la ausencia de progresos con Washington en torno a la inmigración, y dejó el bando de Fox, decidido a lanzar una improbable campaña independiente por la presidencia. Adolfo Aguilar Zinser, tras ser retirado por Fox como consejero de seguridad nacional, fue enviado como embajador ante la Organización de las Naciones Unidas, donde riñó con Castañeda y rompió finalmente con Fox. Después de cuatro años de gobierno, el presidente preservaba su popularidad personal, pero los mexicanos habían llegado a la conclusión de que, a pesar de sus buenas intenciones, no podía gobernar con eficacia. Parecía

345

incapaz de controlar aun a su propia esposa, Marta Sahagún, con quien se casó a principios del sexenio. Durante meses Fox permitió que su presidencia fuera eclipsada por la especulación sobre las ambiciones presidenciales de Marta.

Había aparecido una nueva generación de líderes democráticos, encabezados por López Obrador, quien emergió como el más poderoso rival de Fox.

Los innovadores programas de López Obrador le ganaron admiración mucho más allá de la ciudad de México. Pero también resintió el impacto del nuevo escrutinio democrático. En la primavera de 2004, varios miembros de su equipo, entre ellos su secretario particular, René Bejarano, fueron filmados en video recibiendo elevadas sumas en efectivo de un empresario que había obtenido contratos de construcción del gobierno de la ciudad, Carlos Ahumada. Pero en lugar de ordenar una investigación exhaustiva, López Obrador culpó del escándalo a una oscura conspiración orquestada, según él, por el PAN, y convocó a sus simpatizantes a vitorearlo en el Zócalo.

Con la mira puesta en las nuevas elecciones presidenciales de 2006, el sistema político mexicano, durante tanto tiempo definido por un solo partido, había evolucionado hasta convertirse en un sistema de tres partidos, cada uno de los cuales pugnaba por adaptarse a la nueva realidad. El ascenso de López Obrador, en vez de fortalecer al PRD, lo había dividido, lo que motivó que su patriarca, Cuauhtémoc Cárdenas, renunciara a la dirigencia partidista. El PRI, con Roberto Madrazo como máximo dirigente, mantuvo su posición como el partido más grande y mejor organizado, pero seguía a merced de la vieja guardia, aferrado al pasado. (Incluso Carlos Salinas regresó a vivir a México, donde de inmediato entró en actividad tras bastidores en la política priísta, con lo que recuperó su vieja fama de ser quien mueve los hilos, aunque de ninguna manera su antiguo poder.) Los viejos dirigentes del PAN, adheridos a estrechas opiniones conservadoras, jamás cerraron filas por completo alrededor de Fox. Sin embargo, Santiago Creel había actuado en forma suficientemente satisfactoria como secretario de Gobernación para convertirse en serio aspirante a la presidencia. La contienda cobraba visos ásperos e impredecibles. Pero no había signos de que fuera a ser desestabilizadora.

Durante la campaña de 2000, Fox había prometido terminar con la creciente polarización entre ricos y pobres. Había prometido reformas financieras que permitirían al pueblo trabajador obtener reducidos préstamos para comprar una casa y poner un negocio. Había prometido revigorizar la seguridad social y los sistemas de salud pública. Había prometido poner fin a la depredación de los bosques para evitar que diversas cuencas siguieran convirtiéndose en desiertos, e instituir programas para acrecentar la responsabilidad de los servidores públicos. Pero al verse el gobierno de Fox frente a tales problemas, la mayoría de esas iniciativas quedó, de hecho, en el olvido. Los cínicos dijeron que Fox había permitido que el antiguo sistema lo absorbiera. Ciertamente había despertado esperanzas poco realistas y ofrecido apenas un mediocre liderazgo presidencial. También era verdad que, en medio de la desazón, algunas voces —como en otras partes de América Latina— se quejaban de que el gobierno democrático era en sí mismo demasiado torpe para hacer frente a los retos económicos y sociales de la región. Sin embargo, la mayoría de los ciudadanos manifestaba orgullo en la democracia que había conquistado y estaba dispuesta a concederle más tiempo para mejorar.

En Estados Unidos el gobierno democrático nació en las últimas décadas del siglo XVIII, con una brillante Constitución y enorme vigor popular. No obstante, a la democracia estadunidense le llevó ocho décadas abolir la esclavitud; y luego de un siglo, en los barrios de Nueva York controlados por Tammany Hall proliferaba una corrupción urbana tan vil como la vista bajo el PRI. ¿Acaso la democracia estadunidense produjo de inmediato eficientes políticas económicas? Estados Unidos había experimentado siglo y medio de gobierno democrático cuando la Gran Depresión envió a un tercio de sus trabajadores a hacer cola para recibir un poco de comida.

La democracia no es garantía de buen gobierno, sino un conjunto de reglas y una cultura para la resolución de diferencias que permiten a los ciudadanos limitar el mal gobierno. A más de tres décadas del inicio de su construcción formal por la sociedad, la democracia mexicana era aún en 2004 una obra en proceso. Los ciudadanos dirigían para entonces un drama en el que Vicente Fox, López Obrador y los legisladores del recién independizado congreso eran actores temporales. Si ellos fallaban, la gente tenía ahora la capacidad de producir líderes dispuestos a impulsar más enérgicamente el programa de la nación.

El futuro de México, como su pasado, traería sin duda épocas de turbulencia. Pero era una nación cuyos ciudadanos habían creado una división real de poderes y un probado sistema electoral, y habían alcanzado la libertad de expresión. Vigorosas instituciones democráticas soportarían las pruebas por venir.

México había parecido la dictadura perfecta. Ahora era una democracia imperfecta.

NOTAS

EL DÍA DEL CAMBIO

[1] La información de este capítulo se basa en las entrevistas de los autores con las siguientes personas, a las que se cita en orden alfabético: Federico Berrueto, 19 de enero y 16 de agosto de 2001; Cuauhtémoc Cárdenas, 12 de diciembre de 2000; Jorge G. Castañeda, 6 de junio y 19 de noviembre de 2000 y 30 de junio de 2001; Vicente Fox, 2 de julio de 2000; Emilio Gamboa, 8 de febrero de 2001; Concepción Guadalupe Garza Rodríguez, 28 de septiembre de 2000; Francisco Labastida Ochoa, 12 de octubre de 2000; Esteban Moctezuma, 22 de julio y 25 de diciembre de 2000 y 30 de agosto de 2001; Nguyen Huu Dong, 17 de noviembre de 2000; Robert Pastor, 24 y 26 de abril de 2001; Marco Provencio, 3 de octubre de 2000; Liébano Sáenz, 21 de febrero, 2 de marzo, 9 de mayo, 3 de agosto y 29 de noviembre de 2001; Javier Treviño, 21 de septiembre de 2000; José Woldenberg, 28 de noviembre de 2000; y Emilio Zebadúa, 27 de noviembre de 2000.

[2] A diferencia de una encuesta de salida, no del todo confiable en cuanto que la información proporcionada por los votantes fuera de las casillas no siempre es fidedigna, un conteo rápido se funda en proyecciones estadísticas de resultados efectivos tras el cierre de la votación.

[3] Véase Guillermo Rivera, "La historia no narrada del 2 de julio", en *Reforma*, 17-20 de septiembre de 2000, serie en cuatro partes.

[4] Información proporcionada a *The New York Times* por Francisco Hoyos.

[5] El presidente calificó esas faltas como fantasías urdidas por la oposición para desacreditar las elecciones en la misiva que entregó a Carter y su veterano asesor Robert Pastor durante un cordial encuentro sostenido el viernes previo al 2 de julio. "En nuestra opinión [el informe] no satisface los principios de objetividad e imparcialidad", escribió Zedillo, fórmula un tanto ruda para un documento diplomático. "[Tampoco] es equilibrado [...] El hincapié en supuestas irregularidades empuja al Centro Carter a emitir juicios fuera de toda proporción [...] Lamentamos la improcedencia de sus críticas."

[6] Enrique Krauze, *Mexico: A Biography of Power. A History of Modern Mexico, 1810-1996* (traducción de Hank Heifetz), HarperCollins, New York, 1997, p. 98.

TLATELOLCO, 1968

[1] Véase Luis González de Alba, *Los días y los años*, Era, México, 1971; la información adicional procede de entrevistas personales con González de Alba.

[2] Véase Enrique Krauze, *Mexico: A Biography of Power. A History of Modern Mexico, 1810-1996* (traducción de Hank Heifetz), HarperCollins, New York, 1997, capítulo 21.

[3] La información sobre la manera de pensar de Díaz Ordaz se basa en sus memorias inéditas, presentadas en Enrique Krauze, *Mexico: A Biography of Power, op. cit.*, capítulo 21.

[4] *Ibíd.* y José Agustín, *Tragicomedia mexicana 1. La vida en México de 1940 a 1970*, Planeta, México, 1990.

[5] Véase *El Universal*, 30 de julio de 1968, citado en Ramón Ramírez, *El movimiento estudiantil de México*, vol. 1: *Análisis/cronología*, Era, México, 1969, p. 163.

[6] La cifra de asistentes procede de Enrique Krauze, *Mexico: A Biography of Power, op. cit.*, p. 696. Ramón Ramírez se basa en *El Universal* del 2 de agosto de 1968 para sostener que fueron "cerca de cien mil".

[7] Entrevista personal con Raúl Álvarez Garín, 2 de febrero de 2001.

[8] Luis González de Alba, *Los días y los años, op. cit.*, p. 57. Álvarez Garín se refirió a ese discurso en la entrevista personal del 2 de febrero de 2001.

[9] Véase Ramón Ramírez, *El movimiento estudiantil de México*, vol. 1: *Análisis/cronología, op. cit.*, p. 215.

[10] Véase Raúl Álvarez Garín, *La estela de Tlatelolco. Una reconstrucción histórica del movimiento estudiantil del '68*, Grijalbo, México, 1998, p. 164.

[11] Entrevista personal con Raúl Álvarez Garín, 2 de febrero de 2001.

[12] Luis González de Alba, "1968: La fiesta y la tragedia", en *Nexos*, septiembre de 1993.

[13] Véase Ramón Ramírez, *El movimiento estudiantil de México*, vol. 1: *Análisis/cronología, op. cit.*, p. 250.

[14] Ramón Ramírez, *El movimiento estudiantil de México*, vol. 2: *Documentos*, Era, México, 1969, pp. 203 y 205.

[15] Véase el curriculum vitae de Castillo publicado por la Fundación Heberto Castillo; Humberto Musacchio, *Milenios de México*, vol. 1, Raya en el Agua, México, 1999, p. 519, y Heberto Castillo, *Si te agarran te van a matar*, Proceso, México, 1983.

[16] Así lo dejan ver las memorias de este último. Véase Enrique Krauze, *Mexico: A Biography of Power*, op. cit., p. 713.

[17] Entrevista personal con Luis González de Alba, quien estuvo presente en esa reunión, 16 de febrero de 2001.

[18] Véase Heberto Castillo, *Si te agarran te van a matar*, op. cit., p. 82.

[19] *Ibíd.*, pp. 84-88.

[20] Véase Raúl Álvarez Garín, *La estela de Tlatelolco*, op. cit., p. 78.

[21] Véase Luis Gónzalez de Alba, *Los días y los años*, op. cit.; información adicional sobre su participación en ese mitin y ulterior detención procede de entrevistas personales con él.

[22] Sergio Aguayo, *1968. Los archivos de la violencia*, Grijalbo-Reforma, México, p. 12.

[23] Véase Raúl Álvarez Garín, *La estela de Tlatelolco*, op. cit., p. 87.

[24] Algunos detalles de lo sucedido en el balcón proceden del testimonio de la periodista italiana Oriana Fallaci reproducido en Ramón Ramírez, *El movimiento estudiantil de México*, vol. 1: *Análisis/cronología*, op. cit., p. 394.

[25] Entrevista personal con Raúl Álvarez Garín, 26 de febrero de 2001.

[26] Luis González de Alba, *Los días y los años*, op. cit., p. 185.

[27] *Ibíd.*

[28] Véase Elena Poniatowska, *La noche de Tlatelolco*, Era, México, 1997, p. 185.

[29] Véase Raúl Álvarez Garín, *La estela de Tlatelolco*, op. cit., p. 87.

[30] Véase Elena Poniatowska, *La noche de Tlatelolco*, op. cit., p. 181.

[31] Véase Ramón Ramírez, *El movimiento estudiantil de México*, vol. 1: *Análisis/cronología*, op. cit., p. 400.

[32] Véase Sergio Aguayo, *1968. Los archivos de la violencia*, op. cit., p. 12.

[33] Véase Luis González de Alba, *Los días y los años*, op. cit., p. 206.

[34] Véase Raúl Álvarez Garín, *La estela de Tlatelolco*, op. cit., p. 89.

[35] Véase Sergio Aguayo, *1968. Los archivos de la violencia*, op. cit., p. 13.

[36] Entrevista personal con Jacobo Zabludovsky, 19 de enero de 1998.

[37] Amalia Solórzano de Cárdenas, *Era otra cosa la vida*, Nueva Imagen, México, 1994, citada en Sergio Aguayo, *1968. Los archivos de la violencia*, op. cit., p. 271.

[38] Entrevista personal con Elena Poniatowska, 13 de febrero de 2001; de esta fuente procede la información de sus actividades del 2 y 3 de octubre de 1968 y semanas posteriores.

[39] Véase Elena Poniatowska, *La noche de Tlatelolco*, op. cit., p. 172.

[40] *Ibíd.*, p. 231.

[41] Se trataba de Frederick Ruegsegger, secretario particular de Avery Brundage, presidente del COI. Véase Sergio Aguayo, *1968. Los archivos de la violencia*, op. cit., pp. 263-265.

[42] "100,000 See the Olympics Open in Mexico Stadium", en *The New York Times*, 13 de octubre de 1968, p. 1.

[43] Página en Internet del Comité Olímpico Internacional.

[44] Entrevistas personales con Luis González de Alba y Raúl Álvarez Garín, febrero de 2001.

[45] Entrevista personal con Elena Poniatowska, 13 de febrero de 2001. Pese a la amistad que los unía, González de Alba demandó a Poniatowska en 1997 por haber atribuido a fuentes incorrectas fragmentos de *Los días y los años* citados en *La noche de Tlatelolco*.

[46] Octavio Paz, "Vislumbres de la India", en *Obras completas*, vol. 10: *Ideas y costumbres II. Usos y símbolos*, Fondo de Cultura Económica, México, 1996, citado en Guillermo Sheridan, "Aquí, allá, ¿dónde? Octavio Paz en el servicio diplomático", en *Poeta con paisaje* (Era, México, 2004), fuente —crónica minuciosamente documentada, entre otras cosas, de la estancia de Paz en Nueva Delhi como embajador de México y su renuncia al cargo en 1968— de la que, junto con la entrevista personal con Sheridan del 13 de febrero de 2001, procede buena parte de los detalles que referimos en este libro sobre las actividades de Paz en 1968 y 1969.

[47] Octavio Paz, "Un sueño de libertad. Cartas a la cancillería", en *Vuelta*, núm. 256, marzo de 1998.

[48] *Ibíd.*

[49] Octavio Paz, "Intermitencias del Oeste (3) (México: Olimpiada de 1968)", en *Poemas (1935-1975)*, Seix Ba-

rral, Barcelona, 1979, p. 429. El comentario previo sobre la redacción de este "pequeño poema" procede de la nota del autor, p. 688.

[50] Interrogado en la televisión, en 1970, sobre la renuncia de Paz, Díaz Ordaz contestó, en su más brusca articulación de su desprecio por el poeta: "Me muero de la risa" (Guillermo Sheridan, "Aquí, allá, ¿dónde? Octavio Paz en el servicio diplomático", *op. cit.*).

[51] Entrevista personal con Guillermo Sheridan, 13 de febrero de 2001, quien se apoyó en correspondencia de Paz.

[52] Jean Wetz, en *Le Monde*, 14 de noviembre de 1968.

[53] *Le Figaro Littéraire*, 27 de enero de 1969.

[54] Véase Sergio Aguayo, *1968. Los archivos de la violencia*, *op. cit.*, p. 276.

[55] Mensaje diplomático de Zavala a la Secretaría de Relaciones Exteriores, 14 de febrero de 1969; copia en los archivos de la Fundación Octavio Paz.

[56] Véase Sergio Aguayo, *1968. Los archivos de la violencia*, *op. cit.*, p. 273.

[57] Este libro se publicó en inglés con el título *The Other Mexico. Critique of the Pyramid*, Grove Press, 1972.

[58] Octavio Paz, *Posdata*, Siglo XXI Editores, México, 1973, pp. 30 y 38.

[59] Luis González de Alba, *Los días y los años*, *op. cit.*, p. 145. Véase también la última página, 207.

[60] Encuesta de la Universidad de Princeton, citada en Sergio Aguayo, *1968. Los archivos de la violencia*, *op. cit.*, p. 28.

[61] Consejo Nacional de Huelga, "Manifiesto a la nación. 2 de octubre", reproducido en Ramón Ramírez, *El movimiento estudiantil de México*, vol. 2: *Documentos*, *op. cit.*, p. 504.

[62] Véase Elena Poniatowska, *La noche de Tlatelolco*, *op. cit.*, p. 270.

[63] Entrevista personal con Raúl Álvarez Garín, 2 de febrero de 2001. Véase Raúl Álvarez Garín, *La estela de Tlatelolco*, *op. cit.*, p. 208.

[64] Entrevista personal con Liébano Sáenz, secretario particular de Ernesto Zedillo, 21 de febrero de 2001.

[65] Véase Vicente Fox, *A Los Pinos. Recuento autobiográfico y político*, Oceano, México, 1999, p. 40.

[66] Lino Korrodi y José Luis González, quien asegura (entrevista personal, 27 de marzo de 2001) que Fox jamás hablaba entonces de política.

[67] Vicente Fox, *A Los Pinos*, *op. cit.*, p. 40.

[68] Entrevista personal con Sergio Aguayo, 6 de julio de 2000.

[69] Véase Heberto Castillo, *Si te agarran te van a matar*, *op. cit.*, pp. 125-146. El entonces regente del Distrito Federal, Alfonso Martínez Domínguez, aseguró a Castillo que Luis Echeverría, quien había sucedido a Díaz Ordaz en la presidencia apenas seis meses antes, coordinó telefónicamente en su presencia esa masacre y ordenó quemar los cadáveres. Véase también "Luis Echeverría recibió informes de la matanza cada 10 minutos", en *Proceso*, 17 de junio de 2001.

[70] Entrevista personal con Raúl Álvarez Garín, 2 de febrero de 2001. La cifra de 29 muertos procede de Tim Weiner, "Mexico Secrets: Envelope Holds Ghosts of 70's", en *The New York Times*, 1 de julio de 2002, p. A1.

[71] Entrevista personal con Raúl Álvarez Garín, 2 de febrero de 2001. Gustavo Hirales ("La guerra secreta, 1970-1978", en *Nexos*, junio de 1982) calculó en mil quinientos los guerrilleros asesinados en los años setenta, y la Comisión Nacional de Derechos Humanos (en un informe de diciembre de 2001 tras la revisión de archivos gubernamentales previamente secretos) en 275 los desaparecidos. Sin embargo, grupos de derechos humanos insisten en que esa cantidad podría llegar a 500. Véase Ginger Thompson, "Flashback to Deadly Clash of '68 Shakes Mexico", en *The New York Times*, 13 de diciembre de 2001, p. 3 y "Who 'Disappeared' in Mexico: A General's Sinister Story", en *The New York Times*, 16 de julio de 2002, p. 3. La cifra de ciento cuarenta y tres rebeldes arrojados al mar procede de una entrevista con un fiscal militar (Gustavo Castillo García, "Acosta Chaparro y Quirós, acusados de 143 asesinatos", en *La Jornada*, 28 de septiembre de 2002, p. 1).

[72] Entrevistas personales con Rosario Ibarra de Piedra, 21 de septiembre y 20 de octubre de 2000. Véase también Elena Poniatowska, *Fuerte es el silencio*, Era, México, 1980.

[73] Véase Enrique Krauze, *Mexico: A Biography of Power*, *op. cit.*, pp. 750-751.

[74] Entrevista personal con Luis González de Alba, 19 de febrero de 2001.

[75] Entrevistas personales con Arturo Alcalde Justiniani, 14 de marzo y 17 de julio de 2001.

[76] Hasta principios de los años sesenta las leyes electorales concedieron al PRI todas las ventajas imaginables, al grado de que al obtener, en 1958, 6 de las 8 curules ganadas por la oposición en la cámara de diputados (en-

351

tonces con un total de 161), el PAN decidió no ocuparlas e incluso pensó en desintegrarse. El gobierno realizó reformas electorales en 1963 y 1973 para alentar la presencia de pequeños partidos en el congreso (en demérito del PAN en el segundo caso) y remozar su imagen democrática. Véase Juan Molinar Horcasitas y Jeffrey A. Weldon, "Reforming Electoral Systems in Mexico", en Matthew Soberg Shugart y Martin P. Wattenberg, eds., *Mixed-Member Electoral Systems. The Best of Both Worlds?*, Oxford University Press, Oxford, 2001.

[77] Ricardo Becerra, Pedro Salazar y José Woldenberg, *La mecánica del cambio político en México. Elecciones, partidos y reformas*, Cal y Arena, México, 2000, p. 87.

[78] *Ibíd.*, p. 148. Véase también Juan Molinar Horcasitas et al., "Reforming Electoral Systems in Mexico", *op. cit.*, p. 4.

[79] Ricardo Becerra et al., *La mecánica del cambio político en México, op. cit.*, p. 103.

[80] Véase Soledad Loaeza, *El Partido Acción Nacional. La larga marcha, 1939-1994*, México, Fondo de Cultura Económica, 1999, pp. 317-318. Sobre el reconocimiento legal del PCM, véase Arnoldo Martínez Verdugo, ed., *Historia del comunismo en México*, Grijalbo, México, 1983, p. 372.

[81] Entrevista personal con Sergio Aguayo, 6 de julio de 2000.

EL TEMBLOR, 1985

[1] José López Portillo, *Sexto informe de gobierno*, Presidencia de la República, México, 1982.

[2] La información de este capítulo se basa en entrevistas personales con Cuauhtémoc Abarca, Arturo Alcalde Justiniani, Homero Aridjis, Imanol Ordorika y Elena Poniatowska, así como en las notas elaboradas por Julia Preston para *The Boston Globe* y por Samuel Dillon para *The Miami Herald* en septiembre de 1985 en la ciudad de México.

[3] Véase Carlos Monsiváis, *Entrada libre. Crónicas de la sociedad que se organiza*, Era, México, 1987, pp. 52-64.

[4] José Agustín, *Tragicomedia mexicana 3. La vida en México de 1982 a 1994*, Planeta, México, 1998, p. 83.

[5] Enrique de la Garza et al., *Esto pasó en México*, México, Extemporáneos, 1985, p. 97.

[6] José Agustín, *Tragicomedia mexicana 3, op. cit.*, p. 84.

[7] Enrique de la Garza et al., *Esto pasó en México, op. cit.*, p. 109.

[8] Véase Manuel Becerra Acosta et al., *19 de septiembre. Unomásuno*, Uno, México, 1985, p. 52.

[9] "A Declaration by 100 Intellectuals and Artists against Contamination in Mexico City", en *The News*, 1 de marzo de 1985, p. 18.

[10] Véase William A. Orme Jr., "Thousands Still Homeless 1 Year after Mexico Quake", en *The Washington Post*, 20 de septiembre de 1986, p. A1.

[11] Carlos Monsiváis, *Entrada libre, op. cit.*, p. 82.

CHIHUAHUA, 1986

[1] El PAN había obtenido hasta entonces más votos que cualquier otro partido de oposición. En las elecciones de 1982, por ejemplo, el candidato presidencial priísta, Miguel de la Madrid, recibió 71% de los votos; el panista, Pablo Emilio Madero, 16%, y los de los otros cinco partidos 9% en total (entrevista personal con un vocero del Instituto Federal Electoral, 1999).

[2] Véase Enrique Krauze, *Mexico: Biography of Power. A History of Modern Mexico, 1810-1996* (traducción de Hank Heifetz), HarperCollins, New York, 1997, p. 767.

[3] Entrevista personal con Luis H. Álvarez, 7 de julio de 2000.

[4] Entrevista personal con Lorenzo Meyer, 13 de marzo de 2000.

[5] Véase Gabriel Romero Silva, *Memorias del PAN*, vol. V, Estudios y Publicaciones Económicos y Sociales, México, 1993, p. 208.

[6] Véase Luis Rubén Cuevas, "Luis H. Álvarez: El hombre que aró en el mar", en *Dos Puntos*, revista dominical del periódico *Reforma*, 10 de marzo de 2001, p. 21.

[7] Entrevista personal con María Elena Álvarez de Vicencio, 12 de marzo de 2001. Diputada federal entonces y viuda de un expresidente del PAN, la señora Vicencio participó en actividades de recolección de fondos para este partido entre los años cincuenta y principios de los ochenta.

[8] Éste y los siguientes detalles de la campaña de referencia proceden de entrevistas personales con Luis H. Álvarez, 7 de julio de 2000 y 15 de mayo de 2001, y de Gabriel Romero Silva, *Memorias del PAN, op. cit.*, pp. 143-233.

[9] En Salvador Beltrán del Río, *Partido Acción Nacional. La lucha por la democracia, 1939-2000*, México Desconocido, México, 2000, p. 71, aparece una fotografía de esa manta.

[10] "Tales cifras son casi inverosímiles si se considera el clima de protesta en los meses previos a julio de 1958 y el descontento mostrado por algunas organizaciones obreras cuando López Mateos era secretario del Trabajo." Soledad Loaeza, *El Partido Acción Nacional. La larga marcha, 1939-1994*, Fondo de Cultura Económica, México, 1999, p. 276.

[11] Véase María Elena Álvarez Bernal, *Municipio y democracia*, Estudios y Publicaciones Económicos y Sociales, México, 1995, pp. 154-160.

[12] Véase Juan Molinar Horcasitas y Jeffrey A. Weldon, "Reforming Electoral Systems in Mexico", en Matthew Soberg Shugart y Martin P. Wattenberg, eds., *Mixed-Member Electoral Systems. The Best of Both Worlds?*, Oxford University Press, Oxford, 2001.

[13] Véase María Elena Álvarez de Vicencio, *Alternativa democrática*, Estudios y Publicaciones Económicos y Sociales, México, 1986, p. 97.

[14] Véase Alan Riding, *Vecinos distantes. Un retrato de los mexicanos*, trad. de Pilar Mascaró, Joaquín Mortiz, México, 1985, pp. 177-185.

[15] *Ibíd.*, p. 158.

[16] Véase Alberto Aziz Nassif, *Chihuahua. Historia de una alternativa*, La Jornada, México, 1994, p. 40.

[17] *Ibíd.*, p. 41.

[18] Esas otras cinco ciudades fueron Ciudad Juárez, Delicias, Parral, Camargo y Nuevo Casas Grandes; Cuauhtémoc fue la séptima. En *ibíd.*, p. 69, aparece una tabla de resultados electorales por ciudad.

[19] *Ibíd.*, p. 58.

[20] Entrevista personal con Francisco Barrio Terrazas, 24 de abril de 2001.

[21] Un amplio análisis del impacto político de esta generación de jóvenes empresarios aparece en Blanca Rubio Heredia, "Profits, Politics, and Size. The Political Transformation of Mexican Business", en Douglas A. Chalmers, Maria do Carmo Campello de Souza y Atilio A. Borón, eds., *The Right and Democracy in Latin America*, Praeger, New York, 1992. "El autoritario régimen mexicano no se las había visto nunca antes con empresarios para quienes la participación política fuera importante en sí misma", escribió Rubio. "En suma, nunca un influyente grupo de empresarios mexicanos habían estado en posibilidades y disposición de desempeñarse como ciudadanos antes que como miembros de un grupo particular de interés" (p. 290).

[22] Juan Molinar Horcasitas (entrevista personal, 16 de noviembre de 2000) y Enrique Krauze (véase *Mexico: Biography of Power, op. cit.*, p. 768) aseguran haber oído esta expresión a Bartlett, lo cual éste ha negado: "Sé que se me ha citado diciendo eso, pero es totalmente falso" (entrevista personal con Manuel Bartlett, 23 de agosto de 2001).

[23] Véase María Elena Álvarez Bernal, *Municipio y democracia, op. cit.*, p. 143.

[24] *Ibíd.*, p. 149.

[25] La información de esta sección procede de una entrevista personal con José Newman Valenzuela, 28 de marzo de 2001.

[26] Véase Soledad Loaeza, *El Partido Acción Nacional, op. cit.*, pp. 388-389.

[27] Alberto Aziz Nassif, *Chihuahua, op. cit.*, pp. 30-31. Quizá este libro sea hasta ahora el único informe completo sobre el reciente ciclo democrático de Chihuahua: victorias panistas de 1983, fraude de 1986 y triunfo de Barrio en 1992.

[28] Francisco Ortiz Pinchetti, "Los chihuahuenses quieren democracia y repudian al PRI", en *Proceso*, 5 de mayo de 1986, p. 16.

[29] Francisco Ortiz Pinchetti, "Por petición de Bartlett el Vaticano ordenó que hubiera misa en Chihuahua", en *Proceso*, 4 de agosto de 1986, p. 13; información adicional sobre Almeida, p. 8. Muchos detalles acerca del periodo electoral de 1986 en Chihuahua proceden de los amplios reportajes de Ortiz Pinchetti publicados entonces en *Proceso*, así como de una entrevista personal con él, 13 de marzo de 2001.

[30] Francisco Ortiz Pinchetti, "La homilía del hermano Baeza", en *Proceso*, 7 de julio de 1986, p. 9.

[31] Véase Francisco Ortiz Pinchetti, "El Movimiento Democrático Electoral rebasa a los partidos en Chihuahua", en *Proceso*, 30 de junio de 1986, p. 18.

[32] Véase Francisco Ortiz Pinchetti, "Chihuahua: De la ira a la cerrazón, del fraude al menosprecio oficial", en *Proceso*, 21 de julio de 1986, p. 12.

[33] Francisco Ortiz Pinchetti, "Luis H. Álvarez, tres semanas en huelga de hambre: 'Quiero vivir, pero como hombre libre'", en *ibíd.*

[34] Francisco Ortiz Pinchetti, "Por petición de Bartlett el Vaticano ordenó que hubiera misa en Chihuahua", *op. cit.*, p. 6.

[35] Prigione era delegado apostólico y no nuncio papal porque México no tuvo relaciones diplomáticas con el Vaticano hasta 1992.

[36] Alberto Aziz Nassif, *Chihuahua, op. cit.*, p. 109. Un detallado análisis de las resoluciones del Colegio Electoral aparece en Juan Molinar Horcasitas, "Regreso a Chihuahua", en *Nexos*, marzo de 1987.

[37] Francisco Ortiz Pinchetti, "En Chihuahua parece gestarse una alianza pluripartidista de oposición, por la democracia", en *Proceso*, 11 de agosto de 1986, p. 18.

[38] Francisco Ortiz Pinchetti, "Incipiente organización opositora, respuesta a la política de arrasamiento", en *Proceso*, 18 de agosto de 1986, p. 12.

[39] Citado en *ibíd.*, p. 13.

[40] "Ante De la Madrid y Bartlett el PAN reiteró que no negociará", en *Proceso*, 28 de julio de 1986, p. 6. En la ya citada entrevista personal con Bartlett, éste aseguró haber solicitado a los representantes del PAN en esa reunión que documentaran el fraude en Chihuahua, pero que no tenían pruebas. "Sus reclamos de fraude carecían de sustento", afirmó.

[41] Enrique Krauze, "Chihuahua, ida y vuelta", en *Tarea política*, Tusquets, México, 2000, p. 145.

[42] Entrevista personal con Héctor Aguilar Camín, 7 de diciembre de 2000.

[43] *Proceso*, 28 de julio de 1986, p. 4; este texto había aparecido en algunos diarios el 23 de julio. En la ya referida entrevista personal con Bartlett, éste aseveró que dicho desplegado fue promovido por Manuel Camacho, entonces colaborador de Carlos Salinas, para restarle posibilidades de suceder a De la Madrid. En su opinión, la oposición de los firmantes al PRI comprometió su objetividad.

[44] Héctor Aguilar Camín, "Una pequeña historia", en *Nexos*, marzo de 1987, p. 19; entrevista personal con Aguilar Camín, 7 de diciembre de 2000.

[45] Entrevista personal con Juan Molinar Horcasitas, 16 y 24 de noviembre de 2000.

[46] Los ocho votos eran del secretario de Gobernación, el notario público de la CFE, un representante de la cámara de diputados, uno del senado y los representantes del PRI, el Partido Popular Socialista (PPS), el Partido Socialista de los Trabajadores (PST) y el Partido Auténtico de la Revolución Mexicana (PARM); los cinco en contra, de los representantes del PAN, el Partido Demócrata Mexicano (PDM), el PSUM, el PMT y el Partido Revolucionario de los Trabajadores (PRT). Véase Jaime González Graf, "La crisis del sistema", en Jaime González Graf, comp., *Las elecciones de 1988 y la crisis del sistema político*, Diana, México, 1989, p. 140.

[47] En los años ochenta sostuvo estrecha amistad con Luis H. Álvarez y Diego Fernández de Cevallos, y más tarde se integró al gobierno de Vicente Fox.

[48] Juan Molinar Horcasitas, "Entre la reforma y la alquimia. La costumbre electoral mexicana", en *Nexos*, enero de 1985.

[49] Entrevista personal con José Newman Valenzuela, 28 de marzo de 2001. En la mencionada entrevista personal con Bartlett, éste dijo no recordar este diálogo, así como que los argumentos de Molinar en *Nexos* resentían prejuicios a causa de la simpatía del autor por el PAN.

[50] Juan Molinar Horcasitas, "Regreso a Chihuahua", *op. cit.*

1988

[1] La información biográfica de Cuauhtémoc Cárdenas procede de Paco Ignacio Taibo II, *Cárdenas de cerca*, Planeta, México, 1994; James R. Fortson, *Cuauhtémoc Cárdenas. Un perfil humano*, Grijalbo, México, 1997; Cuauhtémoc Cárdenas, *Nuestra lucha apenas comienza*, Nuestro Tiempo, México, 1988; y de entrevistas personales con él, 17 de abril y 4 de julio de 1997 y 12 de diciembre de 2000.

[2] Cuauhtémoc Cárdenas aspiraba a la política contra la voluntad de su padre: "Si en algo fue muy insistente en sus conversaciones conmigo fue en que no me metiera en las cosas de la vida política", ha dicho. Véase Paco Ignacio Taibo II, *Cárdenas de cerca, op. cit.*, p. 14.

[3] *Ibíd.*, p. 51.

[4] Entrevista personal con un colaborador de Cárdenas durante su periodo como gobernador de Michoacán.

[5] Véase Luis Javier Garrido, *La ruptura. La Corriente Democrática del PRI*, Grijalbo, México, 1993, p. 19.

[6] Véase Juan Pablo González Sandoval, "La emergencia del neocardenismo", en Jaime González Graf, comp., *Las elecciones de 1988 y la crisis del sistema político*, Diana, México, 1989, p. 161.

[7] En el sexenio de De la Madrid la canasta básica se redujo persistentemente a causa de la excesiva inflación, de 106% en 1986 y 159% en 1987. Véase Humberto Musacchio, *Milenios de México*, vol. 2, Raya en el Agua, México, 1999, pp. 1701-1703.

[8] La versión íntegra de este documento aparece en Jaime González Graf, comp., *Las elecciones de 1988 y la crisis del sistema político, op. cit.*, p. 209.

[9] Enrique Krauze, *Mexico: Biography of Power. A History of Modern Mexico, 1810-1996* (traducción de Hank Heifetz), HarperCollins, New York, 1997, p. 769.

[10] Los otros precandidatos eran Ramón Aguirre Velázquez, regente del Distrito Federal; Alfredo del Mazo, secretario de Energía, Minas e Industria Paraestatal; Sergio García Ramírez, procurador general de la República; y Miguel González Avelar, secretario de Educación. "La pasarela" se reseñó en Larry Rohter, "Candidate Breakfasts Give Mexico Taste of Politics", en *The New York Times*, 29 de agosto de 1987, p. 3.

[11] Una detallada descripción aparece en Jorge G. Castañeda, *La herencia. Arqueología de la sucesión presidencial en México*, Extra Alfaguara, México, 1999, p. 440.

[12] Entrevista personal con Imanol Ordorika, 26 de septiembre de 2000.

[13] Una descripción de la formación de esta alianza aparece en Juan Pablo González Sandoval, "La emergencia del neocardenismo", *op. cit.*, p. 165.

[14] La información biográfica de Manuel Clouthier procede de Enrique Nanti, *El Maquío Clouthier. La biografía*, Planeta, México, 1998; Larry Rohter, "To Lay Waste a Dynasty: A Northern Barbarian", en *The New York Times*, 3 de mayo de 1988, p. 4; y de una entrevista personal con su hijo Manuel Clouthier Carrillo, septiembre de 1999.

[15] Un análisis se encuentra en Juan Molinar Horcasitas, "Un código para un proceso", en Jaime González Graf, comp., *Las elecciones de 1988 y la crisis del sistema político, op. cit.*, p. 81.

[16] La descripción del ambiente que privaba en la Secretaría de Gobernación en los meses anteriores a las elecciones se basa en entrevistas personales con José Newman Valenzuela, 28 de marzo de 2001, y Manuel Bartlett Díaz, 23 de agosto de 2001.

[17] En la citada entrevista personal con él, Bartlett aseguró que creó el SNIPE para poder responder rápida y confiablemente a cualquier dificultad en las elecciones en cualquiera de los 300 distritos electorales.

[18] Véase Manuel Bartlett, *Elecciones a debate, 1988. Precisiones en torno a la legalidad, organización y funcionamiento del procedimiento oficial de resultados*, Diana, México, 1995.

[19] Larry Rother, "In the Footsteps of Cárdenas, Cárdenas Campaigns", en *The New York Times*, 27 de abril de 1988, p. 4.

[20] *Ibíd.*

[21] Información detallada sobre la decisión de Castillo aparece en Alejandro Caballero, "La unidad, el mayor logro de su vida", en *Reforma*, 6 de abril de 1997, p. A7.

[22] Colaboradores de Salinas presionaron a Basáñez y *La Jornada* para que no publicaran los resultados de la encuesta realizada en junio. Éstos aparecieron finalmente un día antes de las elecciones, acompañados por "proyecciones" de Basáñez, basadas en conjeturas políticas, que añadieron 6 puntos porcentuales al margen de Salinas. Basáñez reconoció más tarde que la adición de puntos porcentuales a Salinas por efecto de las proyecciones fue un error, ya que era la candidatura de Cárdenas, y no la de Salinas, la que cobraba impulso. Además, en años posteriores los encuestadores descubrieron que los sondeos de opinión atribuían rutinariamente a los candidatos del PRI varios puntos porcentuales más de los que a la postre obtenían en las urnas. Una visión general de las técnicas y resultados de las encuestas de 1988 se ofrece en Irma Campuzano Montoya, "Una novedad: Las encuestas preelectorales", en Jaime González Graf, comp., *Las elecciones de 1988 y la crisis del sistema político, op. cit.*, p. 89. La información sobre las experiencias de Basáñez procede de entrevistas personales con él, mayo de 2001, y de Miguel Basáñez, "Investigación de la opinión pública en México", en *Este País*, abril de 2000.

[23] Entrevista personal con Guillermo González Calderoni, McAllen, Texas, 26 de noviembre de 1996.

[24] Se trataba de Francisco Xavier Ovando y Román Gil. Cárdenas se refirió en extenso a este crimen en Paco Ignacio Taibo II, *Cárdenas de cerca, op. cit.*, p. 112.

[25] Para detalles sobre el sesgo de la cobertura televisiva véase Miguel Cabildo, Óscar Hinojosa y Raúl Monge,

"La televisión, oficial y privada", en *Proceso*, núm. 595, 28 de marzo de 1988; y María Esther Ibarra y Raúl Monge, "Televisa denigró a la oposición", en *Proceso*, núm. 610, 11 de julio de 1988, p. 15.

[26] Jorge G. Castañeda, "La víspera: Cárdenas en Guerrero", en *Proceso*, núm. 609, 4 de julio de 1988, p. 22.

[27] La información sobre la actividad preelectoral en la Secretaría de Gobernación se basa en entrevistas personales con José Antonio Gómez Urquiza, representante del PAN en el SNIPE, 23 de mayo de 2001, y con Leonardo Valdés, uno de los representantes del FDN en la CFE, 23 de abril de 2001, además de la ya referida con José Newman. En la ya también mencionada con Bartlett, éste confirmó muchos de los sucesos básicos del periodo preelectoral, pero negó haberse propuesto engañar a los partidos de oposición o a la opinión pública en cuanto a los resultados electorales.

[28] Manuel Bartlett expuso en *Elecciones a debate, 1988, op. cit.* su versión sobre la relación entre el SNIPE y el proceso oficial de conteo de votos.

[29] Entrevista personal con José Newman, 28 de marzo de 2001.

[30] De la Madrid relató su conversación con Bartlett en Jorge G. Castañeda, *La herencia. Arqueología de la sucesión presidencial en México*, Extra Alfaguara, México, 1999, p. 221. Barlett confirmó esta versión de su conversación con De la Madrid en la ya citada entrevista personal con él.

[31] Elías Chávez, "Jornada de titubeos del secretario de Gobernación", en *Proceso*, núm. 610, 11 de julio de 1988, p. 22. Este artículo es un informe minuto a minuto de lo ocurrido el día de las elecciones en la Comisión Federal Electoral. Otro informe detallado es "Crónica de un fraude presidencial anunciado", en *La Nación*, una publicación oficial del PAN, 15 de julio-1 de agosto de 1988, p. 38.

[32] Entrevista personal con Leonardo Valdés, 23 de abril de 2001.

[33] La información sobre el descubrimiento de los archivos secretos de De Lassé procede de la entrevista personal con José Antonio Gómez Urquiza, 23 de mayo de 2001. Aún se ignora el motivo de que el joven técnico que trabajaba para De Lassé haya ayudado a Gómez Urquiza a abrir los archivos vedados.

[34] Una transcripción de este comentario de Fernández de Cevallos aparece en Manuel Bartlett, *Elecciones a debate, 1988, op. cit.*, p. 38.

[35] De la Madrid contó esta conversación con Bartlett en Jorge G. Castañeda, *La herencia, op. cit.*, p. 221. Sin percatarse aparentemente de la gravedad de sus palabras, De la Madrid reconoció en sus declaraciones a Castañeda su fundamental responsabilidad en el manejo, por su gobierno, de los resultados electorales de 1988. Bartlett ha insistido a su vez en que todos sus actos antes, durante y después de esas elecciones se apegaron a las leyes electorales de México. En una conversación sostenida con reporteros y directivos de *The New York Times* en febrero de 1998, se refirió con desdén acerca de quienes siguen criticándolo por sus acciones de entonces. Él dio a conocer sus opiniones al respecto en Manuel Bartlett, *Elecciones a debate, 1988, op. cit.*

[36] Esta versión de la protesta de los candidatos opositores en la noche de las elecciones procede de las ya referidas entrevistas personales con Cuauhtémoc Cárdenas; de las sostenidas con Rosario Ibarra de Piedra, 21 de septiembre y 20 de octubre de 2000, y Luis H. Álvarez, 7 de julio de 2000 y 15 de mayo de 2001; y de Elías Chávez, "Jornada de titubeos del secretario de Gobernación", *op. cit.*

[37] La información sobre la explicación de Bartlett acerca del problema de las computadoras procede de *ibíd.* En la mencionada entrevista personal con él, Bartlett reiteró el argumento de que el flujo de resultados electorales se interrumpió porque las líneas telefónicas se saturaron. En la entrevista personal sostenida por separado con él, José Newman llamó a ese argumento "versión oficial de los hechos", en la que, por lo demás, los dirigentes de oposición nunca creyeron.

[38] El recorrido con Elías Calles por el centro de cómputo procede de las entrevistas personales, ya referidas, con Leonardo Valdés y José Newman. Entre los testimonios documentales al respecto están Yuri Serbolov y Fernando Gutiérrez, "Detectó el PAN 'fraude cibernético'", en *El Financiero*, 11 de julio de 1988, y Leonardo Valdés y Mina Piekarewicz, "La organización de las elecciones", en Pablo González Casanova et al., *Segundo informe sobre la democracia. México, el 6 de julio de 1988*, Centro de Investigaciones Interdisciplinarias en Humanidades, México, UNAM-Siglo XXI Editores, 1990.

[39] Dos individuos que fueron adversarios políticos en 1988 dieron la misma versión de estos hechos en entrevistas por separado. José Newman y Jorge Alcocer (entrevistados el 28 de marzo y 19 de junio de 2001, respectivamente) aseguraron que Bartlett y De Lassé seleccionaron resultados de casillas favorables a Salinas de entre varios miles de casillas al tiempo que dejaban fuera resultados desfavorables a él. Para una detallada versión de Alcocer acerca de la noche del 6 de julio, véase Jorge Alcocer, "6 de julio: Ayuda de memoria", en *Enfo-*

que, suplemento dominical de *Reforma*, 10 de julio de 1994, p. 18. Académicos que han estudiado las elecciones de 1988 han llegado a conclusiones similares (véase Leonardo Valdés y Mina Piekarewicz, "La organización de las elecciones", *op. cit.*, y Jorge G. Castañeda, *La herencia, op. cit.*, p. 450). Carlos Salinas eludió la esencia del asunto en su interesada versión de esos comicios en *México. Un paso difícil a la modernidad*, Plaza y Janés, Barcelona, 2000, p. 951.

[40] Esta información procede de Carlos Acosta Córdova, "La fiesta del miércoles en el PRI quedó en preparativos", en *Proceso*, núm. 610, 11 de julio de 1988, p. 7.

[41] La cita de De la Madrid procede de la entrevista con el expresidente en Jorge G. Castañeda, *La herencia, op. cit.*, p. 223.

[42] *Ibíd.* Aunque la historia ha depositado en gran medida en él la culpa del fraude de 1988, Bartlett, a diferencia de De la Madrid, se rehusó a atribuir el triunfo a Salinas la noche de las elecciones, pues sabía que aún no había cifras suficientes que sostuvieran tal afirmación. Entrevista personal con Manuel Bartlett, 23 de agosto de 2001.

[43] El texto de la declaración de De la Vega sobre el triunfo del PRI fue reproducido en Jaime González Graf, comp., *Las elecciones de 1988 y la crisis del sistema político, op. cit.*, p. 325.

[44] El texto de este discurso de Salinas fue reproducido en *ibíd.*, p. 327.

[45] En la ya citada entrevista personal con él, Jorge Alcocer apuntó que "la manipulación y el fraude del 88 se hicieron básicamente en los comités distritales". Silvia Gómez Tagle llegó a la misma conclusión: "El mayor 'ajuste' a los resultados electorales del 6 de julio debió hacerse en los comités distritales, porque ahí el PRI tenía mayoría absoluta." Véase Silvia Gómez Tagle, "La calificación de las elecciones", en Pablo González Casanova et al., *Segundo informe sobre la democracia, op. cit.*, pp. 87-88.

[46] Véase Larry Rohter, "Mexican Victor Urges Party to Adapt to New Challenge", en *The New York Times*, 14 de julio de 1988, p. 3.

[47] Véase Silvia Gómez Tagle, "La calificación de las elecciones", *op. cit.*, pp. 98-99.

[48] Soledad Loaeza explica sucintamente esas tres fases de la crisis postelectoral en *El Partido Acción Nacional. La larga marcha, 1939-1994*, Fondo de Cultura Económica, México, 1999, pp. 451-452.

[49] La CFE sesionó del 21 de julio al 13 de agosto. *Ibíd.*, p. 452.

[50] La información sobre la experiencia de Leonardo Valdés y Jorge Alcocer en la CFE procede de las ya mencionadas entrevistas personales con ambos. Alcocer leyó en la suya las detalladas notas que tomó entonces sobre su labor de escrutinio de materiales electorales.

[51] Bartlett lo hizo, según dijo en la multicitada entrevista personal con él, porque entonces la función legal de la CFE era revisar la elección de diputados, no la presidencial.

[52] Entrevistas personales, ya referidas, con Leonardo Valdés y Jorge Alcocer. Esta prueba también se detalla en Leonardo Valdés, "La ley y las cifras: La elección presidencial de 1988", en *Movimientos políticos y procesos electorales en México*, Universidad de Guadalajara, México, 1989.

[53] Esta declaración de Cárdenas fue reproducida en Jaime González Graf, comp., *Las elecciones de 1988 y la crisis del sistema político, op. cit.*, p. 329.

[54] Véase Enrique Krauze, *Mexico: Biography of Power, op. cit.*, pp. 476-478.

[55] Manuel Camacho, *Yo, Manuel. Memorias ¿apócrifas? de un comisionado*, Rayuela, México, 1995, pp. 17-18.

[56] Vicente Fox reprochó después a los dirigentes panistas su pragmatismo ante Salinas llamándolos "una corriente de temerosos". Véase Vicente Fox, *A Los Pinos. Recuento autobiográfico y político*, Oceano, México, 1999, p. 72.

[57] Elías Chávez, "Sin concertación posible, la oposición no cede y el gobierno enseña el puño", en *Proceso*, núm. 615, 15 de agosto de 1988.

[58] Entrevista con Cárdenas en Paco Ignacio Taibo II, *Cárdenas de cerca, op. cit.*, p. 123.

[59] Óscar Hinojosa y Fortino Mohedano, "Cárdenas pide mantener la movilización, pero sin violencia", en *Proceso*, núm. 613, 1 de agosto de 1988, p. 7.

[60] Durante nuestro trabajo como corresponsales en México, los autores realizamos entrevistas formales con Vicente Fox en unas diez ocasiones. La mayoría de ellas, aunque no todas, fueron grabadas. Los lugares y fechas de esas entrevistas son: Guanajuato, 20 de abril de 1998; Guanajuato, 27 de abril de 1998; Mérida y otras ciudades de Yucatán, 10 de mayo de 1998; Distrito Federal, 22 de abril de 1999; en gira con él en su autobús y suburban en campaña por Michoacán, 2 y 3 de marzo de 2000; en un avión en dirección a Acapulco, 4 de marzo de 2000; Distrito Federal, 24 y 31 de mayo y 2 de julio 2000. En varias de esas entrevistas se aludió a aspectos de

357

su biografía política. La información sobre su iniciación en la política y su participación en el congreso procede de entrevistas personales con él, en Guanajuato, en 1998, y con José Luis González, 27 de marzo de 2001. Información impresa a este respecto se halla en Vicente Fox, *A Los Pinos, op. cit.*, y Miguel Ángel Granados Chapa, *Fox & Co. Biografía no autorizada*, Grijalbo, México, 2000.

[61] Vicente Fox, *A Los Pinos, op. cit.*, p. 69. El testimonio del periodista aparece en Miguel Ángel Granados Chapa, *Fox & Co., op. cit.*, p. 84.

[62] Esta información sobre los debates en el congreso procede de Silvia Gómez Tagle, "La calificación de las elecciones", *op. cit.* Véase también Pablo Gómez, *México 1988. Disputa por la presidencia y lucha parlamentaria*, Ediciones de Cultura Popular, México, 1989, y Larry Rohter, "Mexicans See Tumult Come to Congress", en *The New York Times*, 25 de agosto de 1988, p. 7.

[63] Esta información procede de Larry Rohter, "Leader Booed in Mexican Congress", en *The New York Times*, 2 de septiembre de 1988, p. 3.

[64] Granados Chapa rescató el texto del discurso y describió la intervención de Fox en *op. cit.*, p. 91.

[65] Véase Larry Rohter, "In Stormy Session, Mexicans Certify President-Elect", en *The New York Times*, 11 de septiembre de 1988, p. 10.

[66] Entrevista personal con Manuel Camacho Solís, 25 de abril de 2001.

[67] El texto de este discurso fue reproducido en Miguel Ángel Granados Chapa, *Fox & Co., op. cit.*, p. 151.

EL SHOW DE CARLOS SALINAS

[1] Véase "Carlos Salinas de Gortari", en *Líderes Mexicanos*, septiembre de 1994 (edición especial), pp. 65-82.

[2] Véase Larry Rohter, "The Non-Stop Roadshow, Starring Carlos Salinas", en *The New York Times*, 30 de junio de 1989.

[3] Carlos Salinas de Gortari, *México. Un paso difícil a la modernidad*, Plaza y Janés, Barcelona, 2000, p. 315.

[4] Carlos Salinas de Gortari, *Primer informe de gobierno*, 1 de noviembre de 1989, Presidencia de la República, Dirección General de Comunicación Social, México, pp. 12-13.

[5] Véase Carlos Salinas de Gortari, *México, op. cit.*, pp. 287-321.

[6] Durante el periodo presidencial de Salinas, el concepto de la reforma en dos etapas imperaba en el ámbito político internacional. Sin embargo, sobre Salinas también pesó la experiencia del presidente soviético Mijaíl Gorbachov, cuyo intento de reformar simultáneamente la política y la economía causó la disolución del sistema que deseaba preservar.

[7] Mark A. Uhlig, "Mexico's Salinas Rains on His Own Parade", en *The New York Times*, 25 de noviembre de 1990.

[8] Tim Golden, "In Mexican Politics, the More It Reforms the More It's the Same", en *The New York Times*, 25 de agosto de 1991.

[9] Gutiérrez Barrios se inició en la DFS en 1952 y fue su director de 1964 a 1970. Véase Sergio Aguayo Quezada, *1968. Los archivos de la violencia*, Grijalbo, México, 1998, p. 223.

[10] Véase Sergio Aguayo Quezada, *La charola. Una historia de los servicios de inteligencia en México*, Grijalbo, México, 2001.

[11] Entrevista personal con Rosario Ibarra de Piedra, 21 de septiembre y 20 de octubre de 2000.

[12] Véase George Grayson, *Mexico. From Corporatism to Pluralism?*, Harcourt Brace College Publishers, Fort Worth, 1998, p. 58.

[13] Véase Joe Treaster, "Mexican Union Chief Is King to the Oil Workers at Home", en *The New York Times*, 15 de enero de 1989, p. 1.

[14] Entrevista personal con Joaquín Hernández Galicia, 7 de octubre de 1997.

[15] Entrevista personal con George Grayson, 17 de noviembre de 1997.

[16] Véase Joe Treaster, "Arrest of Oil Union Chief in Mexico Sets Off Strike", en *The New York Times*, 12 de enero de 1989, p. 1.

[17] Carlos Salinas de Gortari, *México, op. cit.*, p. 503.

[18] El efecto aumentó cuando, en el mismo periodo, Salinas ordenó la aprehensión por fraude bursátil del financiero Eduardo Legorreta, quien había hecho importantes aportaciones a su campaña presidencial.

[19] Véase George Grayson, *Mexico, op. cit., op. cit.*, p. 59.

[20] Véase Andrés Oppenheimer, *Bordering on Chaos*, Little, Brown, Boston, 1996, p. 201.

[21] Entonces era subprocurador Javier Coello Trejo, entre cuyas responsabilidades estaba la de supervisar a la Policía Judicial Federal.

[22] Entrevistas personales con Guillermo González Calderoni, 26 de noviembre de 1996, y Joaquín Hernández Galicia, 7 de octubre de 1997.

[23] Véase Carlos Fernández-Vega y Emilio Lomas, "Indicios de siembra de armas en la captura de La Quina", en *La Jornada*, 1 de septiembre de 1996, p. 1.

[24] Véase "Informe médico legal de la autopsia de Gerardo Zamora Arrioja", 10 de enero de 1989, Gobierno del Estado de Tamaulipas, Procuraduría General de Justicia, Departamento Médico Legal, folio B343002.

[25] Carlos Salinas de Gortari, *México, op. cit.*, pp. 14-37.

[26] *Ibíd.*, p. 50.

[27] Ricardo Becerra, Pedro Salazar y José Woldenberg, *La mecánica del cambio político en México. Elecciones, partidos y reformas*, Cal y Arena, México, 2000, capítulo 3.

[28] Homero Campa y Andrés Campuzano, "Los perredistas desalojados relatan la 'Operación Relámpago'", en *Proceso*, núm. 697, 12 de marzo de 1990.

[29] De acuerdo con los archivos del PRD, Michoacán fue el estado más peligroso para sus militantes durante el sexenio salinista; 68 miembros suyos fueron asesinados en ese estado durante tal periodo, la mayoría de ellos campesinos. Leonel Godoy, abogado y diputado federal del PRD que defendió a muchos activistas de ese partido ante los tribunales de Michoacán, fue secuestrado, golpeado y despojado por sujetos armados, quienes le arrebataron documentos que demostraban la corrupción de la policía estatal.

[30] Candace Hughes, "Mexican Vote Fraud Ignites Political Battle", Associated Press, 14 de diciembre de 1990.

[31] Heberto Castillo, "Tejupilco", en *Proceso*, 17 de diciembre de 1990.

[32] Entrevista personal con Manuel Camacho Solís, 26 de abril de 2001.

[33] Véase Secretaría de Derechos Humanos, Grupo Parlamentario y Partido de la Revolución Democrática, *En defensa de los derechos humanos. Un sexenio de violencia política*, México, Partido de la Revolución Democrática, 1994, p. 19.

[34] Esta investigación duró quince meses.

[35] Secretaría de Derechos Humanos, Grupo Parlamentario y Partido de la Revolución Democrática, *En defensa de los derechos humanos, op. cit.*, p. 20.

[36] Ricardo Becerra et al., *La mecánica del cambio político en México, op. cit.*, p. 273.

[37] Sergio Aguayo Quezada, *1968. Los archivos de la violencia*, pp. 205-213.

[38] Miguel Ángel Granados Chapa, *¡Nava sí, Zapata no! La hora de San Luis Potosí. Crónica de una lucha que triunfó*, Grijalbo, México, 1992, p. 57.

[39] Entrevista personal con Sergio Aguayo Quezada, 6 de julio de 2000 y 20 de marzo y 5 de junio de 2001.

[40] Academia Mexicana de Derechos Humanos y Centro Potosino de Derechos Humanos, "Entre la ilegalidad y la inmoralidad", en *La Jornada*, 26 de septiembre de 1991, pp. ii-vi.

[41] Tomás Calvillo Unna, "A Case of Opposition Unity. The San Luis Potosí Democratic Coalition of 1991", en Wayne A. Cornelius, Todd A. Eisenstadt y Jane Hindley, eds., *Subnational Politics and Democratization in Mexico*, Center for U.S.-Mexican Studies, La Jolla, 1999, p. 97.

[42] Carlos Mendoza, *San Luis. Lección de dignidad*, Canal 6 de Julio, México, 1991.

[43] *Ibíd.*

[44] Entrevista personal con Jesús Cantú, 14 de junio de 2001.

[45] Carlos Mendoza, *San Luis, op. cit.*

[46] Fausto Zapata Loredo, "Carta dirigida al H. Congreso del Estado de San Luis Potosí", 9 de octubre de 1991.

[47] Entrevista personal con Fausto Zapata Loredo, 5 y 19 de octubre de 2000 y 8 de mayo y 20 de agosto de 2001.

[48] Véase Adriana Amezcua y Juan E. Pardinas, *Todos los gobernadores del presidente*, Grijalbo, México, 1997, p. 145.

[49] "Elecciones en Guanajuato", en *Carta de Política Mexicana*, 2 de agosto de 1991.

[50] Entrevista personal con Leticia Calzada, 7 de junio de 2000.

[51] Entrevistas personales con José Luis González, 14 de mayo de 2001, y Jorge G. Castañeda, 1 de junio de 2000.

[52] Entrevista personal con Luis H. Álvarez, 15 de mayo de 2001.

[53] Entrevista personal con Jorge G. Castañeda, 1 de junio de 2000.

359

[54] Entrevista personal con Leticia Calzada, 9 de agosto de 2001.

[55] Véase Adriana Amezcua y Juan E. Pardinas, *op. cit.*, p. 12.

[56] Salinas incluso acarició explícitamente la idea de convertir en partido político el Programa Nacional de Solidaridad. Y aunque no lo hizo, trascendió su deseo de "desposeer" de ese modo al partido oficial.

[57] Primer informe de gobierno de Salinas, en 1989; véase Carlos Salinas de Gortari, *México, op. cit.*, p. 683.

[58] De acuerdo con cifras dadas por el propio Salinas, en su sexenio se construyeron o remodelaron 128 mil escuelas, se electrificaron 14 mil comunidades, se rehabilitaron 234 hospitales rurales y se pavimentaron calles en 10 mil comunidades por medio de Solidaridad; véase *ibíd.*, p. 550.

[59] *Ibíd.*, p. 553.

[60] Entrevista personal con Francisco Barrio Terrazas, 24 de abril de 2001.

[61] Véase Jorge Alcocer, "La tercera refundación del PRI", en *Revista Mexicana de Sociología*.

[62] Entrevista personal con Leticia Calzada, 9 de agosto de 2001. Véase también Anthony DePalma, "Mexico Passes Electoral Change, but Foils a Presidential Bid", en *The New York Times*, 4 de septiembre de 1993, p. 3.

[63] *El hombre que quiso ser rey*, videocasete, serie México Siglo XX, Clío, México, 1998.

[64] *Houston Chronicle*, 5 de octubre de 1992.

[65] Carlos Salinas de Gortari, *México, op. cit.*, p. 153.

1994

[1] Véase Manuel Camacho Solís, *Yo, Manuel. Memorias ¿apócrifas? de un comisionado*, Rayuela, México, 1995, p. 80.

[2] Véase Procuraduría General de la República, Subprocuraduría Especial para el Caso Colosio, *Investigación Colosio*, videocasete, 20 de octubre de 2000.

[3] Véase Julio Scherer García, *Salinas y su imperio*, Oceano, México, 1997, p. 41.

[4] Véase Ricardo Becerra, Pedro Salazar y José Woldenberg, *La mecánica del cambio político en México. Elecciones, partidos y reformas*, Cal y Arena, México, 2000, p. 342.

[5] Véase Vicente Fox, *A Los Pinos. Recuento autobiográfico y político*, Oceano, México, 1999, p. 94. Cinco años después, en el curso de su propia campaña presidencial, Fox puso a Fernández de Cevallos como ejemplo de la crónica falta de voluntad de triunfo del PAN. "Siempre he creído que nunca se necesita más perseverancia y vigor que cuando se está a punto de ganar", escribió en el libro citado. "Diego Fernández de Cevallos llegó al punto crítico en 1994, y en el momento crucial no le amarraron bien la piedra o ésta se le hizo muy pesada y se retiró."

[6] Véase Ricardo Becerra et al., *La mecánica del cambio político en México, op. cit.*, p. 357.

[7] *Ibíd.*, p. 321.

[8] Véase *ibíd.*, cap. 5.

[9] Entrevista personal con José Woldenberg, 28 de noviembre de 2000.

[10] Entrevista personal con Santiago Creel, 6 de julio de 2000.

[11] Véase Katia D'Artigues, "Adolfo Aguilar Zinser, el escalador", en *Milenio*, 30 de abril de 2001, p. 18.

[12] Los otros consejeros ciudadanos fueron José Agustín Ortiz Pinchetti, Miguel Ángel Granados Chapa, Ricardo Pozas Horcasitas y Fernando Zertuche Muñoz.

[13] Véase Ricardo Becerra et al., *La mecánica del cambio político en México, op. cit.*, pp. 344 y 350.

[14] Entrevista personal con Sergio Aguayo Quezada, 5 de junio de 2001.

[15] Alianza Cívica, *La calidad de la jornada electoral del 21 de agosto de 1994. Informe de Alianza Cívica observación 94*, 13 de septiembre de 1994, fotocopias.

[16] "Los demonios andan sueltos", en *Proceso*, 28 de noviembre de 1994.

[17] Véase Banco de México, *Informe anual 1994*, Banco de México, México, 1995.

[18] Véase Jonathan Heath, *Mexico and the Sexenio Curse. Presidential Successions and Economic Crises in Modern Mexico*, Center for Strategic and International Studies, Washington, 1999, p. 38.

[19] Entrevista personal con Jaime Serra Puche, 24 de mayo de 2001.

[20] Otro candidato para ocupar la Secretaría de Hacienda era Guillermo Ortiz Martínez.

[21] Véase Pedro Aspe, "México en 1994. Las razones de la política cambiaria", en *Reforma*, 14 de julio de 1995; Jorge G. Castañeda, *La herencia. Arqueología de la sucesión presidencial en México*, Extra Alfaguara, México, 1999, pp. 313-315; Carlos Salinas de Gortari, *México. Un paso difícil a la modernidad*, Plaza y Janés, Barcelona, 2000, p.

1111; entrevista personal con Jaime Serra Puche, 24 de mayo de 2001; Sidney Weintraub, *Financial Decision-Making in Mexico. To Bet a Nation*, University of Pittsburgh Press, Pittsburgh, 2000, p. 98.

[22] Entrevista personal con Jorge Montaño, 17 de julio de 2001.

[23] Véase "1995. Sacrificios, confusión y furia. Terminó la gran mentira", en *Carta de Política Mexicana*, 6 de enero de 1995; cobertura diaria de Anthony DePalma y Tim Golden en *The New York Times*; Carlos Salinas de Gortari, *México*, *op. cit.*, pp. 1113-1130; entrevista personal con Jaime Serra Puche, 24 de mayo de 2001; Sidney Weintraub, *Financial Decision-Making in Mexico*, *op. cit.*, pp. 100-111.

[24] Véase Anthony DePalma, "Casualty of the Peso. Investor Confidence", en *The New York Times*, 27 de diciembre de 1994.

[25] Véase Banco de México, *Informe anual 1994*, *op. cit.*

[26] Véase Banco de México, *Informe anual 1995*, Banco de México, México, 1996, tabla 6, p. 269.

[27] Véase Carlos Salinas de Gortari, *México*, *op. cit.*, p. 1120.

[28] Véase Banco de México, *Informe anual 1994*, apéndice 5, pp. 154-161.

[29] Véase Anthony DePalma, "Casualty of the Peso. Investor Confidence", *op. cit.*

[30] Una versión de este viaje se recogió en Anthony DePalma, "With Peso Freed, Mexican Currency Drops 20% More", en *The New York Times*, 23 de diciembre de 1994

[31] Anthony DePalma, "In Mexico, Hunger for Poor and Middle-Class Hardship", en *The New York Times*, 15 de enero de 1995.

[32] *Cárcel a Salinas*, México, Canal 6 de Julio, videocasete 27; Anthony DePalma, "Salinas Blames Successor for Peso Crisis", en *The New York Times*, 2 de marzo de 1995.

[33] Véase Carlos Salinas de Gortari, *México*, *op. cit.*, pp. 1200-1205; entrevista personal con Luis Téllez, 16 de agosto de 2001.

[34] Pedro Aspe, "México en 1994. Las razones de la política cambiaria", *op. cit.*

[35] Véase Banco de México, *Informe anual 1994*, apéndice 5, pp. 154-161.

ERNESTO ZEDILLO, EL "SOLITARIO"

[1] Entrevista personal con Héctor Aguilar Camín, 23 de julio de 2001.

[2] Véase Elías Chávez, "Un día antes del destape", en *Proceso*, 4 de abril de 1994.

[3] Véase Ricardo Becerra, Pedro Salazar y José Woldenberg, *La mecánica del cambio político en México. Elecciones, partidos y reformas*, Cal y Arena, México, 2000, p. 371.

[4] Ernesto Zedillo, discurso pronunciado ante el Economic Club of New York, 11 de octubre de 1995.

[5] Véase www.presidencia.gob.mx para la transcripción oficial de este discurso.

[6] Entrevistas personales con Luis Téllez, 16 de agosto de 2001, y Liébano Sáenz, 21 de febrero y 2 de marzo de 2001.

[7] Entrevista personal con Ernesto Zedillo Ponce de León, 11 de febrero de 1998.

[8] Véase, entre otros, Federico Reyes Heroles, "El enigma", en *Reforma*, 28 de noviembre de 2000, p. 18.

[9] Presidencia de la República, *Acuerdo político nacional*, Los Pinos, México, 17 de enero de 1995.

[10] La información de esta sección se basa en entrevistas personales con Manuel Andrade Díaz, 20 de octubre de 1999; Santiago Creel, 26 de julio de 1999; Andrés Manuel López Obrador, 15 y 21 de junio y 5 de julio de 1999; Roberto Madrazo, 27 de julio, 27 de octubre y 3 de diciembre de 1999; Esteban Moctezuma, 22 de julio de 1999; Liébano Sáenz, 2 de marzo de 2001; y Juan Gabriel Valencia, 24 de agosto de 2001.

[11] Entrevista personal con Roberto Madrazo, 27 de julio, 27 de octubre y 3 de diciembre de 1999; Humberto Musacchio, *Milenios de México*, vol. 2, Raya en el Agua, México, 1999, p. 1699.

[12] "Semblanza biográfica" de Andrés Manuel López Obrador, curriculum vitae político distribuido por el PRD en 1997.

[13] Véase Tim Golden, "Another State in Mexico Challenges the Government", en *The New York Times*, 20 de enero de 1995, p. 3.

[14] Este otro abogado fue José Agustín Ortiz Pinchetti, hermano de Francisco Ortiz Pinchetti, reportero de *Proceso*.

[15] La Secretaría de Educación Pública había quedado acéfala apenas un par de semanas después de iniciado el sexenio de Zedillo, a causa del descubrimiento por el periódico *Reforma* de que era falso que su titular,

Fausto Alzati, hubiera estudiado una maestría en Harvard, como afirmaba éste en su currículum vitae, pues ni siquiera había concluido sus estudios de licenciatura en México.

[16] Véase Álvaro Delgado y Armando Guzmán, "Miércoles 18", en *Proceso*, 23 de enero de 1995.

[17] *Ibíd.*

[18] Este discurso fue transmitido el 3 de enero de 1995. Carlos Acosta, "Salinas pasó a la historia negra", en *Proceso*, 9 de enero de 1995. Véase también Anthony DePalma, "Mexico's Leader Gives the Nation a Recovery Plan", en *The New York Times*, 4 de enero de 1995, p. A1.

[19] Gerardo Albarrán de Alba, "Solos, abucheados", en *Proceso*, 20 de marzo de 1995.

[20] Ernesto Zedillo, "Mensaje a la nación", Los Pinos, 12 de marzo de 1995.

[21] Tras atar cabos sueltos, López Obrador concluyó, tiempo después, que las cajas habían sido sustraídas de un recinto priísta en Villahermosa por simpatizantes del PRD que optaron por permanecer en el anonimato por temor a represalias del PRI estatal. Entrevista personal con Andrés Manuel López Obrador, 15 de junio de 1999.

[22] Éstos fueron José Agustín Ortiz Pinchetti y Jaime González Graf, entonces consejeros electorales titular y suplente, respectivamente.

[23] Entrevista personal con Santiago Creel, 6 de julio de 2000.

[24] *Ibíd.*

[25] Citado en Ricardo Becerra et al., *La mecánica del cambio político en México, op. cit.*, p. 389.

[26] Santiago Creel, "El seminario del Castillo de Chapultepec", en *Reforma*, 17 de enero de 1996.

[27] El ejecutivo de seguros Gerardo de Prevoisin fue nombrado director de Aeroméxico por Salinas, a cuyo círculo de amigos pertenecía. Al término de ese sexenio, De Prevoisin dejó la aerolínea con una deuda de 2 mil millones de dólares y al borde de la quiebra. Perseguido por acreedores en septiembre de 1994, desapareció; tras el examen de sus libros contables por auditores, se le acusó de un desfalco de 72 millones. En la declaración que envió desde un lugar no identificado al tribunal de Texas a cargo de una parte de su caso, aseguró que al menos 8 millones, propiedad de Aeroméxico que pasaron por su cuenta personal en Citibank, habían sido aportados a la campaña de Zedillo. "Ese dinero fue exigido a Aeroméxico por el partido en el poder durante una temporada electoral", afirmó. "Se entregó a nombre de Aeroméxico como requisito para las empresas en año de elecciones presidenciales."
Esta aseveración, publicada meses después en *The New York Times*, fue rechazada, en principio, por los responsables de las finanzas del PRI. Posteriormente, éstos admitieron que De Prevoisin había realizado, en efecto, importantes aportaciones, pero dijeron ignorar que los fondos pertenecieran a Aeroméxico. "En México, como en Estados Unidos, no puede exigirse a los partidos políticos estar al tanto de los problemas legales privados de sus benefactores", se señaló en un boletín de prensa del PRI. Zedillo aseguró, por su parte, desconocer los detalles de los recursos destinados tanto a la campaña de Colosio, de la que fue coordinador, como a la suya propia.

[28] Los consejeros electorales fueron José Barragán, Jesús Cantú, Jaime Cárdenas, Alonso Lujambio, Mauricio Merino, Juan Molinar, Jacqueline Peschard y Emilio Zebadúa.

[29] Entrevista personal con Santiago Creel, 6 de julio de 2000.

[30] Mariel Zúñiga, "Defiende Zedillo financiamiento", en *Reforma*, 19 de noviembre de 1996, p. 1.

[31] Entrevista personal con José Ángel Gurría, septiembre de 1996. Véase Samuel Dillon, "Zedillo Lectures the Mexicans: Obey the Law", en *The New York Times*, 1 de octubre de 1996, p. A3.

[32] Antes de tomar posesión, Zedillo ofreció originalmente ese puesto a Diego Fernández de Cevallos, el panista con quien había contendido por la presidencia. Éste aceptó gustoso, pero en su partido se le recordó que en su campaña había prometido no ocupar ningún puesto en el gobierno si el PRI ganaba las elecciones. Así, dos días después de haberlo aceptado, rechazó el nombramiento; el PAN recomendó en su lugar a Lozano Gracia.

[33] *La matanza de Aguas Blancas*, Canal 6 de Julio, México, 1996, videocasete núm. 30.

[34] *Ibíd.*

[35] Miguel Ángel Juárez, "Con este respaldo no necesito más", en *Reforma*, 11 de marzo de 1996.

[36] Citado en Samuel del Villar, Secretaría de Asuntos Jurídicos y Reforma del Estado, Partido de la Revolución Democrática, *Memorial (para la Comisión Interamericana de Derechos Humanos)*, 18 de junio de 1996.

[37] Entrevista personal con Samuel I. del Villar, 13 de mayo de 2001.

[38] Véase Sergio Aguayo, "Demandar al Presidente", en *Reforma*, 12 de junio de 1996, p. 7.

[39] Entrevista personal con Ernesto Zedillo Ponce de León, 24 de septiembre de 1996.

[40] Véase Alonso Lujambio, "Adiós a la excepcionalidad", en *Este País*, febrero de 2000, pp. 2-16.

[41] Oficina del Vocero de la Secretaría de Hacienda y Crédito Público, "Algunas puntualizaciones", 24 de septiembre de 2000.

[42] Entrevista personal con el consejero electoral Jesús Cantú, 14 de junio y 11 de julio de 2001. Muchos otros comentarios acerca de la reforma electoral de 1996 también proceden de señalamientos de Cantú. El sistema electoral de México, resultante de esa reforma, fue considerablemente más moderno que el de Estados Unidos en general, y el de Florida en particular, como lo confirmarían sucesos posteriores.

[43] Véase Alejandro Moreno, "Popularidad en ascenso", en *Enfoque*, suplemento dominical de *Reforma*, 26 de noviembre de 2000.

RAÚL

[1] María Bernal contó su relación con Raúl en *Raúl Salinas y yo. Desventuras de una pasión*, Oceano, México, 2000. Proporcionó detalles adicionales en una entrevista personal, 20 de julio de 2000.

[2] *Ibíd.*, p. 74.

[3] Este capítulo se basa ampliamente en nuestra labor periodística para *The New York Times* entre 1995 y 2000.

[4] Véase Francisco Gómez, "Dicta juez a Raúl otra orden de aprehensión", en *El Universal*, 31 de julio de 2002; Abel Barajas, "Dan nueva orden de aprehensión vs. Raúl", en *Reforma*, 31 de julio de 2002.

[5] Esta entrevista por escrito fue realizada por Julia Preston y Peter Truell, publicada en *The New York Times* el 31 de octubre de 1997, p. A1, y concertada con Stanley Arkin, abogado de Nueva York.

[6] Para mayor información sobre el papel de Raúl Salinas en la venta de TV Azteca, véase Julia Preston, "Mexico's Elite Caught in Scandal's Harsh Glare", en *The New York Times*, 13 de julio de 1996, p. A3.

[7] Documentos judiciales mexicanos acreditaron la realización de transferencias el 30 de junio de 1993 de una cuenta de Raúl Salinas en Citibank Zürich a cuentas controladas por Ricardo Salinas Pliego en el Union Bank of Switzerland, la Swiss Bank Corporation y el Banque Edmond de Rothschild.

[8] Véase Andrés Oppenheimer, "Which Salinas? Mexican TV Tycoon Target of Bank Probe", en *The Miami Herald*, 21 de junio de 1996. Ricardo Salinas Pliego no tiene ningún parentesco con Carlos y Raúl Salinas de Gortari.

[9] Aunque Salinas Pliego tuvo que admitir que había intentado engañar a la opinión pública, interpuso demandas penales por difamación contra varios periodistas que se habían ocupado del caso, en evidente —y exitoso— afán de silenciarlos.

[10] Para mayor información sobre este negocio, véase Julia Preston, "Mexican Fights Swiss for Honor and Millions", en *The New York Times*, 30 de diciembre de 1997, p. A3.

[11] En agosto de 1999 el Tribunal Penal Internacional de La Haya nombró a Del Ponte fiscal principal en el juicio por crímenes de guerra contra el expresidente serbio Slobodan Milosevic.

[12] Tim Golden, "Swiss Recount Key Drug Role of Salinas Kin", en *The New York Times*, 19 de septiembre de 1998, p. A1.

[13] Véase Tim Golden, "Tracing Money, Swiss Outdo U.S. on Mexico Drug Corruption Case", en *The New York Times*, 4 de agosto de 1998, p. A1.

[14] Véase Jean-François Boyer, *La guerra perdida contra las drogas. Narcodependencia del mundo actual*, Grijalbo, México, 2001, p. 119. Véase también Tim Golden, "Swiss Recount Key Drug Role of Salinas Kin", *op. cit.*

[15] Tal fue el caso de Marco Torres. Véase, por ejemplo, Tim Golden, "Questions Arise about Swiss Report on Raúl Salinas's Millions", en *The New York Times*, 12 de octubre de 1998, p. A10.

[16] Un juez suizo le notificó los cargos penales en su contra relacionados con drogas el 23 de julio de 2001.

[17] Para protegerse, los agentes que torturaron a Aguilar Treviño, conscientes de que las turbulencias políticas en torno a un caso tan importante podían provocar vuelcos inesperados, grabaron la confesión (y gritos) de aquél. Un funcionario familiarizado con el caso aseguró que Rubén Figueroa Alcocer —entonces gobernador de Guerrero— obtuvo una copia de esa cinta, la cual hizo llegar a Zedillo días antes de que éste tomara posesión, en medio del revuelo causado por la renuncia de Mario Ruiz Massieu a la fiscalía especial. Esta grabación de la agonía del pistolero ahondó la desconfianza de Zedillo contra Mario, quien la entregó a Antonio Lozano Gracia, nuevo procurador general de la República. Aparentemente, sin embargo, la cinta de referencia no se integró al expediente del juicio hasta dos años después, cuando fue filtrada a la prensa en la ciudad de México.

[18] Mario Ruiz Massieu confirmó en un libro (*Entrega inmediata*, Grijalbo, México, 2000) sus reuniones con Zedillo, sostenidas en octubre y noviembre de 1994. Véase Antonio Jáquez, "Testimonios por escrito: desde el 94, Mario Ruiz Massieu incriminó a Zedillo", en *Proceso*, 20 de septiembre de 1999.

[19] Ignacio Pichardo, uno de los dirigentes priístas acusados por Ruiz Massieu, describió la estrecha coordinación entre éste y Carlos Salinas en un libro testimonial. Véase Ignacio Pichardo, *Triunfos y traiciones. Crónica personal, 1994*, Oceano, México, 2001, pp. 269-307.

[20] Años después el propio Zedillo seguiría un procedimiento similar en el caso Aguas Blancas.

[21] Esteban Moctezuma, entonces secretario de Gobernación, concibió una trampa para Raúl y Carlos Salinas. Se prometió al expresidente que conocería el texto de la acusación antes de la aprehensión de Raúl; sin embargo, Luis Téllez, secretario particular de Zedillo que mantenía una relación personal con Salinas, se presentó en casa de éste con el documento la noche del 28 de febrero de 1995, horas después de que se había recluido a Raúl en el penal de máxima seguridad de Almoloya. Salinas se sobresaltó: ¿a dónde creía ir Zedillo "con estas acciones por completo ajenas a la buena práctica del derecho y de la política mexicana"? Echó a Téllez de su casa sin despedirse. Este hecho se refiere en Carlos Salinas de Gortari, *México. Un paso difícil a la modernidad*, Plaza y Janés, Barcelona, 2000, p. 1196, y fue confirmado en una entrevista personal con Luis Téllez, 16 de agosto de 2001.

[22] Julia Preston y Craig Pyes, "Secret Tape of Plotter's Confession Deepens the Mystery of a Political Murder in Mexico", en *The New York Times*, 14 de enero de 1999, p. A8.

EL GENERAL Y EL SEÑOR DE LOS CIELOS

[1] Entrevistas personales con individuos que colaboraron con Ernesto Zedillo Ponce de León durante su periodo presidencial.

[2] La información sobre la trayectoria de Samuel I. del Villar y sobre su investigación acerca de la cultura del narcotráfico procede de entrevistas personales con él, mayo y junio de 2001.

[3] Zorrilla resultó, en definitiva, tal calamidad que nadie aceptaba la responsabilidad de haberlo elevado a la jefatura de la DFS. Lo cierto es que José López Portillo lo nombró director de esta corporación en 1982 por recomendación de Fernando Gutiérrez Barrios, y que De la Madrid lo ratificó después en el cargo por recomendación esta vez de Manuel Bartlett, su secretario de Gobernación. Véase Antonio Jáquez, "Siempre fiel al sistema que cayó: Gutiérrez Barrios, un policía-político que salió limpio", en *Proceso*, núm. 1253, 6 de noviembre de 2000.

[4] El despido de los agentes de este órgano tardó varios meses. Fue formalmente desintegrado el 29 de noviembre de 1985. Véase Sergio Aguayo, *La charola. Una historia de los servicios de inteligencia en México*, Grijalbo, México, 2001, p. 246.

[5] Miguel de la Madrid se refirió a la decisión de Bartlett de destinar a Zorrilla al congreso en Jorge G. Castañeda, *La herencia. Arqueología de la sucesión presidencial en México*, México, Extra Alfaguara, 1999, p. 208.

[6] En entrevista personal con él el 23 de agosto de 2001, Bartlett aseguró que Zorrilla no fue acusado judicialmente hasta una vez terminado el sexenio de De la Madrid, porque sólo entonces el ministerio público reunió pruebas suficientes sobre su participación en el asesinato de Buendía. La información sobre la sentencia de Zorrilla procede de Humberto Musacchio, *Milenios de México*, vol. 3, Raya en el Agua, México, 1999, p. 3350.

[7] Interesante información sobre el procedimiento que se siguió para despedirlos aparece en Sergio Aguayo, *La charola, op. cit.*, pp. 243-244. En la citada entrevista personal con él el 23 de agosto de 2001, Manuel Bartlett refirió que tres comandantes de la DFS —Rafael Aguilar, Daniel Acuña y Rafael Chao López— fueron juzgados in absentia acusados de enriquecimiento ilícito, pues el gobierno no los había aprehendido.

[8] El primero de esos juicios tuvo lugar en Tucson, en 1988, contra el acaudalado narcotraficante Jaime Figueroa Soto, y en él fiscales estadunidenses obtuvieron una declaración jurada según la cual Figueroa y Caro Quintero pagaron 10 millones de dólares, en 1984, al general Arévalo Gardoqui a cambio de la protección de un enorme centro de procesamiento de mariguana en Chihuahua, custodiado por soldados. El otro se realizó al año siguiente en San Diego, y en él el jurado escuchó una grabación en la que Pablo Girón Ortiz, oficial de la Policía Judicial Federal de México, revelaba a un narcotraficante estadunidense que gracias a que había sobornado al general Arévalo a través de intermediarios, le había sido posible otorgar protección a aviones cargados de cocaína para su aterrizaje en pistas aéreas clandestinas en México. "Yo puedo conectarte con el ejército", de-

cía Girón Ortiz. "El ejército controla todo." Véase Michael Isikoff, "Informer Ties Top Mexican to Drug Deals; Allegations Revealed in DEA Affidavit", en *The Washington Post*, 4 de junio de 1988, p. A3; y William Branigin, "U.S. Trial Implicates Mexican Officials in Drug Trafficking", en *The Washington Post*, 6 de febrero de 1989, p. A13. Un alto funcionario del gobierno de De la Madrid nos aseguró, asimismo, en una entrevista personal haber presentado pruebas al presidente de que el general Arévalo había aceptado un soborno de 10 millones de dólares de narcotraficantes asentados en Veracruz.

[9] El general Arévalo Gardoqui ascendió a Gutiérrez Rebollo a general de división el 16 de noviembre de 1988, si bien su sucesor no firmó el oficio correspondiente hasta el 17 de enero de 1989. El historial de servicio de Gutiérrez Rebollo procede de documentos militares incluidos en el expediente de su juicio, expedientes judiciales mexicanos inéditos, 1997-1998. Durante ese juicio obtuvimos mil doscientas cuartillas del expediente.

[10] La detención de Carrillo Fuentes se hizo pública el 24 de agosto de 1989, fecha en la que las autoridades aseguraron que había sido efectuada en Guadalajara por la policía. Pero uno de los abogados del narcotraficante, José Alfredo Andrade Bojorges, escribió que en realidad Gutiérrez Rebollo realizó la aprehensión dos meses antes, el 27 de junio de 1989, en Badiraguato, Sinaloa. Las autoridades mexicanas suelen falsificar las fechas de aprehensión para cubrir las semanas o meses destinados a interrogar a los detenidos mientras se les mantiene incomunicados. Véase José Alfredo Andrade Bojorges, *Desde Navolato vengo. La historia secreta del narco*, Océano, México, 1999, p. 81.

[11] La información sobre los romances de Gutiérrez Rebollo y sobre sus relaciones con los políticos de Guadalajara y con Lizette Ibarra proceden del expediente de su juicio, expedientes judiciales mexicanos inéditos, 1997-1998.

[12] Véase Felipe Cobián, "No soy narca, pero si hablara embarraría a muchos militares", en *Proceso*, núm. 1083, 4 de agosto de 1997, p. 18.

[13] Colsa McGregor refirió a las autoridades su relación con Amado Carrillo Fuentes durante los meses de marzo y mayo de 1997 y poco después fue asesinado. Una versión literal de fragmentos de su declaración se publicó en un apéndice de José Alfredo Andrade Bojorges, *Desde Navolato vengo, op. cit.* La visita a la cárcel se detalla en la página 185 de esta fuente.

[14] Este soborno se detalla en una declaración judicial de José Luis Antu Martínez, exagente de la Policía Judicial Federal; la versión literal de un fragmento se publicó en *ibíd.*, p. 177.

[15] Véase Tim Golden, "Tons of Cocaine Reaching Mexico in Old Jets", en *The New York Times*, 10 de enero de 1995, p. A1.

[16] El informe de referencia, "Intelligence Assessment of the Amado Carrillo Fuentes Organization" (El Paso Intelligence Center, El Paso, 1994), circuló en la embajada y consulados de Estados Unidos en México, así como en otras oficinas gubernamentales estadunidenses.

[17] La lista de funcionarios supuestamente corrompidos por Carrillo Fuentes es demasido extensa para ser reproducida aquí en su integridad, pero incluía a los tres coordinadores antidrogas de Salinas y al menos un juez federal. El primero de esos coordinadores, durante los dos primeros años del sexenio salinista, fue Javier Coello Trejo. En declaraciones posteriores rendidas en tres juicios federales en Estados Unidos se señaló que Coello Trejo había aceptado grandes cantidades de efectivo de la mafia de Carrillo Fuentes durante y después del encarcelamiento de éste, mientras que el abogado defensor de Carrillo Fuentes escribió más tarde que su cliente sobornó a Coello Trejo para obtener su libertad (véase José Alfredo Andrade Bojorges, *Desde Navolato vengo, op. cit.*, p. 86). En una entrevista personal con él en 1998, Coello Trejo negó haber aceptado alguna vez sobornos del narcotráfico. Sucedido tras su renuncia, en 1990, por Jorge Carrillo Olea, éste fue coordinador antidrogas hasta 1993. El tercero en el sexenio salinista fue Mario Ruiz Massieu. Meses después de concluido ese sexenio, Ruiz Massieu fue detenido en Nueva Jersey con una maleta llena de efectivo sin declarar, y las autoridades descubrieron que había depositado 9 millones de dólares en bancos de Houston durante su actuación como zar antidrogas. En procesos federales para la incautación de esos fondos, algunos testigos se refirieron a grandes sobornos destinados a él por la organización de Carrillo Fuentes. Tras ser formalmente acusado, en 1999, en Houston de vínculos con el narcotráfico, Ruiz Massieu se suicidó (véase Tim Golden, "Mexico's Ex-Drug Chief, Indicted, Is Found Dead in U.S.", en *The New York Times*, 16 de septiembre de 1999, p. 3). El juez federal de referencia fue Teresa Irma Fragoso, destituida en octubre de 1997 en medio de acusaciones de que un soborno de 30 mil dólares de Carrillo Fuentes había influido en su decisión de rechazar la solicitud de agentes federales de registrar una de las residencias del narcotraficante en el Distrito Federal (véase José Alfredo An-

drade Bojorges, *Desde Navolato vengo, op. cit.*, pp. 169-172). Por último, Mario Villanueva fue ulteriormente detenido y procesado (véase Tim Weiner, "Ex-Mexico Governor Arrested and Linked to Cocaine Traffic", en *The New York Times*, 26 de mayo de 2001, p. A4).

[18] La información de este apartado acerca de sucesos en la Quinta Región Militar procede del expediente del juicio del general Jesús Gutiérrez Rebollo, expedientes judiciales mexicanos inéditos, 1997-1998.

[19] Tras la detención de Gutiérrez Rebollo, agentes federales que solicitaron permanecer en el anonimato aseguraron a reporteros que aquél había depositado 500 millones de dólares en cuentas en el exterior durante sus ocho años como comandante de la Quinta Región Militar. Pero durante el juicio esa afirmación se evaporó; el ministerio público sólo documentó el paso por sus cuentas en México de alrededor de 3 millones durante su década de gloria, parte de los cuales utilizó para adquirir una amplia serie de casas en varios estados. Al momento de su aprehensión, Gutiérrez Rebollo tenía en el banco aproximadamente 400 mil dólares. Véase Philip True, "Ex-drug Czar's Daughter Rips Illicit-Cash Story", en *San Antonio Express-News*, 8 de abril de 1997, p. 8A. La versión de los agentes acerca de los 500 millones en cuentas en el extranjero apareció originalmente en *El Universal* el 7 de abril de 1997. Las estimaciones del gobierno (mucho menores) fueron reportadas en Luis Guillermo Hernández, "Investigan ingresos ilícitos a general", en *Reforma*, 27 de septiembre de 1997.

[20] La información sobre el conflicto entre la Quinta Región Militar del ejército y el gobierno panista de Jalisco procede de entrevistas personales con Alberto Cárdenas Jiménez (13 de junio de 2001), Jorge López Vergara (14 de junio de 1997 y 11 de julio de 2001) y Antonio Lozano Gracia (21 de junio de 2001).

[21] El comentario de Zedillo nos fue referido por Antonio Lozano Gracia en entrevista personal con él, el 21 de junio de 2001. La primera vez que hizo pública su versión de este hecho fue en la primavera de 1997. Por su parte, López Vergara refirió en las entrevistas mencionadas que varias veces comunicó a Lozano sus sospechas sobre Gutiérrez Rebollo y Montenegro. El gobernador Cárdenas también presentó quejas al respecto al general Cervantes. Acerca de la versión de Lozano, Zedillo sostuvo en una entrevista el 2 de mayo de 1997: "Eso es absolutamente falso. En el fondo sabe que miente".

[22] La aprehensión de Palma Salazar se detalla en Andrés Oppenheimer, *Bordering on Chaos*, Little, Brown, Boston, 1996, pp. 298-300.

[23] Casualmente, la casa que ocupaba el capo en sus visitas a la ciudad de México se hallaba a sólo seis cuadras de la oficina de *The New York Times*.

[24] El juguete aparece en fotografías del departamento tomadas por la policía militar e incluidas en el expediente judicial.

[25] Transcripción de los autores de las declaraciones a la prensa del general McCaffrey, luego de que pronunciara un discurso en la ciudad de México el 10 de diciembre de 1996.

[26] La versión de los hechos que se refiere a continuación procede de entrevistas con varios altos funcionarios del gobierno de Ernesto Zedillo.

[27] Las fuentes de esta información se rehusaron a revelar la identidad del empresario, con el argumento de que su vida seguía corriendo peligro a causa de su participación en el arresto del general Gutiérrez Rebollo.

[28] Zedillo se reunió en privado con el secretario de Defensa, pero después relató el encuentro a los miembros de su equipo.

[29] Cervantes describió estos hechos en una carta dirigida a Zedillo y posteriormente publicada en *Proceso*. Carlos Marín, "Documentos de Inteligencia Militar involucran en el narcotráfico a altos jefes, oficiales y tropa del ejército", en *Proceso*, 27 de julio de 1997, p. 11. En entrevista personal con ella, el 12 de mayo de 1997, la hija de Gutiérrez Rebollo, Teresa de Jesús Gutiérrez Ramírez, acusó al ejército de haber enviado a su padre al hospital militar con objeto de asesinarlo ahí.

[30] Entrevista personal con Thomas Constantine, exadministrador de la DEA, 30 de enero de 2001.

[31] El general Marcial Macedo de la Concha, entonces principal fiscal del ejército, confirmó dicha reunión en entrevista personal con él, el 19 de septiembre de 1997. Un documento de la inteligencia militar se refirió asimismo a ese encuentro: "Un documento de la exposición de diversas hipótesis del ofrecimiento de un narcotraficante" (véase Carlos Marín, "Documentos de Inteligencia Militar involucran en el narcotráfico a altos jefes, oficiales y tropa del ejército", *op. cit.*, p. 12). El soborno de 6 millones de dólares fue reportado por John Ward Anderson, "Drug Kingpin's Life Is an Open Book, Now That He's Dead; Damaging Details about Influential Mexicans Often Aired Only after They've Lost Power", en *The Washington Post*, 25 de noviembre de 1997, p. 1.

[32] Véase Carlos Marín, "Documentos de Inteligencia Militar involucran en el narcotráfico a altos jefes, oficiales y tropa del ejército", *op. cit.*

[33] Felipe Cobián, "No soy narca, pero si hablara embarraría a muchos militares", *art cit.*

[34] El consecuente debate se resume en John Bailey y Roy Godson, eds., *Organized Crime and Democratic Governability*, University of Pittsburgh Press, Pittsburgh, 2000, pp. 3-6.

[35] Se trata de los generales Jorge Mariano Maldonado Vega, Mario Arturo Acosta Chaparro y Francisco Quirós Hermosillo. Véase Abel Barajas y Víctor Fuentes, "Cae otro narco general", en *Reforma*, 6 de abril de 2001, p. 1. Un funcionario de la DEA destacado en México entre 1997 y 2000 refirió el soborno de 16 millones de dólares.

[36] Véase Delal Baer, "Misreading Mexico", en *Foreign Policy*, núm. 108, otoño de 1997. Un artículo más reciente en el que también se criticó a periodistas por exagerar la amenaza del narco en México es Michael Massing, "The Narco-State?", en *The New York Review of Books*, 15 de junio de 2000, p. 24.

[37] "Drug Ties Taint 2 Mexican Governors", en *The New York Times*, 23 de febrero de 1997, p. 1.

EL CAMBIO A PRUEBA, 1997

[1] Véase Ricardo Becerra, Pedro Salazar y José Woldenberg, *La mecánica del cambio político en México. Elecciones, partidos y reformas*, Cal y Arena, México, 2000, p. 499. Véase también Alonso Lujambio, "Adiós a la excepcionalidad", en *Este País*, febrero de 2000, pp. 2-16.

[2] Véase Jorge G. Castañeda, *La herencia. Arqueología de la sucesión presidencial en México*, Extra Alfaguara, México, 1999.

[3] El relato de los acontecimientos de la inauguración del congreso se basa principalmente en las notas periodísticas de los autores sobre los hechos de referencia para *The New York Times*, complementadas por una entrevista personal con Fidel Herrera Beltrán, 31 de julio de 2001, y por la siguiente información periodística: Jorge Camargo, "Avísenle a Nuñez", en *Reforma*, 31 de agosto de 1997, p. 7; Miguel Ángel Granados Chapa, "Legislatura instalada", en *Reforma*, 31 de agosto de 1997, p. 19; Gerardo Albarrán de Alba, "La maniobra de Chuayffet", en *El Norte*, 31 de agosto de 1997, p. 12.

[4] Entrevista personal con Luis Téllez, 31 de agosto de 1997.

[5] Grabación en vivo por los autores del discurso pronunciado por Porfirio Muñoz Ledo en el Palacio Legislativo de San Lázaro el primero de septiembre de 1997.

[6] Véase Gabriel Székely, coord., *FOBAPROA e IPAB. El acuerdo que no debió ser*, Oceano, México, 1999, p. 201.

[7] El banquero Jorge Lankenau fue detenido el 19 de noviembre de 1997, acusado de fraude por 170 millones de dólares. La documentación judicial de este caso alegó que Lankenau había tomado dinero de su banco, Confía, para depositarlo en cuentas en las Islas Caimán no reportadas a las autoridades fiscales.

[8] Luis Méndez, "Seguían a 'El Divino' desde 1995", en *Reforma*, 31 de julio de 1996, p. 4.

[9] Véase Sergio Sarmiento, "El rescate", en *Reforma*, 14 de junio de 2001. Sarmiento comparó el rescate bancario mexicano con operaciones similares en Corea del Sur y Chile.

[10] Correspondencia personal con Carlos Cabal Peniche, y examen de documentos proporcionados por él, en junio de 1999.

[11] *El FOBAPROA y usted*, PRD, videocinta, 19 de julio de 1998.

[12] Entre otros panistas, en tales conversaciones participaron Fauzi Hamdan Amad, Rogelio Sada Zambrano, Francisco José Paoli Bolio y Gerardo Buganza Salmerón. Ricardo García Sainz, Alfonso Ramírez Cuéllar y Dolores Padierna estuvieron entre los principales representantes del PRD.

[13] Ante la insistencia del PRI, Mackey no reveló ningún nombre en su informe original de julio de 1999. Con base en un acuerdo entre los tres principales partidos en el congreso, Mackey incluyó una lista de préstamos determinados por él mismo como ilegales y los nombres de los beneficiarios en un disco compacto y proporcionó diferentes códigos de acceso (passwords) al PRI, PAN y PRD. El disco sólo podría abrirse si los tres partidos estaban de acuerdo. Sin embargo, en julio de 2000 el PRD, valiéndose de "hackers", descifró unilateralmente los códigos. Los nombres fueron decepcionantes para quienes esperaban hallar entre ellos a altos funcionarios gubernamentales. Aun así, incluían al hermano de Rogelio Montemayor, director de PEMEX; a Jorge Hank Rhon, uno de los hijos de Carlos Hank González; y un préstamo directo al PRI por 422,000 dólares.

[14] La información sobre las experiencias de Jorge Legorreta en la delegación Cuauhtémoc procede de una

entrevista personal con él, 12 de abril de 2001. Asimismo, entrevista personal con Jorge Fernández Souza, 5 de abril de 2001.

[15] Carlos Cabal Peniche aseguró haber operado en coordinación con Espinosa Villarreal para hacer aportaciones ilegales a la campaña de Zedillo en 1994. En entrevistas personales en junio y julio de 1999, Espinosa afirmó haber estado al tanto de las aportaciones de Cabal Peniche, pero argumentó que con ellas no se había violado ninguna ley.

[16] Entrevista personal con Ricardo Pascoe Pierce, 11 de diciembre de 2000.

[17] "Acuerdo por el que se establece el 2 de octubre como día de duelo en el Distrito Federal", en *Gaceta Oficial del Distrito Federal*, 27 de agosto de 1998, p. 3.

[18] Véase Andrea Becerril y Mireya Cuéllar, "Verdad y justicia, exigieron miles en Tlatelolco", en *La Jornada*, 3 de octubre de 1998, p. 1.

[19] Enrique Krauze, *Mexico: Biography of Power. A History of Modern Mexico, 1810-1996* (traducción de Hank Heifetz), HarperCollins, New York, 1997, p. 725.

[20] La información sobre esta investigación procede de varias entrevistas personales con Sergio Aguayo, así como del estudio de Sergio Aguayo, *Los archivos de la violencia*, Grijalbo-Reforma, México, 1998.

[21] Era el general Crisóforo Mazón.

[22] La información sobre la relación de Julio Scherer con el general García Barragán procede de Julio Scherer García y Carlos Monsiváis, *Parte de guerra. Tlatelolco, 1968*, Nuevo Siglo-Aguilar, México, 1999. Las citas proceden de las pp. 38 y 44. En otro importante reportaje de *Proceso*, la hija de Scherer, reportera de esa revista, estableció por primera vez que una cuadrilla cinematográfica gubernamental había filmado la matanza. Los camarógrafos le dijeron que horas antes de la manifestación del 2 de octubre de 1968, por órdenes del secretario de Gobernación, Luis Echeverría, llegaron al edificio, de veinte pisos, de la Secretaría de Relaciones Exteriores, el cual se alza sobre uno de los costados de la Plaza de las Tres Culturas, e instalaron sus cámaras detrás de las ventanas de vidrio de varios pisos superiores. Filmaron cinco horas de película, para lo que usaron potentes lentes de 500 milímetros que les permitieron acercarse a los rostros de heridos y muertos. Una vez cumplida su misión, la cuadrilla entregó la película directamente a Echeverría, señaló Scherer Ibarra en su artículo. Sin embargo, Echeverría se negó a ser sometido por el congreso a un interrogatorio en 1998, de manera que la película seguía desaparecida. María Scherer Ibarra, "El secretario de Gobernación sabía lo que iba a suceder: Echeverría recibió 120 mil pies de película, con los detalles de la masacre filmados desde seis cámaras", en *Proceso*, 16 de marzo de 1998. No hay coincidencia respecto de los pisos del edificio de Relaciones Exteriores que ocupó la cuadrilla cinematográfica. Según Scherer Ibarra, fue el piso 19. Sergio Aguayo asevera que aquélla se instaló en los pisos 17 y 20. Véase Sergio Aguayo, *Los archivos de la violencia, op. cit.*, p. 224.

[23] Véase "Cárdenas: Encuesta trimestral", en *Reforma*, 17 de septiembre de 1999, p. 1.

EL MOCHAOREJAS

[1] Véase María de la Luz González, "Reconoce Arizmendi secuestro de Raúl Nava", en *Reforma*, 26 de agosto de 1998, p. 8.

[2] La información sobre la penosa experiencia de la familia Nava Ricaño, durante el secuestro de su hijo procede de una entrevista personal con Josefina Ricaño de Nava, 30 de marzo y 24 de agosto de 2001.

[3] La información sobre el rapto de Nava Ricaño no apareció en la prensa hasta después del hallazgo de su cadáver. Sus familiares y las autoridades mantuvieron en secreto ese hecho, considerando que la publicidad podía poner en peligro la vida de Raúl.

[4] Entrevista personal con Christopher T. Marquet, director administrativo de Kroll Associates, empresa de seguridad de Nueva York, agosto de 1996.

[5] El temor a la delincuencia rebasó por primera vez a la inseguridad económica como principal preocupación de la ciudadanía a mediados de 1998. Véase *Seguridad nacional y opinión pública. Selección de encuestas de opinión*, Instituto Nacional de Administración Pública, México, 2000, p. 61.

[6] Entrevista personal con Rafael Ruiz Harrell, 15 de junio de 1998. En cuanto a la gráfica de delitos reportados de 1930 a 1997, véase Rafael Ruiz Harrell, *Criminalidad y mal gobierno*, Sansores y Aljure, México, 1998, p. 13.

[7] Entrevista personal con Ernesto López Portillo, 15 de junio de 1998, coautor de *Seguridad pública en México*, Universidad Nacional Autónoma de México, México, 1994.

368

[8] Véase Guillermo Zepeda Lecuona, "Inefficiency at the Service of Impunity. Criminal Justice Organizations in Mexico", en John Bailey y Jorge Chabat, *Public Security and Democratic Governance. Challenges to Mexico and the United States. Report to Task Force,* Washington, febrero de 2001.

[9] Véase Robert L. Ayres, *Crime and Violence as Development Issues in Latin America and the Caribbean,* Banco Mundial, Washington, 1998.

[10] Para un incisivo estudio sobre tal labor, véase Guillermo Zepeda Lecuona, "Inefficiency at the Service of Impunity. Criminal Justice Organizations in Mexico", *op. cit.* Durante la campaña presidencial de 2000, el candidato priísta, Francisco Labastida, dijo en un discurso que sesenta por ciento de los ministerios públicos del país habían reprobado un examen administrado a escala nacional durante su periodo como secretario de Gobernación.

[11] Véase *Seguridad nacional y opinión pública, op. cit.,* p. 67. A los jueces se les tenía, desde luego, en una consideración marginalmente superior que a policías y ministerios públicos.

[12] Véase Nelson Arteaga Botello y Adrián López Rivera, "Viaje al interior de la policía. El caso de un municipio de México", en *Nexos,* núm. 244, abril de 1998.

[13] Exagentes de la Dirección Federal de Seguridad (DFS), órgano de inteligencia disuelto en 1985, escribieron un libro en el que el origen de la ilegalidad en México se ubicaba en los años setenta, cuando el presidente López Portillo otorgó a la DFS y otros cuerpos policiacos la autorización de exterminar a individuos acusados de subversivos. Tras la supresión de los guerrilleros, la policía destinó sus habilidades extralegales al crimen organizado. "Incursionaron en el narcotráfico, el robo de autos, los secuestros, la piratería y el atraco de camiones", comenta Lucio Mendoza, uno de los autores. "Era como un cáncer en expansión." Entrevista personal con Lucio Mendoza, 10 de junio de 1998. Véase Instituto Mexicano de Estudios de la Criminalidad Organizada, *Todo lo que debería saber sobre el crimen organizado en México,* Oceano, México, 1998.

[14] Esta sección sobre el perfil de Arizmendi habría sido imposible de escribir sin la amplia cobertura, prácticamente diaria, de la mafia de Arizmendi por *Reforma,* la cual dio comienzo el 24 de noviembre de 1997 y se prolongó mucho después de la detención de Arizmendi, a mediados de agosto de 1998. Para la elaboración de este capítulo estudiamos esa cobertura, y después nos remitimos a las principales figuras del caso para entrevistarlas.

[15] César Romero Jacobo y Guillermo Osorno, "Identifican a secuestradores", en *Reforma,* 24 de noviembre de 1997, p. 1.

[16] Véase John Bailey y Jorge Chabat, *Public Security and Democratic Governance, op. cit.,* p. 20, donde se cita a *La Jornada,* 13 de junio de 1997. *La Jornada* cita a su vez a Horacio Cantú Díaz, presidente de la Asociación Mexicana de Sistemas Integrales de Seguridad Privada.

[17] Alejandra Bordon y Luis Guillermo Hernández, "Ensordece el silencio", en *Reforma,* 30 de noviembre de 1997, p. 1. El caso de González Gamio se relató en Alejandro Caballero, "Roban pertenencias a ex embajadora", en *Reforma,* 28 de agosto de 1997, p. 2.

[18] Entrevista personal con Rossana Fuentes-Berain, 6 de diciembre de 2000.

[19] Aun en los años posteriores a la transformación de esa actitud periodística por la labor de *Reforma,* no se reportaba la mayoría de los secuestros. Rafael Macedo de la Concha, procurador general de la República del gobierno de Vicente Fox, estimó en una entrevista radiofónica, en agosto de 2001, que de cada diez secuestros, sólo se reportaban dos.

[20] Véase César Romero Jacobo y Guillermo Osorno, "Identifican a secuestradores", *op. cit.*

[21] Véase César Romero Jacobo, "Protegen policías a los Arizmendi", en *Reforma,* 21 de enero de 1998, p. 1.

[22] Véase David Vicenteno, "Tramita juicio de amparo Tassinari", en *Reforma,* 28 de noviembre de 1997. En 2001, *Reforma* informó que seguían investigándose los vínculos de Tassinari con secuestradores, pero hasta mediados de 2003 aún no se había formulado ninguna acusación en su contra. Francisco Rodríguez, "Relacionan a judicial con 'El Mochaorejas'", en *Reforma,* 9 de mayo de 2001.

[23] Este fragmento procede de César Romero Jacobo, "El cautiverio", en *Reforma,* 26 de marzo de 1998, p. 6A. La serie abarca del 25 al 27 de marzo de 1998 (traducción de los autores). Algunas frases se eliminaron por motivos de espacio.

[24] Véase César Romero Jacobo, "Si me agarran, me matan", en *Reforma,* 21 de enero de 1998, p. 4A.

[25] Entrevista personal con Samuel González Ruiz, director de la Unidad Especializada contra la Delincuencia Organizada, 25 de mayo de 1998.

[26] El jefe de la policía de Morelos fue condenado posteriormente por tal encubrimiento, no así el procurador estatal. Para detalles sobre la censura de Zedillo, véase Fernando Mayolo López, "Critica Zedillo a priístas",

en *Reforma*, 4 de marzo de 1998, p. 4, y Raymundo Riva Palacio, "No soy el malo de la película: Carrillo Olea", en *El Financiero*, 9 de marzo de 1998, p. 1.

[27] Roberto Zamarripa, "Soy Daniel Arizmendi", en *Reforma*, 3 de junio de 1998, p. 4.

[28] La mayor parte de esta información sobre el secuestro de Raúl Nieto procede de una entrevista personal, el 16 de diciembre de 2000, con Alberto Pliego Fuentes, el comandante de policía del Estado de México que participó en la aprehensión e interrogatorio de Arizmendi.

[29] Esta sospecha nunca se disipó. En julio de 1998, menos de un mes antes de la aprehensión de Arizmendi, las autoridades detuvieron a su abogado defensor, José Ángel Vivanco, y lo acusaron de fraude. Durante su procesamiento, Vivanco acusó a Pliego de haber aceptado un soborno de Arizmendi. Declaró que en junio de 1996 entregó 150 mil pesos a un subordinado de Pliego en la comandancia de la policía judicial en Ciudad Nezahualcóyotl. Añadió que el subordinado de Pliego tomó 10 mil pesos y él mismo otros 10 mil, así que Pliego se quedó con 130 mil. Véase Pablo César Carrillo, "Una historia con dos finales", en *Reforma*, 28 de julio de 1998, p. 6. En sus respectivas conferencias de prensa, un día después de la aprehensión de Arizmendi, el procurador general de la República, Jorge Madrazo, y el director de la Unidad Especializada contra la Delincuencia Organizada de la PGR, Samuel González Ruiz, discreparon en cuanto a si las acusaciones de Vivanco contra Pliego preservaban credibilidad pese al papel de Pliego en la aprehensión de Arizmendi. Madrazo aseguró que tales acusaciones habían perdido credibilidad. González Ruiz disintió.

[30] El uso por parte de Pliego de esas tácticas técnicamente ilegales habría sido aprobado, casi sin duda, por la gran mayoría de la sociedad mexicana. Aun así, la lógica de Pliego para basar la aprehensión de Arizmendi en tácticas extralegales llevaba implícito el reconocimiento de la insuficiencia de las técnicas policiacas mexicanas en general: "Yo tuve que incurrir en cosas que no puede hacer un policía", admitió. "Pero si no lo hago, así nunca lo capturo." Entrevista personal con Alberto Pliego Fuentes, 16 de diciembre de 2000.

[31] Madrazo afirmó engañosamente que Arizmendi había sido atrapado no frente a un banco en una polvorienta avenida del oriente de la ciudad de México, sino en el lejano suburbio, al poniente de Naucalpan, señaló Pliego en la citada entrevista personal con él, en diciembre de 2000. Madrazo omitió toda mención al papel del CISEN. Véase la transcripción oficial de la PGR de la conferencia de prensa de Madrazo del 18 de agosto de 1998.

LA APERTURA DE LAS MENTES

[1] La primera parte de este capítulo, dedicada a los intelectuales, se basa en entrevistas personales con Héctor Aguilar Camín, 7 de diciembre de 2000 y 23 de julio de 2001; Homero Aridjis, 7 de julio de 2000 y 14 de marzo de 2001; Jorge G. Castañeda, 30 de junio de 2001; Enrique Krauze, 11 de abril y 2 de julio de 2001; y Carlos Monsiváis, 2 de agosto de 2001. Gabriel Zaid aportó algunos comentarios.

[2] Gabriel Zaid, "Alicia en el país de la fluctuación", en *Vuelta*, vol. 1, núm. 1, diciembre de 1976.

[3] El primer director de esta revista fue el destacado historiador Enrique Florescano.

[4] Al reflexionar sobre este episodio en una entrevista en 2001, Carlos Monsiváis dijo: "Ahora hubiese renunciado. Pero decirlo ahora no tiene caso."

[5] Gabriel Zaid, "Carta a Carlos Fuentes", en *Cómo leer en bicicleta*, Joaquín Mortiz, México, 1975, p. 106.

[6] Gabriel Zaid, "Cómo hacer la reforma política sin hacer nada", en *La economía presidencial*, Vuelta, México, 1987, p. 48.

[7] Enrique Krauze, "El timón y la tormenta", en *Vuelta*, vol. 6, núm. 71, octubre de 1982, pp. 14-22.

[8] Enrique Krauze, "Por una democracia sin adjetivos", en *Vuelta*, vol. 8, núm. 86, enero de 1984, pp. 4-13.

[9] Octavio Paz, "Hora cumplida (1929-1985)", en *Vuelta*, vol. 9, núm. 103, junio de 1985, pp. 7-12.

[10] Jorge G. Castañeda, "Mexico at the Brink", en *Foreign Affairs*, invierno de 1985-1986.

[11] Transcripción de la entrevista grabada con Octavio Paz de Tim Golden de *The New York Times*, febrero de 1992.

[12] La denuncia más reveladora de Aguilar Camín era una obra de ficción, su inspirada novela *Morir en el golfo*, sobre un disoluto periodista y su reyerta con un líder obrero, basado en Joaquín Hernández Galicia, la Quina.

[13] Sistema Nacional de Creadores de Arte, Creadores Eméritos. Lista proporcionada por el Fondo Nacional para la Cultura y las Artes, 22 de abril de 1998.

[14] Héctor Aguilar Camín, *Después del milagro*, Cal y Arena, México, 1988, p. 296.

[15] Éstos fueron los libros que le causaron problemas a Ernesto Zedillo siendo secretario de Educación.

[16] Enrique Krauze, "The Guerrilla Dandy. The Life and Easy Times of Carlos Fuentes", en *The New Republic*, 27 de junio de 1988, pp. 28-38. Los libros eran Carlos Fuentes, *Myself with Others. Selected Essays*, Farrar, Straus & Giroux, New York, 1988, y *The Old Gringo*, Farrar, Straus & Giroux, New York, 1985.

[17] Fuentes dio clases durante años en Princeton y tenía una casa ahí.

[18] Transcripción de la entrevista con Octavio Paz de Tim Golden de *The New York Times*, febrero de 1992.

[19] Paz murió en abril de 1998.

[20] Armando Ponce y Gerardo Ochoa Sandy, "*Vuelta* inicia su encuentro de la libertad", en *Proceso*, 27 de agosto de 1990.

[21] Octavio Paz y Enrique Krauze, eds., *La experiencia de la libertad*, vol. 1, México, Fundación Cultural Televisa, 1991, pp. 160-162.

[22] Armando Ponce y Gerardo Ochoa Sandy, "En las afueras del encuentro", en *Proceso*, 3 de septiembre de 1990.

[23] Transcripción de la entrevista con Octavio Paz de Tim Golden de *The New York Times*, febrero de 1992.

[24] Véase Larry Rohter, "Mexican Papers Want to Keep Tie with State", en *The New York Times*, 4 de diciembre de 1989, p. D11.

[25] La información de esta sección se basa en entrevistas personales con Jorge Zepeda Patterson, 23 de enero, 22 de febrero y 6 de marzo de 2001; y Alejandra Xanic von Bertrab, 2 de agosto de 2001.

[26] La cifra oficial fue de 211 personas fallecidas, y cientos más permanentemente heridas y lesionadas.

[27] Entrevista personal con Enrique Krauze, 2 de julio de 2001.

[28] Este grupo fue heredero de una serie de grupos informales en los que políticos e intelectuales a favor de la democracia pertenecientes a diversos bandos políticos —tan dispares como el ala izquierda del movimiento cardenista y el ala derecha del PAN— confluyeron en busca de un terreno común. Una temprana encarnación fue el Consejo por la Democracia, formado en 1989. Uno de sus principales promotores fue Rogelio Sada Zambrano, ejecutivo integrante de una dinastía de fabricantes de vidrio de Monterrey. Panista, a Sada le preocupaba que el encono surgido en 1988 dividiera al país si no se tendían puentes entre bandos de oposición ni se aceleraba la reforma. Algunas de las alrededor de treinta muy variadas personas que asistían a las reuniones de ese consejo eran Jorge G. Castañeda, Porfirio Muñoz Ledo, Diego Fernández de Cevallos, Juan Molinar Horcasitas, Leticia Calzada (amiga de Vicente Fox y también vieja amiga de Sada) y Arnoldo Martínez Verdugo (exdirigente del Partido Comunista Mexicano). Una de las derivaciones del Consejo por la Democracia fue el grupo que, en marzo de 1993, organizó un referéndum en el Distrito Federal en el que los capitalinos se pronunciaron por elegir a un gobernador y una cámara de diputados locales y por convertir a su entidad en el trigésimo segundo estado del país. El Grupo San Ángel se formó un año después. Entre sus miembros estuvieron Tatiana Clouthier (hija de Manuel Clouthier, Maquío), Ricardo García Sáenz, Enrique González Pedrero, Elba Esther Gordillo, David Ibarra, Javier Livas Cantú, Federico Reyes Heroles y Demetrio Sodi de la Tijera.

[29] Véase Irma Salas, "Enfrenta *Siglo 21* demanda de quiebra", en *El Norte*, 7 de agosto de 1997, p. 5; Felipe Cobián, "Alfonso Dau utilizó al periódico", en *Proceso*, 11 de agosto de 1997; Miguel Ángel Granados Chapa, "Dau en escena", en *Reforma*, 25 de agosto de 1997, p. 21; Joaquín Fernández Núñez, "Los buenos divorcios", en *Expansión*, 5 de noviembre de 1997, p. 64.

[30] Entrevistas personales con José Antonio Cañedo White, 26 de octubre de 2000; y Liébano Sáenz, 29 de noviembre de 2001.

[31] En la reunión del 4 de marzo en Los Pinos, Zedillo les dijo a los ejecutivos de Televisa que el secretario de Gobernación, Emilio Chuayffet, "se había quejado mucho" de Rocha. Tras la reunión, los ejecutivos fueron directamente a la oficina de Chuayffet para detallar el asunto. "Controlen a Rocha", fue el mensaje de Chuayffet. Esta parte se basa en entrevistas personales con José Antonio Cañedo White, 26 de octubre de 2000; y Ricardo Rocha, 10 de mayo de 2001.

CHIAPAS

[1] Para una fascinante consideración a fondo de la red de gobiernos autónomos de los zapatistas, véase Lene Lothe Gómez Palma, "Indigenous Resistance and the Construction of Autonomy. Power, Land, and Territory in Two Regions of Chiapas, Mexico", tesis, Universidad de Oslo, 2001. Gómez Palma visitó Chiapas por prime-

ra vez mediante una organización solidaria noruega, gracias a lo cual obtuvo del EZLN excepcional acceso a su gobierno autónomo en acción.

[2] Entrevista realizada por Anne Sorensen, Escuela Autónoma de Roberto Barrios, 20 de junio de 2001. Julia Preston y Anne Sorensen, reportera del periódico danés *Politiken*, viajaron juntas a Roberto Barrios. Las autoridades zapatistas les permitieron a ambas visitar la escuela, pero sólo a Anne entrevistar formalmente a los maestros.

[3] En relación con ésta y otras declaraciones del EZLN, véase http://www.laneta.apc.org/porlapaz/ind/chis0.htm.

LA DEMOCRACIA EN EL TRABAJO

[1] Miguel Ángel Granados Chapa, "El siglo de Fidel", en *Reforma*, 22 de junio de 1997.

[2] Detalles sobre los últimos años de Velázquez proceden de Anthony DePalma, "At 95, Still Labor's King, but Ruling Party's Vassal", en *The New York Times*, 5 de febrero de 1996, p. 4, y Anthony DePalma, "Fidel Velázquez, Mexico Titan, Dies at 97", en *The New York Times*, 22 de junio de 1997, p. 26. Otros detalles biográficos proceden de Kevin J. Middlebrook, *The Paradox of Revolution*, Johns Hopkins University Press, Baltimore, 1995, p. 268; sobre el consentimiento por Velázquez de despidos masivos, véase p. 276.

[3] La intervención de Rodríguez Alcaine en la ceremonia oficial del día del trabajo de 1997 se reportó en Miguel Pérez, "Abuchean a dirigentes sindicales", en *Reforma*, 2 de mayo de 1997.

[4] Este esbozo de la evolución del sindicalismo mexicano y sus relaciones con el Estado debe mucho al magnífico estudio de Kevin J. Middlebrook sobre el movimiento obrero del siglo XX, *The Paradox of Revolution, op. cit.*, del que proceden varios detalles expuestos en este capítulo. Sobre Luis N. Morones, véanse pp. 77-83. Sobre la formación de la CTM, véanse pp. 87-95. Sobre el escaño reservado a Velázquez en el senado, véase p. 105.

[5] Véase el índice de pobreza en México, 1910-1970, en James W. Wilkie, "The Six Ideological Phases of Mexico's 'Permanent Revolution' since 1910", en James W. Wilkie, ed., *Society and Economy in Mexico*, UCLA Latin American Center Publications, Los Angeles, 1990, p. 16.

[6] Véase Kevin J. Middlebrook, *The Paradox of Revolution, op. cit.*, p. 275. Para una exposición del origen de las cláusulas de exclusión de separación, véase p. 96.

[7] Esta planta se ubica en Ciudad de los Reyes, Estado de México, y era propiedad entonces de Echlin Inc. de Branford, Connecticut. Echlin fue adquirida en 1998 por la Dana Corporation de Toledo, Ohio. Arturo Alcalde refirió la confrontación de septiembre de 1997 en la planta de Echlin. Estos sucesos también están documentados en un informe del gobierno de Estados Unidos: U.S. National Administrative Office, *Public Report of Review of NAO Submission No. 9703*, Bureau of International Affairs, U.S. Department of Labor, Washington, 31 de julio de 1998.

[8] Los ejecutivos de Alcoa Robert Hughes y Jack D. Jenkins refirieron los hechos de la mudanza de Alcoa de Mississippi a México durante una entrevista personal el 15 de febrero de 2001.

[9] En el censo de 2000 en México se contabilizaron 110,388 habitantes en Ciudad Acuña, pero las autoridades estatales y locales consideraron sumamente inexacto ese cálculo, pues estimaban que la población de la localidad era de 150 mil a 180 mil personas. De acuerdo con el censo de 2000, sólo otros dos centros urbanos del país —Iztapaluca, suburbio de la ciudad de México, y Los Cabos, Baja California Sur— crecían entonces más rápido que Ciudad Acuña.

[10] Entrevista personal con Jesús María Ramón Valdés, Ciudad Acuña, Coahuila, y Del Río, Texas, 23 de septiembre de 2000.

[11] La doctora Ruth Rosenbaum se desempeña en el Center for Reflection, Education and Action de Hartford, Connecticut, centro de investigación y educación en economía social.

[12] Entrevistas personales con el alcalde de Ciudad Acuña, Eduardo Ramón Valdés, 24 de septiembre de 2000, y con Rafael Castillo, administrador municipal en funciones de Del Río, pocos días después.

[13] En respuesta a estas cuestiones, Alcoa emitió una declaración por escrito en la que aseguró que, en 1999, sus fábricas en Ciudad Acuña pagaron al gobierno del estado de Coahuila 450 mil dólares en impuestos sobre nómina, al Seguro Social 7.8 millones y 2.4 millones al INFONAVIT. Sin embargo, ninguno de esos impuestos tuvieron por destino a las autoridades municipales de Ciudad Acuña, aparte de lo cual Alcoa señaló en ese comunicado que no había pagado un solo impuesto más por sus operaciones en esa ciudad.

[14] Se trataba del American Friends Service Committee y la Congregation of Benedictine Sisters.

[15] Véase José Aguayo, "Saint Benedict and the Labor Unions", en *Forbes*, 9 de febrero de 1998, p. 64.

[16] Estas cifras proceden de Sidney Weintraub, "Workers' 15-Year Nightmare", en *Los Angeles Times*, 11 de enero de 1998. Weintraub citaba datos compilados por la U.S. Bureau of Labor Statistics.

[17] Véase Claudia Ramos, "Deben sindicatos revisar estrategias", en *Reforma*, 17 de abril de 1996, p. 14.

[18] Entrevista personal con Ramón Gámez Martínez, 14 de agosto de 2001.

LA CAMPAÑA POR EL CAMBIO

[1] Únicamente 36% de los hogares tenía teléfono, de acuerdo con el boletín de prensa 59/2001 del Instituto Nacional de Estadística, Geografía e Informática (INEGI), 21 de mayo de 2001. En ciudades pequeñas, de menos de 25 mil habitantes, sólo 6% de los hogares tenía teléfono. Véase "Principales resultados del XII censo general de población y vivienda, 2000", en la página en Internet del INEGI, www.inegi.gob.mx.

[2] Entrevista personal con Lorenzo Zambrano, 25 de julio de 2001. Véase también Charles Piggott, "CEMEX's Stratospheric Rise", en *Latin Finance*, 1 de marzo de 2001; y James F. Smith, "Making Cement a Household Word in Latin America", en *Los Angeles Times*, 16 de enero de 2000, p. C1.

[3] Véase Harley Shaiken, *Mexico in the Global Economy: High Technology and Work Organization in Export Industries*, Center for U.S.-Mexican Studies, San Diego, 1990.

[4] Véase Tim Weiner, "Terrific News in Mexico City: Air Is Sometimes Breathable", en *The New York Times*, 5 de enero de 2001, p. 1.

[5] Véase Consejo Nacional de Población, *La situación demográfica de México*, CONAPO, México, 1998, p. 17. Las cifras posteriores sobre el aumento en la esperanza de vida corresponden a los años 1975-1995; véase *ibíd.*, pp. 11-12.

[6] Véase *México hoy*, Instituto Nacional de Estadística, Geografía e Informática, México, 2000, p. 42. En cuanto a la matrícula universitaria, véase *ibíd.*, p. 64.

[7] La información sobre las actividades de recaudación de fondos de Lino Korrodi procede de entrevistas personales con él durante la campaña presidencial de Fox, 1999-2000, y el 9 de julio de 2001, así como de entrevistas con otros colaboradores de campaña de Fox.

[8] Korrodi colectó más de un millón de dólares antes de la victoria de Fox en Guanajuato, en mayo de 1995. Entrevista personal con Lino Korrodi, 9 de julio de 2001.

[9] Un distinguido miembro del equipo de campaña de Fox identificó a Manuel Espinosa Yglesias, Alfonso Romo Garza, Roberto Hernández, Lorenzo Zambrano y Carlos Slim como patrocinadores de aquélla. Entrevista personal, julio de 2001. La identidad de esos y otros patrocinadores de Fox se hizo pública en 2002 al aparecer en *Proceso* una serie de reportajes de investigación sobre la colecta de fondos para la campaña foxista. Véase Antonio Jáquez, "Aportaciones sospechosas", en *Proceso*, núm. 1334, 26 de mayo de 2002, p. 9. *Proceso* continuó con este tema en subsecuentes ediciones: 2, 9 y 16 de junio de 2002.

[10] Véase Carlos Acosta Córdova y Antonio Jáquez, "Los magnates regiomontanos empiezan a obtener su recompensa", en *Proceso*, núm. 1240, 6 de agosto de 2000; y Porrita Varela Mayorga, "Un pura sangre en aprietos", en *Día Siete*, núm. 54, julio de 2001.

[11] Una versión detallada de este suceso se encuentra en Andrés Oppenheimer, *Bordering on Chaos*, Little, Brown, Boston, 1996, pp. 83-110.

[12] En 1940, al parecer, algunos empresarios de Monterrey apoyaron económicamente la candidatura presidencial disidente del general Juan Andrew Almazán, quien, sin embargo, fue arrollado por el PRI. Véase Luis Javier Garrido, *El partido de la revolución institucionalizada. Medio siglo de poder político en México*, Siglo XXI Editores, México, 1982, p. 274. Doce años después, Miguel Henríquez Guzmán, otro priísta que dejó el partido oficial para contender por la presidencia, obtuvo asimismo algunas aportaciones del sector privado. Pero también fue aplastado por el PRI. El historiador Lorenzo Meyer, de El Colegio de México, afirmó en una entrevista personal, el 18 de enero de 2002, que tanto Almazán como Henríquez Guzmán recibieron apoyo económico de partidarios acaudalados durante sus respectivas campañas presidenciales. Para detalles sobre el apoyo brindado a Miguel Henríquez Guzmán por su hermano y otros partidarios adinerados, véase Elisa Servín, *Ruptura y oposición. El movimiento henriquista, 1945-1954*, Cal y Arena, México, 2001. La lección obvia para la clase empresarial fue que hacer aportaciones a candidatos presidenciales opuestos al sistema era un desperdicio de dinero, así co-

mo un enorme riesgo político. En el medio siglo posterior, ningún candidato presidencial de oposición recibió apoyo económico significativo hasta Vicente Fox. Algunos investigadores han conjeturado que Manuel Clouthier, candidato presidencial del PAN en 1988, recibió considerable apoyo del sector privado. Pero lo cierto es que los diez empresarios más importantes de Monterrey, que eran amigos de Clouthier y habrían podido respaldarlo, apoyaron en cambio a Salinas y se limitaron a brindarle una cena a Clouthier, de la que fue anfitrión Dionisio Garza Sada, príncipe de la dinastía empresarial fundadora de Monterrey.

"No vamos a hacer política", le dijo Garza Sada a Clouthier. "Vamos a la amistad." Entrevista personal con Fernando Canales, 11 de agosto de 2001, que asistió a esa cena de 1988 y quien para la fecha de la entrevista era gobernador de Nuevo León.

[13] *La transición mexicana y nuestra propuesta para un desarrollo sostenible en el largo plazo*, Consejo Coordinador Empresarial, México, 1998.

[14] La información sobre la incertidumbre que prevalecía en el sector privado y sobre la importancia de la posición proempresarial de Fox ante el FOBAPROA para tranquilizarlo procede de una entrevista personal con uno de los más incisivos observadores del sector privado mexicano, Rogelio Ramírez de la O, 8 de junio de 2001.

[15] Entrevista personal con Eduardo Badillo, director del Registro Federal de Electores, mayo de 2000.

[16] Esta declaración de Zedillo, así como otras alusiones a él e información sobre la participación de funcionarios de Los Pinos en la organización de las elecciones internas del PRI en 1999, fueron referidas en entrevistas personales con importantes colaboradores de Zedillo. Éste fue en principio muy reservado sobre sus planes ante los periodistas y la ciudadanía, pero después fue más específico. Interrogado en una entrevista con *The New York Times* en febrero de 1998 sobre si ejercería el dedazo, respondió: "Creo que no desempeñaré un papel tan marcado como otros presidentes". Pero en una visita a Nueva York cuatro meses después, en junio de 1998, declaró a ejecutivos de prensa que estaba a favor de una elección interna "muy abierta" para la selección del candidato presidencial del PRI. Véase la nota cablegráfica de Claude E. Erbsen, "Mexico President Seeks Open Primary", Associated Press, 9 de junio de 1998.

[17] Esta cita procede del hilarante artículo de José De Cordoba "Mexico's Ruling Party Dabbles in Democracy to Stave Off Decline", en *The Wall Street Journal*, 1 de julio de 1998, p. 1.

[18] Entrevistas personales con Roberto Madrazo, Raúl Ojeda y el joven ejecutivo Gerardo Priego Tapia, octubre de 1999.

[19] Entrevista personal con Roberto Madrazo, octubre de 1999.

[20] En una entrevista en septiembre de 1999, Gamboa negó haber influido en el despido de ese individuo.

[21] Daniel Pensamiento, "Se enfrentan Albores y Congreso en Chiapas", en *Reforma*, 21 de octubre de 1999, p. 15.

[22] Esa fotografía se publicó en la portada de *Proceso*; el artículo correspondiente era un vívido resumen de las trampas a favor de Labastida en todo el país. Álvaro Delgado y Julia Aranda, "El mismo de Salinas y de Córdoba. El 'nuevo PRI' tan viejo como sus mañas", en *Proceso*, núm. 1202, 15 de noviembre de 1999.

[23] Alejandro Moreno, "Impulsan internas a Labastida", en *Reforma*, 29 de noviembre de 1999, p. 4.

[24] Reuters, "Entrevista, Vicente Fox", en *El Norte*, 27 de febrero de 1998, p. 8.

[25] Esta información sobre la reunión en casa de Aguilar Zinser procede de entrevistas personales con los asistentes. Castañeda expuso su argumento en un extenso artículo de opinión, "2 de julio: los escenarios", en *Reforma*, 4 de febrero de 2000, p. A18.

[26] Véase Daniel Moreno, "Rechaza Labastida apoyo de Hank Rhon", en *Reforma*, 20 de noviembre de 1999, p. 1.

[27] Véase Larry Rohter, "Tijuana Journal: 'The Cat' Clawed Many; Is One His Murderer?", en *The New York Times*, 1 de julio de 1988, p. 4. Sobre el contrabando de pieles de ocelote, véase Gustavo Alanís Ortega, "Especies en peligro de extinción", en *Reforma*, 1 de junio de 1995, p. 4.

[28] Véase Daniel Moreno, "Modifica su discurso Francisco Labastida", en *Reforma*, 13 de mayo de 2000.

[29] Daniel Moreno, "Fox nos dijo lo que queríamos oír", en *Reforma*, 5 de marzo de 2000, p. A6. Moreno también realizó una excelente cobertura del cambio de posición de Fox ante los pequeños empresarios; véase Daniel Moreno, "Recula Fox. Ahora pide cárcel para banqueros", en *Reforma*, 9 de marzo de 2000, p. 2.

[30] Transcripción del segundo debate entre los candidatos presidenciales, 26 de mayo de 2000, distribuida por el PAN.

[31] La información sobre las elecciones del 2 de julio de 2000 se basa en entrevistas personales con los siguientes individuos: Federico Berrueto, 19 de enero y 16 de agosto de 2001; Cuauhtémoc Cárdenas, 12 de diciembre

de 2000; Jorge G. Castañeda, 6 de junio y 19 de noviembre de 2000 y 30 de junio de 2001; Vicente Fox, 2 de julio de 2000; Emilio Gamboa, 8 de febrero de 2001; Concepción Guadalupe Garza Rodríguez, 28 de septiembre de 2000; Francisco Labastida Ochoa, 12 de octubre de 2000; Esteban Moctezuma, 22 de julio y 25 de diciembre de 2000 y 30 de agosto de 2001; Nguyen Huu Dong, 17 de noviembre de 2000; Robert Pastor, 24 y 26 de abril de 2001; Marco Provencio, 3 de octubre de 2000; Liébano Sáenz, 21 de febrero, 2 de marzo, 9 de mayo, 3 de agosto y 29 de noviembre de 2001; Javier Treviño, 21 de septiembre de 2000; José Woldenberg, 28 de noviembre de 2000; y Emilio Zebadúa, 27 de noviembre de 2000.

[32] Véase Charles Krause, "PRI, historia privada de un fracaso", en *Gatopardo*, agosto de 2000.

[33] Fox recibió 16 millones de los 37.6 millones de votos emitidos, Labastida 13.6 millones y Cárdenas 6.3 millones. Estas y otras cifras electorales se obtuvieron en la página en Internet del Instituto Federal Electoral, www.ife.org.mx.

[34] A principios del siglo XX México era una nación predominantemente rural poblada sobre todo por campesinos iletrados. Al finalizar el siglo, en cambio, sesenta por ciento de sus habitantes vivía en ciudades, noventa por ciento de los adultos sabía leer y escribir y seis de cada diez habían concluido la secundaria. La mayoría de los que permanecían en la ignorancia eran personas de edad avanzada. Aquí se entiende por "ciudades" asentamientos con 15 mil o más habitantes. Véase "XII censo general de población y vivienda, 2000", en la página en Internet del INEGI, www.inegi.gob.mx.

[35] Este análisis demográfico de los resultados de las elecciones del 2 de julio de 2000 se basa en las encuestas de salida realizadas por el periódico *Reforma*. Véase Alejandro Moreno, María Antonia Mancillas y Roberto Gutiérrez, "Gana México urbano y educado. Perfil de los electores", en *Reforma*, 3 de julio de 2000, p. 8.

[36] Oaxaca, Chiapas, Hidalgo, Zacatecas, Tabasco, Tlaxcala y Guerrero.

[37] El PAN obtuvo 208 de los 500 escaños de la cámara de diputados, el PRI 209 y el PRD 53. Cinco pequeños partidos obtuvieron el resto.

[38] "El 2 de julio los mexicanos descompusieron la maquinaria", escribió en *Proceso* Denise Dresser, profesora de ciencias políticas. "Aceptaron las bicicletas, se montaron sobre ellas y dejaron al PRI atrás. Agradecieron las lavadoras, las echaron a andar y remojaron la ropa sucia de 71 años [...] Cargaron las bolsas de cemento, lo colaron y comenzaron a construir los cimientos de un país sin patrón." Véase Denise Dresser, "Despertar en un país recobrado", en *Proceso*, 3 de julio de 2000, p. 11.

EPÍLOGO

[1] Zedillo acordó nuevas líneas extranjeras de crédito en caso de una acometida contra el peso, evitó el exorbitante aumento del gasto público en un año electoral y mantuvo su firme mecanismo cambiario, que permitía que el valor del peso subiera y bajara según la demanda del mercado. Para una detallada exposición de este plan, véase Jonathan Heath, *Mexico and the Sexenio Curse. Presidential Successions and Economic Crises in Modern Mexico*, Center for Strategic and International Studies, Washington, 1999, p. 63.

[2] Carlos Salinas de Gortari, *México. Un paso difícil a la modernidad*, Plaza y Janés, Barcelona, 2000.

[3] Una transcripción de la conversación grabada entre Raúl y Adriana Salinas, extraída de la transmisión de Televisa, se publicó en los diarios del Distrito Federal el 11 de octubre de 2000.

[4] Insistió en que ni él, ni Zedillo, sabían nada acerca de la cinta de Raúl antes de que la escucharan en Televisa. Entrevista personal con Liébano Sáenz, 3 de agosto de 2001.

[5] La dependencia a su cargo era la Secretaría de la Contraloría y Desarrollo Administrativo.

[6] Reuters, "Pactaría con Marcos en quince minutos", en *El Norte*, 27 de febrero de 1998, p. 8.

[7] La afable relación de Fox con Roberto Hernández fue evidente en los días posteriores a su victoria electoral, cuando Hernández hospedó a Fox en una isla caribeña de su propiedad. Fox designó como su secretario de Hacienda a Francisco Gil Díaz, economista priísta con dos décadas de servicio en el Banco de México y la Secretaría de Hacienda, y que más recientemente había sido director general de Avantel, la compañia telefónica de servicios de larga distancia propiedad de Hernández. Gil Díaz aplaudió al instante la compra de BANAMEX por Citigroup.

[8] Esta ley se llama Ley Federal de Transparencia y Acceso a la Información Pública.

[9] Véase Denise Dresser, "El tigre y la tortuga", en *Arcana*, septiembre de 2002, p. 38. Este artículo brinda una meticulosa descripción del estado de la educación en México a dos años de iniciado el gobierno de Fox.

375

[10] Germán Dehesa, "Periquín va de visita", en *Reforma*, 2 de agosto de 2000.

[11] Margarita Vega, "Elogia Fox a dirigente electricista", en *Reforma*, 6 de noviembre de 2000.

[12] Para una descripción más detallada de la preservación de la corrupta estructura laboral del PRI con Fox, véase Miguel Ángel Granados Chapa, "Bajo mundo sindical", en *Reforma*, 15 de abril de 2002, p. 25.

[13] Una circunstancia irritante que contribuyó a provocar ese paro no autorizado fue la extraordinaria compensación otorgada a Paul O'Neill, entonces director general de Alcoa. Con base en las utilidades de esta compañía en 1999, O'Neill ejerció 33 millones de dólares en opciones de suscripción de acciones, aparte de su sueldo de 3 millones de dólares. Los trabajadores estaban al tanto de esos pagos a O'Neill, que Alcoa detalló en su informe anual de 1999, y se enfurecieron ante el hecho de que la compañía les pagara a sus obreros de Ciudad Acuña sólo 40 dólares en reparto de utilidades. En 2001 O'Neill dejó Alcoa para convertirse en secretario del Tesoro del presidente estadunidense George W. Bush. En enero de 2002, Alcoa anunció que había designado a Ernesto Zedillo miembro de su consejo de administración.

[14] Se trata de Mario Villanueva, de Quintana Roo. Véase Tim Weiner, "Ex-Mexico Governor Arrested and Linked to Cocaine Traffic", en *The New York Times*, 26 de mayo de 2001, p. A4.

[15] En referencia a Benjamín Arellano, véase Tim Weiner, "Drug Kingpin, Long Sought, Is Captured by Mexicans", en *The New York Times*, 10 de marzo de 2002, p. 7; en cuanto a Ramón Arellano, véase Tim Weiner, "The Bloodstain's Secret: Is Cartel Enforcer Dead?", en *The New York Times*, 28 de febrero de 2002, p. A4.

[16] Su cargo oficial era Fiscal Especial para la Atención de Hechos Probablemente Constitutivos de Delitos Federales Cometidos Directa o Indirectamente por Servidores Públicos en contra de Personas Vinculadas con Movimientos Sociales y Políticos del Pasado. Para una entrevista con Carrillo Prieto, véase Rafael Rodríguez Castañeda, "No tengo límites ni obedezco consignas", en *Proceso*, 27 de enero de 2002.

[17] Véase Tim Weiner, "Three Mexican Army Officers Are Accused in 70's Killings", en *The New York Times*, 28 de septiembre de 2002, p. A4.

[18] Véase "Encuesta/Avalan cancelación del aeropuerto en D.F.", en *El Norte*, 7 de agosto de 2002, p. 5.

[19] La LVII Legislatura, en funciones de 1997 a 2000, la segunda mitad del sexenio de Zedillo, aprobó 99% de las propuestas de ley de éste, a menudo sin cambiar una sola palabra. La LVIII Legislatura, en operación de 2000 a 2003, sólo aprobó 82% de las propuestas de Fox y relaboró en cierto grado cada una antes de convertirlas en ley. Entrevista personal con Jeffrey A. Weldon, profesor de ciencia política del Instituto Tecnológico Autónomo de México, 22 de enero de 2002.

[20] Véase Ginger Thompson, "Mexico Bars Its President from Trips Next Week", en *The New York Times*, 10 de abril de 2002, p. A7.

[21] La Suprema Corte invalidó, el 4 de septiembre de 2001, un decreto presidencial que establecía el horario de verano; véase Comunicado de Prensa de la Corte Suprema núm. 2001/124. En mayo de 2002 invalidó cambios en reglamentaciones de energía que Fox había hecho para permitir la inversión privada en la industria eléctrica; véase Mayela Córdoba, "Excluye SCJN a independientes", en *El Norte*, 23 de mayo de 2002, p. 3, sección de Negocios. Y dio la razón a la cámara de diputados al aceptar la impugnación constitucional de un decreto presidencial que exentaba a importadores de fructosa de maíz del pago de un impuesto de importación; véase Comunicado de Prensa de la Corte Suprema núm. 2002/051.

AGRADECIMIENTOS

Gran parte del material para este libro procedió de entrevistas con noventa y dos personas, casi todas ellas mexicanas, que realizamos entre julio de 2000 y diciembre de 2002. Tuvimos la fortuna de llevar a cabo una intensiva fase de investigación y labor periodística en el año posterior a las elecciones presidenciales del 2 julio de 2000, cuando muchos mexicanos —entre ellos gran parte de los que no apoyaron a Vicente Fox— se sintieron liberados por la caída del PRI. Muchas personas hablaron, durante horas, en una sola sesión y accedieron a varias entrevistas. A quienes consintieron en ser identificados se les menciona en las notas. En algunos casos, personas a las que entrevistamos accedieron a ser mencionadas como fuentes, pero no de datos y episodios específicos; se les cita en correspondencia con ello. Las corrientes políticas pueden cambiar rápida y alevosamente en México, y las personas que compartieron su caso con nosotros a menudo corrieron un riesgo al hacerlo. Estamos en deuda con ellas por su franqueza y su interés en crear una relación exacta de la historia que han contribuido a forjar.

También nos apoyamos en cientos de entrevistas que realizamos durante nuestros cinco años de trabajo periodístico como corresponsales en México de *The New York Times*.

Varias personas leyeron borradores de capítulos o pasajes e hicieron incisivos comentarios. A este respecto estamos agradecidos con Cuauhtémoc Abarca, Denise Dresser, Rossana Fuentes-Berain, Luis González de Alba, Enrique Krauze, Jorge Legorreta, Imanol Ordorika, Liébano Sáenz, Fausto Zapata y Jorge Zepeda Patterson. Otras dedicaron parte de su valioso tiempo a ayudarnos a entender los rituales y misterios de la política mexicana, como Sergio Aguayo, Cristina Alcayaga, Jorge Alcocer, Leticia Calzada, Manuel Camacho, José Carreño, Jorge G. Castañeda, Jorge Chabat, Federico Estévez, Jeff Hermanson, Lorenzo Meyer, Jorge Montaño, Rogelio Ramírez de la O, Sergio Sarmiento, Samuel del Villar y Alfonso Zárate.

Estamos muy agradecidos con Friedrich Katz, quien compartió pacientemente con nosotros su enciclopédico conocimiento de la historia de México para ayudarnos, periodistas acostumbrados a vérnoslas sólo con el primer borrador, en nuestro esfuerzo por entender la significación de las elecciones democráticas de julio de 2000.

Por supuesto, estamos sumamente agradecidos con Rogelio Carvajal Dávila, nuestro editor en Oceano, por su paciencia para ayudarnos a convertir nuestro manuscrito en inglés en un libro destinado al público hispanohablante, por su profundo conocimiento de la historia y política de México y por habernos hecho varias visitas en Hoboken, Nueva Jersey, que recordaremos como momentos de trabajo muy productivo y gran camaradería. Enrique Mercado, nuestro traductor en Oceano, no sólo transformó nuestros anglosajonismos en un elegante castellano, sino que, además, mejoró el libro con su aguda habilidad para la corrección de información.

Estamos en deuda con Jonathan Galassi, de Farrar, Straus & Giroux (FSG), por su convicción de que México es un país fundamental para la seguridad nacional y futuro cultural de Estados Unidos. Paul Elie, nuestro editor en FSG, fusionó y simplificó hábilmente la obra de dos autores en un conjunto coherente. Le agradecemos su amplia visión y su atención a los pequeños detalles.

Henry Kaufman leyó el manuscrito con exigente ojo de abogado. Ingrid Sterner trató a nuestras palabras en inglés con extraordinario cuidado, corrigiendo incongruencias de información y estilo.

Esther Newberg, nuestra agente, comprendió nuestro deseo de escribir sobre la revolución democrática de México y trabajó con eficacia, como siempre, para obtener los recursos que necesitábamos para hacerlo.

Recibimos una generosa subvención de la Research and Writing Initiative del Program on Global Security and Sustainability de la John D. and Catherine T. MacArthur Foundation, que amplió enormemente nuestras capacidades de investigación.

Este proyecto no habría sido posible si Joe Lelyveld, entonces director de *The New York Times*, y Andy Rosenthal, cuando fue director de la sección internacional, no nos hubieran permitido incumplir nuestros deberes diarios en el periódico. También agradecemos a Roger Cohen, director de la sección internacional, y Jim Roberts, director de la sección nacional, por comprender las exigencias de la redacción de un libro y permitirnos disponer de tiempo adicional.

Debemos mucho a nuestros antecesores en la oficina de *The New York Times* en México, cuya cobertura de los primeros pasos democráticos del país fue una inspiración: Marlise Simons, Richard Meislin, Larry Rohter, Tim Golden y Anthony DePalma. *Vecinos distantes* de Alan Riding sigue siendo un clásico que sirve como punto de referencia para otros libros sobre México.

Alejandro Quiroz Flores fue nuestro agudo, perspicaz y eficiente ayudante de investigación en México. Elaboró cronologías y ensayos que nos permitieron comprender la transición democrática en áreas enteras de la vida mexicana, como los medios de información y la esfera intelectual. Gabriela Warkentin realizó rápidas y meticulosas transcripciones de varias entrevistas.

Nuestra colega y querida amiga Gladys Boladeras, gerente de la oficina de *The New York Times* en la ciudad de México, hizo investigación fotográfica y nos ayudó de incontables maneras a mantener a flote el proyecto, la menor de las cuales no fue la de informarnos, con su maravillosamente profundo e irónico conocimiento de las costumbres políticas de México. Javier Cárdenas salvó más de una vez nuestro trabajo de su desaparición en computadoras.

Las percepciones visuales de los fotógrafos, entre ellos Wesley Bocxe, Keith Dannemiller, Phillippe Diederich, Sergio Dorantes, Gerardo Magallón y Pedro Valtierra, enriquecieron nuestra comprensión de la sociedad mexicana.

Otras personas que nos brindaron generosamente su consejo, conocimiento o humor en momentos cruciales fueron Mario Campuzano, Alma Guillermoprieto, Susan Gzesh, Francisco Hoyos, Berta Luján y Janet Schwartz.

También manifestamos nuestra gratitud a Silvia Reyes y Nelva Maldonado por su ayuda, paciencia y cuidado.

Aunque nos beneficiamos de mucha sabiduría ofrecida con generosidad por otros, los juicios en nuestro libro son absolutamente nuestros.

Julia Preston y Samuel Dillon,
agosto de 2004

ÍNDICE TEMÁTICO

CRONOLOGÍA

1968   *2 de octubre.* Matanza de Tlatelolco.
3 de octubre. Octavio Paz renuncia como embajador de México en India en protesta por la masacre estudiantil.
12 de octubre. Se inaugura la XIX Olimpiada en el Estadio Olímpico de Ciudad Universitaria.

1970   *5 de julio.* Luis Echeverría Álvarez, del PRI, gana las elecciones presidenciales.
1 de diciembre. Echeverría toma posesión como presidente (sexenio 1970-1976).

1971   *10 de junio.* Matanza de estudiantes en el barrio de San Cosme del Distrito Federal.
Octubre. Aparece el primer número de la revista *Plural*, dirigida por Octavio Paz.

1973   *5 de enero.* El PRI impone nuevas restricciones al registro de partidos políticos.
25 de noviembre. Desaparece Jesús Piedra Ibarra.

1976   *4 de julio.* José López Portillo, del PRI, gana las elecciones presidenciales.
8 de julio. Julio Scherer García es echado de la dirección de *Excélsior* en un golpe orquestado por Echeverría.
6 de noviembre. Aparece el primer número de la revista *Proceso*, dirigida por Julio Scherer.
15 de noviembre. Aparece el primer número de la revista *Vuelta*, dirigida por Octavio Paz.
1 de diciembre. José López Portillo toma posesión como presidente (sexenio 1976-1982).

1977   *1 de abril.* El secretario de Gobernación, Jesús Reyes Heroles, anuncia la reforma política lopezportillista.
14 de noviembre. Aparece el primer número del diario *unomásuno*, dirigido por Manuel Becerra Acosta.
19 de diciembre. El congreso aprueba la reforma electoral, que facilita el registro de partidos políticos e implanta la representación proporcional en la legislatura.

1978   *28 de agosto.* Rosario Ibarra de Piedra y otras 82 mujeres inician una huelga de hambre en la Catedral de la ciudad de México en demanda de la presentación de los desaparecidos políticos.

1982   *4 de julio.* Miguel de la Madrid Hurtado, del PRI, gana las elecciones presidenciales. Pablo Emilio Madero, del PAN, obtiene 15.68% de los votos.
1 de septiembre. López Portillo nacionaliza la banca en su último informe de gobierno.
1 de diciembre. De la Madrid toma posesión como presidente (sexenio 1982-1988).

1983   *1 de enero.* El doctor Salvador Nava Martínez, del Frente Cívico Potosino, toma posesión como alcalde de San Luis Potosí.
3 de julio. El PRI pierde 13 de 105 elecciones locales. El PAN gana las alcaldías de Chihuahua (Luis H. Álvarez), Ciudad Juárez (Francisco Barrio Terrazas) y Durango (Rodolfo Elizondo). Cinco de las 31 capitales estatales son gobernadas por la oposición.

1984   *30 de mayo.* Es asesinado el periodista Manuel Buendía.
19 de septiembre. Aparece el primer número del diario *La Jornada*, dirigido por Carlos Payán Velver.
19 de noviembre. La explosión de una planta de almacenamiento de gas de PEMEX en San Juan Ixhuatepec, Estado de México, causa la muerte de cientos de personas.

1985   *7 de julio.* El PRI gana las siete gubernaturas en juego (entre ellas las de Sonora, Nuevo León y Yucatán), 295 de los 300 escaños de mayoría en la cámara de diputados y la casi totalidad de los puestos locales y estatales en disputa.

19 de septiembre. Un temblor de 8.1 grados en el Distrito Federal deja miles de muertos y reactiva a la sociedad civil.

1986   *6 de julio.* Francisco Barrio, del PAN, es despojado del triunfo en las elecciones para la gubernatura de Chihuahua. En respuesta, miles de panistas bloquean puentes internacionales.

30 de septiembre. Se publica el primer "documento de trabajo" de la Corriente Democrática del PRI, fundada, entre otros, por Cuauhtémoc Cárdenas y Porfirio Muñoz Ledo.

1987   *12 de febrero.* Se publica en el *Diario Oficial* el nuevo código electoral, que concede mayor control al gobierno federal sobre los órganos electorales.

4 de octubre. Carlos Salinas de Gortari es designado candidato presidencial del PRI.

14 de octubre. El PARM postula a la presidencia a Cuauhtémoc Cárdenas.

1988   *13 de enero.* Se forma el Frente Democrático Nacional (FDN), en apoyo a la candidatura de Cárdenas.

6 de junio. Heberto Castillo renuncia a su candidatura a favor de Cárdenas.

2 de julio. Son asesinados Francisco Xavier Ovando y Román Gil, colaboradores directos de Cárdenas.

6 de julio. Se "cae el sistema" en las elecciones presidenciales, a causa de la ventaja de Cárdenas sobre Salinas en los conteos preliminares. Flanqueada por Manuel Clouthier y Cárdenas, Rosario Ibarra lee el "Llamado a la Legalidad" en la Secretaría de Gobernación, en protesta por las irregularidades electorales.

7 de julio. Jorge de la Vega Domínguez, presidente del PRI, declara en horas de la madrugada el triunfo de Salinas. Éste reconoce más tarde resultados adversos para su partido en varias partes del país, así como el fin de la "época del partido prácticamente único".

13 de julio. Se dan a conocer los resultados electorales oficiales, que dan la victoria al PRI con más de cincuenta por ciento de los votos, aunque se reconoce 45% a los partidos de oposición.

16 de julio. Concurrido mitin de Cárdenas contra el fraude electoral.

1 de septiembre. Último informe de gobierno de De la Madrid. Sonoras protestas de la oposición.

10 de septiembre. Los diputados del PRI declaran presidente electo a Salinas, con la oposición del PAN y en ausencia del FDN.

16 de noviembre. El PAN sostiene en el "Compromiso Nacional para la Legitimidad y la Democracia" que el gobierno ilegítimo de Salinas puede legitimarse mediante el "buen ejercicio del poder" y propone reformas electorales.

1 de diciembre. Salinas toma posesión como presidente (sexenio 1988-1994).

1989   *10 de enero.* El líder petrolero Joaquín Hernández Galicia, la Quina, es aprehendido en Ciudad Madero, Tamaulipas.

5 de mayo. Se funda el PRD.

2 de julio. Ernesto Ruffo Appel, del PAN, gana las elecciones para la gubernatura de Baja California, el primer estado gobernado por la oposición.

1 de octubre. Muere Clouthier en un accidente automovilístico en Sinaloa.

3 de diciembre. Se celebran elecciones locales en Guerrero y Michoacán. El PRD toma en protesta 20 alcaldías en Guerrero; gana 53 de las 113 alcaldías de Michoacán.

1990   *6 de marzo.* El PRD es desalojado por la fuerza pública del palacio municipal de Ometepec y otras 7 alcaldías de Guerrero.

6 de abril. Primera reforma electoral salinista; se crea el Instituto Federal Electoral (IFE), bajo la dirección del secretario de Gobernación.

6 de junio. Se crea la Comisión Nacional de Derechos Humanos.

1991   *18 de agosto.* El PAN gana 89 diputaciones y 2 senadurías federales. Se arrebatan a Vicente Fox y Salvador Nava las gubernaturas de Guanajuato y San Luis Potosí, respectivamente.

29 de agosto. Ramón Aguirre Velázquez, del PRI, renuncia a la gubernatura de Guanajuato; se nombra gobernador interino al panista Carlos Medina Plascencia.

26 de septiembre. El priísta Fausto Zapata toma posesión como gobernador de San Luis Potosí. Nava se proclama "gobernador legítimo".

28 de septiembre. Nava inicia la Marcha de la Dignidad al Distrito Federal.

9 de octubre. Renuncia Zapata como gobernador de San Luis Potosí. El gobernador interino es Gonzalo Martínez Corbalá. Nava suspende su marcha.

8 de noviembre. En Guadalajara aparece el primer número del diario *Siglo 21*, dirigido por Jorge Zepeda Patterson.

7 de diciembre. Se reforma el artículo 27 constitucional; fin de la reforma agraria en México.

18 de diciembre. Se reforma el artículo 130 constitucional; nuevo marco para las relaciones Iglesia-Estado.

1992   *22 de abril.* Explotan tuberías de gasolina en Guadalajara.

18 de mayo. Salvador Nava muere de cáncer.

12 de julio. Francisco Barrio, del PAN, gana la gubernatura de Chihuahua.

20 de septiembre. México restablece relaciones diplomáticas con el Vaticano.

17 de diciembre. Salinas, el presidente de Estados Unidos, George H. W. Bush, y el primer ministro canadiense, Brian Mulroney, firman el Tratado de Libre Comercio de América del Norte (TLCAN).

1993   *21 de marzo.* Plebiscito en el Distrito Federal sobre la sustitución del regente por un gobernante electo.

24 de mayo. El cardenal Juan Jesús Posadas Ocampo es asesinado en el aeropuerto de Guadalajara, presuntamente por narcotraficantes.

17 de julio. IMEVISIÓN (después TV Azteca) es adquirida por Raúl Salinas Pliego.

Otoño. Segunda reforma electoral salinista; se exige la presentación de estados financieros de campaña, se prohíbe el financiamiento extranjero y se autorizan los conteos rápidos y las encuestas de salida.

17 de octubre. Cárdenas empieza su segunda campaña presidencial.

17 de noviembre. La cámara de representantes de Estados Unidos ratifica el TLCAN.

20 noviembre. Aparece el primer número del diario *Reforma*, dirigido por Alejandro Junco de la Vega.

28 de noviembre. Luis Donaldo Colosio es designado candidato presidencial del PRI.

1994   *1 de enero.* Se alza en Chiapas el Ejército Zapatista de Liberación Nacional (EZLN). Entra en vigor el TLCAN.

10 de enero. Manuel Camacho es nombrado comisionado para la paz en Chiapas.

12 de enero. Salinas anuncia de modo unilateral el cese al fuego contra los zapatistas.

27 de enero. Los candidatos presidenciales del PRI, PAN y PRD (Colosio, Diego Fernández de Cevallos y Cárdenas, respectivamente), así como los de otros cinco partidos, firman el Acuerdo Nacional por la Paz, la Justicia y la Democracia, para la realización de nuevas reformas electorales.

20 de febrero. Comienzan en San Cristóbal de las Casas, Chiapas, las negociaciones de paz entre el gobierno y el EZLN.

14 de marzo. Es secuestrado el director de BANAMEX, Alfredo Harp Helú.

23 de marzo. Colosio es asesinado en Lomas Taurinas, Tijuana.

14 de abril. Se acepta a México como miembro de la Organización para la Cooperación y el Desarrollo Económicos (OCDE).

12 de mayo. Primer debate televisivo entre candidatos presidenciales en México. Según los sondeos de opinión, Fernández de Cevallos vence fácilmente a Zedillo y Cárdenas.

21 de agosto. Gana Ernesto Zedillo Ponce de León, del PRI, las elecciones presidenciales. Heberto Castillo, del PRD, es elegido senador. El PAN obtiene 119 diputaciones y 25 senadurías federales.

407

28 de septiembre. José Francisco Ruiz Massieu, secretario general del PRI, es asesinado en la ciudad de México.

1 de noviembre. Último informe de gobierno de Salinas.

20 de noviembre. Roberto Madrazo Pintado, del PRI, vence a Andrés Manuel López Obrador, del PRD, en las elecciones para la gubernatura de Tabasco.

1 de diciembre. Zedillo toma posesión como presidente (sexenio 1994-2000).

20 de diciembre. Devaluación del peso.

1995   *17 de enero*. PRI, PAN, PRD y PT firman el Pacto de Los Pinos, para la "reforma electoral definitiva" propuesta por Zedillo en su discurso de toma de posesión.

13 de febrero. Alberto Cárdenas Jiménez, del PAN, gana las elecciones para la gubernatura de Jalisco.

28 de febrero. Se aprehende a Raúl Salinas de Gortari, acusado de la autoría intelectual del asesinato de Ruiz Massieu.

10 de marzo. Carlos Salinas de Gortari abandona el país.

28 de mayo. Fox gana la gubernatura de Guanajuato.

28 de junio. Matanza de 17 campesinos en Aguas Blancas, Guerrero.

1996   *16 de enero*. Concluye el Seminario de Chapultepec, en el que cuatro partidos coinciden en 60 puntos de reforma electoral.

16 de febrero. Se firman los Acuerdos de San Andrés entre el gobierno y los zapatistas.

25 de febrero. Ricardo Rocha transmite por televisión el video de la matanza de Aguas Blancas.

11 de marzo. Rubén Figueroa Alcocer renuncia a la gubernatura de Guerrero a causa del caso de Aguas Blancas.

23 de abril. La Suprema Corte de Justicia resuelve que en el caso de Aguas Blancas se cometieron violaciones a los derechos humanos.

28 de junio. Hace su aparición el Ejército Popular Revolucionario (EPR), en el primer aniversario de la matanza de Aguas Blancas.

25 de julio. Se firman en Palacio Nacional los "Acuerdos para el Cambio Constitucional en Materia Electoral", la "reforma electoral definitiva" de 1996. En ellos se proponen reformas a 19 artículos constitucionales, la elección del gobernante del Distrito Federal y la salida del IFE del secretario de Gobernación.

28 de agosto. El EPR lanza 18 ataques coordinados en seis estados, en vísperas del segundo informe de Zedillo.

22 de septiembre. Entre las resoluciones de la XVII asamblea del PRI se impone a los candidatos presidenciales de ese partido la obligación de haber ocupado un puesto de elección popular.

29 de octubre. El congreso elige a José Woldenberg como primer presidente del consejo ciudadano del IFE, así como a los ocho consejeros y sus suplentes.

22 de noviembre. Se publica en el *Diario Oficial* la reforma electoral; PAN y PRD se inconforman en la Suprema Corte.

1997   *5 de abril*. Muere Heberto Castillo de una afección cardiaca.

16 de abril. Muere Emilio Azcárraga Milmo, presidente de Televisa.

21 de junio. Muere Fidel Velázquez, máximo dirigente de la Confederación de Trabajadores de México (CTM), a los 97 años de edad.

3 de julio. Vicente Fox lanza su candidatura presidencial.

6 de julio. Por primera vez en la historia del país, la oposición obtiene en las urnas el control del congreso federal. Cárdenas gana la jefatura de gobierno del Distrito Federal, y el panista Fernando Canales Clariond la gubernatura de Nuevo León. El PAN consigue 122 diputaciones y 31 senadurías federales.

1 de septiembre. Porfirio Muñoz Ledo, del PRD, responde el tercer informe de gobierno de Zedillo.

22 de diciembre. Matanza de 45 indígenas tzotziles en Acteal, Chiapas.

1998   *20 de enero.* Última emisión de *24 Horas*, el noticiero de televisión que Jacobo Zabludovsky condujo durante 27 años.

19 de abril. Muere Octavio Paz.

6 de agosto. López Obrador da a conocer una lista de 310 supuestos beneficiarios individuales del rescate bancario.

18 de agosto. Es detenido Daniel Arizmendi, el Mochaorejas.

2 de octubre. Se conmemora en la Plaza de las Tres Culturas el trigésimo aniversario de la matanza de Tlatelolco.

6 de diciembre. Aprueba la cámara de diputados acuerdo sobre el Fondo Bancario de Protección al Ahorro (FOBAPROA).

1999   *21 de enero.* Rául Salinas de Gortari es sentenciado a 50 años de prisión (el 16 de julio la condena se reduce a 27 años y 6 meses).

4 de marzo. En el 70 aniversario del PRI, Zedillo llama a realizar elecciones internas para designar al candidato presidencial.

21 de marzo. Consulta nacional zapatista sobre las propuestas de paz del EZLN.

20 de abril. Comienza la huelga en la UNAM.

12 de septiembre. El PAN postula a Vicente Fox como candidato a la presidencia.

7 de noviembre. Francisco Labastida Ochoa obtiene la candidatura presidencial del PRI.

2000   *6 de febrero.* Termina la huelga en la UNAM, con la intervención de la Policía Federal Preventiva.

25 de abril. Primer debate televisivo entre los candidatos presidenciales.

26 de mayo. Segundo debate televisivo de los candidatos presidenciales.

2 de julio. Gana Vicente Fox, del PAN, las elecciones presidenciales.

El despertar de México,
escrito por Julia Preston
y Samuel Dillon,
retoma la sabia tradición
que han impuesto tantas generaciones
de atentos e inteligentes viajeros:
compensar a los anfitriones
con un retrato de sí mismos,
fresco, inesperado,
luminoso, y a la vez familiar
y entrañable; algo sólo
posible *desde fuera*.
La edición de esta obra fue compuesta
en fuente newbaskerville y formada en 10:12.
Fue impresa en este mes de enero de 2005
en los talleres de Impresos GYV,
que se localizan en la calle de Torquemada 78,
colonia Obrera, en la ciudad de México, D.F.
La encuadernación de los ejemplares se hizo
en los mismos talleres.